ΛΕΙΤΟΥΡΓΙΚΟΝ ΣΥΝ ΘΕΩ ΑΓΙΩ

# ΛΕΙΤΟΥΡΓΙΚΟΝ
# ΣΥΝ ΘΕΩ ΑΓΙΩ

## ΠΕΡΙΕΧΟΝ ΤΑ ΨΑΛΛΟΜΕΝΑ
## ΕΝ ΤΑΙΣ ΙΕΡΑΙΣ ΛΕΙΤΟΥΡΓΙΑΙΣ
## ΤΩΝ ΤΕ ΕΟΡΤΩΝ ΚΑΙ ΑΛΛΩΝ ΕΠΙΣΗΜΩΝ ΗΜΕΡΩΝ

### ΠΡΟΣ ΧΡΗΣΙΝ ΤΩΝ ΕΥΛΑΒΕΣΤΑΤΩΝ
### ΙΕΡΕΩΝ ΚΑΙ ΨΑΛΤΩΝ

Ἐκδοθὲν τὸ πρῶτον ἐν ἔτει 1778
ὑπὸ τοῦ ἐν ἱερεῦσι Χρυσάνθου τοῦ Μοσχοπούλου

Τὸ δεύτερον ἐκδοθὲν ἐν Βενετίᾳ τῷ 1891

Νῦν δὲ ἐπανεκδίδεται τὸ τρίτον
μετά τινων πρακτικῶν προσθηκῶν

PSALTIC NOTES PRESS

SAINT LOUIS

2013

PSALTIC NOTES PRESS
9094 Doercrest Dr, Saint Louis MO 63126
www.psalticnotes.com

© 2013 C.J. TERSS (KONSTANTINOS TERZOPOULOS)
kterzopoulos@gmail.com

All rights reserved. No part of this publication may be reproduced, stored in a retrieval system, or transmitted, in any form or by any means, including photocopying and recording without the prior permission in writing of Psaltic Notes Press or the author, or expressly permitted by law, or under terms agreed with the appropriate reprographics rights organization. Enquiries concerning reproduction outside the scope of the above should be sent to the author at the address above

You must not circulate this book in any other binding or cover and you must impose this same condition on any acquirer

ISBN-13: 978-0615642062 (PSALTIC NOTES PRESS)

ISBN-10: 0615642063

## ΠΡΟΛΟΓΟΣ ΤΗΣ ΠΑΡΟΥΣΗΣ Γ΄ ΕΚΔΟΣΕΩΣ

Ὅταν πρὶν ἀπὸ ἀρκετὰ χρόνια ὁ συνεφημέριός μου στὸν Ἱ. Ν. τῶν Εἰσοδίων τῆς Θεοτόκου, Αἰγίνης, π. Νικόλαος Γαρυφάλλου κατέβασε ἕνα βιβλίο ἀπὸ τὴν παλαιὰ λειτουργικὴ βιβλιοθήκη τοῦ ναοῦ καὶ μοῦ τὸ ἔδειξε, συνειδητοποίησα τὴν πρακτικότητα τοῦ βιβλίου καὶ ἀποφάσισα μέσα μου ἐκείνη τὴν στιγμὴ ὅτι ἔπρεπε ὁπωσδήποτε νὰ ξαναδῇ τὸ φῶς τῆς δημοσιότητος. Ἐπρόκειτο γιὰ μία παλαιὰ ἔκδοσι τοῦ παρόντος βιβλίου, ποὺ ἔχει τίτλο *Λειτουργικόν, σὺν Θεῷ Ἁγίῳ, περιέχον τὰ ψαλλόμενα ἐν ταῖς ἱεραῖς Λειτουργίαις τῶν τε ἑορτῶν καὶ ἄλλων ἐπισήμων ἡμερῶν*, ἐκ τοῦ ἐν Βενετίᾳ τυπογραφείου «ὁ Φοῖνιξ» τοῦ ἔτους 1891. Ἀπὸ τὴν Σημείωσι τοῦ ἰδιοκτήτου τοῦ τυπογραφείου μαθαίνομε ὅτι ἐπρόκειτο γιὰ ἐπανέκδοσι μιᾶς ἀκόμη παλαιοτέρας ἐκδόσεως τοῦ 1778, ἡ ὁποία εἶχε ἐξαντληθῇ, καὶ στὴν δεύτερη ἔκδοσι προστέθηκαν τὰ νέα ἀντίφωνα ἀπὸ τὸ Τυπικὸν τῆς Μεγάλης Ἐκκλησίας, ποὺ εἶχε ἐπανεκδοθῇ τὸ 1884 ἀπὸ τὸ ἴδιο τυπογραφεῖο.

Ἡ πρώτη ἔκδοσι τοῦ 1778 εἶχε γίνει ἀπὸ τὸν ἱερέα Χρύσανθο Μοσχόπουλο, ὁ ὁποῖος στὸν ἀρχικὸ Πρόλογό του πρὸς τοὺς «πανευλαβεστάτους ἱερουργοὺς καὶ λογιωτάτους ψάλτας» ἐξηγοῦσε τὸν «πρὸς εὐχέρειαν καὶ λυσιτέλειαν τῆς ὑμῶν Λογιότητος καὶ τοῦ πλησίον» σκοπὸ τῆς ἐκδόσεως. Συγκεκριμένα συγκέντρωσε ἀπὸ τὰ διάφορα ἐκκλησιαστικὰ βιβλία —τοῦ Ὡρολογίου, τῶν Μηναίων, τοῦ Τριῳδίου, τοῦ Πεντηκοσταρίου, καὶ τῆς Παρακλητικῆς— σὲ ἕναν τόμο τὰ ὅσα ψάλλονται στὴν Ἱερὰ Λειτουργία. Ἀναλυτικώτερα περιέλαβε ἀπὸ τοὺς σταθεροὺς μὲν ὕμνους τῆς Λειτουργίας τοὺς Ψαλμοὺς τῆς ἀκολουθίας τῶν Τυπικῶν, τοὺς στίχους τῶν Μακαρισμῶν, τὸ χερουβικό, καὶ τὸ κοινωνικὸ τῆς Κυριακῆς, ἀπὸ δὲ τοὺς ἐναλλασσόμενους ὕμνους τὰ τροπάρια τῶν κανόνων ἐκ τῶν γ΄ καὶ ϛ΄ ᾠδῶν, τὰ ἀντίφωνα τῶν ἑορτῶν καὶ ἄλλα ἀναγκαῖα τροπάρια, ὅπως ἀπολυτίκια, κοντάκια, ὑπακοές, τοὺς ὕμνους ποὺ ψάλλονται ἀντὶ τοῦ χερουβικοῦ, καθὼς καὶ κοινωνικὰ (μὲ τριπλὸ ἀλληλούια στὸ τέλος, ὅπως ὁρίζεται καὶ στὰ ἄλλα λειτουργικὰ βιβλία τῆς ἐποχῆς), τὰ ὁποῖα εἶναι ἀπαραίτητα γιὰ τὴν τέλεσι τῆς Θ. Λειτουργίας ὅλων τῶν Κυριακῶν καὶ ἑορτῶν τοῦ ἐκκλησιαστικοῦ ἔτους. Σὲ πολλὲς μάλιστα περιπτώσεις παρετίθετο καὶ μεγαλυνάριο κατάλληλο γιὰ τὴν ἡμέρα, ἂν καὶ αὐτὸ κανονικὰ δὲν ἀνήκει στοὺς ὕμνους τοὺς ψαλλομένους στὴν Λειτουργία, γι᾽ αὐτὸ δὲν ὑπάρχουν τέτοια μεγαλυνάρια στὰ Μηναῖα. Φαίνεται ὅμως ὅτι ἀπὸ ἐκείνη τὴν ἐποχὴ ἤδη πολλοὶ εἶχαν τὴν συνήθεια νὰ ψάλλουν μεγαλυνάριο στὴν ὥρα τῶν «διπτύχων». Ἀντιθέτως δὲν παρέθετε τὸ σταθερὸ μεγαλυνάριο τῆς Λειτουργίας, δηλαδὴ τὸ *Ἄξιον ἐστίν*, ἂν καὶ αὐτὸ ἀναφέρεται ῥητῶς σὲ ἄλλες λειτουργικὲς ἐκδόσεις, σύγχρονές του ἢ καὶ παλαιότερες.

Ἡ βασικὴ τάξι ποὺ διασῴζεται ἀπὸ τὴν ἔκδοσι τοῦ 1778 εἶναι αὐτὴ τοῦ ιη΄ αἰῶνος· δηλαδὴ πρὶν ἀπὸ τὴν ἔκδοσι τοῦ Τυπικοῦ τῆς Μεγάλης Ἐκκλησίας ἀπὸ τοὺς πρωτοψάλτες Κωνσταντῖνο Βυζάντιο καὶ Γεώργιο Βιολάκη. Κατὰ τὴν δεύτερη ἔκδοσι τοῦ ἔτους 1891 προστέθηκαν τὰ ἀντίφωνα τῶν Θεομητορικῶν ἑορτῶν καὶ οἱ νέες διατάξεις τῶν Κυριακῶν τοῦ Πάσχα, χωρὶς ὅμως νὰ ἀφαιρεθοῦν οἱ παλαιότερες διατάξεις ὅπως ἡ χρῆσι τῶν ἀναστασίμων ὑπακοῶν τῶν Κυριακῶν καὶ τὰ διπλᾶ κοντάκια καὶ κοινωνικά. Περίπου δηλαδὴ ὅπως παραμένει ἡ τάξι στὰ ἱερὰ μοναστήρια ἀκόμη καὶ σήμερα.

Πρὸς τὸ τέλος τοῦ βιβλίου του ὁ Χρύσανθος εἶχε ἕνα παράρτημα μὲ *Τροπάρια ἐκ τῶν φυλλάδων, ψαλλόμενα ἐν ταῖς ἱεραῖς Λειτουργίαις τινῶν κατὰ τόπους ἑορταζομένων ἁγίων*. Ἐπειδὴ μὲ τὴν πάροδο τοῦ χρόνου κάποιες ἀπὸ αὐτὲς τὶς ἀκολουθίες τελικὰ ἐντάχθηκαν στὰ ἐν χρήσει Μηναῖα ἢ προβλέπονται ἀπὸ τὸ ἰσχῦον Τυπικὸν τῆς Μεγάλης Ἐκκλησίας, ἀλλὰ καὶ γιὰ λόγους πρακτικούς, πρὸς εὐχερέστερη δηλαδὴ ἐξεύρεσι αὐτῶν τῶν τροπαρίων, τὰ ἐντάξαμε στὸ κύριο σῶμα τοῦ μηνολογίου κατὰ τὴν ἡμερολογιακὴ σειρά τους. Πρόκειται γιὰ τὰ τροπάρια τῶν ἑξῆς ἀκολουθιῶν· τῆς Θεοτόκου Μυρτιδιωτίσσης, τῶν ἁγίων Γερασίμου, Ματρώνης, Ἀλυπίου τοῦ κιονίτου, Σπυρίδωνος (συμπλήρωμα), Διονυσίου, Χαραλάμπους, Ἰωάννου τοῦ νεομάρτυρος, Τιμοθέου καὶ Μαύρας, Ἀχιλλείου Λαρίσης, Μιχαὴλ Συνάδων, καὶ Φιλίππου τοῦ ἀποστόλου (ἀνακομιδῆς), καθὼς καὶ δύο θαυμάτων ἐν Ζακύνθῳ καὶ ἐν Κερκύρᾳ.

Ὅπως ἔγινε καὶ κατὰ τὴν δεύτερη ἔκδοσι τοῦ 1891, θεωρήσαμε καὶ τώρα σκόπιμη τὴν προσθήκη κάποιων συμπληρωματικῶν κειμένων. Ἐπὶ παραδείγματι οἱ δύο προηγούμενες ἐκδόσεις στὴν ἀρχὴ τοῦ βιβλίου εἶχαν μόνον τὴν ἀκολουθία τῶν Τυπικῶν καὶ ἐλάχιστους ἀπὸ τοὺς σταθεροὺς ὕμνους τῆς Λειτουργίας. Στὴν παροῦσα ἔκδοσι παρατίθεται ὅλη ἡ διάταξι τῆς Λειτουργίας, ὁπότε προστέθηκαν τὰ ἀντίφωνα τῶν καθημερινῶν (τὰ ὁποῖα εἶναι ἀρχαιότατα καὶ ἐψάλλονταν καὶ κατὰ τὶς Κυριακές), τὰ τροπάρια τῆς ἑβδομάδος, ὁ τρισάγιος ὕμνος, τὸ Σύμβολον τῆς Πίστεως, τὰ λειτουργικά, τὸ *Ἄξιον ἐστὶν* γιὰ τὴν Λειτουργία τοῦ Χρυσοστόμου, τὸ *Ἐπὶ σοὶ χαίρει* γιὰ τὴν Λειτουργία τοῦ μεγ. Βασιλείου, τὸ *Πάτερ ἡμῶν*, τὸ *Εἷς ἅγιος*, τὰ κοινωνικὰ τῆς ἑβδομάδος, τὸ *Πληρωθήτω τὸ στόμα μου* καὶ τὸ *Εἴη τὸ ὄνομα*, μαζὶ μὲ σύντομες διατάξεις. Ἀντιστοίχως στὴν ἀρχὴ τῆς Μεγάλης Ἑβδομάδος προστέθηκε μία σύντομη ἀλλὰ πλήρης διάταξι τῆς Θ. Λειτουργίας τῶν Προηγιασμένων Δώρων.

Ἐπειδὴ ἀπὸ τότε ποὺ συντάχτηκε γιὰ πρώτη φορὰ τὸ παρὸν βιβλίο μέχρι σήμερα πέρασαν σχεδὸν δυόμισι αἰῶνες καὶ περισσότερα ἀπὸ 120 χρόνια ἀπὸ τὴν δεύτερη ἔκδοσί του, ἀναπόφευκτα ὑπῆρξαν ὡρισμένες μεταβολὲς στὸ ἑορτολόγιο καὶ στὴν ὑμνογραφία. Γι' αὐτὸ στὶς περιπτώσεις τοῦ ἐτησίου ἑορτολογίου προστέθηκαν τροπάρια ἐκ τῶν ἀκολουθιῶν τῶν Ἁγιορειτῶν πατέρων, τῆς τιμίας Σκέπης, τοῦ ἁγίου Νεκταρίου Πενταπόλεως τοῦ θαυματουργοῦ, καὶ τοῦ ἁγίου Κοσμᾶ τοῦ Αἰτωλοῦ. Σὲ κάποιες περιπτώσεις χρειάστηκε νὰ διορθωθοῦν ἢ νὰ ἀντικατασταθοῦν προϋπάρχοντες ὕμνοι, εἴτε ὡς κακόζηλοι εἴτε ὡς μὴ χρησιμοποιούμενοι πλέον καὶ μὴ ὑπάρχοντες στὰ λειτουργικὰ βιβλία μετὰ τὴν διόρθωσί τους ἀπὸ τὸν Βαρθολομαῖο Κουτλουμουσιανὸ στὸ πρῶτο μισὸ τοῦ 19ου αἰῶνος, ὅπως ἐπὶ παραδείγματι στὶς 11 Ἰουλίου, ὅπου ἡ παλαιότερη ἀκολουθία τῆς ἁγίας Εὐφημίας ἀντικαταστάθηκε ἀπὸ ἄλλη ἑορταστικώτερη, ποὺ εἶχε φιλοπονήσει «ὁ μουσικολογιώτατος Ἰάκωβος, πρωτοψάλτης τῆς τοῦ Χριστοῦ Μεγάλης Ἐκκλησίας». Ἀλλοῦ πάλι χρειάστηκε νὰ προστεθοῦν νέοι ὕμνοι, ὅπως ἐπὶ παραδείγματι στὴν 1η Σεπτεμβρίου τὸ κοντάκιον τῆς Ἰνδίκτου, τὸ ὁποῖο δὲν ὑπῆρχε κἂν τὸ 1778, ἀφοῦ συνετέθη τὸν ἑπόμενο αἰῶνα. Ἐπίσης προστέθηκαν οἱ εἱρμοὶ ποὺ ἀντικαθιστοῦν τὸ *Ἄξιον ἐστὶν* κατὰ τὶς δεσποτικὲς καὶ θεομητορικὲς ἑορτές, τὰ τροπάρια τῶν καθημερινῶν μακαρισμῶν τῆς Παρακλητικῆς, καὶ οἱ Ψαλμοὶ 33 καὶ 144. Τὰ κείμενα τῆς Λειτουργίας, τοῦ *Πληρωθήτω*, τῆς Προηγιασμένης, καὶ τῶν ἄλλων προσθηκῶν ἐλήφθησαν ἀπὸ τὶς λειτουργικὲς ἐκδόσεις τοῦ 18ου καὶ 19ου αἰῶνος, ἀπὸ τὴν ἐποχὴ δηλαδὴ ποὺ προέρχονται καὶ τὰ ὑπόλοιπα κείμενα τοῦ βιβλίου, ἐκτὸς ἂν πρόκειται γιὰ νεώτερα ὑμνογραφήματα. Τέλος ὅπου ὑπῆρχε μεγαλυνάριο, αὐτὸ τοποθετήθηκε στὸ τέλος τῆς κάθε ἡμέρας, μετὰ τὸ κοινωνικό, διότι κατὰ τὴν ἀκρίβεια δὲν ἀνήκει στοὺς ὕμνους τῆς Λειτουργίας, ὅπως ἤδη εἰπώθηκε. Ἔτσι στὴν παροῦσα μορφή του τὸ βιβλίο εἶναι πληρέστερο, περιέχει περίπου διπλάσια ὕλη ἀπὸ ὅ,τι στὴν πρώτη ἔκδοσι, καὶ μπορεῖ νὰ χρησιμοποιηθῇ πλέον κατὰ τὴν τέλεσι τῆς Λειτουργίας ὄχι μόνο σὲ Κυριακὲς καὶ ἑορτὲς ἀλλὰ καὶ σὲ ἁπλὴ καθημερινή, ὅταν δηλαδὴ δὲν ὑπάρχῃ ἑορτὴ ἢ μνήμη ἁγίου.

Μὲ μεγάλη πνευματικὴ χαρὰ παραδίδεται ἡ παροῦσα τρίτη ἔκδοσι, πάλι μὲ τὴν ταπεινόφρονα ἀφιέρωσι τοῦ Χρυσάνθου Μοσχοπούλου πρὸς τοὺς *πανευλαβεστάτους ἱερουργοὺς καὶ λογιωτάτους ψάλτας τῆς Ἐκκλησίας*. Εὔχομαι ἡ ἔκδοσι αὐτὴ νὰ βρῇ τόπο στὰ ἱερὰ μοναστήρια καὶ στὶς ἐνορίες τῶν ἑλληνοφώνων Ἐκκλησιῶν ἀνὰ τὸν κόσμο, ὡς πρακτικὸ ἐγκόλπιο στὴν τέλεσι τῆς Θείας Λειτουργίας, καὶ μαζὶ μὲ τὸν μακαριστὸ Χρύσανθο Μοσχόπουλο ἀναφωνῶ ὅτι «τοῦτο εἶναι ὁ σκοπὸς τοῦ ἔργου μου· τοῦτος παρακαλῶ νὰ εἶναι καὶ ὁ καρπός». Εὔχεσθε!

Ἔγραψα ἐν Αἰγίνῃ· τῇ ια' Μαΐου 2012.<br>Ὁ ἐν ἱερεῦσιν ἐλάχιστος, κτ

## ΠΡΟΛΟΓΟΣ ΤΗΣ Α΄ ΕΚΔΟΣΕΩΣ

### ΠΑΝΕΥΛΑΒΕΣΤΑΤΟΙ ΙΕΡΟΥΡΓΟΙ, ΚΑΙ ΛΟΓΙΩΤΑΤΟΙ ΨΑΛΤΑΙ.

Ἡ θεόπνευστος παραγγελία τοῦ πανενδόξου Ἀποστόλου Παύλου ἡ λέγουσα· «Ἑκάστῳ δίδοται ἡ φανέρωσις τοῦ Πνεύματος πρὸς τὸ συμφέρον», μὲ παρεθάρρυνε νὰ συντάξω τὴν παροῦσαν Ἱερὰν Βίβλον, πρὸς εὐχέρειαν καὶ λυσιτέλειαν τῆς ὑμῶν λογιότητος καὶ τοῦ πλησίον. Ἐπωνομάσθη ΛΕΙΤΟΥΡΓΙΚΟΝ, ἐπειδὴ περιλαμβάνει τὰ ψαλλόμενα ἐν ταῖς Ἱεραῖς Λειτουργίαις εἰς τὰς ἑορτὰς καὶ εἰς ἄλλας ἐπισήμους ἡμέρας, συλλεχθέντα ἐκ διαφόρων ἐκκλησιαστικῶν βιβλίων, ὡς ἐν τῷ Πίνακι σαφέστατα φαίνεται. Εἶναι γνωστὸν καὶ ἀσφαλὲς εἰς τὴν ὑμῶν λογιότητα ὅτι εἰς πολλὰς ἑορτὰς ἡμεῖς χρείαν ἔχομεν δύο καὶ τριῶν ἢ καὶ περισσοτέρων ἐκκλησιαστικῶν βιβλίων διὰ τὰ ὀλίγα τροπάρια ὁποῦ ψάλλονται ἐν τῇ Ἱερᾷ Λειτουργίᾳ τῆς τυχούσης ἑορτῆς. Ὅθεν ἐπενόησα, Θεοῦ ἐπιπνοίᾳ, νὰ τὰ συνάξω ὅλα εἰς ἕνα μόνον βιβλίον πρὸς εὐχερεστέραν χρῆσιν τῶν ψαλλόντων καὶ κανονάρχων.

Ἀλλ᾽ ὁ κυριώτερος καρπὸς τούτου τοῦ ἱεροῦ συντάγματος δέομαι καὶ ἐπιθυμῶ νὰ εἶναι ἡ κοινὴ ὠφέλεια τῆς ψυχικῆς σωτηρίας τοῦ πλησίον μὲ τὴν στοχαστικὴν ἀνάγνωσιν καὶ μελέτην τῶν ἐν αὐτῷ περιεχομένων. Εἰς πᾶσαν ἑορτήν, εἴτε Δεσποτικὴν εἴτε Ἁγίου, τὰ ἱερὰ τροπάρια τὰ ψαλλόμενα ἐν τῇ Θείᾳ Λειτουργίᾳ ὑπάρχουσιν ὡσὰν τόσαι διαμεριζόμεναι γλῶσσαι ὡσεὶ πυρὸς τῆς θείας Χάριτος, ὁποῦ φέρουσιν εἰς καθένα ταῖς οὐρανίαις ἐμπνεύσεις πρὸς ψυχικὴν σωτηρίαν του. Διάφοροι εἶναι οἱ ἦχοι, διάφοροι αἱ ᾠδαί, διάφορος ἡ γλυκύτης, ἀλλ᾽ ἓν καὶ τὸ αὐτὸ Πνεῦμα, ὁποῦ μᾶς φωτίζει εἰς τὰς ἑορτάς, καὶ πολλῷ μᾶλλον εἰς τὴν ὥραν τῆς Ἱερᾶς Λειτουργίας, νὰ μελετῶμεν τὰ θεῖα Μυστήρια, τὰ μεγαλεῖα τῆς Θεομήτορος, καὶ τὰ θαυμαστὰ ἀνδραγαθήματα τῶν Ἁγίων, μιμούμενοι τὰς ἀρετάς των πρὸς τὴν αἰώνιον σωτηρίαν μας. «Διαιρέσεις χαρισμάτων εἰσί, τὸ δὲ αὐτὸ Πνεῦμα», κατὰ τὸν θεομακάριστον Παῦλον.

Τοῦτο εἶναι, ἀδελφοὶ καὶ πατέρες, ὁ σκοπὸς τοῦ ἔργου μου· τοῦτος παρακαλῶ νὰ εἶναι καὶ ὁ καρπός.

Ἔρρωσθε καὶ εὔχεσθε.

Ἐν ἔτει σωτηρίῳ ͵αψοζ΄.

Ὁ ταπεινὸς καὶ ἐλάχιστος
ΧΡΥΣΑΝΘΟΣ ΙΕΡΕΥΣ Ο ΜΟΣΧΟΠΟΥΛΟΣ

### ΣΗΜΕΙΩΣΙΣ ΤΗΣ Β΄ ΕΚΔΟΣΕΩΣ

Ἐκλιπούσης ὅλως τῆς ἀπὸ τοῦ 1778 ἐκδόσεως τοῦ ἱεροῦ τούτου καὶ ὄντως χρησίμου Βιβλίου, ἐκρίναμεν δέον ὅπως ἐκδῶμεν νεωστί, καὶ δὴ ποιοῦμεν τοῦτο μεθ᾽ ὅσης δυνάμεθα ἀκριβείας τε καὶ φιλοκαλίας. Ἐπειδὴ ὅμως ἐν τῇ παλαιᾷ ἐκδόσει οὐχὶ πάντα τὰ κατὰ τὸ Τυπικὸν τῆς Μ. Ἐκκλησίας ὁριζόμενα περιείχοντο Ἀντίφωνα (ὅρα Ἐκκλ. Τυπικὸν τῆς ἐκδ. 1884 ἐν Βενετίᾳ), ἡμεῖς ἀναπληροῦντες προστίθεμεν αὐτὰ ὅπου ἐλλείπουσι, καὶ τοῦτο ὅπως καταστήσωμεν τὴν Βίβλον ἔτι χρησιμωτέραν.

Ἐν Βενετίᾳ τῇ 23 <Ὀκτωβρίου> / 4 Νοεμβρίου 1891

Ο ΙΔΙΟΚΤΗΤΗΣ ΤΟΥ ΤΥΠΟΓΡΑΦΕΙΟΥ Ο ΦΟΙΝΙΞ
ΧΡ. ΤΡΙΑΝΤΑΦΥΛΛΟΥ

# ΠΕΡΙΕΧΟΜΕΝΑ

ΠΡΟΛΟΓΟΣ ΤΗΣ ΠΑΡΟΥΣΗΣ Γ΄ ΕΚΔΟΣΕΩΣ ..................................................................................v

ΠΡΟΛΟΓΟΣ ΤΗΣ Α΄ ΕΚΔΟΣΕΩΣ .............................................................................................. vii

ΣΗΜΕΙΩΣΙΣ ΤΗΣ Β΄ ΕΚΔΟΣΕΩΣ ............................................................................................ vii

    ΑΚΟΛΟΥΘΙΑ ΤΗΣ ΘΕΙΑΣ ΛΕΙΤΟΥΡΓΙΑΣ ........................................................................ 1

    ΤΥΠΙΚΑ ΚΑΙ ΜΑΚΑΡΙΣΜΟΙ ............................................................................................. 2

    ΤΡΟΠΑΡΙΑ ΑΝΑΣΤΑΣΙΜΑ ............................................................................................... 11

    ΤΡΟΠΑΡΙΑ ΕΚ ΤΟΥ ΤΡΙΩΔΙΟΥ ....................................................................................... 19

    ΔΙΑΤΑΞΙΣ ΤΗΣ Ι. ΛΕΙΤΟΥΡΓΙΑΣ ΤΩΝ ΠΡΟΗΓΙΑΣΜΕΝΩΝ ....................................... 38

    ΤΡΟΠΑΡΙΑ ΕΚ ΤΟΥ ΠΕΝΤΗΚΟΣΤΑΡΙΟΥ ..................................................................... 47

    ΑΡΧΗ ΣΥΝ ΘΕΩ ΤΟΥ ΜΗΝΟΛΟΓΙΟΥ ......................................................................... 71

        ΜΗΝ ΣΕΠΤΕΜΒΡΙΟΣ 71

        ΜΗΝ ΟΚΤΩΒΡΙΟΣ    87

        ΜΗΝ ΝΟΕΜΒΡΙΟΣ    97

        ΜΗΝ ΔΕΚΕΜΒΡΙΟΣ    114

        ΜΗΝ ΙΑΝΟΥΑΡΙΟΣ    135

        ΜΗΝ ΦΕΒΡΟΥΑΡΙΟΣ 155

        ΜΗΝ ΜΑΡΤΙΟΣ   162

        ΜΗΝ ΑΠΡΙΛΙΟΣ   165

        ΜΗΝ ΜΑΪΟΣ    168

        ΜΗΝ ΙΟΥΝΙΟΣ    176

        ΜΗΝ ΙΟΥΛΙΟΣ    183

        ΜΗΝ ΑΥΓΟΥΣΤΟΣ    198

    ΤΡΟΠΑΡΙΑ ΕΚ ΤΟΥ ΑΝΘΟΛΟΓΙΟΥ ΕΙΣ ΕΝΑ ΚΑΙ ΕΙΣ ΠΟΛΛΟΥΣ ΑΓΙΟΥΣ ......... 212

        ΕΙΣ ΕΝΑ ΑΠΟΣΤΟΛΟΝ    212

        ΕΙΣ ΑΠΟΣΤΟΛΟΥΣ   212

        ΕΙΣ ΕΝΑ ΠΡΟΦΗΤΗΝ    213

        ΕΙΣ ΠΡΟΦΗΤΑΣ    214

        ΕΙΣ ΕΝΑ ΜΑΡΤΥΡΑ   215

        ΕΙΣ ΜΑΡΤΥΡΑΣ    216

        ΕΙΣ ΕΝΑ ΙΕΡΑΡΧΗΝ 217

        ΕΙΣ ΙΕΡΑΡΧΑΣ    218

        ΕΙΣ ΕΝΑ ΙΕΡΟΜΑΡΤΥΡΑ   219

- ΕΙΣ ΙΕΡΟΜΑΡΤΥΡΑΣ    220
- ΕΙΣ ΕΝΑ ΟΣΙΟΝ    221
- ΕΙΣ ΟΣΙΟΥΣ    222
- ΕΙΣ ΕΝΑ ΟΣΙΟΜΑΡΤΥΡΑ    223
- ΕΙΣ ΟΣΙΟΜΑΡΤΥΡΑΣ    224
- ΕΙΣ ΓΥΝΑΙΚΑ ΜΑΡΤΥΡΑ    225
- ΕΙΣ ΓΥΝΑΙΚΑΣ ΜΑΡΤΥΡΑΣ    226
- ΕΙΣ ΟΣΙΑΝ ΓΥΝΑΙΚΑ    227
- ΕΙΣ ΟΣΙΑΣ ΓΥΝΑΙΚΑΣ    228

# ΟΙ ΜΑΚΑΡΙΣΜΟΙ ΤΗΣ ΕΒΔΟΜΑΔΟΣ .......... 229

- ΗΧΟΣ ΠΡΩΤΟΣ    229
- ΗΧΟΣ ΔΕΥΤΕΡΟΣ    232
- ΗΧΟΣ ΤΡΙΤΟΣ    234
- ΗΧΟΣ ΤΕΤΑΡΤΟΣ    238
- ΗΧΟΣ ΠΛΑΓΙΟΣ ΤΟΥ ΠΡΩΤΟΥ    243
- ΗΧΟΣ ΠΛΑΓΙΟΣ ΤΟΥ ΔΕΥΤΕΡΟΥ    246
- ΗΧΟΣ ΒΑΡΥΣ    248
- ΗΧΟΣ ΠΛΑΓΙΟΣ ΤΟΥ ΤΕΤΑΡΤΟΥ    251

# ΨΑΛΜΟΙ ΤΟΥ ΤΕΛΟΥΣ ΤΗΣ ΛΕΙΤΟΥΡΓΙΑΣ .......... 255

- ΨΑΛΜΟΣ ΛΓ΄ (33)    255
- ΨΑΛΜΟΣ ΡΜΔ΄ (144)    256

# ΜΟΥΣΙΚΟΝ ΠΑΡΑΡΤΗΜΑ .......... 257

# ΛΕΙΤΟΥΡΓΙΚΟΝ ΣΥΝ ΘΕΩ ΑΓΙΩ

**ΠΕΡΙΕΧΟΝ ΤΑ ΨΑΛΛΟΜΕΝΑ ΕΝ ΤΑΙΣ ΙΕΡΑΙΣ ΛΕΙΤΟΥΡΓΙΑΙΣ ΤΩΝ ΤΕ ΕΟΡΤΩΝ ΚΑΙ ΑΛΛΩΝ ΕΠΙΣΗΜΩΝ ΗΜΕΡΩΝ**

## ΑΚΟΛΟΥΘΙΑ ΤΗΣ ΘΕΙΑΣ ΛΕΙΤΟΥΡΓΙΑΣ

Ὁ Διάκονος· Εὐλόγησον, δέσποτα.

Ὁ Ἱερεύς· Εὐλογημένη ἡ βασιλεία… Ὁ χορός· Ἀμήν.

Ὁ Διάκονος τὴν μεγάλην συναπτήν· Ἐν εἰρήνῃ τοῦ Κυρίου δεηθῶμεν.

Οἱ χοροὶ ἐν ἑκάστῃ αἰτήσει· Κύριε, ἐλέησον·

Ὁ Διάκονος· Τῆς Παναγίας, ἀχράντου… Ὁ χορός· Σοί, Κύριε.

Ὁ Ἱερεύς· Ὅτι πρέπει σοι πᾶσα δόξα… Ὁ χορός· Ἀμήν.

Ἰστέον ὅτι τελουμένης τῆς Θείας Λειτουργίας, εἰ μέν ἐστι Κυριακὴ ἢ μνήμη Ἁγίου ἑορταζομένου, ψάλλονται ἐκ τῶν Τυπικῶν οἱ Ψαλμοὶ ρβ΄ (102) καὶ ρμε΄ (145) καὶ οἱ Μακαρισμοί. Εἰ δὲ καθημερινή, ψάλλονται τὰ ἑξῆς Ἀντίφωνα.

## ΑΝΤΙΦΩΝΟΝ Α΄.

### Ἦχος πλ. α΄.

Στίχ. α΄. Ἀγαθὸν τὸ ἐξομολογεῖσθαι τῷ Κυρίῳ καὶ ψάλλειν τῷ ὀνόματί σου, Ὕψιστε.

Ταῖς πρεσβείαις τῆς Θεοτόκου, Σῶτερ, σῶσον ἡμᾶς.

Στίχ. β΄. Τοῦ ἀναγγέλλειν τὸ πρωῒ τὸ ἔλεός σου καὶ τὴν ἀλήθειάν σου κατὰ νύκτα.

Ταῖς πρεσβείαις τῆς Θεοτόκου, Σῶτερ, σῶσον ἡμᾶς.

Στίχ. γ΄. Ὅτι εὐθὺς Κύριος ὁ Θεὸς ἡμῶν, καὶ οὐκ ἔστιν ἀδικία ἐν αὐτῷ.

Ταῖς πρεσβείαις τῆς Θεοτόκου, Σῶτερ, σῶσον ἡμᾶς.

Δόξα Πατρὶ καὶ Υἱῷ καὶ Ἁγίῳ Πνεύματι.

Ταῖς πρεσβείαις τῆς Θεοτόκου, Σῶτερ, σῶσον ἡμᾶς.

Καὶ νῦν καὶ ἀεί, καὶ εἰς τοὺς αἰῶνας τῶν αἰώνων. Ἀμήν.

Ταῖς πρεσβείαις τῆς Θεοτόκου, Σῶτερ, σῶσον ἡμᾶς.

Ὁ Διάκονος· Ἔτι καὶ ἔτι… κτλ. Ὁ Ἱερεύς· Ὅτι σὸν τὸ κράτος…

## ΑΝΤΙΦΩΝΟΝ Β΄.

### Ἦχος πλ. α΄.

Στίχ. α΄. Ὁ Κύριος ἐβασίλευσεν, εὐπρέπειαν ἐνεδύσατο, ἐνεδύσατο ὁ Κύριος δύναμιν καὶ περιεζώσατο.

Πρεσβείαις τῶν ἁγίων σου, σῶσον ἡμᾶς, Κύριε.

Στίχ. β΄. Καὶ γὰρ ἐστερέωσε τὴν οἰκουμένην, ἥτις οὐ σαλευθήσεται.

Πρεσβείαις τῶν ἁγίων σου, σῶσον ἡμᾶς, Κύριε.

Στίχ. γ΄. Τῷ οἴκῳ σου πρέπει ἁγίασμα, Κύριε, εἰς μακρότητα ἡμερῶν.

Πρεσβείαις τῶν ἁγίων σου, σῶσον

ἡμᾶς, Κύριε.

Δόξα Πατρὶ καὶ Υἱῷ καὶ Ἁγίῳ Πνεύματι.

Πρεσβείαις τῶν ἁγίων σου, σῶσον ἡμᾶς, Κύριε.

Καὶ νῦν καὶ ἀεί, καὶ εἰς τοὺς αἰῶνας τῶν αἰώνων. Ἀμήν.

Ὁ Μονογενὴς Υἱὸς καὶ Λόγος τοῦ Θεοῦ ἀθάνατος ὑπάρχων, καὶ καταδεξάμενος διὰ τὴν ἡμετέραν σωτηρίαν, σαρκωθῆναι ἐκ τῆς ἁγίας Θεοτόκου καὶ ἀειπαρθένου Μαρίας, ἀτρέπτως ἐνανθρωπήσας, σταυρωθείς τε, Χριστὲ ὁ Θεός, θανάτῳ θάνατον πατήσας, εἷς ὢν τῆς Ἁγίας Τριάδος, συνδοξαζόμενος τῷ Πατρὶ καὶ τῷ Ἁγίῳ Πνεύματι, σῶσον ἡμᾶς.

Ὁ Διάκονος· Ἔτι καὶ ἔτι ... κτλ. Ὁ Ἱερεύς· Ὅτι ἀγαθὸς καὶ φιλάνθρωπος...

## ΑΝΤΙΦΩΝΟΝ Γ΄.

### Ἦχος β΄.

Στίχ. α΄. Δεῦτε ἀγαλλιασώμεθα τῷ Κυρίῳ, ἀλαλάξωμεν τῷ Θεῷ τῷ σωτῆρι ἡμῶν.

Σῶσον ἡμᾶς, Υἱὲ Θεοῦ, ὁ ἐν ἁγίοις θαυμαστός, ψάλλοντάς σοι· Ἀλληλούια.

Στίχ. β΄. Προφθάσωμεν τὸ πρόσωπον αὐτοῦ ἐν ἐξομολογήσει, καὶ ἐν ψαλμοῖς ἀλαλάξωμεν αὐτῷ, ὅτι Θεὸς μέγας Κύριος καὶ βασιλεὺς μέγας ἐπὶ πᾶσαν τὴν γῆν.

Σῶσον ἡμᾶς, Υἱὲ Θεοῦ, ὁ ἐν ἁγίοις θαυμαστός, ψάλλοντάς σοι· Ἀλληλούια.

Στίχ. γ΄. Ὅτι ἐν τῇ χειρὶ αὐτοῦ τὰ πέρατα τῆς γῆς, καὶ τὰ ὕψη τῶν ὀρέων αὐτοῦ εἰσιν, ὅτι αὐτοῦ ἐστιν ἡ θάλασσα, καὶ αὐτὸς ἐποίησεν αὐτήν, καὶ τὴν ξηρὰν αἱ χεῖρες αὐτοῦ ἔπλασαν.

Σῶσον ἡμᾶς, Υἱὲ Θεοῦ, ὁ ἐν ἁγίοις θαυμαστός, ψάλλοντάς σοι· Ἀλληλούια.

Εἴσοδος μετὰ τοῦ Εὐαγγελίου. Ὁ Διάκονος. Σοφία· ὀρθοί.

Εἰσοδικὸν ἐν καθημερινῇ.

Δεῦτε προσκυνήσωμεν καὶ προσπέσωμεν Χριστῷ· σῶσον ἡμᾶς, Υἱὲ Θεοῦ, ὁ ἐν ἁγίοις θαυμαστός, ψάλλοντάς σοι· Ἀλληλούια.

Εἰσοδικὸν ἐν Κυριακῇ.

Δεῦτε προσκυνήσωμεν καὶ προσπέσωμεν Χριστῷ· σῶσον ἡμᾶς, Υἱὲ Θεοῦ, ὁ ἀναστὰς ἐκ νεκρῶν, ψάλλοντάς σοι· Ἀλληλούια.

## ΤΥΠΙΚΑ ΚΑΙ ΜΑΚΑΡΙΣΜΟΙ

### Στάσις Α΄. Ἦχος β΄.

Εὐλόγει, ἡ ψυχή μου, τὸν Κύριον. Εὐλογητὸς εἶ, Κύριε.

Εὐλόγει, ἡ ψυχή μου, τὸν Κύριον καὶ πάντα τὰ ἐντός μου τὸ ὄνομα τὸ ἅγιον αὐτοῦ.

Εὐλόγει, ἡ ψυχή μου, τὸν Κύριον καὶ μὴ ἐπιλανθάνου πάσας τὰς ἀνταποδόσεις αὐτοῦ.

Τὸν εὐιλατεύοντα πάσας τὰς ἀνομίας σου, τὸν ἰώμενον πάσας τὰς νόσους σου.

Τὸν λυτρούμενον ἐκ φθορᾶς τὴν ζωήν σου τὸν στεφανοῦντά σε ἐν ἐλέει καὶ οἰκτιρμοῖς.

Τὸν ἐμπιπλῶντα ἐν ἀγαθοῖς τὴν ἐπιθυμίαν σου ἀνακαινισθήσεται ὡς ἀετοῦ ἡ νεότης σου.

Ποιῶν ἐλεημοσύνας ὁ Κύριος καὶ κρῖμα πᾶσι τοῖς ἀδικουμένοις.

Ἐγνώρισε τὰς ὁδοὺς αὐτοῦ τῷ Μωϋσῇ, τοῖς υἱοῖς Ἰσραὴλ τὰ θελήματα αὐτοῦ.

Οἰκτίρμων καὶ ἐλεήμων ὁ Κύριος, μακρόθυμος καὶ πολυέλεος· οὐκ εἰς τέλος ὀργισθήσεται, οὐδὲ εἰς τὸν αἰῶνα μηνιεῖ.

Οὐ κατὰ τὰς ἀνομίας ἡμῶν ἐποίησεν ἡμῖν, οὐδὲ κατὰ τὰς ἁμαρτίας ἡμῶν ἀνταπέδωκεν ἡμῖν.

Ὅτι κατὰ τὸ ὕψος τοῦ οὐρανοῦ ἀπὸ τῆς γῆς ἐκραταίωσε Κύριος τὸ ἔλεος αὐτοῦ ἐπὶ τοὺς φοβουμένους αὐτόν.

Καθ' ὅσον ἀπέχουσιν ἀνατολαὶ ἀπὸ δυσμῶν ἐμάκρυνεν ἀφ' ἡμῶν τὰς ἀνομίας ἡμῶν.

Καθὼς οἰκτίρει πατὴρ υἱούς, ᾠκτίρησε Κύριος τοὺς φοβουμένους αὐτόν· ὅτι αὐτὸς ἔγνω τὸ πλάσμα ἡμῶν, ἐμνήσθη ὅτι χοῦς ἐσμέν.

Ἄνθρωπος ὡσεὶ χόρτος αἱ ἡμέραι αὐτοῦ, ὡσεὶ ἄνθος τοῦ ἀγροῦ, οὕτως ἐξανθήσει.

Ὅτι πνεῦμα διῆλθεν ἐν αὐτῷ, καὶ οὐχ ὑπάρξει, καὶ οὐκ ἐπιγνώσεται ἔτι τὸν τόπον αὐτοῦ.

Τὸ δὲ ἔλεος τοῦ Κυρίου ἀπὸ τοῦ αἰῶνος καὶ ἕως τοῦ αἰῶνος ἐπὶ τοὺς φοβουμένους αὐτόν.

Καὶ ἡ δικαιοσύνη αὐτοῦ ἐπὶ υἱοῖς υἱῶν, τοῖς φυλάσσουσι τὴν διαθήκην αὐτοῦ καὶ μεμνημένοις τῶν ἐντολῶν αὐτοῦ τοῦ ποιῆσαι αὐτάς.

Κύριος ἐν τῷ οὐρανῷ ἡτοίμασε τὸν θρόνον αὐτοῦ, καὶ ἡ βασιλεία αὐτοῦ πάντων δεσπόζει.

Εὐλογεῖτε τὸν Κύριον πάντες, οἱ ἄγγελοι αὐτοῦ, δυνατοὶ ἰσχύϊ ποιοῦντες τὸν λόγον αὐτοῦ, τοῦ ἀκοῦσαι τῆς φωνῆς τῶν λόγων αὐτοῦ.

Εὐλογεῖτε τὸν Κύριον, πᾶσαι αἱ δυνάμεις αὐτοῦ, λειτουργοὶ αὐτοῦ, οἱ ποιοῦντες τὸ θέλημα αὐτοῦ.

Εὐλογεῖτε τὸν Κύριον, πάντα τὰ ἔργα αὐτοῦ· ἐν παντὶ τόπῳ τῆς δεσποτείας αὐτοῦ, εὐλόγει, ἡ ψυχή μου, τὸν Κύριον.

Δόξα Πατρὶ καὶ Υἱῷ καὶ Ἁγίῳ Πνεύματι.

Καὶ νῦν καὶ ἀεί, καὶ εἰς τοὺς αἰῶνας τῶν αἰώνων. Ἀμήν.

Εὐλόγει, ἡ ψυχή μου, τὸν Κύριον, καὶ πάντα τὰ ἐντός μου, τὸ ὄνομα τὸ ἅγιον αὐτοῦ. Εὐλογητὸς εἶ, Κύριε.

*Ὁ Διάκονος·* Ἔτι καὶ ἔτι… κτλ. *Ὁ Ἱερεύς·* Ὅτι σὸν τὸ κράτος…

Στάσις Β΄. Ἦχος β΄.

Δόξα τῷ Πατρὶ καὶ τῷ Υἱῷ καὶ τῷ Ἁγίῳ Πνεύματι.

Αἴνει, ἡ ψυχή μου, τὸν Κύριον, αἰνέσω Κύριον ἐν τῇ ζωῇ μου, ψαλῶ τῷ Θεῷ μου ἕως ὑπάρχω.

Μὴ πεποίθατε ἐπ' ἄρχοντας καὶ ἐπὶ υἱοὺς ἀνθρώπων, οἷς οὐκ ἔστι σωτηρία.

Ἐξελεύσεται τὸ πνεῦμα αὐτοῦ καὶ ἐπιστρέψει εἰς τὴν γῆν αὐτοῦ.

Ἐν ἐκείνῃ τῇ ἡμέρᾳ ἀπολοῦνται πάντες οἱ διαλογισμοὶ αὐτοῦ.

Μακάριος οὗ ὁ Θεὸς Ἰακὼβ βοηθὸς αὐτοῦ, ἡ ἐλπὶς αὐτοῦ ἐπὶ Κύριον τὸν Θεὸν αὐτοῦ.

Τὸν ποιήσαντα τὸν οὐρανὸν καὶ τὴν γῆν, τὴν θάλασσαν καὶ πάντα τὰ ἐν αὐτοῖς.

Τὸν φυλάσσοντα ἀλήθειαν εἰς τὸν αἰῶνα, ποιοῦντα κρῖμα τοῖς ἀδικουμένοις, διδόντα τροφὴν τοῖς πεινῶσι.

Κύριος λύει πεπεδημένους, Κύριος σοφοῖ τυφλούς, Κύριος ἀνορθοῖ κατερραγμένους, Κύριος ἀγαπᾷ δικαίους, Κύριος φυλάσσει τοὺς προσηλύτους.

Ὀρφανὸν καὶ χήραν ἀναλήψεται καὶ ὁδὸν ἁμαρτωλῶν ἀφανιεῖ.

Βασιλεύσει Κύριος εἰς τὸν αἰῶνα, ὁ Θεός σου, Σιών, εἰς γενεὰν καὶ γενεάν.

Καὶ νῦν καὶ ἀεί, καὶ εἰς τοὺς αἰῶνας τῶν αἰώνων. Ἀμήν.

Ὁ Μονογενὴς Υἱὸς καὶ Λόγος τοῦ Θεοῦ ἀθάνατος ὑπάρχων, καὶ καταδεξάμενος διὰ τὴν ἡμετέραν σωτηρίαν, σαρκωθῆναι ἐκ τῆς ἁγίας Θεοτόκου καὶ ἀειπαρθένου Μαρίας, ἀτρέπτως ἐνανθρωπήσας, σταυρωθείς τε, Χριστὲ ὁ Θεός, θανάτῳ θάνατον πατήσας, εἷς ὢν τῆς Ἁγίας Τριάδος, συνδοξαζόμενος τῷ Πατρὶ καὶ τῷ Ἁγίῳ Πνεύματι, σῶσον ἡμᾶς.

Ὁ Διάκονος· Ἔτι καὶ ἔτι ... κτλ. Ὁ Ἱερεύς· Ὅτι ἀγαθὸς καὶ φιλάνθρωπος...

### Οἱ Μακαρισμοί. Ἦχος πλ. δ΄.

Ἐν τῇ βασιλείᾳ σου μνήσθητι ἡμῶν, Κύριε, ὅταν ἔλθῃς ἐν τῇ βασιλείᾳ σου. Μακάριοι οἱ πτωχοὶ τῷ πνεύματι, ὅτι αὐτῶν ἐστιν ἡ βασιλεία τῶν οὐρανῶν.

Μακάριοι οἱ πενθοῦντες, ὅτι αὐτοὶ παρακληθήσονται.

Μακάριοι οἱ πραεῖς, ὅτι αὐτοὶ κληρονομήσουσι τὴν γῆν.

Μακάριοι οἱ πεινῶντες καὶ διψῶντες τὴν δικαιοσύνην, ὅτι αὐτοὶ χορτασθήσονται.

### Εἰς στίχους η΄.

Μακάριοι οἱ ἐλεήμονες, ὅτι αὐτοὶ ἐλεηθήσονται.

Μακάριοι οἱ καθαροὶ τῇ καρδίᾳ, ὅτι αὐτοὶ τὸν Θεὸν ὄψονται.

### Εἰς στίχους ς΄.

Μακάριοι οἱ εἰρηνοποιοί, ὅτι αὐτοὶ υἱοὶ Θεοῦ κληθήσονται.

Μακάριοι οἱ δεδιωγμένοι ἕνεκεν δικαιοσύνης, ὅτι αὐτῶν ἐστιν ἡ βασιλεία τῶν οὐρανῶν.

### Εἰς στίχους δ΄.

Μακάριοί ἐστέ, ὅταν ὀνειδίσωσιν ὑμᾶς καὶ διώξωσι, καὶ εἴπωσι πᾶν πονηρὸν ῥῆμα καθ' ὑμῶν ψευδόμενοι ἕνεκεν ἐμοῦ.

Χαίρεται καὶ ἀγαλλιᾶσθε, ὅτι ὁ

μισθὸς ὑμῶν πολὺς ἐν τοῖς οὐρανοῖς.

Δόξα Πατρὶ καὶ Υἱῷ καὶ Ἁγίῳ Πνεύματι.

Καὶ νῦν καὶ ἀεί, καὶ εἰς τοὺς αἰῶνας τῶν αἰώνων. Ἀμήν.

Εἰσοδικὸν ἐν καθημερινῇ.

Δεῦτε προσκυνήσωμεν καὶ προσπέσωμεν Χριστῷ· σῶσον ἡμᾶς, Υἱὲ Θεοῦ, ὁ ἐν ἁγίοις θαυμαστός, ψάλλοντάς σοι· Ἀλληλούια.

Εἰσοδικὸν ἐν Κυριακῇ.

Δεῦτε προσκυνήσωμεν καὶ προσπέσωμεν Χριστῷ· σῶσον ἡμᾶς, Υἱὲ Θεοῦ, ὁ ἀναστὰς ἐκ νεκρῶν, ψάλλοντάς σοι· Ἀλληλούια.

Μετὰ τὴν εἴσοδον οἱ ψάλται λέγουσι τὰ συνήθη τροπάρια.

Τῇ Δευτέρᾳ
Ἀπολυτίκιον. Ἦχος δ΄.

Τῶν οὐρανίων στρατιῶν ἀρχιστράτηγοι, δυσωποῦμεν ὑμᾶς ἡμεῖς οἱ ἀνάξιοι, ἵνα ταῖς ὑμῶν δεήσεσι τειχίσητε ἡμᾶς, σκέπῃ τῶν πτερύγων, τῆς ἀΰλου ὑμῶν δόξης, φρουροῦντες ἡμᾶς προσπίπτοντας, ἐκτενῶς καὶ βοῶντας· ἐκ τῶν κινδύνων λυτρώσασθε ἡμᾶς, ὡς ταξιάρχαι τῶν ἄνω δυνάμεων.

Κοντάκιον. Ἦχος β΄.

Ἀρχιστράτηγοι Θεοῦ, λειτουργοὶ θείας δόξης, τῶν ἀνθρώπων ὁδηγοί, καὶ ἀρχηγοὶ ἀσωμάτων, τὸ συμφέρον ἡμῖν αἰτήσασθε, καὶ τὸ μέγα ἔλεος, ὡς τῶν ἀσωμάτων ἀρχιστράτηγοι.

Τῇ Τρίτῃ
Ἀπολυτίκιον. Ἦχος β΄.

Μνήμη δικαίου μετ᾽ ἐγκωμίων, σοὶ δὲ ἀρκέσει ἡ μαρτυρία τοῦ Κυρίου Πρόδρομε· ἀνεδείχθης γὰρ ὄντως καὶ προφητῶν σεβασμιώτερος, ὅτι καὶ ἐν ῥείθροις βαπτίσαι, κατηξιώθης τὸν κηρυττόμενον· ὅθεν τῆς ἀληθείας ὑπεραθλήσας, χαίρων εὐηγγελίσω καὶ τοῖς ἐν ᾅδῃ, Θεὸν φανερωθέντα ἐν σαρκί, τὸν αἴροντα τὴν ἁμαρτίαν τοῦ κόσμου, καὶ παρέχοντα ἡμῖν τὸ μέγα ἔλεος.

Κοντάκιον. Ἦχος β΄. Τὰ ἄνω ζητῶν.

Προφῆτα Θεοῦ, καὶ πρόδρομε τῆς χάριτος, τὴν κάραν τὴν σήν, ὡς ῥόδον ἱερώτατον, ἐκ τῆς γῆς εὑράμενοι, τὰς ἰάσεις πάντοτε λαμβάνομεν, καὶ γὰρ πάλιν ὡς πρότερον, ἐν κόσμῳ κηρύττεις τὴν μετάνοιαν.

Τῇ Τετάρτῃ καὶ τῇ Παρασκευῇ
Ἀπολυτίκιον. Ἦχος α΄.

Σῶσον Κύριε τὸν λαόν σου, καὶ εὐλόγησον τὴν κληρονομίαν σου, νίκας τοῖς βασιλεῦσι, κατὰ βαρβάρων δωρούμενος, καὶ τὸ σὸν φυλάττων, διὰ τοῦ σταυροῦ σου πολίτευμα.

Κοντάκιον. Ἦχος δ΄.

Ὁ ὑψωθεὶς ἐν τῷ Σταυρῷ ἑκουσίως, τῇ ἐπωνύμῳ σου καινῇ πολιτείᾳ, τοὺς οἰκτιρμούς σου δώρησαι, Χριστὲ ὁ Θεός· εὔφρανον ἐν τῇ δυνάμει σου, τοὺς πιστοὺς βασιλεῖς ἡμῶν, νίκας χορηγῶν αὐτοῖς, κατὰ τῶν πολεμίων, τὴν συμμαχίαν ἔχοιεν τὴν σήν, ὅπλον εἰρήνης, ἀήττητον τρόπαιον.

### Τῇ Πέμπτῃ
### Ἀπολυτίκιον. Ἦχος γ΄.

Ἀπόστολοι ἅγιοι, πρεσβεύσατε τῷ ἐλεήμονι Θεῷ, ἵνα πταισμάτων ἄφεσιν, παράσχῃ ταῖς ψυχαῖς ἡμῶν.

### Ἕτερον. Ἦχος δ΄.

Κανόνα πίστεως καὶ εἰκόνα πραότητος, ἐγκρατείας διδάσκαλον, ἀνέδειξέ σε τῇ ποίμνῃ σου, ἡ τῶν πραγμάτων ἀλήθεια· διὰ τοῦτο ἐκτήσω τῇ ταπεινώσει τὰ ὑψηλά, τῇ πτωχείᾳ τὰ πλούσια, πάτερ ἱεράρχα Νικόλαε· πρέσβευε Χριστῷ τῷ Θεῷ, σωθῆναι τὰς ψυχὰς ἡμῶν.

### Κοντάκιον. Ἦχος β΄.

Τοὺς ἀσφαλεῖς, καὶ θεοφθόγγους κήρυκας, τὴν κορυφὴν τῶν μαθητῶν σου Κύριε, προσελάβου εἰς ἀπόλαυσιν τῶν ἀγαθῶν σου καὶ ἀνάπαυσιν· τοὺς πόνους γὰρ ἐκείνων καὶ τὸν θάνατον, ἐδέξω ὑπὲρ πᾶσαν ὁλοκάρπωσιν, ὁ μόνος γινώσκων τὰ ἐγκάρδια.

### Τῷ Σαββάτῳ
### Ἀπολυτίκιον. Ἦχος β΄.

Ἀπόστολοι μάρτυρες καὶ προφῆται, ἱεράρχαι ὅσιοι καὶ δίκαιοι, οἱ καλῶς τὸν ἀγῶνα τελέσαντες, καὶ τὴν πίστιν τηρήσαντες, παρρησίαν ἔχοντες πρὸς τὸν Σωτῆρα, ὑπὲρ ἡμῶν αὐτὸν ὡς ἀγαθὸν ἱκετεύσατε, σωθῆναι δεόμεθα τὰς ψυχὰς ἡμῶν.

### Ἕτερον.

Μνήσθητι Κύριε ὡς ἀγαθὸς τῶν δούλων σου, καὶ ὅσα ἐν βίῳ ἥμαρτον συγχώρησον· οὐδεὶς γὰρ ἀναμάρτητος, εἰ μὴ σὺ ὁ δυνάμενος, καὶ τοῖς μεταστᾶσι, δοῦναι τὴν ἀνάπαυσιν.

### Κοντάκιον. Ἦχος πλ. δ΄.

Ὡς ἀπαρχὰς τῆς φύσεως, τῷ φυτουργῷ τῆς κτίσεως, ἡ οἰκουμένη προσφέρει σοι Κύριε, τοὺς θεοφόρους μάρτυρας· ταῖς αὐτῶν ἱκεσίαις, ἐν εἰρήνῃ βαθείᾳ, τὴν ἐκκλησίαν σου, διὰ τῆς Θεοτόκου συντήρησον πολυέλεε.

### Ἕτερον. Ἦχος πλ. δ΄.

Μετὰ τῶν ἁγίων ἀνάπαυσον Χριστέ, τὰς ψυχὰς τῶν δούλων σου, ἔνθα οὐκ ἔστι πόνος, οὐ λύπη οὐ στεναγμός, ἀλλὰ ζωὴ ἀτελεύτητος.

### Κοντάκιον ἐπισφραγιστικόν.
### Ἦχος β΄.
### Λεγόμενον καθ᾽ ἑκάστην (πλὴν Σαββάτου).

Προστασία τῶν χριστιανῶν ἀκαταίσχυντε, μεσιτεία πρὸς τὸν ποιητὴν ἀμετάθετε, μὴ παρίδῃς ἁμαρτωλῶν δεήσεων φωνάς, ἀλλὰ πρόφθασον ὡς ἀγαθή, εἰς τὴν βοήθειαν ἡμῶν, τῶν πιστῶς κραυγαζόντων σοι· τάχυνον εἰς πρεσβείαν, καὶ σπεῦσον εἰς ἱκεσίαν, ἡ προστατεύουσα ἀεί, Θεοτόκε τῶν τιμώντων σε.

Ὁ Διάκονος· Τοῦ Κυρίου δε-

ΛΕΙΤΟΥΡΓΙΑ — ΤΥΠΙΚΑ

ηθῶμεν. Ὁ χορός· Κύριε, ἐλέησον.

Ὁ Ἱερεύς· Ὅτι ἅγιος εἶ ὁ Θεὸς ἡμῶν... Ὁ χορός· Ἀμήν.

Ἅγιος ὁ Θεός, ἅγιος ἰσχυρός, ἅγιος ἀθάνατος, ἐλέησον ἡμᾶς (ἐκ γ΄).

Δόξα Πατρὶ καὶ Υἱῷ καὶ Ἁγίῳ Πνεύματι.

Καὶ νῦν καὶ ἀεὶ καὶ εἰς τοὺς αἰῶνας τῶν αἰώνων, ἀμήν.

Ἅγιος ἀθάνατος, ἐλέησον ἡμᾶς.

Δύναμις. Ἅγιος ὁ Θεός, ἅγιος ἰσχυρός, ἅγιος ἀθάνατος, ἐλέησον ἡμᾶς.

Ὁ Ἀπόστολος μετὰ τὸν Τρισάγιον ὕμνον, ὁ ἀναγνώστης. Προκείμενον τοῦ ἀποστόλου, ἦχος (δεῖνα)· ψαλμὸς τῷ Δαυΐδ, ἢ ᾠδὴ τῆς Θεοτόκου, ἢ ὕμνος τῶν τριῶν παίδων, ἀναλόγως· κατὰ τὰς Κυριακὰς τῶν ἁγίων πατέρων λέγομεν τὸ ᾠδὴ τῶν πατέρων. Ὁ Διάκονος· Πρόσχωμεν, καὶ ὁ ἀναγνώστης ἐκφωνεῖ τὸ προκείμενον μετὰ τοῦ στίχου αὐτοῦ· εἶτα ὁ Διάκονος· Σοφία. Ὁ ἀναγνώστης τὴν ἐπιγραφὴν τοῦ ἀποστόλου, καὶ ὁ Διάκονος· Πρόσχωμεν. Καὶ ὁ ἀναγνώστης ἀναγινώσκει τὸν ἀπόστολον κατὰ τὸ σύνηθες.

Καὶ τούτου πληρωθέντος λέγει ὁ Ἱερεύς· Εἰρήνη σοι, ὁ δὲ χορὸς ψάλλει τὸ Ἀλληλουιάριον.

Ὁ Ἱερεύς· Σοφία· ὀρθοί· ἀκούσωμεν τοῦ ἁγίου Εὐαγγελίου. Εἰρήνη πᾶσι. Τοῦ χοροῦ ἀποκρινομένου· Καὶ τῷ πνεύματί σου.

Ὁ Διάκονος· Ἐκ τοῦ κατὰ (τόν δε) ἁγίου Εὐαγγελίου τὸ ἀνάγνωσμα.

Ὁ Ἱερεύς· Πρόσχωμεν. Ὁ χορός· Δόξα σοι, Κύριε, δόξα σοι.

Καὶ ἀναγινώσκεται τὸ Εὐαγγέλιον τῆς ἡμέρας. Πληρωθέντος τοῦ Εὐαγγελίου λέγει πρὸς τὸν Διάκονον ὁ Ἱερεύς· Εἰρήνη σοὶ τῷ εὐαγγελιζομένῳ. Ὁ χορός· Δόξα σοι, Κύριε, δόξα σοι.

Ὁ Διάκονος τὴν ἐκτενή· Εἴπωμεν πάντες ἐξ ὅλης τῆς ψυχῆς... Οἱ χοροί· Κύριε ἐλέησον ἅπαξ.

Ὁ Διάκονος· Κύριε παντοκράτορ, ὁ Θεός... Οἱ χοροί· Κύριε ἐλέησον ἅπαξ.

Ὁ Διάκονος· Ἐλέησον ἡμᾶς, ὁ Θεός... Οἱ χοροὶ ἐν ἑκάστῃ αἰτήσει· Κύριε ἐλέησον γ΄· καὶ εἰς τὴν τελευταίαν, πάλιν ἅπαξ.

Ὁ Ἱερεύς· Ὅτι ἐλεήμων καὶ φιλάνθρωπος... Ὁ χορός· Ἀμήν.

Ὁ Διάκονος· Εὔξασθε οἱ κατηχούμενοι τῷ Κυρίῳ... κτλ. Μετὰ δὲ τὴν ὑπὸ τοῦ Ἱερέως ἐκφώνησιν· Ὅπως ὑπὸ τοῦ κράτους σου πάντοτε... Ὁ χορός· Ἀμήν.

Χερουβικὸς Ὕμνος.

Οἱ τὰ χερουβὶμ μυστικῶς εἰκονίζοντες, καὶ τῇ ζωοποιῷ Τριάδι τὸν τρισάγιον ὕμνον προσᾴδοντες, πᾶσαν νῦν βιοτικὴν ἀποθώμεθα μέριμναν, ὡς τὸν βασιλέα* τῶν ὅλων ὑποδεξόμενοι, ταῖς ἀγγελικαῖς ἀοράτως δορυφορούμενον τάξεσιν· ἀλληλούια, ἀλληλούια, ἀλληλούια.

Μετὰ τὴν εἴσοδον τῶν Ἁγίων, Ὁ

*Διάκονος·* Πληρώσωμεν τὴν δέησιν ἡμῶν τῷ Κυρίῳ, *κτλ. Ὁ χορὸς ἐν ἑκάστῃ αἰτήσει·* Κύριε, ἐλέησον.

*Ὁ Διάκονος·* Τὴν ἡμέραν πᾶσαν τελείαν… *κτλ.*

*Ὁ χορὸς ἐν ἑκάστῃ αἰτήσει·* Παράσχου, Κύριε.

*Ὁ Ἱερεύς·* Διὰ τῶν οἰκτιρμῶν τοῦ μονογενοῦς σου Υἱοῦ… *Ὁ χορός·* Ἀμήν.

*Ὁ Ἱερεύς·* Εἰρήνη πᾶσι. *Καὶ ὁ χορός·* Καὶ τῷ πνεύματί σου.

*Ὁ Διάκονος·* Ἀγαπήσωμεν ἀλλήλους, ἵνα ἐν ὁμονοίᾳ ὁμολογήσωμεν.

*Ὁ χορός·*

Πατέρα Υἱὸν καὶ Ἅγιον Πνεῦμα, Τριάδα ὁμοούσιον καὶ ἀχώριστον.

*Ἕτερον· εἰς συλλείτουργον.*

Ἀγαπήσω σε, Κύριε, ἡ ἰσχύς μου, Κύριος στερέωμά μου, καὶ καταφυγή μου, καὶ ῥύστης μου.

*Ὁ Διάκονος·* Τὰς θύρας, τὰς θύρας. Ἐν σοφίᾳ πρόσχωμεν.

*Τὸ Σύμβολον τῆς πίστεως (εὐλαβῶς καὶ εὐκρινῶς).*

Πιστεύω εἰς ἕνα Θεόν, Πατέρα, παντοκράτορα, ποιητὴν οὐρανοῦ καὶ γῆς, ὁρατῶν τε πάντων καὶ ἀοράτων. Καὶ εἰς ἕνα Κύριον Ἰησοῦν Χριστόν, τὸν Υἱὸν τοῦ Θεοῦ τὸν μονογενῆ, τὸν ἐκ τοῦ Πατρὸς γεννηθέντα πρὸ πάντων τῶν αἰώνων. Φῶς ἐκ φωτός, Θεὸν ἀληθινὸν ἐκ Θεοῦ ἀληθινοῦ, γεννηθέντα, οὐ ποιηθέντα, ὁμοούσιον τῷ Πατρί, δι' οὗ τὰ πάντα ἐγένετο. Τὸν δι' ἡμᾶς τοὺς ἀνθρώπους καὶ διὰ τὴν ἡμετέραν σωτηρίαν κατελθόντα ἐκ τῶν οὐρανῶν καὶ σαρκωθέντα ἐκ Πνεύματος Ἁγίου καὶ Μαρίας τῆς Παρθένου καὶ ἐνανθρωπήσαντα. Σταυρωθέντα τε ὑπὲρ ἡμῶν ἐπὶ Ποντίου Πιλάτου καὶ παθόντα καὶ ταφέντα. Καὶ ἀναστάντα τῇ τρίτῃ ἡμέρᾳ κατὰ τὰς Γραφάς. Καὶ ἀνελθόντα εἰς τοὺς οὐρανοὺς καὶ καθεζόμενον ἐκ δεξιῶν τοῦ Πατρός. Καὶ πάλιν ἐρχόμενον μετὰ δόξης κρῖναι ζῶντας καὶ νεκρούς· οὗ τῆς βασιλείας οὐκ ἔσται τέλος. Καὶ εἰς τὸ Πνεῦμα τὸ Ἅγιον, τὸ Κύριον, τὸ ζωοποιόν, τὸ ἐκ τοῦ Πατρὸς ἐκπορευόμενον, τὸ σὺν Πατρὶ καὶ Υἱῷ συμπροσκυνούμενον καὶ συνδοξαζόμενον, τὸ λαλῆσαν διὰ τῶν προφητῶν. Εἰς μίαν, ἁγίαν, καθολικὴν καὶ ἀποστολικὴν ἐκκλησίαν. Ὁμολογῶ ἓν βάπτισμα εἰς ἄφεσιν ἁμαρτιῶν. Προσδοκῶ ἀνάστασιν νεκρῶν. Καὶ ζωὴν τοῦ μέλλοντος αἰῶνος. Ἀμήν.

*Ὁ Διάκονος·* Στῶμεν καλῶς… *Ὁ χορός·* Ἔλεον, εἰρήνην, θυσίαν αἰνέσεως.

*Ὁ Ἱερεύς·* Ἡ χάρις τοῦ Κυρίου ἡμῶν… *Ὁ χορός·* Καὶ μετὰ τοῦ πνεύματός σου.

*Ὁ Ἱερεύς·* Ἄνω σχῶμεν τὰς καρδίας. *Ὁ χορός·* Ἔχομεν πρὸς τὸν Κύριον.

*Ὁ Ἱερεύς·* Εὐχαριστήσωμεν τῷ Κυρίῳ. *Ὁ χορός·* Ἄξιον καὶ δίκαιον.

*Ὁ Ἱερεύς·* Τὸν ἐπινίκιον ὕμνον ᾄδοντα…

*Ὁ χορός·*

Ἅγιος, ἅγιος, ἅγιος, Κύριος Σαβαώθ· πλήρης ὁ οὐρανὸς καὶ ἡ γῆ τῆς δόξης σου. Ὡσαννὰ ἐν τοῖς ὑψίστοις· εὐλογημένος ὁ ἐρχόμενος ἐν ὀνόματι Κυρίου. Ὡσαννὰ ἐν τοῖς ὑψίστοις.

*Ὁ Ἱερεύς·* Λάβετε, φάγετε... *Ὁ χορός·* Ἀμήν.

*Ὁ Ἱερεύς·* Πίετε ἐξ αὐτοῦ πάντες... *Ὁ χορός·* Ἀμήν.

*Ὁ Ἱερεύς·* Τὰ σὰ ἐκ τῶν σῶν σοὶ προσφέρομεν...

*Ὁ χορός·*

Σὲ ὑμνοῦμεν, σὲ εὐλογοῦμεν, σοὶ εὐχαριστοῦμεν, Κύριε, καὶ δεόμεθά σου, ὁ Θεὸς ἡμῶν.

*Ὁ Ἱερεύς·* Ἐξαιρέτως τῆς Παναγίας, ἀχράντου, ὑπερευλογημένης, ἐνδόξου, δεσποίνης ἡμῶν Θεοτόκου καὶ ἀειπαρθένου Μαρίας.

*Ἐν τῇ Θ. Λειτουργίᾳ Ἰωάννου τοῦ Χρυσοστόμου, μεγαλυνάριον τῆς Θεοτόκου, ἦχος β΄.*

Ἄξιόν ἐστιν ὡς ἀληθῶς, μακαρίζειν σε τὴν Θεοτόκον, τὴν ἀειμακάριστον καὶ παναμώμητον, καὶ μητέρα τοῦ Θεοῦ ἡμῶν. Τὴν τιμιωτέραν τῶν χερουβίμ, καὶ ἐνδοξοτέραν ἀσυγκρίτως τῶν σεραφίμ, τὴν ἀδιαφθόρως Θεὸν Λόγον τεκοῦσαν, τὴν ὄντως Θεοτόκον, σὲ μεγαλύνομεν.

*Τελουμένης δὲ τῆς Λειτουργίας τοῦ Μεγ. Βασιλείου, ἀντὶ τοῦ* Ἄξιον ἐστίν *ὁ χορὸς ψάλλει τὸ παρόν, ἦχος* πλ. δ΄.

Ἐπὶ σοὶ χαίρει κεχαριτωμένη, πᾶσα ἡ κτίσις, ἀγγέλων τὸ σύστημα, καὶ ἀνθρώπων τὸ γένος, ἡγιασμένε ναὲ καὶ παράδεισε λογικέ, παρθενικὸν καύχημα, ἐξ ἧς Θεὸς ἐσαρκώθη, καὶ παιδίον γέγονεν, ὁ πρὸ αἰώνων ὑπάρχων Θεὸς ἡμῶν. Τὴν γὰρ σὴν μήτραν θρόνον ἐποίησε, καὶ τὴν σὴν γαστέρα πλατυτέραν οὐρανῶν ἀπειργάσατο· ἐπὶ σοὶ χαίρει κεχαριτωμένη, πᾶσα ἡ κτίσις, δόξα σοι.

*Ὁ Ἱερεύς·* Ἐν πρώτοις μνήσθητι, Κύριε... κτλ. *Ὁ χορός·* Κύριε, ἐλέησον.

*Ὁ Διάκονος·* Καὶ ὧν ἕκαστος κατὰ διάνοιαν ἔχει, καὶ πάντων καὶ πασῶν.

*Ὁ χορός·* Κύριε, ἐλέησον. Ἤ· Καὶ πάντων καὶ πασῶν.

*Ὁ Ἱερεύς·* Καὶ δὸς ἡμῖν ἐν ἑνὶ στόματι καὶ μιᾷ καρδίᾳ δοξάζειν... *Ὁ χορός·* Ἀμήν.

*Ὁ Ἱερεύς·* Καὶ ἔσται τὰ ἐλέη τοῦ μεγάλου Θεοῦ... *Ὁ χορός·* Καὶ μετὰ τοῦ πνεύματός σου.

*Ὁ Διάκονος·* Πάντων τῶν ἁγίων μνημονεύσαντες... *Ὁ Ἱερεὺς ἐκφωνεῖ·* Καὶ καταξίωσον ἡμᾶς, Δέσποτα κτλ.

*Καὶ εὐθὺς ἡ κυριακὴ προσευχή.*

Πάτερ ἡμῶν, ὁ ἐν τοῖς οὐρανοῖς, ἁγιασθήτω τὸ ὄνομά σου, ἐλθέτω ἡ βασιλεία σου, γενηθήτω τὸ θέλημά σου, ὡς ἐν οὐρανῷ καὶ ἐπὶ τῆς γῆς. Τὸν ἄρτον ἡμῶν τὸν ἐπιούσιον δὸς ἡμῖν σήμερον, καὶ ἄφες ἡμῖν τὰ ὀφειλήματα ἡμῶν, ὡς καὶ ἡμεῖς ἀφίεμεν τοῖς ὀφειλέταις ἡμῶν. Καὶ μὴ εἰσενέγκῃς ἡμᾶς εἰς πειρασμόν, ἀλλὰ ῥῦσαι ἡμᾶς ἀπὸ τοῦ πονηροῦ.

Ὁ Ἱερεύς· Ὅτι σοῦ ἐστιν… Εἶτα, Εἰρήνη πᾶσι. Καὶ ὁ χορός· Καὶ τῷ πνεύματί σου. Ὁ Διάκονος· Τὰς κεφαλὰς ἡμῶν τῷ Κυρίῳ κλίνωμεν. Ὁ χορός· Σοί, Κύριε.

Ὁ Ἱερεύς· Χάριτι καὶ οἰκτιρμοῖς καὶ φιλανθρωπίᾳ τοῦ μονογενοῦς σου Υἱοῦ… Ὁ χορός· Ἀμήν. Ὁ Διάκονος· Πρόσχωμεν. Ὁ Ἱερεύς· Τὰ ἅγια τοῖς ἁγίοις.

Ὁ χορός.

Εἷς ἅγιος, εἷς Κύριος, Ἰησοῦς Χριστός, εἰς δόξαν Θεοῦ Πατρός. Ἀμήν.

Καὶ ψάλλεται τὸ κοινωνικὸν τῆς ἡμέρας.

Τῇ Κυριακῇ.

Αἰνεῖτε τὸν Κύριον ἐκ τῶν οὐρανῶν· ἀλληλούια, ἀλληλούια, ἀλληλούια.

Τῇ Δευτέρᾳ.

Ὁ ποιῶν τοὺς ἀγγέλους αὐτοῦ πνεύματα, καὶ τοὺς λειτουργοὺς αὐτοῦ πυρὸς φλόγα· ἀλληλούια, ἀλληλούια, ἀλληλούια.

Τῇ Τρίτῃ.

Εἰς μνημόσυνον αἰώνιον ἔσται δίκαιος· ἀλληλούια, ἀλληλούια, ἀλληλούια.

Τῇ Τετάρτῃ.

Ποτήριον σωτηρίου λήψομαι, καὶ τὸ ὄνομα Κυρίου ἐπικαλέσομαι· ἀλληλούια, ἀλληλούια, ἀλληλούια.

Τῇ Πέμπτῃ.

Εἰς πᾶσαν τὴν γῆν ἐξῆλθεν ὁ φθόγγος αὐτῶν, καὶ εἰς τὰ πέρατα τῆς οἰκουμένης τὰ ῥήματα αὐτῶν· ἀλληλούια, ἀλληλούια, ἀλληλούια.

Τῇ Παρασκευῇ.

Ἐσημειώθη ἐφ᾽ ἡμᾶς τὸ φῶς τοῦ προσώπου σου, Κύριε· ἀλληλούια, ἀλληλούια, ἀλληλούια.

Ἕτερον.

Σωτηρίαν εἰργάσω ἐν μέσῳ τῆς γῆς, Χριστὲ ὁ Θεός· ἀλληλούια, ἀλληλούια, ἀλληλούια.

Τῷ Σαββάτῳ.

Μακάριοι οὓς ἐξελέξω καὶ προσελάβου, Κύριε, καὶ τὸ μνημόσυνον αὐτῶν εἰς γενεὰν καὶ γενεάν· ἀλληλούια, ἀλληλούια, ἀλληλούια.

Ἕτερον.

Ἀγαλλιᾶσθε, δίκαιοι, ἐν Κυρίῳ· ἀλληλούια, ἀλληλούια, ἀλληλούια.

Εἶτα ὁ Διάκονος· Μετὰ φόβου Θεοῦ, πίστεως, καὶ ἀγάπης προσέλθετε.

Ὁ χορός·

Ἀμήν, ἀμήν, ἀμήν. Εὐλογημένος ὁ ἐρχόμενος ἐν ὀνόματι Κυρίου· Θεὸς Κύριος καὶ ἐπέφανεν ἡμῖν.

Τῆς Μεταλήψεως τελειωθείσης λέγει ὁ Ἱερεύς·

Σῶσον, ὁ Θεός, τὸν λαόν σου καὶ εὐλόγησον τὴν κληρονομίαν σου.

Ὁ χορός·

Εἴδομεν τὸ φῶς τὸ ἀληθινόν, ἐλάβομεν Πνεῦμα ἐπουράνιον,

εὕρομεν πίστιν ἀληθῆ, ἀδιαίρετον Τριάδα προσκυνοῦντες· αὕτη γὰρ ἡμᾶς ἔσωσε.

*Ὁ Ἱερεύς·* Πάντοτε νῦν καὶ ἀεί, καὶ εἰς τοὺς αἰῶνας τῶν αἰώνων.

*Ὁ χορός·* Ἀμήν.

Πληρωθήτω τὸ στόμα ἡμῶν αἰνέσεώς σου Κύριε, ὅπως ὑμνήσωμεν τὴν δόξαν σου, ὅτι ἠξίωσας ἡμᾶς μετασχεῖν, τῶν ἁγίων ἀθανάτων καὶ ἀχράντων σου μυστηρίων· στήριξον ἡμᾶς ἐν τῷ σῷ ἁγιασμῷ, ὅλην τὴν ἡμέραν μελετᾶν τὴν δικαιοσύνην σου· ἀλληλούια, ἀλληλούια, ἀλληλούια.

*Ὁ Διάκονος·* Ὀρθοί. Μεταλαβόντες τῶν θείων… *κτλ.*

*Καὶ ὁ Ἱερεύς·* Ὅτι σὺ εἶ ὁ ἁγιασμὸς ἡμῶν… *Ὁ χορός·* Ἀμήν.

*Ὁ Ἱερεύς·* Ἐν εἰρήνῃ προέλθωμεν. *Ὁ Διάκονος·* Τοῦ Κυρίου δεηθῶμεν. *Ὁ χορός·* Κύριε, ἐλέησον· Κύριε, ἐλέησον· Κύριε, ἐλέησον.

*Ὁ Ἱερεὺς τὴν ὀπισθάμβωνον εὐχήν·* Ὁ εὐλογῶν τοὺς εὐλογοῦντάς σε, Κύριε…

*Οἱ χοροί·* Ἀμήν.

Εἴη τὸ ὄνομα Κυρίου εὐλογημένον ἀπὸ τοῦ νῦν καὶ ἕως τοῦ αἰῶνος, *τρίς.*

*Ὁ Διάκονος·* Τοῦ Κυρίου δεηθῶμεν.

*Ὁ χορός·* Κύριε, ἐλέησον· Κύριε, ἐλέησον· Κύριε, ἐλέησον.

*Ὁ Ἱερεύς·* Εὐλογία Κυρίου καὶ ἔλεος, *κτλ. Εἴτα·* Δόξα σοι, ὁ Θεὸς ἡμῶν, δόξα σοι. *Ὁ λαός·* Δόξα, Καὶ νῦν. Εὐλόγησον. *Καὶ γίνεται ἀπόλυσις.*

*Εἰς τὸ τέλος·* Δι᾽ εὐχῶν τῶν ἁγίων πατέρων ἡμῶν. *Οἱ χοροί·* Ἀμήν.

*Τοὺς Ψαλμοὺς λγ΄* Εὐλογήσω τὸν Κύριον *καὶ ρμδ΄* Ὑψώσω σε ὁ Θεός μου *βλέπε ἐν τέλει τῆς παρούσης βίβλου, σ. 256.*

## ΤΡΟΠΑΡΙΑ ΑΝΑΣΤΑΣΙΜΑ

Ἐκ τῆς Ὀκτωήχου, ψαλλόμενα ἐν ταῖς ἱεραῖς Λειτουργίαις τῇ Κυριακῇ

### ΗΧΟΣ ΠΡΩΤΟΣ

Εἰς τὴν Λειτουργίαν οἱ Μακαρισμοί.

Καὶ λέγομεν τὰ παρόντα Ἀναστάσιμα.

Διὰ βρώσεως ἐξήγαγε, τοῦ παραδείσου ὁ ἐχθρὸς τὸν Ἀδάμ· διὰ Σταυροῦ δὲ τὸν λῃστήν, ἀντεισήγαγε Χριστὸς ἐν αὐτῷ· μνήσθητί μου κράζοντα, ὅταν ἔλθῃς, ἐν τῇ βασιλείᾳ σου.

Προσκυνῶ σου τὰ παθήματα, δοξολογῶ καὶ τὴν ἀνάστασιν, σὺν τῷ Ἀδὰμ καὶ τῷ λῃστῇ, μετὰ φωνῆς ἀναβοῶ σοι λαμπρᾶς· μνήσθητί μου Κύριε, ὅταν ἔλθῃς, ἐν τῇ βασιλείᾳ σου.

Ἐσταυρώθης ἀναμάρτητε, καὶ ἐν μνημείῳ κατετέθης ἑκών· ἀλλ᾽ ἐξανέστης ὡς Θεός, συνεγείρας σεαυτῷ τὸν Ἀδάμ· μνήσθητί μου κράζοντα, ὅταν ἔλθῃς, ἐν τῇ βασιλείᾳ σου.

Τὸν ναόν σου τὸν τοῦ σώματος, τῇ τριημέρῳ ἀναστήσας ταφῇ, σὺν τῷ Ἀδὰμ τοὺς ἐξ Ἀδάμ, ἐξανέστησας Χριστὲ ὁ Θεός· μνήσθητί μου κράζοντας, ὅταν ἔλθῃς, ἐν τῇ βασιλείᾳ σου.

Μυροφόροι ἦλθον κλαίουσαι, ἐπὶ τὸ μνῆμά σου Χριστὲ ὁ Θεός, λίαν πρωῒ καὶ ἐν λευκοῖς, εὗρον ἄγγελον καθήμενον, τί ζητεῖται κράζοντα; ἐξανέστη Χριστός· μὴ θρηνεῖτε λοιπόν.

Οἱ ἀπόστολοί σου Κύριε, ἐπὶ τὸ ὄρος οὗ ἐτάξω αὐτοῖς, παραγενόμενοι Σωτήρ, σὲ ἰδόντες προσεκύνησαν· οὓς καὶ ἐξαπέστειλας, εἰς τὰ ἔθνη, διδάσκειν καὶ βαπτίζειν αὐτούς.

Δόξα.

Τὸν Πατέρα προσκυνήσωμεν, καὶ τὸν Υἱὸν δοξολογήσωμεν, καὶ τὸ πανάγιον ὁμοῦ, πάντες Πνεῦμα ἀνυμνήσωμεν, κράζοντες καὶ λέγοντες· Παναγία Τριάς, σῶσον πάντας ἡμᾶς.

Καὶ νῦν. Θεοτοκίον.

Τὴν μητέρα σου προσάγει σοι, εἰς ἱκεσίαν ὁ λαός σου Χριστέ· ταῖς παρακλήσεσιν αὐτῆς, τοὺς οἰκτιρμούς σου δὸς ἡμῖν ἀγαθέ· ἵνα σε δοξάζωμεν, τὸν ἐκ τάφου ἡμῖν ἀνατείλαντα.

Ἰστέον ὅτι, ἐὰν μὴ τύχωσι προεόρτια ἢ μεθέορτα ἢ Ἅγιος ἑορταζόμενος, λέγομεν ἅπαντα τὰ Ἀναστάσιμα. Εἰ δέ, λέγομεν δ΄ Ἀναστάσιμα, καὶ τὴν ς΄ ᾠδὴν τῶν προεορτίων ἢ μεθεόρτων ἢ τοῦ ἑορταζομένου Ἁγίου. Εἰ δὲ πάλιν τύχωσι προεόρτια ἢ μεθέορτα καὶ ἑορταζόμενος Ἅγιος, λέγομεν δ΄ Ἀναστάσιμα, τῶν προεορτίων ἢ μεθεόρτων τὴν γ΄ ᾠδήν, καὶ τὴν ς΄ τοῦ Ἁγίου. Οὕτω ποιοῦμεν ἐν πάσαις ταῖς Κυριακαῖς, ἐν αἷς δηλονότι τύχωσι προεόρτια ἢ μεθέορτα καὶ ἑορταζόμενος Ἅγιος.

Τροπάριον Ἀναστάσιμον τοῦ αὐτοῦ ἤχου.

Τοῦ λίθου σφραγισθέντος ὑπὸ τῶν Ἰουδαίων, καὶ στρατιωτῶν φυλασσόντων τὸ ἄχραντόν σου σῶμα, ἀνέστης τριήμερος Σωτήρ, δωρούμενος τῷ κόσμῳ τὴν ζωήν· διὰ τοῦτο αἱ δυνάμεις τῶν οὐρανῶν, ἐβόων σοι Ζωοδότα· δόξα τῇ ἀναστάσει σου Χριστέ, δόξα τῇ βασιλείᾳ σου, δόξα τῇ οἰκονομίᾳ σου μόνε φιλάνθρωπε.

Καὶ ἡ Ὑπακοή.

Ἡ τοῦ λῃστοῦ μετάνοια τὸν παράδεισον ἐσύλησεν· ὁ δὲ θρῆνος τῶν μυροφόρων τὴν χαρὰν ἐμήνυσεν· ὅτι ἀνέστης Χριστὲ ὁ Θεός, παρέχων τῷ κόσμῳ τὸ μέγα ἔλεος.

## ΗΧΟΣ ΔΕΥΤΕΡΟΣ

Εἰς τὴν Λειτουργίαν, οἱ Μακαρισμοί.

Καὶ λέγομεν τὰ παρόντα Ἀναστάσιμα.

Τὴν φωνήν σοι προσάγομεν, τοῦ λῃστοῦ καὶ βοῶμέν σοι· μνήσθητι ἡμῶν Σωτήρ, ἐν τῇ βασιλείᾳ σου.

Τὸν Σταυρόν σοι προσάγομεν, εἰς πταισμάτων συγχώρησιν, ὃν ὑπὲρ ἡμῶν κατεδέξω Φιλάνθρωπε.

Προσκυνοῦμέν σου Δέσποτα, τὴν ταφὴν καὶ τὴν ἔγερσιν, δι' ὧν ἐκ φθορᾶς ἐλυτρώσω, τὸν κόσμον Φιλάνθρωπε.

Τῷ θανάτῳ σου Κύριε, κατεπόθη ὁ θάνατος, καὶ τῇ ἀναστάσει σου Σῶτερ, τὸν κόσμον διέσωσας.

Οἱ ἐν σκότει καθεύδοντες, σὲ τὸ φῶς θεασάμενοι, ἐν τοῖς κατωτάτοις τοῦ ᾅδου, Χριστὲ ἐξανέστησαν.

Μυροφόροις ὑπήντησας, ἀναστὰς ἐκ τοῦ μνήματος, καὶ τοῖς μαθηταῖς ἐπηγγείλω, εἰπεῖν σου τὴν ἔγερσιν.

Δόξα.

Τὸν Πατέρα δοξάσωμεν, τὸν Υἱὸν προσκυνήσωμεν, πάντες καὶ τὸ Ἅγιον Πνεῦμα, πιστῶς ἀνυμνήσωμεν.

Καὶ νῦν. Θεοτοκίον.

Χαῖρε θρόνε πυρίμορφε, χαῖρε νύμφη ἀνύμφευτε, χαῖρε ἡ Θεὸν τοῖς ἀνθρώποις, Παρθένε κυήσασα.

Τροπάριον τοῦ αὐτοῦ ἤχου.

Ὅτε κατῆλθες πρὸς τὸν θάνατον, ἡ ζωὴ ἡ ἀθάνατος, τότε τὸν ᾅδην ἐνέκρωσας, τῇ ἀστραπῇ τῆς θεότητος. Ὅτε δὲ καὶ τοὺς τεθνεῶτας ἐκ τῶν καταχθονίων ἀνέστησας, πᾶσαι αἱ δυνάμεις τῶν ἐπουρανίων ἐκραύγαζον· Ζωοδότα Χριστὲ ὁ Θεὸς ἡμῶν, δόξα σοι.

Καὶ ἡ Ὑπακοή.

Μετὰ τὸ πάθος πορευθεῖσαι ἐν τῷ μνήματι, πρὸς τὸ μυρίσαι τὸ σῶμά σου αἱ γυναῖκες, Χριστὲ ὁ Θεός, εἶδον ἀγγέλους ἐν τῷ τάφῳ, καὶ ἐξέστησαν· φωνῆς γὰρ ἤκουον ἐξ αὐτῶν, ὅτι ἀνέστη ὁ Κύριος, δωρούμενος τῷ κόσμῳ τὸ μέγα ἔλεος.

ΗΧΟΣ ΤΡΙΤΟΣ

Εἰς τὴν Λειτουργίαν, οἱ Μακαρισμοί.

Καὶ λέγομεν τὰ παρόντα Ἀναστάσιμα.

Ἀθετήσαντα Χριστὲ τὴν ἐντολήν σου, τὸν προπάτορα Ἀδάμ, τοῦ παραδείσου ἐξώρισας· τὸν δὲ λῃστὴν οἰκτίρμον, ὁμολογήσαντά σε ἐν Σταυρῷ, ἐν αὐτῷ εἰσῴκισας κράζοντα· μνήσθητί μου Σωτήρ, ἐν τῇ βασιλείᾳ σου.

Ἁμαρτήσαντας ἡμᾶς, τῇ τοῦ θανάτου κατεδίκασας ἀρᾷ, ὁ ζωοδότης καὶ Κύριος· ἐν δὲ τῷ σώματί σου, ἀναμαρτήτως Δέσποτα παθών, τοὺς θνητοὺς ἐζώωσας κράζοντας· μνήσθητι καὶ ἡμῶν, ἐν τῇ βασιλείᾳ σου.

Ἀναστὰς ἐκ τῶν νεκρῶν, συνεξανέστησας ἡμᾶς ἐκ τῶν παθῶν, τῇ ἀναστάσει σου Κύριε· τοῦ δὲ θανάτου πᾶσαν, τὴν δυναστείαν ὤλεσας Σωτήρ· διὰ τοῦτο πίστει σοι κράζομεν· μνήσθητι καὶ ἡμῶν, ἐν τῇ βασιλείᾳ σου.

Τῇ τριημέρῳ σου ταφῇ, τοὺς ἐν τῷ ᾅδῃ νεκρωθέντας ὡς Θεός, ζωοποιήσας συνήγειρας· καὶ ἀφθαρσίαν πᾶσιν, ὡς ἀγαθὸς ἐπήγασας ἡμῖν, τοῖς ἐν πίστει κράζουσι πάντοτε· μνήσθητι καὶ ἡμῶν, ἐν τῇ βασιλείᾳ σου.

Ταῖς μυροφόροις γυναιξὶ πρώταις ἐφάνης, ἀναστὰς ἐκ τῶν νεκρῶν, Σωτὴρ βοήσας τὸ Χαίρετε· καὶ δι' αὐτῶν τοῖς φίλοις, τὴν σὴν μηνύεις ἔγερσιν Χριστέ· διὰ τοῦτο πίστει κραυγάζομεν· μνήσθητι καὶ ἡμῶν, ἐν τῇ βασιλείᾳ σου.

Ἐν τῷ ὄρει Μωϋσῆς χεῖρας ἁπλώσας, προετύπου τὸν Σταυρόν, τὸν Ἀμαλὴκ τροπωσάμενος· ἡμεῖς δὲ πίστει τοῦτον, κατὰ δαιμόνων ὅπλον κραταιόν, εἰληφότες πάντες κραυγάζομεν· μνήσθητι καὶ ἡμῶν, ἐν τῇ βασιλείᾳ σου.

Δόξα.

Τὸν Πατέρα καὶ Υἱὸν καὶ Πνεῦμα Ἅγιον, ὑμνήσωμεν πιστοί, ἕνα Θεὸν ἕνα Κύριον, ὡς ἐξ ἑνὸς ἡλίου· τρισσολαμπὴς γὰρ ἐστὶν ἡ Τριάς, καὶ φωτίζει πάντας τοὺς κράζοντας· μνήσθητι καὶ ἡμῶν, ἐν τῇ βασιλείᾳ σου.

Καὶ νῦν. Θεοτοκίον.

Χαῖρε ἡ πύλη τοῦ Θεοῦ δι' ἧς διῆλθε, σαρκωθεὶς ὁ πλαστουργός, ἐσφραγισμένην φυλάξας σε. Χαῖρε νεφέλη κούφη, τὸν θεῖον ὄμβρον φέρουσα Χριστόν. Χαῖρε κλῖμαξ καὶ θρόνε οὐράνιε. Χαῖρε ὄρος σεπτόν, πῖον ἀλατόμητον.

Τροπάριον Ἀναστάσιμον τοῦ αὐτοῦ ἤχου.

Εὐφραινέσθω τὰ οὐράνια, ἀγαλλιάσθω τὰ ἐπίγεια, ὅτι ἐποίησε κράτος ἐν βραχίονι αὐτοῦ, ὁ Κύριος· ἐπάτησε τῷ θανάτῳ τὸν θάνατον· πρωτότοκος τῶν νεκρῶν ἐγένετο· ἐκ κοιλίας ᾅδου ἐρρύσατο ἡμᾶς, καὶ παρέσχε τῷ κόσμῳ τὸ μέγα ἔλεος.

Καὶ ἡ Ὑπακοή.

Ἐκπλήττων τῇ ὁράσει, δροσίζων τοῖς ῥήμασιν, ὁ ἀστράπτων ἄγγελος, ταῖς μυροφόροις ἔλεγε· τὸν ζῶντα τί ζητεῖτε ἐν μνήματι; ἠγέρθη κενώσας τὰ μνήματα· τῆς φθορᾶς ἀλλοιωτὴν γνῶτε τὸν ἀναλλοίωτον· εἴπατε τῷ Θεῷ· ὡς φοβερὰ τὰ ἔργα σου, ὅτι τὸ γένος ἔσωσας τῶν ἀνθρώπων.

## ΗΧΟΣ ΤΕΤΑΡΤΟΣ

Εἰς τὴν Λειτουργίαν, οἱ Μακαρισμοί.

Καὶ λέγομεν τὰ παρόντα Ἀναστάσιμα.

Διὰ ξύλου ὁ Ἀδάμ, παραδείσου γέγονεν ἄποικος· διὰ ξύλου δὲ Σταυροῦ, ὁ λῃστὴς παράδεισον ᾤκησεν· ὁ μὲν γὰρ γευσάμενος, ἐντολὴν ἠθέτησε τοῦ ποιήσαντος· ὁ δὲ συσταυρούμενος, Θεὸν ὡμολόγησε τὸν κρυπτόμενον· μνήσθητί μου βοῶν ἐν τῇ βασιλείᾳ σου.

Ὁ ὑψωθεὶς ἐν τῷ Σταυρῷ, καὶ τοῦ θανάτου λύσας τὴν δύναμιν, καὶ ἐξαλείψας ὡς Θεός, τὸ καθ' ἡμῶν χειρόγραφον Κύριε· λῃστοῦ τὴν μετάνοιαν, καὶ ἡμῖν παράσχου μόνε Φιλάνθρωπε, τοῖς πίστει λατρεύουσι, Χριστὲ ὁ Θεὸς ἡμῶν, καὶ βοῶσί σοι· μνήσθητι καὶ ἡμῶν ἐν τῇ βασιλείᾳ σου.

Τὸ χειρόγραφον ἡμῶν, ἐν τῷ Σταυρῷ τῇ λόγχῃ διέρρηξας, καὶ λογισθεὶς ἐν τοῖς νεκροῖς, τὸν ἐκεῖσε τύραννον ἔδησας, ῥυσάμενος ἅπαντας, ἐκ δεσμῶν τοῦ ᾅδου τῇ ἀναστάσει σου· δι' ἧς ἐφωτίσθημεν, φιλάνθρωπε Κύριε, καὶ βοῶμέν σοι· μνήσθητι καὶ ἡμῶν ἐν τῇ βασιλείᾳ σου.

Ὁ σταυρωθεὶς καὶ ἀναστάς, ὡς δυνατὸς ἐκ τάφου τριήμερος, καὶ τὸν πρωτόπλαστον Ἀδάμ, ἐξαναστήσας μόνε Ἀθάνατε· κἀμὲ εἰς μετάνοιαν, ἐπιστρέψαι Κύριε καταξίωσον, ἐξ ὅλης καρδίας μου, καὶ ἐν θερμῇ τῇ πίστει ἀεὶ κραυγάζειν σοι· μνήσθητί μου Σωτήρ, ἐν τῇ βασιλείᾳ σου.

Δι' ἡμᾶς ὁ ἀπαθής, παθητὸς ἐγένετο ἄνθρωπος· καὶ ἑκουσίως ἐν Σταυρῷ, προσηλωθεὶς ἡμᾶς συνανέστησε· διὸ καὶ δοξάζομεν, σὺν τῷ Σταυρῷ τὸ πάθος καὶ τὴν ἀνάστασιν· δι' ὧν ἀνεπλάσθημεν, δι' ὧν καὶ σωζόμεθα ἀνακράζοντες· μνήσθητι καὶ ἡμῶν ἐν τῇ βασιλείᾳ σου.

Τὸν ἀναστάντα ἐκ νεκρῶν, καὶ τὸ τοῦ ᾅδου κράτος σκυλεύσαντα, καὶ ὀραθέντα γυναιξί, μυροφόροις λέγοντα Χαίρετε, πιστοὶ δυσωπήσωμεν, ἐκ φθορᾶς λυτρώσασθαι τὰς ψυχὰς ἡμῶν· κραυγάζοντες πάντοτε, λῃστοῦ τοῦ εὐγνώμονος τὴν φωνὴν πρὸς αὐτόν· μνήσθητι καὶ ἡμῶν ἐν τῇ βασιλείᾳ σου.

Δόξα.

Τὸν Πατέρα καὶ Υἱόν, καὶ τὸ Πνεῦμα πάντες τὸ Ἅγιον, ὁμοφρόνως οἱ πιστοί, δοξολογεῖν ἀξίως εὐξώμεθα, Μονάδα Θεότητος, ἐν τρισὶν ὑπάρχουσαν ὑποστάσεσιν, ἀσύγχυτον μένουσαν, ἁπλῆν ἀδιαίρετον καὶ ἀπρόσιτον, δι' ἧς ἐκλυτρούμεθα τοῦ πυρὸς τῆς κολάσεως.

Καὶ νῦν. Θεοτοκίον.

Τὴν Μητέρα σου Χριστέ, τὴν ἐν σαρκὶ ἀσπόρως τεκοῦσάν σε, καὶ παρθένον ἀληθῶς, καὶ μετὰ τόκον μείνασαν ἄφθορον, αὐτήν σοι προσάγομεν, εἰς πρεσβείαν Δέσποτα πολυέλεε· πταισμάτων συγχώρησιν, δώρησαι πάντοτε τοῖς βοῶσί σοι· μνήσθητι καὶ ἡμῶν ἐν τῇ βασιλείᾳ σου.

Τροπάρια τοῦ αὐτοῦ ἤχου.

Τὸ φαιδρὸν τῆς ἀναστάσεως κήρυγμα, ἐκ τοῦ ἀγγέλου μαθοῦσαι αἱ τοῦ Κυρίου μαθήτριαι, καὶ τὴν προγονικὴν ἀπόφασιν ἀπορρίψασαι, τοῖς ἀποστόλοις καυχώμεναι ἔλεγον· ἐσκύλευται ὁ θάνατος, ἠγέρθη Χριστὸς ὁ Θεός, δωρούμενος τῷ κόσμῳ τὸ μέγα ἔλεος.

Καὶ ἡ Ὑπακοή.

Τὰ τῆς σῆς παραδόξου ἐγέρσεως, προδραμοῦσαι αἱ μυροφόροι, τοῖς ἀποστόλοις ἐκήρυττον Χριστέ. ὅτι ἀνέστης, ὡς Θεός, παρέχων τῷ κόσμῳ τὸ μέγα ἔλεος.

## ΗΧΟΣ ΠΛΑΓΙΟΣ ΤΟΥ ΠΡΩΤΟΥ

Εἰς τὴν Λειτουργίαν, οἱ Μακαρισμοί.

Καὶ λέγομεν τὰ παρόντα Ἀναστάσιμα.

Ὁ λῃστὴς ἐν τῷ Σταυρῷ, Θεὸν εἶναί σε πιστεύσας Χριστέ, ὡμολόγησέ σε εἰλικρινῶς ἐκ καρδίας· μνήσθητί μου Κύριε βοῶν, ἐν τῇ βασιλείᾳ σου.

Τὸν ἐν τῷ ξύλῳ τοῦ Σταυροῦ, ζωὴν ἀνθήσαντα τῷ γένει ἡμῶν, καὶ ξηράναντα τὴν ἐκ τοῦ ξύλου κατάραν, ὡς Δεσπότην καὶ δημιουργόν, συμφώνως ὑμνήσωμεν.

Τῷ θανάτῳ σου Χριστέ, θανάτου ἔλυσας τὴν δύναμιν, καὶ συνήγειρας τοὺς ἀπ' αἰῶνος θανόντας, σὲ ὑμνοῦντας τὸν ἀληθινὸν Θεόν, καὶ Σωτῆρα ἡμῶν.

Ἐπὶ τὸ μνῆμά σου Χριστέ, παραγενόμεναι γυναῖκες σεμναί, ἐπεζήτουν σε Ζωοδότα μυρίσαι· καὶ ὤφθη ταύταις ἄγγελος βοῶν· ἀνέστη ὁ Κύριος.

Σταυρωθέντος σου Χριστέ, ἐν μέσῳ δύο καταδίκων λῃστῶν, ὁ μὲν εἷς βλασφημῶν σε, κατεκρίθη δικαίως· ὁ δὲ ἄλλος σε ὁμολογῶν, παράδεισον ᾤκησε.

Τῶν ἀποστόλων τὸν χορόν, παραγενόμεναι γυναῖκες σεμναί, ἀνεβόησαν· ὁ Χριστὸς ἀνέστη· ὡς Δεσπότην καὶ δημιουργόν, αὐτὸν προσκυνήσωμεν.

Δόξα.

Τριὰς ἀμέριστε μονάς, ἡ παντουργὸς καὶ παντοδύναμος, ὁ Πατὴρ ὁ Υἱὸς καὶ τὸ Ἅγιον Πνεῦμα, σὲ ὑμνοῦμεν τὸν ἀληθινὸν Θεόν, καὶ Σωτῆρα ἡμῶν.

Καὶ νῦν. Θεοτοκίον.

Χαῖρε ἔμψυχε ναὲ Θεοῦ, καὶ πύλη ἀδιόδευτε· χαῖρε ἄφλεκτε καὶ πυρίμορφε θρόνε· χαῖρε Μῆτερ τοῦ Ἐμμανουήλ, Χριστοῦ τοῦ Θεοῦ ἡμῶν.

Τροπάριον τοῦ αὐτοῦ ἤχου.

Τὸν συνάναρχον Λόγον Πατρὶ καὶ Πνεύματι, τὸν ἐκ παρθένου τεχθέντα εἰς σωτηρίαν ἡμῶν, ἀνυμνήσωμεν πιστοὶ καὶ προσκυνήσωμεν· ὅτι ηὐδόκησε σαρκί, ἀνελθεῖν ἐν τῷ Σταυρῷ, καὶ θάνατον ὑπομεῖναι, καὶ ἐγεῖραι τοὺς τεθνεῶτας, ἐν τῇ ἐνδόξῳ ἀναστάσει αὐτοῦ.

Καὶ ἡ Ὑπακοή.

Ἀγγελικῇ ὁράσει τὸν νοῦν ἐκθαμβούμεναι, καὶ θεϊκῇ ἐγέρσει τὴν ψυχὴν φωτιζόμεναι, αἱ μυροφόροι τοῖς ἀποστόλοις εὐηγγελίζοντο· ἀναγγείλατε ἐν τοῖς ἔθνεσι, τὴν ἀνάστασιν τοῦ Κυρίου, συνεργοῦντος τοῖς θαύμασι, καὶ παρέχοντος ἡμῖν τὸ μέγα ἔλεος.

## ΗΧΟΣ ΠΛΑΓΙΟΣ ΤΟΥ ΔΕΥΤΕΡΟΥ

Εἰς τὴν Λειτουργίαν, οἱ Μακαρισμοί.

Καὶ λέγομεν τὰ παρόντα Ἀναστάσιμα.

## ΤΡΟΠΑΡΙΑ — ΜΑΚΑΡΙΣΜΟΙ

Μνήσθητί μου, ὁ Θεὸς ὁ Σωτήρ μου, ὅταν ἔλθῃς ἐν τῇ βασιλείᾳ σου, καὶ σῶσόν με ὡς μόνος φιλάνθρωπος.

Διὰ ξύλου, τὸν Ἀδὰμ ἀπατηθέντα, διὰ ξύλου Σταυροῦ πάλιν ἔσωσας, λῃστὴν βοῶντα· μνήσθητί μου Κύριε ἐν τῇ βασιλείᾳ σου.

Τὸν ἐν ξύλῳ, τοῦ Σταυροῦ προσηλωθέντα, καὶ τὸν κόσμον ἐκ πλάνης ῥυσάμενον, συμφώνως πάντες Χριστὸν ἀνυμνήσωμεν.

Ἅδου πύλας, καὶ μοχλοὺς συντρίψας ζωοδότα, ἀνέστησας ἅπαντας, Σωτὴρ βοῶντας· δόξα τῇ ἐγέρσει σου.

Μνήσθητί μου, ὁ τὸν θάνατον σκυλεύσας, τῇ ταφῇ σου καὶ τῇ ἀναστάσει σου, χαρᾶς τὰ πάντα πληρώσας ὡς εὔσπλαγχνος.

Μυροφόροι, ἐν τῷ μνήματι ἐλθοῦσαι, τοῦ ἀγγέλου κραυγάζοντος ἤκουον· Χριστὸς ἀνέστη φωτίσας τὰ σύμπαντα.

Δόξα.

Τὸν Πατέρα, καὶ Υἱὸν δοξολογοῦμεν, καὶ τὸ Πνεῦμα τὸ Ἅγιον λέγοντες· Τριὰς Ἁγία σῶσον τὰς ψυχὰς ἡμῶν.

Καὶ νῦν. Θεοτοκίον.

Ἡ ἀρρήτως, ἐπ' ἐσχάτων συλλαβοῦσα, καὶ τεκοῦσα τὸν κτίστην τὸν ἴδιον, Παρθένε σῷζε τοὺς σὲ μεγαλύνοντας.

Τροπάριον τοῦ αὐτοῦ ἤχου.

Ἀγγελικαὶ δυνάμεις ἐπὶ τὸ μνῆμά σου, καὶ οἱ φυλάσσοντες ἀπενεκρώθησαν· καὶ ἵστατο Μαρία ἐν τῷ τάφῳ, ζητοῦσα τὸ ἄχραντόν σου σῶμα· ἐσκύλευσας τὸν ᾅδην, μὴ πειρασθεὶς ὑπ' αὐτοῦ, ὑπήντησας τῇ παρθένῳ, δωρούμενος τὴν ζωήν· ὁ ἀναστὰς ἐκ τῶν νεκρῶν, Κύριε δόξα σοι.

Καὶ ἡ Ὑπακοή.

Τῷ ἑκουσίῳ καὶ ζωοποιῷ σου θανάτῳ Χριστέ, πύλας τοῦ ᾅδου συντρίψας ὡς Θεός, ἤνοιξας ἡμῖν τὸν πάλαι παράδεισον· καὶ ἀναστὰς ἐκ τῶν νεκρῶν, ἐρρύσω ἐκ φθορᾶς τὴν ζωὴν ἡμῶν.

### ΗΧΟΣ ΒΑΡΥΣ

Εἰς τὴν Λειτουργίαν, οἱ Μακαρισμοί.

Καὶ λέγομεν τὰ παρόντα Ἀναστάσιμα.

Ὡραῖος ἦν καὶ καλὸς εἰς βρῶσιν, ὁ ἐμὲ θανατώσας καρπός· Χριστός ἐστι τὸ ξύλον τῆς ζωῆς, ἐξ οὗ φαγὼν οὐ θνήσκω· ἀλλὰ βοῶ σὺν τῷ λῃστῇ· μνήσθητί μου Κύριε, ἐν τῇ βασιλείᾳ σου.

Ἐν τῷ Σταυρῷ ὑψωθεὶς οἰκτίρμον, τοῦ Ἀδὰμ τὸ χειρόγραφον, τῆς πάλαι ἁμαρτίας ἐξήλειψας, καὶ ἔσωσας ἐκ πλάνης ἅπαν τὸ γένος τῶν βροτῶν· ὅθεν ἀνυμνοῦμέν σε, εὐεργέτα Κύριε.

Προσηλώσας ἐν Σταυρῷ οἰκτίρμον, τὰς ἡμῶν ἁμαρτίας Χριστέ, καὶ διὰ τοῦ σοῦ θανάτου, τὸν θάνατον ἐνέκρωσας, ἐγείρας τοὺς τεθνεῶτας ἐκ νεκρῶν· ὅθεν προσκυνοῦμέν σου, τὴν σεπτὴν ἀνάστασιν.

Ἐξέχεε τὸν ἰὸν ὁ ὄφις, ἀκοαῖς ταῖς τῆς Εὔας ποτέ· Χριστὸς δὲ ἐν τῷ ξύλῳ τοῦ Σταυροῦ, ἐπήγασε τῷ κόσμῳ τῆς ζωῆς τὸν γλυκασμόν· μνήσθητί μου Κύριε, ἐν τῇ βασιλείᾳ σου.

Ἐν μνήματι ὡς θνητὸς ἐτέθης, ἡ ζωὴ τῶν ἁπάντων Χριστέ, καὶ ἔθλασας τοῦ ᾅδου τοὺς μοχλούς· καὶ ἀναστὰς ἐν δόξῃ τριήμερος, ὡς δυνατός, πάντας κατεφώτισας· δόξα τῇ ἐγέρσει σου.

Ὁ Κύριος ἀναστὰς τριήμερος ἐκ νεκρῶν, ἐδωρήσατο εἰρήνην τὴν ἰδίαν τοῖς μαθηταῖς· καὶ τούτους εὐλογήσας, ἐξαπέστειλεν εἰπών· πάντας προσαγάγετε εἰς τὴν βασιλείαν μου.

Δόξα.

Φῶς ὁ Πατήρ, φῶς ὁ Υἱὸς καὶ Λόγος, φῶς τὸ Πνεῦμα τὸ Ἅγιον, ἀλλ᾽ ἓν φῶς τὰ τρία· εἷς γὰρ Θεός, ἐν τρισὶ μὲν προσώποις, μιᾷ δὲ φύσει καὶ ἀρχῇ, ἄτμητος, ἀσύγχυτος, πέλων προαιώνιος.

Καὶ νῦν. Θεοτοκίον.

Ἐκύησας τὸν Υἱὸν καὶ Λόγον τοῦ Πατρός, ἐν σαρκὶ ἐπὶ γῆς, ὡς οἶδε Θεοτόκε ὁ αὐτός· διὸ παρθενομῆτορ, οἱ θεωθέντες διὰ σοῦ, χαῖρέ σοι κραυγάζομεν, τῶν χριστιανῶν ἡ ἐλπίς.

Τροπάριον τοῦ αὐτοῦ ἤχου.

Κατέλυσας τῷ Σταυρῷ σου τὸν θάνατον, ἠνέῳξας τῷ λῃστῇ τὸν παράδεισον· τῶν μυροφόρων τὸν θρῆνον μετέβαλες, καὶ τοῖς σοῖς ἀποστόλοις κηρύττειν ἐπέταξας· ὅτι ἀνέστης Χριστὲ ὁ Θεός, παρέχων τῷ κόσμῳ τὸ μέγα ἔλεος.

Καὶ ἡ Ὑπακοή.

Ὁ ἡμετέραν μορφὴν ἀναλαβών, καὶ ὑπομείνας Σταυρὸν σωματικῶς, σῶσόν με τῇ ἀναστάσει σου, Χριστὲ ὁ Θεὸς ὡς φιλάνθρωπος.

ΗΧΟΣ ΠΛΑΓΙΟΣ ΤΟΥ ΤΕΤΑΡΤΟΥ

Εἰς τὴν Λειτουργίαν, οἱ Μακαρισμοί.

Καὶ λέγομεν τὰ παρόντα Ἀναστάσιμα.

Μνήσθητι ἡμῶν, Χριστὲ Σωτὴρ τοῦ κόσμου, ὥσπερ τοῦ λῃστοῦ ἐμνήσθης ἐπὶ ξύλου· καὶ καταξίωσον πάντας μόνε οἰκτίρμον, τῆς οὐρανίου βασιλείας σου.

Ἄκουε Ἀδάμ, καὶ χαῖρε σὺν τῇ Εὔᾳ, ὅτι ὁ γυμνώσας πρὶν τοὺς ἀμφοτέρους, καὶ δι᾽ ἀπάτης λαβὼν ἡμᾶς αἰχμαλώτους, ἐν τῷ Σταυρῷ Χριστοῦ κατήργηται.

Ξύλῳ προσπαγείς, Σωτὴρ ἡμῶν βουλήσει, ξύλου τὸν Ἀδὰμ κατάρας ἐλυτρώσω, ἀποδιδοὺς ὡς οἰκτίρμων τὸ κατ᾽ εἰκόνα, καὶ παραδείσου τὴν κατοίκησιν.

Σήμερον Χριστός, ἀνέστη ἐκ τοῦ τάφου, πᾶσι τοῖς πιστοῖς παρέχων ἀφθαρσίαν· καὶ τὴν χαρὰν ἐγκαινίζει ταῖς μυροφόροις, μετὰ τὸ πάθος καὶ τὴν ἔγερσιν.

Χαίρετε σοφαί, γυναῖκες μυροφόροι, πρῶται τὴν Χριστοῦ ἀνάστασιν ἰδοῦσαι, καὶ τοῖς αὐτοῦ ἀπαγγείλασαι ἀποστόλοις, παντὸς τοῦ κόσμου τὴν ἀνάκλησιν.

Φίλοι τοῦ Χριστοῦ, ἀπόστολοι φανέντες, σύνθρονοι αὐτοῦ ἐσόμενοι τῇ δόξῃ, ἐν παρρησίᾳ αὐτῷ ἡμᾶς παραστῆναι, ὡς μαθηταὶ αὐτοῦ πρεσβεύσατε.

Δόξα.

Ἄναρχε Τριάς, ἀμέριστε οὐσία, σύνθρονε μονάς, ὁμότιμε τῇ δόξῃ, ἡ ὑπεράρχιος φύσις καὶ βασιλεία, σῶζε τοὺς πίστει ἀνυμνοῦντάς σε.

Καὶ νῦν. Θεοτοκίον.

Χαῖρε τοῦ Θεοῦ εὐρύχωρον χωρίον· χαῖρε κιβωτὲ τῆς νέας διαθήκης· χαῖρε ἡ ἔγχρυσος στάμνος, ἐξ ἧς τὸ μάννα, πᾶσιν ἐδόθη τὸ οὐράνιον.

Τροπάριον τοῦ αὐτοῦ ἤχου.

Ἐξ ὕψους κατῆλθες ὁ εὔσπλαγχνος, ταφὴν κατεδέξω τριήμερον, ἵνα ἡμᾶς ἐλευθερώσῃς τῶν παθῶν· ἡ ζωὴ καὶ ἡ ἀνάστασις ἡμῶν, Κύριε δόξα σοι.

Καὶ ἡ Ὑπακοή.

Αἱ μυροφόροι τοῦ ζωοδότου ἐπιστᾶσαι τῷ μνήματι, τὸν Δεσπότην ἐζήτουν ἐν νεκροῖς τὸν ἀθάνατον· καὶ χαρᾶς Εὐαγγέλια ἐκ τοῦ ἀγγέλου δεξάμεναι, τοῖς ἀποστόλοις ἐμήνυον, ὅτι ἀνέστη Χριστὸς ὁ Θεός, παρέχων τῷ κόσμῳ τὸ μέγα ἔλεος.

## ΤΡΟΠΑΡΙΑ ΕΚ ΤΟΥ ΤΡΙΩΔΙΟΥ
Ψαλλόμενα ἐν ταῖς ἱεραῖς Λειτουργίαις.

### ΤΗ ΚΥΡΙΑΚΗ ΤΟΥ ΤΕΛΩΝΟΥ ΚΑΙ ΤΟΥ ΦΑΡΙΣΑΙΟΥ

Εἰς τὴν Λειτουργίαν, οἱ Μακαρισμοί.

Καὶ λέγομεν δ΄ Ἀναστάσιμα τοῦ ἤχου καὶ τὴν ς΄ ᾠδὴν τοῦ Τριῳδίου εἰς δ΄.

Σημείωσαι, ὅτι ἐν πάσαις ταῖς Κυριακαῖς τοῦ Τριῳδίου, εἰ τύχοι καὶ ἑορταζόμενος Ἅγιος, λέγομεν δ΄ Ἀναστάσιμα, δ΄ τοῦ Τριῳδίου τὴν γ΄ ᾠδήν, καὶ δ΄ τοῦ Ἁγίου τὴν ς΄ ᾠδήν. Ἐὰν δὲ τύχῃ ἡ ἑορτὴ τῆς Ὑπαπαντῆς, λέγομεν δ΄ Ἀναστάσιμα, καὶ τὴν γ΄ καὶ τὴν ς΄ ᾠδὴν τῆς Ὑπαπαντῆς, τὰ δὲ τροπάρια τοῦ Τριῳδίου καταλιμπάνονται, ἐκτὸς τῆς Κυριακῆς τῆς Σταυροπροσκυνήσεως.

Ὠδὴ γ΄. Ἦχος πλ. β΄.
Οὐκ ἔστιν ἅγιος ὡς σύ.

Ἀπὸ κοπρίας καὶ παθῶν, ταπεινὸς ἀνυψοῦται· ἀρετῶν ἀπὸ ὕψους, καταπίπτει δὲ δεινῶς, ὑψηλοκάρδιος πᾶς· οὗ τὸν τρόπον τῆς κακίας φύγωμεν.

Κενοδοξία ἐκκενοῖ, πλοῦτον δικαιοσύνης, τῶν παθῶν δὲ σκορπίζει, ὡς ταπείνωσις πληθύν·

ἣν μιμουμένους ἡμᾶς, τῆς μερίδος, δεῖξον τοῦ Τελώνου Σωτήρ.

Ἀποβαλώμεθα πιστοί, τὸν ὑπέρογκον κόμπον, ἀπόνοιαν δεινήν τε, καὶ τῦφον τὸν βδελυκτόν, καὶ τὴν κακίστην Θεῷ, Φαρισαίου ἀπρεπῆ ὠμότητα.

### Θεοτοκίον.

Ἐν σοὶ τῇ μόνῃ προσφυγῇ, πεποιθὼς μὴ ἐκπέσω, τῆς καλῆς προσδοκίας· ἀλλὰ τύχοιμι τῆς σῆς, ἐπικουρίας Ἁγνή, πάσης βλάβης δυσχερῶν ῥυόμενος.

### Ὠδὴ ς΄. Τοῦ βίου τὴν θάλασσαν.

Τοῦ βίου τὸ στάδιον, ὁ Τελώνης ἐν ταύτῳ, καὶ Φαρισαῖος ἔδραμον· ἀλλ' ὁ μὲν ἀπονοίᾳ κατενεχθείς, αἰσχρῶς ἐναυάγησεν· ὁ δὲ τῇ ταπεινώσει διεσῴζετο.

Τοῦ βίου τὸ δίκαιον, διαμείβοντες ἡμεῖς, δρόμον ἐκμιμησώμεθα, τοῦ Τελώνου μὲν φρόνημα ζηλωτόν· φύγωμεν δὲ φύσημα, βδελυκτὸν Φαρισαίου, καὶ ζησώμεθα.

### Δόξα.

Τοὺς τρόπους ζηλώσωμεν, τοῦ Σωτῆρος Ἰησοῦ, καὶ τὴν αὐτοῦ ταπείνωσιν, οἱ ποθοῦντες τὴν ἄληκτον τῆς χαρᾶς, τυχεῖν κατασκήνωσιν, ἐν τῇ χώρᾳ τῶν ζώντων αὐλιζόμενοι.

### Καὶ νῦν. Θεοτοκίον.

Γυμνὸν τῇ ἁπλότητι, τῇ ἀτέχνῳ τε ζωῇ, πλασθέντα παραβάσεως, διπλόῃ περιέβαλέ με ἐχθρός, σαρκός τε παχύτητι· νῦν δὲ σῇ μεσιτείᾳ κόρη σῴζομαι.

### Κοντάκιον, ἦχος δ΄.
### Ἐπεφάνης σήμερον.

Φαρισαίου φύγωμεν ὑψηγορίαν, καὶ Τελώνου μάθωμεν, τὸ ταπεινὸν ἐν στεναγμοῖς, πρὸς τὸν σωτῆρα κραυγάζοντες· Ἵλαθι μόνε, ἡμῖν εὐδιάλλακτε.

### Ἕτερον, ἦχος γ΄.
### Ἡ Παρθένος σήμερον.

Στεναγμοὺς προσοίσωμεν, τελωνικοὺς τῷ Κυρίῳ, καὶ αὐτῷ προσπέσωμεν ἁμαρτωλοὶ ὡς Δεσπότῃ· θέλει γὰρ τὴν σωτηρίαν πάντων ἀνθρώπων· ἄφεσιν παρέχει πᾶσι μετανοοῦσι· δι' ἡμᾶς γὰρ ἐσαρκώθη, Θεὸς ὑπάρχων, Πατρὶ συνάναρχος.

## ΤΗ ΚΥΡΙΑΚΗ ΤΟΥ ΑΣΩΤΟΥ

Εἰς τὴν Λειτουργίαν οἱ Μακαρισμοί. Καὶ λέγομεν δ΄ Ἀναστάσιμα, καὶ δ΄ τοῦ Τριῳδίου τὴν ς΄ ᾠδήν. Ἐὰν δὲ τύχῃ ἑορταζόμενος Ἅγιος, ψάλλεται ἡ γ΄ ᾠδὴ τοῦ Τριῳδίου, καὶ ἡ ς΄ ᾠδὴ τοῦ Ἁγίου, ὡς σεσημείωται.

### Ὠδὴ γ΄. Ἦχος β΄.
### Στειρωθέντα μου τὸν νοῦν.

Ἔξω ὅλος ἐμαυτοῦ, γεγονὼς φρενοβλαβῶς, προσεκολλήθην, τοῖς παθῶν ἐφευρεταῖς· ἀλλὰ δέξαι με Χριστέ, ὥσπερ τὸν Ἄσωτον.

Τοῦ ἀσώτου τὴν φωνήν, ἐκμιμούμενος βοῶ· ἥμαρτον Πάτερ· ὡς ἐκεῖνον οὖν κἀμέ, ἐναγκάλισαι νυνί, καὶ μὴ ἀπώσῃ με.

Τὰς ἀγκάλας σου Χριστέ, ὑφαπλώσας συμπαθῶς, ὑπόδεξαί με, ἀπὸ χώρας μακρᾶς, ἁμαρτίας καὶ παθῶν, ἐπαναστρέφοντα.

Θεοτοκίον.

Ἡ καλὴ ἐν γυναιξί, καταπλούτισον κἀμέ, καλῶν ἰδέαις, ἁμαρτίαις πολλαῖς, τὸν πτωχεύσαντα Ἁγνή, ὅπως δοξάζω σε.

Ὠδὴ ς΄. Βυθῷ ἁμαρτημάτων συνέχομαι Σωτήρ.

Βυθὸς ἁμαρτημάτων συνέχει με ἀεί, καὶ τρικυμία πταισμάτων βυθίζει με· κυβέρνησον πρὸς λιμένα με ζωῆς, Χριστὲ ὁ Θεός, καὶ σῶσόν με βασιλεῦ τῆς δόξης.

Τὸν πλοῦτον τὸν πατρῷον ἐσκόρπισα δεινῶς· καὶ πενητεύσας, αἰσχύνης πεπλήρωμαι, δουλούμενος τοῖς ἀκάρποις λογισμοῖς· διό σοι βοῶ Φιλάνθρωπε· οἴκτιρόν με σῶσον.

Δόξα.

Λιμῷ καταφθαρέντα παντοίων ἀγαθῶν, καὶ ξενωθέντα ἐκ σοῦ Ὑπεράγαθε, οἰκτίρησον ἐπιστρέφοντά με νῦν, καὶ σῶσον Χριστέ, ὑμνοῦντά σου τὴν φιλανθρωπίαν.

Καὶ νῦν. Θεοτοκίον.

Σωτῆρα καὶ Δεσπότην κυήσασα Χριστόν, τῆς σωτηρίας με κόρη ἀξίωσον, πτωχεύσαντα ἐκ παντοίων ἀγαθῶν, Παρθένε Ἁγνή, ἵνα ὑμνῶ τὰ σὰ μεγαλεῖα.

Κοντάκιον, ἦχος γ΄.
Ἡ Παρθένος σήμερον.

Τῆς πατρῴας δόξης σου, ἀποσκιρτήσας ἀφρόνως, ἐν κακοῖς ἐσκόρπισα, ὅν μοι παρέδωκας πλοῦτον· ὅθεν σοι τὴν τοῦ ἀσώτου φωνὴν κραυγάζω· ἥμαρτον ἐνώπιόν σου Πάτερ οἰκτίρμον· δέξαι με μετανοοῦντα, καὶ ποίησόν με ὡς ἕνα τῶν μισθίων σου.

## ΤΩ ΣΑΒΒΑΤΩ ΤΩΝ ΨΥΧΩΝ

Εἰς τὴν Λειτουργίαν Τυπικά, καὶ ἐκ τοῦ κανόνος τῶν Ψυχῶν ᾠδὴ γ΄ καὶ ς΄. Ἦχος πλ. δ΄.

Ὠδὴ γ΄. Ὁ στερεώσας ἐν τῇ χειρί σου, Λόγε Θεοῦ.

Τοὺς διανύσαντας τὸν τοῦ βίου, δρόμον ἐν δόξῃ εὐσεβεῖ, τῆς δικαιοσύνης ἀναδύσασθαι στέφανον, ἀξίωσον ὁ Θεός, τῶν αἰωνίων ἀγαθῶν ἀπολαῦσαι.

Τοὺς αἰφνιδίως ἀναρπασθέντας, καταφλεχθέντας ἀστραπαῖς, καὶ ἐναποψύξαντας, ἐκ κρύους καὶ πάσης πληγῆς, ἀνάπαυσον ὁ Θεός, ὅτε τὰ πάντα ἐν πυρὶ δοκιμάσῃς.

Τὴν ἀειτάραχον τοὺς τοῦ βίου, θάλασσαν πλεύσαντας Χριστέ, ἐν τῷ τῆς ἀφθάρτου σου ζωῆς καταξίωσον, λιμένι καταδραμεῖν, τοὺς ὀρθοδόξῳ ζωῇ κυβερνηθέντας.

Θεοτοκίον.

Ἀκατανόητόν σου τὸ θαῦμα· πλὴν γὰρ ἀνδρὸς κυοφορεῖς, καὶ τὴν παρθενίαν σου Ἁγνὴ φρουρεῖς τίκτουσα· διὸ ἀγγέλων πληθύς, καὶ βροτῶν γένους ὑμνεῖ σε εἰς αἰῶνας.

### Ὠδὴ ς΄. Συνεχόμενον δέξαι με.

Τοῦ θανάτου ὁ λύσας, τὰς ὀδύνας παθῶν, ἀρχηγὲ τῆς ζωῆς ὁ Θεὸς ἡμῶν, τοὺς ἐξ αἰῶνος κεκοιμημένους, δούλους σου ἀνάπαυσον.

Τοῖς ἀρρήτοις κρίμασιν, οὓς ἔκτειναν φαρμακοποσίαι δηλητήρια, ὀστώδεις πνίξεις, μετὰ Ἁγίων Κύριε ἀνάπαυσον.

### Δόξα.

Ὅταν κρίνῃς τὰ σύμπαντα, ἐστῶτα γυμνά, τετραχηλισμένα πρὸ προσώπου σου· τότε οἰκτίρμον, φεῖσαι τῶν λατρευσάντων σοι πιστῶς ὁ Θεός.

### Καὶ νῦν. Θεοτοκίον.

Ἐκ τῆς ῥίζης ἀνέτειλε, σοῦ ἄνθος ζωῆς, Ἰεσσαὶ Προπάτορ ἀνασκίρτησον, ὁ σῴζων κόσμον ἐκ τῆς Ἁγνῆς νεάνιδος, Χριστὸς ὁ Θεός.

### Τροπάριον, ἦχος πλ. δ΄.

Ὁ βάθει σοφίας φιλανθρώπως, πάντα οἰκονομῶν, καὶ τὸ συμφέρον πᾶσιν ἀπονέμων, μόνε δημιουργέ, ἀνάπαυσον Κύριε τὰς ψυχὰς τῶν δούλων σου· ἐν σοὶ γὰρ τὴν ἐλπίδα ἀνέθεντο, τῷ ποιητῇ καὶ πλάστῃ καὶ Θεῷ ἡμῶν.

### Κοντάκιον. Ἦχος ὁ αὐτός.

Μετὰ τῶν ἁγίων ἀνάπαυσον Χριστὲ ὁ Θεός, τὰς ψυχὰς τῶν δούλων σου, ἔνθα οὐκ ἔστι πόνος, οὐ λύπη, οὐ στεναγμός, ἀλλὰ ζωὴ ἀτελεύτητος.

### Κοινωνικόν.

Μακάριοι οὓς ἐξελέξω καὶ προσελάβου, Κύριε, καὶ τὸ μνημόσυνον αὐτῶν εἰς γενεὰν καὶ γενεάν· ἀλληλούια, ἀλληλούια, ἀλληλούια.

### Μεγαλυνάριον νεκρώσιμον.

Ταῖς τῶν ἀποστόλων σου προσευχαῖς, προφητῶν, μαρτύρων, καὶ ὁσίων ἱεραρχῶν, καὶ πάντων τῶν ἁγίων, ψυχὰς ἃς προσελάβου, ἀνάπαυσον οἰκτίρμον ὡς ὑπεράγαθος.

## ΤΗ ΚΥΡΙΑΚΗ ΤΗΣ ΑΠΟΚΡΕΩ

Εἰς τὴν Λειτουργίαν οἱ Μακαρισμοί. Καὶ λέγομεν δ΄ Ἀναστάσιμα, καὶ τὴν ς΄ ᾠδὴν τοῦ Τριῳδίου, ἢ τὴν γ΄ ὡς σεσημείωται.

### Ὠδὴ γ΄. Ἦχος πλ. β΄. Στερέωσον Κύριε.

Ὁ Κύριος ἔρχεται, καὶ τίς ὑποίσει αὐτοῦ τὸν φόβον; τίς ὀφθῇ τῷ προσώπῳ αὐτοῦ; ἀλλ᾽ ἑτοίμη γενοῦ, ὦ ψυχὴ πρὸς ὑπάντησιν.

Προφθάσωμεν κλαύσωμεν, καταλλαγῶμεν Θεῷ πρὸ τέλους· φοβερὸν γὰρ τὸ κριτήριον, ἐν ᾧ πάντες, τετραχηλισμένοι στησόμεθα.

Ἐλέησον Κύριε, ἐλέησόν με ἀναβοῶ σοι, ὅτε ἥξεις μετ᾽ ἀγγέλων σου, ἀποδοῦναι, πᾶσι κατ᾽ ἀξίαν τῶν πράξεων.

### Θεοτοκίον.

Ἐβλάστησας Ἄχραντε, ἀσπόρῳ τόκῳ τὸν ζῶντα Λόγον, σαρκωθέντα ἐν τῇ μήτρᾳ σου, οὐ τραπέντα· δόξα Θεομῆτορ τῷ τόκῳ σου.

Ὠδὴ ς΄. Ἐβόησα ἐν ὅλῃ καρδίᾳ μου.

Ἐν τῇ φρικτῇ Χριστὲ παρουσίᾳ σου, ὅταν φανῇς ἐξ οὐρανοῦ, καὶ τιθῶσι θρόνοι, καὶ βίβλοι ἀνοιγῶσι, φεῖσαι φεῖσαι τότε, Σωτὴρ τοῦ πλάσματός σου.

Ἐκεῖ οὐδὲν βοηθῆσαι δύναται, Θεοῦ ὑπάρχοντος κριτοῦ, οὐ σπουδὴ οὐ τέχνη, οὐ δόξα οὐ φιλία· εἰ μὴ ἡ ἐξ ἔργων, ἰσχύς σου ὦ ψυχή μου.

Δόξα.

Τριαδικῆς μονάδος Θεότητα, ὑμνῶ Πατέρα καὶ Υἱὸν καὶ τὸ Θεῖον Πνεῦμα, μιᾶς ἀρχῆς τὸ κράτος, συνδιῃρημένοις τρισὶ τοῖς χαρακτῆρσι.

Καὶ νῦν. Θεοτοκίον.

Πύλη σὺ εἶ, ἣν μόνος διώδευσεν, ὁ εἰσελθὼν καὶ ἐξελθών, καὶ τὰς κλεῖς μὴ λύσας, ἁγνὴ τῆς παρθενίας, Ἰησοῦς ὁ πλάσας, Ἀδὰμ ὁ καὶ υἱός σου.

Κοντάκιον. Ἦχος α΄.

Ὅταν ἔλθῃς ὁ Θεὸς ἐπὶ γῆς μετὰ δόξης, καὶ τρέμωσι τὰ σύμπαντα· ποταμὸς δὲ τοῦ πυρὸς πρὸ τοῦ βήματος ἕλκει, καὶ βίβλοι ἀνοίγονται, καὶ τὰ κρυπτὰ δημοσιεύονται· τότε ῥῦσαί με ἐκ τοῦ πυρὸς τοῦ ἀσβέστου, καὶ ἀξίωσον ἐκ δεξιῶν σού με στῆναι, κριτὰ δικαιότατε.

## ΤΩ ΣΑΒΒΑΤΩ ΤΗΣ ΤΥΡΟΦΑΓΟΥ

Ἐν ᾧ μνήμην ἐπιτελοῦμεν πάντων τῶν ὁσίων τῶν ἐν ἀσκήσει λαμψάντων

Εἰς τὴν Λειτουργίαν Τυπικά, καὶ ἐκ τοῦ κανόνος τῆς ἡμέρας ᾠδὴ γ΄ καὶ ς΄. Ἦχος πλ. δ΄.

Ὠδὴ γ΄.
Οὐκ ἔστιν ἅγιος, ὡς ὁ Κύριος.

Εἰς ἄλλον παράδεισον, εἰσιόντες ἀρετῶν, τῶν θεσπεσίων πατέρων, τῆς τούτου γευσόμεθα, ἀειζωοπαρόχου, ἐμψύχου τρυφήσεως, πιστῶς ἀνευφημοῦντες αὐτούς.

Τιμάσθω Εὐθύμιος, ὁ φανώτατος ἀστήρ, ὁ ἑωσφόρος Ἑλλάδιος, Ἐφραὶμ ὁ θεόπνευστος, σὺν Εὐλογίῳ τῷ πάνυ, οἱ ἔργοις καὶ θαύμασιν, ἀστράψαντες τοῖς πέρασιν.

Ὑμνείσθω ἐν ᾄσμασι, Ζωσιμᾶς ὁ θαυμαστός, καὶ Ζαχαρίας ὁ πάντιμος, καὶ Ζήνων καὶ Ζώιλος, Ἠσαΐας ὁ μέγας, Ἠλίας ὁ ἔνδοξος, σὺν τούτοις γεραιρέσθωσαν.

Θεοτοκίον.

Σκηνήν σε Θεότευκτον, προδιέγραψε Μωσῆς, τοῖς σεραφὶμ συγκαλύπτουσαν, ἁγίων τὰ ἅγια, προτυπῶν σου Παρθένε, τὸν τόκον τὸν ἄχραντον, Χριστὸν σαρκὶ τραφήσεσθαι.

Ὠδὴ ς΄. Συνεχόμενον δέξαι με.

Θαυμαστοὶ οἱ πανσέβαστοι, πατέρες ἡμῶν, ὧν οἱ θεῖοι ἆθλοι, ὧν τὰ παλαίσματα, ὧν αἱ ἰάσεις· τίς γὰρ πλὴν τούτων, ἔδειξε τεράτων ἰσχύν;

Ἡ ἁγία καὶ ἔνδοξος πατέρων πληθύς, ἡ μνημονευθεῖσα, καὶ ἡ ἀνώνυμος, ῥῦσαι κινδύνων, τοὺς πόθῳ τὰ μνημόσυνα τελοῦντας ὑμῶν.

### Δόξα.

Σὲ Τριὰς ὑπεράρχιε, καὶ θεία μονάς, φῶς καὶ φῶτα μέλπω, ζωὴν καὶ ζωάς· Νοῦν Λόγον, Πνεῦμα Ἅγιόν τε, καὶ ἅγια τὸν ἕνα Θεόν.

### Καὶ νῦν. Θεοτοκίον.

Ἐκ τῆς ῥίζης ἀνέτειλε, σοῦ ἄνθος ζωῆς, Ἰεσσαὶ προπάτορ ἀνασκίρτησον, ὁ σῴζων κόσμον ἐκ τῆς ἁγνῆς νεανίδος, Χριστὸς ὁ Θεός.

### Τροπάριον τῶν ὁσίων, ἦχος δ΄.

Ὁ Θεὸς τῶν πατέρων ἡμῶν, ὁ ποιῶν ἀεὶ μεθ' ἡμῶν κατὰ τὴν σὴν ἐπιείκειαν, μὴ ἀποστήσῃς τὸ ἔλεός σου ἀφ' ἡμῶν· ἀλλὰ ταῖς αὐτῶν ἱκεσίαις, ἐν εἰρήνῃ κυβέρνησον τὴν ζωὴν ἡμῶν.

### Κοντάκιον τῶν αὐτῶν, ἦχος πλ. δ΄. Ὡς ἀπαρχὰς τῆς φύσεως.

Ὡς εὐσεβείας κήρυκας, καὶ ἀσεβείας φίμωτρα, τῶν θεοφόρων τὸν δῆμον ἐφαίδρυνας, τὴν ὑφήλιον λάμποντας, ἐν εἰρήνῃ τελείᾳ, ταῖς αὐτῶν ἱκεσίαις τοὺς σὲ δοξάζοντας, καὶ μεγαλύνοντας διαφύλαξον, ψάλλοντάς σοι Κύριε· Ἀλληλούια.

### Κοινωνικόν.

Εἰς μνημόσυνον αἰώνιον ἔσονται δίκαιοι.

## ΤΗ ΚΥΡΙΑΚΗ ΤΗΣ ΤΥΡΟΦΑΓΟΥ

Εἰς τὴν Λειτουργίαν οἱ Μακαρισμοί. Καὶ λέγομεν δ΄ Ἀναστάσιμα, καὶ τὴν ς΄ ᾠδὴν τοῦ Τριῳδίου, ἢ τὴν γ΄, ὡς σεσημείωται.

### ᾨδὴ γ΄. Ἦχος πλ. β΄. Οὐκ ἔστιν ἅγιος ὡς σύ.

Ὄφις ὁ δόλιος ποτέ, τὴν τιμήν μου φθονήσας, ἐψιθύρισε δόλον, τῆς Εὔας ἐν τοῖς ὠσίν· ἐξ ἧς ἐγὼ πλανηθείς, ἐξωρίσθην, οἴμοι τοῦ χοροῦ τῆς ζωῆς.

Τὴν χεῖρα τείνας προπετῶς, ἐγευσάμην τοῦ ξύλου, τοῦ τῆς γνώσεως οὗπερ, προσέταξέ μοι ὁ Θεός, μηδόλως μεταλαβεῖν, καὶ τῆς θείας, δόξης ἀπερρίφην πικρῶς.

Οἴμοι ἀθλία μου ψυχή, πῶς οὐκ ἔγνως τὸν δόλον; πῶς οὐκ ᾔσθου τῆς πλάνης, καὶ τοῦ φθόνου τοῦ ἐχθροῦ; ἀλλ' ἐσκοτίσθης τὸν νοῦν, καὶ παρέβης ἐντολὴν τοῦ κτίστου σου;

### Θεοτοκίον.

Ἐλπὶς καὶ σκέπη μου σεμνή, ἡ τὴν γύμνωσιν πάλαι, περιστείλασα μόνη, τὴν τοῦ πεσόντος Ἀδάμ, τῷ τοκετῷ σου Ἁγνή, ἀφθαρσίαν, αὖθίς με ἀμφίασον.

### ᾨδὴ ς΄. Τοῦ βίου τὴν θάλασσαν.

Στολήν με ἐνέδυσας, θεοΰφαντον Σωτήρ, ἐν τῇ Ἐδὲμ ὡς εὔσπλαγχνος· ἐγὼ δέ σου παρεῖδον τὴν ἐντολήν, πεισθεὶς τῷ ἀλάστορι, καὶ γυμνὸς καθωράθην ὁ ταλαίπωρος.

Ψυχὴ παναθλία μου, ἐμακρύνθης ἐκ Θεοῦ, διὰ ἀπροσεξίας σου· παραδείσου ἐστέρησαι τῆς τρυφῆς· ἀγγέλων κεχώρισαι· εἰς φθορὰν κατηνέχθης· ὢ τοῦ πτώματος.

### Δόξα.

Ἐλέησον οἴκτιρον, Παντοκράτορ ὁ Θεός, τῶν σῶν χειρῶν τὸ ποίημα· μὴ παρίδης με δέομαι Ἀγαθέ, τὸν ἀποχωρήσαντα, ἐμαυτὸν τῆς χορείας τῶν ἀγγέλων σου.

### Καὶ νῦν. Θεοτοκίον.

Μαρία Θεόκλητε, ἡ κυρία τοῦ παντός, ὡς τετοκυῖα Κύριον, βασιλέα τῶν ὅλων καὶ λυτρωτήν, αἰχμάλωτον ὄντα με, παραδείσου τῆς δόξης ἀνακάλεσαι.

### Κοντάκιον. Ἦχος πλ. δ΄.

Τῆς σοφίας ὁδηγέ, φρονήσεως χορηγέ, τῶν ἀφρόνων παιδευτά, καὶ πτωχῶν ὑπερασπιστά, στήριξον συνέτισον, τὴν καρδίαν μου Δέσποτα, σὺ διδούς μοι λόγον, ὁ τοῦ Πατρὸς Λόγος· ἰδοὺ γὰρ τὰ χείλη μου, οὐ μὴ κωλύσω ἐν τῷ κράζειν σοι· ἐλεῆμον, ἐλέησόν με τὸν παραπεσόντα.

## ΤΩ Α΄ ΣΑΒΒΑΤΩ ΤΩΝ ΝΗΣΤΕΙΩΝ

### Τοῦ ἁγίου μεγαλομάρτυρος Θεοδώρου τοῦ Τίρωνος.

Εἰς τὴν Λειτουργίαν Τυπικά, καὶ ἐκ τοῦ κανόνος ᾠδὴ γ΄ καὶ ϛ΄.

### Ὠδὴ γ΄. Ἦχος δ΄. Τοὺς σοὺς ὑμνολόγους Θεοτόκε.

Ἰδεῖν τὴν ἡμέραν τοῦ Υἱοῦ σου, ποθῶν ὁ χριστώνυμος λαός, εἰς τύπον ταύτης Δέσποινα, τανῦν προεορτάζουσι, σὲ φέρουσαν ὑπόθεσιν, καὶ τὸν κλεινὸν ἀθλοφόρον σου.

Νικᾷ πᾶσι τρόποις τὰ βελτίω· ὁ μέγιστος γὰρ ἐν ἀθληταῖς, εἰς εὐφροσύνην ἤμειψε, τὴν τοῦ καιροῦ κατήφειαν, τῆς εὐαγοῦς τὸ σύντομον, νηστείας τρέψας εἰς ἄνεσιν.

Οἰκεῖον καὶ πρέπον σοι τὸ δῶρον· καὶ γὰρ ἐξ οἰκείων ἀθλητά· οὓς γὰρ αὐτὸς κατῴκισας, ἐν ταύτῃ τῇ μερίδι σου, περιχαρῶς τὰ δῶρά σοι, τὰ τῶν ἐπαίνων προσάγομεν.

### Θεοτοκίον.

Ἐπλήσθη μὲν σύμπασα Παρθένε, τοῦ γνῶναι τὸν Κύριον ἡ γῆ, ἐκ σοῦ τῷ κόσμῳ φάναντα· ἀλλὰ τοῖς θείοις μάρτυσι, χάρις πολλὴ κρατύνασι, δι' ἑαυτῶν τὴν ἀλήθειαν.

### Ὠδὴ ϛ΄. Τοῦ βίου τὴν θάλασσαν.

Τὸ ξένον θαμβούμενος, τῆς ὁράσεως τῆς σῆς, ἀρχιερεὺς ἀντέφησε· σὺ τίς εἶ Κύριε ὁ λαλῶν ἐμοί; γνώρισον καὶ δίδαξον, πῶς εὑρήσωμεν θᾶττον τὴν βοήθειαν.

Θεόδωρος ἔφησεν, ἐγὼ πέφυκα σαφῶς, ὁ ἀθλητὴς καὶ ἄκουσον· σῖτον ἑψήσας, μέρισον τοῖς λαοῖς· καὶ οὕτω σωθήσεσθε κεχραμένων βρωμάτων τοῦ ἀλάστορος.

Δόξα.

Ὡς μέγα τὸ θαῦμά σου, καὶ παράδοξος ἡ σή, ἀντίληψις Θεόδωρε· διὸ θαρροῦντες πάντες εἰλικρινῶς, πρὸς σὲ καταφεύγομεν, καὶ δεόμεθα σῶσον τοὺς οἰκέτας σου.

Καὶ νῦν. Θεοτοκίον.

Φωτὸς οἰκητήριον, καὶ δοχεῖον καθαρόν, τοῦ Λόγου ἐχρημάτισας, Πατρὸς τῇ εὐδοκίᾳ, καὶ τῇ ἐν σοί, ἐπισκέψει Πνεύματος, τοῦ Ἁγίου· διὸ με φωταγώγησον.

Τροπάριον τοῦ ἁγίου, ἦχος β΄.

Μεγάλα τὰ τῆς πίστεως κατορθώματα· ἐν τῇ πηγῇ τῆς φλογός, ὡς ἐπὶ ὕδατος ἀναπαύσεως, ὁ ἅγιος μάρτυς Θεόδωρος ἠγάλλετο· πυρὶ γὰρ ὁλοκαυτωθείς, ὡς ἄρτος ἡδὺς τῇ Τριάδι προσήνεκται· ταῖς αὐτοῦ ἱκεσίαις Χριστὲ ὁ Θεός, ἐλέησον ἡμᾶς.

Κοντάκιον τοῦ αὐτοῦ, ἦχος πλ. δ΄.

Πίστιν Χριστοῦ ὡσεὶ θώρακα, ἔνδον λαβὼν ἐν καρδίᾳ σου, τὰς ἐναντίας δυνάμεις κατεπάτησας πολύαθλε, καὶ στέφει οὐρανίῳ ἐστέφθης αἰωνίως ὡς ἀήττητος.

Κοινωνικόν.

Εἰς μνημόσυνον αἰώνιον ἔσται δίκαιος. Ἀλληλούια.

Μεγαλυνάριον.

Σῶν αἱμάτων ῥεύμασιν ἱερῶν, ἀθλητὰ γενναῖε, πλάνης ἔσβεσαν τὸν φλογμόν· ἔβλυσας δὲ ῥεῖθρα, σοφὲ τῶν ἰαμάτων, τοὺς χρήζοντας ἀρδεύων μάρτυς Θεόδωρε.

## ΤΗ ΚΥΡΙΑΚῌ ΤΗΣ ΟΡΘΟΔΟΞΙΑΣ

Τελεῖται ἡ Θεία Λειτουργία τοῦ Μεγάλου Βασιλείου.

Εἰς τὴν Λειτουργίαν οἱ Μακαρισμοί. Καὶ λέγομεν δ΄ Ἀναστάσιμα, καὶ ἐκ τοῦ Τριῳδίου τὴν γ΄ ἢ ς΄ ᾠδήν, ὡς σεσημείωται, ἢ τὰ ἀντίφωνα.

### ΑΝΤΙΦΩΝΟΝ Α΄.

Στίχ. α΄. Ὁ Κύριος ἐβασίλευσεν εὐπρέπεια ἐνεδύσατο.

Ταῖς πρεσβείαις τῆς Θεοτόκου, Σῶτερ, σῶσον ἡμᾶς.

Στίχ. β΄. Καὶ γὰρ ἐστερέωσε τὴν οἰκουμένην, ἥτις οὐ σαλευθήσεται.

Ταῖς πρεσβείαις τῆς Θεοτόκου, Σῶτερ, σῶσον ἡμᾶς.

Στίχ. γ΄. Τίς λαλήσει τὰς δυναστείας τοῦ Κυρίου, ἀκουστὰς ποιήσει πάσας τὰς αἰνέσεις αὐτοῦ.

Ταῖς πρεσβείαις τῆς Θεοτόκου, Σῶτερ, σῶσον ἡμᾶς.

Στίχ. δ΄. Εἰπάτωσαν οἱ λελυτρωμένοι ὑπὸ Κυρίου, οὓς ἐλυτρώσατο ἐκ χειρὸς ἐχθροῦ.

Ταῖς πρεσβείαις τῆς Θεοτόκου, Σῶτερ, σῶσον ἡμᾶς.

Δόξα, Καὶ νῦν.

Ταῖς πρεσβείαις τῆς Θεοτόκου, Σῶτερ, σῶσον ἡμᾶς.

### ΑΝΤΙΦΩΝΟΝ Β΄.

Στίχ. α΄. Ἐξομολογησάσθωσαν τὰ ἐλέη αὐτοῦ καὶ τὰ θαυμάσια αὐτοῦ τοῖς υἱοῖς τῶν ἀνθρώπων.

Σῶσον ἡμᾶς, Υἱὲ Θεοῦ, ὁ ἀναστὰς ἐκ νεκρῶν, ψάλλοντάς σοι· ἀλληλούια.

Στίχ. β΄. Ὑψωσάτωσαν αὐτὸν ἐν ἐκκλησίᾳ λαοῦ καὶ ἐν καθέδρᾳ πρεσβυτέρων.

Σῶσον ἡμᾶς, Υἱὲ Θεοῦ, ὁ ἀναστὰς ἐκ νεκρῶν, ψάλλοντάς σοι· ἀλληλούια.

Στίχ. γ΄. Ὀφθαλμοὶ Κυρίου ἐπὶ τοὺς ἐλπίζοντας ἐπὶ τὸ ἔλεος αὐτοῦ.

Σῶσον ἡμᾶς, Υἱὲ Θεοῦ, ὁ ἀναστὰς ἐκ νεκρῶν, ψάλλοντάς σοι· ἀλληλούια.

Στίχ. δ΄. Τοῦ ἀκοῦσαι τοῦ στεναγμοῦ τῶν πεπεδημένων, τοῦ λῦσαι τοὺς υἱοὺς τῶν τεθανατωμένων.

Σῶσον ἡμᾶς, Υἱὲ Θεοῦ, ὁ ἀναστὰς ἐκ νεκρῶν, ψάλλοντάς σοι· ἀλληλούια.

Δόξα Πατρὶ καὶ Υἱῷ καὶ ἁγίῳ Πνεύματι· καὶ νῦν καὶ ἀεὶ καὶ εἰς τοὺς αἰῶνας τῶν αἰώνων. Ἀμήν.

Ὁ Μονογενὴς Υἱὸς καὶ Λόγος τοῦ Θεοῦ ἀθάνατος ὑπάρχων, καὶ καταδεξάμενος διὰ τὴν ἡμετέραν σωτηρίαν, σαρκωθῆναι ἐκ τῆς ἁγίας Θεοτόκου καὶ ἀειπαρθένου Μαρίας, ἀτρέπτως ἐνανθρωπήσας, σταυρωθείς τε Χριστὲ ὁ Θεός, θανάτῳ θάνατον πατήσας, εἷς ὢν τῆς Ἁγίας Τριάδος, συνδοξαζόμενος τῷ Πατρὶ καὶ τῷ Ἁγίῳ Πνεύματι, σῶσον ἡμᾶς.

### ΑΝΤΙΦΩΝΟΝ Γ΄.

Στίχ. α΄. Αἰνεσάτωσαν αὐτὸν οἱ οὐρανοὶ καὶ ἡ γῆ.

Τὴν ἄχραντον εἰκόνα σου προσκυνοῦμεν Ἀγαθέ, αἰτούμενοι συγχώρησιν τῶν πταισμάτων ἡμῶν Χριστὲ ὁ Θεός· βουλήσει γὰρ ηὐδόκησας σαρκὶ ἀνελθεῖν ἐν τῷ Σταυρῷ, ἵνα ῥύσῃ οὓς ἔπλασας, ἐκ τῆς δουλείας τοῦ ἐχθροῦ· ὅθεν εὐχαρίστως βοῶμέν σοι· χαρᾶς ἐπλήρωσας τὰ πάντα ὁ Σωτὴρ ἡμῶν, παραγενόμενος εἰς τὸ σῶσαι τὸν κόσμον.

Στίχ. β΄. Ἀγαλλιασώμεθα καὶ εὐφρανθῶμεν ἐν αὐτῇ.

Τὴν ἄχραντον εἰκόνα σου...

Στίχ. γ΄. Κύριε ὁ Θεός μου, εἰς τὸν αἰῶνα ἐξομολογήσομαί σοι.

Τὴν ἄχραντον εἰκόνα σου...

### Εἰσοδικόν.

Δεῦτε προσκυνήσωμεν... ὁ ἀναστὰς ἐκ νεκρῶν.

### Ὠδὴ γ΄. Ἦχος δ΄.
### Εὐφραίνεται ἐπὶ σοί.

Οὐκ ἔτι τῶν ἀσεβῶν, αἱρετικῶν νῦν ἡ ὀφρὺς αἴρεται· ἡ γὰρ Θεοῦ δύναμις, τὴν ὀρθοδοξίαν ἐκράτυνε.

Νεφέλαι προφητικῶς, ζωοποιὸν ἐξ οὐρανοῦ σήμερον, δρόσον ἡμῖν ῥανάτωσαν, ἐπὶ τῇ ἐγέρσει τῆς πίστεως.

Ὑμνήσωμεν τὸν Χριστόν, τὸν ἀναδείξαντα ἡμῖν ἄνασσαν, θεοσεβῆ φιλόχριστον, σὺν τῷ θεοστέπτῳ βλαστήματι.

### Θεοτοκίον.

Σκηνήν σου τὴν ἱεράν, καταλαβόντες οἱ πιστοὶ Πάναγνε, φωτοειδεῖ χάριτι, νῦν καταυγασθῆναι δεόμεθα.

### Ὠδὴ ϛ΄. Θύσω σοι μετὰ φωνῆς.

Γράφεται, καὶ τιμᾶται πιστῶς προσκυνούμενος, ὁ χαρακτὴρ τοῦ Δεσπότου· καὶ λαμβάνει πάλιν ἡ ἐκκλησία, παρρησίαν, εὐσεβῶς τὸν Σωτῆρα δοξάζουσα.

Γυμνοῦται, κατηφείας καὶ σκότους αἱρέσεως, ἡ τοῦ Χριστοῦ ἐκκλησία, καὶ φορεῖ χιτῶνα τῆς εὐφροσύνης, καὶ τῇ θείᾳ, καὶ φωσφόρῳ πυκάζεται χάριτι.

### Δόξα.

Εὐκλείας, τῆς ἀρχαίας ἐλλάμψεως ἔτυχε, τῶν ὀρθοδόξων ὁ δῆμος, Θεοδώρας νεύσει τῆς βασιλίδος, καὶ τοῦ ταύτης, εὐσεβοῦς Μιχαὴλ αὐτοκράτορος.

### Καὶ νῦν. Θεοτοκίον.

Ὁ πάλαι, μαρτυρίου προστάξας γενέσθαι σκηνήν, ὡς ἐν σκηνῇ λογικῇ σοι, κατοικεῖ ὁ μόνος δεδοξασμένος, ὁ δοξάζων, τὸν ναόν σου Παρθένε τοῖς θαύμασιν.

### Τροπάριον τὸ Ἀναστάσιμον. Καὶ τὸ παρόν. Ἦχος β΄.

Τὴν ἄχραντον εἰκόνα σου προσκυνοῦμεν Ἀγαθέ, αἰτούμενοι συγχώρησιν τῶν πταισμάτων ἡμῶν Χριστὲ ὁ Θεός· βουλήσει γὰρ ηὐδόκησας σαρκὶ ἀνελθεῖν ἐν τῷ Σταυρῷ, ἵνα ῥύσῃ οὓς ἔπλασας, ἐκ τῆς δουλείας τοῦ ἐχθροῦ· ὅθεν εὐχαρίστως βοῶμέν σοι· χαρᾶς ἐπλήρωσας τὰ πάντα ὁ Σωτὴρ ἡμῶν, παραγενόμενος εἰς τὸ σῶσαι τὸν κόσμον.

### Κοντάκιον, ἰδιόμελον. Ἦχος πλ. δ΄.

Ὁ ἀπερίγραπτος Λόγος τοῦ Πατρός, ἐκ σοῦ Θεοτόκε περιεγράφη σαρκούμενος· καὶ τὴν ῥυπωθεῖσαν εἰκόνα, εἰς τὸ ἀρχαῖον ἀναμορφώσας, τῷ θείῳ κάλλει συγκατέμιξεν· ἀλλ' ὁμολογοῦντες τὴν σωτηρίαν, ἔργῳ καὶ λόγῳ, ταύτην ἀνιστοροῦμεν.

### Μεγαλυνάριον.

Κεκαλλωπισμένη ὡραϊσμῷ, τῶν σεπτῶν εἰκόνων, ἐκκλησία ἡ τοῦ Χριστοῦ, σοὶ χαριστηρίους, προσφέρει ὑμνῳδίας, τιμῶσα Θεοδώρα θεῖόν σου λείψανον.

## ΤΗ Β΄ ΚΥΡΙΑΚΗ ΤΩΝ ΝΗΣΤΕΙΩΝ

Ἐν ᾗ ψάλλεται ἡ ἀκολουθία Γρηγορίου Θεσσαλονίκης.

Τελεῖται ἡ Θεία Λειτουργία τοῦ Μεγάλου Βασιλείου.

Εἰς τὴν Λειτουργίαν οἱ Μακαρισμοί. Καὶ ψάλλομεν δ΄ Ἀναστάσιμα, καὶ ἐκ τοῦ Τριῳδίου τὰς ᾠδάς, ὡς σεσημείωται.

### Ὠδὴ γ΄. Ἦχος δ΄. Τοὺς σοὺς ὑμνολόγους Θεοτόκε.

Τὰ ῥεῖθρα τῶν θείων διδαχῶν σου, φυλάττοντες πᾶσαν μηχανήν, τῶν κακοδόξων φεύγομεν, καὶ πάσας ἐκκρουόμεθα, σοῖς ἱεροῖς συγγράμασι, φάλαγγας τούτων Γρηγόριε.

Σοφίας μωρὰς τῶν κακοδόξων, διέλυσας μάκαρ τοῦ Θεοῦ, σοφίαν ἐνυπόστατον, ἔχων ἐν τῇ καρδίᾳ σου, δι' ἧς μετ' ἤχου ἔθραυσας, τὰ σαθρὰ τούτων φρυάγματα.

Νεκρώσας σαρκὸς τῆς φθειρομένης, πᾶσαν ἡδυπάθειαν σοφέ, ἀσκητικῶς ἐζώσας, ψυχῆς σου τὰ κινήματα, καὶ ταύτην θεῖον ὄργανον, θεολογίας ἀνέδειξας.

Θεοτοκίον.

Ἐν γνώσει φρενῶν καὶ προαιρέσει, αἰσχρὰν τε καὶ ἄσωτον ζωήν, ἐπιμελῶς ἠγάπησα· ἀλλὰ στοργῇ τῇ θείᾳ με, παρθένε θεονύμφευτε, δέσμευσον θείᾳ πρεσβείᾳ σου.

Ὠδὴ ς'.
Τὴν θείαν ταύτην καὶ πάντιμον.

Ἐρράγη μάταιον φρύαγμα, καὶ γλῶσσα Βαρλαὰμ τοῦ παράφρονος, λόγοις καὶ δόγμασι, καὶ διανοίας ὀξύτητι, τοῦ σοφοῦ βασιλέως καὶ σοῦ Γρηγόριε.

Τὴν θείαν λύραν τοῦ Πνεύματος, τὴν σάλπιγγα τρανῶς τὴν κηρύξασαν, Θεοῦ μυστήρια, Θεσσαλονίκης τὸν πρόεδρον, τὴν θεολόγον γλῶσσαν, ὕμνοις τιμήσωμεν.

Δόξα.

Λαοῦ ποτὲ προηγούμενος, ὡς στῦλος τοῦ πυρὸς τοὺς τῆς πίστεως, ἐχθροὺς κατέφλεξας· τῶν δὲ πιστῶν τὰ συστήματα, ἐφώτισας θεόφρον πάτερ Γρηγόριε.

Καὶ νῦν. Θεοτοκίον.

Γενοῦ μοι πάναγνε Δέσποινα, γαλήνη καὶ λιμὴν παρακλήσεως, διαβιβάζουσα, πρὸς θεῖον ὅρμον ἀκύμαντον, τὴν ζάλην τῶν παθῶν μου καταπραΰνουσα.

Τροπάριον τὸ Ἀναστάσιμον. Καὶ τοῦ ἁγίου. Ἦχος πλ. δ'.

Ὀρθοδοξίας ὁ φωστήρ, Ἐκκλησίας τὸ στήριγμα καὶ διδάσκαλε, τῶν μοναστῶν ἡ καλλονή, τῶν θεολόγων ὑπέρμαχος ἀπροσμάχητος, Γρηγόριε θαυματουργέ, Θεσσαλονίκης τὸ καύχημα, κήρυξ τῆς χάριτος, ἱκέτευε διαπαντός, σωθῆναι τὰς ψυχὰς ἡμῶν.

Κοντάκιον τοῦ ἁγίου, ἦχος ὁ αὐτός. Τῇ ὑπερμάχῳ.

Τὸ τῆς σοφίας ἱερὸν καὶ θεῖον ὄργανον, θεολογίας τὴν λαμπρὰν συμφώνως σάλπιγγα, ἀνυμνοῦμέν σε Γρηγόριε θεορρῆμον· ἀλλ' ὡς νοῦς νοΐ τῷ πρώτῳ παριστάμενος, πρὸς αὐτὸν τὸν νοῦν ἡμῶν πάτερ ὁδήγησον, ἵνα κράζωμεν· Χαῖρε κήρυξ τῆς χάριτος.

Κοινωνικόν.

Αἰνεῖτε τὸν Κύριον ἐκ τῶν οὐρανῶν· ἀλληλούια.

Καί·

Εἰς μνημόσυνον αἰώνιον ἔσται δίκαιος· ἀλληλούια.

Μεγαλυνάριον.

Οἱ τοῖς ἡδυπνόοις σου καὶ σοφοῖς, λόγοις ὁμιλοῦντες, θεορρῆμον γνῶσιν Θεοῦ, καὶ σοφίαν πάντες, οὐράνιον μυοῦνται, Γρηγόριε θεόφρον, σὲ μεγαλύνομεν.

## ΤΗ Γ΄ ΚΥΡΙΑΚΗ ΤΩΝ ΝΗΣΤΕΙΩΝ

*Ἡ προσκύνησις τοῦ τιμίου καὶ ζωοποιοῦ Σταυροῦ.*

*Τελεῖται ἡ Θεία Λειτουργία τοῦ Μεγάλου Βασιλείου.*

*Εἰς τὴν Λειτουργίαν οἱ Μακαρισμοί. Καὶ ψάλλομεν δ΄ Ἀναστάσιμα, καὶ ἐκ τοῦ Τριῳδίου τὰς ᾠδάς, ὡς σεσημείωται, ἢ τὰ Ἀντίφωνα.*

### ΑΝΤΙΦΩΝΟΝ Α΄.

*Στίχ. α΄.* Ἐσημειώθη ἐφ' ἡμᾶς τὸ φῶς τοῦ προσώπου σου, Κύριε.

Ταῖς πρεσβείαις τῆς Θεοτόκου, Σῶτερ, σῶσον ἡμᾶς.

*Στίχ. β΄.* Ἔδωκας τοῖς φοβουμένοις σε σημείωσιν τοῦ φυγεῖν ἀπὸ τοῦ προσώπου τόξου.

Ταῖς πρεσβείαις τῆς Θεοτόκου, Σῶτερ, σῶσον ἡμᾶς.

*Στίχ. γ΄.* Ἀνέβης εἰς ὕψος, ᾐχμαλώτευσας αἰχμαλωσίαν.

Ταῖς πρεσβείαις τῆς Θεοτόκου, Σῶτερ, σῶσον ἡμᾶς.

*Στίχ. δ΄.* Ἔδωκας κληρονομίαν τοῖς φοβουμένοις τὸ ὄνομά σου Κύριε.

Ταῖς πρεσβείαις τῆς Θεοτόκου, Σῶτερ, σῶσον ἡμᾶς.

*Δόξα, καὶ νῦν.*

Ταῖς πρεσβείαις τῆς Θεοτόκου, Σῶτερ, σῶσον ἡμᾶς.

### ΑΝΤΙΦΩΝΟΝ Β΄.

*Στίχ. α΄.* Εἴδοσαν πάντα τὰ πέρατα τῆς γῆς, τὸ σωτήριον τοῦ Θεοῦ ἡμῶν.

Σῶσον ἡμᾶς, Υἱὲ Θεοῦ, ὁ ἀναστὰς ἐκ νεκρῶν, ψάλλοντάς σοι· ἀλληλούια.

*Στίχ. β΄.* Προσκυνήσωμεν εἰς τὸν τόπον, οὗ ἔστησαν οἱ πόδες αὐτοῦ.

Σῶσον ἡμᾶς, Υἱὲ Θεοῦ, ὁ ἀναστὰς ἐκ νεκρῶν, ψάλλοντάς σοι· ἀλληλούια.

*Στίχ. γ΄.* Ὁ δὲ Θεὸς βασιλεὺς ἡμῶν, πρὸ αἰώνων εἰργάσατο σωτηρίαν ἐν μέσῳ τῆς γῆς.

Σῶσον ἡμᾶς, Υἱὲ Θεοῦ, ὁ ἀναστὰς ἐκ νεκρῶν, ψάλλοντάς σοι· ἀλληλούια.

*Στίχ. δ΄.* Ὑψωθήσομαι ἐν τοῖς ἔθνεσιν· ὑψωθήσομαι ἐν τῇ γῇ.

Σῶσον ἡμᾶς, Υἱὲ Θεοῦ, ὁ ἀναστὰς ἐκ νεκρῶν, ψάλλοντάς σοι· ἀλληλούια.

Δόξα Πατρὶ καὶ Υἱῷ καὶ ἁγίῳ Πνεύματι· καὶ νῦν καὶ ἀεὶ καὶ εἰς τοὺς αἰῶνας τῶν αἰώνων. Ἀμήν.

Ὁ Μονογενὴς Υἱὸς καὶ Λόγος τοῦ Θεοῦ ἀθάνατος ὑπάρχων, καὶ καταδεξάμενος διὰ τὴν ἡμετέραν σωτηρίαν, σαρκωθῆναι ἐκ τῆς ἁγίας Θεοτόκου καὶ ἀειπαρθένου Μαρίας ἀτρέπτως ἐνανθρωπήσας, σταυρωθείς τε Χριστὲ ὁ Θεός, θανάτῳ θάνατον πατήσας, εἷς ὢν τῆς Ἁγίας Τριάδος, συνδοξαζόμενος τῷ Πατρὶ καὶ τῷ Ἁγίῳ Πνεύματι, σῶσον ἡμᾶς.

### ΑΝΤΙΦΩΝΟΝ Γ΄.

*Στίχ. α΄.* Ὑψοῦτε Κύριον τὸν Θεὸν ἡμῶν, καὶ προσκυνεῖτε τῷ ὑποποδίῳ τῶν ποδῶν αὐτοῦ.

Σῶσον Κύριε τὸν λαόν σου, καὶ εὐλόγησον τὴν κληρονομίαν σου, νίκας τοῖς βασιλεῦσι κατὰ βαρβάρων δωρούμενος, καὶ τὸν σὸν φυλάττων, διὰ τοῦ Σταυροῦ σου πολίτευμα.

Στίχ. β΄. Σῶσον, ὁ Θεός, τὸν λαόν σου, καὶ εὐλόγησον τὴν κληρονομίαν σου.

Σῶσον, Κύριε, τὸν λαόν σου...

Στίχ. γ΄. Καὶ ποίμανον καὶ ἔπαρον αὐτοὺς ἕως τοῦ αἰῶνος.

Σῶσον, Κύριε, τὸν λαόν σου...

### Εἰσοδικόν.

Δεῦτε προσκυνήσωμεν... ὁ ἀναστὰς ἐκ νεκρῶν.

### Ὠδὴ γ΄. Ἦχος α΄.
### Δεῦτε πόμα πίωμεν καινόν.

Δεῦτε ἀρυσώμεθα πιστοί, οὐκ ἐκ κρήνης βρυούσης ὕδωρ φθειρόμενον, ἀλλὰ πηγὴν φωτισμοῦ, Σταυροῦ προσκυνήσει τοῦ Χριστοῦ, ἐν ᾧ καὶ καυχώμεθα.

Πάλαι ὃν ἐτύπου Μωϋσῆς, ταῖς παλάμαις Σταυρόν σου νῦν προσπτυσσόμενοι, τὸν νοητὸν Ἀμαλήκ, τροπούμεθα Δέσποτα Χριστέ, δι' οὗ καὶ σεσώσμεθα.

Ὄμμασι καὶ χείλεσιν ἁγνοῖς, ἀνακρούοντες μέλος ἀγαλλιάσεως, τὸν τοῦ Κυρίου Σταυρόν, χαρᾷ προσκυνήσωμεν πιστοί, κροτοῦντες ἐν ᾄσμασιν.

### Θεοτοκίον.

Ἐν βάτῳ Μωσῆς σου τυπικῶς, τὸ μυστήριον πάλαι σεμνὴ ἑώρακεν· ὡς γὰρ ἐκείνην ἡ φλόξ, τὸ πῦρ τῆς θεότητος τὴν σήν, νηδὺν οὐ κατέφλεξεν.

### Ὠδὴ ς΄.
### Κατῆλθες ἐν τοῖς κατωτάτοις.

Ἀνέστης τὸν θάνατον θραύσας Χριστέ, ὥσπερ μέγας βασιλεύς, ἐκ τῶν τοῦ ᾅδου ταμείων, ἀνακαλέσας ἡμᾶς εἰς ἀπόλαυσιν, βασιλείας οὐρανῶν, εἰς γῆν ἀθανασίας.

Κροτοῦντες ἐν ᾄσμασι θείοις πιστοί, ἀλαλάξωμεν Θεῷ, τὸν Σταυρὸν τοῦ Κυρίου κατασπαζόμενοι· ἁγιότητος, ἀναβλύζει γὰρ πηγήν, πᾶσι τοῖς ἐν τῷ κόσμῳ.

### Δόξα.

Μονάδα τρισὶ χαρακτῆρσιν ὑμνῶ, καὶ Τριάδα ἐν μιᾷ, φύσει προσκυνουμένην, Θεὸν τὰ τρία ὁμοῦ, φῶς τρισήλιον, τὸν Πατέρα καὶ Υἱόν, καὶ τὸ Ἅγιον Πνεῦμα.

### Καὶ νῦν. Θεοτοκίον.

Θαυμάτων τὸ μέγιστον θαῦμα ἐν σοί, ὤφθη ἄσπιλε Ἀμνάς, τὸν γὰρ αἴροντα κόσμου τὴν ἁμαρτίαν, Ἀμνὸν ἀπεκύησας· ὃν δυσώπει ἐκτενῶς, ὑπὲρ τῶν σὲ ὑμνούντων.

### Τροπάριον τὸ Ἀναστάσιμον.
### Καὶ τοῦ Σταυροῦ. Ἦχος α΄.

Σῶσον Κύριε τὸν λαόν σου, καὶ εὐλόγησον τὴν κληρονομίαν σου, νίκας τοῖς βασιλεῦσι κατὰ βαρβάρων δωρούμενος, καὶ τὸν σὸν φυλάττων, διὰ τοῦ Σταυροῦ σου πολίτευμα.

### Κοντάκιον τοῦ Σταυροῦ.
### Ἦχος βαρύς.

Οὐκέτι φλογίνη ῥομφαία φυλάττει τὴν πύλην τῆς Ἐδέμ· αὐτῇ γὰρ ἐπῆλθε παράδοξος δέσις, τὸ ξύλον τοῦ Σταυροῦ· θανάτου τὸ κέντρον, καὶ ᾅδου τὸ νῖκος ἐλήλαται· ἐπέστης δὲ Σωτήρ μου βοῶν τοῖς ἐν ᾅδῃ· εἰσάγεσθε πάλιν εἰς τὸ παράδεισον.

### Μεγαλυνάριον.

Ἡ μυριοθρίαμβος καὶ λαμπρά, τοῦ Σταυροῦ σημαία, νῦν προτίθεται τὰς αὐγάς, τῆς καθ' ᾅδου νίκης, Χριστοῦ φωτοβολοῦσα· ταύτην πιστοὶ τιμῶντες κατασπασώμεθα.

## ΤΗ Δ΄ ΚΥΡΙΑΚΗ ΤΩΝ ΝΗΣΤΕΙΩΝ

Ἐν ᾗ ψάλλεται ἡ ἀκολουθία Ἰωάννου τῆς Κλίμακος.

Τελεῖται ἡ Θεία Λειτουργία τοῦ Μεγάλου Βασιλείου.

Εἰς τὴν Λειτουργίαν, οἱ Μακαρισμοί. Καὶ λέγομεν δ΄ Ἀναστάσιμα, καὶ ἐκ τοῦ Τριῳδίου τὰς ᾠδάς, ὡς σεσημείωται.

### Ὠδὴ γ΄. Ἦχος πλ. α΄.
### Στερέωσον ἡμᾶς.

Ὁδῷ ἐν τῇ τοῦ βίου Χριστέ, δεινῶς ὁδεύων τετραυμάτισμαι, ὑπὸ λῃστῶν ἐν τοῖς πάθεσιν· ἀλλ' ἀνάστησόν με δέομαι.

Ἐσύλησαν τὸν νοῦν μου λῃσταί, καὶ ἔλιπόν με ἐν τοῖς μώλωψιν, ἡμιθανῆ τῶν πταισμάτων μου· ἀλλὰ ἴασαί με Κύριε.

Ἐγύμνωσάν με Σῶτερ Χριστέ, τῶν ἐντολῶν σου τὰ παθήματα, καὶ ἡδοναῖς μεμαστίγωμαι, ἀλλ' ἐπίχεέ μοι ἔλεος.

### Θεοτοκίον.

Ἱκέτευε ἀπαύστως ἁγνή, τὸν προελθόντα ἐκ λαγόνων σου, ῥυσθῆναι πλάνης δαβόλου, τοὺς ὑμνοῦντάς σε Μητέρα Θεοῦ.

### Ὠδὴ ς΄. Ἦχος πλ. δ΄.
### Ἱλάσθητί μοι Σωτήρ.

Ἐδέξω ἐν τῇ ψυχῇ, τὸν θεῖον πλοῦτον τοῦ Πνεύματος, τὴν ἄμεμπτον προσευχήν, ἁγνείαν σεμνότητα, ἀγρυπνίαν σύντονον, ἐγκρατείας πόνους, δι' ὧν οἶκος ἐγνωρίσθης Θεοῦ.

Ὕλης τῆς κάτω σοφέ, παρέδραμες τὴν εὐτέλειαν, ἀΰλῳ δὲ προσευχῇ, τὸν νοῦν ἀνεπτέρωσας, καὶ τῆς ἄνω λήξεως, ὤφθης κληρονόμος, διὰ βίου τελειότητα.

### Δόξα.

Ἱδρῶσιν ἀσκητικοῖς, τοὺς ἄνθρακας τῶν βελῶν τοῦ ἐχθροῦ, κατέσβεσας ἀληθῶς, καὶ τὸ πῦρ τῆς πίστεως, ἐκλάμψας κατέφλεξας, τὰ τῆς ἀπιστίας, τῶν αἱρέσεων φρυάγματα.

### Καὶ νῦν. Θεοτοκίον.

Ἐξέλαμψεν ἐκ Σιών, ἡ τοῦ Ὑψίστου εὐπρέπεια, τὸ πρόσλημμα τῆς σαρκός, καθ' ἕνωσιν ἄρρητον, ἐκ σοῦ ἀπειρόγαμε, περιβεβλημένη, καὶ τὸν κόσμον κατεφώτισεν.

### Τροπάριον τὸ Ἀναστάσιμον. Καὶ τοῦ ὁσίου, ἦχος πλ. δ΄.

Ταῖς τῶν δακρύων σου ῥοαῖς, τῆς ἐρήμου τὸ ἄγονον ἐγεώργησας, καὶ τοῖς ἐκ βάθους στεναγμοῖς, εἰς ἑκατὸν τοὺς πόνους ἐκαρποφόρησας, καὶ γέγονας φωστήρ, τῇ οἰκουμένῃ λάμπων τοῖς θαύμασιν, Ἰωάννη πατὴρ ἡμῶν ὅσιε· πρέσβευε Χριστῷ τῷ Θεῷ, σωθῆναι τὰς ψυχὰς ἡμῶν.

### Κοντάκιον τοῦ ὁσίου, ἦχος δ΄. Ἐπεφάνης σήμερον.

Ἐν τῷ ὕψει Κύριος τῆς ἐγκρατείας, ἀληθῶς σε ἔθετο, ὥσπερ ἀστέρα ἀπλανῆ, φωταγωγοῦντα τὰ πέρατα, καθηγητὰ Ἰωάννη πατὴρ ἡμῶν.

### Κοινωνικόν.

Αἰνεῖτε τὸν Κύριον ἐκ τῶν οὐρανῶν· ἀλληλούϊα.

Καὶ

Εἰς μνημόσυνον αἰώνιον ἔσται δίκαιος· ἀλληλούϊα.

### Μεγαλυνάριον.

Ἄχθος ἀπορρίψας τῶν γεηρῶν, ἀναβὰς εἰς ὕψος, Ἰωάννη τῶν ἀρετῶν, ἀπὸ γῆς πρὸς πόλον, βροτοὺς ἀναβιβάζεις, ταῖς θείαις διδαχαῖς σου, ὡς διὰ κλίμακος.

## ΤΩ ΣΑΒΒΑΤΩ ΤΟΥ ΑΚΑΘΙΣΤΟΥ

Εἰς τὴν Λειτουργίαν Τυπικά, καὶ ἐκ τοῦ κανόνος τῆς Θεοτόκου ᾠδὴ γ΄ καὶ ἐκ τοῦ Τριῳδίου ᾠδὴ ϛ΄.

### ᾨδὴ γ΄. Ἦχος δ΄. Τοὺς σοὺς ὑμνολόγους Θεοτόκε.

Στάχυν ἡ βλαστήσασα τὸν θεῖον, ὡς χώρα ἀνήροτος σαφῶς, χαῖρε ἔμψυχε τράπεζα, ἄρτον ζωῆς χωρήσασα· χαῖρε τοῦ ζῶντος ὕδατος, πηγὴ ἀκένωτος Δέσποινα.

Δάμαλις τὸν μόσχον ἡ τεκοῦσα, τὸν ἄμωμον χαῖρε τοῖς πιστοῖς· χαῖρε Ἀμνὰς κυήσασα, Θεοῦ Ἀμνὸν τὸν αἴροντα, κόσμου παντὸς τὰ πταίσματα· χαῖρε θερμὸν ἱλαστήριον.

Ὄρθρος φαεινὸς χαῖρε ἡ μόνη, τὸν Ἥλιον φέρουσα Χριστόν· φωτὸς κατοικητήριον, χαῖρε τὸ σκότος λύσασα, καὶ τοὺς ζοφώδεις δαίμονας, ὁλοτελῶς ἐκμειώσασα.

Χαῖρε πύλη μόνη, ἣν ὁ Λόγος, διώδευσε μόνος ἡ μοχλούς, καὶ πύλας ᾅδου Δέσποινα, τῷ τόκῳ σου συντρίψασα· χαῖρε ἡ θεία εἴσοδος, τῶν σῳζομένων Πανύμνητε.

### ᾨδὴ ϛ΄. Ἦχος πλ. β΄. Τοῦ βίου τὴν θάλασσαν.

Ἀθλοῦντες οἱ μάρτυρες, καὶ ὡς λίθοι ἐκλεκτοί, ἐπὶ γῆς κυλιόμενοι, οἰκοδομίαν ἅπασαν τοῦ ἐχθροῦ, τελείως κατέστρεψαν, καὶ ναοὶ Θεοῦ ζῶντος ἐχρημάτισαν.

Ὑμᾶς ἱκετεύομεν, τοὺς τὸν δρόμον τὸν καλόν, τετελεκότας μάρτυρες· τὸν τῆς νηστείας δρόμον τρέχειν ἡμᾶς, καλῶς ἐνισχύσατε, ἀρετῶν τελειώσει διαλάμποντας.

### Δόξα.

Τοὺς δούλους σου Δέσποτα, μεταστάντας ἀπὸ γῆς, πρὸς σὲ τὸν ὑπεράγαθον, σῆς βασιλείας ποίησον κοινωνούς, τῶν θείων μαρτύρων σου, ἱεραῖς μεσιτείαις Πολυέλεε.

### Καὶ νῦν. Θεοτοκίον.

Ἡ μόνη πανύμνητος, τοῖς ὑμνοῦσί σε πιστῶς, ἁμαρτημάτων ἄφεσιν, καὶ χαρισμάτων θείων διανομήν, δοθῆναι ἱκέτευε, τὸν πανάγιον Λόγον, μητροπάρθενε.

### Τροπάριον, ἦχος πλ. δ΄. Αὐτόμελον.

Τὸ προσταχθὲν μυστικῶς, λαβὼν ἐν γνώσει, ἐν τῇ σκηνῇ τοῦ Ἰωσήφ, σπουδῇ ἐπέστη, ὁ ἀσώματος λέγων τῇ ἀπειρογάμῳ· ὁ κλίνας τῇ καταβάσει τοὺς οὐρανούς, χωρεῖται ἀναλλοιώτως ὅλως ἐν σοί· ὃν καὶ βλέπων ἐν μήτρᾳ σου, λαβόντα δούλου μορφήν, ἐξίσταμαι κραυγάζειν σοι· Χαῖρε Νύμφη ἀνύμφευτε.

### Κοντάκιον, ἦχος ὁ αὐτός.

Τῇ ὑπερμάχῳ στρατηγῷ τὰ νικητήρια, ὡς λυτρωθεῖσα τῶν δεινῶν εὐχαριστήρια, ἀναγράφω σοι ἡ πόλις σου Θεοτόκε· ἀλλ' ὡς ἔχουσα τὸ κράτος ἀπροσμάχητον, ἐκ παντοίων με κινδύνων ἐλευθέρωσον· ἵνα κράζω σοι· Χαῖρε Νύμφη ἀνύμφευτε.

### Ἀντὶ τοῦ Ἄξιον ἐστίν, ἦχος δ΄.

Ἅπας γηγενής, σκιρτάτω τῷ πνεύματι λαμπαδουχούμενος· πανηγυριζέτω δὲ ἀΰλων νόων, φύσις γεραίρουσα, τὰ ἱερὰ θαυμάσια τῆς Θεομήτορος, καὶ βοάτω· Χαίροις παμμακάριστε, Θεοτόκε ἁγνή, ἀειπάρθενε.

### Κοινωνικόν.

Ποτήριον σωτηρίου λήψομαι, καὶ τὸ ὄνομα Κυρίου ἐπικαλέσομαι.

### Μεγαλυνάριον.

Χαῖρε τῶν ἀγγέλων ἡ χαρμονή, καὶ τῶν ἀρχαγγέλων, ἀποστόλων καὶ προφητῶν, μαρτύρων, ὁσίων, καὶ πάντων τῶν δικαίων, ἀνύμφευτε Παρθένε, σκέπε τὴν ποίμνην σου.

## ΤΗ Ε΄ ΚΥΡΙΑΚΗ ΤΩΝ ΝΗΣΤΕΙΩΝ

*Ἐν ᾗ ψάλλεται ἡ ἀκολουθία Μαρίας τῆς Αἰγυπτίας.*

Τελεῖται ἡ Θεία Λειτουργία τοῦ Μεγάλου Βασιλείου.

Εἰς τὴν Λειτουργίαν οἱ Μακαρισμοί. Καὶ λέγομεν δ΄ Ἀναστάσιμα, καὶ ἐκ τοῦ Τριῳδίου τὰς ᾠδάς, ὡς σεσημείωται.

### Ὠδὴ γ΄. Ἦχος πλ. δ΄.
### Σὺ εἶ τὸ στερέωμα.

Λάζαρον ὡς ἔσωσας, ἐκ τῆς φλογός, Χριστὲ οὕτω με, ἐκ τοῦ πυρός, ῥῦσαι τῆς Γεέννης, τὸν ἀνάξιον δοῦλόν σου.

Πλούσιος τοῖς πάθεσι, καὶ ἡδοναῖς εἰμι Κύριε· Λάζαρος δέ, πένης τῇ στερήσει, ἀρετῶν· ἀλλὰ σῶσόν με.

Κόκκινον καὶ βύσσινον, ἐνεδιδύσκετο πλούσιος, ταῖς ἡδοναῖς, καὶ ταῖς ἁμαρτίαις· διὰ τοῦτο φλογίζεται.

Θεοτοκίον.

Δὸς ἡμῖν βοήθειαν, ταῖς ἱκεσίαις σου Πάναγνε, τὰς προσβολάς, ἀποκρουομένη, τῶν δεινῶν περιστάσεων.

Ὠδὴ ς΄. Ἦχος πλ. β΄.
Ἄβυσσος ἐσχάτη ἁμαρτημάτων.

Χαίρουσι Μαρία, τὰ τῶν ἀγγέλων στρατεύματα, τὸν ἐφάμιλλον ὁσία βίον, τούτων ἐν σοὶ καθορῶντες, καὶ δόξαν τῷ Κυρίῳ κραυγάζουσι.

Φρίττουσι δαιμόνων, τῶν ζοφερῶν τὰ συστήματα, τὸ τῆς σῆς καρτερικὸν ἰσχύος· ὅτι γυνὴ παραδόξως, καὶ γυμνή, καὶ μόνη τούτους ᾔσχυνας.

Δόξα.

Ἔλαμψας ἡλίου, δίκην Μαρία πανεύφημε, καὶ τὴν ἔρημον ταῖς φρυκτωρίαις, πᾶσαν ἐφώτισας· ὅθεν κἀμέ, τῷ σῷ φωτὶ καταλάμπρυνον.

Καὶ νῦν. Θεοτοκίον.

Ἄγγελοι περιλαμφθέντες, τῇ δόξῃ τοῦ τόκου σου, ἐν τῇ γῇ εἰρήνην πᾶσαν ἡμῖν, καὶ εὐδοκίαν ἀνθρώποις, Παρθένε κεκράγασιν.

Τροπάριον τὸ Ἀναστάσιμον.
Καὶ τῆς ὁσίας, ἦχος πλ. δ΄.

Ἐν σοὶ μῆτερ ἀκριβῶς διεσώθη τὸ κατ᾽ εἰκόνα· λαβοῦσα γὰρ τὸν Σταυρόν, ἠκολούθησας τῷ Χριστῷ, καὶ πράττουσα ἐδίδασκες, ὑπερορᾶν μὲν σαρκός· παρέρχεται γάρ· ἐπιμελεῖσθαι δὲ ψυχῆς, πράγματος ἀθανάτου· διὸ καὶ μετὰ ἀγγέλων συναγάλλεται, ὁσία Μαρία τὸ πνεῦμά σου.

Κοντάκιον. Ἦχος γ΄.
Ἡ Παρθένος σήμερον.

Ἡ πορνείαις πρότερον, μεμεστωμένη παντοίαις, Χριστοῦ νύμφη σήμερον, τῇ μετανοίᾳ ἐδείχθης· ἀγγέλων τὴν πολιτείαν ἐκμιμουμένη, δαίμονας Σταυροῦ τῷ ὅπλῳ ἐξαφανίζεις· διὰ τοῦτο βασιλείας, ἐφάνης νύμφη Μαρία ἔνδοξε.

Κοινωνικόν.

Αἰνεῖτε τὸν Κύριον ἐκ τῶν οὐρανῶν· ἀλληλούϊα.

Καὶ

Εἰς μνημόσυνον αἰώνιον ἔσται δίκαιος· ἀλληλούϊα.

Μεγαλυνάριον.

Ῥύπου λοῦσαι θέλουσα σεαυτήν, τῶν ἀμπλακημάτων, σῶν δακρύων ἐπιρροαῖς, ἐγυμνώθης ὅλη, αἰσχύνασα Μαρία, τὸν πρὶν τοῦ παραδείσου Εὔαν γυμνώσαντα.

## ΤΩ ΣΑΒΒΑΤΩ ΤΟΥ ΑΓΙΟΥ ΚΑΙ ΔΙΚΑΙΟΥ ΛΑΖΑΡΟΥ

Εἰς τὴν Λειτουργίαν Τυπικά, καὶ ἐκ τῶν κανόνων τοῦ Τριῳδίου ᾠδὴ γ΄ καὶ ς΄.

### Ὠδὴ γ΄. Ἦχος πλ. δ΄.
### Σὺ εἶ τὸ στερέωμα.

Δύο προβαλλόμενος, τὰς ἐνεργείας σου ἔδειξας, τῶν οὐσιῶν, σῶτερ τὴν διπλόην· Θεὸς γὰρ εἶ καὶ ἄνθρωπος.

Ἄβυσσος ὢν γνώσεως, σὺ ἐρωτᾷς ποῦ ἐτέθειτο, ὁ τεθνεώς; μέλλων ἀναστήσειν, Ζωοδότα τὸν κείμενον.

Τόπους ἀμειβόμενος, ὡς γεγονὼς βροτὸς πέφηνας, περιγραπτός, ὁ πληρῶν τὰ πάντα, ὡς Θεὸς ἀπερίγραπτος.

Λάζαρον ἐξήγειρας, τῷ θεϊκῷ Χριστὲ ῥήματι· κἀμὲ πολλοῖς πταίσμασι θανόντα, ἐξανάστησον δέομαι.

### Ὠδὴ ς΄. Ἦχος ὁ αὐτός.
### Ἱλάσθητί μοι Σωτήρ.

Θεὸς ὢν ἀληθινός, Λαζάρου ἔγνως τὴν κοίμησιν, καὶ ταύτην τοῖς μαθηταῖς, τοῖς σοῖς προηγόρευσας, πιστούμενος Δέσποτα, τῆς Θεότητός σου, τὴν ἀόριστον ἐνέργειαν. Δίς.

### Δόξα.

Τῇ σαρκὶ περιγραπτός, ὑπάρχων ὁ ἀπερίγραπτος, εἰς Βηθανίαν ἐλθών, ὡς ἄνθρωπος Δέσποτα, δακρύεις τὸν Λάζαρον· ὡς Θεὸς δὲ θέλων, ἀνιστᾷς τὸν τετραήμερον.

### Καὶ νῦν· τὸ αὐτό.

### Τροπάριον, ἦχος α΄.

Τὴν κοινὴν Ἀνάστασιν, πρὸ τοῦ σοῦ Πάθους πιστούμενος, ἐκ νεκρῶν ἤγειρας τὸν Λάζαρον, Χριστὲ ὁ Θεός· ὅθεν καὶ ἡμεῖς ὡς οἱ παῖδες, τὰ τῆς νίκης σύμβολα φέροντες, σοὶ τῷ νικητῇ τοῦ θανάτου βοῶμεν· Ὡσαννὰ ἐν τοῖς ὑψίστοις, εὐλογημένος ὁ ἐρχόμενος, ἐν ὀνόματι Κυρίου.

### Κοντάκιον, ἦχος β΄.
### Τὰ ἄνω ζητῶν.

Ἡ πάντων χαρά, Χριστὸς ἡ ἀλήθεια, τὸ φῶς ἡ ζωή, τοῦ κόσμου ἡ ἀνάστασις, τοῖς ἐν γῇ πεφανέρωται, τῇ αὐτοῦ ἀγαθότητι, καὶ γέγονε τύπος τῆς Ἀναστάσεως· τοῖς πᾶσι παρέχων θείαν ἄφεσιν.

### Ἀντὶ τοῦ Ἄξιον ἐστίν, ἦχος πλ. δ΄.

Τὴν ἁγνὴν ἐνδόξως τιμήσωμεν, λαοὶ Θεοτόκον, τὴν τὸ πῦρ τῆς θεότητος, δεξαμένην ἐν τῇ γαστρὶ ἀφλέκτως, ἐν ὕμνοις μεγαλύνοντες.

### Κοινωνικόν.

Ἐκ στόματος νηπίων, καὶ θηλαζόντων κατηρτίσω αἶνον· ἀλληλούια.

## Τῌ ΚΥΡΙΑΚῌ ΤΩΝ ΒΑΪΩΝ
### Εἰς τὴν Λειτουργίαν, Ἀντίφωνα.
### ΑΝΤΙΦΩΝΟΝ Α΄.
### Ἦχος α΄.

Στίχ. α΄. Ἠγάπησα, ὅτι εἰσακούσεται Κύριος τῆς φωνῆς τῆς δεήσεώς μου.

Ταῖς πρεσβείαις τῆς Θεοτόκου, Σῶτερ, σῶσον ἡμᾶς.

Στίχ. β΄. Περιέσχον με ὠδῖνες θανάτου, κίνδυνοι ᾅδου εὕροσάν με.

Ταῖς πρεσβείαις τῆς Θεοτόκου, Σῶτερ, σῶσον ἡμᾶς.

Στίχ. γ΄. Θλῖψιν καὶ ὀδύνην εὗρον, καὶ τὸ ὄνομα Κυρίου ἐπεκαλεσάμην.

Ταῖς πρεσβείαις τῆς Θεοτόκου, Σῶτερ, σῶσον ἡμᾶς.

Δόξα, Καὶ νῦν.

Ταῖς πρεσβείαις τῆς Θεοτόκου, Σῶτερ, σῶσον ἡμᾶς.

ΑΝΤΙΦΩΝΟΝ Β΄.

Στίχ. α΄. Ἐπίστευσα, διὸ ἐλάλησα· ἐγὼ δὲ ἐταπεινώθην σφόδρα.

Σῶσον ἡμᾶς Υἱὲ Θεοῦ, ὁ ἐπὶ πώλου ὄνου καθεσθείς, ψάλλοντάς σοι· Ἀλληλούια.

Στίχ. β΄. Τί ἀνταποδώσωμεν τῷ Κυρίῳ περὶ πάντων, ὧν ἀνταπέδωκεν ἡμῖν;

Σῶσον ἡμᾶς Υἱὲ Θεοῦ, ὁ ἐπὶ πώλου ὄνου καθεσθείς, ψάλλοντάς σοι· Ἀλληλούια.

Στίχ. γ΄. Ποτήριον σωτηρίου λήψομαι, καὶ τὸ ὄνομα Κυρίου ἐπικαλέσομαι.

Σῶσον ἡμᾶς Υἱὲ Θεοῦ, ὁ ἐπὶ πώλου ὄνου καθεσθείς, ψάλλοντάς σοι· Ἀλληλούια.

Στίχ. δ΄. Τὰς εὐχάς μου τῷ Κυρίῳ ἀποδώσω, ἐναντίον παντὸς τοῦ λαοῦ αὐτοῦ.

Σῶσον ἡμᾶς Υἱὲ Θεοῦ, ὁ ἐπὶ πώλου ὄνου καθεσθείς, ψάλλοντάς σοι· Ἀλληλούια.

Δόξα Πατρὶ καὶ Υἱῷ καὶ ἁγίῳ Πνεύματι· καὶ νῦν καὶ ἀεὶ καὶ εἰς τοὺς αἰῶνας τῶν αἰώνων. Ἀμήν.

Ὁ Μονογενὴς Υἱὸς καὶ Λόγος τοῦ Θεοῦ ἀθάνατος ὑπάρχων, καὶ καταδεξάμενος διὰ τὴν ἡμετέραν σωτηρίαν, σαρκωθῆναι ἐκ τῆς ἁγίας Θεοτόκου καὶ ἀειπαρθένου Μαρίας, ἀτρέπτως ἐνανθρωπήσας, σταυρωθείς τε Χριστὲ ὁ Θεός, θανάτῳ θάνατον πατήσας, εἷς ὢν τῆς Ἁγίας Τριάδος συνδοξαζόμενος τῷ Πατρὶ καὶ τῷ Ἁγίῳ Πνεύματι, σῶσον ἡμᾶς.

ΑΝΤΙΦΩΝΟΝ Γ΄.

Στίχ. α΄. Ἐξομολογεῖσθε τῷ Κυρίῳ, ὅτι ἀγαθός.

Τροπάριον, ἦχος α΄.

Τὴν κοινὴν Ἀνάστασιν, πρὸ τοῦ σοῦ Πάθους πιστούμενος, ἐκ νεκρῶν ἤγειρας τὸν Λάζαρον, Χριστὲ ὁ Θεός· ὅθεν καὶ ἡμεῖς ὡς οἱ παῖδες, τὰ τῆς νίκης σύμβολα φέροντες, σοὶ τῷ νικητῇ τοῦ θανάτου βοῶμεν· Ὡσαννὰ ἐν τοῖς ὑψίστοις, εὐλογημένος ὁ ἐρχόμενος, ἐν ὀνόματι Κυρίου.

Στίχ. β΄. Εἰπάτω δὴ οἶκος Ἰσραήλ, ὅτι ἀγαθός.

Τὴν κοινὴν Ἀνάστασιν...

Στίχ. γ΄. Εἰπάτω δὴ οἶκος Ἀαρών, ὅτι ἀγαθός.

Τὴν κοινὴν Ἀνάστασιν...

Στίχ. δ΄. Εἰπάτωσαν δὴ πάντες οἱ φοβούμενοι τὸν Κύριον, ὅτι ἀγαθός.

Τὴν κοινὴν Ἀνάστασιν...

Εἰσοδικόν.

Εὐλογημένος ὁ ἐρχόμενος ἐν ὀνόματι Κυρίου. Θεὸς Κύριος καὶ ἐπέφανεν ἡμῖν.

Σῶσον ἡμᾶς Υἱὲ Θεοῦ, ὁ ἐπὶ πώλου ὄνου καθεσθείς, ψάλλοντάς σοι· Ἀλληλούια.

### Τροπάριον, ἦχος α΄.

Τὴν κοινὴν Ἀνάστασιν, πρὸ τοῦ σοῦ Πάθους πιστούμενος, ἐκ νεκρῶν ἤγειρας τὸν Λάζαρον, Χριστὲ ὁ Θεός· ὅθεν καὶ ἡμεῖς ὡς οἱ παῖδες, τὰ τῆς νίκης σύμβολα φέροντες, σοὶ τῷ νικητῇ τοῦ θανάτου βοῶμεν· Ὡσαννὰ ἐν τοῖς ὑψίστοις, εὐλογημένος ὁ ἐρχόμενος, ἐν ὀνόματι Κυρίου.

### Ἕτερον, ἦχος δ΄.

Συνταφέντες σοι διὰ τοῦ βαπτίσματος Χριστὲ ὁ Θεὸς ἡμῶν, τῆς ἀθανάτου ζωῆς ἠξιώθημεν τῇ Ἀναστάσει σου· καὶ ἀνυμνοῦντες κράζομεν· Ὡσαννὰ ἐν τοῖς ὑψίστοις, εὐλογημένος ὁ ἐρχόμενος, ἐν ὀνόματι Κυρίου.

### Ἡ ὑπακοή, ἦχος πλ. β΄.

Μετὰ κλάδων ὑμνήσαντες πρότερον, μετὰ ξύλων συνέλαβον ὕστερον, οἱ ἀγνώμονες Χριστόν, Ἰουδαῖοι τὸν Θεόν· ἡμεῖς δὲ πίστει ἀμεταθέτῳ, ἀεὶ τιμῶντες ὡς εὐεργέτην, διαπαντὸς βοήσωμεν αὐτῷ· εὐλογημένος εἶ ὁ ἐρχόμενος, τὸν Ἀδὰμ ἀνακαλέσασθαι.

### Κοντάκιον ἰδιόμελον, ἦχος ὁ αὐτός.

Τῷ θρόνῳ ἐν οὐρανῷ, τῷ πώλῳ ἐπὶ τῆς γῆς, ἐποχούμενος Χριστὲ ὁ Θεός, τῶν ἀγγέλων τὴν αἴνεσιν, καὶ τῶν παίδων ἀνύμνησιν, προσεδέξω βοώντων σοι· εὐλογημένος εἶ ὁ ἐρχόμενος, τὸν Ἀδὰμ ἀνακαλέσασθαι.

### Ἀντὶ τοῦ Ἄξιον ἐστίν, ἦχος δ΄.

Θεὸς Κύριος καὶ ἐπέφανεν ἡμῖν· συστήσασθε ἑορτὴν καὶ ἀγαλλόμενοι, δεῦτε μεγαλύνωμεν Χριστόν, μετὰ βαΐων καὶ κλάδων, ὕμνοις κραυγάζοντες· Εὐλογημένος ὁ ἐρχόμενος, ἐν ὀνόματι Κυρίου Σωτῆρος ἡμῶν.

### Κοινωνικόν.

Εὐλογημένος ὁ ἐρχόμενος ἐν ὀνόματι Κυρίου· ἀλληλούια.

## ΔΙΑΤΑΞΙΣ ΤΗΣ Ι. ΛΕΙΤΟΥΡΓΙΑΣ ΤΩΝ ΠΡΟΗΓΙΑΣΜΕΝΩΝ

Ὁ Διάκονος· Εὐλόγησον, Δέσποτα.

Ὁ Ἱερεύς· Εὐλογημένη ἡ βασιλεία τοῦ Πατρός… Ὁ χορός· Ἀμήν.

Καὶ εὐθὺς τὸ Δεῦτε προσκυνήσωμεν γ΄, καὶ ὁ Προοιμιακὸς ψαλμός. Εἶτα δὲ παρὰ τοῦ Διακόνου· Ἐν εἰρήνῃ τοῦ Κυρίου δεηθῶμεν. Ὁ χορὸς ἐν ἑκάστῃ αἰτήσει· Κύριε, ἐλέησον. Καὶ μετὰ τὴν ἐκφώνησιν Ὅτι πρέπει σοι πᾶσα δόξα, κτλ., γίνεται ἡ συνήθης στιχολογία τῶν Πρὸς Κύριον. Ἐν ἑκάστῳ δὲ ἀντιφώνῳ γίνεται συναπτὴ μικρὰ παρὰ τοῦ Διακόνου, καὶ ἡ ἐκφώνησις παρὰ τοῦ Ἱερέως.

Εἰς τὸ Κύριε, ἐκέκραξα ψάλλονται τὰ στιχηρὰ τῆς ἡμέρας μετὰ τοῦ Δόξα, Καὶ νῦν. Εἴσοδος. Ὁ Διάκονος·

Σοφία· ὀρθοί. Τὸ Φῶς ἱλαρόν.

Ὁ Ἱερεύς· Εἰρήνη πᾶσι· τοῦ χοροῦ ἀποκρινομένου· Καὶ τῷ πνεύματί σου.

Ὁ ἀναγνώστης τὸ προκείμενον καὶ τὸ πρῶτον ἀνάγνωσμα τῆς ἡμέρας· εἶτα τὸ δεύτερον προκείμενον, καὶ μετ᾽ αὐτὸ λέγει· Κέλευσον.

Ὁ δὲ Ἱερεὺς ἐκφώνως· Σοφία, ὀρθοί. Εἶτα στραφεὶς πρὸς τὸν λαὸν λέγει· Φῶς Χριστοῦ φαίνει πᾶσι. Καὶ ὁ ἀναγνώστης τὸ δεύτερον ἀνάγνωσμα. Μετ᾽ αὐτὸ δὲ ὁ Ἱερεύς· Εἰρήνη σοι. Ὁ χορός· Καὶ τῷ πνεύματί σου. Ὁ Διάκονος· Σοφία.

Καὶ ψάλλεται τὸ Κατευθυνθήτω μετὰ τῶν στίχων.

Κατευθυνθήτω ἡ προσευχή μου, ὡς θυμίαμα ἐνώπιόν σου, ἔπαρσις τῶν χειρῶν μου, θυσία ἑσπερινή.

Στίχ. α΄. Κύριε, ἐκέκραξα πρὸς σέ, εἰσάκουσόν μου· πρόσσχες τῇ φωνῇ τῆς δεήσεώς μου ἐν τῷ κεκραγέναι με πρὸς σέ.

Στίχ. β΄. Θοῦ, Κύριε, φυλακὴν τῷ στόματί μου, καὶ θύραν περιοχῆς περὶ τὰ χείλη μου.

Στίχ. γ΄. Μὴ ἐκκλίνῃς τὴν καρδίαν μου εἰς λόγους πονηρίας τοῦ προφασίζεσθαι προφάσεις ἐν ἁμαρτίαις.

Δόξα, Καὶ νῦν.

Εἶτα ὁ Διάκονος τὴν ἐκτενῆ, κτλ. καὶ μετὰ τὴν ἐκφώνησιν Κατὰ τὴν δωρεὰν τοῦ Χριστοῦ σου, ψάλλεται ἀντὶ τοῦ Χερουβικοῦ

Τὸ παρόν, εἰς ἦχον πλ. β΄.

Νῦν αἱ δυνάμεις τῶν οὐρανῶν, σὺν ἡμῖν ἀοράτως λατρεύουσιν· ἰδοὺ γὰρ εἰσπορεύεται, ὁ βασιλεὺς τῆς δόξης. Ἰδοὺ θυσία μυστική, τετελειωμένη δορυφορεῖται· πίστει καὶ πόθῳ προσέλθωμεν, ἵνα μέτοχοι ζωῆς αἰωνίου γενώμεθα. Ἀλληλούια.

Μετὰ δὲ τὴν εἴσοδον λέγει Ὁ Διάκονος· Πληρώσωμεν τὴν ἑσπερινὴν δέησιν ἡμῶν, κτλ. Ὁ Ἱερεύς· Καὶ καταξίωσον ἡμᾶς Δέσποτα…

Καὶ εὐθὺς ἡ κυριακὴ προσευχή.

Πάτερ ἡμῶν, ὁ ἐν τοῖς οὐρανοῖς, ἁγιασθήτω τὸ ὄνομά σου, ἐλθέτω ἡ βασιλεία σου, γενηθήτω τὸ θέλημά σου, ὡς ἐν οὐρανῷ καὶ ἐπὶ τῆς γῆς. Τὸν ἄρτον ἡμῶν τὸν ἐπιούσιον δὸς ἡμῖν σήμερον, καὶ ἄφες ἡμῖν τὰ ὀφειλήματα ἡμῶν, ὡς καὶ ἡμεῖς ἀφίεμεν τοῖς ὀφειλέταις ἡμῶν. Καὶ μὴ εἰσενέγκῃς ἡμᾶς εἰς πειρασμόν, ἀλλὰ ῥῦσαι ἡμᾶς ἀπὸ τοῦ πονηροῦ.

Ὁ Ἱερεύς· Ὅτι σοῦ ἐστιν… Ὁ αὐτός· Εἰρήνη πᾶσι. Καὶ ὁ χορός· Καὶ τῷ πνεύματί σου. Ὁ Διάκονος· Τὰς κεφαλὰς ἡμῶν τῷ Κυρίῳ κλίνωμεν. Ὁ Ἱερεύς· Χάριτι καὶ οἰκτιρμοῖς καὶ φιλανθρωπίᾳ… Ὁ χορός· Ἀμήν.

Ὁ Διάκονος· Πρόσχωμεν. Ὁ Ἱερεύς· Τὰ Προηγιασμένα Ἅγια τοῖς Ἁγίοις.

Ὁ χορός.

Εἷς ἅγιος, εἷς Κύριος, Ἰησοῦς Χριστός, εἰς δόξαν Θεοῦ Πατρός. Ἀμήν.

Κοινωνικόν.

Γεύσασθε καὶ ἴδετε, ὅτι χρηστὸς ὁ Κύριος· ἀλληλούια.

Μετὰ δὲ τὴν ἐμφάνειαν τῶν ἁγίων Δώρων, ἀργῶς καὶ μετὰ μέλους, εἰς ἦχον πλ. δ΄.

Εὐλογήσω τὸν Κύριον ἐν παντὶ καιρῷ, διαπαντὸς ἡ αἴνεσις αὐτοῦ ἐν τῷ στόματί μου. Ἄρτον οὐράνιον καὶ ποτήριον ζωῆς, γεύσασθε καὶ ἴδετε ὅτι χρηστὸς ὁ Κύριος. Ἀλληλούια, ἀλληλούια, ἀλληλούια.

Καὶ μετὰ τὸ συστεῖλαι τὰ ἅγια.

Πληρωθήτω τὸ στόμα ἡμῶν αἰνέσεώς σου Κύριε, ὅπως ὑμνήσωμεν τὴν δόξαν σου, ὅτι ἠξίωσας ἡμᾶς μετασχεῖν, τῶν ἁγίων ἀθανάτων καὶ ἀχράντων σου μυστηρίων· στήριξον ἡμᾶς ἐν τῷ σῷ ἁγιασμῷ, ὅλην τὴν ἡμέραν μελετᾶν τὴν δικαιοσύνην σου· ἀλληλούια, ἀλληλούια, ἀλληλούια.

Μετὰ τὴν ὀπισθάμβωνον εὐχήν.

Εἴη τὸ ὄνομα Κυρίου εὐλογημένον ἀπὸ τοῦ νῦν καὶ ἕως τοῦ αἰῶνος (τρίς, χῦμα).

Μετὰ τὴν ἀπόλυσιν λέγονται οἱ ψαλμοὶ λγ΄ Εὐλογήσω τὸν Κύριον, καὶ ρμδ΄ Ὑψώσω σε ὁ Θεός μου (βλέπε σ. 256), εἰς δὲ τὸ τέλος τὸ Δι᾿ εὐχῶν.

## ΤΗ ΑΓΙᾼ ΚΑΙ ΜΕΓΑΛῌ ΔΕΥΤΕΡᾼ

Τελεῖται ἡ Λειτουργία τῶν Προηγιασμένων, ἐν ᾗ μετὰ τὸν προοιμιακὸν ψαλμόν, γίνεται ἡ συνήθης στιχολογία τῶν Πρὸς Κύριον. Εἶτα τὸ Κύριε ἐκέκραξα εἰς ἦχον πρῶτον· καὶ ψάλλομεν τὰ παρόντα ἰδιόμελα, καὶ ἱστῶμεν στίχους ι΄.

Ἦχος α΄.

Ἐρχόμενος ὁ Κύριος πρὸς τὸ ἑκούσιον πάθος, τοῖς ἀποστόλοις ἔλεγεν ἐν τῇ ὁδῷ· ἰδοὺ ἀναβαίνομεν εἰς Ἱεροσόλυμα, καὶ παραδοθήσεται ὁ Υἱὸς τοῦ ἀνθρώπου, καθὼς γέγραπται περὶ αὐτοῦ· δεῦτε οὖν καὶ ἡμεῖς, κεκαθαρμέναις διανοίαις, συμπορευθῶμεν αὐτῷ καὶ συσταυρωθῶμεν, καὶ νεκρωθῶμεν δι᾿ αὐτόν, ταῖς τοῦ βίου ἡδοναῖς· ἵνα καὶ συζήσωμεν αὐτῷ, καὶ ἀκούσωμεν βοῶντος αὐτοῦ· οὐκέτι εἰς τὴν ἐπίγειον Ἱερουσαλὴμ διὰ τὸ παθεῖν· ἀλλὰ ἀναβαίνω πρὸς τὸν Πατέρα μου, καὶ Πατέρα ὑμῶν, καὶ Θεόν μου καὶ Θεὸν ὑμῶν, καὶ συνανυψῶ ὑμᾶς, εἰς τὴν ἄνω Ἱερουσαλήμ, ἐν τῇ βασιλείᾳ τῶν οὐρανῶν. Δίς.

Ἦχος πλ. α΄.

Φθάσαντες πιστοί, τὸ σωτήριον πάθος Χριστοῦ τοῦ Θεοῦ, τὴν ἄφατον αὐτοῦ μακροθυμίαν δοξάσωμεν· ὅπως τῇ αὐτοῦ εὐσπλαγχνίᾳ, συνεγείρῃ καὶ ἡμᾶς, νεκρωθέντας τῇ ἁμαρτίᾳ, ὡς ἀγαθὸς καὶ φιλάνθρωπος. Δίς.

Ἦχος ὁ αὐτός.

Κύριε, ἐρχόμενος πρὸς τὸ πάθος, τοὺς ἰδίους στηρίζων μαθητὰς ἔλεγες, κατ᾿ ἰδίαν παραλαβὼν αὐτούς· πῶς τῶν ῥημάτων μου ἀμνημονεῖτε, ὧν πάλαι εἶπον ὑμῖν· ὅτι προφήτην πάντα οὐ γέγραπται, εἰ μὴ ἐν Ἰερουσαλήμ, ἀποκτανθῆναι; νῦν οὖν καιρὸς ἐφέστηκεν, ὃν εἶπον ὑμῖν· ἰδοὺ γὰρ παραδίδομαι ἁμαρτωλῶν χερσὶν ἐμπαιχθῆναι· οἳ καὶ Σταυρῷ με προσπήξαντες, ταφῇ παραδόντες, ἐβδελυγμένον λογιοῦνται ὡς νεκρόν· ὅμως θαρσεῖτε· τριήμερος γὰρ ἐγείρομαι, εἰς ἀγαλλίασιν πιστῶν, καὶ ζωὴν τὴν αἰώνιον. Δίς.

### Ἦχος ὁ αὐτός.

Κύριε, πρὸς τὸ μυστήριον τὸ ἀπόρρητον τῆς σῆς οἰκονομίας, οὐκ ἐξαρκοῦσα ἡ τῶν ἐκ Ζεβεδαίου μήτηρ, ᾐτεῖτό σοι προσκαίρου βασιλείας τιμήν, τοῖς ἑαυτῆς δωρήσασθαι τέκνοις· ἀλλ' ἀντὶ ταύτης, ποτήριον θανάτου ἐπηγγείλω, πιεῖν τοῖς φίλοις σου· ὃ ποτήριον πρὸ τούτων πιεῖν ὁ αὐτὸς ἔλεγες, ἁμαρτημάτων καθαρτήριον· διό σοι βοῶμεν· ἡ σωτηρία τῶν ψυχῶν ἡμῶν, δόξα σοι. Δίς.

### Ἦχος ὁ αὐτός.

Κύριε, τὰ τελεώτατα φρονεῖν, τοὺς οἰκείους παιδεύων μαθητάς, μὴ ὁμοιοῦσθαι τοῖς ἔθνεσιν ἔλεγες, εἰς τὸ κατάρχειν τῶν ἐλαχιστοτέρων· οὐχ οὕτω γὰρ ἔσται ὑμῖν τοῖς ἐμοῖς μαθηταῖς· ὅτι πτωχὸς θέλων ὑπάρχω. ὁ πρῶτος οὖν ὑμῶν, ἔστω πάντων διάκονος, ὁ δὲ ἄρχων ὡς ὁ ἀρχόμενος, ὁ προκριθεὶς δὲ ὡς ὁ ἔσχατος· καὶ γὰρ ἐλήλυθα αὐτός, τῷ πτωχεύσαντι Ἀδὰμ διακονῆσαι, καὶ λύτρον δοῦναι ἀντὶ πολλῶν τὴν ψυχήν, τῶν βοώντων μοι· δόξα σοι. Ἅπαξ.

### Ἦχος πλ. δ'.

Τῆς ξηρανθείσης συκῆς διὰ τὴν ἀκαρπίαν, τὸ ἐπιτίμιον φοβηθέντες ἀδελφοί, καρποὺς ἀξίους τῆς μετανοίας προσάξωμεν Χριστῷ, τῷ παρέχοντι ἡμῖν τὸ μέγα ἔλεος. Ἅπαξ.

Δόξα, Καὶ νῦν. Ἦχος ὁ αὐτός.

Δευτέραν Εὔαν τὴν Αἰγυπτίαν εὑρὼν ὁ δράκων, διὰ ῥημάτων, ἔσπευδε κολακείαις ὑποσκελίσαι τὸν Ἰωσήφ· ἀλλ' αὐτὸς καταλιπὼν τὸν χιτῶνα, ἔφυγε τὴν ἁμαρτίαν· καὶ γυμνὸς οὐκ ᾐσχύνετο, ὡς ὁ πρωτόπλαστος πρὸ τῆς παρακοῆς· αὐτοῦ ταῖς ἱκεσίαις Χριστέ, ἐλέησον ἡμᾶς.

Καὶ ἡ λοιπὴ ἀκολουθία τῶν Προηγιασμένων.

## ΤΗ ΑΓΙΑ ΚΑΙ ΜΕΓΑΛΗ ΤΡΙΤΗ

Ἡ συνήθης στιχολογία. Εἰς τό, Κύριε ἐκέκραξα, ἱστῶμεν στίχους ι' καὶ ψάλλομεν τὰ παρόντα ἰδιόμελα.

### Ἦχος α'.

Ἐν ταῖς λαμπρότησι τῶν ἁγίων σου, πῶς εἰσελεύσομαι ὁ ἀνάξιος; ἐὰν γὰρ τολμήσω συνεισελθεῖν εἰς τὸν νυμφῶνα, ὁ χιτών με ἐλέγχει, ὅτι οὐκ ἔστι τοῦ γάμου· καὶ δέσμιος ἐκβαλοῦμαι ὑπὸ τῶν ἀγγέλων· καθάρισον Κύριε, τὸν ῥύπον τῆς ψυχῆς μου, καὶ σῶσόν με ὡς φιλάνθρωπος. Δίς.

## Ἦχος β΄.

Ὁ τῇ ψυχῆς ῥαθυμίᾳ νυστάξας, οὐ κέκτημαι νυμφίε Χριστέ, καιομένην λαμπάδα τὴν ἐξ ἀρετῶν, καὶ νεάνισιν ὡμοιώθην μωραῖς, ἐν καιρῷ τῆς ἐργασίας ῥεμβόμενος· τὰ σπλάγχνα τῶν οἰκτιρμῶν σου, μὴ κλείσῃς μοι Δέσποτα· ἀλλ' ἐκτινάξας μου τὸν ζοφερὸν ὕπνον ἐξανάστησον· καὶ ταῖς φρονίμοις συνεισάγαγε παρθένοις, εἰς νυμφῶνα τὸν σόν· ὅπου ἦχος καθαρὸς ἑορταζόντων, καὶ βοώντων ἀπαύστως· Κύριε δόξα σοι. Δίς.

## Ἦχος δ΄.

Τοῦ κρύψαντος τὸ τάλαντον, τὴν κατάκρισιν ἀκούσασα ψυχή, μὴ κρύπτε λόγον Θεοῦ· κατάγγελε τὰ θαυμάσια αὐτοῦ, ἵνα πλεονάζουσα τὸ χάρισμα, εἰσέλθῃς εἰς τὴν χαρὰν τοῦ Κυρίου σου. Δίς.

## Ἦχος πλ. β΄.

Δεῦτε πιστοὶ ἐπεργασώμεθα προθύμως τῷ Δεσπότῃ· νέμει γὰρ τοῖς δούλοις τὸν πλοῦτον· καὶ ἀναλόγως ἕκαστος πολυπλασιάσωμεν, τὸ τῆς χάριτος τάλαντον· ὁ μὲν σοφίαν κομιείτω δι' ἔργων ἀγαθῶν· ὁ δὲ λειτουργίαν λαμπρότητος ἐπιτελείτω· κοινωνείτω δὲ τοῦ λόγου πιστὸς τῷ ἀμυήτῳ, καὶ σκορπιζέτω τὸν πλοῦτον πένησιν ἄλλος· οὕτω γὰρ τὸ δάνειον πολυπλασιάσομεν, καὶ ὡς οἰκονόμοι πιστοὶ τῆς χάριτος, δεσποτικῆς χαρᾶς ἀξιωθῶμεν· αὐτῆς ἡμᾶς καταξίωσον, Χριστὲ ὁ Θεὸς ὡς φιλάνθρωπος. Δίς.

## Ἦχος ὁ αὐτός.

Ὅταν ἔλθῃς ἐν δόξῃ μετ' ἀγγελικῶν δυνάμεων, καὶ καθίσῃς ἐν θρόνῳ Ἰησοῦ διακρίσεως· μή με ποιμὴν ἀγαθὲ διαχωρίσῃς· ὁδοὺς δεξιὰς γὰρ οἶδας, διεστραμμέναι δέ εἰσιν αἱ εὐώνυμοι· μὴ οὖν ἐρίφοις με, τὸν τραχὺν τῇ ἁμαρτίᾳ συναπολέσῃς· ἀλλὰ τοῖς ἐκ δεξιῶν συναριθμήσας προβάτοις, σῶσόν με ὡς φιλάνθρωπος. Ἅπαξ.

## Ἦχος ὁ αὐτός.

Ὁ Νυμφίος, ὁ κάλλει ὡραῖος παρὰ πάντας ἀνθρώπους, ὁ συγκαλέσας ἡμᾶς, πρὸς ἑστίασιν πνευματικὴν τοῦ νυμφῶνός σου, τὴν δυσείμονά μου μορφήν, τῶν παθημάτων ἀπαμφίασον, τῇ μεθέξει τῶν παθημάτων σου· καὶ στολὴν δόξης κοσμήσας τῆς σῆς ὡραιότητος, δαιτημόνα φαιδρὸν ἀνάδειξον, τῆς βασιλείας σου ὡς εὔσπλαγχνος. Ἅπαξ.

Δόξα, Καὶ νῦν. Ἦχος βαρύς.

Ἰδού σοι τὸ τάλαντον, ὁ Δεσπότης ἐμπιστεύει ψυχή μου· φόβῳ δέξαι τὸ χάρισμα· δάνεισαι τῷ δεδωκότι· διάδος πτωχοῖς, καὶ κτῆσαι φίλον τὸν Κύριον· ἵνα στῇς ἐκ δεξιῶν αὐτοῦ, ὅταν ἔλθῃ ἐν δόξῃ, καὶ ἀκούσῃς μακαρίας φωνῆς· εἴσελθε δοῦλε, εἰς τὴν χαρὰν τοῦ Κυρίου σου· αὐτῆς ἀξίωσόν με Σωτὴρ τὸν πλανηθέντα, διὰ τὸ μέγα σου ἔλεος.

Καὶ ἡ λοιπὴ ἀκολουθία τῶν Προηγιασμένων.

## Τῌ ΑΓΙᾼ ΚΑΙ ΜΕΓΑΛῌ ΤΕΤΑΡΤῌ

Ἡ συνήθης στιχολογία. Εἰς τό, Κύριε ἐκέκραξα, ἱστῶμεν στίχους ι΄ καὶ ψάλλομεν τὰ παρόντα ἰδιόμελα.

### Ἦχος α΄.

Σὲ τὸν τῆς παρθένου Υἱόν, πόρνη ἐπιγνοῦσα Θεὸν ἔλεγεν, ἐν κλαυθμῷ δυσωποῦσα, ὡς δακρύων ἄξια πράξασα· διάλυσον τὸ χρέος, ὡς κἀγὼ τοὺς πλοκάμους· ἀγάπησον φιλοῦσαν, τὴν δικαίως μισουμένην, καὶ πλησίον τελωνῶν σε κηρύξω, Εὐεργέτα φιλάνθρωπε.

### Ἦχος ὁ αὐτός.

Τὸ πολυτίμητον μύρον, ἡ πόρνη ἔμιξε μετὰ δακρύων, καὶ ἐξέχεεν εἰς τοὺς ἀχράντους πόδας σου, καταφιλοῦσα· ἐκείνην εὐθὺς ἐδικαίωσας, ἡμῖν δὲ συγχώρησιν δώρησαι, ὁ παθὼν ὑπὲρ ἡμῶν, καὶ σῶσον ἡμᾶς.

### Ἦχος ὁ αὐτός.

Ὅτε ἡ ἁμαρτωλὸς προσέφερε τὸ μύρον, τότε ὁ μαθητὴς συνεφώνει τοῖς παρανόμοις, ἡ μὲν ἔχαιρε κενοῦσα τὸ πολύτιμον· ὁ δὲ ἔσπευδε πωλῆσαι τὸν ἀτίμητον· αὕτη τὸν Δεσπότην ἐπεγίνωσκεν, οὗτος τοῦ Δεσπότου ἐχωρίζετο· αὕτη ἠλευθεροῦτο, καὶ ὁ Ἰούδας δοῦλος ἐγεγόνει τοῦ ἐχθροῦ· δεινὸν ἡ ῥαθυμία· μεγάλη ἡ μετάνοια· ἣν μοι δώρησαι Σωτήρ, ὁ παθὼν ὑπὲρ ἡμῶν, καὶ σῶσον ἡμᾶς.

### Ἦχος ὁ αὐτός.

Ὢ τῆς Ἰούδα ἀθλιότητος· ἐθεώρει τὴν πόρνην φιλοῦσαν τὰ ἴχνη, καὶ ἐσκέπτετο δόλῳ, τῆς προδοσίας τὸ φίλημα· ἐκείνη τοὺς πλοκάμους διέλυσε, καὶ οὗτος τῷ θυμῷ ἐδεσμεῖτο, φέρων ἀντὶ μύρου τὴν δυσώδη κακίαν· φθόνος γὰρ οὐκ οἶδε, προτιμᾶν τὸ συμφέρον· ὢ τῆς Ἰούδα ἀθλιότητος· ἀφ' ἧς ῥῦσαι ὁ Θεὸς τὰς ψυχὰς ἡμῶν.

### Ἦχος β΄.

Ἡ ἁμαρτωλὸς ἔδραμε πρὸς τὸ μύρον, πριάσασθαι πολύτιμον μύρον, τοῦ μυρίσαι τὸν Εὐεργέτην, καὶ τῷ μυρεψῷ ἐβόα· δός μοι τὸ μύρον, ἵνα ἀλείψω κἀγώ, τὸν ἐξαλείψαντά μου πάσας τὰς ἁμαρτίας.

### Ἦχος πλ. β΄.

Ἡ βεβυθισμένη τῇ ἁμαρτίᾳ, εὗρέ σε λιμένα τῆς σωτηρίας· καὶ μύρον σὺν δάκρυσι κενοῦσά σοι ἐβόα· ἴδε ὁ ἔχων ἐξουσίαν συγχωρεῖν ἁμαρτίας· ἴδε ὁ τῶν ἁμαρτανόντων τὴν μετάνοιαν φέρων· ἀλλὰ Δέσποτα διάσωσόν με, ἐκ τοῦ κλύδωνος τῆς ἁμαρτίας μου, δέομαι, διὰ τὸ μέγα σου ἔλεος.

### Ἦχος ὁ αὐτός.

Σήμερον ὁ Χριστὸς παραγίνεται ἐν τῇ οἰκίᾳ τοῦ φαρισαίου, καὶ γυνὴ ἁμαρτωλὸς προσελθοῦσα, τοῖς ποσὶν ἐκυλινδοῦτο βοῶσα· ἴδε τὴν βεβυθισμένην τῇ ἁμαρτίᾳ, τὴν ἀπηλπισμένην διὰ τὰς πράξεις, τὴν μὴ βδελυχθεῖσαν παρὰ τῆς σῆς ἀγαθότητος·

καὶ δός μοι Κύριε, τὴν ἄφεσιν τῶν κακῶν, καὶ σῶσόν με.

### Ἦχος ὁ αὐτός.

Ἥπλωσεν ἡ πόρνη τὰς τρίχας σοὶ τῷ Δεσπότῃ· ἥπλωσεν Ἰούδας τὰς χεῖρας τοῖς παρανόμοις· ἡ μὲν λαβεῖν τὴν ἄφεσιν, ὁ δὲ λαβεῖν ἀργύρια· διό σοι βοῶμεν τῷ πραθέντι καὶ ἐλευθερώσαντι ἡμᾶς· Κύριε δόξα σοι.

### Ἦχος ὁ αὐτός.

Προσῆλθε γυνὴ δυσώδης καὶ βεβορβορωμένη, δάκρυα προχέουσα ποσί σου Σωτήρ, τὸ πάθος καταγγέλλουσα· πῶς ἀτενίσω σοι τῷ Δεσπότῃ; αὐτὸς γὰρ ἐλήλυθας σῶσαι πόρνην· ἐκ βυθοῦ θανοῦσάν με ἀνάστησον, ὁ τὸν Λάζαρον ἐγείρας ἐκ τάφου τετραήμερον· δέξαι με τὴν τάλαιναν, Κύριε καὶ σῶσόν με.

### Ἦχος ὁ αὐτός.

Ἡ ἀπεγνωσμένη διὰ τὸν βίον, καὶ ἐπεγνωσμένη διὰ τὸν τρόπον, τὰ μύρα βαστάζουσα, προσῆλθέ σοι βοῶσα· μή με τὴν πόρνην ἀπορρίψῃς, ὁ τεχθεὶς ἐκ παρθένου· μή μου τὰ δάκρυα παρίδῃς, ἡ χαρὰ τῶν ἀγγέλων· ἀλλὰ δέξαι με μετανοοῦσαν, ἣν οὐκ ἀπώσω ἁμαρτάνουσαν Κύριε, διὰ τὸ μέγα σου ἔλεος.

Δόξα, Καὶ νῦν. Ἦχος πλ. δ΄.

Κύριε, ἡ ἐν πολλαῖς ἁμαρτίαις, περιπεσοῦσα γυνή, τὴν σὴν αἰσθομένη Θεότητα, μυροφόρου ἀναλαβοῦσα τάξιν, ὀδυρομένη μύρα σοι, πρὸ τοῦ ἐνταφιασμοῦ κομίζει· οἴμοι λέγουσα, ὅτι νύξ μοι ὑπάρχει, οἶστρος ἀκολασίας, ζοφώδης τε καὶ ἀσέληνος, ἔρως τῆς ἁμαρτίας· δέξαι μου τὰς πηγὰς τῶν δακρύων, ὁ νεφέλαις διαξάγων τῆς θαλάσσης τὸ ὕδωρ· κάμφθητί μοι, πρὸς τοὺς στεναγμοὺς τῆς καρδίας, ὁ κλίνας τοὺς οὐρανούς, τῇ ἀφάτῳ σου κενώσει· καταφιλήσω τοὺς ἀχράντους σου πόδας· ἀποσμήξω τούτους δὲ πάλιν, τοῖς τῆς κεφαλῆς μου βοστρύχοις· ὧν ἐν τῷ παραδείσῳ Εὖα τὸ δειλινόν, κρότον τοῖς ὠσὶν ἠχηθεῖσα, τῷ φόβῳ ἐκρύβη· ἁμαρτιῶν μου τὰ πλήθη, καὶ κριμάτων σου ἀβύσσους, τίς ἐξιχνιάσει, ψυχοσῶστα Σωτήρ μου; μή με τὴν σὴν δούλην παρίδῃς, ὁ ἀμέτρητον ἔχων τὸ ἔλεος.

Καὶ ἡ λοιπὴ ἀκολουθία τῶν Προηγιασμένων.

## ΤΗ ΑΓΙΑ ΚΑΙ ΜΕΓΑΛΗ ΠΕΜΠΤΗ

Τελεῖται ἡ Θεία Λειτουργία τοῦ Μεγάλου Βασιλείου.

Εὐλογήσαντος τοῦ Ἱερέως, ἀρχόμεθα τοῦ Προοιμιακοῦ Ψαλμοῦ, μετὰ δὲ τὸν Προοιμιακὸν τὸ Κύριε ἐκέκραξα, εἰς ἦχον β΄, καὶ ψάλλομεν τὰ παρόντα ἰδιόμελα δευτεροῦντες αὐτά.

### Ἦχος β΄.

Συντρέχει λοιπὸν τὸ συνέδριον τῶν Ἰουδαίων, ἵνα τὸν δημιουργὸν καὶ κτίστην τῶν ἁπάντων, Πιλάτῳ παραδώσῃ· ὢ τῶν ἀνόμων, ὢ τῶν ἀπίστων· ὅτι τὸν ἐρχόμενον κρῖναι ζῶντας καὶ νεκρούς, εἰς κρίσιν εὐτρεπίζουσι· τὸν ἰώμενον τὰ πάθη, πρὸς πάθος ἑτοιμάζουσι. Κύριε μακρόθυμε, μέγα σου τὸ ἔλεος, δόξα σοι. Δίς.

### Ἦχος ὁ αὐτός.

Ἰούδας ὁ παράνομος Κύριε, ὁ βάψας ἐν τῷ δείπνῳ τὴν χεῖρα, ἐν τῷ τρυβλίῳ μετὰ σοῦ, ἐξέτεινεν ἀνόμως τὰς χεῖρας τοῦ λαβεῖν ἀργύρια, καὶ ὁ τοῦ μύρου λογισάμενος τιμήν, σὲ τὸν ἀτίμητον οὐκ ἔφριξε πωλῆσαι· ὁ τοὺς πόδας ὑφαπλώσας, ἐπὶ τὸ νίψαι τὸν Δεσπότην, κατεφίλησε δολίως, εἰς τὸ προδοῦναι τοῖς ἀνόμοις· χοροῦ δὲ ἀποστόλων ῥιφείς, καὶ τὰ τριάκοντα ῥίψας ἀργύρια, σοῦ τὴν τριήμερον Ἀνάστασιν οὐκ εἶδε, δι᾽ ἧς ἐλέησον ἡμᾶς. Δίς.

### Ἦχος ὁ αὐτός.

Ἰούδας ὁ προδότης δόλιος ὤν, δολίῳ φιλήματι παρέδωκε, τὸν Σωτῆρα Κύριον· τὸν Δεσπότην τῶν ἁπάντων, ὡς δοῦλον πέπρακε τοῖς Ἰουδαίοις, ὡς πρόβατον ἐπὶ σφαγὴν οὕτως ἠκολούθει, ὁ Ἀμνὸς ὁ τοῦ Θεοῦ, ὁ Υἱὸς ὁ τοῦ Πατρός, ὁ μόνος πολυέλεος. Δίς.

### Ἦχος ὁ αὐτός.

Ἰούδας ὁ δοῦλος καὶ δόλιος, ὁ μαθητὴς καὶ ἐπίβουλος, ὁ φίλος καὶ διάβολος, ἐκ τῶν ἔργων ἀπεφάνθη· ἠκολούθει γὰρ τῷ Διδασκάλῳ, καὶ καθ᾽ ἑαυτὸν ἐμελέτησε τὴν προδοσίαν· ἔλεγεν ἐν ἑαυτῷ· παραδώσω τοῦτον, καὶ κερδήσω τὰ συναχθέντα χρήματα· ἐπεζήτει δὲ καὶ τὸ μύρον πραθῆναι, καὶ τὸν Ἰησοῦν δόλῳ κρατηθῆναι· ἀπέδωκεν ἀσπασμόν, παρέδωκε τὸν Χριστόν· καὶ ὡς πρόβατον ἐπὶ σφαγήν, οὕτως ἠκολούθει, ὁ μόνος εὔσπλαγχνος, καὶ φιλάνθρωπος. Δίς.

### Ἦχος ὁ αὐτός.

Ὃν ἐκήρυξεν Ἀμνὸν Ἠσαΐας, ἔρχεται ἐπὶ σφαγὴν ἑκούσιον· καὶ τὸν νῶτον δίδωσιν εἰς μάστιγας, τὰς σιαγόνας εἰς ῥαπίσματα, τὸ δὲ πρόσωπον οὐκ ἀπεστράφη, ἀπὸ αἰσχύνης ἐμπτυσμάτων· θανάτῳ δὲ ἀσχήμονι καταδικάζεται· πάντα ὁ ἀναμάρτητος ἑκουσίως καταδέχεται, ἵνα πᾶσι δωρήσηται τὴν ἐκ νεκρῶν Ἀνάστασιν. Δίς.

Δόξα, καὶ νῦν. Ἦχος πλ. β΄.

Γέννημα ἐχιδνῶν ἀληθῶς ὁ Ἰούδας, φαγόντων τὸ μάννα ἐν τῇ ἐρήμῳ, καὶ γογγυζόντων κατὰ τοῦ τροφέως· ἔτι γὰρ τῆς βρώσεως οὔσης ἐν τῷ στόματι αὐτῶν, κατελάλουν τοῦ Θεοῦ οἱ ἀχάριστοι· καὶ οὗτος ὁ δυσσεβής, τὸν οὐράνιον ἄρτον ἐν τῷ στόματι βαστάζων, κατὰ τοῦ Σωτῆρος τὴν προδοσίαν εἰργάσατο· ὢ γνώμης ἀκορέστου, καὶ τόλμης ἀπανθρώπου· τὸν τρέφοντα ἐπώλει, καὶ ὃν ἐφίλει Δεσπότην, παρεδίδου εἰς θάνατον· ὄντως ἐκείνων υἱὸς ὁ παράνομος, καὶ σὺν αὐτοῖς τὴν ἀπώλειαν ἐκληρώσατο· ἀλλὰ ῥῦσαι Κύριε τοιαύτης ἀπανθρωπίας τὰς ψυχὰς ἡμῶν, ὁ μόνος ἐν μακροθυμίᾳ ἀνείκαστος.

*Ἀντὶ δὲ τοῦ χερουβικοῦ, τοῦ κοινωνικοῦ καὶ τοῦ Εἴδομεν τὸ φῶς λέγομεν τὸ παρὸν τροπάριον, εἰς ἦχον πλ. β΄.*

Τοῦ Δείπνου σου τοῦ μυστικοῦ, σήμερον Υἱὲ Θεοῦ, κοινωνόν με παράλαβε· οὐ μὴ γὰρ τοῖς ἐχθροῖς σου τὸ Μυστήριον εἴπω· οὐ φίλημά σοι δώσω, καθάπερ ὁ Ἰούδας· ἀλλ' ὡς ὁ λῃστὴς ὁμολογῶ σοι· μνήσθητί μου Κύριε, ἐν τῇ βασιλείᾳ σου.

## ΤΩ ΑΓΙΩ ΚΑΙ ΜΕΓΑΛΩ ΣΑΒΒΑΤΩ

*Τελεῖται ἡ Θεία Λειτουργία τοῦ Μεγάλου Βασιλείου· ἐν ᾗ μετὰ τὸν Προοιμιακὸν Ψαλμόν, τὸ Κύριε ἐκέκραξα, εἰς ἦχον α΄. Καὶ ἱστῶμεν στίχους η΄, λέγομεν δὲ δ΄ Ἀναστάσιμα καὶ δ΄ τοῦ Μεγάλου Σαββάτου, δευτεροῦντες τὸ πρῶτον.*

*Ἀναστάσιμα, ἦχος α΄.*

Τὰς ἑσπερινὰς ἡμῶν εὐχάς, πρόσδεξαι ἅγιε Κύριε· καὶ παράσχου ἡμῖν ἄφεσιν ἁμαρτιῶν· ὅτι μόνος εἶ ὁ δείξας, ἐν κόσμῳ τὴν Ἀνάστασιν.

Κυκλώσατε λαοὶ Σιών, καὶ περιλάβετε αὐτήν, καὶ δότε δόξαν ἐν αὐτῇ, τῷ ἀναστάντι ἐκ νεκρῶν· ὅτι αὐτός ἐστιν ὁ Θεὸς ἡμῶν, ὁ λυτρωσάμενος ἡμᾶς, ἐκ τῶν ἀνομιῶν ἡμῶν.

Δεῦτε λαοὶ ὑμνήσωμεν, καὶ προσκυνήσωμεν Χριστόν, δοξάζοντες αὐτοῦ τὴν ἐκ νεκρῶν Ἀνάστασιν· ὅτι αὐτός ἐστιν ὁ Θεὸς ἡμῶν, ὁ ἐκ τῆς πλάνης τοῦ ἐχθροῦ, τὸν κόσμον λυτρωσάμενος.

Τῷ πάθει σου Χριστέ, παθῶν ἠλευθερώθημεν, καὶ τῇ Ἀναστάσει σου ἐκ φθορᾶς ἐλυτρώθημεν· Κύριε δόξα σοι.

*Ἕτερα τοῦ Μεγάλου Σαββάτου, ἦχος πλ. δ΄.*

Σήμερον ὁ ᾅδης στένων βοᾷ· συνέφερέ μοι, ἢ τὸν ἐκ Μαρίας γεννηθέντα μὴ ὑπεδεξάμην· ἐλθὼν γὰρ ἐπ' ἐμέ, τὸ κράτος μου ἔλυσε· πύλας χαλκᾶς συνέτριψε· ψυχὰς ἃς κατεῖχον τὸ πρίν, Θεὸς ὢν ἀνέστησε. Δόξα Κύριε τῷ Σταυρῷ σου, καὶ τῇ Ἀναστάσει σου. *Δίς.*

*Ἦχος ὁ αὐτός.*

Σήμερον ὁ ᾅδης στένων βοᾷ· κατελύθη μου ἡ ἐξουσία· ἐδεξάμην θνητόν, ὥσπερ ἕνα τῶν θανόντων· τοῦτον δὲ κατέχειν ὅλως οὐκ ἰσχύω· ἀλλ' ἀπολῶ μετὰ τούτου, ὧν ἐβασίλευον· ἐγὼ εἶχον τοὺς νεκροὺς ἀπ' αἰῶνος· ἀλλ' οὗτος ἰδοὺ πάντας ἐγείρει. Δόξα Κύριε τῷ Σταυρῷ σου, καὶ τῇ Ἀναστάσει σου.

Σήμερον ὁ ᾅδης στένων βοᾷ· κατεπόθη μου τὸ κράτος· ὁ ποιμὴν ἐσταυρώθη, καὶ τὸν Ἀδὰμ ἀνέστησεν· ὧν περ ἐβασίλευον ἐστέρημαι, καὶ οὓς κατέπιον ἰσχύσας, πάντας ἐξήμεσα· ἐκένωσε τοὺς τάφους ὁ Σταυρωθείς· οὐκ ἰσχύει τοῦ θανάτου τὸ κράτος. Δόξα Κύριε τῷ Σταυρῷ σου, καὶ τῇ Ἀναστάσει σου.

Δόξα, ἦχος πλ. β΄.

Τὴν σήμερον μυστικῶς, ὁ μέγας Μωϋσῆς προδιετυποῦτο λέγων· καὶ εὐλόγησεν ὁ Θεὸς τὴν ἡμέραν τὴν ἑβδόμην· τοῦτο γάρ ἐστι τὸ εὐλογημένον Σάββατον· αὕτη ἐστὶν ἡ τῆς καταπαύσεως ἡμέρα· ἐν ᾗ κατέπαυσεν ἀπὸ πάντων τῶν ἔργων αὐτοῦ, ὁ μονογενὴς Υἱὸς τοῦ Θεοῦ, διὰ τῆς κατὰ τὸν θάνατον οἰκονομίας, τῇ σαρκὶ σαββατίσας· καὶ εἰς ὃ ἦν πάλιν ἐπανελθών, διὰ τῆς Ἀναστάσεως, ἐδωρήσατο ἡμῖν ζωὴν τὴν αἰώνιον, ὡς μόνος ἀγαθὸς καὶ φιλάνθρωπος.

Καὶ νῦν. Θεοτοκίον. Ἦχος α΄.

Τὴν παγκόσμιον δόξαν, τὴν ἐξ ἀνθρώπων σπαρεῖσαν, καὶ τὸν Δεσπότην τεκοῦσαν, τὴν ἐπουράνιον πύλην, ὑμνήσωμεν Μαρίαν τὴν Παρθένον, τῶν ἀσωμάτων τὸ ᾆσμα, καὶ τῶν πιστῶν τὸ ἐγκαλλώπισμα· αὕτη γὰρ ἀνεδείχθη οὐρανός, καὶ ναὸς τῆς Θεότητος· αὕτη τὸ μεσότοιχον τῆς ἔχθρας καθελοῦσα, εἰρήνην ἀντεισῆξε, καὶ τὸ βασίλειον ἤνέῳξε. Ταύτην οὖν κατέχοντες, τῆς πίστεως τὴν ἄγκυραν, ὑπέρμαχον ἔχομεν τὸν ἐξ αὐτῆς τεχθέντα Κύριον. Θαρσείτω τοίνυν, θαρσείτω λαὸς τοῦ Θεοῦ· καὶ γὰρ αὐτὸς πολεμήσει τοὺς ἐχθροὺς ὡς παντοδύναμος.

Ἀντὶ δὲ τοῦ χερουβικοῦ, λέγομεν τὸ παρὸν τροπάριον, εἰς ἦχον πλ. α΄.

Σιγησάτω πᾶσα σὰρξ βροτεία, καὶ στήτω μετὰ φόβου καὶ τρόμου, καὶ μηδὲν γήινον ἐν ἑαυτῇ λογιζέσθω· ὁ γὰρ βασιλεὺς τῶν βασιλευόντων, καὶ Κύριος τῶν κυριευόντων προσέρχεται σφαγιασθῆναι, καὶ δοθῆναι εἰς βρῶσιν τοῖς πιστοῖς· προηγοῦνται δὲ τούτου οἱ χοροὶ τῶν ἀγγέλων, μετὰ πάσης ἀρχῆς καὶ ἐξουσίας, τὰ πολυόμματα χερουβίμ, καὶ τὰ ἑξαπτέρυγα σεραφίμ, τὰς ὄψεις καλύπτοντα, καὶ βοῶντα τὸν ὕμνον· ἀλληλούια, ἀλληλούια, ἀλληλούια.

Κοινωνικόν, ἦχος δ΄.

Ἐξηγέρθη ὡς ὁ ὑπνῶν Κύριος, καὶ ἀνέστη σῴζων ἡμᾶς· ἀλληλούια.

Ἀντὶ τοῦ Εἴδομεν τὸ φῶς ψάλλεται τό,

Μνήσθητι εὔσπλαγχνε καὶ ἡμῶν, καθὼς ἐμνημόνευσας τοῦ λῃστοῦ, ἐν τῇ βασιλείᾳ τῶν οὐρανῶν.

## ΤΡΟΠΑΡΙΑ ΕΚ ΤΟΥ ΠΕΝΤΗΚΟΣΤΑΡΙΟΥ

### ΤΗ ΑΓΙΑ ΚΑΙ ΜΕΓΑΛῌ ΚΥΡΙΑΚῌ ΤΟΥ ΠΑΣΧΑ

Εἰς τὴν Λειτουργίαν τὰ παρόντα Ἀντίφωνα.

### ΑΝΤΙΦΩΝΟΝ Α΄.
Ἦχος β΄.

Στίχ. α΄. Ἀλαλάξατε τῷ Κυρίῳ πᾶσα ἡ γῆ.

Ταῖς πρεσβείαις τῆς Θεοτόκου,

Σῶτερ, σῶσον ἡμᾶς.

Στίχ. β΄. Ψάλατε δὴ τῷ ὀνόματι αὐτοῦ, δότε δόξαν ἐν αἰνέσει αὐτοῦ.

Ταῖς πρεσβείαις τῆς Θεοτόκου, Σῶτερ, σῶσον ἡμᾶς.

Στίχ. γ΄. Εἴπατε τῷ Θεῷ, ὡς φοβερὰ τὰ ἔργα σου.

Ταῖς πρεσβείαις τῆς Θεοτόκου, Σῶτερ, σῶσον ἡμᾶς.

Στίχ. δ΄. Πᾶσα ἡ γῆ προσκυνησάτωσάν σοι καὶ ψαλάτωσάν σοι.

Ταῖς πρεσβείαις τῆς Θεοτόκου, Σῶτερ, σῶσον ἡμᾶς.

Δόξα, Καὶ νῦν.

Ταῖς πρεσβείαις τῆς Θεοτόκου, Σῶτερ, σῶσον ἡμᾶς.

### ΑΝΤΙΦΩΝΟΝ Β΄.
Ἦχος ὁ αὐτός.

Στίχ. α΄. Ὁ Θεὸς οἰκτιρήσαι ἡμᾶς καὶ εὐλογήσαι ἡμᾶς, ἐπιφάναι τὸ πρόσωπον αὐτοῦ ἐφ᾽ ἡμᾶς καὶ ἐλεήσαι ἡμᾶς.

Σῶσον ἡμᾶς, Υἱὲ Θεοῦ, ὁ ἀναστὰς ἐκ νεκρῶν, ψάλλοντάς σοι, Ἀλληλούια.

Στίχ. β΄. Τοῦ γνῶναι ἐν τῇ γῇ τὴν ὁδόν σου, ἐν πᾶσιν ἔθνεσι τὸ σωτήριόν σου.

Σῶσον ἡμᾶς, Υἱὲ Θεοῦ, ὁ ἀναστὰς ἐκ νεκρῶν, ψάλλοντάς σοι, Ἀλληλούια.

Στίχ. γ΄. Ἐξομολογησάσθωσάν σοι λαοί, ὁ Θεός, ἐξομολογησάσθωσάν σοι λαοὶ πάντες.

Σῶσον ἡμᾶς, Υἱὲ Θεοῦ, ὁ ἀναστὰς ἐκ νεκρῶν, ψάλλοντάς σοι, Ἀλληλούια.

Στίχ. δ΄. Εὐλογήσαι ἡμᾶς ὁ Θεός, καὶ φοβηθήτωσαν αὐτὸν πάντα τὰ πέρατα τῆς γῆς.

Σῶσον ἡμᾶς, Υἱὲ Θεοῦ, ὁ ἀναστὰς ἐκ νεκρῶν, ψάλλοντάς σοι, Ἀλληλούια.

Δόξα Πατρὶ καὶ Υἱῷ καὶ ἁγίῳ Πνεύματι· καὶ νῦν καὶ ἀεὶ καὶ εἰς τοὺς αἰῶνας τῶν αἰώνων. Ἀμήν.

Ὁ Μονογενὴς Υἱὸς καὶ Λόγος τοῦ Θεοῦ ἀθάνατος ὑπάρχων, καὶ καταδεξάμενος διὰ τὴν ἡμετέραν σωτηρίαν, σαρκωθῆναι ἐκ τῆς ἁγίας Θεοτόκου καὶ ἀειπαρθένου Μαρίας, ἀτρέπτως ἐνανθρωπήσας, σταυρωθείς τε Χριστὲ ὁ Θεός, θανάτῳ θάνατον πατήσας, εἷς ὢν τῆς Ἁγίας Τριάδος, συνδοξαζόμενος τῷ Πατρὶ καὶ τῷ Ἁγίῳ Πνεύματι, σῶσον ἡμᾶς.

### ΑΝΤΙΦΩΝΟΝ Γ΄.
Ἦχος πλ. α΄.

Στίχ. α΄. Ἀναστήτω ὁ Θεός, καὶ διασκορπισθήτωσαν οἱ ἐχθροὶ αὐτοῦ, καὶ φυγέτωσαν ἀπὸ προσώπου αὐτοῦ οἱ μισοῦντες αὐτόν.

Χριστὸς ἀνέστη ἐκ νεκρῶν, θανάτῳ θάνατον πατήσας, καὶ τοῖς ἐν τοῖς μνήμασι, ζωὴν χαρισάμενος.

Στίχ. β΄. Ὡς ἐκλείπει καπνός ἐκλιπέτωσαν, ὡς τήκεται κηρὸς ἀπὸ προσώπου πυρός.

Χριστὸς ἀνέστη ἐκ νεκρῶν, θανάτῳ θάνατον πατήσας, καὶ τοῖς ἐν τοῖς μνήμασι, ζωὴν χαρισάμενος.

Στίχ. γ΄. Οὕτως ἀπολοῦνται οἱ ἁμαρτωλοὶ ἀπὸ προσώπου τοῦ Θεοῦ, καὶ οἱ δίκαιοι εὐφρανθήτωσαν.

Χριστὸς ἀνέστη ἐκ νεκρῶν, θανάτῳ θάνατον πατήσας, καὶ τοῖς ἐν τοῖς μνήμασι, ζωὴν χαρισάμενος.

Στίχ. δ΄. Αὕτη ἡ ἡμέρα, ἣν ἐποίησεν ὁ Κύριος, ἀγαλλιασώμεθα καὶ εὐφρανθῶμεν ἐν αὐτῇ.

Χριστὸς ἀνέστη ἐκ νεκρῶν, θανάτῳ θάνατον πατήσας, καὶ τοῖς ἐν τοῖς μνήμασι, ζωὴν χαρισάμενος.

### Εἰσοδικόν.

Ἐν ἐκκλησίαις εὐλογεῖτε τὸν Θεόν, Κύριον ἐκ πηγῶν Ἰσραήλ. Σῶσον ἡμᾶς, Υἱὲ Θεοῦ, ὁ ἀναστὰς ἐκ νεκρῶν, ψάλλοντάς σοι, Ἀλληλούια.

### Τροπάριον, ἦχος πλ. α΄.

Χριστὸς ἀνέστη ἐκ νεκρῶν, θανάτῳ θάνατον πατήσας, καὶ τοῖς ἐν τοῖς μνήμασι, ζωὴν χαρισάμενος.

### Ἡ Ὑπακοή, ἦχος δ΄.

Προλαβοῦσαι τὸν ὄρθρον αἱ περὶ Μαριάμ, καὶ εὑροῦσαι τὸν λίθον ἀποκυλισθέντα τοῦ μνήματος, ἤκουον ἐκ τοῦ ἀγγέλου· τὸν ἐν φωτὶ ἀϊδίῳ ὑπάρχοντα, μετὰ νεκρῶν τί ζητεῖτε ὡς ἄνθρωπον; βλέπετε τὰ ἐντάφια σπάργανα, δράμετε καὶ τῷ κόσμῳ κηρύξατε· ὡς ἠγέρθη ὁ Κύριος, θανατώσας τὸν θάνατον, ὅτι ὑπάρχει Θεοῦ Υἱός, τοῦ σῴζοντος τὸ γένος τῶν ἀνθρώπων.

### Κοντάκιον, ἦχος πλ. δ΄.

Εἰ καὶ ἐν τάφῳ κατῆλθες Ἀθάνατε· ἀλλὰ τοῦ ᾅδου καθεῖλες τὴν δύναμιν· καὶ ἀνέστης ὡς νικητής, Χριστὲ ὁ Θεός, γυναιξὶ μυροφόροις φθεγξάμενος, Χαίρετε· καὶ τοῖς σοῖς ἀποστόλοις εἰρήνην δωρούμενος· ὁ τοῖς πεσοῦσι παρέχων ἀνάστασιν.

### Ἀντὶ τοῦ Ἄξιον ἐστίν, ἦχος α΄.

Ὁ ἄγγελος ἐβόα τῇ κεχαριτωμένῃ· ἁγνὴ Παρθένε χαῖρε, καὶ πάλιν ἐρῶ χαῖρε, ὁ σὸς υἱὸς ἀνέστη, τριήμερος ἐκ τάφου. Φωτίζου φωτίζου, ἡ νέα Ἰερουσαλήμ, ἡ γὰρ δόξα Κυρίου ἐπὶ σὲ ἀνέτειλε· χόρευε νῦν καὶ ἀγάλλου Σιών, σὺ δὲ ἁγνὴ τέρπου Θεοτόκε, ἐν τῇ ἐγέρσει τοῦ τόκου σου.

### Κοινωνικόν.

Σῶμα Χριστοῦ μεταλάβετε, πηγῆς ἀθανάτου γεύσασθε.

Ἀντὶ τοῦ Εἴδομεν τὸ φῶς καὶ τοῦ Πληρωθήτω ψάλλεται τὸ Χριστὸς ἀνέστη ἅπαξ. Ὡσαύτως καὶ ἀντὶ τοῦ Εἴη τὸ ὄνομα Κυρίου ψάλλεται τὸ Χριστὸς ἀνέστη σύντομον ἐκ τρίτου, καὶ γίνεται ἀπόλυσις. Ἀντὶ τοῦ Εὐλογήσω τὸν Κύριον, ὡσαύτως καὶ τοῦ Ὑψώσω σε ὁ Θεός μου ψάλλομεν τὸ Χριστὸς ἀνέστη ἐκ νεκρῶν ἐκ γ΄ ἀργῶς.

Ἰστέον ἔτι ὅτι ἐν τῇ ἀπολύσει τοῦ ὄρθρου, τῆς λειτουργίας καὶ τοῦ ἑσπερινοῦ, ἐκφωνεῖ ὁ Ἱερεὺς οὕτω· Τοῖς μισοῦσιν ἡμᾶς συγχωρήσωμεν πάντα τῇ ἀναστάσει, καὶ οὕτω βοήσωμεν· Χριστὸς ἀνέστη, καὶ ὁ ἐκκλησιάρχης. Ἀληθῶς ἀνέστη, ἐκ γ΄· εἶτα πάλιν ὁ Ἱερεὺς οὕτω· Προσκυνοῦμεν αὐτοῦ τὴν τριήμερον ἔγερσιν, καὶ ὁ ἐκκλησιάρχης. Δόξα τῇ αὐτοῦ τριημέρῳ ἐγέρσει· εἶτα ὁ Ἱερεὺς τό, Δι' εὐχῶν.

Κατὰ τὴν μοναστηριακὴν πρᾶξιν ἀντὶ τοῦ Εἴδομεν τὸ φῶς τὸ ἀληθινὸν ψάλεται τὸ Χριστὸς ἀνέστη ἕως τοῦ θάνατον πατήσας· εἶτα μετὰ τὸ Πάντοτε νῦν καὶ ἀεὶ λέγεται τὸ ἐπίλοιπον.

Πάντα ταῦτα ψάλλονται ἀπαραλλάκτως καὶ ἐν ὅλῃ τῇ παρούσῃ ἑβδομάδι τῆς Διακαινησίμου.

Σημείωσαι, ὅτι τίθενται ἐνταῦθα ἡ γ΄ καὶ ἡ ς΄ ᾠδὴ τοῦ κανόνος τῆς Ἀναστάσεως, διὰ τὸ ψάλλεσθαι τὴν μὲν γ΄ ᾠδήν, εἰ τύχοι ἑορταζόμενος ἅγιος ἀπὸ τοῦ Πάσχα μέχρι τῆς Ἀποδόσεως αὐτοῦ, τοῦ ἁγίου δὲ τὴν ς΄. Τῇ Τετράδι δὲ πρὸ τῆς Ἀναλήψεως, ἐν ᾗ ἀποδίδοται ἡ ἑορτὴ τοῦ Πάσχα, ψάλλονται ἀμφότεραι αἱ ῥηθεῖσαι ᾠδαί, γ΄ καὶ ς΄ τῆς Ἀναστάσεως.

### Ὠδὴ γ΄. Ἦχος α΄.

Δεῦτε πόμα πίωμεν καινόν, οὐκ ἐκ πέτρας ἀγόνου τερατουργούμενον· ἀλλ' ἀφθαρσίας πηγήν, ἐκ τάφου ὀμβρήσαντος Χριστοῦ, ἐν ᾧ στερεούμεθα. Δίς.

Νῦν πάντα πεπλήρωται φωτός, οὐρανός τε καὶ γῆ, καὶ τὰ καταχθόνια· ἑορταζέτω γοῦν πᾶσα κτίσις, τὴν ἔγερσιν Χριστοῦ, ἐν ᾗ ἐστερέωται.

Χθὲς συνεθαπτόμην σοι Χριστέ, συνεγείρομαι σήμερον ἀναστάντι σοι· συνεσταυρούμην σοι χθές· αὐτός με συνδόξασον Σωτήρ, ἐν τῇ βασιλείᾳ σου.

### Ὠδὴ ς΄. Ἦχος ὁ αὐτός.

Κατῆλθες ἐν τοῖς κατωτάτοις τῆς γῆς, καὶ συνέτριψας μοχλοὺς αἰωνίους, κατόχους πεπεδημένων Χριστέ, καὶ τριήμερος, ὡς ἐκ κήτους Ἰωνᾶς, ἐξανέστης τοῦ τάφου. Δίς.

### Δόξα.

Φυλάξας τὰ σήμαντρα σῷα Χριστέ, ἐξηγέρθης τοῦ τάφου, ὁ τὰς κλεῖς τῆς Παρθένου μὴ λυμηνάμενος, ἐν τῷ τόκῳ σου, καὶ ἀνέῳξας ἡμῖν, παραδείσου τὰς πύλας.

### Καὶ νῦν.

Σωτέρ μου τὸ ζῶν τε καὶ ἄθυτον, ἱερεῖον ὡς Θεός, σεαυτὸν ἑκουσίως, προσαγαγὼν τῷ Πατρί, συνανέστησας, παγγενῆ τὸν Ἀδάμ, ἀναστὰς ἐκ τοῦ τάφου.

## ΤΗ ΠΑΡΑΣΚΕΥΗ ΤΗΣ ΔΙΑΚΑΙΝΗΣΙΜΟΥ

Ἐν ᾗ τελεῖται καὶ ἡ ἑορτὴ τῆς Ὑπεραγίας Θεοτόκου τῆς Ζωοδόχου Πηγῆς.

Εἰς τὴν Λειτουργίαν τὰ Ἀντίφωνα τῆς Λαμπρᾶς, ὁμοίως καὶ τροπάριον.

Κοντάκιον τῆς Ζωοδόχου Πηγῆς,

ἦχος πλ. δ΄.
Τῇ ὑπερμάχῳ στρατηγῷ.

Ἐξ ἀκενώτου σου πηγῆς Θεοχαρίτωτε, ἐπιβραβεύεις μοι πηγάζουσα τὰ νάματα, τῆς σῆς χάριτος ἀέννα ὑπὲρ λόγον· ὡς γὰρ τὸν Λόγον τετοκυῖα ὑπὲρ ἔννοιαν, ἱκετεύω σε δροσίσαι με σῇ χάριτι· ἵνα κράζω σοι· χαῖρε ὕδωρ σωτήριον.

Μεγαλυνάριον.

Ὕδωρ τὸ ζωήρυτον τῆς πηγῆς, μάννα τὸ προχέον, τὸν ἀθάνατον δροσισμόν, τὸ νέκταρ τὸ θεῖον, τὴν ξένην ἀμβροσίαν, τὸ μέλι τὸ ἐκ πέτρας, πίστει τιμήσωμεν.

## Τῌ ΚΥΡΙΑΚῌ ΤΟΥ ΑΝΤΙΠΑΣΧΑ

### Ἡ ψηλάφησις τοῦ ἀποστόλου Θωμᾶ.

Εἰς τὴν Λειτουργίαν τυπικά, καὶ ἐκ τοῦ κανόνος ᾠδὴ γ΄ καὶ ς΄.

Ἐὰν δὲ τύχῃ ἑορταζόμενος ἅγιος, ψάλλομεν τὴν γ΄ ᾠδὴν τῆς ἡμέρας καὶ τὴν ς΄ τοῦ ἁγίου. Ὡσαύτως δὲ καὶ ἐν ταῖς λοιπαῖς Κυριακαῖς τοῦ Πεντηκοσταρίου· ἢ τὰ Ἀντίφωνα τοῦ Πάσχα, κατὰ τὸ Τυπικὸν τῆς Μ. Ἐκκλησίας, ὁριζούσης αὐτὰ καὶ καθ᾽ ὅλας τὰς Κυριακὰς τοῦ Πεντηκοσταρίου μέχρι τῆς Ἀναλήψεως, ὡς ἐπίσης καὶ τῇ Τετάρτῃ τῆς Μεσοποντηκοστῆς καὶ τῇ Τετάρτῃ πρὸ τῆς Ἀναλήψεως.

### ΑΝΤΙΦΩΝΟΝ Α΄.
#### Ἦχος β΄.

Στίχ. α΄. Ἀλαλάξατε τῷ Κυρίῳ πᾶσα ἡ γῆ.

Ταῖς πρεσβείαις τῆς Θεοτόκου, Σῶτερ, σῶσον ἡμᾶς.

Στίχ. β΄. Ψάλατε δὴ τῷ ὀνόματι αὐτοῦ, δότε δόξαν ἐν αἰνέσει αὐτοῦ.

Ταῖς πρεσβείαις τῆς Θεοτόκου, Σῶτερ, σῶσον ἡμᾶς.

Στίχ. γ΄. Εἴπατε τῷ Θεῷ, ὡς φοβερὰ τὰ ἔργα σου.

Ταῖς πρεσβείαις τῆς Θεοτόκου, Σῶτερ, σῶσον ἡμᾶς.

Στίχ. δ΄. Πᾶσα ἡ γῆ προσκυνησάτωσάν σοι καὶ ψαλάτωσάν σοι.

Ταῖς πρεσβείαις τῆς Θεοτόκου, Σῶτερ, σῶσον ἡμᾶς.

Δόξα, Καὶ νῦν.

Ταῖς πρεσβείαις τῆς Θεοτόκου, Σῶτερ, σῶσον ἡμᾶς.

### ΑΝΤΙΦΩΝΟΝ Β΄.
#### Ἦχος ὁ αὐτός.

Στίχ. α΄. Ὁ Θεὸς οἰκτειρήσαι ἡμᾶς, καὶ εὐλογήσαι ἡμᾶς, ἐπιφάναι τὸ πρόσωπον αὐτοῦ ἐφ᾽ ἡμᾶς καὶ ἐλεήσαι ἡμᾶς.

Σῶσον ἡμᾶς, Υἱὲ Θεοῦ, ὁ ἀναστὰς ἐκ νεκρῶν, ψάλλοντάς σοι, Ἀλληλούια.

Στίχ. β΄. Τοῦ γνῶναι ἐν τῇ γῇ τὴν ὁδόν σου, ἐν πᾶσιν ἔθνεσι τὸ σωτήριόν σου.

Σῶσον ἡμᾶς, Υἱὲ Θεοῦ, ὁ ἀναστὰς ἐκ νεκρῶν, ψάλλοντάς σοι, Ἀλληλούια.

Στίχ. γ΄. Ἐξομολογησάσθωσάν σοι λαοί, ὁ Θεός, ἐξομολογησάσθωσάν σοι λαοὶ πάντες.

Σῶσον ἡμᾶς, Υἱὲ Θεοῦ, ὁ ἀναστὰς ἐκ νεκρῶν, ψάλλοντάς σοι, Ἀλληλούια.

Στίχ. δ΄. Εὐλογήσαι ἡμᾶς ὁ Θεός, καὶ φοβηθήτωσαν αὐτὸν πάντα τὰ πέρατα τῆς γῆς.

Σῶσον ἡμᾶς, Υἱὲ Θεοῦ, ὁ ἀναστὰς ἐκ νεκρῶν, ψάλλοντάς σοι, Ἀλληλούια.

Δόξα Πατρὶ καὶ Υἱῷ καὶ ἁγίῳ Πνεύματι· καὶ νῦν καὶ ἀεὶ καὶ εἰς τοὺς αἰῶνας τῶν αἰώνων. Ἀμήν.

Ὁ Μονογενὴς Υἱὸς καὶ Λόγος τοῦ Θεοῦ ἀθάνατος ὑπάρχων, καὶ καταδεξάμενος διὰ τὴν ἡμετέραν σωτηρίαν, σαρκωθῆναι ἐκ τῆς ἁγίας Θεοτόκου καὶ ἀειπαρθένου Μαρίας, ἀτρέπτως ἐνανθρωπήσας, σταυρωθείς τε Χριστὲ ὁ Θεός, θανάτῳ θάνατον πατήσας, εἷς ὢν τῆς Ἁγίας Τριάδος, συνδοξαζόμενος τῷ Πατρὶ καὶ τῷ Ἁγίῳ Πνεύματι, σῶσον ἡμᾶς.

## ΑΝΤΙΦΩΝΟΝ Γ΄.
### Ἦχος πλ. α΄.

Στίχ. α΄. Ἀναστήτω ὁ Θεός, καὶ διασκορπισθήτωσαν οἱ ἐχθροὶ αὐτοῦ, καὶ φυγέτωσαν ἀπὸ προσώπου αὐτοῦ οἱ μισοῦντες αὐτόν.

Χριστὸς ἀνέστη ἐκ νεκρῶν, θανάτῳ θάνατον πατήσας, καὶ τοῖς ἐν τοῖς μνήμασι, ζωὴν χαρισάμενος.

Στίχ. β΄. Ὡς ἐκλείπει καπνὸς ἐκλιπέτωσαν, ὡς τήκεται κηρὸς ἀπὸ προσώπου πυρός.

Χριστὸς ἀνέστη ἐκ νεκρῶν, θανάτῳ θάνατον πατήσας, καὶ τοῖς ἐν τοῖς μνήμασι, ζωὴν χαρισάμενος.

Στίχ. γ΄. Οὕτως ἀπολοῦνται οἱ ἁμαρτωλοὶ ἀπὸ προσώπου τοῦ Θεοῦ, καὶ οἱ δίκαιοι εὐφρανθήτωσαν.

Χριστὸς ἀνέστη ἐκ νεκρῶν, θανάτῳ θάνατον πατήσας, καὶ τοῖς ἐν τοῖς μνήμασι, ζωὴν χαρισάμενος.

Στίχ. δ΄. Αὕτη ἡ ἡμέρα, ἣν ἐποίησεν ὁ Κύριος, ἀγαλλιασώμεθα καὶ εὐφρανθῶμεν ἐν αὐτῇ.

Χριστὸς ἀνέστη ἐκ νεκρῶν, θανάτῳ θάνατον πατήσας, καὶ τοῖς ἐν τοῖς μνήμασι, ζωὴν χαρισάμενος.

### Εἰσοδικόν.

Ἐν ἐκκλησίαις εὐλογεῖτε τὸν Θεόν, Κύριον ἐκ πηγῶν Ἰσραήλ. Σῶσον ἡμᾶς, Υἱὲ Θεοῦ, ὁ ἀναστὰς ἐκ νεκρῶν, ψάλλοντάς σοι, Ἀλληλούια.

### Ὠδὴ γ΄. Ἦχος α΄.
### Στερέωσόν με Χριστέ.

Καιροὺς ἀντὶ παλαιῶν, ἀντὶ φθαρτῶν δὲ ἀφθάρτους, διὰ Σταυροῦ σου Χριστὲ τελέσας ἡμᾶς, ἐν καινότητι ζωῆς πολιτεύεσθαι, ἀξίως προσέταξας. Δίς.

Ἐν τάφῳ περικλεισθεὶς τῇ περιγράπτῳ σαρκί σου, ὁ ἀπερίγραπτος, Χριστὲ ἀνέστης, θυρῶν, κεκλεισμένων δὲ ἐπέστης, σοῦ τοῖς μαθηταῖς Παντοδύναμε.

Τοὺς μώλωπάς σου Χριστέ, οὓς ἑκουσίως ὑπέστης, ὑπὲρ ἡμῶν τοῖς μαθηταῖς σου φυλάξας, μαρτύριον τῆς σῆς ἔδειξας, ἐνδόξου Ἀναστάσεως.

### Ὠδὴ ς΄. Ἦχος ὁ αὐτός.
### Τὸν προφήτην διέσωσας.

Τὸν Θωμᾶν οὐ κατέλιπες, βαπτιζόμενον Δέσποτα, βυθῷ ἀπιστίας παλάμας, προτείνας εἰς ἔρευναν. Δίς.

### Δόξα.

Ὁ Σωτὴρ ἡμῶν ἔλεγε· ψηλαφῶντές με ἴδετε, ὀστέα καὶ σάρκα φοροῦντα· ἐγὼ οὐκ ἠλλοίωμαι.

### Καὶ νῦν.

Τὴν πλευρὰν ἐψηλάφησε, καὶ πιστεύσας ἐπέγνωκε, Θωμᾶς μὴ παρὼν σου τῇ πρώτῃ, εἰσόδῳ Σωτὴρ ἡμῶν.

### Τροπάριον, ἦχος βαρύς.

Ἐσφραγισμένου τοῦ μνήματος, ἡ ζωὴ ἐκ τάφου ἀνέτειλας Χριστὲ ὁ Θεός· καὶ τῶν θυρῶν κεκλεισμένων, τοῖς μαθηταῖς ἐπέστης ἡ πάντων Ἀνάστασις, Πνεῦμα εὐθὺ δι' αὐτῶν ἐγκαινίζων ἡμῖν, κατὰ τὸ μέγα σου ἔλεος.

### Ἡ Ὑπακοή, ἦχος πλ. β΄.

Ὡς ἐν μέσῳ τῶν μαθητῶν σου παρεγένου Σωτήρ, τὴν εἰρήνην διδοὺς αὐτοῖς, ἐλθὲ καὶ μεθ' ἡμῶν, καὶ σῶσον ἡμᾶς.

### Κοντάκιον, ἦχος πλ. δ΄.

Τῇ φιλοπράγμονι δεξιᾷ τὴν ζωοπάροχόν σου πλευράν, ὁ Θωμᾶς ἐξηρεύνησε Χριστὲ ὁ Θεός· συγκεκλεισμένων γὰρ τῶν θυρῶν ὡς εἰσῆλθες, σὺν τοῖς λοιποῖς ἀποστόλοις ἐβόα σοι· Κύριος ὑπάρχεις καὶ Θεός μου.

### Ἀντὶ τοῦ Ἄξιον ἐστίν, ἦχος α΄.

Σὲ τὴν φαεινὴν λαμπάδα, καὶ μητέρα τοῦ Θεοῦ, τὴν ἀρίζηλον δόξαν, καὶ ἀνωτέραν πάντων τῶν ποιημάτων, ἐν ὕμνοις μεγαλύνομεν.

### Κοινωνικόν.

Ἐπαίνει Ἱερουσαλὴμ τὸν Κύριον, αἴνει τὸν Θεόν σου Σιών.

Ἀντὶ τοῦ Εἴδομεν τὸ φῶς ψάλλεται καθ' ἑκάστην μέχρι τῆς ἀποδόσεως τοῦ Πάσχα τὸ Χριστὸς ἀνέστη ἅπαξ. Ἀπὸ σήμερον ἐπανέρχεται ψαλλόμενον ἐν τῇ Λειτουργίᾳ τὸ Πληρωθήτω καὶ τὸ Εἴη τὸ ὄνομα Κυρίου, σύντομον ἐκ γ΄· ἐν δὲ τῇ ἀπολύσει τὸ Δι' εὐχῶν.

## ΤΗ ΚΥΡΙΑΚΗ ΤΩΝ ΜΥΡΟΦΟΡΩΝ

Εἰς τὴν Λειτουργίαν, οἱ μακαρισμοί.

### Ἦχος β΄.

Μνήσθητι Εὔσπλαγχνε καὶ ἡμῶν, καθὼς ἐμνημόνευσας τοῦ λῃστοῦ, ἐν τῇ βασιλείᾳ τῶν οὐρανῶν.

Ξύλον ἐξεδίωξε τὸν Ἀδάμ, Σταυρὸς ἀντεισήγαγε τὸν

ληστήν, ἐν τῇ βασιλείᾳ τῶν οὐρανῶν.

Τάφος ὑπεδέξατό σε Σωτήρ, τὸν τάφους κενώσαντα καὶ νεκροῖς, ζωὴν δωρησάμενον ὡς Θεόν.

Ἀπόστολοι ἔνδοξοι τοῦ Χριστοῦ, αὐτὸν ἱκετεύσατε ἐκτενῶς, ἵνα τῶν κινδύνων σώσῃ ἡμᾶς.

Καὶ ἐκ τοῦ κανόνος τῶν Μυροφόρων.

Ὠδὴ γ΄. Ἦχος ὁ αὐτός.
Στειρωθέντα μου τὸν νοῦν.

Τὰς παλάμας Ἰησοῦ, προσηλώσας ἐν Σταυρῷ, τὰ ἔθνη πάντα, ἐκ τῆς πλάνης συλλαβών, πρὸς ἐπίγνωσιν τὴν σήν, συνεκαλέσω Σωτήρ.

Θεοδόχε Ἰωσήφ, δεῦρο στῆθι μεθ' ἡμῶν, ἀνέστη κράζων, Ἰησοῦς ὁ λυτρωτής, ὁ ἐγείρας τὸν Ἀδάμ, τῇ εὐσπλαγχνίᾳ αὐτοῦ.

Εὐφραινέσθω σὺν ἡμῖν, μαθητῶν ἡ δωδεκάς, σὺν Μυροφόροις, γυναιξί, καὶ Ἰωσήφ, καὶ τοῖς ἄλλοις μαθηταῖς, καὶ μαθητρίαις Χριστοῦ.

Θεοτοκίον.

Μακαρία εἶ σεμνή, ἡ ἐκ ῥίζης Ἰεσσαί, ἐξ ἧς ἡ ῥάβδος, καὶ τὸ ἄνθος ὁ Χριστός, κατὰ σάρκα δι' ἡμᾶς, ἀναβλαστήσασα.

Ὠδὴ ς΄. Ἦχος ὁ αὐτός.
Βυθῷ ἁμαρτημάτων συνέχομαι ἀεί.

Νεκρός ἐστιν ὁ ᾅδης· θαρσεῖτε γηγενεῖς· ὁ γὰρ Χριστὸς ἐπὶ ξύλου κρεμάμενος, ἀπέρριψε τὴν ῥομφαίαν κατ' αὐτοῦ, καὶ κεῖται νεκρός· οὓς εἶχε γὰρ ἐσκυλεύθη γυμνωθείς.

Γυναῖκες Μυροφόροι, τί σπεύδετε λοιπόν; τί δὲ τὰ μύρα τῷ ζῶντι κομίζετε; ἀνέστη καθὼς προεῖπεν ὁ Χριστός· παυσάσθω ὑμῶν τὰ δάκρυα, μετελθόντα εἰς χαράν.

Δόξα.

Τριάδα ἐν μονάδι ὑμνήσωμεν πιστοί, σὺν τῷ Υἱῷ τὸν Πατέρα δοξάζοντες, καὶ Πνεῦμα τὸ ὁμοούσιον Υἱῷ, καὶ ὃν ἐν Πατρὶ συνάναρχον, καὶ ἀΐδιον Θεόν.

Καὶ νῦν. Θεοτοκίον.

Γαστρὶ ἀγεωργήτως συνέλαβες ἁγνή, τῆς ἀφθαρσίας τὸν βότρυν ὡς ἄμπελος, ἐξ οὗ τῆς ἀθανασίας οἱ κρουνοί, ὡς οἶνον ἡμῖν πηγάζουσι, τὴν αἰώνιον ζωήν.

Τροπάρια. Ἦχος β΄.

Ὅτε κατῆλθες πρὸς τὸν θάνατον, ἡ ζωὴ ἡ ἀθάνατος, τότε τὸν ᾅδην ἐνέκρωσας τῇ ἀστραπῇ τῆς Θεότητος· ὅτε δὲ καὶ τοὺς τεθνεῶτας ἐκ τῶν καταχθονίων ἀνέστησας, πᾶσαι αἱ δυνάμεις τῶν ἐπουρανίων ἐκραύγαζον· Ζωοδότα Χριστὲ ὁ Θεὸς ἡμῶν, δόξα σοι.

Ὁ εὐσχήμων Ἰωσήφ, ἀπὸ τοῦ ξύλου καθελὼν τὸ ἄχραντόν σου σῶμα, σινδόνι καθαρᾷ εἱλήσας καὶ ἀρώμασιν, ἐν μνήματι καινῷ κηδεύσας ἀπέθετο· ἀλλὰ τριήμερος ἀνέστης Κύριε, παρέχων τῷ κόσμῳ τὸ μέγα ἔλεος.

Ταῖς μυροφόροις γυναιξί, παρὰ τὸ μνῆμα ἐπιστάς, ὁ ἄγγελος ἐβόα· τὰ μύρα τοῖς θνητοῖς ὑπάρχει ἁρμόδια· Χριστὸς δὲ διαφθορᾶς ἐδείχθη ἀλλότριος· ἀλλὰ κραυγάσατε· ἀνέστη ὁ Κύριος, παρέχων τῷ κόσμῳ τὸ μέγα ἔλεος.

### Κοντάκιον, ἦχος ὁ αὐτός.

Τὸ χαῖρε ταῖς μυροφόροις φθεγξάμενος, τὸν θρῆνον τῆς προμήτορος Εὔας κατέπαυσας, τῇ Ἀναστάσει σου Χριστὲ ὁ Θεός· τοῖς ἀποστόλοις δὲ τοῖς σοῖς κηρύττειν ἐπέταξας· ὁ Σωτὴρ ἐξανέστη τοῦ μνήματος.

### Ἀντὶ τοῦ Ἄξιον ἐστίν, ἦχος α΄.

Ὁ ἄγγελος ἐβόα τῇ κεχαριτωμένῃ· ἁγνὴ Παρθένε χαῖρε, καὶ πάλιν ἐρῶ χαῖρε, ὁ σὸς υἱὸς ἀνέστη, τριήμερος ἐκ τάφου. Φωτίζου φωτίζου, ἡ νέα Ἱερουσαλήμ, ἡ γὰρ δόξα Κυρίου ἐπὶ σὲ ἀνέτειλε· χόρευε νῦν καὶ ἀγάλλου Σιών, σὺ δὲ ἁγνὴ τέρπου Θεοτόκε, ἐν τῇ ἐγέρσει τοῦ τόκου σου.

### Κοινωνικόν.

Αἰνεῖτε τὸν Κύριον ἐκ τῶν οὐρανῶν· ἀλληλούια, ἀλληλούια, ἀλληλούια.

### Ἕτερον.

Σῶμα Χριστοῦ μεταλάβετε, πηγῆς ἀθανάτου γεύσασθε.

## ΤΗ ΚΥΡΙΑΚῌ ΤΟΥ ΠΑΡΑΛΥΤΟΥ

Εἰς τὴν Λειτουργίαν οἱ μακαρισμοὶ τοῦ ἤχου, καὶ τὰ παρόντα, ὡς δεδήλωται.

### Ὠδὴ γ΄. Ἦχος γ΄.
### Στεῖρα ψυχὴ καὶ ἄγονε.

Ὁρῶν σε πάλαι ἥλιος, ξύλῳ κρεμάμενον, Λόγε τὸ φῶς συνέστειλε, καὶ ἐδονεῖτο ἡ γῆ ἅπασα, νεκροὶ ἐξανίσταντο, νεκροῦ γενομένου σου, Παντοδύναμε.

Τὴν ἐπὶ χρόνους πλείονας, ἐξασθενοῦσαν δεινῶς ψυχήν μου Ὑπεράγαθε, ὡς τὸν Παράλυτον πρὶν ὑγίωσον· ὡς ἂν βηματίζω σου τὰς τρίβους, ἃς ἔδειξας τοῖς ποθοῦσί σε.

Μετὰ τῶν ἄνω τάξεων, Θεοῦ ἀρχάγγελε, ἱκετηρίαν ποίησον, ὑπὲρ τῶν πίστει ἀνυμνούντων σε, φρουρῶν συντηρῶν ἡμᾶς, τοῦ βίου τοῖς πάθεσι περιπίπτοντας.

### Θεοτοκίον.

Ἄσπορον ἔσχες σύλληψιν, καὶ ὑπὲρ νοῦν τοκετόν, παρθενομῆτορ ἄχραντε· ἔργον φρικῶδες, θαῦμα μέγιστον· ἀγγέλοις τιμώμενον, βροτοῖς δοξαζόμενον, κόρη Δέσποινα.

### Ὠδὴ ς΄. Ἦχος ὁ αὐτός.
### Βυθός μοι τῶν παθῶν ἐπανέστη.

Ὑψώθης ἑκουσίως ἐν ξύλῳ, ἐτέθης ὡς νεκρὸς ἐν μνημείῳ, καὶ τοὺς ἐν ᾅδῃ νεκρούς, πάντας ὁμοῦ ζωώσας Χριστέ, ἀνέστησας θεϊκῇ δυναστείᾳ.

Ὁ πάλαι ἐπὶ κλίνης ὀδύνης, ἐν χρόνοις κατακείμενος πλείστοις, τῇ σῇ προστάξει Χριστέ, ἀρτιωθεὶς δοξάζει ὑμνῶν, τὴν εὐσπλαγχνίαν τὴν σὴν Ζωοδότα.

Δόξα.

Τριάδα τοῖς προσώποις σε σέβω, μονάδα τῇ οὐσίᾳ κηρύττω, ἄναρχε Πάτερ, Υἱέ, Πνεῦμα εὐθύ, Θεὲ τοῦ παντός, μετὰ τῶν ἄνω φρικτῶν στρατευμάτων.

Καὶ νῦν. Θεοτοκίον.

Ὁ πάντα Θείῳ νεύματι φέρων, κρατεῖται Θεοτόκε Παρθένε, ἐν ταῖς ἀγκάλαις ταῖς σαῖς· πάντας ἡμᾶς ἁρπάζων χειρός, δουλείας τοῦ πονηροῦ, ὡς οἰκτίρμων.

Τροπάριον τὸ Ἀναστάσιμον.

Κοντάκιον, ἦχος γ΄.
Ἡ παρθένος σήμερον.

Τὴν ψυχήν μου Κύριε ἐν ἁμαρτίαις παντοίαις, καὶ ἀτόποις πράξεσι δεινῶς παραλελυμένην, ἔγειρον τῇ θεϊκῇ σου ἐπιστασίᾳ, ὥσπερ καὶ τὸν Παράλυτον ἤγειρας πάλαι· ἵνα κράζω σεσωσμένος· οἰκτίρμον δόξα Χριστὲ τῷ κράτει σου.

Ἀντὶ τοῦ Ἄξιον ἐστίν, ἦχος α΄.

Ὁ ἄγγελος ἐβόα τῇ κεχαριτωμένῃ· ἁγνὴ Παρθένε χαῖρε, καὶ πάλιν ἐρῶ χαῖρε, ὁ σὸς υἱὸς ἀνέστη, τριήμερος ἐκ τάφου. Συμφώνως Παρθένε, σὲ μακαρίζομεν πιστοί· χαῖρε πύλη Κυρίου, χαῖρε πόλις ἔμψυχε, χαῖρε δι' ἧς ἡμῖν ἔλαμψε, σήμερον φῶς τοῦ ἐκ σοῦ τεχθέντος, τῆς ἐκ νεκρῶν ἀναστάσεως.

## ΤΗ ΤΕΤΑΡΤΗ ΤΗΣ ΜΕΣΟΠΕΝΤΗΚΟΣΤΗΣ

Εἰς τὴν Λειτουργίαν Τυπικά, καὶ ἐκ τοῦ κανόνος ᾠδὴ γ΄ καὶ ς΄, ὡς δεδήλωται.

Ὠδὴ γ΄. Ἦχος δ΄.
Εὐφραίνεται ἐπὶ σοί.

Ναμάτων ζωοποιῶν, τῇ ἐκκλησίᾳ τὰς πηγὰς ἤνοιξας· εἴ τις διψᾷ προθύμως, ἴτω καὶ πινέτω βοῶν ἀγαθέ. Δίς.

Ἐκ γῆς μὲν πρὸς οὐρανόν, ἀνυψωθῆναι προφανῶς ἔλεγες· ἐξ οὐρανοῦ Πνεῦμα δέ, πέμπειν ἐπηγγείλω τὸ Ἅγιον.

Θεοτοκίον.

Ὁ φύσει ζωοποιός, καὶ ἐκ παρθένου γεννηθεὶς Κύριος, πᾶσι πιστοῖς δεδώρηται, τὴν ἀθανασίαν ὡς εὔσπλαγχνος.

Ὠδὴ ς΄. Ἦχος πλ. δ΄.
Ὡς ὕδατα θαλάσσης φιλάνθρωπε.

Ὁ πάντα περιέπων τὰ πέρατα, ἀνῆλθες Ἰησοῦ, καὶ ἐδίδασκες, ἐν τῷ ἱερῷ τοὺς ὄχλους, τὸν λόγον τῆς ἀληθείας, τῆς ἑορτῆς μεσούσης, ὡς Ἰωάννης βοᾷ.

Ὁ ἄναρχος Υἱὸς ἀρχὴ γέγονε, λαβὼν τὸ καθ' ἡμᾶς ἐνηνθρώπησε· καὶ μέσον τῆς ἑορτῆς ἐδίδασκε λέγων· προσδράμετε τῇ πηγῇ τῇ ἀενάῳ, ζωὴν ἀρύσασθαι.

Δόξα.

Τὴν μίαν ἐν Τριάδι Θεότητα, οὐσίαν τρισυπόστατον ἄκτιστον, ἀμέριστον πάντες δοξολογοῦμεν, Πατέρα καὶ τὸν Υἱόν, καὶ τὸ Ἅγιον Πνεῦμα, ὡς τρία οὖσαν καὶ ἕν.

Καὶ νῦν. Θεοτοκίον.

Παρθένον μετὰ τόκον ὑμνοῦμέν σε, Παρθένον καὶ Μητέρα δοξάζομεν, σὲ μόνην ἁγνή, Θεόνυμφε κόρη· ἐκ σοῦ γὰρ ὄντως Θεὸς ἐσαρκώθη, ζωοποιήσας ἡμᾶς.

Τροπάριον. Ἦχος πλ. δ΄.

Μεσούσης τῆς ἑορτῆς, διψῶσάν μου τὴν ψυχήν, εὐσεβείας πότισον νάματα· ὅτι πᾶσι Σωτήρ ἐβόησας· ὁ διψῶν ἐρχέσθω πρός με καὶ πινέτω· ἡ πηγὴ τῆς ζωῆς, Χριστὲ ὁ Θεός, δόξα σοι.

Κοντάκιον, ἦχος δ΄.
Ὁ ὑψωθεὶς ἐν τῷ Σταυρῷ.

Τῆς ἑορτῆς τῆς νομικῆς μεσαζούσης, ὁ τῶν ἁπάντων ποιητὴς καὶ Δεσπότης, πρὸς τοὺς παρόντας ἔλεγες, Χριστὲ ὁ Θεός· δεῦτε καὶ ἀρύσασθε ὕδωρ ἀθανασίας· ὅθεν σοι προσπίπτομεν, καὶ πιστῶς ἐκβοῶμεν· τοὺς οἰκτιρμούς σου δώρησαι ἡμῖν· σὺ γὰρ ὑπάρχεις πηγὴ τῆς ζωῆς ἡμῶν.

Ἀντὶ τοῦ Ἄξιον ἐστίν, ἦχος πλ. δ΄.

Ἀλλότριον τῶν μητέρων ἡ παρθενία, καὶ ξένον ταῖς παρθένοις ἡ παιδοποιία· ἐπὶ σοὶ Θεοτόκε, ἀμφότερα ᾠκονομήθη· διό σε πᾶσαι αἱ φυλαὶ τῆς γῆς, ἀπαύστως μακαρίζομεν.

Κοινωνικόν.

Ὁ τρώγων μου τὴν Σάρκα, καὶ πίνων μου τὸ Αἷμα, ἐν ἐμοὶ μένει, κἀγὼ ἐν αὐτῷ, εἶπεν ὁ Κύριος.

## ΤΗ ΚΥΡΙΑΚΗ ΤΗΣ ΣΑΜΑΡΕΙΤΙΔΟΣ

Εἰς τὴν Λειτουργίαν οἱ μακαρισμοὶ τοῦ ἤχου, καὶ τὰ παρόντα, ὡς δεδήλωται.

Ὠδὴ γ΄. Ἦχος δ΄.
Ἐστερεώθη ἡ καρδία μου ἐν Κυρίῳ.

Ἐθελουσίως ἐπὶ ξύλου ὑψώθης Λόγε, καὶ ὁρῶσαι ἐρρήγνυντο αἱ πέτραι· καὶ ἡ κτίσις συνεκλονεῖτο ἅπασα· καὶ νεκροὶ ἐκ τῶν τάφων, ὡς ἐξ ὕπνου ἐξεγείροντο.

Μετὰ ψυχῆς σε πρὸς τὸν ᾅδην ἐλθόντα Λόγε, κατιδοῦσαι πᾶσαι ψυχαὶ δικαίων, αἰωνίων δεσμῶν ἀπελύοντο· ἀνυμνολογοῦσαι τὴν ὑπὲρ νοῦν δυναστείαν σου.

Ζωὴ ὑπάρχων Κύριε, καὶ πηγὴ τῆς ἀθανασίας, ἐκαθέσθης πρὸς τῇ πηγῇ οἰκτίρμον, καὶ τῶν σῶν αἰτησαμένων ἔπλησας, πανσόφων ναμάτων, τὴν Σαμαρεῖτιν ὑμνοῦσάν σε.

Θεοτοκίον.

Ἀνερμηνεύτως συλλαβοῦσα ἐν τῇ γαστρί σου, τὸν τῶν ὅλων Θεὸν Παρθενομῆτορ, ὑπὲρ ἔννοιαν καὶ λόγον τέτοκας· μείνασα Παρθένος, ὡς πρὸ τοῦ τόκου Θεόνυμφε.

Λέγε δὲ καὶ τῆς Μεσοπεντηκοστῆς τὴν ς΄ ᾠδήν, ἢ τὴν ς΄ τοῦ τυχόντος ἑορταζομένου ἁγίου.

Τροπάριον τὸ Ἀναστάσιμον, καὶ τῆς Μεσοπεντηκοστῆς.

*Κοντάκιον δὲ τὸ παρόν, ἦχος πλ. δ΄.*

Πίστει ἐλθοῦσα ἐν τῷ φρέατι, ἡ Σαμαρεῖτις ἐθεάσατο, τὸ τῆς σοφίας ὕδωρ σε, ᾧ ποτισθεῖσα δαψιλῶς, βασιλείαν τὴν ἄνωθεν ἐκληρώσατο, αἰωνίως ἡ ἀοίδιμος.

*Καὶ τῆς ἑορτῆς.*

Τῆς ἑορτῆς τῆς νομικῆς μεσαζούσης, ὁ τῶν ἁπάντων ποιητὴς καὶ Δεσπότης, πρὸς τοὺς παρόντας ἔλεγες, Χριστὲ ὁ Θεός· δεῦτε καὶ ἀρύσασθε ὕδωρ ἀθανασίας· ὅθεν σοι προσπίπτομεν, καὶ πιστῶς ἐκβοῶμεν· τοὺς οἰκτιρμούς σου δώρησαι ἡμῖν· σὺ γὰρ ὑπάρχεις πηγὴ τῆς ζωῆς ἡμῶν.

*Ἀντὶ τοῦ Ἄξιον ἐστίν, ἦχος α΄.*

Ὁ ἄγγελος ἐβόα τῇ κεχαριτωμένῃ· ἁγνὴ Παρθένε χαῖρε, καὶ πάλιν ἐρῶ χαῖρε, ὁ σὸς υἱὸς ἀνέστη, τριήμερος ἐκ τάφου. Εὐφραίνου ἀγάλλου, ἡ θεία πύλη τοῦ φωτός· ὁ γὰρ δύνας ἐν τάφῳ Ἰησοῦς ἀνέτειλε, λάμψας ἡλίου φαιδρότερον, καὶ τοὺς πιστοὺς πάντας καταυγάσας, θεοχαρίτωτε δέσποινα.

## ΤΗ ΚΥΡΙΑΚΗ ΤΟΥ ΤΥΦΛΟΥ

*Εἰς τὴν Λειτουργίαν οἱ μακαρισμοὶ τοῦ ἤχου, καὶ τὰ παρόντα, ὡς προδεδήλωται.*

*Ὠδὴ γ΄. Ἦχος πλ. α΄.*
*Σαλευομένην τὴν καρδίαν μου Κύριε.*

Σαλευομένων τὰς καρδίας ἐστήριξας, τὴν γῆν πᾶσαν σαλεύσας, μακρόθυμε, τῇ σεπτῇ Σταυρώσει σου, ἣν καθυπέστης σαρκί.

Τί ὡς νεκρὸν ἐπιζητεῖτε τὸν Κύριον; ἀνέστη καθὼς εἶπεν, ὁ ἄγγελος γυναιξὶν ἐφθέγγετο, ἀστράπτων θείᾳ μορφῇ.

Τυφλὸν ποτὲ ἐκ γενετῆς προσελθόντα σοι, ἰάσω πανοικτίρμον, δοξάζοντα τὴν οἰκονομίαν σου, καὶ τὰ θαυμάσια.

*Θεοτοκίον.*

Παρθενικῆς ἀπὸ γαστρὸς ἀπεκύησας, Θεὸν σεσαρκωμένον· ὃν αἴτησαι, Παναγία Δέσποινα, κατοικτιρῆσαι ἡμᾶς.

*Ὠδὴ ς΄. Ἦχος ὁ αὐτός.*
*Ὡς τὸν προφήτην τοῦ θηρός.*

Ὁ σταυρωθεὶς μετὰ λῃστῶν, ἐρρύσω Δέσποτα, λῃστῶν πονηρῶν, καὶ ψυχοφθόρων παθῶν, φιλάνθρωπε Κύριε, πάντας τοὺς ὑμνοῦντάς σου τὴν Σταύρωσιν, καὶ τὴν ἔγερσιν συμφώνως.

Πηλὸν ποιήσας ὀφθαλμούς, τυφλοῦ ἐπέχρισας, τοῦ ἐκ γενετῆς, καὶ ἐχαρίσω αὐτῷ τὸ βλέπειν, ὑμνοῦντί σου Λόγε, τὴν ἄχραντον δύναμιν, δι' ἧς ἔσωσας τὸν κόσμον.

*Δόξα.*

Ἡ Τρισυπόστατος μονάς, Πάτερ ἀγέννητε, Υἱὲ γεννητέ, καὶ Πνεῦμα ἐκπορευτόν, Τρισάγιε Κύριε, μία οὐσία καὶ δύναμις, σῷζε πάντα τὸν λαόν σου.

*Καὶ νῦν. Θεοτοκίον.*

Τὰ μεγαλεῖά σου ἁγνή, τίς διηγήσεται; Θεὸν γὰρ ἐν σαρκί,

ἔτεκες ὑπερφυῶς, κόσμον διὰ σοῦ ῥυόμενον, Παρθένε πανάμωμε, ἀπὸ πάσης ἁμαρτίας.

Τροπάριον τὸ Ἀναστάσιμον.

Κοντάκιον, ἦχος δ΄.
Ἐπεφάνης σήμερον.

Τῆς ψυχῆς τὰ ὄμματα πεπηρωμένος, σοὶ Χριστὲ προσέρχομαι, ὡς ὁ τυφλὸς ἐκ γενετῆς, ἐν μετανοίᾳ κραυγάζων σοι· σὺ τῶν ἐν σκότει, τὸ φῶς τὸ ὑπέρλαμπρον.

Καὶ τῆς Λαμπρᾶς.

Εἰ καὶ ἐν τάφῳ κατῆλθες Ἀθάνατε· ἀλλὰ τοῦ ᾅδου καθεῖλες τὴν δύναμιν· καὶ ἀνέστης ὡς νικητής, Χριστὲ ὁ Θεός· γυναιξὶ μυροφόροις φθεγξάμενος, χαίρετε· καὶ τοῖς σοῖς ἀποστόλοις εἰρήνην δωρούμενος· ὁ τοῖς πεσοῦσι παρέχων ἀνάστασιν.

Ἀντὶ τοῦ Ἄξιον ἐστίν, ἦχος α΄.

Ὁ ἄγγελος ἐβόα τῇ κεχαριτωμένῃ· ἁγνὴ Παρθένε χαῖρε, καὶ πάλιν ἐρῶ χαῖρε, ὁ σὸς υἱὸς ἀνέστη, τριήμερος ἐκ τάφου. Φωτίζου φωτίζου, ἡ νέα Ἱερουσαλήμ, ἡ γὰρ δόξα Κυρίου ἐπὶ σὲ ἀνέτειλε· χόρευε νῦν καὶ ἀγάλλου Σιών, σὺ δὲ ἁγνὴ τέρπου Θεοτόκε, ἐν τῇ ἐγέρσει τοῦ τόκου σου.

## ΤΗ ΤΕΤΑΡΤΗ ΠΡΟ ΤΗΣ ΑΝΑΛΗΨΕΩΣ

Ἐν ᾗ ἀποδίδοται ἡ ἑορτὴ τοῦ Πάσχα.

Εἰς τὴν Λειτουργίαν τὰ Ἀντίφωνα τοῦ Πάσχα, ἢ τὰ Τυπικά, καὶ ἐκ τοῦ κανόνος τοῦ Πάσχα ᾠδὴ γ΄ καὶ ϛ΄. Ζήτει αὐτὰ εἰς τὴν ἡμέραν τοῦ Πάσχα. Κοντάκιον δὲ τὸ ἄνωθεν τοῦ τυφλοῦ, καὶ τοῦ Πάσχα.

## ΤΗ ΠΕΜΠΤΗ ΤΗΣ ΑΝΑΛΗΨΕΩΣ

Εἰς τὴν Λειτουργίαν, λέγονται τὰ παρόντα Ἀντίφωνα.

### ΑΝΤΙΦΩΝΟΝ Α΄.

Ἦχος β΄.

Στίχ. α΄. Πάντα τὰ ἔθνη κροτήσατε χεῖρας, ἀλαλάξατε τῷ Θεῷ ἐν φωνῇ ἀγαλλιάσεως.

Ταῖς πρεσβείαις τῆς Θεοτόκου, Σῶτερ, σῶσον ἡμᾶς.

Στίχ. β΄. Ὅτι Κύριος ὕψιστος, φοβερός, βασιλεὺς μέγας ἐπὶ πᾶσαν τὴν γῆν.

Ταῖς πρεσβείαις τῆς Θεοτόκου, Σῶτερ, σῶσον ἡμᾶς.

Στίχ. γ΄. Ὑπέταξε λαοὺς ἡμῖν, καὶ ἔθνη ὑπὸ τοὺς πόδας ἡμῶν.

Ταῖς πρεσβείαις τῆς Θεοτόκου, Σῶτερ, σῶσον ἡμᾶς.

Δόξα, Καὶ νῦν.

Ταῖς πρεσβείαις τῆς Θεοτόκου, Σῶτερ, σῶσον ἡμᾶς.

### ΑΝΤΙΦΩΝΟΝ Β΄.

Ἦχος ὁ αὐτός.

Στίχ. α΄. Μέγας Κύριος καὶ αἰνετὸς σφόδρα, ἐν πόλει τοῦ Θεοῦ ἡμῶν, ἐν ὄρει ἁγίῳ αὐτοῦ.

Σῶσον ἡμᾶς, Υἱὲ Θεοῦ, ὁ ἐν δόξῃ ἀναληφθεὶς ἀφ' ἡμῶν εἰς τοὺς οὐρανούς, ψάλλοντάς σοι, Ἀλληλούια.

Στίχ. β΄. Ὁ Θεὸς ἐν ταῖς βάρεσιν

αὐτῆς γινώσκεται.

Σῶσον ἡμᾶς, Υἱὲ Θεοῦ, ὁ ἐν δόξῃ ἀναληφθεὶς ἀφ' ἡμῶν εἰς τοὺς οὐρανούς, ψάλλοντάς σοι, Ἀλληλούια.

Στίχ. γ΄. Ὅτι ἰδοὺ οἱ βασιλεῖς τῆς γῆς συνήχθησαν, διῆλθοσαν ἐπὶ τὸ αὐτό.

Σῶσον ἡμᾶς, Υἱὲ Θεοῦ, ὁ ἐν δόξῃ ἀναληφθεὶς ἀφ' ἡμῶν εἰς τοὺς οὐρανούς, ψάλλοντάς σοι, Ἀλληλούια.

Δόξα Πατρὶ καὶ Υἱῷ καὶ ἁγίῳ Πνεύματι· καὶ νῦν καὶ ἀεὶ καὶ εἰς τοὺς αἰῶνας τῶν αἰώνων. Ἀμήν.

Ὁ Μονογενὴς Υἱὸς καὶ Λόγος τοῦ Θεοῦ ἀθάνατος ὑπάρχων, καὶ καταδεξάμενος διὰ τὴν ἡμετέραν σωτηρίαν, σαρκωθῆναι ἐκ τῆς ἁγίας Θεοτόκου καὶ ἀειπαρθένου Μαρίας, ἀτρέπτως ἐνανθρωπήσας, σταυρωθεὶς τε Χριστὲ ὁ Θεός, θανάτῳ θάνατον πατήσας, εἷς ὢν τῆς Ἁγίας Τριάδος, συνδοξαζόμενος τῷ Πατρὶ καὶ τῷ Ἁγίῳ Πνεύματι, σῶσον ἡμᾶς.

### ΑΝΤΙΦΩΝΟΝ Γ΄.

Στίχ. α΄. Ἀκούσατε ταῦτα πάντα τὰ ἔθνη.

Ἀνελήφθης ἐν δόξῃ, Χριστὲ ὁ Θεὸς ἡμῶν, χαροποιήσας τοὺς μαθητάς, τῇ ἐπαγγελίᾳ τοῦ ἁγίου Πνεύματος· βεβαιωθέντων αὐτῶν διὰ τῆς εὐλογίας, ὅτι σὺ εἶ ὁ Υἱὸς τοῦ Θεοῦ, ὁ λυτρωτὴς τοῦ κόσμου.

Στίχ. β΄. Τὸ στόμα μου λαλήσει σοφίαν, καὶ ἡ μελέτη τῆς καρδίας μου σύνεσιν.

Ἀνελήφθης ἐν δόξῃ, Χριστὲ ὁ Θεὸς ἡμῶν…

Στίχ. γ΄. Κλινῶ εἰς παραβολὴν τὸ οὖς μου, ἀνοίξω ἐν ψαλτηρίῳ τὸ πρόβλημά μου.

Ἀνελήφθης ἐν δόξῃ, Χριστὲ ὁ Θεὸς ἡμῶν…

### Εἰσοδικόν.

Ἀνέβη ὁ Θεὸς ἐν ἀλαλαγμῷ, Κύριος ἐν φωνῇ σάλπιγγος. Σῶσον ἡμᾶς, Υἱὲ Θεοῦ, ὁ ἐν δόξῃ ἀναληφθεὶς ἀφ' ἡμῶν εἰς τοὺς οὐρανούς, ψάλλοντάς σοι, Ἀλληλούια.

Τροπάριον, ὡς ἄνω. Ἀνελήφθης ἐν δόξῃ, Χριστὲ ὁ Θεὸς ἡμῶν…

### Κοντάκιον. Ἦχος πλ. β΄.

Τὴν ὑπὲρ ἡμῶν πληρώσας οἰκονομίαν, καὶ τὰ ἐπὶ γῆς ἑνώσας τοῖς οὐρανίοις, ἀνελήφθης ἐν δόξῃ, Χριστὲ ὁ Θεὸς ἡμῶν, οὐδαμόθεν χωριζόμενος, ἀλλὰ μένων ἀδιάστατος, καὶ βοῶν τοῖς ἀγαπῶσί σε· ἐγώ εἰμι μεθ' ὑμῶν, καὶ οὐδεὶς καθ' ὑμῶν.

Ἀντὶ τοῦ Ἄξιον ἐστίν, ἦχος πλ. α΄.

Σὲ τὴν ὑπὲρ νοῦν, καὶ λόγον μητέρα Θεοῦ, τὴν ἐν χρόνῳ τὸν ἄχρονον, ἀφράστως κυήσασαν, οἱ πιστοὶ ὁμοφρόνως μεγαλύνομεν.

### Κοινωνικόν.

Ἀνέβη ὁ Θεὸς ἐν ἀλαλαγμῷ, Κύριος ἐν φωνῇ σάλπιγγος.

Τίθενται ἐνταῦθα αἱ ᾠδαὶ γ΄ καὶ ς΄ τῆς αὐτῆς ἑορτῆς, διὰ τὸ ψάλλεσθαι αὐτὰς ἐν τοῖς μεθεόρτοις, ὡς δεδήλωται.

## Ὠδὴ γ΄. Ἦχος πλ. α΄.
### Δυνάμει τοῦ Σταυροῦ σου Χριστέ.

Ἀνῆλθες ζωοδότα Χριστέ, πρὸς τὸν Πατέρα, καὶ ἀνύψωσας, ἡμῶν τὸ γένος φιλάνθρωπε, τῇ ἀφάτῳ εὐσπλαγχνίᾳ σου.

Αἱ τάξεις τῶν ἀγγέλων Σωτήρ, βροτείαν φύσιν θεασάμεναι, συνανιοῦσάν σοι ἀπαύστως, ἐκπληττόμεναι ἀνύμνουν σε.

Ἐξίσταντο ἀγγέλων χοροί, Χριστὲ ὁρῶντες μετὰ σώματος, ἀναληφθέντα, καὶ ἀνύμνουν, τὴν ἁγίαν σου Ἀνάληψιν.

Τὴν φύσιν τῶν ἀνθρώπων Χριστέ, φθορᾷ πεσοῦσαν ἐξανέστησας, καὶ τῇ ἀνόδῳ σου ὕψωσας, καὶ σαυτῷ ἡμᾶς ἐδόξασας.

## Ὠδὴ ς΄. Ἦχος δ΄.
### Τὴν θείαν ταύτην καὶ πάντιμον.

Ῥανάτωσαν ἡμῖν ἄνωθεν, νεφέλαι εὐφροσύνην αἰώνιον· Χριστὸς νεφέλη γάρ, ὡς χερουβὶμ ἐποχούμενος, πρὸς τὸν αὐτοῦ Πατέρα ἄνεισι σήμερον.

Σαρκὸς φανεὶς ὁμοιώματι, τὰ πρώην διεστῶτα συνήγαγες, εἰς ἓν φιλάνθρωπε, καὶ ἀνελήφθης ὁρώντων σου, τῶν μαθητῶν οἰκτίρμον, πρὸς τὰ οὐράνια.

### Δόξα.

Τί ἐρυθρὰ τὰ ἱμάτια, σαρκὸς τοῦ ἑνωθέντος παχύτητι; ἅγιοι ἄγγελοι, Χριστὸς ὁρῶντες ἐφθέγγοντο, πάθους τιμίου θεῖα, φέροντα σύμβολα.

### Καὶ νῦν. Θεοτοκίον.

Ὑμνοῦμεν κόρη τὴν σύλληψιν, ὑμνοῦμέν σου τὴν ἄρρητον γέννησιν, δι' ἧς ἐρρύσθημεν, καταφθορᾶς καὶ κακώσεως, καὶ ζοφερᾶς τοῦ ᾅδου ἁγνὴ καθείρξεως.

# ΤΗ ΚΥΡΙΑΚΗ
## ΤΩΝ ΑΓΙΩΝ ΠΑΤΕΡΩΝ

### Τῆς ἁγίας Πρώτης Οἰκουμενικῆς Συνόδου.

Εἰς τὴν Λειτουργίαν, οἱ μακαρισμοὶ τοῦ ἤχου, τῆς ἑορτῆς ἡ γ΄ ᾠδὴ καὶ τῶν Πατέρων ἡ ς΄.

Ἐὰν δὲ τύχῃ ἑορταζόμενος ἅγιος, λέγομεν τὴν γ΄ ᾠδὴν τῶν Πατέρων, καὶ τὴν ς΄ τοῦ ἁγίου, ἢ τὰ ἀντίφωνα τῆς Ἀναλήψεως.

## ΑΝΤΙΦΩΝΟΝ Α΄.

### Ἦχος β΄.

Στίχ. α΄. Πάντα τὰ ἔθνη κροτήσατε χεῖρας, ἀλαλάξατε τῷ Θεῷ ἐν φωνῇ ἀγαλλιάσεως.

Ταῖς πρεσβείαις τῆς Θεοτόκου, Σῶτερ, σῶσον ἡμᾶς.

Στίχ. β΄. Ὅτι Κύριος ὕψιστος, φοβερός, βασιλεὺς μέγας ἐπὶ πᾶσαν τὴν γῆν.

Ταῖς πρεσβείαις τῆς Θεοτόκου, Σῶτερ, σῶσον ἡμᾶς.

Στίχ. γ΄. Ὑπέταξε λαοὺς ἡμῖν, καὶ ἔθνη ὑπὸ τοὺς πόδας ἡμῶν.

Ταῖς πρεσβείαις τῆς Θεοτόκου, Σῶτερ, σῶσον ἡμᾶς.

Δόξα, Καὶ νῦν.

Ταῖς πρεσβείαις τῆς Θεοτόκου, Σῶτερ, σῶσον ἡμᾶς.

### ΑΝΤΙΦΩΝΟΝ Β΄.
Ἦχος ὁ αὐτός.

Στίχ. α΄. Μέγας Κύριος καὶ αἰνετὸς σφόδρα, ἐν πόλει τοῦ Θεοῦ ἡμῶν, ἐν ὄρει ἁγίῳ αὐτοῦ.

Σῶσον ἡμᾶς, Υἱὲ Θεοῦ, ὁ ἀναστὰς ἐκ νεκρῶν, ψάλλοντάς σοι, Ἀλληλούια.

Στίχ. β΄. Ὁ Θεὸς ἐν ταῖς βάρεσιν αὐτῆς γινώσκεται.

Σῶσον ἡμᾶς, Υἱὲ Θεοῦ, ὁ ἀναστὰς ἐκ νεκρῶν, ψάλλοντάς σοι, Ἀλληλούια.

Στίχ. γ΄. Ὅτι ἰδοὺ οἱ βασιλεῖς τῆς γῆς συνήχθησαν, διήλθοσαν ἐπὶ τὸ αὐτό.

Σῶσον ἡμᾶς, Υἱὲ Θεοῦ, ὁ ἀναστὰς ἐκ νεκρῶν, ψάλλοντάς σοι, Ἀλληλούια.

Δόξα Πατρὶ καὶ Υἱῷ καὶ ἁγίῳ Πνεύματι· καὶ νῦν καὶ ἀεὶ καὶ εἰς τοὺς αἰῶνας τῶν αἰώνων. Ἀμήν.

Ὁ Μονογενὴς Υἱὸς καὶ Λόγος τοῦ Θεοῦ ἀθάνατος ὑπάρχων, καὶ καταδεξάμενος διὰ τὴν ἡμετέραν σωτηρίαν, σαρκωθῆναι ἐκ τῆς ἁγίας Θεοτόκου καὶ ἀειπαρθένου Μαρίας, ἀτρέπτως ἐνανθρωπήσας, σταυρωθεὶς τε Χριστὲ ὁ Θεός, θανάτῳ θάνατον πατήσας, εἷς ὢν τῆς Ἁγίας Τριάδος, συνδοξαζόμενος τῷ Πατρὶ καὶ τῷ Ἁγίῳ Πνεύματι, σῶσον ἡμᾶς.

### ΑΝΤΙΦΩΝΟΝ Γ΄.

Στίχ. α΄. Ἀκούσατε ταῦτα πάντα τὰ ἔθνη.

Ἀνελήφθης ἐν δόξῃ, Χριστὲ ὁ Θεὸς ἡμῶν, χαροποιήσας τοὺς μαθητάς, τῇ ἐπαγγελίᾳ τοῦ ἁγίου Πνεύματος· βεβαιωθέντων αὐτῶν διὰ τῆς εὐλογίας, ὅτι σὺ εἶ ὁ Υἱὸς τοῦ Θεοῦ, ὁ λυτρωτὴς τοῦ κόσμου.

Στίχ. β΄. Τὸ στόμα μου λαλήσει σοφίαν, καὶ ἡ μελέτη τῆς καρδίας μου σύνεσιν.

Ἀνελήφθης ἐν δόξῃ, Χριστὲ ὁ Θεὸς ἡμῶν…

Στίχ. γ΄. Κλινῶ εἰς παραβολὴν τὸ οὖς μου, ἀνοίξω ἐν ψαλτηρίῳ τὸ πρόβλημά μου.

Ἀνελήφθης ἐν δόξῃ, Χριστὲ ὁ Θεὸς ἡμῶν…

### Εἰσοδικόν.

Ἀνέβη ὁ Θεὸς ἐν ἀλαλαγμῷ, Κύριος ἐν φωνῇ σάλπιγγος. Σῶσον ἡμᾶς, Υἱὲ Θεοῦ, ὁ ἐν δόξῃ ἀναληφθεὶς ἀφ' ἡμῶν εἰς τοὺς οὐρανούς, ψάλλοντάς σοι, Ἀλληλούια.

### Ὠδὴ γ΄. Ἦχος πλ. β΄.
Οὐκ ἔστιν ἅγιος ὡς σύ.

Ῥοὴν καὶ πάθος καὶ τομήν, Ἄρειος ὁ παράφρων, τῇ γεννήσει τῇ θείᾳ, δυσσεβῶς ὁ ἀσεβής, προσάπτων τῷ τμητικῷ, τῶν Πατέρων ξίφει ἀποτέμνεται.

Ὡς πάλαι θεῖος Ἀβραάμ, στρατευόμενοι πάντες, οἱ σεπτοὶ θεηγόροι, τοὺς ἐχθρούς σου Ἀγαθέ, τοὺς μανιώδεις τῇ σῇ, δυναστείᾳ κραταιῶς ἀπώλεσαν.

Τὸ πρῶτον ἄθροισμα τῶν σῶν, κροτηθὲν ἱερέων, ὁμοούσιον Σῶτερ, σὲ τῷ ἀνάρχῳ Πατρί, καὶ ποιητῇ τοῦ παντός, γεννηθέντα εὐσεβῶς ἐκήρυξαν.

Θεοτοκίον.

Οὐ σθένει λόγος σε βροτῶν, οὔτε γλῶσσα παρθένε, εὐφημεῖν σε ἀξίως· ἐκ σοῦ γὰρ ἄνευ σπορᾶς, ὁ ζωοδότης Χριστός, σαρκωθῆναι Πάναγνε ηὐδόκησεν.

Ὠδὴ ς΄. Ἦχος ὁ αὐτός.

Τοῦ βίου τὴν θάλασσαν.

Λαθεῖν οὐ δεδύνηται, ζιζανίων ὁ σπορεύς, τὸ τῆς προνοίας ἄφατον, τῆς μανίας ἐπώνυμος ὁ κληθείς· Ἰούδαν ζηλώσας γάρ, ὡς ἐκεῖνος ἐρράγη ὁ παμπόνηρος.

Ὁ θεῖος κατάλογος, τῶν πατέρων ὁ σεπτός, μονογενὲς ἀπαύγασμα, τῆς οὐσίας ἐκλάμψαν τῆς πατρικῆς, κηρύττει σε Δέσποτα, καὶ πρὸ πάντων αἰώνων γεννηθέντα Υἱόν.

Δόξα.

Γαστὴρ διαρρήγνυται, κατὰ λόγον τὴν πηγήν, τὴν θολερὰν καὶ ἄποτον, αἱρέσεων πηγάσασα δυσσεβῶν, ἀρότρῳ δεήσεως, ἱερέων ἐνθέων προμηθέστατα.

Καὶ νῦν. Θεοτοκίον.

Ὁ μέγας προέγραψεν, ἐν προφήταις Μωϋσῆς, σὲ κιβωτὸν καὶ τράπεζαν, καὶ λυχνίαν, καὶ στάμνον συμβολικῶς, σημαίνων τὴν σάρκωσιν τὴν ἐκ σοῦ, τοῦ Ὑψίστου Μητροπάρθενε.

Εἰσοδικόν.

Ἀνέβη ὁ Θεὸς ἐν ἀλαλαγμῷ, Κύριος ἐν φωνῇ σάλπιγγος. Σῶσον ἡμᾶς, Υἱὲ Θεοῦ, ὁ ἀναστὰς ἐκ νεκρῶν, ψάλλοντάς σοι, Ἀλληλούια.

Τροπάριον τὸ Ἀναστάσιμον, καὶ τῆς ἑορτῆς· καὶ τὸ παρόν, ἦχος πλ. δ΄.

Ὑπερδεδοξασμένος εἶ Χριστὲ ὁ Θεὸς ἡμῶν, ὁ φωστῆρας ἐπὶ γῆς τοὺς πατέρας ἡμῶν θεμελιώσας, καὶ δι' αὐτῶν πρὸς τὴν ἀληθινὴν πίστιν πάντας ἡμᾶς ὁδηγήσας, Πολυεύσπλαγχνε, δόξα σοι.

Κοντάκιον. Ἦχος πλ. δ΄.

Ὡς ἀπαρχὰς τῆς φύσεως.

Τῶν ἀποστόλων τὸ κήρυγμα, καὶ τῶν πατέρων τὰ δόγματα, τῇ ἐκκλησίᾳ μίαν τὴν πίστιν ἐκράτυνεν· ἣ καὶ χιτῶνα φοροῦσα τῆς ἀληθείας, τὸν ὑφαντὸν ἐκ τῆς ἄνω θεολογίας, ὀρθοτομεῖ καὶ δοξάζει, τῆς εὐσεβείας τὸ μέγα μυστήριον.

Καὶ τῆς ἑορτῆς.

Ἦχος πλ. β΄.

Τὴν ὑπὲρ ἡμῶν πληρώσας οἰκονομίαν, καὶ τὰ ἐπὶ γῆς ἑνώσας τοῖς οὐρανίοις, ἀνελήφθης ἐν δόξῃ, Χριστὲ ὁ Θεὸς ἡμῶν, οὐδαμόθεν χωριζόμενος, ἀλλὰ μένων ἀδιάστατος, καὶ βοῶν τοῖς ἀγαπῶσί σε· ἐγώ εἰμι μεθ' ὑμῶν, καὶ οὐδεὶς καθ' ὑμῶν.

Εἰς τὸ Ἐξαιρέτως τὸ Ἄξιον ἐστίν.

###### Κοινωνικόν.

Αἰνεῖτε τὸν Κύριον ἐκ τῶν οὐρανῶν.

Καὶ τό,

Εἰς μνημόσυνον αἰώνιον ἔσονται δίκαιοι.

###### Μεγαλυνάριον.

Τὸ δογματισθὲν ὁμοούσιον, παρὰ τῶν πατέρων, τῆς Τριάδος καὶ ἄκτιστον, τέρατι κεράμου ἐκύρωσε Σπυρίδων, πῦρ δείξας γῆν καὶ ὕδωρ· οὓς μεγαλύνομεν.

## ΤΗ ΠΑΡΑΣΚΕΥΗ ΠΡΟ ΤΗΣ ΑΓΙΑΣ ΠΕΝΤΗΚΟΣΤΗΣ

*Ἐν ᾗ ἀποδίδοται ἡ ἑορτὴ τῆς Ἀναλήψεως.*

Εἰς τὴν Λειτουργίαν Τυπικά, καὶ ἡ γ΄ καὶ ϛ΄ ᾠδή, ὡς προεγράφησαν ἐν τῇ αὐτῇ ἑορτῇ τῆς Ἀναλήψεως.

Τροπάριον, καὶ κοντάκιον τῆς αὐτῆς ἑορτῆς· ὡσαύτως καὶ κοινωνικόν.

## ΤΩ ΣΑΒΒΑΤΩ ΠΡΟ ΤΗΣ ΠΕΝΤΗΚΟΣΤΗΣ ΗΤΟΙ ΤΩΝ ΨΥΧΩΝ

Εἰς τὴν Λειτουργίαν Τυπικά, καὶ ἐκ τοῦ κανόνος, ᾠδὴ γ΄ καὶ ϛ΄.

*Ὠδὴ γ΄. Ἦχος πλ. β΄.*
*Οὐκ ἔστιν ἅγιος ὡς σύ.*

Ἰσχύι δόξης θεϊκῆς, ὁ τῆς γῆς ἐξ ἐσχάτων, ὡς νεφέλας ἀνάγων, τῶν πιστῶν πρὸς σὲ ψυχάς, οὓς ἐκ περάτων Χριστέ, προσελάβου, δούλους σου ἀνάπαυσον.

Σὺ μόνος εἶ ὁ καθιστῶν, βασιλεῖς καὶ δυνάστας, καὶ κριτὰς σὺν τοπάρχαις· ὅθεν πάντων ὡς Θεός, αὐτὸς ἐν κρίσει τῇ σῇ, ῥῦσαι τούτους, Σῶτερ τῆς κολάσεως.

Ἁπάσης γῆς ὁ ποιητής, σὺν πρεσβύταις παρθένοις, καὶ σὺν νέοις ἐφήβοις, οὓς προσελάβου Χριστέ, τῆς αἰωνίου χαρᾶς, καὶ τρυφῆς σου, τούτους καταξίωσον.

###### Θεοτοκίον.

Ἐλπὶς τοῦ κόσμου κραταιά, Δέσποινα Θεοτόκε, μὴ ἀπώσῃ τοὺς πόθῳ, σοὶ προστρέχοντας ἀεί· ἀλλ' ἱκεσίαις ταῖς σαῖς, πάσης ῥῦσαι, ζάλης τοὺς τιμῶντάς σε.

*Ὠδὴ ϛ΄. Τοῦ βίου τὴν θάλασσαν.*

Ἱλάσθητι Δέσποτα, παρακλήθητι Σωτήρ, καὶ δεῖξόν σου τὸ ἔλεος, δεῖξον σπλάγχνα, καὶ σῶσον ὡς ἀγαθός, τῆς γῆς πάσης ἅπαντας, οὓς πρὸς σὲ μετηγάγου ὡς Φιλάνθρωπος.

Ναμάτων ἐκ κλύσμασι, καὶ ἐν ῥείθροις ποταμῶν, καὶ τοὺς ἐξαίφνης θνήξαντας· τοὺς ἐν νάπαις καὶ ὄρεσι καὶ ὀπαῖς, τὸν βίον τελέσαντας, μὴ παρίδῃς, ὡς μόνος εὐδιάλλακτος.

###### Δόξα.

Ὁ βλέπων ὡς Κύριος, ἐν θαλάσσῃ καὶ ἐν γῇ, τοὺς ἐν ἀδήλῳ θνήξαντας, τοὺς ἐν πολέμοις καὶ μάχαις καὶ ἐν πληγαῖς, δεινῶν τελευτήσαντας, πάντας οἴκτιρον, Σῶτερ ὡς φιλάνθρωπος.

Καὶ νῦν. Θεοτοκίον.

Ἡ πανάγνος Δέσποινα, ἡ τεκοῦσα τοῖς βροτοῖς τὸν κυβερνήτην Κύριον, τῶν παθῶν μου τὸν ἄστατον καὶ δεινόν, κατεύνασον τάραχον, καὶ γαλήνην παράσχου τῇ καρδίᾳ μου.

Τροπάριον. Ἦχος πλ. δ΄.

Ὁ βάθει σοφίας φιλανθρώπως πάντα οἰκονομῶν, καὶ τὸ συμφέρον πᾶσιν ἀπονέμων, μόνε Δημιουργέ, ἀνάπαυσον Κύριε, τὰς ψυχὰς τῶν δούλων σου· ἐν σοὶ γὰρ τὴν ἐλπίδα ἀνέθεντο, τῷ ποιητῇ καὶ πλάστῃ καὶ Θεῷ ἡμῶν.

Κοντάκιον δὲ τὸ παρὸν αὐτόμελον, ἦχος πλ. δ΄.

Τοὺς μεταστάντας ἀφ' ἡμῶν ἐκ τῶν προσκαίρων, ἐν ταῖς σκηναῖς τῶν ἐκλεκτῶν κατασκήνωσον, καὶ μετὰ δικαίων ἀνάπαυσον, Σῶτερ ἀθάνατε· εἰ γὰρ ὡς ἄνθρωποι ἥμαρτον ἐπὶ γῆς, ἀλλὰ σὺ ὡς ἀναμάρτητος Κύριος, ἄφες αὐτοῖς τὰ ἑκούσια πταίσματα καὶ τὰ ἀκούσια, μεσιτευούσης τῆς τεκούσης σε Θεοτόκου· ἵνα συμφώνως βοήσωμεν ὑπὲρ αὐτῶν· Ἀλληλούια.

Κοινωνικόν.

Μακάριοι οὓς ἐξελέξω, καὶ προσελάβου Κύριε, καὶ τὸ μνημόσυνον αὐτῶν εἰς γενεὰν καὶ γενεάν.

Μεγαλυνάριον.

Ἀνάπαυσον Κύριε τὰς ψυχάς, τῶν κεκοιμημένων, ὀρθοδόξων χριστιανῶν, ἐν τόπῳ ἁγίῳ, ἐν χώρᾳ τῶν δικαίων· ὅπου τὸ φῶς σου λάμπει, αὐτὰς κατάταξον.

## Τῌ ΚΥΡΙΑΚῌ ΤΗΣ ΑΓΙΑΣ ΠΕΝΤΗΚΟΣΤΗΣ

Εἰς τὴν Λειτουργίαν λέγομεν τὰ παρόντα Ἀντίφωνα.

ΑΝΤΙΦΩΝΟΝ Α΄. Ἦχος β΄.

Στίχ. α΄. Οἱ οὐρανοὶ διηγοῦνται δόξαν Θεοῦ, ποίησιν δὲ χειρῶν αὐτοῦ ἀναγγέλλει τὸ στερέωμα.

Ταῖς πρεσβείαις τῆς Θεοτόκου, Σῶτερ, σῶσον ἡμᾶς.

Στίχ. β΄. Ἡμέρα τῇ ἡμέρᾳ ἐρεύγεται ῥῆμα, καὶ νὺξ νυκτὶ ἀναγγέλλει γνῶσιν.

Ταῖς πρεσβείαις τῆς Θεοτόκου, Σῶτερ, σῶσον ἡμᾶς.

Στίχ. γ΄. Οὐκ εἰσὶ λαλιαὶ οὐδὲ λόγοι, ὧν οὐχὶ ἀκούονται αἱ φωναὶ αὐτῶν.

Ταῖς πρεσβείαις τῆς Θεοτόκου, Σῶτερ, σῶσον ἡμᾶς.

Στίχ. δ΄. Εἰς πᾶσαν τὴν γῆν ἐξῆλθεν ὁ φθόγγος αὐτῶν, καὶ εἰς τὰ πέρατα τῆς οἰκουμένης τὰ ῥήματα αὐτῶν.

Ταῖς πρεσβείαις τῆς Θεοτόκου, Σῶτερ, σῶσον ἡμᾶς.

Δόξα, Καὶ νῦν.

Ταῖς πρεσβείαις τῆς Θεοτόκου, Σῶτερ, σῶσον ἡμᾶς.

## ΑΝΤΙΦΩΝΟΝ Β΄.
### Ἦχος ὁ αὐτός.

Στίχ. α΄. Ἐπακούσαι σου Κύριος ἐν ἡμέρᾳ θλίψεως, ὑπερασπίσαι σου τὸ ὄνομα τοῦ Θεοῦ Ἰακώβ.

Σῶσον ἡμᾶς, Παράκλητε Ἀγαθέ, ψάλλοντάς σοι· Ἀλληλούια.

Στίχ. β΄. Ἐξαποστείλαι σοι βοήθειαν ἐξ ἁγίου, καὶ ἐκ Σιὼν ἀντιλάβοιτό σου.

Σῶσον ἡμᾶς, Παράκλητε Ἀγαθέ, ψάλλοντάς σοι· Ἀλληλούια.

Στίχ. γ΄. Μνησθείη πάσης θυσίας σου, καὶ τὸ ὁλοκαύτωμά σου πιανάτω.

Σῶσον ἡμᾶς, Παράκλητε Ἀγαθέ, ψάλλοντάς σοι· Ἀλληλούια.

Δόξα Πατρὶ καὶ Υἱῷ καὶ ἁγίῳ Πνεύματι.

Σῶσον ἡμᾶς, Παράκλητε Ἀγαθέ, ψάλλοντάς σοι· Ἀλληλούια.

Καὶ νῦν καὶ ἀεί, καὶ εἰς τοὺς αἰῶνας τῶν αἰώνων. Ἀμήν.

Ὁ Μονογενὴς Υἱὸς καὶ Λόγος τοῦ Θεοῦ ἀθάνατος ὑπάρχων, καὶ καταδεξάμενος διὰ τὴν ἡμετέραν σωτηρίαν, σαρκωθῆναι ἐκ τῆς ἁγίας Θεοτόκου καὶ ἀειπαρθένου Μαρίας, ἀτρέπτως ἐνανθρωπήσας, σταυρωθείς τε Χριστὲ ὁ Θεός, θανάτῳ θάνατον πατήσας, εἷς ὢν τῆς Ἁγίας Τριάδος, συνδοξαζόμενος τῷ Πατρὶ καὶ τῷ Ἁγίῳ Πνεύματι, σῶσον ἡμᾶς.

## ΑΝΤΙΦΩΝΟΝ Γ΄.
### Ἦχος πλ. δ΄.

Στίχ. α΄. Κύριε, ἐν τῇ δυνάμει σου εὐφρανθήσεται ὁ βασιλεύς, καὶ ἐπὶ τῷ σωτηρίῳ σου ἀγαλλιάσεται σφόδρα.

Εὐλογητὸς εἶ Χριστὲ ὁ Θεὸς ἡμῶν, ὁ πανσόφους τοὺς ἁλιεῖς ἀναδείξας, καταπέμψας αὐτοῖς τὸ Πνεῦμα τὸ Ἅγιον, καὶ δι' αὐτῶν τὴν οἰκουμένην σαγηνεύσας, φιλάνθρωπε δόξα σοι.

Στίχ. β΄. Τὴν ἐπιθυμίαν τῆς καρδίας αὐτοῦ ἔδωκας αὐτῷ, καὶ τὴν θέλησιν τῶν χειλέων αὐτοῦ οὐκ ἐστέρησας αὐτόν.

Εὐλογητὸς εἶ Χριστὲ ὁ Θεὸς ἡμῶν...

Στίχ. γ΄. Ὅτι προέφθασας αὐτὸν ἐν εὐλογίαις χρηστότητος, ἔθηκας ἐπὶ τὴν κεφαλὴν αὐτοῦ στέφανον ἐκ λίθου τιμίου.

Εὐλογητὸς εἶ Χριστὲ ὁ Θεὸς ἡμῶν...

Στίχ. δ΄. Ζωὴν ᾐτήσατό σε, καὶ ἔδωκας αὐτῷ μακρότητα ἡμερῶν εἰς αἰῶνα αἰῶνος.

Εὐλογητὸς εἶ Χριστὲ ὁ Θεὸς ἡμῶν...

### Εἰσοδικόν.

Ὑψώθητι Κύριε ἐν τῇ δυνάμει σου, ᾄσωμεν καὶ ψαλοῦμεν τὰς δυναστείας σου. Σῶσον ἡμᾶς, Παράκλητε Ἀγαθέ, ψάλλοντάς σοι· Ἀλληλούια.

### Τροπάριον. Ἦχος πλ. δ΄.

Εὐλογητὸς εἶ Χριστὲ ὁ Θεὸς ἡμῶν, ὁ πανσόφους τοὺς ἁλιεῖς ἀναδείξας, καταπέμψας αὐτοῖς τὸ Πνεῦμα τὸ Ἅγιον, καὶ δι' αὐτῶν τὴν οἰκουμένην σαγηνεύσας, φιλάνθρωπε δόξα σοι.

### Κοντάκιον. Ἦχος ὁ αὐτός.

Ὅτε καταβὰς τὰς γλώσσας συνέχεε, διεμέριζεν ἔθνη ὁ Ὕψιστος· ὅτε τοῦ πυρὸς τὰς γλώσσας διένειμεν, εἰς ἑνότητα πάντας ἐκάλεσε· καὶ συμφώνως δοξάζομεν, τὸ πανάγιον Πνεῦμα.

### Ἀντὶ τοῦ Τρισαγίου λέγομεν·

Ὅσοι εἰς Χριστὸν ἐβαπτίσθητε, Χριστὸν ἐνεδύσασθε. Ἀλληλούια.

### Ἀντὶ τοῦ Ἄξιον ἐστίν, ἦχος βαρύς.

Μὴ τῆς φθορᾶς διαπείρᾳ κυοφορήσασα, καὶ παντεχνήμονι Λόγῳ σάρκα δανείσασα, μῆτερ ἀπείρανδρε, παρθένε Θεοτόκε, δοχεῖον τοῦ ἀστέκτου, χωρίον τοῦ ἀπείρου πλαστουργοῦ σου, σὲ μεγαλύνομεν.

### Κοινωνικόν.

Τὸ Πνεῦμά σου τὸ ἀγαθὸν ὁδηγήσει με ἐν γῇ εὐθείᾳ· ἀλληλούια, ἀλληλούια, ἀλληλούια.

## ΤΗ ΔΕΥΤΕΡΑ ΤΟΥ ΑΓΙΟΥ ΠΝΕΥΜΑΤΟΣ

Εἰς τὴν Λειτουργίαν τὰ Τυπικά, καὶ ἐκ τῶν κανόνων, ᾠδὴ γ΄ καὶ ς΄.

### Ὠδὴ γ΄. Ἦχος βαρύς.

Τὴν ἐξ ὕψους δύναμιν τοῖς μαθηταῖς Χριστέ, ἕως ἂν ἐνδύσησθε ἔφης, καθίσατε ἐν Ἰερουσαλήμ· ἐγὼ δὲ ὡς ἐμὲ Παράκλητον ἄλλον, Πνεῦμα τὸ ἐμόν τε καὶ Πατρὸς ἀποστελῶ, ἐν ᾧ στερεωθήσεσθε. Δίς.

Ἡ τοῦ θείου Πνεύματος ἐπιδημήσασα δύναμις, τὴν μερισθεῖσαν πάλαι φωνήν, κακῶς ὁμονοησάντων, εἰς μίαν ἁρμονίαν θείως συνῆψε, γνώσει συνετίζουσα πιστοὺς τῆς Τριάδος ἐν ᾗ ἐστερεώθημεν. Δίς.

### Ὠδὴ ς΄. Ἦχος δ΄.

Ἱλασμὸς ἡμῖν Χριστὲ καὶ σωτηρία,
ὁ Δεσπότης ἔλαμψας ἐκ τῆς
  Παρθένου·
ἵν' ὡς προφήτην θηρὸς ἐκ
  θαλαττίου,
στέρνων Ἰωνᾶν τῆς φθορᾶς
  διαρπάσῃς,
ὅλον τὸν Ἀδὰμ παγγενῆ
  πεπτωκότα. Δίς.

### Δόξα.

Ἱμερτὸν ἡμῖν εὐθὺ ἐν τοῖς
  ἐγκάτοις,
αἰωνίως ἕξουσι Πνεῦμα καινίσαις,
πατροπροβλήτως πάντοτε
  ξυνημμένον,
ὕλης ἀπεχθοῦς καυστικὸν
  μολυσμάτων,
ῥύπου τε φρενῶν ῥυπτικὸν
  Παντοκράτορ.

### Καὶ νῦν.

Ὀρεκτὸν ἀξίωμα τοῖς
  ἀποστόλοις,
Σιωνίταις μίμνουσι σοῦ παρουσίαν,
γνώρισμα Πνεῦμα Πατρογεννήτου
  Λόγου,
λέσχην ἀπηνῆ τῶν ἐθνῶν
  ποππυσμάτων,
ὤκιστα δεικνὺς πυρπνόως

καθιδρύεις.

Τροπάριον, καὶ κοντάκιον τῆς ἑορτῆς, ὁμοίως καὶ κοινωνικόν.

Τὰ αὐτὰ καὶ τῇ Τρίτῃ τῆς αὐτῆς ἑβδομάδος.

Ἀντὶ τοῦ Ἄξιον ἐστίν, ἦχος δ΄.

Χαίροις ἄνασσα, μητροπάρθενον κλέος·
ἅπαν γὰρ εὐδίνητον εὔλαλον στόμα,
ῥητρεῦον, οὐ σθένει σε μέλπειν ἀξίως·
ἰλιγγιᾷ δὲ νοῦς ἅπας σου τὸν τόκον νοεῖν· ὅθεν σε συμφώνως δοξάζομεν.

Ἕτερον κοινωνικόν, ψαλλόμενον μόνον τῇ Δευτέρᾳ.

Τὸ Πνεῦμά σου τὸ ἅγιον μὴ ἀντανέλῃς ἀφ᾽ ἡμῶν, δεόμεθα φιλάνθρωπε· ἀλληλούια, ἀλληλούια, ἀλληλούια.

Ἐὰν δὲ τύχῃ ἑορταζόμενος ἅγιος ἐν ταύτῃ τῇ ἑβδομάδι, λέγομεν τὴν γ΄ ᾠδὴν τῆς ἑορτῆς, καὶ τὴν ς΄ τοῦ ἁγίου.

## ΤΩ ΣΑΒΒΑΤΩ ΜΕΤΑ ΤΗΝ ΑΓΙΑΝ ΠΕΝΤΗΚΟΣΤΗΝ

Ἐν ταύτῃ τῇ ἡμέρᾳ ἀποδίδοται ἡ ἑορτὴ τῆς ἁγίας Πεντηκοστῆς.

Εἰς τὴν Λειτουργίαν τὰ Ἀντίφωνα τῆς Κυριακῆς τῆς Πεντηκοστῆς, ἢ Τυπικά, καὶ ἡ γ΄ καὶ ἡ ς΄ ᾠδή, ὡς προεγράφησαν τῇ Δευτέρᾳ τοῦ ἁγίου Πνεύματος.

Τροπάριον καὶ κοντάκιον τῆς ἑορτῆς τῆς Πεντηκοστῆς· ὁμοίως καὶ κοινωνικόν. Ἀντὶ τοῦ Ἄξιον ἐστίν, τὸ Χαίροις ἄνασσα (ὡς ἄνω).

## ΤΗ ΚΥΡΙΑΚΗ ΤΩΝ ΑΓΙΩΝ ΠΑΝΤΩΝ

Εἰς τὴν Λειτουργίαν οἱ μακαρισμοί, καὶ λέγομεν δ΄ Ἀναστάσιμα, καὶ ἐκ τοῦ κανόνος τῶν ἁγίων τὴν γ΄ καὶ ς΄ ᾠδήν.

Ὠδὴ γ΄. Ἦχος πλ. δ΄.
Ὁ στερεώσας κατ᾽ ἀρχάς.

Ἱερωσύνην ἱεράν, οἱ ἱερεῖς καὶ ποιμένες, ἐνδυσάμενοι καὶ ταύτην ἐμφρόνως, κυβερνήσαντες Χριστέ, ἀξίως κατεκόσμησαν, διδασκαλίας λόγον, ἄνωθεν ὄντως πλουτήσαντες.

Ὡραιωθέντες καλλοναῖς, τῆς πρώτης καλλοποιίας, καὶ φανέντες ἀπλανεῖς ὡς φωστῆρες, οὐρανώσατε Χριστοῦ, τὴν ἐκκλησίαν ἅγιοι, ἄλλοθεν ταύτην, ποικίλως κατακοσμήσαντες.

Νόμῳ πειθόμενοι τῷ σῷ, τῶν μακαρίων οἱ δῆμοι, πολυτρόποις ἀρεταῖς φαιδρυνθέντες, ἐκληρώσαντο μονάς, τὰς οὐρανίους χαίροντες· ἄλλην γὰρ ἄλλος πάντες, ταύτας ἀξίως ἐπλήρωσαν.

Θεοτοκίον.

Παρθενικῆς ἀπὸ γαστρός, τὸν ἐκ Θεοῦ Θεὸν Λόγον, ἀπεγέννησας ἡμῖν Θεομῆτορ· ὃν νεάνιδες ἁγναὶ θεοπρεπῶς ἐπόθησαν, καὶ σοῦ ὀπίσω πᾶσαι, τούτῳ σαφῶς ἠκολούθησαν.

### Ὠδὴ ς΄. Ἱλάσθητί μοι Σωτήρ.

Ὡς ἔντιμον ἐκλεκτόν, τεθέντα λίθον ἀκρόγωνον, οἱ ἅγιοι ἐν Σιών, εὑρόντες σε Δέσποτα, κρηπίδα ἀσάλευτον, ἐκλεκτοὺς ὡς λίθους, ἑαυτοὺς ἐπῳκοδόμησαν.

Νυγείσης σου τῆς πλευρᾶς, ῥανίδες αἵματος στάξασαι, σὺν ὕδατι θεουργῷ, τὸν κόσμον ἀνέπλασαν, καὶ θείαν ὁμήγυριν, τῶν ἁγίων πάντων, εὐεργέτα προσεκάλεσαν.

### Δόξα.

Ὑμνοῦμεν πανευσεβῶς, μαρτύρων νέφος τὸ ἔνθεον, τῇ χάριτι λαμπρυνθέν, καὶ λάμψαν φαιδρότερον, πορφύρᾳ τοῦ αἵματος, καὶ τῇ ἁλουργίδι, τῆς αὐτῶν στερρᾶς ἀθλήσεως.

### Καὶ νῦν. Θεοτοκίον.

Μητέρα παναληθῆ, Θεοῦ σε πάντες γινώσκομεν, δι᾽ ἧς φύσις γυναικῶν, ῥωσθεῖσα Πανάμωμε, Χριστοῦ ὑπερήθλησεν, ἀρετῆς τε πάσης, εὐσεβῶς γέγονεν ἔμπλεως.

### Τροπάριον τὸ Ἀναστάσιμον, καὶ τὸ παρὸν τῶν ἁγίων Πάντων. Ἦχος δ΄.

Τῶν ἐν ὅλῳ τῷ κόσμῳ μαρτύρων σου, ὡς προφύραν καὶ βύσσον τὰ αἵματα, ἡ ἐκκλησία σου στολισαμένη, δι᾽ αὐτῶν βοᾷ σοι Χριστὲ ὁ Θεός· τῷ λαῷ σου τοὺς οἰκτιρμούς σου κατάπεμψον, εἰρήνην τῇ πολιτείᾳ σου δώρησαι, καὶ ταῖς ψυχαῖς ἡμῶν τὸ μέγα ἔλεος.

### Κοντάκιον δέ, ἦχος πλ. δ΄.

Ὡς ἀπαρχὰς τῆς φύσεως, τῷ φυτουργῷ τῆς κτίσεως, ἡ οἰκουμένη προσφέρει σοι Κύριε, τοὺς θεοφόρους μάρτυρας· ταῖς αὐτῶν ἱκεσίαις ἐν εἰρήνῃ βαθείᾳ, τὴν ἐκκλησίαν σου, διὰ τῆς Θεοτόκου συντήρησον Πολυέλεε.

### Κοινωνικόν.

Αἰνεῖτε τὸν Κύριον ἐκ τῶν οὐρανῶν· ἀλληλούια.

Καὶ τό,

Εἰς μνημόσυνον αἰώνιον ἔσονται δίκαιοι· ἀλληλούια.

### Μεγαλυνάριον.

Ἔχοντες ἐξάρχουσαν τὴν ἁγνήν, νόες σὺν Προδρόμῳ, ἀποστόλων θεῖος χορός, προφητῶν μαρτύρων, ἱεραρχῶν ὁσίων, ὑπὲρ ἡμῶν τὸν κτίστην καθικετεύσατε.

## ΤΗ ΔΕΥΤΕΡΑ ΚΥΡΙΑΚΗ ΤΟΥ ΜΑΤΘΑΙΟΥ*

**Τῶν ὁσίων καὶ θεοφόρων πατέρων ἡμῶν τῶν ἐν τῷ ἁγιωνύμῳ ὄρει τοῦ Ἄθω διαλαμψάντων**

Εἰς τὴν Λειτουργίαν Τυπικά, οἱ μακαρισμοί, ἀναστάσιμα τοῦ α΄ ἤχου, καὶ ἐκ τοῦ κανόνος τῶν ὁσίων ᾠδὴ γ΄ καὶ ς΄, ἦχος πλ. δ΄.

### Ὠδὴ γ΄. Οὐρανίας ἁψῖδος.

Θεολόγον τὸν μέγαν, καὶ ἱερὸν ὄργανον, Πνεύματος Ἁγίου δειχθέντα, θεῖον Γρηγόριον, τὸν Παλαμᾶν ἀνυμνῶ, τῶν θεολόγων ἁπάντων, τὴν ὀρθὴν ἀνάπτυξιν, καὶ ἐπισφράγισμα.

Διονύσιον μέλπω, τὸν θαυμαστὸν ὅσιον, τῆς τοῦ βαπτιστοῦ Ἰωάννου, μονῆς δομήτορα, καὶ τὸν Δομέτιον, Διονυσίου τὸν φίλον, Πνεύματος χαρίσμασιν, ἀγλαϊζόμενον.

Διονύσιος ῥήτωρ, ὁ εὐκλεὴς ὅσιος, ὁ ἐν τῇ Μικρᾷ σεπτῇ Σκήτῃ, Ἄννης τῆς σώφρονος, λόγοις καὶ πράξεσιν, εὐαρεστήσας Κυρίῳ, ἀνυμνολογείσθω μοι, θείοις ἐν ᾄσμασι.

Θεοτοκίον.

Σὺ ὑπέσχου Παρθένε, προπολεμεῖν πάντοτε, πάντων τῶν ἐν τῷδε τῷ Ὄρει, ἀράντων πόλεμον, πρὸς τὸν πολέμιον, τὸν τοῖς βροτοῖς πολεμοῦντα· ὅθεν πλήρου Δέσποινα, τὴν σὴν ὑπόσχεσιν.

Ὠδὴ ς΄. Ἱλάσθητί μοι Σωτήρ.

Τῆς Λαύρας τὸ ἱερόν, θρέμμα τιμήσωμεν ᾄσμασι, τὸν ἄσαρκον ἐν σαρκί, θεοφόρον Μάξιμον, τὸν ἐκ θείου Πνεύματος, πλουσίαν τὴν χάριν, προφητείας εἰσδεξάμενον.

Νικόδημον τὸν σοφόν, τῆς νήσου Νάξου τὸ βλάστημα, τῆς ἐκκλησίας Χριστοῦ τὸν θεῖον διδάσκαλον, καὶ κλέος καὶ καύχημα, τοῦ Ἁγίου Ὄρους, κατὰ χρέος εὐφημήσωμεν.

Δόξα.

Διονυσίου Μονῆς, τὸ ἔξοχον ἐγκαλλώπισμα, ὑμνείσθω χρεωστικῶς, Νήφων ὁ θαυμάσιος, Κωνσταντινουπόλεως, ποιμὴν χρηματίσας, καὶ ὁσίων ἀκροθίνιον.

Καὶ νῦν. Θεοτοκίον.

Τὴν συμμαχίαν τὴν σήν, Θεογεννῆτορ δραξάμενοι, ὡς πανοπλίαν στερράν, οἱ τοῦ Ὄρους ὅσιοι, ἅπασαν κατέρραξαν, στρατιὰν δαιμόνων, καὶ βραβεῖα νίκης ἔλαβον.

Τροπάριον, τὸ ἀναστάσιμον.
Ἦχος α΄.

Τοῦ λίθου σφραγισθέντος ὑπὸ τῶν Ἰουδαίων, καὶ στρατιωτῶν φυλασσόντων τὸ ἄχραντόν σου σῶμα, ἀνέστης τριήμερος Σωτήρ, δωρούμενος τῷ κόσμῳ τὴν ζωήν· διὰ τοῦτο αἱ δυνάμεις τῶν οὐρανῶν ἐβόων σοι ζωοδότα· δόξα τῇ Ἀναστάσει σου Χριστέ, δόξα τῇ βασιλείᾳ σου, δόξα τῇ οἰκονομίᾳ σου, μόνε φιλάνθρωπε.

Τροπάριον τῶν ὁσίων.
Ἦχος ὁ αὐτός.
Τῆς ἐρήμου πολίτης.

Τοὺς τοῦ Ἄθω πατέρας καὶ ἀγγέλους ἐν σώματι, ὁμολογητὰς καὶ ὁσίους, ἱεράρχας καὶ μάρτυρας, τιμήσωμεν ἐν ὕμνοις καὶ ᾠδαῖς, μιμούμενοι αὐτῶν τὰς ἀρετάς, ἡ τοῦ Ὄρους πληθὺς πᾶσα τῶν μοναστῶν, κραυγάζοντες ὁμοφώνως· δόξα τῷ στεφανώσαντι ὑμᾶς, δόξα τῷ ἁγιάσαντι, δόξα τῷ ἐν κινδύνοις ἡμῶν, προστάτας δείξαντι.

Καὶ ἡ Ὑπακοή. Ἦχος ὁ αὐτός.

Ἡ τοῦ λῃστοῦ μετάνοια τὸν παράδεισον ἐσύλησεν· ὁ δὲ

ΣΕΠΤΕΜΒΡΙΟΣ

θρῆνος τῶν μυροφόρων τὴν χαρὰν ἐμήνυσεν· ὅτι ἀνέστης Χριστὲ ὁ Θεός, παρέχων τῷ κόσμῳ τὸ μέγα ἔλεος.

Κοντάκιον τῶν ὁσίων. Ἦχος δ΄.
Ὁ ὑψωθεὶς ἐν τῷ Σταυρῷ.

Τοὺς οὐρανώσαντας τὸ Ὄρος πατέρας, καὶ ὑποδείξαντας ἐν τούτῳ τὸν βίον, ἀγγέλων πολιτεύεσθαι καὶ πλήθη μοναχῶν, ἐν αὐτῷ συνάξαντας, ἀνευφημήσωμεν πάντες, πρὸς αὐτοὺς κραυγάζοντες· ἀπὸ πάσης ἀνάγκης, καὶ ἐπηρείας ῥύσασθε ἡμᾶς, πληθὺς ὁσίων, τοῦ Ἄθω τὸ καύχημα.

Καὶ τὸ κοντάκιον τῆς Θεοτόκου.
Ἦχος πλ. δ΄.

Τῇ ὑπερμάχῳ στρατηγῷ τὰ νικητήρια, ὡς λυτρωθεῖσα τῶν δεινῶν εὐχαριστήρια, ἀναγράφω σοι ἡ πόλις σου Θεοτόκε· ἀλλ' ὡς ἔχουσα τὸ κράτος ἀπροσμάχητον, ἐκ παντοίων με κινδύνων ἐλευθέρωσον· ἵνα κράζω σοι· Χαῖρε Νύμφη ἀνύμφευτε.

Κοινωνικόν.

Αἰνεῖτε τὸν Κύριον ἐκ τῶν οὐρανῶν. Καὶ τό· Εἰς μνημόσυνον αἰώνιον ἔσονται δίκαιοι.

## ΑΡΧΗ ΣΥΝ ΘΕῼ ΤΟΥ ΜΗΝΟΛΟΓΙΟΥ

ΜΗΝ ΣΕΠΤΕΜΒΡΙΟΣ

ΕΙΣ ΤΗΝ Α΄

Ἀρχὴ τῆς ἰνδίκτου, καὶ τοῦ ὁσίου Συμεὼν τοῦ Στυλίτου

Εἰς τὴν Λειτουργίαν, τὰ Τυπικά, καὶ ἐκ τοῦ κανόνος τῆς ἰνδίκτου ᾠδὴ γ΄, καὶ τοῦ ὁσίου ᾠδὴ ς΄.

Ὠδὴ γ΄. Ἦχος α΄.
Στερέωσόν με Χριστέ.

Στερέωσον ἀγαθέ, ἣν κατεφύτευσε πόθῳ, ἐπὶ τῆς γῆς ἡ δεξιά σου, κατάκαρπον ἄμπελον, φυλάττων σου τὴν ἐκκλησίαν Παντοδύναμε.

Ἐν ἔργοις πνευματικοῖς, θεοτερπέσι κομῶντας, τὸ ἐφεστὸς Κύριε ἔτος, διάγαγε Δέσποτα, τοὺς πίστει σε ὁμολογοῦντας Θεὸν τοῦ παντός.

Γαλήνιόν μοι Χριστέ, τὸν ἐνιαύσιον κύκλον, δίδου οἰκτίρμον, καὶ ἔμπλησόν με τῶν λόγων τῶν θείων σου, οὓς ὤφθης φάσκων Ἰουδαίοις ἐν σάββασιν.

Θεοτοκίον.

Ὡς μόνην ὑπερφυῶς, τὴν ὑπὲρ ἄνθρωπον χάριν, ἐν τῇ γαστρί σου δεξαμένην, ἀτρέπτως σκηνώσαντα, Χριστὸν τὸν Θεὸν ἡμῶν, ἀεί σε δοξάζομεν.

Καὶ τοῦ ὁσίου, ᾠδὴ ς΄. Ἦχος πλ. δ΄.

Χιτῶνά μοι παράσχου φωτεινόν.

Σημείων καὶ τεράτων σε Χριστός, αὐτουργὸν ἀνέδειξε, τῆς θείας μακάριε, ἐνεργείας δεδειχὼς ἐνδιαίτημα.

Ὑψώθη σου τὸ σῶμα Συμεών, ὡς σταυρῷ τῷ κίονι· διὸ συνδεδόξασαι, τῷ ἐν ξύλῳ διὰ σὲ ὑψωθέντι Χριστῷ.

### Δόξα.

Μετάρσιον πορείαν ἐφευρών, Συμεὼν θεσπέσιε, πρὸς ὕψος οὐράνιον, τοὺς ὑμνοῦντάς σε πιστῶς ἀνακόμιζε.

### Καὶ νῦν. Θεοτοκίον.

Ναόν σε τοῦ Θεοῦ καὶ κιβωτόν, καὶ παστάδα ἔμψυχον, καὶ πύλην οὐράνιον, Θεοτόκε οἱ πιστοὶ καταγγέλλομεν.

### Τροπάριον τῆς ἰνδίκτου. Ἦχος βʹ.

Ὁ πάσης δημιουργὸς τῆς κτίσεως, ὁ καιροὺς καὶ χρόνους ἐν τῇ ἰδίᾳ ἐξουσίᾳ θέμενος, εὐλόγησον τὸν στέφανον τοῦ ἐνιαυτοῦ, τῆς χρηστότητός σου Κύριε, φυλάττων ἐν εἰρήνῃ τοὺς βασιλεῖς καὶ τὴν πόλιν σου, πρεσβείαις τῆς Θεοτόκου, καὶ σῶσον ἡμᾶς.

### Καὶ τὸ παρὸν τῆς Θεοτόκου. Ἦχος βαρύς.

Χαῖρε κεχαριτωμένη Θεοτόκε Παρθένε, λιμὴν καὶ προστασία τοῦ γένους τῶν ἀνθρώπων· ἐκ σοῦ γὰρ ἐσαρκώθη ὁ Λυτρωτὴς τοῦ κόσμου· μόνη γὰρ ὑπάρχεις μήτηρ καὶ παρθένος, ἀεὶ εὐλογημένη καὶ δεδοξασμένη· πρέσβευε Χριστῷ τῷ Θεῷ, εἰρήνην δωρήσασθαι πάσῃ τῇ οἰκουμένῃ.

### Καὶ τοῦ ὁσίου. Ἦχος αʹ.

Ὑπομονῆς στῦλος γέγονας, ζηλώσας τοὺς προπάτορας ὅσιε, τὸν Ἰὼβ ἐν τοῖς πάθεσι, τὸν Ἰωσὴφ ἐν τοῖς πειρασμοῖς, καὶ τὴν τῶν ἀσωμάτων πολιτείαν, ὑπάρχων ἐν σώματι, Συμεὼν πατὴρ ἡμῶν ὅσιε· πρέσβευε Χριστῷ τῷ Θεῷ, σωθῆναι τὰς ψυχὰς ἡμῶν.

### Κοντάκιον τοῦ ὁσίου. Ἦχος βʹ. Αὐτόμελον.

Τὰ ἄνω ζητῶν, τοῖς κάτω συναπτόμενος, καὶ ἅρμα πυρὸς τὸν στῦλον ἐργασάμενος, δι' αὐτοῦ συνόμιλος τῶν ἀγγέλων γέγονας ὅσιε· σὺν αὐτοῖς Χριστῷ τῷ Θεῷ, πρεσβεύων ἀπαύστως ὑπὲρ πάντων ἡμῶν.

### Κοντάκιον τῆς ἰνδίκτου. Ἦχος δʹ. Ὁ ὑψωθεὶς ἐν τῷ σταυρῷ.

Ὁ τῶν αἰώνων ποιητὴς καὶ δεσπότης, Θεὲ τῶν ὅλων ὑπερούσιε ὄντως, τὴν ἐνιαύσιον εὐλόγησον περίοδον, σῴζων τῷ ἐλέει σου, τῷ ἀπείρῳ οἰκτίρμον, πάντας τοὺς λατρεύοντας σοὶ τῷ μόνῳ δεσπότῃ, καὶ ἐκβοῶντας φόβῳ λυτρωτά· εὔφορον πᾶσι τὸ ἔτος χορήγησον.

### Κοινωνικόν.

Εὐλόγησον τὸν στέφανον τοῦ ἐνιαυτοῦ τῆς χρηστότητός σου, Κύριε.

### Καί,

Εἰς μνημόσυνον αἰώνιον ἔσται δίκαιος· ἀλληλούια, ἀλληλούια, ἀλληλούια.

### Μεγαλυνάριον.

Ἔφριξαν φράγματα ζοφερά, πονηρῶν πνευμάτων, τῶν

ἀγώνων σου τῶν φρικτῶν, πάτερ φρυκτωρίας· ἐτέφρωσας γὰρ τούτων, τὰς ἀμυδρὰς ἐνέδρας, Συμεὼν ἔνδοξε.

### ΕΙΣ ΤΑΣ ϛ´

Ἡ ἀνάμνησις τοῦ γενομένου θαύματος ἐν Κολασσαῖς, ἤτοι ἐν Χώναις, παρὰ τοῦ ἀρχαγγέλου Μιχαήλ

Εἰς τὴν Λειτουργίαν, Τυπικά, καὶ ἐκ τῶν κανόνων τοῦ ἀρχαγγέλου, ᾠδὴ γ´ καὶ ϛ´.

### ᾨδὴ γ´. Ἦχος δ´.
Οὐκ ἐν σοφίᾳ, καὶ δυνάμει.

Ῥώμῃ τῇ θείᾳ, στρατηγὲ τῶν ἀγγέλων πανεύφημε, περιέρχῃ πᾶσαν γῆν, δεινῶν ἡμᾶς ἐξαιρούμενος, τοὺς προσκαλουμένους σου τὸ θεῖον ὄνομα.

Ὡς θεῖος κῆρυξ, ὡς προστάτης πιστῶν ἀκαταίσχυντος, πλανωμένων ὁδηγός, καὶ παιδευτὴς ἐχρημάτισας, Θεοῦ ἀρχιστράτηγε, θεοειδέστατε.

Τοῦ θείου φέγγους, καθαρώτατον ἔσοπτρον πέφηνας, τὰς ἐμφάσεις τοῦ σεπτοῦ, λαμπρῶς δεχόμενος Πνεύματος, Μιχαὴλ πρωτάγγελε, ἀξιοθαύμαστε.

### Θεοτοκίον.

Ὁ τοὺς ἀΰλους, συστησάμενος νόας βουλήματι, τῇ ἐνύλῳ σου γαστρί, οἰκεῖ βουλήσει Πανάμωμε, σαρκὶ καθορώμενον, ὁ ἀναμάρτητος.

### ᾨδὴ ϛ´.
Ζάλη με λογισμῶν καταλαβοῦσαι.

Τοὺς πάλαι βουληθέντας ἀφανίσαι, ποταμίοις ῥεύμασι, τὸ ὕδωρ τῆς εὐλογίας, ὃ παρέσχες ἀρχάγγελε πιστοῖς, ἀπέδειξας ἀπράκτους, ἐπιστασίᾳ φρικώδει σου.

Πάλαι μὲν Μωϋσῆς ἔπληξε πέτραν, καὶ ἐρρύη ὕδατα· νῦν δέ σου ῥήξαντος πέτραν, κατεπόθησαν ῥεῖθρα ποταμῶν, εἰσέτι μαρτυροῦντα, τὸ θαῦμα θεῖε ἀρχάγγελε.

### Δόξα.

Τὸ εἶδος, καὶ ἡ φύσις σου πυρίνη, πιστοὺς μὲν φωτίζουσα, φλογίζουσα δὲ ἀπίστους, ἀρχιστράτηγε θείων λειτουργῶν, προστάτα τῶν ἐν πίστει, εἰλικρινεῖ εὐφημούντων σε.

### Καὶ νῦν. Θεοτοκίον.

Τόμον σε προεώρα ὁ προφήτης, ἐν ᾧ Λόγος γέγραπται, δακτύλῳ Πατρὸς Παρθένε· ὃν ἱκέτευε βίβλῳ τῆς ζωῆς, ἡμᾶς καταγραφῆναι, τοὺς εὐσεβῶς σε δοξάζοντας.

### Τροπάριον. Ἦχος δ´.

Τῶν οὐρανίων στρατιῶν ἀρχιστράτηγε, δυσωποῦμέν σε ἀεὶ ἡμεῖς οἱ ἀνάξιοι, ἵνα ταῖς σαῖς δεήσεσι τειχίσῃς ἡμᾶς, σκέπῃ τῶν πτερύγων τῆς ἀΰλου σου δόξης, φρουρῶν ἡμᾶς προσπίπτοντας, ἐκτενῶς καὶ βοῶντας· ἐκ τῶν κινδύνων λύτρωσαι ἡμᾶς, ὡς ταξιάρχης τῶν ἄνω δυνάμεων.

### Κοντάκιον. Ἦχος β΄.
### Τοὺς ἀσφαλεῖς.

Ὁ τῇ Τριάδι παρεστὼς ὁλόφωτος, μετὰ πασῶν ἐπουρανίων τάξεων, καὶ τὸ ἔνθεον μελῴδημα, σὺν αὐταῖς ἀναφωνῶν σοφὲ Μιχαήλ, καὶ τὴν γῆν θείᾳ νεύσει διερχόμενος, καὶ τέρασι μεγίστοις θαυμαζόμενος, μὴ παύσῃ πρεσβεύων ὑπὲρ πάντων ἡμῶν.

### Ἕτερον. Ἦχος ὁ αὐτός.

Ἀρχιστράτηγε Θεοῦ, λειτουργὲ θείας δόξης, τῶν ἀνθρώπων ὁδηγέ, καὶ ἀρχηγὲ ἀσωμάτων, τὸ συμφέρον ἡμῖν πρέσβευε, καὶ τὸ μέγα ἔλεος, ὡς τῶν ἀσωμάτων ἀρχιστράτηγος.

### Κοινωνικόν.

Ὁ ποιῶν τοὺς ἀγγέλους αὐτοῦ πνεύματα, καὶ τοὺς λειτουργοὺς αὐτοῦ πυρὸς φλόγα.

### Μεγαλυνάριον.

Πρῶτος ὡς ὑπάρχων τῆς στρατιᾶς, τῆς ἐπουρανίου, ἀρχιστράτηγε Μιχαήλ, πάρεσο προστάτα, πάντων ἡμῶν ἐν μέσῳ, τῶν πίστει τε καὶ πόθῳ, ἀνευφημούντων σε.

### ΕΙΣ ΤΑΣ Ζ΄

### Προεόρτια τῆς γεννήσεως τῆς Ὑπεραγίας Θεοτόκου

Εἰς τὴν Λειτουργίαν, Τυπικά, καὶ ἐκ τοῦ κανόνος τῶν προεορτίων, ᾠδὴ γ΄ καὶ ς΄.

### Ὠδὴ γ΄. Ἦχος δ΄.
### Ὅτι στεῖρα ἔτεκεν ἡ ἐξ ἐθνῶν ἐκκλησία.

Ἡ γῆ ἡ κατάκαρπος ἐκ γῆς ἀκάρπου γεννᾶται· ἥτις καρπογονήσει τὸν γεωργὸν τῶν ἀγαθῶν, καὶ ζωηφόρον ἄσταχυν, τὸν τρέφοντα πάντα θείῳ νεύματι.

Σήμερον ἐβλάστησε τῆς παρθενίας ἡ ῥάβδος· ἐξ ἧς ἀνθήσει ἄνθος ὁ φυτουργὸς ἡμῶν Θεός, τὰ πονηρὰ βλαστήματα, ἀποτέμνων ἄκρᾳ ἀγαθότητι.

Ἴδε τὸ ἀλάξευτον ὄρος ἐκ πέτρας ἀγόνου, ἀποτεχθέν, τὸν λίθον καρπογονεῖ τὸν νοητόν· ὃς συντριβὴν ἐργάσεται, τῶν ξοάνων πάντων τοῦ ἀλάστορος.

Νόμου προχαράγματα σὲ προεδήλωσαν κόρη· τὸν νομοδότην σὺ γάρ, νομίμων δίχα ἐν γαστρί, κυοφορεῖς τηροῦντά σε, ὑπὲρ λόγον ἄφθορον ἀμίαντον.

### Ὠδὴ ς΄. Τὴν θείαν ταύτην καὶ πάντιμον.

Ἐτέχθη σήμερον γέφυρα, μετάγουσα πρὸς φῶς τὸ ἀνθρώπινον· κλῖμαξ οὐράνιος, ὄρος Θεοῦ ἐμφανέστατον, ἡ Θεοτόκος κόρη, ἣν μακαρίσωμεν.

Ὁ κόχλος Ἄννα προήγαγε, πορφύραν τὴν τὸ ἔριον βάψασαν, τῆς σωματώσεως, τοῦ βασιλέως εἰς ὕστερον· ἣν ἐπαξίως πάντες ὑμνολογήσωμεν.

### Δόξα.

Πηγὴ νυνὶ προελήλυθε, ρανίδος ἐκ μικρᾶς ἡ Πανάμωμος, ἥτις τὴν ἄβυσσον, τῆς σωτηρίας κυήσασα, πολυθεΐας παύει ἄπειρα ρεύματα.

### Καὶ νῦν. Θεοτοκίον.

Ἀκάρπου ρίζης ἐβλάστησας, καὶ πρόρριζον κακίας τὴν ἄκανθαν, τῷ ὑπὲρ φύσιν σου, θείῳ βλαστῷ ἐναπέτεμες, Θεογεννῆτορ κόρη ἀειμακάριστε.

### Τροπάριον. Ἦχος δ΄.

Ἐκ τῆς ρίζης Ἰεσσαί, καὶ ἐξ ὀσφύος τοῦ Δαυΐδ, ἡ θεόπαις Μαριάμ, τίκτεται σήμερον ἡμῖν· διὸ καὶ χαίρει ἡ σύμπασα καὶ καινουργεῖται· συγχάρητε ὁμοῦ, ὁ οὐρανὸς καὶ ἡ γῆ· αἰνέσατε αὐτὴν αἱ πατριαὶ τῶν ἐθνῶν. Ἰωακεὶμ εὐφραίνεται, καὶ Ἄννα πανηγυρίζει κραυγάζουσα· ἡ στεῖρα τίκτει τὴν Θεοτόκον, καὶ τροφὸν τῆς ζωῆς ἡμῶν.

### Κοντάκιον. Ἦχος δ΄.
### Ἡ παρθένος σήμερον.

Ἡ παρθένος σήμερον, καὶ Θεοτόκος Μαρία, ἡ παστὰς ἡ ἄλυτος τοῦ οὐρανίου Νυμφίου, τίκτεται ἀπὸ τῆς στείρας θεοβουλήτως, ὄχημα τοῦ Θεοῦ Λόγου εὐτρεπισθῆναι· εἰς τοῦτο γὰρ καὶ προωρίσθη, ἡ θεία πύλη, καὶ μήτηρ τῆς ὄντως ζωῆς.

### ΕΙΣ ΤΑΣ Η΄

### Τὸ γενέσιον τῆς ὑπεραγίας δεσποίνης ἡμῶν Θεοτόκου

Εἰς τὴν Λειτουργίαν, τὰ Τυπικά, καὶ ἐκ τῶν κανόνων, ᾠδὴ γ΄ καὶ ς΄, ἢ τὰ ἀντίφωνα.

### ΑΝΤΙΦΩΝΟΝ Α΄.

Στίχ. α΄. Μνήσθητι Κύριε τοῦ Δαυΐδ, καὶ πάσης τῆς πραότητος αὐτοῦ.

Ταῖς πρεσβείαις τῆς Θεοτόκου, Σῶτερ, σῶσον ἡμᾶς.

Στίχ. β΄. Ἰδοὺ ἠκούσαμεν αὐτὴν ἐν Ἐφραθᾶ, εὕρομεν αὐτὴν ἐν τοῖς πεδίοις τοῦ δρυμοῦ.

Ταῖς πρεσβείαις τῆς Θεοτόκου, Σῶτερ, σῶσον ἡμᾶς.

Στίχ. γ΄. Δεδοξασμένα ἐλαλήθη περὶ σοῦ, ἡ πόλις τοῦ Θεοῦ.

Ταῖς πρεσβείαις τῆς Θεοτόκου, Σῶτερ, σῶσον ἡμᾶς.

Στίχ. δ΄. Ὁ Θεὸς ἐν μέσῳ αὐτῆς, καὶ οὐ σαλευθήσεται.

Ταῖς πρεσβείαις τῆς Θεοτόκου, Σῶτερ, σῶσον ἡμᾶς.

Δόξα, Καὶ νῦν.

Ταῖς πρεσβείαις τῆς Θεοτόκου, Σῶτερ, σῶσον ἡμᾶς.

### ΑΝΤΙΦΩΝΟΝ Β΄.

Στίχ. α΄. Ὤμοσε Κύριος τῷ Δαυΐδ ἀλήθειαν, καὶ οὐ μὴ ἀθετήσει αὐτήν.

Σῶσον ἡμᾶς, Υἱὲ Θεοῦ, ὁ ἐν ἁγίοις θαυμαστός, ψάλλοντάς σοι· Ἀλληλούια.

Στίχ. β΄. Ἐκ καρποῦ τῆς κοιλίας σου θήσομαι ἐπὶ τοῦ θρόνου σου.

Σῶσον ἡμᾶς, Υἱὲ Θεοῦ, ὁ ἐν ἁγίοις θαυμαστός, ψάλλοντάς σοι· Ἀλληλούια.

Στίχ. γ΄. Ἐκεῖ ἐξανατελῶ κέρας τῷ Δαυΐδ, ἡτοίμασα λύχνον τῷ χριστῷ μου.

Σῶσον ἡμᾶς, Υἱὲ Θεοῦ, ὁ ἐν ἁγίοις θαυμαστός, ψάλλοντάς σοι· Ἀλληλούια.

Στίχ. δ΄. Ὅτι ἐξελέξατο Κύριος τὴν Σιών, ᾑρετίσατο αὐτὴν εἰς κατοικίαν ἑαυτῷ.

Σῶσον ἡμᾶς, Υἱὲ Θεοῦ, ὁ ἐν ἁγίοις θαυμαστός, ψάλλοντάς σοι· Ἀλληλούια.

Δόξα Πατρὶ καὶ Υἱῷ καὶ ἁγίῳ Πνεύματι· καὶ νῦν καὶ ἀεὶ καὶ εἰς τοὺς αἰῶνας τῶν αἰώνων. Ἀμήν.

Ὁ Μονογενὴς Υἱὸς καὶ Λόγος τοῦ Θεοῦ ἀθάνατος ὑπάρχων, καὶ καταδεξάμενος διὰ τὴν ἡμετέραν σωτηρίαν, σαρκωθῆναι ἐκ τῆς ἁγίας Θεοτόκου καὶ ἀειπαρθένου Μαρίας, ἀτρέπτως ἐνανθρωπήσας, σταυρωθείς τε Χριστὲ ὁ Θεός, θανάτῳ θάνατον πατήσας, εἷς ὢν τῆς Ἁγίας Τριάδος, συνδοξαζόμενος τῷ Πατρὶ καὶ τῷ Ἁγίῳ Πνεύματι, σῶσον ἡμᾶς.

## ΑΝΤΙΦΩΝΟΝ Γ΄.
### Ἦχος δ΄.

Στίχ. α΄. Ὧδε κατοικήσω, ὅτι ᾑρετισάμην αὐτήν.

Ἡ γέννησίς σου Θεοτόκε, χαρὰν ἐμήνυσε πάσῃ τῇ οἰκουμένῃ· ἐκ σοῦ γὰρ ἀνέτειλεν ὁ ἥλιος τῆς δικαιοσύνης, Χριστὸς ὁ Θεὸς ἡμῶν· καὶ λύσας τὴν κατάραν, ἔδωκε τὴν εὐλογίαν· καὶ καταργήσας τὸν θάνατον, ἐδωρήσατο ἡμῖν, ζωὴν τὴν αἰώνιον.

Στίχ. β΄. Ἡγίασε τὸ σκήνωμα αὐτοῦ ὁ Ὕψιστος.

Ἡ γέννησίς σου, Θεοτόκε...

Στίχ. γ΄. Ἅγιος ὁ ναός σου, θαυμαστὸς ἐν δικαιοσύνῃ.

Ἡ γέννησίς σου, Θεοτόκε...

### Εἰσοδικόν.

Δεῦτε προσκυνήσωμεν καὶ προσπέσωμεν Χριστῷ· Σῶσον ἡμᾶς, Υἱὲ Θεοῦ, ὁ ἐν ἁγίοις θαυμαστός, ψάλλοντάς σοι· Ἀλληλούια.

### Ὠδὴ γ΄. Ἦχος β΄.
### Στερέωσον ἡμᾶς ἐν σοί, Κύριε.

Ἀμέμπτως τῷ Θεῷ πολιτευσάμενοι, τὴν πάντων ἐκύησαν σωτηρίαν, οἱ θεόφρονες γεννήτορες, τῆς τὸν κτίστην τεκούσης καὶ Θεὸν ἡμῶν. Δίς.

Ὁ πᾶσι τὴν ζωὴν πηγάζων Κύριος, ἐκ στείρας προήγαγε τὴν Παρθένον· ἣν εἰσδῦναι κατηξίωσε, μετὰ τόκον φυλάξας ἀδιάφθορον.

Τῆς Ἄννης τὸν καρπὸν Μαρίαν σήμερον, τὴν βότρυν κυήσασαν ζωηφόρον, ὡς Θεοτόκον ἀνυμνήσωμεν, προστασίαν τε πάντων καὶ βοήθειαν.

### Ὠδὴ ς΄. Ἦχος πλ. δ΄.
### Ὡς ὕδατα θαλάσσης, φιλάνθρωπε.

Ὑμνοῦμεν τὴν ἁγίαν σου γέννησιν, τιμῶμεν καὶ τὴν ἄσπορον σύλληψιν, σοῦ νύμφη θεόνυμφε καὶ Παρθένε· σκιρτῶσι δὲ σὺν ἡμῖν ἀγγέλων τάξεις, καὶ τῶν ἁγίων ψυχαί.

Ἁγίαν τῶν ἁγίων ὑπάρχουσαν, οἱ σώφρονες πατέρες σου ἄχραντε, ἀνέθεντό σε ἐν οἴκῳ Κυρίου, ἀνατραφῆναι σεμνῶς, καὶ εἰς μητέρα ἑτοιμασθῆναι αὐτῷ.

### Δόξα.

Ἐν σοὶ τὸ τῆς Τριάδος μυστήριον, ὑμνεῖται καὶ δοξάζεται ἄχραντε· Πατὴρ γὰρ ηὐδόκησε, καὶ ὁ Λόγος ἐσκήνωσεν ἐν ὑμῖν, καὶ θεῖον Πνεῦμα σοὶ ἐπεσκίασε.

### Καὶ νῦν.

Χρυσοῦν θυμιατήριον γέγονας· τὸ πῦρ γὰρ ἐν γαστρί σου ἐσκήνωσεν, ὁ Λόγος ἐκ Πνεύματος τοῦ Ἁγίου· καὶ ἐν ἀνθρώπου μορφῇ ὡράθη, Θεογεννῆτορ Ἁγνή.

### Τροπάριον. Ἦχος δ΄.

Ἡ γέννησίς σου Θεοτόκε, χαρὰν ἐμήνυσε πάσῃ τῇ οἰκουμένῃ· ἐκ σοῦ γὰρ ἀνέτειλεν ὁ ἥλιος τῆς δικαιοσύνης, Χριστὸς ὁ Θεὸς ἡμῶν· καὶ λύσας τὴν κατάραν, ἔδωκε τὴν εὐλογίαν· καὶ καταργήσας τὸν θάνατον, ἐδωρήσατο ἡμῖν, ζωὴν τὴν αἰώνιον.

### Κοντάκιον. Ἦχος ὁ αὐτός.

Ἰωακεὶμ καὶ Ἄννα ὀνειδισμοῦ ἀτεκνίας, καὶ Ἀδὰμ καὶ Εὕα ἐκ τῆς φθορᾶς τοῦ θανάτου, ἠλευθερώθησαν ἄχραντε, ἐν τῇ ἁγίᾳ γεννήσει σου· αὐτὴν ἑορτάζει καὶ ὁ λαός σου, ἐνοχῆς τῶν πταισμάτων, λυτρωθεὶς ἐν τῷ κράζειν σοι· ἡ στεῖρα τίκτει τὴν Θεοτόκον, καὶ τροφὸν τῆς ζωῆς ἡμῶν.

### Ἀντὶ τοῦ Ἄξιον ἐστίν, ἦχος πλ. δ΄.

Ἀλλότριον τῶν μητέρων ἡ παρθενία, καὶ ξένον ταῖς παρθένοις ἡ παιδοποιία· ἐπὶ σοὶ Θεοτόκε, ἀμφότερα ᾠκονομήθη· διό σε πᾶσαι αἱ φυλαὶ τῆς γῆς, ἀπαύστως μακαρίζομεν.

### Κοινωνικόν.

Ποτήριον σωτηρίου λήψομαι, καὶ τὸ ὄνομα Κυρίου ἐπικαλέσομαι.

### Μεγαλυνάριον.

Ἐκ πασῶν Παρθένε τῶν γενεῶν, ἡ προεκλεχθεῖσα εἰς κατοίκησιν τῷ Θεῷ, σήμερον τεχθεῖσα, χαρὰν τῷ κόσμῳ φέρεις· αἱ γενεαὶ δὲ πᾶσαι, σὲ μακαρίζουσιν.

### Ἕτερον.

Χαῖρε θεῖον στῖφος τῶν προφητῶν· ἄρχεται γὰρ ἄρτι, τῶν σῶν λόγων ἡ ἔκβασις, ὅτι Θεὸν τέξει ἀπείρανδρος Παρθένος· σήμερον γὰρ ἐτέχθη ἡ Μητροπάρθενος.

### ΕΙΣ ΤΑΣ Θ΄

Τῶν ἁγίων καὶ δικαίων θεοπατόρων Ἰωακεὶμ καὶ Ἄννης

Εἰς τὴν Λειτουργίαν Τυπικά, καὶ ἐκ τοῦ κανόνος τῆς ἑορτῆς ᾠδὴ γ΄ καὶ τῶν δικαίων ᾠδὴ ς΄.

### Ὠδὴ ϛ΄. Ἦχος β΄.
### Ἐν ἀβύσσῳ πταισμάτων.

Γονιμώτατον σπόρον ἡ στεῖρα τὸ πρίν, Ἄννα δεξαμένη ἐκ θείας ἐλλάμψεως, παῖδα τεκεῖν ἠξίωται, τὴν τῶν πάντων κτισμάτων δεσπόζουσαν.

Νῦν ἡ στεῖρα γεννῶσα βουλήσει Θεοῦ, πείθει παραδέχεσθαι Παρθένον τίκτουσαν, ἄνευ σαρκὸς θελήματος, τὸν αὐτὸν βουληθέντα Θεὸν ἐμφανῶς.

### Δόξα.

Ἐλλαμφθεὶς Ἡσαΐας τῷ Πνεύματι, τοῦ Ἰωακεὶμ καὶ τῆς Ἄννης τὸ κύημα, τόμον καιρὸν ἑώρακεν, ᾧ ἐγράφη ὁ Λόγος σαρκούμενος.

### Καὶ νῦν. Θεοτοκίον.

Μυστηρίου προτρέχει μυστήριον· πρὶν γὰρ ἡ στειρεύουσα χάρις γεγέννηκε, τῆς σωτηρίας πρόξενον, παρθενίας γεννήσει φανεῖσαν ἡμῖν.

### Τροπάριον. Ἦχος β΄.

Τῶν δικαίων θεοπατόρων σου Κύριε, τὴν μνήμην ἑορτάζοντες, δι' αὐτῶν σε δυσωποῦμεν, σῶσον τὰς ψυχὰς ἡμῶν.

### Κοντάκιον. Ἦχος ὁ αὐτός.
### Τὰ ἄνω ζητῶν.

Εὐφραίνεται νῦν, ἡ Ἄννα τῆς στειρώσεως, λυθεῖσα δεσμῶν, καὶ τρέφει τὴν πανάχραντον, συγκαλοῦσα ἅπαντας, ἀνυμνῆσαι τὸν δωρησάμενον, ἐκ νηδύος αὐτῆς τοῖς βροτοῖς, τὴν μόνην μητέρα καὶ ἀπείρανδρον.

### Κοινωνικόν.

Ἀγαλλιᾶσθε δίκαιοι ἐν Κυρίῳ· τοῖς εὐθέσι πρέπει αἴνεσις.

### Μεγαλυνάριον.

Τὸ λαμπρὸν τῆς δόξης ὡράισμα, τὸ τῆς παρθενίας, ἔφυ θεῖον ἀπάνθισμα, νῦν τῶν δικαίων Ἰωακεὶμ καὶ Ἄννης, ἡ πανάγνος Μαρία, ἣν μεγαλύνομεν.

## ΕΙΣ ΤΑΣ ΙΓ΄

Προεόρτια τῆς ὑψώσεως τοῦ τιμίου Σταυροῦ, καὶ τὰ ἐγκαίνια τοῦ ναοῦ τῆς Χριστοῦ Ἀναστάσεως

Εἰς τὴν Λειτουργίαν Τυπικά, καὶ ἐκ τοῦ κανόνος τῶν προεορτίων ᾠδὴ γ΄ καὶ τῶν ἐγκαινίων ᾠδὴ ϛ΄.

### Ὠδὴ γ΄. Ἦχος δ΄.
### Οὐκ ἐν σοφίᾳ καὶ δυνάμει.

Δόξαν Χριστοῦ σε, χρηματίσαντα πίστει δοξάζομεν, δοξαζόμενοι ταῖς σαῖς, δεδοξασμένε Κυρίου Σταυρέ, σεπταῖς περιπτύξεσι, καὶ φωτιζόμενοι.

Ἐν εὐφροσύνῃ, προσελθόντες πιστοὶ ἀρυσώμεθα, ὡς ἐκ κρήνης καθαρᾶς, τοῦ Σταυροῦ ἀείζωα νάματα, καὶ διασῳζόμενοι, Θεὸν ὑμνήσωμεν.

Ζωὴ ὑπάρχων, Ἰησοῦς κρεμασθεὶς τεθανάτωται, ἐπὶ ξύλου τοῦ Σταυροῦ· ὃν νῦν πιστῶς προσπτυσσόμενοι, πάθη ἀποφεύγομεν, θανάτου πρόξενα.

### Θεοτοκίον.

Ἐπιφανεῖσα, τῆς ψυχῆς μου τὸ σκότος ἀπέλασον, ἁμαρτίας τὰς σειράς, ἁγνὴ Παρθένε διάρρηξον· σῶσόν με κυήσασα, τὸν πανοικτίρμονα.

### Ὠδὴ ς΄. Θύσω σοι, μετὰ φωνῆς.

Τοῦ κάλλους, ὁ βασιλεὺς Χριστὸς ἐπεθύμησε, νῦν τῆς σεπτῆς ἐκκλησίας· καὶ ἐθνῶν μητέρα ἀπέδειξεν, ἐκ δουλείας, υἱοθετουμένων διὰ τοῦ Πνεύματος.

Φρίττουσι, τῶν δυσμενῶν δαιμόνων αἱ φάλλαγες, τὴν τοῦ Χριστοῦ ἐκκλησίαν, τοῦ Σταυροῦ τῷ τύπῳ σημειουμένην, καὶ σκιάζει, ἁγιαστικὴ τοῦ Πνεύματος ἔλλαμψις.

### Δόξα.

Οὐ ψάμμον, ἀλλὰ Χριστὸν θεμέλιον ἔχουσα, ἡ ἐξ ἐθνῶν ἐκκλησία, στεφανοῦται κάλλει τῷ ἀπροσίτῳ, καὶ διαδήματι, τῆς βασιλείας ἐγκαλλωπίζεται.

### Καὶ νῦν. Θεοτοκίον.

Ὢ θαῦμα, τῶν ἁπάντων θαυμάτων καινότερον· ὅτι παρθένος ἐν μήτρᾳ, τὸν τὰ σύμπαντα περιέποντα, ἀπειράνδρως συλλαβοῦσα, οὐκ ἐστενοχώρησε.

### Τροπάριον. Ἦχος δ΄.

Ὡς τοῦ ἄνω στερεώματος τὴν εὐπρέπειαν, καὶ τὴν κάτω συναπέδειξας ὡραιότητα, τοῦ ἁγίου σκηνώματος τῆς δόξης σου Κύριε· κραταίωσον αὐτὸ εἰς αἰῶνα αἰῶνος· καὶ πρόσδεξαι ἡμῶν, τὰς ἐν αὐτῷ ἀπαύστως προσαγομένας σοι δεήσεις, πρεσβείαις τῆς Θεοτόκου, ἡ πάντων ζωὴ καὶ ἀνάστασις.

### Ἕτερον. Ἦχος β΄.

Τὸν ζωοποιὸν Σταυρὸν τῆς σῆς ἀγαθότητος, ὃν ἐδωρήσω ἡμῖν τοῖς ἀναξίοις Κύριε, σοὶ προσάγομεν εἰς πρεσβείαν· σῷζε τοὺς βασιλεῖς καὶ τὴν πόλιν σου, ἱκετεύοντας διὰ τῆς Θεοτόκου, μόνε φιλάνθρωπε.

### Κοντάκιον. Ἦχος δ΄. Ἐπεφάνης σήμερον.

Οὐρανὸς πολύφωτος ἡ ἐκκλησία, ἀνεδείχθη ἅπαντας, φωταγωγοῦσα τοὺς πιστούς, ἐν ᾧ ἑστῶτες κραυγάζομεν· τοῦτον τὸν οἶκον, στερέωσον Κύριε.

### Κοινωνικόν.

Αἰνεῖτε τὸν Κύριον ἐκ τῶν οὐρανῶν. Καὶ εἰ βούλει, καὶ τὸ παρόν· Κύριε ἠγάπησα εὐπρέπειαν οἴκου σου, καὶ τόπον σκηνώματος δόξης σου.

### Μεγαλυνάριον.

Τοὺς τετειχισμένους τῷ σῷ Σταυρῷ, καὶ ἐγκαυχωμένους, τοῖς παθήμασί σου Σωτήρ, στήριξον ἐν πέτρᾳ τῶν ἐντολῶν σου Λόγε, ἀξίους ἀναδείξας τῆς βασιλείας σου.

### ΕΙΣ ΤΑΣ ΙΔ΄.

Ἡ παγκόσμιος ὕψωσις τοῦ τιμίου καὶ ζωοποιοῦ Σταυροῦ.
Εἰς τὴν Λειτουργίαν, λέγομεν τὰ

παρόντα Ἀντίφωνα.

### ΑΝΤΙΦΩΝΟΝ Α΄. Ἦχος α΄.

Στίχ. α΄. Ὁ Θεὸς ὁ Θεός μου, πρόσχες μοι, ἵνα τί ἐγκατέλιπές με;

Ταῖς πρεσβείαις τῆς Θεοτόκου, Σῶτερ, σῶσον ἡμᾶς.

Στίχ. β΄. Μακρὰν ἀπὸ τῆς σωτηρίας μου οἱ λόγοι τῶν παραπτωμάτων μου.

Ταῖς πρεσβείαις τῆς Θεοτόκου, Σῶτερ, σῶσον ἡμᾶς.

Στίχ. γ΄. Ὁ Θεός μου, κεκράξομαι ἡμέρας, καὶ οὐκ εἰσακούσῃ.

Ταῖς πρεσβείαις τῆς Θεοτόκου, Σῶτερ, σῶσον ἡμᾶς.

Στίχ. δ΄. Σὺ δὲ ἐν ἁγίῳ κατοικεῖς ὁ ἔπαινος τοῦ Ἰσραήλ.

Ταῖς πρεσβείαις τῆς Θεοτόκου, Σῶτερ, σῶσον ἡμᾶς.

Δόξα.

Ταῖς πρεσβείαις τῆς Θεοτόκου, Σῶτερ, σῶσον ἡμᾶς.

Καὶ νῦν.

Ταῖς πρεσβείαις τῆς Θεοτόκου, Σῶτερ, σῶσον ἡμᾶς.

### ΑΝΤΙΦΩΝΟΝ Β΄. Ἦχος β΄.

Στίχ. α΄. Ἵνα τί ὁ Θεὸς ἀπώσω εἰς τέλος;

Σῶσον ἡμᾶς, Υἱὲ Θεοῦ, ὁ σαρκὶ σταυρωθείς, ψάλλοντάς σοι, Ἀλληλούια.

Στίχ. β΄. Μνήσθητι τῆς συναγωγῆς σου, ἧς ἐκτήσω ἀπ᾽ ἀρχῆς.

Σῶσον ἡμᾶς, Υἱὲ Θεοῦ, ὁ σαρκὶ σταυρωθείς, ψάλλοντάς σοι, Ἀλληλούια.

Στίχ. γ΄. Ὄρος Σιὼν τοῦτο, ὃ κατεσκήνωσας ἐν αὐτῷ.

Σῶσον ἡμᾶς, Υἱὲ Θεοῦ, ὁ σαρκὶ σταυρωθείς, ψάλλοντάς σοι, Ἀλληλούια.

Στίχ. δ΄. Ὁ δὲ Θεὸς βασιλεὺς ἡμῶν πρὸ αἰώνων, εἰργάσατο σωτηρίαν ἐν μέσῳ τῆς γῆς.

Σῶσον ἡμᾶς, Υἱὲ Θεοῦ, ὁ σαρκὶ σταυρωθείς, ψάλλοντάς σοι, Ἀλληλούια.

Δόξα Πατρὶ καὶ Υἱῷ καὶ ἁγίῳ Πνεύματι.

Σῶσον ἡμᾶς, Υἱὲ Θεοῦ, ὁ σαρκὶ σταυρωθείς, ψάλλοντάς σοι, Ἀλληλούια.

Καὶ νῦν, καὶ ἀεί, καὶ εἰς τοὺς αἰῶνας τῶν αἰώνων. Ἀμήν.

Ὁ Μονογενὴς Υἱὸς καὶ Λόγος τοῦ Θεοῦ ἀθάνατος ὑπάρχων, καὶ καταδεξάμενος διὰ τὴν ἡμετέραν σωτηρίαν, σαρκωθῆναι ἐκ τῆς ἁγίας Θεοτόκου καὶ ἀειπαρθένου Μαρίας, ἀτρέπτως ἐνανθρωπήσας, σταυρωθείς τε Χριστὲ ὁ Θεός, θανάτῳ θάνατον πατήσας, εἷς ὢν τῆς Ἁγίας Τριάδος, συνδοξαζόμενος τῷ Πατρὶ καὶ τῷ Ἁγίῳ Πνεύματι, σῶσον ἡμᾶς.

### ΑΝΤΙΦΩΝΟΝ Γ΄. Ἦχος α΄.

Στίχ. α΄. Ὁ Κύριος ἐβασίλευσεν, ὀργιζέσθωσαν λαοί· ὁ καθήμενος ἐπὶ τῶν χερουβίμ, σαλευθήτω ἡ γῆ.

Σῶσον Κύριε τὸν λαόν σου, καὶ εὐλόγησον τὴν κληρονομίαν σου, νίκας τοῖς βασιλεῦσι κατὰ βαρβάρων δωρούμενος, καὶ τὸ σὸν φυλάττων, διὰ τοῦ Σταυροῦ σου πολίτευμα.

Στίχ. β΄. Κύριος ἐν Σιὼν μέγας, καὶ ὑψηλός ἐστιν ἐπὶ πάντας τοὺς λαούς.

Σῶσον, Κύριε, τὸν λαόν σου…

Στίχ. γ΄. Ἐξομολογησάσθωσαν τῷ ὀνόματί σου τῷ μεγάλῳ, ὅτι φοβερὸν καὶ ἅγιόν ἐστι.

Σῶσον, Κύριε, τὸν λαόν σου…

### Εἰσοδικόν.

Ὑψοῦτε Κύριον τὸν Θεὸν ἡμῶν, καὶ προσκυνεῖτε τῷ ὑποποδίῳ τῶν ποδῶν αὐτοῦ, ὅτι ἅγιος ἐστί. Σῶσον ἡμᾶς, Υἱὲ Θεοῦ, ὁ σαρκὶ σταυρωθείς, ψάλλοντάς σοι, Ἀλληλούια.

### Τροπάριον. Ἦχος α΄.

Σῶσον Κύριε τὸν λαόν σου, καὶ εὐλόγησον τὴν κληρονομίαν σου, νίκας τοῖς βασιλεῦσι κατὰ βαρβάρων δωρούμενος· καὶ τὸ σὸν φυλάττων, διὰ τοῦ Σταυροῦ σου πολίτευμα.

### Κοντάκιον. Ἦχος δ΄.

Ὁ ὑψωθεὶς ἐν τῷ Σταυρῷ ἑκουσίως, τῇ ἐπωνύμῳ σου καινῇ πολιτείᾳ, τοὺς οἰκτιρμούς σου δώρησαι, Χριστὲ ὁ Θεός· εὔφρανον ἐν τῇ δυνάμει σου τοὺς πιστοὺς βασιλεῖς ἡμῶν· νίκας χορηγῶν αὐτοῖς, κατὰ τῶν πολεμίων· τὴν συμμαχίαν ἔχοιεν τὴν σήν, ὅπλον εἰρήνης, ἀήττητον τρόπαιον.

### Ἀντὶ τοῦ Τρισαγίου λέγομεν·

Τὸν Σταυρόν σου προσκυνοῦμεν, Δέσποτα, καὶ τὴν ἁγίαν σου Ἀνάστασιν δοξάζομεν.

### Ἀντὶ τοῦ Ἄξιον ἐστίν, ἦχος πλ. δ΄.

Μυστικὸς εἶ Θεοτόκε παράδεισος, ἀγεωργήτως βλαστήσασα Χριστόν, ὑφ᾽ οὗ τὸ τοῦ Σταυροῦ, ζωηφόρον ἐν γῇ, πεφυτούργηται δένδρον· δι᾽ οὗ νῦν ὑψουμένου, προσκυνοῦντες αὐτόν, σὲ μεγαλύνομεν.

### Κοινωνικόν.

Ἐσημειώθη ἐφ᾽ ἡμᾶς τὸ φῶς τοῦ προσώπου σου, Κύριε.

### Μεγαλυνάριον.

Τὸν ἐν γῇ κρυπτόμενον θησαυρόν, σήμερον ὑψοῦντες, ζωηφόρον θεῖον Σταυρόν, τοῦ Χριστοῦ τὸ σκῆπτρον, τὸ τῆς εἰρήνης ὅπλον, ἐν πίστει προσκυνοῦμεν κατασπαζόμενοι.

### Ἕτερον.

Ἐν ὑψώσει πρώτῃ τῇ τοῦ Σταυροῦ, πάσχοντος τοῦ κτίστου, ἀμαυροῦται ὁ οὐρανός· ἐν δὲ τῇ δευτέρᾳ ἡ γῆ φωτὸς πληροῦται· τὸ ζωηφόρον ξύλον νῦν προσκυνήσωμεν.

Εἰς δὲ τὰ μεθέορτα λέγομεν τὰ παρόντα τροπάρια ἐκ τοῦ κανόνος τῆς αὐτῆς ἑορτῆς.

### Ὠδὴ γ΄. Ἦχος πλ. δ΄.
### Ῥάβδος εἰς τύπον.

Ὡς ἐπαφῆκε ῥαπιζομένη ὕδωρ ἀκρότομος, ἀπειθοῦντι λαῷ, καὶ σκληροκαρδίῳ, τῆς θεοκλήτου ἐδήλου ἐκκλησίας τὸ μυστήριον· ἧς ὁ Σταυρὸς τὸ κράτος καὶ στερέωμα. Δίς.

Πλευρᾶς ἀχράντου λόγχῃ τρωθείσης ὕδωρ σὺν αἵματι, ἐξεβλήθη ἐγκαινίζον διαθήκην, καὶ ῥυπτικὸν ἁμαρτίας· τῶν πιστῶν γὰρ ὁ Σταυρὸς καύχημα, καὶ βασιλέων κράτος καὶ στερέωμα. Δίς.

### Ὠδὴ ς΄.
Νοτίου θηρὸς ἐν σπλάγχνοις.

Ὁ γήρᾳ καμφθείς, καὶ νόσῳ τρυχωθείς, ἀνωρθοῦτο Ἰακὼβ χεῖρας ἀμείψας, τὴν ἐνέργειαν φαίνων τοῦ ζωηφόρου Σταυροῦ· τὴν παλαιότητα καὶ γὰρ τοῦ νομικοῦ σκιώδους γράμματος ἐκαινογράφησεν, ὁ ἐν τούτῳ σαρκὶ προσπαγεὶς Θεός, καὶ τὴν ψυχόλεθρον νόσον τῆς πλάνης ἀπήλασε. Δίς.

### Δόξα.

Νεαζούσαις θεὶς παλάμας, ὁ θεῖος Ἰσραὴλ σταυροειδῶς κάραις ἐδήλου, ὡς πρεσβύτερον κλέος ὁ νομολάτρις λαός· ὑποπτευθεὶς ὅθεν οὕτως ἐξηπατεῖσθαι, οὐκ ἠλλοίωσε τὸν ζωηφόρον τύπον· ὑπερέξει λαὸς γὰρ Χριστοῦ τοῦ Θεοῦ, νεοπαγὴς ἀνεβόα, Σταυρῷ τειχιζόμενος.

### Καὶ νῦν. Τὸ αὐτό.

### ΕΙΣ ΤΑΣ Κ΄

Τοῦ ἁγίου μεγαλομάρτυρος Εὐσταθίου, καὶ τῆς συνοδείας αὐτοῦ Εἰς τὴν Λειτουργίαν Τυπικά, καὶ ἐκ τοῦ κανόνος τῆς ἑορτῆς ᾠδὴ γ΄ καὶ τῶν ἁγίων ᾠδὴ ς΄.

### Ὠδὴ ς΄. Ἦχος δ΄.
Θύσω σοι, μετὰ φωνῆς αἰνέσεως.

Φανέντα, σὺ τὸν Χριστὸν ἐπόθησας ἔνδοξε, καὶ συνεκράθης τῷ πόθῳ, ὡς φανῆναι μάρτυς ὡραϊσμένος, πορφυρίδι, τῶν σῶν αἱμάτων καλλωπιζόμενος. Δίς.

### Δόξα.

Ἔδραμες, ἀκολουθῶν Χριστοῦ θείοις ἴχνεσι, καὶ κοινωνὸς ἀνεδείχθης, τῶν παθῶν τῶν τούτου καὶ βασιλείας, ὁλοκλήρως, πανοικεσίᾳ μάρτυς στεφόμενος.

### Καὶ νῦν. Θεοτοκίον.

Ῥήμασι, τοῦ Γαβριὴλ Παρθένε πανάμωμε, νῦν κεχρημένοι βοῶμεν· χαῖρε μόνη μῆτερ εὐλογημένη· χαῖρε πύλη, δικαιοσύνης ἥλιον ἔχουσα.

### Τροπάριον τῆς ἑορτῆς.

Σῶσον Κύριε τὸν λαόν σου, καὶ εὐλόγησον τὴν κληρονομίαν σου, νίκας τοῖς βασιλεῦσι κατὰ βαρβάρων δωρούμενος, καὶ τὸ σὸν φυλάττων, διὰ τοῦ Σταυροῦ σου πολίτευμα.

### Καὶ τῶν μαρτύρων. Ἦχος δ΄.

Οἱ μάρτυρές σου Κύριε ἐν τῇ ἀθλήσει αὐτῶν, στεφάνους ἐκομίσαντο τῆς ἀφθαρσίας ἐκ σοῦ τοῦ Θεοῦ ἡμῶν· σχόντες γὰρ τὴν ἰσχύν σου, τοὺς τυράννους καθεῖλον· ἔθραυσαν καὶ δαιμόνων τὰ ἀνίσχυρα θράση· αὐτῶν ταῖς ἱκεσίαις Χριστὲ ὁ Θεός, σῶσον τὰς ψυχὰς ἡμῶν.

### Κοντάκιον, ἦχος β΄.
### Τὰ ἄνω ζητῶν.

Τὰ πάθη Χριστοῦ, σαφῶς μιμησάμενος, καὶ τούτου πιών, πιστῶς τὸ ποτήριον, κοινωνὸς Εὐστάθιε, καὶ τῆς δόξης σύγκληρος γέγονας, παρ' αὐτοῦ τοῦ πάντων Θεοῦ, λαμβάνων θαυμάτων θείαν δύναμιν.

### Καὶ τῆς ἑορτῆς.

Ὁ ὑψωθεὶς ἐν τῷ Σταυρῷ ἑκουσίως, τῇ ἐπωνύμῳ σου καινῇ πολιτείᾳ, τοὺς οἰκτιρμούς σου δώρησαι, Χριστὲ ὁ Θεός· εὔφρανον ἐν τῇ δυνάμει σου τοὺς πιστοὺς βασιλεῖς ἡμῶν· νίκας χορηγῶν αὐτοῖς, κατὰ τῶν πολεμίων· τὴν συμμαχίαν ἔχοιεν τὴν σήν, ὅπλον εἰρήνης, ἀήττητον τρόπαιον.

### Κοινωνικόν.

Εἰς μνημόσυνον αἰώνιον ἔσονται δίκαιοι.

### Μεγαλυνάριον.

Τὸν ἐν ἀθλοφόροις θαυματουργόν, καὶ τὸν ἐν ἀνάγκαις, ἀπροσμάχητον βοηθόν, τὸν θεῖον ὁπλίτην καὶ μάρτυρα Κυρίου, Εὐστάθιον τὸν μέγαν πάντες τιμήσωμεν.

### ΕΙΣ ΤΗΝ ΚΑ΄

### Ἡ ἀπόδοσις τῆς Ὑψώσεως τοῦ τιμίου Σταυροῦ

Εἰς τὴν Λειτουργίαν τὰ Ἀντίφωνα τῆς ἑορτῆς, ἢ Τυπικά, καὶ ἡ γ΄ καὶ ἡ ς΄ ᾠδή, ὡς προεγράφησαν τῇ ΙΔ΄ τοῦ μηνός. Τροπάριον καὶ κοντάκιον τῆς ἑορτῆς· ὁμοίως καὶ κοινωνικόν.

Ἀντὶ τοῦ Ἄξιον ἐστίν, ἦχος πλ. δ΄.

Ὁ διὰ βρώσεως τοῦ ξύλου, τῷ γένει προσγενόμενος θάνατος, διὰ Σταυροῦ κατήργηται σήμερον· τῆς γὰρ προμήτορος ἡ παγγενής, κατάρα διαλέλυται, τῷ βλαστῷ τῆς ἁγνῆς Θεομήτορος· ἣν πᾶσαι αἱ δυνάμεις, τῶν οὐρανῶν μεγαλύνουσιν.

### ΕΙΣ ΤΑΣ ΚΓ΄

### Ἡ σύλληψις τοῦ τιμίου ἐνδόξου προφήτου, προδρόμου, καὶ βαπτιστοῦ Ἰωάννου

Εἰς τὴν Λειτουργίαν Τυπικά, καὶ ἐκ τοῦ κανόνος ᾠδὴ γ΄ καὶ ς΄. Ἦχος πλ. β΄.

Ὠδὴ γ΄. Οὐκ ἔστιν ἅγιος ὡς σύ.

Ἡ στεῖρα σήμερον καρπόν, ἱερὸν συλλαμβάνει, τὸν μετέπειτα πᾶσαν, ἀκαρπίαν τῶν ψυχῶν, ἀξίνῃ τῇ νοητῇ, ἀποτέμνειν μέλλοντα ἐν χάριτι.

Κωφεύσας ἔνδον τοῦ ναοῦ, Ζαχαρίας ὁ μέγας, τὴν φωνὴν τὴν τοῦ Λόγου, ἀγγελίᾳ φοβερᾷ, κομίζεται καὶ λαμπρῶς, μεγαλύνει Κύριον τὸν εὔσπλαγχνον.

Ὁ δείξας τρίβον ἀσφαλῆ, τοῖς πιστοῖς μετανοίας, προτροπῇ τοῦ ἀγγέλου, ἐν νηδύι μητρικῇ, βλαστάνει θείᾳ βουλῇ, παρ' ἐλπίδα, ὁ ἔνδοξος πρόδρομος.

###### Θεοτοκίον.

Γαστρὶ φερόμενον Χριστόν, τῆς παρθένου ὡς ἔγνω, ὁ ἐκ στείρας ἐσκίρτα, προμηνύων τὴν χαράν, ἐπιδημήσασαν ἐν γῇ, κατηφείας πάντας ἐκλυτρώσασθαι.

###### Ὠδὴ ς΄. Τοῦ βίου τὴν θάλασσαν.

Ἀμφίβολον κέκτημαι, τὴν διάνοιαν ἐγώ, καὶ ἀπιστῶ τοῖς λόγοις σου, τῷ ἀρχαγγέλῳ ἔφη ὁ ἱερεύς· λαοῦ σωτηρίαν γάρ, οὐκ ἐμῆς ἐξ ὀσφύος καρπὸν ᾔτησα.

Ὁ πλάστης τῆς φύσεως, τῶν ἀγγέλων βασιλεύς, ὁ λειτουργὸς ἀντέφησε, τῆς παρουσίας ἄγγελον τῆς αὐτοῦ, ηὐδόκησε τίκτειν σε· τοῖς ἐμοῖς μὴ ἀπίστει λόγοις ἄνθρωπε.

###### Δόξα.

Τὸ εἶδός σου πύρινον, καὶ ἡ θέα σου φρικτή, καὶ θαυμαστὸς ὁ λόγος σου, ὁ Ζαχαρίας ἔφη τῷ λειτουργῷ· ἀλλ' οὖν οὐ πιστεύω σοι, ὑπὲρ φύσιν λαλοῦντι ξένα ῥήματα.

###### Καὶ νῦν. Θεοτοκίον.

Ὁ λύχνος τὸν ἥλιον, ἐν νεφέλῃ μητρικῇ, γαστρὸς κατακρυπτόμενον, ἐπεγνωκὼς ὑπάρχων ἐν ζοφερῷ, τῆς μήτρας σκηνώματι, προσεκύνησε χαίρων καὶ ἐσκίρτησε.

###### Τροπάριον. Ἦχος δ΄.

Ἡ πρώην οὐ τίκτουσα στεῖρα εὐφράνθητι· ἰδοὺ γὰρ συνέλαβες ἡλίου λύχνον σαφῶς, φωτίζειν τὸν μέλλοντα, πᾶσαν τὴν οἰκουμένην, ἀβλεψίᾳ νοσοῦσαν· χόρευε Ζαχαρία, ἐκβοῶν παρρησίᾳ· προφήτης τοῦ Ὑψίστου ἐστίν, ὁ μέλλων τίκτεσθαι.

###### Κοντάκιον. Ἦχος α΄.
###### Χορὸς ἀγγελικός.

Εὐφραίνεται λαμπρῶς Ζαχαρίας ὁ μέγας, σὺν τῇ πανευκλεεῖ Ἐλισάβετ συζύγῳ, ἀξίως συλλαμβάνοντες Ἰωάννην τὸν πρόδρομον· ὃν ἀρχάγγελος εὐηγγελίσατο χαίρων· καὶ οἱ ἄνθρωποι ἀξιοχρέως τιμῶμεν, ὡς μύστην τῆς χάριτος.

###### Κοινωνικόν.

Εἰς μνημόσυνον αἰώνιον ἔσται δίκαιος· ἀλληλούια.

###### Μεγαλυνάριον.

Στεῖρα καὶ πρεσβῦτις θείᾳ βουλῇ, καρπὸν συλλαμβάνει, τὸν ὑπέρτερον προφητῶν, τὸν τὴν ἀκαρπίαν ψυχῶν μέλλοντα τέμνειν, ἀξίνῃ μετανοίας· ὃν μεγαλύνομεν.

#### ΕΙΣ ΤΑΣ ΚΔ΄.

Τῆς ὑπεραγίας Δεσποίνης ἡμῶν Θεοτόκου τῆς ἐπονομαζομένης Μυρτιδιωτίσσης.

Εἰς τὴν Λειτουργίαν Τυπικά, καὶ ἐκ τῶν κανόνων τῆς Θεοτόκου ᾠδὴ γ΄ καὶ ς΄.

## Ὠδὴ γ΄. Ἦχος α΄.
### Λίθον ὃν ἀπεδοκίμασαν.

Δεῦτε πάντες εὐφημήσωμεν, τὴν χαρὰν τοῦ κόσμου, ὅτι σωτηρία πάντων ἐπεφάνθη, τοῖς πάλαι αἰχμαλώτοις ἀλόγοις ἐν πάθεσι, καὶ τὴν ἀπάθειαν διδοῦσα, ἅπαντας πιστοὺς ἐστερέωσεν.

Ὦ παρθενικὸν ἀπάνθισμα, τὸ τῆς παρθενίας καύχημα καὶ κλέος, καὶ μαρτύρων δόξα· σοὶ γὰρ τῆς παρθενίας τὰ κλεῖθρα πεφύλαξε, Χριστὸς ἐκ σοῦ κόρη τεχθείς, καὶ πάντας πιστοὺς ἐστερέωσεν.

Εἶδεν Ἰακὼβ σε κλίμακα, οὐρανοῦ παρθένε, δι' ἧς καὶ κατέβη, ὁ Θεὸς τῶν ὅλων, καὶ σάρκα τὴν βροτείαν ἀρρήτως προσείληφε, καὶ καθηγίασεν αὐτήν, καὶ τῷ Πατρὶ φίλην κατέστησε.

Κάθαρσιν ψυχῆς καὶ σώματος, δὸς κἀμοὶ παρθένε· σὺ γὰρ ἐκκαθαίρεις μολυσμοὺς πταισμάτων, ὅτι καλυμβήθρα σωτήριος δείκνυσαι, δι' ἧς σῳζόμεθα πιστοί, καὶ σωτηρίᾳ στερεούμεθα.

## Ὠδὴ ς΄. Ἦχος β΄.
### Ἐν ἀβύσσῳ πταισμάτων.

Σωτηρίας σφραγὶς κόρη πέφυκας, μῆτερ ἀειπάρθενε τοῖς προσπελάζουσιν, ἁγνὴ τῷ θείῳ οἴκῳ σου, καὶ τιμῶσι πιστῶς τὴν εἰκόνα σου.

Μόνη γέγονας κόρη ἀντίληψις, ταύτης σου τῆς νήσου, Θεὸν ὡς γεννήσασα, καὶ ἀνομβρίας ἔλυσας, τὸν αὐχμόν, καὶ τὴν γῆν κατεδρόσισας.

### Δόξα.

Ἀνηγέρθη ὁ πάνσεπτος οἶκός σου, πάναγνε θεόνυμφε παρὰ τῶν δούλων σου, καὶ ἐν αὐτῷ οἰκήσασα, τὰς πηγὰς ἀναβλύζεις τῶν ἰάσεων.

### Καὶ νῦν.

Λύτρωσόν με παρθένε τὸν δείλαιον, πάσης περιστάσεως καὶ κατακρίσεως, ἐχθρῶν ἐπεμβαινόντων μοι, καὶ κολάσεως ῥῦσαι τὸν δοῦλόν σου.

## Τροπάριον. Ἦχος δ΄.

Λαοὶ νῦν κροτήσωμεν, δεῦτε τὰς χεῖρας πιστῶς, καὶ ᾄσωμεν ᾄσμασι τῇ θεομήτορι, ἐν πόθῳ κραυγάζοντες· χαῖρε ἡ προστασία πάντων τῶν δεομένων· χαῖρε ἡ σωτηρία τῶν τιμώντων σε πόθῳ· χαῖρε ἡ τῷ παραλύτῳ, τὴν ἴασιν βραβεύσασα.

## Κοντάκιον. Ἦχος πλ. δ΄.
### Τῇ ὑπερμάχῳ.

Τῇ Θεοτόκῳ οἱ πιστοὶ νῦν προσπελάσωμεν, ὡς χορηγούσῃ τοῖς πιστοῖς πᾶσιν ἰάματα, ἀναμέλποντες ἐφύμνια μετὰ πόθου· ἀλλ' ὡς ἤγειρας παράλυτον θεόνυμφε, ἀπὸ πάσης ἡμᾶς ῥῦσαι περιστάσεως, τοὺς σοὶ κράζοντας· χαῖρε δόξα παγκόσμιος.

## Κοινωνικόν.

Ποτήριον σωτηρίου λήψομαι, καὶ τὸ ὄνομα Κυρίου ἐπικαλέσομαι.

### ΕΙΣ ΤΑΣ κϛ´.

**Ἡ μετάστασις τοῦ ἁγίου ἐνδόξου καὶ πανευφήμου ἀποστόλου καὶ εὐαγγελιστοῦ Ἰωάννου τοῦ θεολόγου.**

Εἰς τὴν Λειτουργίαν Τυπικά, καὶ ἐκ τῶν κανόνων ᾠδὴ γ´ καὶ ϛ´.

**Ὠδὴ γ´. Ἦχος β´.**
**Ἐξύνθησεν ἡ ἔρημος.**

Τριάδος ἐφανέρωσας, θεολόγῳ γλώττῃ σου, τὸ ὑπὲρ νοῦν μυστήριον, Ἰωάννη θεομακάριστε, ἐν ᾗ ἐστερεώθη ἡ καρδία μου.

Ἡ γλῶσσά σου γεγένηται, γραμματέως κάλαμος, τοῦ παναγίου Πνεύματος, θεογράφως ὑποσημαίνουσα, τὸ σεπτόν τε καὶ θεῖον εὐαγγέλιον.

Σοφίας σὺ τὴν ἄβυσσον, ἀνιμήσω πάνσοφε, ἀναπεσὼν θεόφρονι, παρρησίᾳ τῇ τῆς σοφίας πηγῇ, καὶ ταύτης θεοκήρυξ ἐχρημάτισας.

**Θεοτοκίον.**

Τὴν μόνην παρθενεύουσαν, καὶ μητέρα σέβομεν, ὡς σωτηρίας πρόξενον, γενομένην ἡμῖν πανάμωμε, καὶ κόσμον ῥυομένην ταῖς πρεσβείαις σου.

**Ὠδὴ ϛ´. Ἦχος πλ. β´.**
**Τοῦ βίου τὴν θάλασσαν.**

Ὑπῆρξεν ὡς κάλαμος, ὀξυγράφου ἀληθῶς, ἡ θεολόγος γλῶττά σου, καλλιγραφοῦσα γνῶσιν ἀληθινήν, καὶ νόμον καινότατον, ἐν πλαξὶ θεολόγε καρδιῶν ἡμῶν.

Μαράνας προθέλυμνα, ἀσεβείας τὰ φυτά, ὡς γεωργὸς πανάριστος, ἐν τῇ ψυχῇ μου φόβον τὸν τοῦ Θεοῦ, ἐμφύτευσον ἔνδοξε, ἀρετῶν εὐκαρπίαν ἀναθάλλουσαν.

**Δόξα.**

Υἱὸν τῆς παρθένου σε, ὁ ἐκ ταύτης προελθών, περιφανῶς ὠνόμασε· μεθ' ἧς δυσώπει θέσει πάντας υἱούς, Θεοῦ παναοίδιμε, χρηματίσαι ποιοῦντας τὰ εὐάρεστα.

**Καὶ νῦν. Θεοτοκίον.**

Σαρκὸς ὁμοιώματι, ἐγνωρίσθη τοῖς βροτοῖς, Θεὸς ἐκ σοῦ πανάμωμε· ὃν ἐκδυσώπει πάντοτε τῆς σαρκός, ἡμῶν τὰ φρονήματα, Παναγία νεκρῶσαι τὰ ὀλέθρια.

**Τροπάριον. Ἦχος β´.**

Ἀπόστολε Χριστῷ τῷ Θεῷ ἠγαπημένε, ἐπιτάχυνον ῥῦσαι, λαὸν ἀναπολόγητον· δέχεταί σε προσπίπτοντα, ὁ ἐπιπεσόντα τῷ στήθει καταδεξάμενος· ὃν ἱκέτευε Θεολόγε, καὶ ἐπίμονον νέφος ἐθνῶν διασκεδάσαι· αἰτούμενος ἡμῖν εἰρήνην, καὶ τὸ μέγα ἔλεος.

**Κοντάκιον. Ἦχος ὁ αὐτός.**

Τὰ μεγαλεῖά σου παρθένε, τίς διηγήσεται; βρύεις γὰρ θαύματα, καὶ πηγάζεις ἰάματα, καὶ πρεσβεύεις ὑπὲρ τῶν ψυχῶν ἡμῶν, ὡς θεολόγος καὶ φίλος Χριστοῦ.

**Κοινωνικόν.**

Εἰς πᾶσαν τὴν γῆν ἐξῆλθεν ὁ φθόγγος αὐτοῦ, καὶ εἰς τὰ πέρατα τῆς οἰκουμένης τὰ ῥήματα αὐτοῦ.

### Μεγαλυνάριον.

Τῆς θεολογίας τὸν ἀρχηγόν, τὸν ἠγαπημένον Ἰωάννην καὶ μαθητήν, τὸν ἐπὶ τὸ στῆθος Χριστοῦ ἀναπεσόντα, τὸν μέγαν θεολόγον πάντες ὑμνήσωμεν.

## ΜΗΝ ΟΚΤΩΒΡΙΟΣ

### ΕΙΣ ΤΑΣ ϛ΄.

### Τοῦ ἁγίου ἐνδόξου ἀποστόλου Θωμᾶ

Εἰς τὴν Λειτουργίαν Τυπικά, καὶ ἐκ τοῦ κανόνος ᾠδὴ γ΄ καὶ ϛ΄.

### ᾨδὴ γ΄. Ἦχος δ΄.
### Οὐκ ἐν σοφίᾳ, καὶ δυνάμει.

Ἀρετῆς κάλλει, διαπρέπων αὐτόπτα καὶ θαύμασι, τῶν Ἰνδῶν τὸ δυσειδές, φωτὶ τῷ θείῳ κατηύγασας, πίστει καὶ ἐφραίδρυνας, τούτων τὴν ζόφωσιν.

Ὑπὸ τῆς αἴγλης, πυρωθεὶς αὐτουργίᾳ τοῦ Πνεύματος, ὡς βολὶς θεοφεγγής, ἐξαπεστάλης θεόληπτε, καὶ κόσμον ἐφώτισας, Θωμᾶ τοῖς θαύμασι.

Μεμνημένος, τῆς ἐνθέου σοφίας τὰ δόγματα, ὥσπερ τάχος ἀστραπῆς, διερχομένης ἀπόστολε, Θωμᾶ κατελάμπρυνας, κόσμου τὰ πέρατα.

### Θεοτοκίον.

Ἀπειρόγαμε, ἡ Θεὸν σαρκωθέντα κυήσασα, τῶν παθῶν ταῖς προσβολαῖς, κλονούμενόν με στερέωσον· οὐ γὰρ ἔστιν ἄχραντε, πλήν σου βοήθεια.

### ᾨδὴ ϛ΄. Θύσω σοι, μετὰ φωνῆς.

Τὴν πάντων, ἀπιστίαν Θωμᾶ τὴν ψυχόλεθρον, ἡ ἀπιστία σου μάκαρ, θεραπεύει· σὺ γὰρ ἀναμφιλέκτως, καὶ τῶν ἥλων, καὶ τῆς λόγχης τοὺς τύπους ἠρεύνησας.

Ἀφῆκας, ὡς δυνατὸς Χριστὲ τὸν ἀπόστολον, ἠκονημένον ὡς βέλος, ἐν ἐχθρῶν καρδίαις σου ζωοδότα, καὶ τῶν σκύλων, τὴν προνομὴν σοι τούτων προσήγαγε.

### Δόξα.

Θυσίας, εἰδωλικὰς οἰκτίρμον κατήργησας, σφαγιασθεὶς ἐπὶ ξύλου, καὶ σφαγαῖς ἁγίαις τῶν θεηγόρων, ἀποστόλων, τῶν τὰ σὰ μιμουμένων παθήματα.

### Καὶ νῦν. Θεοτοκίον.

Ὢ θαῦμα, τῶν ἁπάντων θαυμάτων καινότερον· ὅτι παρθένος ἐν μήτρᾳ, τὸν τὰ σύμπαντα περιέποντα, ἀπειράνδρως συλλαβοῦσα, οὐκ ἐστενοχώρησεν.

### Τροπάριον. Ἦχος γ΄.

Ἀπόστολε ἅγιε Θωμᾶ, πρέσβευε τῷ ἐλεήμονι Θεῷ, ἵνα πταισμάτων ἄφεσιν, παράσχῃ ταῖς ψυχαῖς ἡμῶν.

### Κοντάκιον. Ἦχος δ΄.
### Ἐπεφάνης σήμερον.

Ὁ τῆς θείας χάριτος πεπληρωμένος, ὡς Χριστοῦ ἀπόστολος, καὶ ὑπηρέτης ἀληθής, ἐν μετανοίᾳ ἐβόησε· σύ μου ὑπάρχεις Θεός τε καὶ Κύριος.

### Κοινωνικόν.

Εἰς πᾶσαν τὴν γῆν ἐξῆλθεν ὁ φθόγγος αὐτοῦ, καὶ εἰς τὰ πέρατα τῆς οἰκουμένης τὰ ῥήματα αὐτοῦ.

### Μεγαλυνάριον.

Θείαν ψηλαφήσας Χριστοῦ πλευράν, ὅθεν ξένον ὕδωρ μετὰ αἵματος ἔρρευσεν, ἔμαθες βαπτίζειν πιστὲ Θωμᾶ τὰ ἔθνη, καὶ νύττεσθαι πλευράν σου, μύστα θεόληπτε.

## ΤΗ ΚΥΡΙΑΚΗ

ἀπὸ τῆς ἑνδεκάτης ἕως τῆς ιζ΄ τοῦ παρόντος μηνός· ἐν ᾗ ψάλλεται ἡ ἀκολουθία τῶν ἁγίων Πατέρων τῆς Ἑβδόμης Οἰκουμενικῆς Συνόδου.

Εἰς τὴν Λειτουργίαν, Ἀναστάσιμα δ΄ καὶ τῶν Πατέρων ᾠδὴ γ΄ καὶ ς΄. Ἦχος πλ. δ΄.

### ᾨδὴ γ΄. Ὁ στερεώσας κατ᾽ ἀρχάς.

Μὴ σαλευθῆναι τοῦ Χριστοῦ, τὴν ἀρραγῆ ἐκκλησίαν, ὑπ᾽ αὐτοῦ μυσταγωγούμενοι θεῖοι, ποιμενάρχαι τοὺς αὐτήν, παρασαλεῦσαι θέλοντας, ὡς ἀντιχρίστου μοίρας, τῶν εὐσεβῶν παρεσάλευσαν.

Ἀνακαθαίρει θολεροὺς, καὶ βορβορώδεις χειμάρρους, ἐκ πηγῶν τοῦ σωτηρίου ἀντλήσας, καὶ διψῶντα τὸν λαόν, τὸν τοῦ Χριστοῦ κορέννυσι, τῶν διδαχῶν τοῖς ῥείθροις, ὁ τῶν πατέρων κατάλογος.

Κατὰ τῶν ὄντως μισητῶν, χριστιανοκατηγόρων, συνδρομὴ τῶν φιλοχρίστων ἑβδόμη, ἐν τῇ πόλει τῇ λαμπρᾷ, τῶν Νικαέων γέγονεν, ἧς βασιλεῖς Εἰρήνη, καὶ Κωνσταντῖνος συνήγοροι.

### Θεοτοκίον.

Ἅπας ἀπέστω δυσσεβής, ὁ τὴν εἰκόνα μὴ σέβων, τὴν σεπτὴν τῆς Θεοτόκου, καὶ ταύτην, μὴ κηρύττων τὸν Χριστόν, θεανδρικῶς κυήσασαν, καὶ τῷ πυρὶ πεμπέσθω, κατακαιόμενος ἄκαυστα.

### ᾨδὴ ς΄. Ἱλάσθητί μοι Σωτήρ.

Ῥανάτωσαν γλυκασμόν, τὰ ὄρη καὶ ἀγαλλίασιν· αἱρετικῶν ἡ πληθύς, ἀπεσκορακίσθη γάρ, πικρὸν ἡ προχέουσα, ἰὸν τῶν εἰκόνων, τῶν ἁγίων τὴν ἀθέτησιν. Δίς.

### Δόξα.

Ὁ οὐρανὸς καὶ ἡ γῆ, συμφώνως ἑορταζέτωσαν, τῆς θυγατρὸς τοῦ Θεοῦ, τὴν μεγαλειότητα, καὶ γὰρ μεγαλύνεται, καταβαλλομένη, τοὺς αὐτὴν κατασμικρύνοντας.

### Καὶ νῦν. Θεοτοκίον.

Μητρὸς Υἱὸς ὁ Πατρός, ἀμήτωρ τὸ πρίν, ἀμήτωρ δέ, θεοπρεπῶς γεννηθείς, καὶ ἀναγεννήσας με· διὸ τὴν γεννήσασαν, σὺν τῷ γεννηθέντι, εἰκονίζων κατασπάζομαι.

Τροπάριον τὸ τυχὸν Ἀναστάσιμον, καὶ τὸ παρὸν τῶν πατέρων. Ἦχος πλ. δ΄.

Ὑπερδεδοξασμένος εἶ Χριστὲ ὁ Θεὸς ἡμῶν, ἐκ γυναικὸς ἐτέχθης διπλοῦς τῇ φύσει· ὃν εἰδότες οὐκ ἀρνούμεθα τῆς μορφῆς τὸ ἐκτύπωμα· αὐτὸ δὲ εὐσεβῶς ἀνιστοροῦντες σέβομεν πιστῶς· καὶ διὰ τοῦτο τὴν ἀληθινὴν πίστιν κρατοῦσα ἡ ἐκκλησία, ἀσπάζεται τὴν εἰκόνα τῆς Χριστοῦ ἐνανθρωπήσεως.

Ἕτερον τῶν πατέρων, ψαλλόμενον σήμερον. Ἦχος πλ. δ΄.

Ὑπερδεδοξασμένος εἶ Χριστὲ ὁ Θεὸς ἡμῶν, ὁ φωστῆρας, ἐπὶ γῆς τοὺς πατέρας ἡμῶν θεμελιώσας, καὶ δι᾽ αὐτῶν πρὸς τὴν ἀληθινὴν πίστιν, πάντας ἡμᾶς ὁδηγήσας, πολυεύσπλαγχνε δόξα σοι.

Κοινωνικόν.

Αἰνεῖτε τὸν Κύριον ἐκ τῶν οὐρανῶν.

Καὶ τό,

Εἰς μνημόσυνον αἰώνιον ἔσονται δίκαιοι.

Μεγαλυνάριον.

Τὰ τερπνὰ τοῦ Πνεύματος ὄργανα, τὰ τῆς εὐσεβείας οὐρανόβροντα στόματα, τὰς πυρίπνους γλώσσας, τοὺς κήρυκας τοῦ Λόγου, τοὺς θείους ποιμενάρχας ὕμνοις τιμήσωμεν.

### ΕΙΣ ΤΑΣ ΙΗ΄

Τοῦ ἁγίου ἀποστόλου
καὶ εὐαγγελιστοῦ Λουκᾶ

Εἰς τὴν Λειτουργίαν Τυπικά, καὶ ἐκ τοῦ κανόνος ᾠδὴ γ΄ καὶ ς΄. Ἦχος πλ. δ΄.

Ὠδὴ γ΄. Σὺ εἶ τὸ στερέωμα.

Σοῦ τὸ εὐαγγέλιον, Λουκᾶ θεσπέσιε ἄνωθεν, ἀνατολὴν ἐπισκεψαμένην, τοὺς ἀνθρώπους παρίστησι.

Πράξεις ἐνθεώτατα, διαπρατόμενος ἄριστε, πανευσεβῶς τὰς τῶν ἀποστόλων, γραφικῶς ἀνιστόρησας.

Παῦλος ὁ μακάριος, τῶν ἐγκωμίων σοι ἔπλεξε, τὰς ἀπαρχὰς καὶ τοὺς σοὺς ἐπαίνους, ἐπιστέλλων ἐξέθετο.

Θεοτοκίον.

Σὲ νῦν μακαρίζουσιν, ὡς προεφήτευσας ἄχραντε, αἱ γενεαὶ πᾶσαι τῶν ἀνθρώπων, διὰ σοῦ νῦν σῳζόμεναι.

Ὠδὴ ς΄. Τὴν δέησιν ἐκχεῶ.

Εἰς ὄρος, τῶν ἀρετῶν ἀπόστολε, ἀναβὰς τῷ ποθουμένῳ ὡμίλεις· καὶ ὡς Μωσῆς, θεογράφους τὰς πλάκας, ἐγγεγραμμένας δακτύλῳ τοῦ Πνεύματος, ἐδέξω μακάριε διττάς, Λουκᾶ τῆς οἰκουμένης διδάσκαλε.

Τὸν κόσμον, σαῖς διδαχαῖς ἐφώτισας, οἷα ῥήτωρ τῆς σεπτῆς ἐκκλησίας· ταῖς γὰρ αὐγαῖς, τῆς ἀκτίστου Τριάδος, πεπυρσευμένος ὡράθης θεόληπτε· καὶ γέγονας ὥς περ ἀστήρ, διδουχῶν οἰκουμένης τὰ πέρατα.

Δόξα.

Τὰς νόσους, νῦν τῶν ψυχῶν θεόπνευστε, ἰατρεύεις τῶν σωμάτων ὡς πάλαι, ἐμπιστευθείς, οὐρανόθεν τὸ δῶρον, καὶ ὡς πλουτήσας τὴν χάριν τοῦ Πνεύματος· ὁ Παῦλος γάρ σε μαρτυρῶν, ἰατρὸν γεγονέναι παρίστησι.

Καὶ νῦν. Θεοτοκίον.

Ἐπέβλεψεν, ἐπὶ σοὶ ὁ Κύριος, τὴν ἐμὴν ἀνακαινίζων οὐσίαν, ὡς δυνατός, μεγαλεῖα ποιήσας, θεογεννῆτορ ὡς ἔφης πανάμωμε· καὶ ἔσωσέ με διὰ σοῦ, ἐκ φθορᾶς ὡς Θεὸς καὶ φιλάνθρωπος.

Τροπάριον. Ἦχος γ΄.

Ἀπόστολε ἅγιε, καὶ εὐαγγελιστὰ Λουκᾶ, πρέσβευε τῷ ἐλεήμονι Θεῷ, ἵνα πταισμάτων ἄφεσιν, παράσχῃ ταῖς ψυχαῖς ἡμῶν.

Κοντάκιον. Ἦχος δ΄.
Ἐπεφάνης σήμερον.

Μαθητὴς γενόμενος τοῦ Θεοῦ Λόγου, σὺν τῷ Παύλῳ ἅπασαν, ἐφωταγώγησας τὴν γῆν, καὶ τὴν ἀχλὺν ἀπεδίωξας, τὸ θεῖον γράψας, Χριστοῦ εὐαγγέλιον.

Κοινωνικόν.

Εἰς πᾶσαν τὴν γῆν ἐξῆλθεν ὁ φθόγγος αὐτοῦ, καὶ εἰς τὰ πέρατα τῆς οἰκουμένης τὰ ῥήματα αὐτοῦ.

Μεγαλυνάριον.

Χαίροις ὁ θεόσοφος συγγραφεύς, τοῦ εὐαγγελίου, πνευματέμφορος ἑρμηνεύς, ἀληθὴς ἀκέστωρ, τῆς ἀπιστίας νόσον, Λουκᾶ λουτροῦ τοῦ θείου, χρίσει ἰώμενος.

### ΕΙΣ ΤΑΣ Κ΄

**Τοῦ ὁσίου πατρὸς ἡμῶν Γερασίμου τοῦ νέου ἀσκητοῦ, τοῦ ἐν τῇ νήσῳ Κεφαληνίας.**

Εἰς τὴν Λειτουργίαν Τυπικά, καὶ ἐκ τοῦ κανόνος αὐτοῦ ᾠδὴ γ΄ καὶ ς΄. Ἦχος α΄.

ᾨδὴ γ΄. Τῷ πρὸ τῶν αἰώνων.

Πᾶσάν σου τὴν σάρκα, ὑπέταξω νηστείαις τῷ πνεύματι, καὶ κακουχίαις τῶν δαιμόνων, καὶ ἐνέδραις ταῖς τούτων, σαυτὸν πάτερ καθηράμενος, ὁλοσχερῶς ἐκολλήθης Χριστῷ, τῷ σὲ καταστέψαντι.

Ὤφθης ἐκ κοιλίας, καταγώγιον θεῖον τοῦ Πνεύματος, φωταγωγούμενος ταῖς τούτου, ἐπιπνοίαις παμμάκαρ, ἔνθεν φωτὸς ἔμπλεως γενόμενος, καὶ θείᾳ λάμψει τὸν νοῦν, πάτερ αὐγαζόμενος.

Γένος σου θεόφρον, καὶ πατρίδα καὶ πλοῦτον κατέλιπες, ἀκολουθήσας ἐκ καρδίας, προσταγαῖς τοῦ Δεσπότου· ἔνθεν τούτῳ παριστάμενος, καθικετεύεις αὐτὸν ἐκτενῶς, ὑπὲρ τῶν ὑμνούντων σε.

Θεοτοκίον.

Ἁγιωτέρα, γενομένη τῶν ἄνω δυνάμεων, σὺ εἶ παρθένε Θεοτόκε, προστασία καὶ σκέπη, τῶν σοὶ προστρεχόντων ἄχραντε· μὴ οὖν παρίδῃς ἡμᾶς ἐκτενῶς, αἶνόν σοι προσάγοντας.

### Ὠδὴ ς΄. Σπλάγχνων Ἰωνᾶν.

Μέγα καὶ φρικτόν, ἐτέλεις τεράστιον, ἐν κόσμῳ σοφέ, καὶ ἐν μονῇ σου τὸ πρίν· καὶ τὸ σῶμά σου, τὸ σεπτὸν καὶ σεβάσμιον ὅσιε, ἐνεργεῖ καὶ μετὰ θάνατον ὡς πρότερον, ἔμπνουν, καὶ ζῶν τὰ τεράστια, διετέλει ἀΰλως ἑκάστοτε.

Ἤρθης ἀπὸ γῆς, εἰς ὕψος αἰθέριον, ἀγγέλοις συνὼν καὶ ἀγαλλόμενος, καὶ κατέλιπες, μοναζούσαις τὴν θείαν εὐλόγησιν, εἰρηνεύειν ταύτας καὶ τὴν μνήμην σου, μάκαρ ἐκτελεῖν σοι πάντοτε, ἵνα εὕροιεν χάριν καὶ ἔλεος.

### Δόξα.

Ἔδυ σου εἰς γῆν, τὸ σκῆνος θεόπνευστε, καὶ ἐν οὐρανοῖς τὸ θεῖον πνεῦμά σου, μεταβέβηκεν, ἐκ φθορᾶς εἰς ἀθάνατον εὔκλειαν, καὶ Τριάδι τῇ Ἁγίᾳ νῦν παρίσταται· ᾗπερ καὶ πρεσβεύεις πάντοτε, ὑπὲρ πάντων τῶν πίστει ὑμνούντων σε.

### Καὶ νῦν. Θεοτοκίον.

Λάμψον ἐν ἐμοί, τὸ φῶς τὸ ἀπρόσιτον, παρθένε ἁγνή, ἀειμακάριστε, καὶ πανάμωμε, σαῖς πρεσβείαις σὸν Υἱὸν ἱκέτευσον, καὶ δυσώπησον αὐτὸν θεοχαρίτωτε, δοῦναί μοι τελείαν ἄφεσιν, τῶν κακῶν, οἷς αὐτὸν παρεπίκρανα.

### Τροπάριον. Ἦχος α΄.

Τῶν ὀρθοδόξων προστάτην, καὶ ἐν σώματι ἄγγελον, καὶ θαυματουργὸν θεοφόρον νεοφανέντα ἡμῖν, ἐπαινέσωμεν πιστοὶ θεῖον Γεράσιμον· ὅτι ἀξίως παρὰ Θεοῦ ἀπείληφεν, ἰαμάτων τὴν ἀέναον χάριν· ῥώννυσι τοὺς νοσοῦντας, δαιμονῶντας ἰᾶται· διὸ καὶ τοῖς τιμῶσιν αὐτὸν βρύει ἰάματα.

### Κοντάκιον. Ἦχος δ΄. Ἐπεφάνης σήμερον.

Ἐγκρατείᾳ ὅσιε τὸν νοῦν ἐκαθάρας, καὶ ἁγνείᾳ σώματος, καταλαμπρύνας τὴν ψυχήν, ἀνεπτερώθης πρὸς ἄληκτον, καὶ θείαν δόξαν Χριστοῦ τοῦ Θεοῦ ἡμῶν.

### Κοινωνικόν.

Εἰς μνημόσυνον αἰώνιον ἔσται δίκαιος.

## Τῌ ΑΥΤῌ ΗΜΕΡᾼ

### Τῆς ὁσίας Ματρώνης τῆς Χιοπολίτιδος.

Εἰς τὴν Λειτουργίαν, Τυπικά, καὶ ἐκ τοῦ κανόνος αὐτῆς, ᾠδὴ γ΄ καὶ ς΄. Ἦχος δ΄.

### Ὠδὴ γ΄. Τοὺς σοὺς ὑμνολόγους.

Ἀσμάτων καὶ κρότων πανολβία, τὰ σὰ ὄντως ἄξια τελεῖν· Θεὸν γὰρ τοῖς σοῖς μέλεσι, τοῖς ἱεροῖς ἐδόξασας, καὶ τούτῳ θῦμα γέγονας, καὶ ἱερὸν καλλιέρημα.

Νυκτὸς ἀποστέρξασα τὰ ἔργα, ἡμέρας ἐγένου καὶ φωτός, τέκνον Ματρῶνα γνήσιον, τοῦ βίου εὐσχημόνως ὁδόν, ὡς ἐν ἡμέρᾳ τέμνουσα, καὶ φῶς πρὸς ἄδυτον σπεύδουσα.

Ὕδατος στενώσασα καὶ ἄρτου, ἐνδείᾳ Ματρῶνα κομιδῇ, γαστέρα, πᾶσαν ἔφεσιν, τὴν ταύτης ἐχαλίνωσας· διὸ εὐρυχωρότατον, ἐν οὐρανοῖς πλάτος εὕρηκας.

Θεοτοκίον.

Νεκρὸς χρηματίζων οὐ γινώσκω, κακίας τῷ κάρῳ συσχεθείς, καὶ μέθῃ ἀπογνώσεως, βεβαπτισμένος Δέσποινα· ἀλλ' ἡ νεκροὺς ζωώσαντα, τεκοῦσα, αὐτή με ζώωσον.

Ὠδὴ ϛ'. Ἐβόησε, προτυπῶν.

Νεφέλην σε, δροσερὰν ἡ τοῦ Πνεύματος ἔδειξε, χάρις μῆτερ, νοσημάτων ἐξαίρουσαν καύσωνας, καὶ παθῶν ὁμίχλην, πρεσβειῶν σου ταῖς αὔραις σκεδάζουσαν.

Πεπλήρωται, καὶ ἐν σοὶ ψαλμικὴ προαγόρευσις· βασιλεῖ γάρ, τῷ τῶν ὅλων παρθένος ἐξόπισθεν, τῆς ἀειπαρθένου, σὺν σεμναῖς ἀπηνέχθης νεάνισι.

Δόξα.

Ῥοῦν ἔστησας, ἀνιάτων παθῶν ταῖς πρεσβείαις σου, τοῖς τῷ τάφῳ, προσιοῦσι τῷ σῷ μετὰ πίστεως, καὶ ψυχῶν Ματρῶνα, σηπεδόνα δεινὸν ἀπεξήρανας.

Καὶ νῦν. Θεοτοκίον.

Ὁ ἄχρονος, ὑπὸ χρόνον ἐκ σοῦ κόρη γίνεται, καὶ ὁρᾶται, ὁ ἀγγέλοις αὐτοῖς ἀθεώρητος, φύσεως βροτείας, ὑπελθὼν φιλανθρώπως τὸ φύραμα.

Τροπάριον. Ἦχος πλ. δ'.

Ἐν σοὶ μῆτερ ἀκριβῶς, διεσώθη τὸ κατ' εἰκόνα· λαβοῦσα γὰρ τὸν Σταυρόν, ἠκολούθησας τῷ Χριστῷ, καὶ πράττουσα ἐδίδασκες, ὑπερορᾶν μὲν σαρκός· παρέρχεται γάρ· ἐπιμελεῖσθαι δὲ ψυχῆς, πράγματος ἀθανάτου, διὸ καὶ μετὰ ἀγγέλων συναγάλλεται, ὁσία Ματρῶνα τὸ πνεῦμά σου.

Κοντάκιον. Ἦχος γ'.
Ἡ παρθένος σήμερον.

Οὐδαμῶς τὸ θῆλύ σοι, ἐμποδὼν ὤφθη Ματρῶνα, πρὸς τοὺς ὑπὲρ ἄνθρωπον, ἀγῶνας ὄντως καὶ ἄθλους· ἤσχυνας διὸ τὸν μέγαν νοῦν θεοφόρε, εὔφρανας τὸ γυναικεῖον μεγάλως γένος· τὸ ἐκείνων ταῖς σαῖς νίκαις, προσαφελοῦσα τῆς ἥττης ὄνειδος.

Κοινωνικόν.

Εἰς μνημόσυνον αἰώνιον ἔσται δίκαιος. Ἀλληλούια.

ΕΙΣ ΤΑΣ ΚΓ'

Τοῦ ἁγίου ἀποστόλου Ἰακώβου τοῦ ἀδελφοθέου

Εἰς τὴν Λειτουργίαν Τυπικά, καὶ ἐκ τοῦ κανόνος ᾠδὴ γ' καὶ ϛ'. Ἦχος δ'.

Ὠδὴ γ'. Εὐφραίνεται ἐπὶ σοί.

Εὐφραίνεται ἡ φυλή, ἡ τοῦ Ἰούδα ἐπὶ σοὶ σήμερον, ταῖς τοῦ Χριστοῦ βλέπουσα, σὲ μαρμαρυγαῖς ἀπαστράπτοντα.

Ἀστέρα θεολαμπῆ, ἡ ἐκκλησία τῶν ἐθνῶν ἔχουσα, σὲ εὐκλεῆ κήρυκα, θείαις διδαχαῖς σου λαμπρύνεται.

Τὸν νόμον τὸν τῆς ζωῆς, τῇ ἐκκλησίᾳ τοῦ Χριστοῦ τέθεικας, ζωοποιῷ Πνεύματι, σὺ νομοθετῶν καὶ φθεγγόμενος.

Θεοτοκίον.

Ὃν ἔτεκες ἐν σαρκί, παρθενομῆτορ ἐκ Πατρὸς λάμψαντα· τοῦτον ἁγνὴ Ἰάκωβος, ὡς Θεὸν τῶν ὅλων ἐκήρυττεν.

Ὠδὴ ς΄. Θύσω σοι, μετὰ φωνῆς.

Στολήν σε, τῆς νομικῆς ἐνέδυσε κρείττονα, καὶ ἱεράρχην δεικνύει, Ἀαρὼν τοῦ πάλαι τιμιωτέραν, ὁ δι' οἶκτον, εἰς ἀδελφότητά σε δεξάμενος.

Ὄργανον, ἐνεργείαις κρουόμενον Πνεύματος, πᾶσαν διάνοιαν θέλγον, καὶ Θεῷ προσάγον τοὺς σῳζομένους, ἐκ δουλείας, χαλεπωτάτης γέγονας ἄριστον.

Δόξα.

Διψήσας, τοῦ τῆς ζωῆς ἐξέπιες νάματος, καὶ ποταμοὺς ἀναβλύζεις, θεορρημοσύνης τῆς σῆς κοιλίας, ἁλλομένους, τῇ οἰκουμένῃ τῷ θείῳ Πνεύματι.

Καὶ νῦν. Θεοτοκίον.

Εὔα μέν, παρακοῇ τὸν θάνατον ἔτεκεν· ἡ Θεοτόκος ζωὴν δέ, συλλαβοῦσα τέτοκε τὴν ἀγήρω, καὶ τὸ πάλαι, ὑπὲρ πάντων ἀπέτισεν ὄφλημα.

Τροπάριον. Ἦχος δ΄.

Ὡς τοῦ Κυρίου μαθητής, ἀνεδέξω δίκαιε τὸ εὐαγγέλιον, ὡς μάρτυς ἔχεις τὸ ἀπαράτρεπτον, τὴν παρρησίαν ὡς ἀδελφόθεος, τὸ πρεσβεύειν ὡς ἱεράρχης· πρέσβευε Χριστῷ τῷ Θεῷ, σωθῆναι τὰς ψυχὰς ἡμῶν.

Κοντάκιον. Ἦχος δ΄.
Ὁ ὑψωθεὶς ἐν τῷ Σταυρῷ.

Ὁ τοῦ Πατρὸς μονογενὴς Θεὸς Λόγος, ἐπιδημήσας πρὸς ἡμᾶς ἐπ' ἐσχάτων, τῶν ἡμερῶν Ἰάκωβε θεσπέσιε, πρῶτόν σε ἀνέδειξε τῶν Ἱεροσολύμων, ποιμένα καὶ διδάσκαλον, καὶ πιστὸν οἰκονόμον, τῶν μυστηρίων τῶν πνευματικῶν· ὅθεν σε πάντες τιμῶμεν ἀπόστολε.

Κοινωνικόν.

Εἰς πᾶσαν τὴν γῆν ἐξῆλθεν ὁ φθόγγος αὐτοῦ, καὶ εἰς τὰ πέρατα τῆς οἰκουμένης τὰ ῥήματα αὐτοῦ.

Μεγαλυνάριον.

Τοῦ Πατρὸς τῷ Λόγῳ μαθητευθείς, θείων τε αὐτόπτης, μυστηρίων ἀναδειχθείς, ἐν Σιὼν ποιμαίνεις τὴν ἐκκλησίαν πρῶτος, καὶ λειτουργίαν γράφεις, πρῶτος Ἰάκωβε.

### ΕΙΣ ΤΑΣ Κς΄.

Τοῦ ἁγίου μεγαλομάρτυρος
Δημητρίου τοῦ μυροβλύτου
Εἰς τὴν Λειτουργίαν Τυπικά, καὶ ἐκ τῶν κανόνων τοῦ μάρτυρος ᾠδὴ

γ΄ καὶ ς΄.

### Ὠδὴ γ΄. Ἦχος δ΄.
### Εὐφραίνεται ἐπὶ σοί.

Ἐλόγισται παρ' οὐδέν, τὸ τῶν τυράννων παρὰ σοὶ πρόσταγμα· τὸν τοῦ Θεοῦ Λόγον γάρ, πάντων ἀθλοφόρε προέκρινας.

Λυχνία φωτοειδής, τοῦ μαρτυρίου ἐν σκηνῇ γέγονας, θείῳ φωτὶ λάμπουσα, μάρτυς ἀθλοφόρε Δημήτριε.

Ἰάσεών σε πηγήν, ἡ ἱερὰ καὶ θαυμαστὴ πόλις σου, καὶ θησαυρὸν ἄσυλον, πάσης εὐφροσύνης πεπλούτηκεν.

### Θεοτοκίον.

Ἰώμενος τὴν μορφήν, τὴν σαθρωθεῖσαν τῶν βροτῶν Πάναγνε, ταύτην ἐκ σοῦ ἐνδύεται, μείνας ὅ περ ἦν ὁ φιλάνθρωπος.

### Ὠδὴ ς΄. Ἦχος ὁ αὐτός.
### Τὴν θείαν ταύτην καὶ πάντιμον.

Λουτρὸν τοῦ θείου βαπτίσματος, λουσάμενος ἐχρίσθης ἀοίδιμε, μύρῳ τοῦ Πνεύματος, ὃ τηρηθέν σοι ἀμόλυντον, τῆς σῆς πλευρᾶς τὸ αἷμα, μύρον εἰργάσατο.

Ἀνάστα δεῦρο πλησίον μου, ψυχὴ τοῦ Δημητρίου προσφθέγγεται, νυμφίος Κύριος· οἶκον τοῦ νάρδου εἰσέλθωμεν, καὶ τῆς ὀσμῆς τοῦ μύρου μου μεταλάβωμεν.

### Δόξα.

Καινὰ Δημήτριε κράζει σοι, νυμφίος ὁ Χριστὸς τὰ τελούμενα· ὁ χειμὼν λέλυται, δεῦρο τὸ ῥόδον ἐξήνθησεν· εἰς τὴν ὀσμὴν ὦ φίλος, δράμε τῶν μύρων μου.

### Καὶ νῦν. Θεοτοκίον.

Θανάτῳ θάνατος λέλυται, ζωὴ ἀπὸ τοῦ τάφου ἀνέτειλε, τῷ ξένῳ τόκῳ σου, νόμων λυθέντων τῶν φύσεων· μαρτύρων δὲ τὸ αἷμα, μύρον γεγένηται.

### Τροπάριον τοῦ μάρτυρος. Ἦχος γ΄.

Μέγαν εὕρατο ἐν τοῖς κινδύνοις, σὲ ὑπέρμαχον ἡ οἰκουμένη, ἀθλοφόρε τὰ ἔθνη τροπούμενον· ὡς οὖν Λυαίου καθεῖλες τὴν ἔπαρσιν, καὶ ἐν σταδίῳ θαρρύνας τὸν Νέστορα, οὕτως ἅγιε, Χριστὸν τὸν Θεὸν ἱκέτευε, δωρήσασθαι ἡμῖν τὸ μέγα ἔλεος.

### Ἕτερον τοῦ σεισμοῦ. Ἦχος πλ. δ΄.

Ὁ ἐπιβλέπων ἐπὶ τὴν γῆν, καὶ ποιῶν αὐτὴν τρέμειν, ῥῦσαι ἡμᾶς τῆς φοβερᾶς τοῦ σεισμοῦ ἀπειλῆς, Χριστὲ ὁ Θεὸς ἡμῶν· καὶ κατάπεμψον ἡμῖν, πλούσια τὰ ἐλέη σου, πρεσβείαις τῆς Θεοτόκου, μόνε φιλάνθρωπε.

### Κοντάκιον τοῦ μάρτυρος.
### Ἰδιόμελον. Ἦχος β΄.

Τοῖς τῶν αἱμάτων σου ῥείθροις Δημήτριε, τὴν ἐκκλησίαν Θεὸς ἐπορφύρωσεν, ὁ δούς σοι τὸ κράτος ἀήττητον, καὶ περιέπων τὴν πόλιν σου ἄτρωτον· αὐτῆς γὰρ ὑπάρχεις τὸ στήριγμα.

### Κοινωνικόν.

Εἰς μνημόσυνον αἰώνιον ἔσται δίκαιος· ἀλληλούια.

### Μεγαλυνάριον.

Τὸν μέγαν ὁπλίτην καὶ ἀθλητήν, τὸν στεφανηφόρον, καὶ ἐν μάρτυσι θαυμαστόν, τὸν λόγχῃ τρωθέντα πλευρὰν ὡς ὁ Δεσπότης, Δημήτριον τὸν θεῖον, ὕμνοις τιμήσωμεν.

## ΕΙΣ ΤΗΝ ΚΗ΄*

### Τῆς τιμίας σκέπης τῆς ὑπεραγίας δεσποίνης ἡμῶν Θεοτόκου

Εἰς τὴν Λειτουργίαν Τυπικά, καὶ ἐκ τῶν κανόνων ᾠδὴ γ΄ καὶ ς΄, ἢ τὰ Ἀντίφωνα.

### Ἀντίφωνον Α΄.

Στίχ. α΄. Παρέστη ἡ βασίλισσα ἐκ δεξιῶν σου, ἐν ἱματισμῷ διαχρύσῳ περιβεβλημένη, πεποικιλμένη.

Ταῖς πρεσβείαις τῆς Θεοτόκου, Σῶτερ σῶσον ἡμᾶς.

Στίχ. β΄. Πᾶσα ἡ δόξα τῆς θυγατρὸς τοῦ βασιλέως ἔσωθεν.

Ταῖς πρεσβείαις τῆς Θεοτόκου, Σῶτερ σῶσον ἡμᾶς.

Στίχ. γ΄. Τὸ πρόσωπόν σου λιτανεύσουσιν οἱ πλούσιοι τοῦ λαοῦ σου.

Ταῖς πρεσβείαις τῆς Θεοτόκου, Σῶτερ σῶσον ἡμᾶς.

Δόξα. Καὶ νῦν.

Ταῖς πρεσβείαις τῆς Θεοτόκου, Σῶτερ σῶσον ἡμᾶς.

### Ἀντίφωνον Β΄.

Στίχ. α΄. Τῆς αἰνέσεώς σου, Κύριε, πλήρης πᾶσα ἡ γῆ.

Σῶσον ἡμᾶς Υἱὲ Θεοῦ, ὁ ἐν ἁγίοις θαυμαστός, ψάλλοντάς σοι, Ἀλληλούια.

Στίχ. β΄. Ἡμέρα Κυρίου ἐπὶ πάντα ὑβριστὴν καὶ ὑπερήφανον καὶ ἐπὶ πάντα ὑψηλὸν καὶ μετέωρον.

Σῶσον ἡμᾶς Υἱὲ Θεοῦ ...

Στίχ. γ΄. Κύριος Σαβαὼθ συνταράσσει τοὺς ἐνδόξους μετὰ ἰσχύος, καὶ οἱ ὑψηλοὶ τῇ ὕβρει συντριβήσονται.

Σῶσον ἡμᾶς Υἱὲ Θεοῦ ...

Δόξα Πατρὶ καὶ Υἱῷ καὶ ἁγίῳ Πνεύματι· καὶ νῦν καὶ ἀεὶ καὶ εἰς τοὺς αἰῶνας τῶν αἰώνων. Ἀμήν.

Ὁ Μονογενὴς Υἱὸς καὶ Λόγος τοῦ Θεοῦ ἀθάνατος ὑπάρχων, καὶ καταδεξάμενος διὰ τὴν ἡμετέραν σωτηρίαν, σαρκωθῆναι ἐκ τῆς ἁγίας Θεοτόκου καὶ ἀειπαρθένου Μαρίας, ἀτρέπτως ἐνανθρωπήσας, σταυρωθείς τε Χριστὲ ὁ Θεός, θανάτῳ θάνατον πατήσας, εἷς ὢν τῆς Ἁγίας Τριάδος, συνδοξαζόμενος τῷ Πατρὶ καὶ τῷ Ἁγίῳ Πνεύματι, σῶσον ἡμᾶς.

### Ἀντίφωνον Γ΄.

Στίχ. α΄. Μνησθήσομαι τοῦ ὀνόματός σου ἐν πάσῃ γενεᾷ καὶ γενεᾷ.

Τῆς σκέπης σου Παρθένε, ἀνυμνοῦμεν τὰς χάριτας, ἣν ὡς φωτοφόρον νεφέλην, ἐφαπλοῖς ὑπὲρ ἔννοιαν, καὶ σκέπεις τὸν λαόν σου νοερῶς, ἐκ πάσης τῶν ἐχθρῶν ἐπιβουλῆς· σὲ γὰρ σκέπην καὶ προστάτιν καὶ βοηθόν, κεκτήμεθα βοῶντές σοι· δόξα τοῖς μεγαλείοις σου ἀγνή, δόξα τῇ θείᾳ σκέπῃ σου, δόξα τῇ πρὸς ἡμᾶς σου, προμηθείᾳ ἄχραντε.

Στίχ. β΄. Διὰ τοῦτο λαοὶ ἐξομολογήσονταί σοι εἰς τὸν αἰῶνα καὶ εἰς τὸν αἰῶνα τοῦ αἰῶνος.

Τῆς σκέπης σου Παρθένε …

Στίχ. γ΄. Σμύρνα καὶ στακτὴ καὶ κασία ἀπὸ τῶν ἱματίων σου.

Τῆς σκέπης σου, Παρθένε …

### Εἰσοδικόν.

Δεῦτε προσκυνήσωμεν καὶ προσπέσωμεν Χριστῷ· Σῶσον ἡμᾶς, Υἱὲ Θεοῦ, ὁ ἐν ἁγίοις θαυμαστός, ψάλλοντάς σοι· Ἀλληλούϊα.

### Ὠδὴ γ΄. Ἦχος δ΄. Τοὺς σοὺς ὑμνολόγους.

Πηγὴ εὐφροσύνης οὐρανίου, ἡ σκέπη σου ἡ φωτοειδής, ὑπάρχει Παναμώμητε, τοῖς θλίψεσι παλαίουσι, χάριν ἀεὶ καὶ ἔλεος, καὶ σωτηρίαν βραβεύουσα.

Ἀρχῆθεν ἡμᾶς δι᾽ εὐσπλαγχνίαν, ὡς ἔθνος παρθένε ἐκλεκτόν, ἔθου ὑπὸ τὴν σκέπην σου, καὶ ξένα καὶ παράδοξα, πάλαι καὶ νῦν ἐνήργησας, ἡμᾶς κινδύνων ἐξαίρουσα.

Ῥημάτων Ἀνδρέου τοῦ ὁσίου, ἀκούσας παρθένε εὐλαβῶς, ὁ θεῖος Ἐπιφάνιος, εἶδέ σε περισκέπουσαν, λαὸν τὸν χριστεπώνυμον, ὡς βασιλίδα οὐράνιον.

Θαυμάτων τῆς σκέπης σου τῆς θείας, ὁρῶντες παρθένε τὴν πληθύν, ἃ ἐνεργεῖς ἑκάστοτε, ἡμῶν εἰς περιποίησιν, χαριστηρίους αἴνους σοι, Ἑλλήνων παῖδες προσάγομεν.

### Ὠδὴ ς΄. Ἦχος πλ. δ΄. Ἱλάσθητί μοι Σωτήρ.

Ὁλόφωτος ἀληθῶς, ἐπέστης παντοβασίλισσα, καὶ ἥπλωσας θαυμαστῶς, τὴν ἄχραντον σκέπην σου, σκέπουσα τοὺς δούλους σου· ὅθεν ἀνυμνοῦμεν, τὴν πολλήν σου ἀγαθότητα.

Τὴν νομικὴν κιβωτόν, τὰ χερουβὶμ πρὶν ἐσκίαζον· τὴν ἐκκλησίαν δὲ νῦν, τοῦ Χριστοῦ ἡ Σκέπη σου, σκέπει παντευλόγητε, καὶ ἐπισκιάζει, καὶ παρέχει χάριν ἄφθονον.

Δόξα.

Ὁ παλαιὸς Ἰσραήλ, ὑπὸ νεφέλης ἰθύνετο, ἐπαγγελίας πρὸς γῆν· ὁ νέος δὲ Πάναγνε, ὑπὸ τῆς ἁγίας σου, σκέπης ὁδηγεῖται, πρὸς ζωὴν τὴν ἀτελεύτητον.

Καὶ νῦν.

Κύκλῳ ἡμῶν ὥς περ πῦρ, καταναλίσκον τοὺς ἄφρονας, τὴν σκέπην σου τὴν λαμπράν, παρεμβάλλεις Ἄχραντε, ἡμᾶς διασῴζουσα, τῆς τούτων μανίας· διὰ τοῦτό σε δοξάζομεν.

### Τροπάριον. Ἦχος α΄. Τοῦ λίθου σφραγισθέντος.

Τῆς σκέπης σου παρθένε, ἀνυμνοῦμεν τὰς χάριτας, ἣν ὡς φωτοφόρον νεφέλην, ἐφαπλοῖς ὑπὲρ ἔννοιαν, καὶ σκέπεις τὸν λαόν σου νοερῶς, ἐκ πάσης τῶν ἐχθρῶν ἐπιβουλῆς· σὲ γὰρ σκέπην καὶ προστάτιν καὶ βοηθόν, κεκτήμεθα βοῶντές σοι· δόξα τοῖς μεγαλείοις σου ἁγνή, δόξα τῇ θείᾳ Σκέπῃ σου, δόξα τῇ πρὸς ἡμᾶς σου, προμηθείᾳ Ἄχραντε.

### Κοντάκιον. Ἦχος πλ. δ΄.
### Τῇ ὑπερμάχῳ.

Ὥς περ νεφέλη ἀγλαῶς ἐπισκιάζουσα, τῆς ἐκκλησίας τὰ πληρώματα Πανάχραντε, ἐν τῇ Πόλει πάλαι ὤφθης τῇ βασιλίδι· ἀλλ᾿ ὡς σκέπη τοῦ λαοῦ σου καὶ ὑπέρμαχος, περισκέπασον ἡμᾶς ἐκ πάσης θλίψεως, τοὺς κραυγάζοντας· Χαῖρε Σκέπη ὁλόφωτε.

### Ἀντὶ τοῦ Ἄξιον ἐστίν, ἦχος δ΄.

Ἄγγελοι τὴν Σκέπην τῆς Θεοτόκου, ἐν ὕμνοις μεγαλύνουσιν, ὅτι πιστῶν τὰς χορείας, ἁπανταχοῦ περισκέπει. Ἅπας γηγενής, σκιρτάτω τῷ πνεύματι λαμπαδουχούμενος· πανηγυριζέτω δὲ ἀΰλων νόων φύσις γεραίρουσα, τὴν ἱερὰν πανήγυριν τῆς Θεομήτορος, καὶ βοάτω· χαίροις παμμακάριστε, Θεοτόκε ἁγνὴ ἀειπάρθενε.

### Κοινωνικόν.

Ποτήριον σωτηρίου λήψομαι, καὶ τὸ ὄνομα Κυρίου ἐπικαλέσομαι.

## ΜΗΝ ΝΟΕΜΒΡΙΟΣ

### ΕΙΣ ΤΗΝ Α΄

Μνήμη τῶν ἁγίων Ἀναργύρων Κοσμᾶ καὶ Δαμιανοῦ
Εἰς τὴν Λειτουργίαν Τυπικά, καὶ ἐκ τῶν κανόνων ᾠδὴ γ΄ καὶ ς΄.

### Ὠδὴ γ΄. Ἦχος α΄.
### Στερέωσόν με Χριστέ.

Ἰάσεων τὰς πηγάς, τῶν δωρεῶν τε τῶν θείων τοὺς ὀχετούς, τοῦ ἀΰλου φωτὸς τὰ λαμπρότατα, δοχεῖα ἅπαντες ἀξίως ὑμνήσωμεν.

Σωμάτων τε καὶ ψυχῶν, ὡς ἰατρεύοντες πάθη, τὰς ἀρρωστίας, τῶν προσιόντων ὑμῖν πανσεβάσμιοι, προθύμως νῦν, ὡς εὐεργέται θεραπεύετε.

Γονίμοις ἐν ἀρεταῖς, κατακοσμούμενοι πᾶσαν τὴν φθειρομένην, τρυφὴν τοῦ βίου σαφῶς ἀπεκρούσαντο, τῷ θείῳ κάλλει ἀνενδότως ἀτενίζοντες.

### Θεοτοκίον.

Ἐν εἴδει τῷ καθ᾿ ἡμᾶς, ὁ πρὶν ἀνείδεος ὤφθη θεογεννῆτορ, συνεισδραμούσης σαρκὶ τῆς Θεότητος, ἐν μήτρᾳ σου τῆς παναγίας Θεόνυμφε.

### Ὠδὴ ς΄. Ἦχος δ΄.
### Θύσω σοι, μετὰ φωνῆς αἰνέσεως.

Οὐ τέχνῃ, ἀνθρωπίνῃ ἐν θείᾳ δὲ χάριτι, ἀποκαθαίρετε νόσους, τῶν ἀνθρώπων ἔνδοξοι· διὰ τοῦτο, κατὰ χρέως, εὐφημοῦντες ὑμᾶς μακαρίζομεν.

Φιλίᾳ, πρὸς Χριστὸν θεοφόροι συνδούμενοι, πᾶσαν κακίαν δαιμόνων, διαλύετε θείᾳ χάριτι· διὰ τοῦτο, τὴν ὑμῶν ἐκτελοῦμεν πανήγυριν.

### Δόξα.

Ὡς ὄντες, τῆς ἀμπέλου τῆς θείας βλαστήματα, οἶνον ἡμῖν ἰαμάτων, τῆς ἐν κατηφείᾳ τῶν νοσημάτων, κεραννύντες, εὐφροσύνης πληροῦτε ἀνάργυροι.

### Καὶ νῦν. Θεοτοκίον.

Ναόν σε, καθαρὸν ἀπειργάσατο Δέσποινα, ὁ καθαρώτατος Λόγος, ὁ τὸν θεῖον οἶκον τῶν ἀναργύρων, μεγαλύνων, ἐν σημείοις καὶ τέρασι πάντοτε.

### Τροπάριον. Ἦχος πλ. δ΄.

Ἅγιοι ἀνάργυροι καὶ θαυματουργοί, ἐπισκέψασθε τὰς ἀσθενείας ἡμῶν· δωρεὰν ἐλάβετε, δωρεὰν δότε ἡμῖν.

### Κοντάκιον. Ἦχος β΄. Τοὺς ἀσφαλεῖς.

Οἱ τὴν χάριν λαβόντες τῶν ἰαμάτων, ἐφαπλοῦτε τὴν ῥῶσιν τοῖς ἐν ἀνάγκαις, ἰατροὶ θαυματουργοὶ ἔνδοξοι· ἀλλὰ τῇ ὑμῶν ἐπισκέψει, καὶ τῶν πολεμίων τὰ θράση καταβάλετε, τὸν κόσμον ἰώμενοι ἐν τοῖς θαύμασιν.

### Κοινωνικόν.

Εἰς μνημόσυνον αἰώνιον ἔσονται δίκαιοι.

### Μεγαλυνάριον.

Ὄντως θαυματόβρυτος ἡ πηγή, τῶν ἰατηρίων, τοῦ Κοσμᾶ καὶ Δαμιανοῦ· ῥεῖθρα γὰρ ἐκβλύζει, ζωήροα τοῖς πᾶσι· τῶν ἀναργύρων ὅθεν, χάριτας μέλψωμεν.

## ΕΙΣ ΤΑΣ Γ΄

### Ἡ κατάθεσις τοῦ τιμίου λειψάνου τοῦ μεγαλομάρτυρος Γεωργίου ἐν Λύδῃ

Εἰς τὴν Λειτουργίαν Τυπικά, καὶ ἐκ τοῦ κανόνος ᾠδὴ γ΄ καὶ ς΄.

### Ὠδὴ γ΄. Ἦχος δ΄. Ὁ στερεῶν βροντήν.

Ἐπιπαφλάζον πῦρ τὸ τῆς ἀπάτης, οὐ φέρων βλέπειν ἅγιε, ὡς πυρίπνους καὶ ζηλωτής, ἀνομοῦντας διελέγχων· οὐκ ἔστιν ἄλλος ἔλεγες, Θεὸς ὡς ὁ Κύριος.

Πῦρ τὸ τοῦ Λόγου ὅπερ ἦλθε μάκαρ, βαλεῖν εἰς κόσμον ἅπαντα, σοῦ καθαψάμενον τῆς ψυχῆς, στέγειν ὅλως οὐκ εἴα, ἀλλὰ θερμῶς ἀνέκραζες· Χριστός μοι στερέωμα.

Τὰ τῶν βασάνων εἴδη σοι δεικνύων, ὥσπερ φοβεῖν ὁ τύραννος, τὴν ἀκατάπληκτόν σου ψυχήν, ὑπετόπασε θεόφρον· σὺ δὲ στερρῶς ἀνέκραζες· Χριστός μοι στερέωμα.

### Θεοτοκίον.

Ὄρος σε μέγα βλέπων ὁ προφήτης, ὑπερκειμένην ἔχον, τὴν κορυφὴν ἁπάντων τῶν βουνῶν, τῶν ἀγγελικῶν ταγμάτων, ὑπὲρ αἰτίαν ἔλεγε, Παρθένος γεννήσεται.

### Ὠδὴ ς΄. Ζάλη με λογισμῶν.

Σῶμά σου παραδοὺς ταῖς τιμωρίαις, τὴν ψυχὴν ἐτήρησας, ἀπήμαντον θεομάκαρ· τὴν ἄνωθεν ἔσχες ἀρωγήν, φρουρὰν προμηθεστάτην, ἐν τοῖς πολέμοις Γεώργιε.

ἵλεων τὸν Δεσπότην ταῖς εὐχαῖς σου, ἀπεργάζου πάντοτε, τὴν μνήμην σου τοῖς ἐκ πόθου, ἐκτελοῦσι· καὶ ζάλης ὁρατῶν, ἐχθρῶν καὶ ἀοράτων, ἀπήμονας διαφύλαττε.

### Δόξα.

Νόες σου κατεπλάγησαν ὁρῶντες, τὴν ἀνδρείαν ἄνωθεν, πῶς ἀγχεμάχοις ὅπλοις κατεπάλαισας, ἄσαρκον ἐχθρόν, τὸν πάλαι τοὺς γενάρχας, ἐν παραδείσῳ πτερνίσαντα.

### Καὶ νῦν. Θεοτοκίον.

Ὕφανας ἱστουργίᾳ τῇ ἀρρήτῳ, ἁλουργίδα Πάναγνε, Πατρὸς καὶ Πνεύματος θείου, εὐδοκίᾳ τῷ πάντων βασιλεῖ, ἀτρέπτως καὶ ἀφύρτως, σάρκα τὴν σὴν ἀμφιάσασα.

### Τροπάριον. Ἦχος δ΄.

Ὡς τῶν αἰχμαλώτων ἐλευθερωτής, καὶ τῶν πτωχῶν ὑπερασπιστής, ἀσθενούντων ἰατρός, βασιλέων ὑπέρμαχος, τροπαιοφόρε μεγαλομάρτυς Γεώργιε, πρέσβευε Χριστῷ τῷ Θεῷ, σωθῆναι τὰς ψυχὰς ἡμῶν.

### Κοντάκιον. Ἦχος πλ. δ΄.
### Τῇ ὑπερμάχῳ.

Τῇ ὑπερμάχῳ καὶ θερμῇ σου ἀντιλήψει, προσπεφευγότες οἱ πιστοὶ τοῦ λυτρωθῆναι, ἐξαιτούμεθα ἀήττητε ἀθλοφόρε· ἀλλ' ὡς ἔχων παρρησίαν ἡμᾶς λύτρωσαι, ἐκ παντοίων νῦν κινδύνων καὶ κακώσεων, ἵνα κράζωμεν· χαίροις μάρτυς Γεώργιε.

### Κοινωνικόν.

Εἰς μνημόσυνον αἰώνιον ἔσται δίκαιος· ἀλληλούια.

### Μεγαλυνάριον.

Τὸν θερμὸν προστάτην καὶ βοηθόν, τὸν ἐν τοῖς κινδύνοις, ἀντιλήπτορα ταχινόν, τῶν μαρτύρων κλέος, εἰδώλων καθαιρέτην, Γεώργιον τὸν μέγαν, πάντες τιμήσωμεν.

## ΕΙΣ ΤΑΣ Η΄

*Ἡ σύναξις τῶν ἀρχιστρατήγων Μιχαὴλ καὶ Γαβριήλ, καὶ πασῶν τῶν ἐπουρανίων δυνάμεων.*

Εἰς τὴν Λειτουργίαν τὰ Τυπικά, καὶ ἐκ τῶν κανόνων ᾠδὴ γ΄ καὶ ς΄.

### Ὠδὴ γ΄. Ἦχος πλ. δ΄.
### Σὺ εἶ τὸ στερέωμα.

Τῶν ἀγγέλων πρώτιστος, καὶ τῆς Τριάδος φῶς δεύτερον, ὤφθης ἡμῖν, Μιχαὴλ ὁ ἄρχων, τοῖς πιστῶς εὐφημοῦσί σε.

Αἴγλη θείας χάριτος, ὁ Γαβριὴλ πιστῶς ἔπλησε, πᾶσαν τὴν γῆν, τοῦ Θεοῦ κηρύξας, τὴν ἐν σώματι κάθοδον.

Ξυνωρὶς ἀοίδιμε, καὶ φωταυγὴς δυὰς ἄυλε, φῶτα Θεοῦ, τοὺς πιστῶς τελοῦντας, τὴν ὑμῶν μνήμην δείξατε.

### Θεοτοκίον.

ἮΙσεν Ἡσαΐας σου, τὴν ὑπὲρ νοῦν ἁγνὴ κύησιν· ᾄδω κἀγώ, ἵνα τῆς ἐκείνου, ἐπιτύχω καθάρσεως.

### Ὠδὴ ς΄. Ἦχος ὁ αὐτός.
### Ἱλάσθητί μοι, Σωτήρ.

Ὡς πῦρ καὶ φλόγα καὶ φῶς, τοὺς ἀσωμάτους ὑπάρχοντας, ἐκ τῆς ὑλώδους φθορᾶς, τὸν νοῦν ἀνιπτάμενοι, ὑλέοις ἐν χείλεσι, τοὺς ἀΰλους φόβῳ, ἐν τοῖς ᾄσμασι τιμήσωμεν.

Νεκρώσατε τῶν παθῶν, τὰς καταιγίδας ἀρχάγγελοι, καὶ παύσατε σὺν αὐτοῖς, τὰ σκάνδαλα ἅπαντα, τῆς πίστεως ἅγιοι, τῆς Τριάδος ὄντες, πυρίμορφοι ἀρχιστράτηγοι.

### Δόξα.

Ἀρχάγγελοι τοῦ Θεοῦ, τῶν ἀσωμάτων οἱ ἔξαρχοι, τῇ παρρησίᾳ ὑμῶν, ἐκ πάσης αἱρέσεως, ἡμᾶς διασώσατε, Μιχαὴλ ὁ ἄρχων, καὶ Γαβριὴλ οἱ ἀρχιστράτηγοι.

### Καὶ νῦν. Θεοτοκίον.

Νηδύος ὤφθης ἑκών, ἐξ ἀπειράνδρου σαρκούμενος· ὁ ἄσαρκος ὡς Θεός, Χριστὲ σαρκοφόρος δέ, ὡς ἄνθρωπος πέφυκας· οὗ τῆς ἐμφερείας, οἱ πιστοὶ τὸ εἶδος σέβομεν.

### Τροπάριον. Ἦχος δ΄.

Τῶν οὐρανίων στρατιῶν ἀρχιστράτηγοι, δυσωποῦμεν ὑμᾶς ἡμεῖς οἱ ἀνάξιοι, ἵνα ταῖς ὑμῶν δεήσεσι τειχίσητε ἡμᾶς, σκέπῃ τῶν πτερύγων τῆς ἀΰλου ὑμῶν δόξης, φρουροῦντες ἡμᾶς προσπίπτοντας, ἐκτενῶς καὶ βοῶντας· ἐκ τῶν κινδύνων λυτρώσασθε ἡμᾶς, ὡς ταξιάρχαι τῶν ἄνω δυνάμεων.

### Κοντάκιον. Ἦχος β΄.

Ἀρχιστράτηγοι Θεοῦ, λειτουργοὶ θείας δόξης, τῶν ἀνθρώπων ὁδηγοί, καὶ ἀρχηγοὶ ἀσωμάτων, τὸ συμφέρον ἡμῖν αἰτήσασθε, καὶ τὸ μέγα ἔλεος, ὡς τῶν ἀσωμάτων ἀρχιστράτηγοι.

### Κοινωνικόν.

Ὁ ποιῶν τοὺς ἀγγέλους αὐτοῦ πνεύματα, καὶ τοὺς λειτουργοὺς αὐτοῦ πυρὸς φλόγα.

### Μεγαλυνάριον.

Δεῦτε εὐφημήσωμεν οἱ πιστοί, τοὺς δύο φωστῆρας, τοὺς μεγάλους καὶ φωταυγεῖς, Μιχαὴλ τὸν μέγαν, καὶ Γαβριὴλ τὸν θεῖον, τοὺς δύο ταξιάρχας τοῦ παντοκράτορος.

### Ἕτερον.

Ἄγγελοι ἀρχάγγελοι χερουβίμ, ἐξουσίαι θρόνοι, κυριότητες σεραφίμ, ἀρχαὶ καὶ δυνάμεις, μετὰ τοῦ πρωτοστάτου, τῶν εὐφημούντων ὕμνοις ὑμᾶς προΐστασθε.

### ΕΙΣ ΤΑΣ Θ΄*

**Τοῦ ἁγίου Νεκταρίου ἐπισκόπου Πενταπόλεως τοῦ θαυματουργοῦ**
Εἰς τὴν Λειτουργίαν Τυπικά, καὶ ἐκ τῶν κανόνων αὐτοῦ ᾠδὴ γ΄ καὶ ς΄.

### Ὠδὴ γ΄. Ἦχος α΄.
### Στερεωθήτω ἡ καρδία μου.

Ἀγάπῃ θείᾳ ἐκ νεότητος, πάτερ ἱερῶς στοιχειούμενος, ἀκολουθῆσαι τῷ Χριστῷ, ἡρετίσω Νεκτάριε, καὶ ἐκ πάσης ματαιότητος, ἐμφρόνως ἐμάκρυνας.

Ῥήσεσι πάτερ τῶν χειλέων σου, στάζεις γλυκασμὸν τὸν οὐράνιον, ἐν ταῖς καρδίαις τῶν πιστῶς, δεχομένων τὸν λόγον σου, καὶ παιδεύεις πρὸς τὰ κρείττονα, πιστῶν τὴν διάνοιαν.

Ἱεραρχῶν νέον ἀγλάισμα, ὤφθης Ἱεράρχα Νεκτάριε, ἁγιωσύνην ἀληθῆ, ἐνδυσάμενος ὅσιε, πολιτείας καθαρότητι· διὸ εὐφημοῦμέν σε.

Θεοτοκίον.

Ὡραϊσμένη ὑπὲρ ἔννοιαν, ταῖς τῆς παρθενίας λαμπρότησι, τίκτεις Θεὸν ὑπερφυῶς, μετὰ σώματος ἄχραντε, καὶ τῆς Εὔας τὸ κατάκριμα, ἐν τῷ τόκῳ σου ἔλυσας.

Ὠδὴ ς΄. Ἦχος δ΄. Τὴν θείαν ταύτην.

Τὸ θεῖον νέκταρ τῆς χάριτος, δεξάμενος Νεκτάριε ὅσιε, ἐν τῇ καρδίᾳ σου, τὸν γλυκασμὸν τὸν οὐράνιον, Χριστοῦ τῇ ἐκκλησίᾳ, ἄρτι ἐπήγασας.

Ἐν ἱεράρχαις θεόληπτος, καὶ ἐν διδασκάλοις θεόσοφος, πάτερ Νεκτάριε, ὡς ἀληθῶς ἐχρημάτισας, ἰδέαις ἐναρέτοις, καλλωπιζόμενος.

Δόξα.

Ῥόδον καθάπερ ἡδύπνευστον, τῇ θείᾳ εὐωδίᾳ τοῦ Πνεύματος, πάτερ ἡ κάρα σου, ἡμᾶς εὐφραίνει Νεκτάριε, καὶ παύει τὸ δυσῶδες, παθῶν καὶ θλίψεων.

Καὶ νῦν. Θεοτοκίον.

Δύναμιν δίδου μοι πάναγνε, κατὰ τοῦ παλαιοῦ πολεμήτορος, τοῦ καθ' ἑκάστην μοι, λόχους καὶ δόλους τεκταίνοντος, ἵνα τῆς τούτου βλάβης, φανῶ ἀνώτερος.

Τροπάριον τοῦ ἁγίου. Ἦχος α΄.
Τῆς ἐρήμου πολίτης.

Σηλυβρίας τὸν γόνον καὶ Αἰγίνης τὸν ἔφορον, τὸν ἐσχάτοις χρόνοις φανέντα, ἀρετῆς φίλον γνήσιον, Νεκτάριον τιμήσωμεν πιστοί, ὡς ἔνθεον θεράποντα Χριστοῦ· ἀναβλύζει γὰρ ἰάσεις παντοδαπάς, τοῖς εὐλαβῶς κραυγάζουσι· δόξα τῷ σὲ δοξάσαντι Χριστῷ, δόξα τῷ σὲ θαυμαστώσαντι, δόξα τῷ ἐνεργοῦντι διὰ σοῦ, πᾶσιν ἰάματα.

Ἕτερον τροπάριον. Ἦχος δ΄.
Ταχὺ προκατάλαβε.

Ὁσίως ἐβίωσας, ὡς ἱεράρχης σοφός, δοξάσας τὸν Κύριον, δι' ἐναρέτου ζωῆς, Νεκτάριε ὅσιε. Ὅθεν τοῦ Παρακλήτου, δοξασθεὶς τῇ δυνάμει, δαίμονας ἀπελαύνεις, καὶ νοσοῦντας ἰᾶσαι, τοὺς πίστει προσιόντας, τοῖς θείοις λειψάνοις σου.

Κοντάκιον. Ἦχος πλ. δ΄.
Τῇ ὑπερμάχῳ.

Ὀρθοδοξίας τὸν ἀστέρα τὸν νεόφωτον, καὶ ἐκκλησίας τὸ νεόδμητον προτείχισμα, ἀνυμνήσωμεν καρδίας ἐν εὐφροσύνῃ· δοξασθεὶς γὰρ ἐνεργείᾳ τῇ τοῦ Πνεύματος, ἰαμάτων ἀναβλύζει χάριν ἄφθονον, τοῖς κραυγάζουσι· χαίροις πάτερ

Νεκτάριε.

### Κοινωνικόν.

Εἰς μνημόσυνον αἰώνιον ἔσται δίκαιος· ἀλληλούια.

### ΕΙΣ ΤΑΣ ΙΒ´

### Τοῦ ἐν ἁγίοις πατρὸς ἡμῶν Ἰωάννου τοῦ ἐλεήμονος, πατριάρχου Ἀλεξανδρείας

Εἰς τὴν Λειτουργίαν Τυπικά, καὶ ἐκ τοῦ κανόνος ᾠδὴ γ´ καὶ ς´.

### ᾨδὴ γ´. Ἦχος πλ. δ´. Οὐρανίας ἁψῖδος.

Εὐπρεπὴς ὥσπερ κόρη, ἐξ ἐλαιῶν στέφανον, ἐπιφερομένη ἐπώφθη σοι ἀξιάγαστε, τοῦ ἐλεήμονος, ἡ εὐσυμπάθητος χάρις, προσεφελκομένη σε πρὸς θεῖον ἔλεος.

Ἱερὸν ἐπὶ θρόνον, ψήφῳ Θεοῦ ἔνδοξε, πάτερ Ἰωάννη, καθίσας καθάπερ ἄγγελος, σὺ πεπολίτευσαι, εἰρηνικὰς ἀναφέρων, ἱερὰς θυσίας τε τῷ πανοικτίρμονι.

Τῇ πολλῇ συμπαθείᾳ, τὸν συμπαθῆ Κύριον, πάτερ θεραπεύων, δι' οἶκτον σάρκα πτωχεύσαντα, πτωχοῖς ἐπήρκεσας, ξένους ἀστέγους συνῆξας, πληρωτὴς προστάξεων θείων γενόμενος.

### Θεοτοκίον.

Ἐπὶ σοὶ Παναγία, ὁ τοῦ παντὸς αἴτιος, δι' ὑπερβολὴν εὐσπλαγχνίας θέλων ἐσκήνωσε, καὶ καθηγίασε, τὴν τῶν ἀνθρώπων οὐσίαν, παραβάσει πρότερον ἐξολισθήσασαν.

### ᾨδὴ ς´. Ἦχος ὁ αὐτός. Τὴν δέησιν ἐκχεῶ πρὸς Κύριον.

Δεήσεσι καὶ νηστείᾳ σχολάζων, καὶ ἀγρύπνως τὸν Θεὸν ἱκετεύων, ὀπτασιῶν καὶ ὁράσεων θείων, κατηξιώθης θεόφρον πανόλβιε, μυούμενος τὰ ὑπὲρ νοῦν, διανοίας σοφὲ καθαρότητι.

Ὡς ἄγγελος μετὰ σώματος πάτερ, ἐπὶ γῆς ἐπολιτεύσω θυσίας, εἰρηνικὰς ἀναιμάκτους τῇ πίστει, συντετριμμένῃ καρδίᾳ καὶ πνεύματι, μακάριε τῷ ποιητῇ, Ἰωάννη προσφέρων γηθόμενος.

### Δόξα.

Ὁ βίος σου ὑπὲρ ἥλιον λάμψας, συμπαθείας ἐπαφῆκεν ἀκτῖνας, τὸ σκοτεινόν, νέφος ἐξελαυνούσας, τῶν δεομένων πενίας πανόλβιε, θαλπούσας τε τοὺς τῷ κρυμῷ, τῶν δεινῶν κρατουμένους θεόπνευστε.

### Καὶ νῦν. Θεοτοκίον.

Νοήσαντες θεηγόροι προφῆται, μυστηρίου σου παρθένε τὸ βάθος, προφητικῶς, προκατήγγειλαν τοῦτο, φωταγωγούμενοι θείῳ ἐν Πνεύματι· καὶ νῦν ἡμεῖς περιφανῶς, τὰς ἐκβάσεις ὁρῶντες πιστεύομεν.

### Τροπάριον. Ἦχος πλ. δ´.

Ἐν τῇ ὑπομονῇ σου ἐκτήσω τὸν μισθόν σου πάτερ ὅσιε, ταῖς προσευχαῖς ἀδιαλείπτως ἐγκαρτερήσας, τοὺς πτωχοὺς ἀγαπήσας, καὶ τούτοις ἐπαρκέσας· ἀλλὰ πρέσβευε Χριστῷ τῷ Θεῷ, Ἰωάννη ἐλεῆμον μακάριε, σωθῆναι τὰς ψυχὰς ἡμῶν.

### Κοντάκιον. Ἦχος β΄.
### Τὰ ἄνω ζητῶν.

Τὸν πλοῦτον τὸν σόν, ἐσκόρπισας τοῖς πένησι, καὶ τῶν οὐρανῶν τὸν πλοῦτον νῦν ἀπείληφας, Ἰωάννη πάνσοφε· διὰ τοῦτο πάντες σε γεραίρομεν, ἐκτελοῦντες τὴν μνήμην σου, τῆς ἐλεημοσύνης ὦ ἐπώνυμε.

### Κοινωνικόν.

Εἰς μνημόσυνον αἰώνιον ἔσται δίκαιος· ἀλληλούϊα.

### Μεγαλυνάριον.

Τῶν πτωχῶν ὁ ἄγρυπνος ὀφθαλμός, ἐλεημοσύνης ὁ ἀείρυτος ποταμός, ὁ πενήτων σβέσας, ἀπόρων τὸ αὐχμῶδες, ὑμνείσθω Ἰωάννης, ὁ συμπαθέστατος.

### ΕΙΣ ΤΑΣ ΙΓ΄

### Τοῦ ἐν ἁγίοις πατρὸς ἡμῶν Ἰωάννου ἀρχιεπισκόπου Κωνσταντινουπόλεως τοῦ Χρυσοστόμου

Εἰς τὴν Λειτουργίαν Τυπικά, καὶ ἐκ τοῦ κανόνος ᾠδὴ γ΄ καὶ ς΄. Ἦχος πλ. δ΄.

### Ὠδὴ γ΄. Ὁ στερεώσας κατ' ἀρχάς.

Νοῦν σὺ Χριστοῦ πεπλουτηκώς, σῇ καθαρᾷ πολιτείᾳ, τῆς ἀνθρώπων σωτηρίας ἐγένου, συνεργὸς ὑφηγητής, δημηγόρος Χρυσόστομε, διδασκαλίας βρύων, σωτηριώδεις θεόπνευστε.

Ἐκ τῶν ἀΰλων θησαυρῶν, τοῦ Πνεύματος σὺ πλουτήσας, ἐκ πηγῶν τοῦ σωτηρίου ἀντλήσας, τὴν ἀέναον πηγήν, τῶν διδαγμάτων ἤρδευσας, τῆς ἐκκλησίας ἅπαν, ὅσιε πάτερ τὸ πρόσωπον.

Ὑλομανούσας τῶν ψυχῶν, Χρυσόστομε τὰς ἀρούρας, τῇ πανσόφῳ γεωργίᾳ τῶν λόγων, ἐξεκάθηρας σαφῶς, καὶ καρποφόρους ἔδειξας, τοῖς οὐρανίοις ὄμβροις, ταύτας ἐπάρδων θεόληπτε.

### Θεοτοκίον.

Μῶμος ἐν σοὶ καὶ μολυσμός, οὐκ ἔστιν ὅλως παρθένε· ἐνδιαίτημα δὲ μᾶλλον ἐφάνης, οὐρανίων ἀρετῶν· ἐν σοὶ γὰρ κατεσκήνωσε, τῶν ἀρετῶν ἡ πᾶσα, ἁγιωσύνη πανάμωμε.

### Ὠδὴ ς΄. Ἱλάσθητί μοι Σωτήρ.

Σοφίᾳ πνευματικῇ, τὸν κόσμον ὅλον ἐπλούτισας, τοῦ λόγου διανομεύς, γενόμενος πλούσιος· πλουσία γὰρ ἄνωθεν ἱεράρχα χάρις, ἐξεχύθη σοῦ τοῖς χείλεσιν.

Εἰς πᾶσαν ὡς ἀστραπή, τὴν γῆν ἐξῆλθεν ὁ φθόγγος σου· ἡ δύναμις δὲ τῶν σῶν, ῥημάτων Χρυσόστομε, ὡς σάλπιγξ πανεύφημος, οἰκουμένης πάντα, περιήχησε τὰ πέρατα.

### Δόξα.

Τὸν ἄνωθεν ὑφαντόν, χιτῶνα περιβαλλόμενος, παμμάκαρ τῶν ἀρετῶν, καὶ λόγων λαμπρότητα, περιποιησάμενος, ἀληθείας ὤφθης, περιδέξιον ἑδραίωμα.

## ΛΕΙΤΟΥΡΓΙΚΟΝ

### Καὶ νῦν. Θεοτοκίον.

Ὁ παντοκρατορικῇ, δυνάμει φέρων τὰ σύμπαντα, τὸ ἀσθενὲς τῆς σαρκός, ἐκ σοῦ περιβάλλεται, παρθένε πανάμωμε, ἐπ' εὐεργεσίᾳ, τῶν ἀνθρώπων ὁ φιλάνθρωπος.

### Τροπάριον. Ἦχος πλ.δ´.

Ἡ τοῦ στόματός σου καθάπερ πυρσὸς ἐκλάμψασα χάρις, τὴν οἰκουμένην ἐφώτισεν· ἀφιλαργυρίας τῷ κόσμῳ θησαυροὺς ἐναπέθετο· τὸ ὕψος ἡμῖν τῆς ταπεινοφροσύνης ὑπέδειξεν· ἀλλὰ σοῖς λόγοις παιδεύων, πάτερ Ἰωάννη Χρυσόστομε, πρέσβευε Χριστῷ τῷ Θεῷ, σωθῆναι τὰς ψυχὰς ἡμῶν.

### Κοντάκιον. Ἦχος πλ. β´.

Ἐκ τῶν οὐρανῶν ἐδέξω τὴν θείαν χάριν, καὶ διὰ τῶν σῶν χειλέων πάντας διδάσκεις, προσκυνεῖν ἐν Τριάδι τὸν ἕνα Θεόν, Ἰωάννη Χρυσόστομε, παμμακάριστε ὅσιε· ἐπαξίως εὐφημοῦμέν σε· ὑπάρχεις γὰρ καθηγητής, ὡς τὰ θεῖα σαφῶν.

### Κοινωνικόν.

Εἰς μνημόσυνον αἰώνιον ἔσται δίκαιος· ἀλληλούϊα.

### Μεγαλυνάριον.

Χαίροις ὁ χρυσόρρειθρος ποταμός, ὁ τὴν οἰκουμένην, καταρδεύων νᾶμα χρυσοῦν· χαίροις ὁ τὴν γλῶτταν, χρυσοῦς καὶ τὴν καρδίαν, Χρυσόστομε τρισμάκαρ, πατριαρχῶν ἡ κρηπίς.

### ΕΙΣ ΤΑΣ ΙΔ´

### Τοῦ ἁγίου ἐνδόξου καὶ πανευφήμου ἀποστόλου Φιλίππου

Εἰς τὴν Λειτουργίαν Τυπικά, καὶ ἐκ τοῦ κανόνος ᾠδὴ γ´ καὶ ς´. Ἦχος πλ. β´.

### Ὠδὴ γ´. Οὐκ ἔστιν ἅγιος ὡς σύ.

Ὑπάρχων ἔμπλεως φωτός, πρακτικῆς θεωρίας, τῷ φωτὶ τῷ μεγάλῳ, γενομένῳ μεθ' ἡμῶν, κατηξιώθης Χριστῷ, λειτουργῆσαι Φίλιππε θεσπέσιε.

Κρηπὶς δογμάτων εὐσεβῶν, ἡ σὴ μυσταγωγία, τοῖς πιστοῖς ἀνεδείχθη· δι' αὐτῆς γὰρ τὸν Υἱόν, ἐπέγνωμεν συμφυῶς, ἡνωμένον ὄντα τῷ γεννήτορι.

Λυχνία γέγονας χρυσῆ, δαδουχῶν τοῖς ἀνθρώποις, τὸ ἀΐδιον φέγγος, καὶ φωτίζων δι' αὐτοῦ, τὴν οἰκουμένην σαφῶς, ἐπιγνώσει Φίλιππε πανάριστε.

### Θεοτοκίον.

Ἐπὶ σοὶ πάναγνε σεμνή, πεποιθὼς μὴ ἐκπέσω, τῆς εἰς σὲ προσδοκίας· ἀλλ' ὡς μήτηρ συμπαθής, τοῦ φιλανθρώπου Θεοῦ, τῶν παγίδων, τοῦ ἐχθροῦ με λύτρωσαι.

### Ὠδὴ ς´. Συνεσχέθη.

Νεμομένην, καὶ λυμαινομένην, βλέπων τὴν πλάνην τοῦ ἐχθροῦ, τὸ τῶν ἀνθρώπων γένος, τὰ σὰ βέλη τὰ ἠκονημένα, τοὺς ἀποστόλους τείνας ἐξαπέστειλας, καὶ διήνοιξας θώρακος πτύξιν, Χριστὲ τοῦ δράκοντος, ἅπαντας τῆς αὐτοῦ, λύμης καὶ φθορᾶς Σῶτερ ἰώμενος.

Ὑπερτέρῳ, φέγγει καταλάμπων, ὤφθης καθάπερ ἀστραπή, τῇ οἰκουμένῃ φαίνων, καὶ ὡς ὄρος γλυκασμὸν σταλάζον, ὡς Θεοῦ δρόσος οὐρανόθεν πίπτουσα, ὡς ἀπόστολος ἐκλελεγμένος, τὴν δωδεκάριθμον φάλαγγα συμπληρῶν, τὴν τῶν μαθητῶν Χριστοῦ πανόλβιε.

### Δόξα.

Μυηθείς σου, τὸ τοῦ μυστηρίου, βάθος ὁ θεῖος μαθητής, ὡς ποταμὸν εἰρήνης, ἐπιβλύζοντα τρυφῆς χειμάρρουν, ὡς ἐπικλύζον κῦμα δόξαν ἔθνεσι, σὲ ἐκήρυξε μεγαλοφώνως, καὶ τὴν σὴν ἔνδοξον κένωσιν ἀγαθέ, τὴν ὑπὲρ ἡμῶν εὐηγγελίσατο.

### Καὶ νῦν. Θεοτοκίον.

Νεκρουμένους, καὶ ἀπολυμένους, πάντας θανάτῳ τοὺς βροτούς, σὺ τὸν Χριστὸν τεκοῦσα, τὴν ἀκήρατον ἀθανασίαν, ἀνεκαλέσω πρὸς ζωὴν αἰώνιον, καὶ ἐφώτισας ἐσκοτισμένους, καὶ ἠλευθέρωσας λύσασα τὰ δεσμά, τῆς ἀπαγωγῆς ἡμῶν πανύμνητε.

### Τροπάριον. Ἦχος γ΄.

Ἀπόστολε ἅγιε Φίλιππε, πρέσβευε τῷ ἐλεήμονι Θεῷ, ἵνα πταισμάτων ἄφεσιν, παράσχῃ ταῖς ψυχαῖς ἡμῶν.

### Κοντάκιον. Ἦχος πλ. δ΄.
### Ὡς ἀπαρχὰς τῆς φύσεως.

Ὁ μαθητὴς καὶ φίλος σου, καὶ μιμητὴς τοῦ πάθους σου, τῇ οἰκουμένῃ Θεόν σε ἐκήρυξεν, ὁ θεηγόρος Φίλιππος· ταῖς αὐτοῦ ἱκεσίαις, ἐξ ἐχθρῶν παρανόμων, τὴν ἐκκλησίαν σου, διὰ τῆς Θεοτόκου συντήρησον πολυέλεε.

### Κοινωνικόν.

Εἰς πᾶσαν τὴν γῆν ἐξῆλθεν ὁ φθόγγος αὐτοῦ, καὶ εἰς τὰ πέρατα τῆς οἰκουμένης τὰ ῥήματα αὐτοῦ.

### Μεγαλυνάριον.

Φωτισθεὶς φωτὶ τῷ ἐκ τοῦ φωτός, ἔλαμψας ἐν κόσμῳ, φαεινότατος ὡς φωστήρ, τοῦ κηρύγματός σου ταῖς θείαις φωταυγίαις, ζεζοφωμένα ἔθνη, φωτίσας Φίλιππε.

### ΕΙΣ ΤΑΣ Ιϛ΄.

### Τοῦ ἁγίου ἀποστόλου καὶ εὐαγγελιστοῦ Ματθαίου

Εἰς τὴν Λειτουργίαν Τυπικά, καὶ ἐκ τοῦ κανόνος ᾠδὴ γ΄ καὶ ϛ΄. Ἦχος δ΄.

### Ὠδὴ γ΄.
### Τοὺς σοὺς ὑμνολόγους Θεοτόκε.

Τοὺς σοὺς ἀποστόλους Θεοῦ Λόγε, φωστῆρας ἀνέδειξας ζωῆς, τὸν ζόφον ἀπελαύνοντας, τῆς ἀθεΐας Δέσποτα, καὶ ἐν τῇ θείᾳ δόξῃ σου, τὸν κόσμον ὅλον φωτίζοντας.

Τῇ σῇ καθοπλίσας παντευχίᾳ, Ματθαῖον τὸν ἄριστον Σωτήρ,

τυράννων δυνατώτερον, τοῦτον εἰργάσω Δέσποτα, καὶ καθαιρέτην ἔδειξας, εἰδώλων πλάνης φιλάνθρωπε.

Γλώσσης τῆς πυρίνης σου ὁ φθόγγος, δαιμόνων ἐνέπρησε βωμούς, Ματθαῖε τὸ θεότευκτον, τοῦ Παρακλήτου ὄργανον, δι' οὗ Χριστὸς κηρύττεται, Λόγος ὁ ἐνυπόστατος.

###### Θεοτοκίον.

Σάλπιγξ θεολόγος φθεγγομένη, συντόμως ἐφώτισε λαούς, Ματθαίου τοῦ θεόφρονος, τὴν τῆς Τριάδος ἔλλαμψιν, τὴν ὑπὲρ νοῦν τε σάρκωσιν, τοῦ Λόγου ἐκ σοῦ Πανάχραντε.

###### Ὠδὴ ς΄. Ἦλθον εἰς τὰ βάθη.

Εὐαγγελιστὴς ἀπὸ Τελώνου, ὡς ἠκολούθησέ σοι, μετεσκεύασται ὁ θεηγόρος, τῇ παναλκεῖ παντουργὲ δυνάμει σου, ὁ Ματθαῖος ὁ πανάριστος.

Ῥυθμίζεται τοῦ εὐαγγελίου, τοῖς ψυχοτρόφοις λόγοις, τῶν ἐθνῶν πληθὺς ἀνυψουμένη, πρὸς ἀρετῶν ὑψηλὴν ἀκρότητα, ὦ Ματθαῖε παμμακάριστε.

###### Δόξα.

Ματθαίου ζωγρεῖται θεοπλόκοις, τοῦ μαθητοῦ δικτύοις, τὰ συστήματα τῶν πιστευόντων, διαπαντὸς πρὸς τὴν σὴν ἐπίγνωσιν, εὐεργέτα ποδηγούμενα.

###### Καὶ νῦν. Θεοτοκίον.

Παρθένον τεκοῦσαν ἀναγράφων, εὐαγγελίζεταί σε, τὸν τὰ σύμπαντα πεποιηκότα, ἄνευ σπορᾶς καὶ φθορᾶς πανάμωμε, ὁ Ματθαῖος ὁ πανάριστος.

###### Τροπάριον. Ἦχος γ΄.

Ἀπόστολε ἅγιε, καὶ εὐαγγελιστὰ Ματθαῖε, πρέσβευε τῷ ἐλεήμονι Θεῷ, ἵνα πταισμάτων ἄφεσιν, παράσχῃ ταῖς ψυχαῖς ἡμῶν.

###### Κοντάκιον. Ἦχος δ΄.
###### Ὁ ὑψωθεὶς ἐν τῷ Σταυρῷ.

Τοῦ τελωνείου τὸν ζυγὸν ἀπορρίψας, δικαιοσύνης τῷ ζυγῷ προσηρμόσθης, καὶ ἀνεδείχθης ἔμπορος πανάριστος, πλοῦτον κομισάμενος, τὴν ἐξ ὕψους σοφίαν· ὅθεν ἀνεκήρυξας, ἀληθείας τὸν λόγον, καὶ τῶν ῥαθύμων ἤγειρας ψυχάς, καθυπογράψας τὴν ὥραν τῆς κρίσεως.

###### Κοινωνικόν.

Εἰς πᾶσαν τὴν γῆν ἐξῆλθεν ὁ φθόγγος αὐτοῦ.

###### Μεγαλυνάριον.

Ἱερῶν λογίων ἱερουργέ, θείων μυστηρίων, οὐρανίων μυσταγωγέ, χαίροις ὁ τῷ φθόγγῳ τῷ εὐαγγελικῷ σου, Ματθαῖε περιτρέχων, κόσμου τὰ πέρατα.

#### ΕΙΣ ΤΑΣ Κ΄

##### Προεόρτια τῆς ἐν τῷ ναῷ εἰσόδου τῆς ὑπεραγίας Θεοτόκου

Εἰς τὴν Λειτουργίαν Τυπικά, καὶ ἐκ τοῦ κανόνος τῶν προεορτίων ᾠδὴ γ΄ καὶ ς΄. Ἦχος δ΄.

### Ὠδὴ γ΄.
#### Τοὺς σοὺς ὑμνολόγους Θεοτόκε.

Ἐξάρχουσι κόραι τῆς παρθένου, λαμπάδας κατέχουσαι φαιδρῶς, τὸ μέλλον ὑπογράφουσιν· ἐκ ταύτης γὰρ τεχθήσεται, ὁ φωτισμὸς τῆς γνώσεως, λύων τῆς πλάνης τὴν ζόφωσιν.

Ζηλοῦσα τὴν πάλαι θεοφρόνως, ἡ Ἄννα εὐχὴν ἀποπληροῖ· καὶ σὲ προσανατίθεται, τῷ ἱερῷ Πανάμωμε, ἱερωτάτην σύλληψιν, μέλλουσαν ἔχειν καὶ γέννησιν.

Ἥλιος ἐφήπλωσεν ἀκτῖνας, ὁρῶν τὴν νεφέλην τοῦ φωτός, ἐφηπλουμένην νεύματι, Θεοῦ ἔνδον εἰς ἅγια· ἐξ ἧς ὀμβρήσει ἄφεσις, τοῖς χερσωθεῖσιν ἐγκλήμασι.

Θεοί με Θεὸς ἐν σοὶ σκηνώσας, δι' οἶκτον πανάχραντε ἁγνή, κλαπέντα βρώσει πρότερον, ἀπάτῃ τῇ τοῦ ὄφεως· καὶ τῆς φθορᾶς τὴν ἄφθαρτον, πάλιν τρυφὴν ἀντιδίδωσιν.

#### Ὠδὴ ς΄. Τὴν θείαν ταύτην.

Ῥωσθέντες τῇ θείᾳ χάριτι, οἱ θεῖοι τῆς παρθένου γεννήτορες, ταύτην ὡς ἄμωμον, περιστερὰν εἰς τὰ ἅγια, ἀνατραφῆναι πόθῳ ἀνατιθέασι.

Σοῦ τῆς μελλούσης εἰσδέχεσθαι, τὸ φῶς τὸ ἐκ φωτὸς προερχόμενον, φῶτα ὑφάπτουσαι, κόραι σεμναὶ προπορεύονται, φωτοειδῆ πρὸς θεῖον ναὸν χορεύουσαι.

#### Δόξα.

Τὸ πλῆρες δόξης παλάτιον, τὸ μέγα προφητῶν περιήχημα, θρόνος ὁ ἅγιος, ἔνδον εἰς ἅγια τίθεται, τῷ βασιλεῖ τῶν ὅλων ἑτοιμαζόμενος.

#### Καὶ νῦν.

Ὑμνῶ σου κόρη τὴν σύλληψιν, ὑμνῶ σου τὴν ἀπόρρητον γέννησιν, ὑμνῶ τὴν σκέπην σου, βλάβης δι' ἧς πάσης ῥύομαι, ὁ πρὸς τὴν σὴν γαλήνην κατεπειγόμενος.

#### Τροπάριον προεόρτιον. Ἦχος δ΄.

Χαρὰν προμνηστεύεται σήμερον Ἄννα ἡμῖν, τῆς λύπης ἀντίθετον καρπὸν βλαστήσασα, τὴν μόνην ἀειπάρθενον· ἥν περ δὴ καὶ προσάγει, τὰς εὐχὰς ἐκπληροῦσα, σήμερον γηθομένη, τῷ ναῷ τοῦ Κυρίου, ὡς ὄντως ναὸν τοῦ Θεοῦ Λόγου, καὶ μητέρα ἁγνήν.

#### Κοντάκιον. Ἦχος δ΄.
#### Ἐπεφάνης σήμερον.

Εὐφροσύνης σήμερον ἡ οἰκουμένη, ἐπληρώθη ἄπασα ἐν τῇ εὐσήμῳ ἑορτῇ, τῆς Θεοτόκου κραυγάζουσα· αὕτη ὑπάρχει σκηνὴ ἐπουράνιος.

### ΕΙΣ ΤΑΣ ΚΑ΄

#### Ἡ ἐν τῷ ναῷ εἴσοδος τῆς ὑπεραγίας Δεσποίνης ἡμῶν Θεοτόκου καὶ ἀειπαρθένου Μαρίας

Εἰς τὴν Λειτουργίαν Τυπικά, καὶ ἐκ τῶν κανόνων ᾠδὴ γ΄ καὶ ς΄, ἢ τὰ ἀντίφωνα.

## ΑΝΤΙΦΩΝΟΝ Α΄.

Στίχ. α΄. Μέγας Κύριος καὶ αἰνετὸς σφόδρα, ἐν πόλει τοῦ Θεοῦ ἡμῶν, ἐν ὄρει ἁγίῳ αὐτοῦ.

Ταῖς πρεσβείαις τῆς Θεοτόκου, Σῶτερ, σῶσον ἡμᾶς.

Στίχ. β΄. Δεδοξασμένα ἐλαλήθη περὶ σοῦ, ἡ πόλις τοῦ Θεοῦ.

Ταῖς πρεσβείαις τῆς Θεοτόκου, Σῶτερ, σῶσον ἡμᾶς.

Στίχ. γ΄. Ὁ Θεὸς ἐν ταῖς βάρεσιν αὐτῆς γινώσκεται.

Ταῖς πρεσβείαις τῆς Θεοτόκου, Σῶτερ, σῶσον ἡμᾶς.

Στίχ. δ΄. Καθάπερ ἠκούσαμεν, οὕτω καὶ εἴδομεν ἐν πόλει Κυρίου τῶν δυνάμεων.

Ταῖς πρεσβείαις τῆς Θεοτόκου, Σῶτερ, σῶσον ἡμᾶς.

Δόξα, Καὶ νῦν.

Ταῖς πρεσβείαις τῆς Θεοτόκου, Σῶτερ, σῶσον ἡμᾶς.

## ΑΝΤΙΦΩΝΟΝ Β΄.

Στίχ. α΄. Ἡγίασε τὸ σκήνωμα αὐτοῦ ὁ Ὕψιστος.

Σῶσον ἡμᾶς, Υἱὲ Θεοῦ, ὁ ἐν ἁγίοις θαυμαστός, ψάλλοντάς σοι· Ἀλληλούια.

Στίχ. β΄. Ἁγιωσύνη καὶ μεγαλοπρέπεια ἐν τῷ ἁγιάσματι αὐτοῦ.

Σῶσον ἡμᾶς, Υἱὲ Θεοῦ, ὁ ἐν ἁγίοις θαυμαστός, ψάλλοντάς σοι· Ἀλληλούια.

Στίχ. γ΄. Αὕτη ἡ πύλη τοῦ Κυρίου, δίκαιοι εἰσελεύσονται ἐν αὐτῇ.

Σῶσον ἡμᾶς, Υἱὲ Θεοῦ, ὁ ἐν ἁγίοις θαυμαστός, ψάλλοντάς σοι· Ἀλληλούια.

Στίχ. δ΄. Ἅγιος ὁ ναός σου, θαυμαστὸς ἐν δικαιοσύνῃ.

Σῶσον ἡμᾶς, Υἱὲ Θεοῦ, ὁ ἐν ἁγίοις θαυμαστός, ψάλλοντάς σοι· Ἀλληλούια.

Δόξα Πατρὶ καὶ Υἱῷ καὶ ἁγίῳ Πνεύματι· καὶ νῦν καὶ ἀεὶ καὶ εἰς τοὺς αἰῶνας τῶν αἰώνων. Ἀμήν.

Ὁ Μονογενὴς Υἱὸς καὶ Λόγος τοῦ Θεοῦ ἀθάνατος ὑπάρχων, καὶ καταδεξάμενος διὰ τὴν ἡμετέραν σωτηρίαν, σαρκωθῆναι ἐκ τῆς ἁγίας Θεοτόκου καὶ ἀειπαρθένου Μαρίας, ἀτρέπτως ἐνανθρωπήσας, σταυρωθείς τε Χριστὲ ὁ Θεός, θανάτῳ θάνατον πατήσας, εἷς ὢν τῆς Ἁγίας Τριάδος, συνδοξαζόμενος τῷ Πατρὶ καὶ τῷ Ἁγίῳ Πνεύματι, σῶσον ἡμᾶς.

## ΑΝΤΙΦΩΝΟΝ Γ΄.

Στίχ. α΄. Τὸ πρόσωπόν σου λιτανεύσουσιν οἱ πλούσιοι τοῦ λαοῦ.

Σήμερον τῆς εὐδοκίας Θεοῦ τὸ προοίμιον, καὶ τῆς τῶν ἀνθρώπων σωτηρίας ἡ προκήρυξις· ἐν ναῷ τοῦ Θεοῦ τρανῶς ἡ παρθένος δείκνυται, καὶ τὸν Χριστὸν τοῖς πᾶσι προκαταγγέλλεται· αὐτῇ καὶ ἡμεῖς μεγαλοφώνως βοήσωμεν· χαῖρε τῆς οἰκονομίας τοῦ κτίστου ἡ ἐκπλήρωσις.

Στίχ. β΄. Πᾶσα ἡ δόξα τῆς θυγατρὸς τοῦ βασιλέως ἔσωθεν, ἐν κροσσωτοῖς χρυσοῖς περιβεβλημένη, πεποικιλμένη.

Σήμερον τῆς εὐδοκίας.

Στίχ. γ΄. Ἀπενεχθήσονται τῷ βασιλεῖ παρθένοι ὀπίσω αὐτῆς· ἀχθήσονται εἰς ναὸν βασιλέως.

Σήμερον τῆς εὐδοκίας.

### Εἰσοδικόν.

Δεῦτε προσκυνήσωμεν καὶ προσπέσωμεν Χριστῷ· σῶσον ἡμᾶς, Υἱὲ Θεοῦ, ὁ ἐν ἁγίοις θαυμαστός, ψάλλοντάς σοι· Ἀλληλούϊα.

### Ὠδὴ γ΄. Ἦχος δ΄.
### Τοὺς σοὺς ὑμνολόγους Θεοτόκε.

Νυμφοστόλος σήμερον ἐδείχθη, τερπνὸς τῆς παρθένου ὁ ναός, καὶ θάλαμος δεχόμενος, τὴν ἔμψυχον παστάδα Θεοῦ, τὴν καθαρὰν καὶ ἄμωμον, καὶ λαμπροτέραν πάσης κτίσεως.

Δαυῒδ προεξάρχων τῆς χορείας, σκιρτᾷ καὶ χορεύει σὺν ἡμῖν, καὶ βασιλίδα κράζει σε, πεποικιλμένην ἄχραντε, παρισταμένην πάναγνε, ἐν τῷ ναῷ τῷ βασιλεῖ καὶ Θεῷ.

Ἐξ ἧς ἡ παράβασις προῆλθεν, ἡ πάλαι τῷ γένει τῶν βροτῶν, ἐκ ταύτης ἡ ἀνόρθωσις, καὶ ἀφθαρσία ἤνθησεν, ἡ Θεοτόκος σήμερον, προσαγομένη ἐν τῷ οἴκῳ Θεοῦ.

Σκιρτῶσιν ἀγγέλων στρατηγίαι, καὶ πάντων ἀνθρώπων ἡ πληθύς, καὶ πρὸ προσώπου πάναγνε, προτρέχουσί σου σήμερον, λαμπαδηφόροι κράζουσαι, τὰ μεγαλεῖά σου ἐν οἴκῳ Θεοῦ.

### Ὠδὴ ς΄. Ἦχος α΄.
### Τὸν προφήτην Ἰωνᾶν.

Ἑορτάσωμεν πιστοί, ἑορτὴν πνευματικήν, τὴν μητέρα τοῦ Θεοῦ, ἀνυμνοῦντες εὐσεβῶς· ὑπάρχει γάρ, ἁγιωτέρα τῶν οὐρανίων νοῶν.

Ἐν ᾠδαῖς πνευματικαῖς, εὐφημήσωμεν πιστοί, τὴν μητέρα τοῦ φωτός, ὅτι σήμερον ἡμῖν, ἐπέφανε, προερχομένη ἐν τῷ ναῷ τοῦ Θεοῦ.

### Δόξα.

Ὁ Πατὴρ καὶ ὁ Υἱός, καὶ τὸ Πνεῦμα τὸ εὐθύ, Τρισυπόστατε Μονάς, καὶ ἀχώριστε Τριάς, ἐλέησον, τοὺς προσκυνοῦντας τὸ θεῖον κράτος σου.

### Καὶ νῦν.

Ἐν γαστρί σου χωρητός, ὁ ἀχώρητος παντί, Θεομῆτορ γεγονώς, προελήλυθεν ἐκ σοῦ, πανάχραντε, διπλοῦς τῇ φύσει, Θεὸς καὶ ἄνθρωπος.

### Τροπάριον. Ἦχος δ΄.

Σήμερον τῆς εὐδοκίας Θεοῦ τὸ προοίμιον, καὶ τῆς τῶν ἀνθρώπων σωτηρίας ἡ προκήρυξις· ἐν ναῷ τοῦ Θεοῦ τρανῶς ἡ παρθένος δείκνυται, καὶ τὸν Χριστὸν τοῖς πᾶσι προκαταγγέλλεται· αὐτῇ καὶ ἡμεῖς μεγαλοφώνως βοήσωμεν· χαῖρε τῆς οἰκονομίας τοῦ κτίστου ἡ ἐκπλήρωσις.

### Κοντάκιον. Ἦχος ὁ αὐτός.
### Ὁ ὑψωθεὶς ἐν τῷ Σταυρῷ ἑκουσίως.

Ὁ καθαρώτατος ναὸς τοῦ Σωτῆρος, ἡ πολυτίμητος παστὰς καὶ

παρθένος, τὸ ἱερὸν θησαύρισμα τῆς δόξης τοῦ Θεοῦ, σήμερον εἰσάγεται ἐν τῷ οἴκῳ Κυρίου, τὴν χάριν συνεισάγουσα τὴν ἐν Πνεύματι θείῳ, ἣν ἀνυμνοῦσιν ἄγγελοι Θεοῦ, αὕτη ὑπάρχει σκηνὴ ἐπουράνιος.

### Καὶ κοντάκιον προεόρτιον· ἦχος γ΄. Ἡ παρθένος σήμερον.

Ἡ παρθένος σήμερον, τὸν προαιώνιον Λόγον, ἐν σπηλαίῳ ἔρχεται, ἀποτεκεῖν ἀπορρήτως· χόρευε, ἡ οἰκουμένη ἀκουτισθεῖσα· δόξασον, μετὰ ἀγγέλων καὶ τῶν ποιμένων, βουληθέντα ἐποφθῆναι, παιδίον νέον, τὸν πρὸ αἰώνων Θεόν.

### Ἀντὶ τοῦ Ἄξιον ἐστίν, ἦχος δ΄.

Ἄγγελοι τὴν εἴσοδον τῆς πανάγνου, ὁρῶντες ἐξεπλήττοντο, πῶς ἡ παρθένος εἰσῆλθεν, εἰς τὰ ἅγια τῶν ἁγίων. Ὡς ἐμψύχῳ Θεοῦ κιβωτῷ, ψαυέτω μηδαμῶς χεὶρ ἀμυήτων, χείλη δὲ πιστῶν, τῇ Θεοτόκῳ ἀσιγήτως, φωνὴν τοῦ ἀγγέλου ἀναμέλποντα, ἐν ἀγαλλιάσει βοάτω· Ὄντως ἀνωτέρα πάντων, ὑπάρχεις παρθένε ἁγνή.

### Κοινωνικόν.

Ποτήριον σωτηρίου λήψομαι, καὶ τὸ ὄνομα Κυρίου ἐπικαλέσομαι.

### ΕΙΣ ΤΑΣ ΚΕ΄

### Τῆς ἁγίας μεγαλομάρτυρος καὶ πανσόφου Αἰκατερίνης.

Ἐν ταύτῃ τῇ ἡμέρᾳ ἀποδίδοται καὶ ἡ ἑορτὴ τῶν εἰσοδίων τῆς ὑπεραγίας Θεοτόκου.

Εἰς τὴν Λειτουργίαν ἡ γ΄ ᾠδὴ τῆς ἑορτῆς, καὶ τῆς μάρτυρος ἡ ς΄ ᾠδή. Ἦχος πλ. δ΄.

### Ὠδὴ ς΄. Ἄβυσσος ἁμαρτιῶν.

Ὅλην σε περικαλλῆ, παρθενίας ἀπαστράπτουσαν αἴγλῃ, μαρτυρικοῖς τε κόρη, φοινιχθεῖσαν ἐν αἵμασι, καθορῶν ὁ ἀγαθός, Λόγος καὶ ἄχραντος, ἐν θαλάμοις, ἐπουρανίοις κατεσκήνωσεν.

Ἴσχυσας διὰ Σταυροῦ, τῶν τυράννων καταλῦσαι τὸ κράτος, καὶ κοσμικῆς σοφίας, διελέγξαι τὸ μάταιον, θεοπνεύστου διδαχῆς, βρύουσα δόγματα, μεγαλόφρον, Αἰκατερῖνα παναοίδιμε.

### Δόξα.

Δόλῳ πρώην τὸν Ἀδάμ, παραδείσου τῆς τρυφῆς ἐκβαλόντα, τῶν αἰκισμῶν τοὺς πόνους, καρτερῶς ὑπομείνασα, καταβέβληκας εἰς γῆν, μάρτυς πανένδοξε, καὶ στεφάνοις, τῆς βασιλείας ἐστεφάνωσαι.

### Καὶ νῦν. Θεοτοκίον.

Ἵλεών μοι τὸν κριτήν, τὸν Υἱόν σου Θεοτόκε παρθένε, ταῖς σαῖς λιταῖς γενέσθαι, ἐν ἡμέρᾳ τῆς κρίσεως, λυτρωτήν τε τῶν δεινῶν, μῆτερ δυσώπησον· σοὶ γὰρ μόνῃ, τὰ τῆς ἐλπίδος ἀνατίθημι.

### Τροπάριον τῆς ἑορτῆς.

Σήμερον τῆς εὐδοκίας Θεοῦ τὸ προοίμιον, καὶ τῆς τῶν ἀνθρώπων σωτηρίας ἡ προκήρυξις·

ἐν ναῷ τοῦ Θεοῦ τρανῶς ἡ παρθένος δείκνυται, καὶ τὸν Χριστὸν τοῖς πᾶσι προκαταγγέλλεται· αὐτῇ καὶ ἡμεῖς μεγαλοφώνως βοήσωμεν· χαῖρε τῆς οἰκονομίας τοῦ κτίστου ἡ ἐκπλήρωσις.

### Καὶ τῆς μάρτυρος. Ἦχος δ΄.

Ἡ ἀμνάς σου Ἰησοῦ, κράζει μεγάλῃ τῇ φωνῇ· σὲ νυμφίε μου ποθῶ, καὶ σὲ ζητοῦσα ἀθλῶ· καὶ συσταυροῦμαι καὶ συνθάπτομαι τῷ βαπτισμῷ σου· καὶ πάσχω διὰ σέ, ὡς βασιλεύσω ἐν σοί· καὶ θνήσκω ὑπὲρ σοῦ, ἵνα καὶ ζήσω σὺν σοί· ἀλλ᾽ ὡς θυσίαν ἄμωμον προσδέχου, τὴν μετὰ πόθου τυθεῖσάν σοι· αὐτῆς πρεσβείαις ὡς ἐλεήμων, σῶσον τὰς ψυχὰς ἡμῶν.

### Ἕτερον τῆς μάρτυρος. Ἦχος πλ. α΄.
### Τὸν συνάναρχον Λόγον.

Τὴν πανεύφημον νύμφην Χριστοῦ ὑμνήσωμεν, Αἰκατερῖναν τὴν θείαν καὶ πολιοῦχον Σινά, τὴν βοήθειαν ἡμῶν καὶ ἀντίληψιν, ὅτι ἐφίμωσε λαμπρῶς, τοὺς κομψοὺς τῶν ἀσεβῶν, τοῦ Πνεύματος τῇ δυνάμει, καὶ νῦν ὡς μάρτυς στεφθεῖσα, αἰτεῖται πᾶσι τὸ μέγα ἔλεος.

### Κοντάκιον τῆς μάρτυρος. Ἦχος γ΄.
### Ἡ παρθένος σήμερον.

Ῥητορεύει σήμερον, Αἰκατερῖνα ἡ μάρτυς, καὶ ῥητόρων ἔπαυσε, φρενοβλαβεῖς ἀπιστίας· ἄγγελος γὰρ οὐρανόθεν αὐτῇ ἐπέστη, δύναμιν ἐκ τῶν ὑψίστων ἐπικομίζων· ἣν καὶ λαβοῦσα πιστῶς ἐβόα· Χριστὸς ὑπάρχει μαρτύρων τὸ καύχημα.

### Ἕτερον κοντάκιον τῆς μάρτυρος, ἐκ τοῦ Μηναίου.
### Ἦχος β΄. Τὰ ἄνω ζητῶν.

Χορείαν σεπτὴν, ἐνθέως φιλομάρτυρες, ἐγείρατε νῦν, γεραίροντες τὴν πάνσοφον, Αἰκατερῖναν· αὕτη γάρ, ἐν σταδίῳ τὸν Χριστὸν ἐκήρυξε, καὶ τὸν ὄφιν ἐπάτησε, ῥητόρων τὴν γνῶσιν καταπτύσασα.

### Καὶ τὸ κοντάκιον τῆς ἑορτῆς.
### Ἦχος δ΄.
### Ὁ ὑψωθεὶς ἐν τῷ Σταυρῷ ἑκουσίως.

Ὁ καθαρώτατος ναὸς τοῦ Σωτῆρος, ἡ πολυτίμητος παστὰς καὶ παρθένος, τὸ ἱερὸν θησαύρισμα τῆς δόξης τοῦ Θεοῦ, σήμερον εἰσάγεται ἐν τῷ οἴκῳ Κυρίου, τὴν χάριν συνεισάγουσα τὴν ἐν Πνεύματι θείῳ, ἣν ἀνυμνοῦσιν ἄγγελοι Θεοῦ, αὕτη ὑπάρχει σκηνὴ ἐπουράνιος.

### Ἀντὶ τοῦ Ἄξιον ἐστίν, ἦχος δ΄.

Ἄγγελοι τὴν εἴσοδον τῆς παναγνοῦ, ὁρῶντες ἐξεπλήττοντο, πῶς ἡ παρθένος εἰσῆλθεν, εἰς τὰ ἅγια τῶν ἁγίων. Ὡς ἐμψύχῳ Θεοῦ κιβωτῷ, ψαυέτω μηδαμῶς χεὶρ ἀμυήτων, χείλη δὲ πιστῶν, τῇ Θεοτόκῳ ἀσιγήτως, φωνὴν τοῦ ἀγγέλου ἀναμέλποντα, ἐν ἀγαλλιάσει βοάτω· Ὄντως ἀνωτέρα πάντων, ὑπάρχεις παρθένε ἁγνή.

### Κοινωνικὸν τῆς ἑορτῆς.

Ποτήριον σωτηρίου λήψομαι, καὶ τὸ ὄνομα Κυρίου ἐπικαλέσομαι.

Καὶ τῆς ἁγίας, εἰ βούλει.

Εἰς μνημόσυνον αἰώνιον ἔσται δίκαιος· ἀλληλούια.

Μεγαλυνάριον.

Τῆς ψυχῆς ἐδήλου τὴν καλλονήν, σώματος τὸ κάλλος· ἡ σοφία ἡ ἔξω δέ, ἀληθῆ σοφίαν, ἣν ἔλαβες θεόθεν, σεπτὴ Αἰκατερῖνα, μάρτυς πολύαθλε.

### ΕΙΣ ΤΑΣ Κϛ΄

### Τοῦ ὁσίου πατρὸς ἡμῶν Ἀλυπίου τοῦ Κιονίτου

Εἰς τὴν Λειτουργίαν, Τυπικά, καὶ ἐκ τῶν κανόνων αὐτοῦ, ᾠδὴ γ΄ καὶ ϛ΄.

Ὠδὴ γ΄. Ἦχος πλ. α΄.
Ὁ πήξας ἐπ' οὐδενός.

Ὡς λύχνος ἐπὶ λυχνίαν, πράξεως κρείττονος, ἐπιτεθειμένος, ταῖς σελασφόροις σου, πάτερ ἀρεταῖς πᾶσαν ψυχήν, πιστῶς σοι προσιοῦσαν, εὐσεβοφρόνως κατελάμπρυνας, σκότους ἁμαρτίας λυτρούμενος.

Νοός σου τὰς ἱεράς, κινήσεις ποιούμενος, πρὸς τηρήσεις θείων, νόμων τοῦ Πνεύματος, ἄγγελος ἐφάνης ἐπὶ γῆς, ἀγγέλων πολιτείαν, μετὰ σαρκὸς ἀναλαβόμενος, πάτερ θεοφόρε Ἀλύπιε.

Ἐμφρόνως τῶν ὀχληρῶν, τοῦ βίου ἀοίδιμε, μετανάστης ὤφθης, καὶ προσεχώρησας, πρὸς ἀσκητικῆς διαγωγῆς, τὰ σκάμματα προθύμως, τὴν σὴν καρδίαν οἰκητήριον, ὅσιε δεικνύων τοῦ Πνεύματος.

Θεοτοκίον.

Παρθένε τὸ καθαρόν, τοῦ Λόγου παλάτιον, τὴν ψυχήν μου δεῖξον, οἶκον τοῦ Πνεύματος, ὕδατος πηγὴ ζωαρχικοῦ, πότισόν με τῇ καύσει, τῆς ἁμαρτίας φλογιζόμενον, ὅπως κατὰ χρέως δοξάζω σε.

Ὠδὴ ϛ΄. Ἦχος πλ. δ΄.
Τὴν δέησιν ἐκχεῶ πρὸς Κύριον.

Ποιούμενος ἐν τῷ κίονι στάσιν, τῆς κακίας σὲ τὰ πνεύματα μάκαρ, λίθοις σαφῶς, βάλλοντα ὑλακτοῦντο, μανιωδῶς κατὰ σοῦ ὠρυόμενα· ἀλλ' οὐδαμῶς τῆς ἀρραγοῦς, πέτρας πάτερ τὸν νοῦν σου ἐσάλευσαν.

Ὑπέμεινας ὑπομένων Κυρίῳ, ἀληθῆ τῷ δωρουμένῳ σοι πάτερ, ὑπομονήν, ὑποφέρειν τὸ τραῦμα, ὃ σοὶ προσῆξεν ἐχθρὸς ὁ πολέμιος· ἀλλ' ἀπεκρούσθη πληγωθείς, καρτερίᾳ τῇ σῇ θανατούμενος.

Δόξα.

Φῶς ὕπερθεν τοῦ σοῦ κίονος πάτερ, καθ' ἑκάστην παραδόξως ὡρᾶτο, θαυματουργέ, ἀπελαύνων τὸ σκότος, ἐχθρῶν ἀσάρκων παμμάκαρ Ἀλύπιε· φωτίζων δέ σου δαψιλῶς, τῆς ψυχῆς τὰ σεπτὰ αἰσθητήρια.

Καὶ νῦν. Θεοτοκίον.

Ὑπέρλαμπρος ἀνεδείχθης καθέδρα, βασιλέως οὐρανίου παρθένε, ἐν ᾗ σαρκί, ἀνεπαύσατο θέλων, καὶ τὸν πολὺν ἡμῶν κόπον ἀφείλετο, καὶ ἵδρυσε τῷ πατρικῷ, ὡς ηὐδόκησε θρόνῳ τὸν ἄνθρωπον.

### Τροπάριον. Ἦχος α΄.

Ὑπομονῆς στῦλος γέγονας, ζηλώσας τοὺς προπάτορας ὅσιε, τὸν Ἰὼβ ἐν τοῖς πάθεσι, τὸν Ἰωσὴφ ἐν τοῖς πειρασμοῖς, καὶ τὴν τῶν ἀσωμάτων πολιτείαν, ὑπάρχων ἐν σώματι· Ἀλύπιε πατὴρ ἡμῶν ὅσιε, πρέσβευε Χριστῷ τῷ Θεῷ, σωθῆναι τὰς ψυχὰς ἡμῶν.

### Κοντάκιον. Ἦχος πλ. δ΄.
### Ὡς ἀπαρχὰς τῆς φύσεως.

Ὡς ἀρετῶν ὑπόθεσιν, καὶ ἀσκητῶν καλλώπισμα, ἡ ἐκκλησία δοξάζει σε σήμερον, καὶ ἀνυμνεῖ σε Ἀλύπιε· ταῖς εὐχαῖς σου παράσχου, τοῖς τιμῶσιν ἐκ πόθου, τὰς ἀριστείας σου, καὶ τὰ παλαίσματα, τῶν ἐγκλημάτων ἐκλύτρωσιν ὡς ἐπώνυμος.

### Κοινωνικόν.

Εἰς μνημόσυνον αἰώνιον ἔσται δίκαιος· ἀλληλούια.

### ΕΙΣ ΤΑΣ Λ΄

Τοῦ ἁγίου ἐνδόξου καὶ πανευφήμου
ἀποστόλου Ἀνδρέου
τοῦ πρωτοκλήτου
Εἰς τὴν Λειτουργίαν Τυπικά, καὶ ἐκ τῶν κανόνων ᾠδὴ γ΄ καὶ ς΄.

### Ὠδὴ γ΄. Ἦχος α΄.
### Ὁ μόνος εἰδὼς τῆς τῶν βροτῶν.

Προσέδραμες δίψει οὐ κληθείς, Ἀνδρέα, ἀλλ' αὐθαίρετος, τῇ τῆς ζωῆς πηγῇ ὥσπερ ἔλαφος, καὶ πᾶσι ταύτην εὑρὼν ἐκήρυξας, καὶ πιὼν ἐπότισας, ἀφθαρσίας νάματα, κεκμηκότα τῷ δίψει τὰ πέρατα.

Ἐπέγνως τῆς φύσεως θεσμούς, Ἀνδρέα ἀξιάγαστε, καὶ κοινωνὸν τὸν σύγγονον εἴληφας, βοῶν· εὑρήκαμεν τὸν ποθούμενον· καὶ ὁδοποιήσαντι τῆς σαρκὸς τὴν γέννησιν, καθηγήσω τὴν γνῶσιν τοῦ Πνεύματος.

Σαγήνῃ τοῦ λόγου ἐκ βυθοῦ, ἀπάτης ἐσαγήνευσας, τοὺς λογικοὺς ἰχθύας ἀπόστολε, καὶ τῇ τραπέζῃ Χριστοῦ ὀψώνιον, καθαρὸν προσήγαγες, λαμπρυνθέντας χάριτι, τοῦ φανέντος σαρκὸς ὁμοιώματι.

### Θεοτοκίον.

Θεὸν συλλαβοῦσα ἐν γαστρί, παρθένε διὰ Πνεύματος, τοῦ παναγίου ἔμεινας ἄφλεκτος· ἐπεί σε βάτος τῷ νομοθέτῃ Μωσεῖ, φλεγομένη ἄκαυστα, σαφῶς προεμήνυσε, τὴν τὸ πῦρ δεξαμένην τὸ ἄστεκτον.

### Ὠδὴ ς΄. Ἦχος ὁ αὐτός.
### Τὸν προφήτην Ἰωνᾶν.

Ὁ ἐκ τῆς Βηθσαϊδά, καταγόμενος ἡμᾶς, ἑορτάσαι συγκαλεῖ, τὴν πανήγυριν αὐτοῦ, προθεὶς ἡμῖν, τὰς ἀριστείας, τῶν παλαισμάτων αὐτοῦ.

Ὁ τῇ τέχνῃ ἁλιεύς, καὶ τῇ πίστει μαθητής, ὡς βυθὸν διερευνῶν, τὰς καρδίας τῶν πιστῶν, τὸ ἄγκιστρον, χαλᾷ τοῦ λόγου, καὶ σαγηνεύει ἡμᾶς.

Δόξα.

Τὸν Πατέρα καὶ Υἱόν, καὶ τὸ Πνεῦμα τὸ εὐθύ, προσκυνήσωμεν πιστοί, τρισυπόστατον φύσιν, ἀμέριστον, βοῶντες· δόξα, τῷ ἐν Τριάδι Θεῷ.

Καὶ νῦν. Θεοτοκίον.

Εὐδοκίᾳ τοῦ Πατρός, ἐσαρκώθη ὁ Υἱός, διὰ Πνεύματος Θεοῦ, ἐν τῇ μήτρᾳ σου ἁγνή, καὶ ἔσωσε, τὴν πρὶν εἰκόνα, Θεοκυῆτορ σαφῶς.

Τροπάριον. Ἦχος δ΄.

Ὡς τῶν ἀποστόλων πρωτόκλητος, καὶ τοῦ κορυφαίου αὐτάδελφος, τῷ Δεσπότῃ τῶν ὅλων Ἀνδρέα ἱκέτευε, εἰρήνην τῇ οἰκουμένῃ δωρήσασθαι, καὶ ταῖς ψυχαῖς ἡμῶν τὸ μέγα ἔλεος.

Κοντάκιον. Ἦχος β΄.
Τὴν ἐν πρεσβείαις.

Τὸν τῆς ἀνδρείας ἐπώνυμον θεηγόρον, καὶ μαθητῶν πρωτόκλητον τοῦ Σωτῆρος, Πέτρου τὸν σύγγονον εὐφημήσωμεν, ὅτι ὡς πάλαι τούτῳ, καὶ νῦν ἡμῖν ἐκέκραγεν· εὑρήκαμεν δεῦτε τὸν ποθούμενον.

Κοινωνικόν.

Εἰς πᾶσαν τὴν γῆν ἐξῆλθεν ὁ φθόγγος αὐτοῦ, καὶ εἰς τὰ πέρατα τῆς οἰκουμένης τὰ ῥήματα αὐτοῦ.

Μεγαλυνάριον.

Χαίροις ὁ πρωτόκλητος μαθητής· χαίροις σωφροσύνης, καὶ ἀνδρείας στήλη λαμπρά· χαίροις ὁ τοῦ πάθους, κοινωνὸς τοῦ Κυρίου, ἀπόστολε θεόπτα, Ἀνδρέα πάντιμε.

## ΜΗΝ ΔΕΚΕΜΒΡΙΟΣ

### ΕΙΣ ΤΑΣ Δ΄

Τῆς ἁγίας μάρτυρος Βαρβάρας, καὶ τοῦ ὁσίου πατρὸς ἡμῶν Ἰωάννου τοῦ Δαμασκηνοῦ.

Εἰς τὴν Λειτουργίαν, Τυπικά, καὶ ἐκ τοῦ κανόνος, ᾠδὴ γ΄ καὶ ς΄. Ἦχος β΄.

Ὠδὴ γ΄. Ἐξήνθησεν ἡ ἔρημος.

Τετρωμένη τοῦ πόθου σου, ὡς νυμφίου Δέσποτα, τῷ γλυκυτάτῳ βέλει, ἡ ἀθληφόρος Βαρβάρα ἅπασαν, πατρικὴν ἀθεΐαν ἐβδελύξατο.

Πρὸς τελείους ἀγῶνας, οὐδὲν ἐδείχθη κώλυμα, τὸ ἀσθενὲς τοῦ θήλεος, οὐ τὸ νέον τῆς ἡλικίας Χριστέ, ἀκηράτῳ σου σθένει δυναμούμενον.

Τῆς σοφίας τὸ τάλαντον, δεδεγμένος πράξεσι, κατακοσμεῖς ἀοίδιμε, Ἰωάννη τὴν ἐκκλησίαν Χριστοῦ· ὃ πολυπλασιάζεις, καὶ τὸν βίον λιπών.

Θεοτοκίον.

Τὰ τάγματα ἐξέστησαν, τῶν ἀγγέλων πάναγνε, καὶ τῶν ἀνθρώπων ἔφριξαν, αἱ καρδίαι ἐπὶ τῷ τόκῳ σου· διό σε Θεοτόκον πίστει σέβομεν.

Ὠδὴ ς΄. Ἐν ἀβύσσῳ πταισμάτων.

Ὡς ὑπέσχου σοφίαν δεδώρησαι, Σῶτερ θεοδίδακτον τοῖς ὑπὲρ σοῦ ἑστῶσι, δικαστικοῦ πρὸ βήματος· ἧς Βαρβάρα ἡ μάρτυς ἐμπέπλησται.

Τῶν ἀθέων τὴν πλάνην διήλεγξε, λόγῳ θεοσόφῳ Βαρβάρα ἡ ἔνδοξος· ὑπομονῇ τῶν ἔργων δέ, τῶν τυράννων τὰς φρένας ἐξέστησε.

### Δόξα.

Ἐλλαμφθεὶς τῇ τοῦ Πνεύματος χάριτι, θείων ἀνθρωπίνων τε, γνῶσιν πραγμάτων τρανῶς, πεπλουτηκὼς τοῖς χρῄζουσιν, Ἰωάννη ἀφθόνως μετέδωκας.

### Καὶ νῦν. Θεοτοκίον.

Ἀπειράνδρως παρθένε ἐκύησας, καὶ διαιωνίζεις παρθένος ἐμφαίνουσα, τῆς ἀληθοῦς θεότητος, τοῦ Υἱοῦ καὶ Θεοῦ σου τὰ σύμβολα.

### Τροπάριον τῆς μάρτυρος. Ἦχος δ΄.

Ἡ ἀμνάς σου Ἰησοῦ, κράζει μεγάλῃ τῇ φωνῇ· σὲ Νυμφίε μου ποθῶ, καὶ σὲ ζητοῦσα ἀθλῶ, καὶ συσταυροῦμαι καὶ συνθάπτομαι τῷ βαπτισμῷ σου, καὶ πάσχω διὰ σέ, ὡς βασιλεύσω ἐν σοί, καὶ θνῄσκω ὑπὲρ σοῦ, ἵνα καὶ ζήσω σὺν σοί· ἀλλ' ὡς θυσίαν ἄμωμον προσδέχου τὴν μετὰ πόθου τυθεῖσάν σοι· αὐτῆς πρεσβείαις ὡς ἐλεήμων, σῶσον τὰς ψυχὰς ἡμῶν.

### Ἕτερον τῆς μάρτυρος. Ἦχος πλ. δ΄.

Βαρβάραν τὴν ἁγίαν τιμήσωμεν, ἐχθροῦ γὰρ τὰς παγίδας συνέτριψε, καὶ ὡς στρουθίον ἐρρύσθη ἐξ αὐτῶν, βοηθείᾳ καὶ ὅπλῳ τοῦ Σταυροῦ ἡ πάνσεμνος.

### Καὶ τοῦ ὁσίου. Ἦχος πλ. δ΄.

Ὀρθοδοξίας ὁδηγέ, εὐσεβείας διδάσκαλε καὶ σεμνότητος, τῆς οἰκουμένης ὁ φωστήρ, τῶν μοναζόντων θεόπνευστον ἐγκαλλώπισμα, Ἰωάννη σοφέ, ταῖς διδαχαῖς σου πάντας ἐφώτισας, λύρα τοῦ Πνεύματος, πρέσβευε Χριστῷ τῷ Θεῷ, σωθῆναι τὰς ψυχὰς ἡμῶν.

### Κοντάκιον τῆς μάρτυρος. Ἦχος δ΄. Ὁ ὑψωθεὶς ἐν τῷ Σταυρῷ.

Τῷ ἐν Τριάδι εὐσεβῶς ὑμνουμένῳ, ἀκολουθήσασα Χριστῷ ἀθληφόρε, τὰ τῶν εἰδώλων ἔσβεσας σεβάσματα, μέσον δὲ τοῦ σκάμματος ἐναθλοῦσα Βαρβάρα, τυράννων οὐ κατέπτηξας ἀπειλὰς ἀνδρειόφρον, μεγαλοφώνως μέλπουσα ἀεί· Τριάδα σέβω τὴν μίαν θεότητα.

### Καὶ τοῦ ὁσίου. Ὅμοιον.

Τὸν ὑμνογράφον καὶ σεπτὸν θεηγόρον, τῆς ἐκκλησίας παιδευτὴν καὶ διδάσκαλον, καὶ τῶν ἐχθρῶν ἀντίπαλον, Ἰωάννην ἀνυμνήσωμεν· ὅπλον γὰρ ἀράμενος τὸν Σταυρὸν τοῦ Κυρίου, πᾶσαν ἀπεκρούσατο τῶν αἱρέσεων πλάνην· καὶ ὡς θερμὸς προστάτης εἰς Θεόν, πᾶσι παρέχει πταισμάτων συγχώρησιν.

### Κοινωνικόν.

Εἰς μνημόσυνον αἰώνιον ἔσονται δίκαιοι.

### Μεγαλυνάριον τῆς μάρτυρος.

Εἰ ὃς ἐνομίζετο σὸς πατήρ, σὲ χερσὶν ἀνεῖλεν, ὁ ἀντίθεος μιαραῖς· ὃν Πατέρα ἔσχες ἀληθινὸν Χριστόν σου, ἔχεις καὶ νῦν ἐν πόλῳ Βαρβάρᾳ στέφοντα.

### Ἕτερον τοῦ ὁσίου.

Τὴν τερπνὴν τοῦ Πνεύματος φόρμιγγα, λύραν τὴν ἠχοῦσαν, λιγυρὰ μελῳδήματα, ὕμνων μελιρρύτων, ᾀσμάτων θεοφθέγκτων, τὸν Δαμασκοῦ φωστῆρα, πάντες τιμήσωμεν.

## ΕΙΣ ΤΑΣ Ε΄

### Τοῦ ὁσίου πατρὸς ἡμῶν Σάββα τοῦ ἡγιασμένου

Εἰς τὴν Λειτουργίαν Τυπικά, καὶ ἐκ τοῦ κανόνος ᾠδὴ γ΄ καὶ ς΄. Ἦχος πλ. δ΄.

### Ὠδὴ γ΄. Ὁ στερεώσας κατ' ἀρχάς.

Νοῦν ἡγεμόνα τῶν παθῶν, πανόλβιε καταστήσας, βραβευτὴς δικαιοσύνης ἐδείχθης· τῷ γὰρ κρείττονι σαφῶς, τὸ χεῖρον καθυπέταξας· ὅθεν ὡς φοῖνιξ πάτερ, ἐν ταῖς ἐρήμοις ἐξήνθησας.

Ἀκολουθῆσαι διαγνούς, τοῖς ἴχνεσι τοῦ Δεσπότου, μετανάστης τῆς πατρίδος ἐγένου· καὶ τὴν ἔρημον οἰκῶν, τὸ τρόπαιον ἀνέστησας, κατὰ τῶν ἀντιπάλων, θείᾳ δυνάμει ῥωννύμενος.

Ἱλαρωτάτῃ σε ψυχῇ, καὶ προσηνεῖ διαθέσει, ἀρεταῖς κατακοσμούμενον βλέπων, ὁ λαμπρότατος φωστήρ, Εὐθύμιος ἐδέξατο, φωτιστικῶς θεσπίζων, τὴν σὴν παμμάκαρ φαιδρότητα.

### Θεοτοκίον.

Σωτηριώδους δι' ἡμᾶς, τοῦ Λόγου οἰκονομίας, φωτεινὴ σὺ μητροπάρθενε πύλη, ἐγνωρίσθης ἀληθῶς· σὺ γὰρ ἡμῖν εἰσήγαγες, τὴν νοητὴν ἀκτῖνα, τῆς ὑπερθέου Θεότητος.

### Ὠδὴ ς΄. Ἱλάσθητί μοι Σωτήρ.

Ἀγάπην πρὸς τὸν Θεόν, καὶ τὸν πλησίον κτησάμενος, τοῦ Νόμου καὶ Προφητῶν, πληροῖς τὸ κεφάλαιον· τὴν γὰρ ὑπερέχουσαν, πασῶν ἀσυγκρίτως, ἀρετὴν πάτερ κατώρθωσας.

Ἰσάγγελον ἐπὶ γῆς, σὺ πολιτείαν κτησάμενος, ἰσάγγελον καὶ τιμήν, Χριστός σοι δεδώρηται, ἁγίων τὰ τάγματα, συνοδοιποροῦντα, τῇ ψυχῇ σου παρασχόμενος.

### Δόξα.

Σοφίας γόνος ὀφθείς, ἀρχὴν σοφίας ἐπόθησας, τὸν φόβον τὸν τοῦ Θεοῦ· ᾧ καὶ στοιχειούμενος, πρὸς τὴν τελειότητα, τὴν ἐνδεχομένην, τοῖς ἀνθρώποις πάτερ ἔφθασας.

### Καὶ νῦν. Θεοτοκίον.

Σωτῆρα καὶ λυτρωτήν, Θεὸν τῶν ὅλων καὶ Κύριον, τεκοῦσα διὰ σαρκός, ἡμῖν ὁμιλήσαντα· διάσωσον πάναγνε, τοὺς προσκαλουμένους, ἐκ κινδύνων σὲ τὴν δέσποιναν.

### Τροπάριον. Ἦχος πλ. δ΄.

Ταῖς τῶν δακρύων σου ροαῖς, τῆς ἐρήμου τὸ ἄγονον ἐγεώργησας, καὶ τοῖς ἐκ βάθους στεναγμοῖς, εἰς ἑκατὸν τοὺς πόνους ἐκαρποφόρησας, καὶ γέγονας φωστήρ, τῇ οἰκουμένῃ λάμπων τοῖς θαύμασι, Σάββα πατὴρ ἡμῶν ὅσιε· πρέσβευε Χριστῷ τῷ Θεῷ, σωθῆναι τὰς ψυχὰς ἡμῶν.

### Κοντάκιον. Ἦχος πλ. δ΄.
### Τῇ ὑπερμάχῳ.

Ὡς ἀπὸ βρέφους τῷ Θεῷ θυσία ἄμωμος, προσενεχθεὶς δι' ἀρετῆς Σάββα μακάριε, τῷ σὲ πρὶν γεννηθῆναι ἐπισταμένῳ, ἐχρημάτισας ὁσίων ἐγκαλλώπισμα, πολιστής τε τῆς ἐρήμου ἀξιέπαινος· διὸ κράζω σοι· χαίροις πάτερ ἀοίδιμε.

### Κοινωνικόν.

Εἰς μνημόσυνον αἰώνιον ἔσται δίκαιος· ἀλληλούϊα.

### Μεγαλυνάριον.

Ταῖς ἐν τῇ ἐρήμῳ ἀσκητικαῖς, ὅσιε παλαίστραις, τῶν δαιμόνων τὰς καυστικάς, καὶ δεινὰς φαρέτρας ἐπάτησας θεόφρον· διὸ σε ἀνυμνοῦμεν, Σάββα θαυμάσιε.

### ΕΙΣ ΤΑΣ ς΄

### Τοῦ ἐν ἁγίοις πατρὸς ἡμῶν Νικολάου ἀρχιεπισκόπου Μύρων τῆς Λυκίας τοῦ θαυματουργοῦ

Εἰς τὴν Λειτουργίαν Τυπικά, καὶ ἐκ τῶν κανόνων ᾠδὴ γ΄ καὶ ς΄.

### ᾨδὴ γ΄. Ἦχος β΄.
### Ἐξήνθησεν ἡ ἔρημος.

Νικόλαε μακάριε, τοῦ Δεσπότου γνήσιος, σὺ μαθητὴς γενόμενος, διασῴζεις τοὺς σοὶ προστρέχοντας, χαλεπῶν ἐκ κινδύνων, καὶ θανάτου πικροῦ. Δίς.

Ἱλάσθητι τοῖς δούλοις σου, τῶν πταισμάτων ἄφεσιν, ὡς ἀγαθὸς δωρούμενος, Νικολάου τοῦ σοῦ θεράποντος, ταῖς πρὸς σὲ μεσιτείαις πολυέλεε.

### Θεοτοκίον.

Κατεύνασον τὸν τάραχον, τῶν παθῶν μου Δέσποινα, καὶ τὴν ζωήν μου κυβέρνησον, Παναγία Θεὸν ἡ τέξασα, ἐν ᾧ ἐστερεώθη ἡ καρδία μου.

### ᾨδὴ ς΄. Ἦχος α΄.
### Σπλάγχνων Ἰωνᾶν.

Νέος Ἀβραὰμ ἐδείχθης Νικόλαε, ὡς μονογενῆ Υἱὸν προσάξας τὸν νοῦν, τῷ Δεσπότῃ σου, ἀναιμάκτους θυσίας προσφέρων ἀεί, κἀντεῦθεν εὐλογήθης ὡς φιλόξενος, πάτερ, καὶ Τριάδος γέγονας, οἰκητήριον θεῖον καὶ ἄμωμον.

Ξένα καὶ φρικτά, ἐργάζῃ τεράστια, ἐν πάσῃ τῇ γῇ, καὶ ἐν θαλάσσῃ μακράν, κινδυνεύουσι, ταχυδρόμοις λιταῖς ἐφιστάμενος· ἀσθενούντων ἰατρὸς καὶ πτωχευόντων τροφεύς· νίκη κατ' ἐχθρῶν φερώνυμος, τοῦ λαοῦ τοῦ πιστοῦ ἀναδέδειξαι.

### Δόξα.

Σέβω καὶ τιμῶ, Τριάδα ἀμέριστον, προσώποις τρισί, διαιρουμένην ἀεί· ἑνουμένην δέ, τῇ οὐσίᾳ καὶ φύσει ὡς μίαν ἀρχήν, τὸν Πατέρα καὶ Υἱὸν καὶ Πνεῦμα ἅγιον· πάντων κραταιῶς δεσπόζουσαν, καὶ τὸ πᾶν συντηροῦσαν ὡς βούλεται.

### Καὶ νῦν. Θεοτοκίον.

Κλίνας οὐρανούς, ἐν μήτρᾳ σου πάναγνε, Χριστὸς βουληθείς, ὅλος ἐσκήνωσεν· οὐ γὰρ ἔφερε, τῶν ἰδίων χειρῶν τὸ πλαστούργημα, καθορᾶν ὑπὸ τοῦ πλάνου τυραννούμενον· ἦλθε δὲ ἐν δούλου σχήματι, τὸ ἀνθρώπινον γένος λυτρώσασθαι.

### Τροπάριον. Ἦχος δ΄.

Κανόνα πίστεως καὶ εἰκόνα πραότητος, ἐγκρατείας διδάσκαλον ἀνέδειξέ σε τῇ ποίμνῃ σου, ἡ τῶν πραγμάτων ἀλήθεια· διὰ τοῦτο ἐκτήσω τῇ ταπεινώσει τὰ ὑψηλά, τῇ πτωχείᾳ τὰ πλούσια, πάτερ ἱεράρχα Νικόλαε· πρέσβευε Χριστῷ τῷ Θεῷ, σωθῆναι τὰς ψυχὰς ἡμῶν.

### Κοντάκιον. Ἦχος γ΄.
### Ἡ παρθένος σήμερον.

Ἐν τοῖς Μύροις ἅγιε, ἱερουργὸς ἀνεδείχθης· τοῦ Χριστοῦ γὰρ ὅσιε, τὸ εὐαγγέλιον πληρώσας, ἔθηκας τὴν ψυχήν σου ὑπὲρ λαοῦ σου, ἔσωσας τοὺς ἀθῴους ἐκ τοῦ θανάτου· διὰ τοῦτο ἡγιάσθης, ὡς μέγας μύστης Θεοῦ τῆς χάριτος.

### Κοινωνικόν.

Εἰς μνημόσυνον αἰώνιον ἔσται δίκαιος· ἀλληλούϊα.

### Μεγαλυνάριον.

Ὀρφανῶν προστάτην σε καὶ χηρῶν, πεινώντων τροφέα, πενομένων τε πλουτιστήν, αἰχμαλώτων ῥύστην, πλεόντων τε σωτῆρα, κεκτήμεθα παμμάκαρ σοφὲ Νικόλαε.

### ΕΙΣ ΤΑΣ Θ΄

### Ἡ σύλληψις τῆς ἁγίας καὶ θεοπρομήτορος Ἄννης

Εἰς τὴν Λειτουργίαν Τυπικά, καὶ ἐκ τοῦ κανόνος ᾠδὴ γ΄ καὶ ς΄.

### ᾨδὴ γ΄. Ἦχος α΄.
### Στερεωθήτω ἡ καρδία μου.

Καρπὸν κοιλίας εἰ παράσχοις μοι, ἀνεβόα Ἄννα πρὸς Κύριον, μεγαλυνθήσομαι καὶ σοί, τοῦτον προσαναθήσομαι· διὰ τοῦτο συλλαμβάνει, τὴν ἁγνὴν Θεομήτορα.

Ἐν παραδείσῳ εὐχομένης σου, τῆς φωνῆς ἀκούει ὁ Ὕψιστος, Ἄννα θεόφρον καὶ καρπόν, τῇ κοιλίᾳ σου δίδωσι, παραδείσου τὴν ἀνοίξασαν, τὴν θύραν τῆς χάριτος.

Τὰ κατὰ Νόμον ἐκτελέσασα, καὶ Θεῷ ἀμέμπτως δουλεύσασα, κυοφορεῖς τὴν ἀληθῶς, νομοδότην κυήσασα, Ἄννα πάνσεμνε· διό σε, οἱ πιστοὶ μακαρίζομεν.

### Θεοτοκίον.

Τῆς στειρευούσης διανοίας μου, ἀκαρπίαν πᾶσαν ἀπέλασον, καὶ καρποφόρον ἀρεταῖς, τὴν ψυχήν μου ἀνάδειξον, παναγία Θεοτόκε, τῶν πιστῶν ἡ βοήθεια.

### ᾨδὴ ς΄. Τὸν προφήτην Ἰωνᾶν.

Πῶς χωρεῖται ἐν γαστρί, ἡ χωρήσασα Θεόν; πῶς γεννᾶται τὸν Χριστόν, ἡ γεννήσασα σαρκί; θηλάζει δέ, πῶς ἡ τὸν κτίστην γάλα θηλάσασα;

Τῆς δεήσεως ὑμῶν, ἐπακούσας ὁ Θεός, γονιμώτατον καρπόν, νῦν δεδώρηται ὑμῖν, πανεύφημοι, Ἰωακείμ τε καὶ Ἄννα σήμερον.

### Δόξα.

Τὴν ἁγνὴν περιστεράν, συλλαβοῦσα ἐν γαστρί, χαρμονῆς πνευματικῆς, ἐπληρώθη ἀληθῶς, προσάγουσα, χαριστηρίους ᾠδὰς ἡ Ἄννα Θεῷ.

### Καὶ νῦν. Θεοτοκίον.

Τρικυμίαι λογισμῶν, καὶ παθῶν ἐπαγωγαί, καὶ βυθὸς ἁμαρτιῶν, τὴν ἀθλίαν μου ψυχήν, χειμάζουσι· βοήθησόν μοι ἁγία δέσποινα.

### Τροπάριον. Ἦχος δ΄.

Σήμερον τῆς ἀτεκνίας δεσμὰ διαλύονται· τοῦ Ἰωακεὶμ γὰρ καὶ τῆς Ἄννης εἰσακούων Θεός, παρ' ἐλπίδα τεκεῖν αὐτούς, σαφῶς ὑπισχνεῖται Θεόπαιδα· ἐξ ἧς αὐτὸς ἐτέχθη ὁ ἀπερίγραπτος, βροτὸς γεγονώς, δι' ἀγγέλου κελεύσας βοῆσαι αὐτῇ· Χαῖρε κεχαριτωμένη, ὁ Κύριος μετὰ σοῦ.

### Κοντάκιον. Ἦχος δ΄. Ἐπεφάνης σήμερον.

Ἑορτάζει σήμερον ἡ οἰκουμένη, τὴν τῆς Ἄννης σύλληψιν, γεγενημένην ἐκ Θεοῦ· καὶ γὰρ αὐτὴ ἀπεκύησε, τὴν ὑπὲρ λόγον τὸν Λόγον κυήσασαν.

### Κοινωνικόν.

Ἀγαλλιᾶσθε δίκαιοι ἐν Κυρίῳ, τοῖς εὐθέσι πρέπει αἴνεσις.

### Μεγαλυνάριον.

Δεῦτε εὐφημήσωμεν οἱ πιστοί, Ἄνναν τὴν ἁγίαν, τὴν προμήτορα τοῦ Χριστοῦ, τὴν ἀξιωθεῖσαν γεννῆσαι τὴν παρθένον, τὴν μόνην Θεοτόκον καὶ παναμώμητον.

### ΕΙΣ ΤΑΣ ΙΒ΄

Τοῦ ἐν ἁγίοις πατρὸς ἡμῶν Σπυρίδωνος, ἐπισκόπου Τριμυθοῦντος, τοῦ θαυματουργοῦ

Εἰς τὴν Λειτουργίαν Τυπικά, καὶ ἐκ τοῦ κανόνος ᾠδὴ γ΄ καὶ ς΄. Ἦχος β΄.

### Ὠδὴ γ΄. Ἐν πέτρᾳ με τῆς πίστεως.

Τὸν νοῦν σου ἀπαθείᾳ καταλαμπρύνας, καὶ θείᾳ ταπεινώσει καθωραΐσας, χαρίσματα τοῦ Πνεύματος ὑπεδέξω, διώκειν πνεύματα, λύειν νοσήματα, τῶν πιστῶς τιμώντων σε ἱερώτατε.

Τὸν ὄφιν τὸν ἀρχέκακον ἀποκτείνας, τὸν τρόπον τὸν φιλάργυρον συμπατήσας, οἰκτίρων τὸν δεόμενον ἱεράρχα, ὄφιν μετέβαλες, χρυσοῦν εἰς κόσμιον, ἱεραῖς ἐντεύξεσι, πάτερ ὅσιε.

Ἀνῆλθες πρὸς τὸ ὄρος τῆς ἀπαθείας· εἰσέδυς εἰς τὸν γνόφον τῆς θεωρίας· πλαξὶ δὲ τῆς καρδίας σου εἰσεδέξω, νόμον σωτήριον, ὡς ἱερώτατος, καὶ θεράπων γνήσιος τοῦ Δεσπότου σου.

### Θεοτοκίον.

Θεράπευσον τὰ τραύματα τῆς ψυχῆς μου, τὸν νοῦν μου σκοτιζόμενον ἀμελείᾳ, θεόνυμφε καταύγασον, ἵνα ψάλλω· οὐκ ἔστιν ἄμεμπτος ὡς σὺ πανάμωμε· καὶ οὐκ ἔστιν ἄχραντος, πλήν σου δέσποινα.

### Ὠδὴ ϛ΄. Ἐν ἀβύσσῳ πταισμάτων.

Ὁ χρυσὸς ὡς πηλός σοι λελόγισται, τῇ ὑπὲρ χρυσὸν ἀπαθείᾳ ἀστράπτοντι, καὶ πλουτισθέντι ὅσιε, δωρεαῖς ταῖς παγχρύσοις τοῦ Πνεύματος.

Καθαρῶς λειτουργῶν τῷ Δεσπότῃ σου, πλῆθος ἔσχες ὅσιε καθυπακοῦόν σοι, ἀγγελικῶν δυνάμεων, ἀοράτοις φωναῖς ἱερώτατε.

### Δόξα.

Ὁ περίδοξος πάνσοφε βίος σου, κόσμῳ σε περίδοξον πάτερ εἰργάσατο· διὸ τὴν θείαν μνήμην σου, γεγηθότες τελοῦμεν ὑμνοῦντές σε.

### Καὶ νῦν. Θεοτοκίον.

Οὐρανῶν πλατυτέρα ἡ μήτρα σου, γέγονεν ἀπείρανδρε Θεὸν χωρήσασα, τὸν μηδαμοῦ χωρούμενον, παναγία παρθένε πανύμνητε.

*Εἰ δὲ βούλει, εἰπὲ τὴν κάτωθι ϛ΄ ᾠδὴν ἐκ τῆς φυλλάδος τοῦ ἁγίου.*

### Ὠδὴ ϛ΄. Ἦχος α΄.
### Σπλάγχνων Ἰωνᾶν.

Ἄλλον Σαμουήλ, ἡ χάρις σε ἔχρισε, Σπυρίδων σοφέ, ἱερατεύειν Θεῷ, καὶ προσήγαγες, ἀναιμάκτους θυσίας πανόλβιε· πιστεύων ἀληθῶς ὅτι ἐδείχθη σοι, ἄνω ἐν σκηναῖς Θεοῦ ἡμῶν, ἡ φρικτὴ λειτουργία καὶ ἄμωμος.

Ῥάβδον Μωϋσῆς, εἰς ὄφιν μετέβαλε, προστάξει Θεοῦ πάλαι κινούμενος· σὺ δὲ ὅσιε, εἰς χρυσὸν προσευχῇ σου μετέβαλες, τὸν ὄφιν ἱεράρχα διὰ φίλον τὸν σόν· οὕτω θαυμαστὰ εἰργάσατο, διὰ σοῦ ὁ Θεὸς πάτερ τέρατα.

### Δόξα.

Ὡς ἱεραρχῶν, κανὼν καὶ ἑδραίωμα, φωστὴρ οἰκουμένης διαυγέστατε, πύργε ἄσειστε, ἐκκλησίας θεμέλιε ἄρρηκτε, τῶν θαυμάτων ποταμὸς ὁ ἀνεξάντλητος, ῥῦσαι σαῖς πρεσβείαις πάντοτε, πειρασμῶν τοὺς τιμῶντας τὴν μνήμην σου.

### Καὶ νῦν. Θεοτοκίον.

Κόλπων οὐκ ἐκστάς, ἀνάρχου γεννήτορος, ἐν κόλποις ἁγνῆς, κόρης αὐλίζεται, καὶ καθίσταται, ὁ ἀμήτωρ ἀπάτωρ σαρκούμενος, ὁ τῆς δικαιοσύνης βασιλεύων Θεός· τούτου ἀγενεαλόγητος, ἡ φρικτὴ γενεὰ καὶ ἀπόρρητος.

### Τροπάριον. Ἦχος α΄.

Τῆς συνόδου τῆς πρώτης ἀνεδείχθης ὑπέρμαχος, καὶ θαυματουργὸς θεοφόρε, Σπυρίδων πατὴρ ἡμῶν· διὸ νεκρᾷ σὺ ἐν τάφῳ προσφωνεῖς, καὶ ὄφιν εἰς χρυσοῦν μετέβαλες· καὶ ἐν τῷ μέλπειν τὰς ἁγίας σου εὐχάς, ἀγγέλους ἔσχες συλλειτουργοῦντάς σοι ἱερώτατε· δόξα τῷ σὲ δοξάσαντι, δόξα τῷ σὲ στεφανώσαντι, δόξα τῷ ἐνεργοῦντι διὰ σοῦ πᾶσιν ἰάματα.

### Κοντάκιον. Ἦχος β΄.
### Τὰ ἄνω ζητῶν.

Τῷ πόθῳ Χριστοῦ, τρωθεὶς ἱερώτατε, τὸν νοῦν πτερωθείς, τῇ αἴγλῃ τοῦ Πνεύματος, πρακτικῇ θεωρίᾳ τὴν πρᾶξιν εὗρες θεόπνευστε, θυσιαστήριον θεῖον γενόμενος, αἰτούμενος πᾶσι θείαν ἔλλαμψιν.

### Μεγαλυνάριον.

Χαίροις Τριμυθοῦντος ἡ καλλονή· χαίροις Κερκυραίων, ὁ σοφώτατος ἰατρός· χαίροις τῆς Τριάδος ὁ θεῖος μυστολέκτης, πατέρων μέγα κλέος, Σπυρίδων ἅγιε.

### Κοινωνικόν.

Εἰς μνημόσυνον αἰώνιον ἔσται δίκαιος· ἀλληλούια.

## ΤΗ ΚΥΡΙΑΚΗ ΤΩΝ ΑΓΙΩΝ ΠΡΟΠΑΤΟΡΩΝ

Εἰς τὴν Λειτουργίαν, οἱ μακαρισμοί. Καὶ λέγομεν δ΄ Ἀναστάσιμα, καὶ ἐκ τοῦ κανόνος τῶν προπατόρων τὴν γ΄ καὶ ς΄ ᾠδήν.

### ᾨδὴ γ΄. Ἦχος πλ. δ΄.
### Σὺ εἶ τὸ στερέωμα.

Σύνεσιν κτησάμενοι, τὴν θεοδίδακτον Δέσποτα, παῖδες Δαυίδ, νόμους τοὺς πατρῴους, θεοφρόνως ἐτήρησαν.

Πῦρ οὐ κατεφλόγισε, τὰ καθαρώτατα σώματα, τῶν εὐσεβῶν· διὰ γὰρ νηστείας, ψυχοτρόφου ἠρδεύοντο.

Αἶνον τὸν παγκόσμιον, καὶ πολυύμνητον ᾄδουσι, παῖδες οἱ τρεῖς, μέσον τῆς καμίνου, θαυμαστῶς δροσιζόμενοι.

### Θεοτοκίον.

Ἵνα τόκον Δέσποτα, ἐκ παρθενεύοντος σώματος, δείξῃς ἡμῖν, σῴζεις ἐν καμίνῳ, παρθενεύοντα σώματα.

### ᾨδὴ ς΄. Ἦχος α΄.
### Σπλάγχνων Ἰωνᾶν.

Τύπωσις Χριστοῦ, τοῦ πάθους γεγένησαι, σαφῶς Ἰσαὰκ μακαριώτατε, ἀναγόμενος, πατρικῇ εὐπειθείᾳ τοῦ θύεσθαι· διὰ τοῦτο μεμακάρισαι, καὶ φίλος Θεοῦ, ἔφθης ὄντως γνησιώτατος, μετὰ πάντων δικαίων σκηνούμενος.

Ὤφθη Ἰακώβ, θεράπων πιστότατος, τοῦ πάντων Θεοῦ· ὅθεν ἐπάλαισε, μετ᾽ ἀγγέλου νοῦς, καθορῶν τὸν Θεὸν μετωνόμασται· καὶ καθεύδων, θείαν κλίμακα τεθέαται, ἣ περ Θεὸς ἐπεστήρικτο, ὁ σαρκὶ προσπλακεὶς ἀγαθότητι.

### Δόξα.

Στέργων Ἰωσήφ, πατρὸς τὴν εὐπείθειαν, ἐν λάκκῳ βληθεὶς προσαπεμπόληται, εἰς προτύπωσιν, τοῦ τυθέντος καὶ λάκκῳ βληθέντος Χριστοῦ, σιτοδότης τε Αἰγύπτου ἐχρημάτισε, σώφρων γεγονὼς καὶ δίκαιος, βασιλεύς τε παθῶν ἀληθέστατος.

Καὶ νῦν. Θεοτοκίον.

Νέον ἐπὶ γῆς, παιδίον γνωρίζεται, ὁ ὢν σὺν Πατρὶ ἀεὶ καὶ Πνεύματι· σπαργανοῦται δέ, ὁ τὴν γῆν σπαργανώσας ὁμίχλῃ σαφῶς· καὶ ἐν φάτνῃ τῶν ἀλόγων ἀνακέκλιται· τούτου νῦν προεορτάσωμεν, γεγηθότες τὴν ἄσπορον γέννησιν.

Τροπάριον τὸ Ἀναστάσιμον.
Καὶ τὸ παρὸν τῶν προπατόρων.
Ἦχος βʹ.

Ἐν πίστει τοὺς προπάτορας ἐδικαίωσας, τὴν ἐξ ἐθνῶν δι' αὐτῶν προμνηστευσάμενος ἐκκλησίαν· καυχῶνται ἐν δόξῃ οἱ ἅγιοι, ὅτι ἐκ σπέρματος αὐτῶν ὑπάρχει καρπὸς εὐκλεής, ἡ ἀσπόρως τεκοῦσά σε· ταῖς αὐτῶν ἱκεσίαις Χριστὲ ὁ Θεός, σῶσον τὰς ψυχὰς ἡμῶν.

Ἡ ὑπακοὴ τοῦ τυχόντος ἤχου.
Καὶ ἡ παροῦσα. Ἦχος βʹ.

Εἰς δρόσον τοῖς παισὶ τὸ πῦρ μετεβάλλετο, ὁ θρῆνος εἰς χαρὰν ταῖς γυναιξὶν ἐνηλλάττετο· ἄγγελος γὰρ ἐν ἀμφοτέροις διηκόνει τοῖς θαύμασι· τοῖς μὲν εἰς ἀνάπαυσιν μεταποιήσας τὴν κάμινον, ταῖς δὲ τὴν Ἀνάστασιν καταμηνύσας τριήμερον· ὁ ἀρχηγὸς τῆς ζωῆς ἡμῶν, Κύριε, δόξα σοι.

Κοντάκιον δὲ τὸ παρόν. Ἦχος βʹ.

Χειρόγραφον εἰκόνα μὴ σεβασθέντες, ἀλλ' ἀγράφῳ οὐσίᾳ θωρακισθέντες, τρισμακάριοι ἐν τῷ σκάμματι τοῦ πυρὸς ἐδοξάσθητε· ἐν μέσῳ δὲ φλογὸς ἀνυποστάτου ἱστάμενοι, Θεὸν ἐπικαλεῖσθε· τάχυνον ὦ οἰκτίρμον, καὶ σπεῦσον ὡς ἐλεήμων, εἰς τὴν βοήθειαν ἡμῶν, ὅτι δύνασαι βουλόμενος.

Κοινωνικόν.

Αἰνεῖτε τὸν Κύριον ἐκ τῶν οὐρανῶν· ἀλληλούια.

Καὶ τό·

Εἰς μνημόσυνον αἰώνιον ἔσονται δίκαιοι.

ΕΙΣ ΤΑΣ ΙΖʹ

Τῶν ἁγίων τριῶν παίδων
καὶ Δανιὴλ τοῦ προφήτου

Εἰς τὴν Λειτουργίαν Τυπικά, καὶ ἐκ τοῦ κανόνος ᾠδὴ γʹ καὶ ϛʹ. Ἦχος πλ. δʹ.

Ὠδὴ γʹ. Σὺ εἶ τὸ στερέωμα.

Νόησιν καὶ σύνεσιν, παρὰ Θεοῦ λαβὼν ἤγαγες, φωτοφανῶς, τὰ ἐσκιασμένα, τῶν κρατούντων ἐνύπνια. Δίς.

Δράκοντα ἐνέκρωσας, διὰ τροφῆς βαλὼν ἔνδοξε, τὸν αἰσθητόν· τοὺς πρὶν ἀοράτους, ἐτροπώσω γὰρ δαίμονας.

Θεοτοκίον.

Αἴγλῃ φωτιζόμενος, τὸ ἐμφανὲς ὁρᾷς ἔνδοξε, ὄρος Θεοῦ, τὴν εὐλογημένην, τῶν βροτῶν ἐγκαλλώπισμα.

Ὠδὴ ϛʹ. Ἄβυσσος ἁμαρτιῶν.

Ἄρξαντες τῶν ψυχικῶν, παθημάτων τῇ δυνάμει τοῦ λόγου, χώρας ἐθνῶν Χαλδαίων, ἡγεμόνες

## ΔΕΚΕΜΒΡΙΟΣ

γεγόνατε· οἶδε γὰρ ἡ ἀρετὴ γέρα χαρίζεσθαι, κεκτημένοις· οἱ τοῦ Δαυὶδ σοφοὶ ἀπόγονοι. Δίς.

### Δόξα.

Νέκρωσιν ὁ Δανιήλ, ζωηφόρον ἐνδυσάμενος πάλαι, τὸν ὡς θεὸν Χαλδαίοις, δυσσεβῶς νομιζόμενον, ἀναιρεῖ διὰ τροφῆς, δράκοντα κάκιστον, ἱερεῖς τε τοὺς δυσμενεῖς σαφῶς ἀπέκτεινε.

### Καὶ νῦν. Θεοτοκίον.

Ἵλεών μοι τὸν κριτήν, τὸν Υἱόν σου Θεοτόκε παρθένε, ταῖς σαῖς λιταῖς γενέσθαι, ἐν ἡμέρᾳ τῆς κρίσεως, λυτρωτήν τε τῶν δεινῶν, μῆτερ δυσώπησον· σοὶ γὰρ μόνῃ τὰ τῆς ἐλπίδος ἀνατίθημι.

### Τροπάριον. Ἦχος δ΄.

Μεγάλα τὰ τῆς πίστεως κατορθώματα· ἐν τῇ πηγῇ τῆς φλογός, ὡς ἐπὶ ὕδατος ἀναπαύσεως, οἱ ἅγιοι τρεῖς παῖδες ἠγάλλοντο, καὶ ὁ προφήτης Δανιήλ, λεόντων ποιμήν, ὡς προβάτων ἐδείκνυτο· ταῖς αὐτῶν ἱκεσίαις Χριστὲ ὁ Θεός, ἐλέησον ἡμᾶς.

### Κοντάκιον τοῦ προφήτου. Ἦχος γ΄.
### Ἡ παρθένος σήμερον.

Καθαρθεῖσα Πνεύματι, ἡ καθαρά σου καρδία, προφητείας γέγονε, φαεινοτάτης δοχεῖον· βλέπεις γάρ, ὡς ἐνεστῶτα τὰ μακρὰν ὄντα, λέοντας, ἀποφιμοῖς δὲ βληθεὶς ἐν λάκκῳ· διὰ τοῦτό σε τιμῶμεν, προφῆτα μάκαρ, Δανιὴλ ἔνδοξε.

### Κοντάκιον τῶν τριῶν νέων.
### Ἦχος πλ. β΄.

Χειρόγραφον εἰκόνα μὴ σεβασθέντες, ἀλλ' ἀγράφῳ οὐσίᾳ θωρακισθέντες τρισμακάριοι, ἐν τῷ σκάμματι τοῦ πυρὸς ἐδοξάσθητε· ἐν μέσῳ δὲ φλογὸς ἀνυποστάτου ἱστάμενοι, Θεὸν ἐπικαλεῖσθε· τάχυνον ὦ οἰκτίρμον, καὶ σπεῦσον ὡς ἐλεήμων, εἰς τὴν βοήθειαν ἡμῶν, ὅτι δύνασαι βουλόμενος.

### Κοινωνικόν.

Ἀγαλλιᾶσθε δίκαιοι ἐν Κυρίῳ, τοῖς εὐθέσι πρέπει αἴνεσις· ἀλληλούια.

### Μεγαλυνάριον τοῦ προφήτου.

Λέοντες ἐν λάκκῳ τὸν Δανιήλ, πῶς μὴ αἰδεσθῶσι; τὸν δι' αἴδεσιν πρὸς Θεόν, τάχος ἀνελόντα, ὃν δράκοντα ἐτίμων, οἷα θεὸν ἀφρόνως οἱ Βαβυλώνιοι.

### Ἕτερα τῶν τριῶν παίδων.

Τοὺς ἐπὶ τὴν κάμινον τοῦ πυρός, τρεῖς ἁγίους παῖδας, ἐμβληθέντας καὶ παντουργόν, τὸν μεταβαλόντα τὸ πῦρ εἰς θείαν δρόσον, ἐν ὕμνοις εὐλογοῦντας, πάντες τιμήσωμεν.

Ἔνδον τῆς καμίνου τρεῖς ἐμβαλών, Ναβουχοδονόσορ, ἐπλησίασε τοῦ ἰδεῖν, εἰ πυρὸς τὸ κράτος, ἐνέπρησεν εἰς τέλος, καὶ τέσσαρας ὑμνοῦντας, βλέπων ἐξίσταται.

## ΤΗ ΑΥΤΗ ΗΜΕΡΑ

**Τοῦ ἁγίου Διονυσίου ἀρχιεπισκόπου Αἰγίνης τοῦ Ζακυνθίου**

Εἰς τὴν Λειτουργίαν Τυπικά, καὶ ἐκ τῶν κανόνων αὐτοῦ ᾠδὴ γ΄ καὶ ς΄.

### ᾨδὴ γ΄. Ἦχος β΄.
Ἐξήνθησεν ἡ ἔρημος.

Γενναίως κατεπάλαισας, στοργὴν γεννητόρων σου, καὶ πᾶσαν ἄλλην εὔκλειαν, Σταυρὸν δ᾽ ἄρας τὸν τοῦ Κυρίου σου, πρὸς τὰς ἐρήμους χαίρων ηὐτομόλησας.

Ἴχνη τῶν τῆς ἀσκήσεως, φεγγοβόλοις λάμψεσι, τετηλαυγότων ὅσιε, στενῇ τρίβῳ ἐκμιμησάμενος, ἀσκητὴς ἐπεφάνης διαπρύσιος.

Ὅλος ἐν σοὶ ἐπέπνευσεν, ἦχος θείου Πνεύματος, καὶ χαρισμάτων ἔδειξε, θείων ἔνδοξον οἰκητήριον, καὶ πηγὴν ἰαμάτων ἀνεξάντλητον.

### Θεοτοκίον.

Ὑπόδεξαι τὸ σπήλαιον, Μαριὰμ τὴν ἄχραντον· ἀποτεκεῖν γὰρ ἔρχεται, ἀπειράνδρως Χριστὸν τὸν Κύριον, μεσότοιχον τῆς ἔχθρας λῦσαι θέλοντα.

### ᾨδὴ ς΄. Ἦχος α΄.
Σπλάγχνων Ἰωνᾶν.

Ὄντως τὴν φρικτήν, Θεῷ καὶ ἀναίμακτον, ἁγνῶς λογικὴν θυσίαν ἔθυες, μετὰ σώματος, ἐπὶ γῆς βιοτεύσας ὡς ἄσαρκος· ὄντως ὅλος τοῦ Θεοῦ ναὸς πανάγιος, ὤφθης ὄργανον καὶ Πνεύματος, ἠχοῦν πάσης ἀρετῆς μελῴδημα.

Νέφους ζοφεροῦ, τὸν νοῦν ἀπεκάθηρας, νεφώδη ποτὲ ἀμφιγνοοῦντά σου, Διονύσιε, Δανιὴλ συνεργείᾳ ἀλάστορος· φανεὶς ἐκτὸς τῆς λάρνακος αὐτῷ θείου ναοῦ, ἔνδον εἰσελθόντι ἅγιε, θυτῶν μέσῳ, ὕμνοις λειτουργούντων σοι.

### Δόξα.

Τάξεις νοεραί, ὁρῶσαι ἐξέστησαν, σὲ μάκαρ τοῦ σοῦ ἐναποκρύπτοντα, τὸν ὁμαίμονος, διωκόντων ὀργὴν δραπετεύοντα, φονέα ὅνπερ ἔσωσας θανάτου τοῦ πικροῦ, τοῦτον συμπαθῶς δεξάμενος, πεφευγότα ἐν σοὶ ἀγνοοῦντά σε.

### Καὶ νῦν. Θεοτοκίον.

Ἤδη τῆς ἡμῶν, ἐκλάμψαι προέρχεται, παρθένου ἁγνῆς, τῆς ἐξ ὀσφύος Δαυίδ, ἡ ἀνάκλησις, σωτηρίας ὡς ὤμοσε Κύριος· ἠχήσωμεν οὖν ᾄσματα, καὶ ᾄσωμεν ᾠδάς· ὕμνον ἅπαντες κροτήσωμεν, γενεθλίοις Χριστοῦ προεόρτιον.

### Τροπάριον. Ἦχος α΄.
Τοῦ λίθου σφραγισθέντος.

Τῆς Ζακύνθου τὸν γόνον, καὶ Αἰγίνης τὸν πρόεδρον, τὸν φρουρὸν μονῆς τῶν Στραφάδων Διονύσιον ἅπαντες, τιμήσωμεν συμφώνως οἱ πιστοί, βοῶντες πρὸς αὐτὸν εἰλικρινῶς· σαῖς λιταῖς τοὺς τὴν σὴν μνήμην ἐπιτελοῦντας, σῷζε καὶ βοῶντάς σοι· δόξα τῷ σὲ δοξάσαντι Χριστῷ, δόξα τῷ σὲ θαυμαστώταντι, δόξα τῷ δωρησαμένῳ σε ἡμῖν, πρέσβυν ἀκοίμητον.

### Κοντάκιον. Ἦχος γ΄.
### Ἡ παρθένος σήμερον.

Εὐχαρίστοις ᾄσμασι, τῶν Ζακυνθίων ἡ πόλις, ἀνυμνεῖν προτρέπεται, πάντας πιστοὺς συγκαλοῦσα, μέγιστον τὸν ἐν ἀνάγκαις θερμὸν προστάτην, ῥύστην δὲ τῶν τοῖς κινδύνοις συνεχομένων, καὶ γεραίρουσα κραυγάζει· τὸ κλέος χαῖρε πιστῶν Διονύσιε.

### Ἕτερον, ὅμοιον.

Ἑορτάζει σήμερον, τῶν Ζακυνθίων ἡ νῆσος, ἑορτὴν χαρμόσυνον, σὺν τῇ μονῇ τῶν Στροφάδων, Αἴγιναν σὺν πιστοῖς πᾶσι προσκαλουμένη, ᾄσμασιν ἀξιοχρέως συνευφημῆσαι, καὶ φαιδρῶς πανηγυρίσαι, τὸ κοινὸν κλέος νῦν Διονύσιον.

### Κοινωνικόν.

Εἰς μνημόσυνον αἰώνιον ἔσται δίκαιος· ἀλληλούια.

### ΕΙΣ ΤΑΣ Κ΄

Προεόρτια τῆς κατὰ σάρκα γεννήσεως τοῦ Κυρίου καὶ Θεοῦ, καὶ Σωτῆρος ἡμῶν Ἰησοῦ Χριστοῦ· καὶ τοῦ ἁγίου ἱερομάρτυρος Ἰγνατίου τοῦ Θεοφόρου.

Εἰς τὴν Λειτουργίαν Τυπικά, καὶ ἐκ τοῦ κανόνος τῶν προεορτίων ᾠδὴ γ΄, καὶ ἐκ τοῦ ἱερομάρτυρος ᾠδὴ ϛ΄.

### Ὠδὴ γ΄. Ἦχος α΄.
### Λίθον ὃν ἀπεδοκίμασαν.

Ταύτην τοῦ Χριστοῦ τὴν σάρκωσιν, γνοὺς ὁ Ἡσαΐας, Πνεύματι Ἁγίῳ, ἐμφανῶς προλέγει· παιδίον ἐκ παρθένου, γεννᾶται ὁ Κύριος, εἰς ἀναγέννησιν ἡμῶν, οὗ ἡ ἀρχὴ ἐπὶ τοῦ ὤμου αὐτοῦ. Δίς.

Ἄστρον ἤδη ἀνατέταλκεν, ἐκ φυλῆς Ἰούδα, ὅπερ ἐπιγνόντες βασιλεῖς κινήσεις, ἀνατολῶν ποιοῦνται καὶ φθάσαι ἐπείγονται, ὅπως θεάσωνται Χριστόν, ἐν Βηθλεὲμ σαρκὶ τικτόμενον.

Ὕμνον πᾶσα προεόρτιον, προσᾳδέτω κτίσις, τῷ πρὸ ἑωσφόρου ἐκ Πατρὸς γεννηθέντι, καὶ νῦν ἐκ τῆς παρθένου, ἀρρήτως ἐκλάμποντι, καὶ τικτομένῳ σαρκικῶς, ἐν Βηθλεὲμ δι' εὐσπλαγχνίαν πολλήν.

### Ὠδὴ ϛ΄. Ἦχος ὁ αὐτός.
### Τὸν προφήτην Ἰωνᾶν.

Ὡς τὸν ὄντως ἐραστήν, ἀγαπήσας ἀκλινῶς, καὶ τὸ πῦρ τὸ πρὸς αὐτόν, ἀναβλέψας νοερῶς, Ἰγνάτιε, τὸ εἶδος ἔσχες, ἐν σοὶ ζῶν καὶ λαλοῦν.

Τοὺς μακρούς σου πειρασμούς, καὶ τὰ ἄλυτα δεσμά, καὶ τοὺς ἐν Ῥώμῃ σπαραγμούς, καὶ τὸ πῦρ τῶν διωκτῶν, οὐδὲν ἡγοῦ, ἱερομάρτυς, διὰ τὸν σὸν ἐραστήν.

### Δόξα. Τριαδικόν.

Ὑπερούσιε Τριάς, ὑπεράγαθε Μονάς, ὁ Πατὴρ καὶ ὁ Υἱός, καὶ τὸ Πνεῦμα τὸ εὐθύ, ἐλέησον, τοὺς προσκυνοῦντας τὸ θεῖον κράτος σου.

**Καὶ νῦν. Θεοτοκίον.**

Εὐτρεπίζου Βηθλεέμ, ἑτοιμάζου Ἐφραθᾶ, ὁ ἀμήτωρ ἐκ Πατρός, καὶ ἀπάτωρ ἐκ μητρός, βαστάζεται, κυοφορεῖται τίκτεται σῴζων ἡμᾶς.

**Τροπάριον προεόρτιον. Ἦχος δ΄.**

Ἑτοιμάζου Βηθλεέμ, ἤνοικται πᾶσιν ἡ Ἐδέμ, εὐτρεπίζου Ἐφραθᾶ, ὅτι τὸ ξύλον τῆς ζωῆς, ἐν τῷ σπηλαίῳ ἐξήνθησεν ἐκ τῆς παρθένου· παράδεισος καὶ γάρ, ἡ ἐκείνης γαστήρ, ἐδείχθη νοητός, ἐν ᾧ τὸ θεῖον φυτόν· ἐξ οὗ φαγόντες ζήσωμεν, οὐχὶ δὲ ὡς ὁ Ἀδὰμ τεθνηξόμεθα. Χριστὸς γεννᾶται, τὴν πρὶν πεσοῦσαν ἀναστήσων εἰκόνα.

**Καὶ τοῦ ἁγίου. Ἦχος ὁ αὐτός.**

Καὶ τρόπων μέτοχος, καὶ θρόνων διάδοχος, τῶν ἀποστόλων γενόμενος, τὴν πρᾶξιν εὗρες θεόπνευστε, εἰς θεωρίας ἐπίβασιν· διὰ τοῦτο τῆς ἀληθείας τὸν λόγον ὀρθοτομῶν, καὶ τῇ πίστει ἐνήθλησας μέχρις αἵματος, ἱερομάρτυς Ἰγνάτιε· πρέσβευε Χριστῷ τῷ Θεῷ, σωθῆναι τὰς ψυχὰς ἡμῶν.

**Κοντάκιον τοῦ ἁγίου. Ἦχος γ΄. Ἡ παρθένος σήμερον.**

Τῶν λαμπρῶν ἀγώνων σου ἡ φωτοφόρος ἡμέρα, προκηρύττει ἄπασι τὸν ἐκ παρθένου τεχθέντα· τοῦτο γὰρ διψῶν ἐκ πόθου κατατρυφῆσαι, ἔσπευσας ὑπὸ θηρίων ἀναλωθῆναι· διὰ τοῦτο θεοφόρος, προσηγορεύθης Ἰγνάτιε ἔνδοξε.

**Κοντάκιον προεόρτιον. Ὅμοιον.**

Ἡ παρθένος σήμερον, τὸν προαιώνιον Λόγον, ἐν σπηλαίῳ ἔρχεται ἀποτεκεῖν ἀπορρήτως· χόρευε ἡ οἰκουμένη ἀκουτισθεῖσα, δόξασον μετὰ ἀγγέλων καὶ τῶν ποιμένων, βουληθέντα ἐποφθῆναι, παιδίον νέον, τὸν πρὸ αἰώνων Θεόν.

**Κοινωνικόν.**

Εἰς μνημόσυνον αἰώνιον ἔσται δίκαιος.

**Μεγαλυνάριον τοῦ ἁγίου.**

Ἀρχιερωσύνης σου τὴν στολήν, ἀρεταῖς λαμπρύνας, λαμπροτέραν ἐπιτελεῖς, τῆς ἀθλήσεώς σου, τῷ αἵματι· διόπερ, διπλοῦν ἐδέξω στέφος, μάκαρ Ἰγνάτιε.

## ΤΗ ΚΥΡΙΑΚΗ ΠΡΟ ΤΗΣ ΧΡΙΣΤΟΥ ΓΕΝΝΗΣΕΩΣ

Εἰς τὴν λειτουργίαν, οἱ μακαρισμοί· δ΄ Ἀναστάσιμα, καὶ ἐκ τοῦ κανόνος τῶν πατέρων ᾠδὴ γ΄, καὶ ἡ ς΄ ᾠδὴ ἡ προεόρτιος.

**Ὠδὴ γ΄. Ἦχος πλ. δ΄. Σὲ τὸν ἐπὶ ὑδάτων.**

Τάφῳ τριημερεύσας, ἀνέστησας ζωαρχικῇ ἐγέρσει, θανόντας τοὺς ἀπ᾽ αἰῶνος· καὶ καταδίκης λυόμενοι, χαρμονικῶς ἠγάλλοντο· ἰδοὺ ἡ λύτρωσις, ἦλθες Κύριε κραυγάζοντες.

Τὴν κατ᾽ εἰκόνα δόξαν, καὶ καθ᾽ ὁμοίωσιν Θεοῦ φρονοῦντες παῖδες, χρυσῆς εἰκόνος φλόγα, ἐν τῷ πυρὶ τῷ τοῦ Πνεύματος, ἀθλητικῶς κατέσβεσαν, ἐν πίστει ψάλλοντες· πλήν σου Κύριον οὐκ οἴδαμεν.

Χαίρει καὶ συγχορεύει, σὺν τοῖς παισὶ καὶ προφήταις ὁ νόμος· καὶ προσκιρτᾷ τοῦ Κυρίου, τὴν θείαν ἔλευσιν σήμερον· καὶ Ἀβραὰμ ἀγάλλεται, ὅτι ἐκ σπέρματος, εἶδε Κύριον σαρκούμενον.

### Θεοτοκίον.

Ἡ σύλληψις ἄνευ πάθους, ἡ πρόσληψις ὑπὲρ λόγον, παρθένε, τοῦ τόκου σου προῆλθε· τὸ γὰρ προφήταις θρυλούμενον, ὑπερφυῶς μυστήριον, ἡμῖν ἐπέφανε, Λόγος τοῦ Θεοῦ ὑπάρχων Κύριος.

### Ὠδὴ ϛ΄. Ἦχος α΄.
### Σπλάγχνων Ἰωνᾶν.

Νέος οὐρανός, ὑπάρχουσα δέσποινα, ἐκ μήτρας τῆς σῆς, ὡς ἐκ νεφέλης Χριστόν, δόξης ἥλιον, ἀνατεῖλαι ἐπείγῃ σπηλαίῳ σαρκί, ὡς μέλλοντα ταῖς λάμψεσιν, ταῖς ἑαυτοῦ σαφῶς, πάντα τὰ τῆς γῆς πληρώματα, καταυγάζειν δι' οἶκτον ἀμέτρητον. Δίς.

### Δόξα.

Ἴδες τὴν ἡμῶν, ὀδύνην καὶ κάκωσιν οἰκτίρμον Χριστέ, καὶ οὐ παρεῖδες ἡμᾶς· ἀλλ' ἐκένωσας, σεαυτὸν μὴ ἐκστὰς τοῦ γεννήτορος· καὶ ἐσκήνωσας εἰς μήτραν ἀπειρόγαμον· ἥτις ἀνωδίνως τέξεσθαι, σὲ σαρκὶ ἐν σπηλαίῳ προέρχεται.

### Καὶ νῦν.

Ὄρη καὶ βουνοί, πεδία καὶ φάραγγες, λαοὶ καὶ φυλαί, ἔθνη καὶ πᾶσα πνοή, ἀλαλάξατε, εὐφροσύνης ἐνθέου πληρούμενα· ἦλθε πάντων ἐπεδήμησεν ἡ λύτρωσις, Λόγος τοῦ Θεοῦ ὁ ἄχρονος, ὑπὸ χρόνον δι' οἶκτον γενόμενος.

Εἰ δὲ τύχοι τοιαύτη Κυριακὴ πρὸ τῆς εἰκοστῆς τοῦ παρόντος, ψάλλονται τὰ Ἀναστάσιμα μετὰ τῶν πατέρων μόνα· τὰ δὲ προεόρτια καταλιμπάνονται.

### Τροπάριον τὸ Ἀναστάσιμον.
### Καὶ τὸ παρόν. Ἦχος β΄.

Μεγάλα τὰ τῆς πίστεως κατορθώματα· ἐν τῇ πηγῇ τῆς φλογός, ὡς ἐπὶ ὕδατος ἀναπαύσεως, οἱ ἅγιοι τρεῖς παῖδες ἠγάλλοντο, καὶ ὁ προφήτης Δανιήλ, λεόντων ποιμήν, ὡς προβάτων ἐδείκνυτο· ταῖς αὐτῶν ἱκεσίαις Χριστὲ ὁ Θεός, σῶσον τὰς ψυχὰς ἡμῶν.

### Τροπάριον προεόρτιον. Ἦχος δ΄.

Ἑτοιμάζου Βηθλεέμ, ἤνοικται πᾶσιν ἡ Ἐδέμ· εὐτρεπίζου Ἐφραθᾶ, ὅτι τὸ ξύλον τῆς ζωῆς, ἐν τῷ σπηλαίῳ ἐξήνθησεν ἐκ τῆς παρθένου· παράδεισος καὶ γὰρ ἡ ἐκείνης γαστήρ, ἐδείχθη νοητός, ἐν ᾧ τὸ θεῖον φυτόν· ἐξ οὗ φαγόντες ζήσωμεν, οὐχὶ δὲ ὡς ὁ Ἀδὰμ τεθνηξόμεθα· Χριστὸς γεννᾶται, τὴν πρὶν πεσοῦσαν, ἀναστήσων εἰκόνα.

### Ἡ ὑπακοή. Ἦχος πλ. δ΄.

Ἄγγελος παίδων ἐδρόσισε κάμινον· νῦν δὲ γυναικῶν κλαυθμὸν διεκώλυε, λέγων· τί ἐπιφέρεσθε μύρα; τίνα ζητεῖτε ἐν τάφῳ; ἀνέστη Χριστὸς ὁ Θεός· ὑπάρχει γὰρ ζωή, καὶ σωτηρία τοῦ γένους τῶν ἀνθρώπων.

### Κοντάκιον πρῶτον τὸ παρόν. Ἦχος πλ. β΄.

Χειρόγραφον εἰκόνα μὴ σεβασθέντες, ἀλλ' ἀγράφῳ οὐσίᾳ θωρακισθέντες, τρισμακάριοι ἐν τῷ σκάμματι τοῦ πυρὸς ἐδοξάσθητε· ἐν μέσῳ δὲ φλογὸς ἀνυποστάτου ἱστάμενοι, Θεὸν ἐπεκαλεῖσθε· τάχυνον ὦ οἰκτίρμον, καὶ σπεῦσον ὡς ἐλεήμων, εἰς τὴν βοήθειαν ἡμῶν, ὅτι δύνασαι βουλόμενος.

### Εἶτα τὸ παρὸν προεόρτιον. Ἦχος α΄.

Εὐφραίνου Βηθλεέμ, Ἐφραθᾶ ἑτοιμάζου· ἰδοὺ γὰρ ἡ ἀμνάς, τὸν ποιμένα τὸν μέγαν, ἐν μήτρᾳ βαστάζουσα, τοῦ τεκεῖν κατεπείγεται· ὅνπερ βλέποντες οἱ θεοφόροι πατέρες, ἐπαγάλλονται, μετὰ ποιμένων ὑμνοῦντες, παρθένον θηλάζουσαν.

### Κοινωνικόν.

Αἰνεῖτε τὸν Κύριον ἐκ τῶν οὐρανῶν· ἀλληλούια.

### ΕΙΣ ΤΑΣ ΚΕ΄

**Ἡ κατὰ σάρκα γέννησις τοῦ Κυρίου καὶ Θεοῦ καὶ Σωτῆρος ἡμῶν Ἰησοῦ Χριστοῦ**

Εἰς τὴν Λειτουργίαν τὰ παρόντα ἀντίφωνα.

### ΑΝΤΙΦΩΝΟΝ Α΄. Ἦχος β΄.

Στίχ. α΄. Ἐξομολογήσομαί σοι, Κύριε, ἐν ὅλῃ καρδίᾳ μου, ἐν βουλῇ εὐθέων καὶ συναγωγῇ.

Ταῖς πρεσβείαις τῆς Θεοτόκου, Σῶτερ, σῶσον ἡμᾶς.

Στίχ. β΄. Μεγάλα τὰ ἔργα Κυρίου, ἐξεζητημένα εἰς πάντα τὰ θελήματα αὐτοῦ.

Ταῖς πρεσβείαις τῆς Θεοτόκου, Σῶτερ, σῶσον ἡμᾶς.

Στίχ. γ΄. Ἐξομολόγησις καὶ μεγαλοπρέπεια τὸ ἔργον αὐτοῦ, καὶ ἡ δικαιοσύνη αὐτοῦ μένει εἰς τὸν αἰῶνα τοῦ αἰῶνος.

Ταῖς πρεσβείαις τῆς Θεοτόκου, Σῶτερ, σῶσον ἡμᾶς.

Στίχ. δ΄. Ἐνετείλατο εἰς τὸν αἰῶνα διαθήκην αὐτοῦ, ἅγιον καὶ φοβερὸν τὸ ὄνομα αὐτοῦ.

Ταῖς πρεσβείαις τῆς Θεοτόκου, Σῶτερ, σῶσον ἡμᾶς.

Δόξα· Καὶ νῦν.

Ταῖς πρεσβείαις τῆς Θεοτόκου, Σῶτερ, σῶσον ἡμᾶς.

### ΑΝΤΙΦΩΝΟΝ Β΄. Ἦχος β΄.

Στίχ. α΄. Μακάριος ἀνὴρ ὁ φοβούμενος τὸν Κύριον· ἐν ταῖς ἐντολαῖς αὐτοῦ θελήσει σφόδρα.

Σῶσον ἡμᾶς, Υἱὲ Θεοῦ, ὁ ἐκ παρθένου τεχθείς, ψάλλοντάς σοι· Ἀλληλούια.

Στίχ. β΄. Δυνατὸν ἐν τῇ γῇ ἔσται τὸ σπέρμα αὐτοῦ· γενεὰ εὐθέων εὐλογηθήσεται.

Σῶσον ἡμᾶς, Υἱὲ Θεοῦ, ὁ ἐκ παρθένου τεχθείς, ψάλλοντάς σοι· Ἀλληλούια.

Στίχ. γ΄. Δόξα καὶ πλοῦτος ἐν τῷ οἴκῳ αὐτοῦ, καὶ ἡ δικαιοσύνη αὐτοῦ μένει εἰς τὸν αἰῶνα τοῦ αἰῶνος.

Σῶσον ἡμᾶς, Υἱὲ Θεοῦ, ὁ ἐκ παρθένου τεχθείς, ψάλλοντάς σοι· Ἀλληλούια.

Στίχ. δ΄. Ἐξανέτειλεν ἐν σκότει φῶς τοῖς εὐθέσιν· ἐλεήμων καὶ οἰκτίρμων καὶ δίκαιος.

Σῶσον ἡμᾶς, Υἱὲ Θεοῦ, ὁ ἐκ παρθένου τεχθείς, ψάλλοντάς σοι· Ἀλληλούια.

Δόξα Πατρὶ καὶ Υἱῷ καὶ ἁγίῳ Πνεύματι· καὶ νῦν καὶ ἀεὶ καὶ εἰς τοὺς αἰῶνας τῶν αἰώνων. Ἀμήν.

Ὁ Μονογενὴς Υἱὸς καὶ Λόγος τοῦ Θεοῦ ἀθάνατος ὑπάρχων, καὶ καταδεξάμενος διὰ τὴν ἡμετέραν σωτηρίαν, σαρκωθῆναι ἐκ τῆς ἁγίας Θεοτόκου καὶ ἀειπαρθένου Μαρίας, ἀτρέπτως ἐνανθρωπήσας, σταυρωθείς τε Χριστὲ ὁ Θεός, θανάτῳ θάνατον πατήσας, εἷς ὢν τῆς Ἁγίας Τριάδος, συνδοξαζόμενος τῷ Πατρὶ καὶ τῷ Ἁγίῳ Πνεύματι, σῶσον ἡμᾶς.

## ΑΝΤΙΦΩΝΟΝ Γ΄.
### Ἦχος δ΄.

Στίχ. α΄. Εἶπεν ὁ Κύριος τῷ Κυρίῳ μου· κάθου ἐκ δεξιῶν μου, ἕως ἂν θῶ τοὺς ἐχθρούς σου ὑποπόδιον τῶν ποδῶν σου.

Ἡ γέννησίς σου Χριστὲ ὁ Θεὸς ἡμῶν, ἀνέτειλε τῷ κόσμῳ τὸ φῶς τὸ τῆς γνώσεως· ἐν αὐτῇ γὰρ οἱ τοῖς ἄστροις λατρεύοντες, ὑπὸ ἀστέρος ἐδιδάσκοντο, σὲ προσκυνεῖν τὸν ἥλιον τῆς δικαιοσύνης, καὶ σὲ γινώσκειν ἐξ ὕψους ἀνατολήν, Κύριε δόξα σοι.

Στίχ. β΄. Ῥάβδον δυνάμεως ἐξαποστελεῖ σοι Κύριος ἐκ Σιών, καὶ κατακυρίευε ἐν μέσῳ τῶν ἐχθρῶν σου.

Ἡ γέννησίς σου Χριστὲ ὁ Θεὸς ἡμῶν...

Στίχ. γ΄. Μετὰ σοῦ ἡ ἀρχὴ ἐν ἡμέρᾳ τῆς δυνάμεώς σου, ἐν ταῖς λαμπρότησι τῶν ἁγίων σου.

Ἡ γέννησίς σου Χριστὲ ὁ Θεὸς ἡμῶν...

### Εἰσοδικόν.

Ἐκ γαστρὸς πρὸ ἑωσφόρου ἐγέννησά σε· ὤμοσε Κύριος, καὶ οὐ μεταμεληθήσεται. Σῶσον ἡμᾶς, Υἱὲ Θεοῦ, ὁ ἐκ παρθένου τεχθείς, ψάλλοντάς σοι· Ἀλληλούια.

### Καὶ εὐθὺς τὸ τροπάριον. Ἦχος δ΄.

Ἡ γέννησίς σου Χριστὲ ὁ Θεὸς ἡμῶν, ἀνέτειλε τῷ κόσμῳ τὸ φῶς τὸ τῆς γνώσεως· ἐν αὐτῇ γὰρ οἱ τοῖς ἄστροις λατρεύοντες, ὑπὸ ἀστέρος ἐδιδάσκοντο, σὲ προσκυνεῖν τὸν ἥλιον τῆς δικαιοσύνης, καὶ σὲ γινώσκειν ἐξ ὕψους ἀνατολήν, Κύριε δόξα σοι.

### Ἡ ὑπακοή. Ἦχος πλ. δ΄.

Τὴν ἀπαρχὴν τῶν ἐθνῶν, ὁ οὐρανός σοι προσεκόμισε, τῷ κειμένῳ νηπίῳ ἐν φάτνῃ, δι' ἀστέρος τοὺς μάγους καλέσας, οὓς καὶ κατέπληττεν, οὐ σκῆπτρα καὶ θρόνοι, ἀλλ' ἐσχάτη πτωχεία· τί γὰρ εὐτελέστερον σπηλαίου; τί δὲ ταπεινότερον σπαργάνων; ἐν οἷς διέλαμψεν ὁ τῆς θεότητός σου πλοῦτος· Κύριε, δόξα σοι.

### Κοντάκιον. Ἦχος γ΄.

Ἡ παρθένος σήμερον, τὸν ὑπερούσιον τίκτει· καὶ ἡ γῆ τὸ σπήλαιον, τῷ ἀπροσίτῳ προσάγει· ἄγγελοι μετὰ ποιμένων δοξολογοῦσι· μάγοι δὲ μετὰ ἀστέρος ὁδοιποροῦσι· δι' ἡμᾶς γὰρ ἐγεννήθη, παιδίον νέον, ὁ πρὸ αἰώνων Θεός.

### Ἀντὶ δὲ τοῦ Τρισαγίου·

Ὅσοι εἰς Χριστὸν ἐβαπτίσθητε, Χριστὸν ἐνεδύσασθε. Ἀλληλούια.

### Ἀντὶ τοῦ Ἄξιον ἐστίν, ἦχος α΄.

Μεγάλυνον ψυχή μου τὴν τιμιωτέραν, καὶ ἐνδοξοτέραν τῶν ἄνω στρατευμάτων. Μυστήριον ξένον, ὁρῶ καὶ παράδοξον· οὐρανὸν τὸ σπήλαιον, θρόνον χερουβικὸν τὴν παρθένον, τὴν φάτνην χωρίον, ἐν ᾧ ἀνεκλίθη ὁ ἀχώρητος, Χριστὸς ὁ Θεός, ὃν ἀνυμνοῦντες μεγαλύνομεν.

### Κοινωνικόν.

Λύτωσιν ἀπέστειλε Κύριος τῷ λαῷ αὐτοῦ.

### ΕΙΣ ΤΑΣ Κς΄

### Ἡ σύναξις τῆς ὑπεραγίας Δεσποίνης ἡμῶν Θεοτόκου καὶ ἀειπαρθένου Μαρίας

Εἰς τὴν Λειτουργίαν Τυπικά, καὶ ἐκ τοῦ κανόνος τῆς ἑορτῆς ᾠδὴ γ΄ καὶ ς΄, ἢ τὰ ἀντίφωνα τῆς ἑορτῆς ἀπαραλλάκτως.

### Ἦχος α΄.
### Ὠδὴ γ΄. Τῷ πρὸ τῶν αἰώνων.

Ὁ τῆς ἐπιπνοίας, μετασχὼν τῆς ἀμείνω Ἀδὰμ χοϊκός, καὶ πρὸς φθορὰν κατολισθήσας, γυναικείᾳ ἀπάτῃ, Χριστὸν γυναικὸς βοᾷ ἐξορῶν· ὁ δι' ἐμὲ κατ' ἐμὲ γεγονώς, ἅγιος εἶ Κύριε. Δίς.

Σύμμορφος πηλίνης, εὐτελοῦς διαρτίας Χριστὲ γεγονώς· καὶ μετοχῇ σαρκὸς τῆς χείρω, μεταδοὺς θείας φύτλης, βροτὸς πεφυκώς, καὶ μείνας Θεός, καὶ ἀνυψώσας τὸ κέρας ἡμῶν, ἅγιος εἶ Κύριε.

Βηθλεὲμ εὐφραίνου, ἡγεμόνων Ἰούδα βασίλεια· τὸν Ἰσραὴλ γὰρ ὁ ποιμαίνων, χερουβὶμ ὁ ἐπ' ὤμων, ἐκ σοῦ προελθὼν Χριστὸς ἐμφανῶς, καὶ ἀνυψώσας τὸ κέρας ἡμῶν, πάντων ἐβασίλευσεν.

### Ὠδὴ ς΄. Σπλάγχνων Ἰωνᾶν.

Ἦλθε σαρκωθείς, Χριστὸς ὁ Θεὸς ἡμῶν, γαστρὸς ὃν Πατήρ, πρὸ ἑωσφόρου γεννᾷ, τὰς ἡνίας δέ, ὁ κρατῶν τῶν ἀχράντων δυνάμεων, ἐν φάτνῃ τῶν ἀλόγων ἀνακλίνεται· ῥάκει σπαργανοῦται, λύει δέ, πολυπλόκους σειρὰς παραπτώσεων. Δίς.

### Δόξα.

Νέον ἐξ Ἀδάμ, παιδίον φυράματος, ἐτέχθη Υἱός, καὶ πιστοῖς δέδοται· τοῦ δὲ μέλλοντος, οὗτος ἐστὶν αἰῶνος, Πατὴρ καὶ ἄρχων· καὶ καλεῖται τῆς μεγάλης βουλῆς ἄγγελος· οὗτος ἰσχυρὸς Θεός ἐστι, καὶ κρατῶν ἐξουσίᾳ τῆς κτίσεως.

### Καὶ νῦν· τὸ αὐτό.
### Τροπάριον τῆς ἑορτῆς.

Ἡ γέννησίς σου Χριστὲ ὁ Θεὸς ἡμῶν, ἀνέτειλε τῷ κόσμῳ τὸ φῶς τὸ τῆς γνώσεως· ἐν αὐτῇ γὰρ οἱ τοῖς ἄστροις λατρεύοντες, ὑπὸ ἀστέρος ἐδιδάσκοντο, σὲ προσκυνεῖν τὸν ἥλιον τῆς δικαιοσύνης· καὶ σὲ γινώσκειν ἐξ ὕψους ἀνατολήν, Κύριε δόξα σοι.

### Κοντάκιον δὲ τὸ παρόν.
### Ἦχος πλ. β΄.

Ὁ πρὸ ἑωσφόρου ἐκ Πατρὸς ἀμήτωρ γεννηθείς, ἐπὶ τῆς γῆς ἀπάτωρ ἐσαρκώθη σήμερον ἐκ σοῦ· ὅθεν ἀστὴρ εὐαγγελίζεται μάγοις· ἄγγελοι δὲ μετὰ ποιμένων ὑμνοῦσι, τὸν ἄχραντον τόκον σου, ἡ κεχαριτωμένη.

### Καὶ τῆς ἑορτῆς.
### Κοντάκιον. Ἦχος γ΄.

Ἡ παρθένος σήμερον, τὸν ὑπερούσιον τίκτει· καὶ ἡ γῆ τὸ σπήλαιον, τῷ ἀπροσίτῳ προσάγει· ἄγγελοι μετὰ ποιμένων δοξολογοῦσι· μάγοι δὲ μετὰ ἀστέρος ὁδοιποροῦσι· δι' ἡμᾶς γὰρ ἐγεννήθη, παιδίον νέον, ὁ πρὸ αἰώνων Θεός.

### Ἀντὶ τοῦ Ἄξιον ἐστίν, ἦχος α΄.

Μεγάλυνον ψυχή μου τὴν τιμιωτέραν, καὶ ἐνδοξοτέραν τῶν ἄνω στρατευμάτων.

Στέργειν μὲν ἡμᾶς ὡς ἀκίνδυνον φόβῳ
   ῥᾷον σιωπήν· τῷ πόθῳ δέ,
     παρθένε,
   ὕμνους ὑφαίνειν συντόνως
     τεθηγμένους
   ἐργῶδες ἐστίν, ἀλλὰ καί, μῆτερ,
     σθένος,
   ὅση πέφυκεν ἡ προαίρεσις, δίδου.

### Κοινωνικόν.

Λύτρωσιν ἀπέστειλε Κύριος τῷ λαῷ αὐτοῦ.

### ΕΙΣ ΤΑΣ ΚΖ΄

### Τοῦ ἁγίου πρωτομάρτυρος καὶ ἰσαποστόλου Στεφάνου

Εἰς τὴν Λειτουργίαν Τυπικά, καὶ ἐκ τοῦ κανόνος τῆς ἑορτῆς ᾠδὴ γ΄, καὶ τοῦ ἁγίου ἡ ς΄ ᾠδή. Ἦχος πλ. α΄.

### Ὠδὴ ς΄. Μαινομένην κλύδωνι.

Ὁ κλεινὸς ταξίαρχος, τῶν μαρτύρων, Στέφανος πιστοί, τοὺς θεσμοὺς τῆς φύσεως τῇ χάριτι, ἐκβεβηκώς, τῇ θείᾳ δόξῃ αὐγάζεται.

Μιμητὴς πανάριστος, χρηματίσας, Δέσποτα Χριστέ, τοῦ τιμίου πάθους σου ὁ Στέφανος, τοὺς φονευτάς, δι' εὐλογίας ἀμύνεται.

Δόξα.

Μιαιφόνου πράξεως, ἀμετόχους, φύλαττε Χριστέ, καὶ τοῦ πρωτομάρτυρος ἀξίωσον, σοὺς ὑμνητάς, τῆς κληρουχίας ὡς εὔσπλαγχνος.

Καὶ νῦν. Θεοτοκίον.

Παγκοσμίου γέγονε, σωτηρίας, Δέσποτα Χριστέ, ἀπαρχὴ ὁ τόκος σου καὶ μάρτυσι, θεοπρεποῦς, ὁμολογίας ὑπόθεσις.

Τροπάριον τῆς ἑορτῆς.
Καὶ τοῦ ἁγίου. Ἦχος δ΄.

Βασίλειον διάδημα ἐστέφθη σὴ κορυφή, ἐξ ἄθλων ὧν ὑπέμεινας ὑπὲρ Χριστοῦ τοῦ Θεοῦ, μαρτύρων πρωτόαθλε· σὺ γὰρ τὴν Ἰουδαίων ἀπελέγξας μανίαν, εἶδές σου τὸν Σωτῆρα τοῦ Πατρὸς δεξιόθεν· αὐτὸν οὖν ἐκδυσώπει ἀεί, ὑπὲρ τῶν ψυχῶν ἡμῶν.

Κοντάκιον τοῦ πρωτομάρτυρος.
Ἦχος γ΄.
Ἡ παρθένος σήμερον.

Ὁ Δεσπότης χθὲς ἡμῖν, διὰ σαρκὸς ἐπεδήμει, καὶ ὁ δοῦλος σήμερον, ἀπὸ σαρκὸς ἐξεδήμει· χθὲς μὲν γάρ, ὁ βασιλεύων σαρκὶ ἐτέχθη, σήμερον δέ, ὁ οἰκέτης λιθοβολεῖται, δι' αὐτὸν καὶ τελειοῦται, ὁ πρωτομάρτυς καὶ θεῖος Στέφανος.

Καὶ κοντάκιον τῆς ἑορτῆς.
Ἦχος γ΄.

Ἡ παρθένος σήμερον, τὸν ὑπερούσιον τίκτει· καὶ ἡ γῆ τὸ σπήλαιον, τῷ ἀπροσίτῳ προσάγει· ἄγγελοι μετὰ ποιμένων δοξολογοῦσι· μάγοι δὲ μετὰ ἀστέρος ὁδοιποροῦσι· δι' ἡμᾶς γὰρ ἐγεννήθη, παιδίον νέον, ὁ πρὸ αἰώνων Θεός.

Κοινωνικόν.

Εἰς πᾶσαν τὴν γῆν ἐξῆλθεν ὁ φθόγγος αὐτοῦ, καὶ εἰς τὰ πέρατα τῆς οἰκουμένης τὰ ῥήματα αὐτοῦ.

Μεγαλυνάριον τοῦ πρωτομάρτυρος.

Πρῶτος τὸ ποτήριον ἔπιες, ὁ πιὼν μετέδω, ὁ θεάνθρωπος μιμηταῖς· ὃν ἄθλων ἐν λίθοις, ἐν δεξιᾷ πατρῴᾳ, βλέπεις μηνύοντά σοι, τὰ ἆθλα Στέφανε.

# ΤΗ ΚΥΡΙΑΚΗ ΜΕΤΑ ΤΗΝ ΧΡΙΣΤΟΥ ΓΕΝΝΗΣΙΝ

Ἐν ᾗ μνήμην ἐπιτελοῦμεν τῶν ἁγίων καὶ δικαίων Ἰωσὴφ τοῦ μνήστορος, Δαυὶδ τοῦ θεοπάτορος, καὶ Ἰακώβου τοῦ ἀδελφοθέου.

Εἰς τὴν Λειτουργίαν οἱ μακαρισμοὶ τοῦ ἤχου εἰς δ΄, τοῦ μνήστορος ᾠδὴ γ΄ καὶ ἡ ς΄· ᾠδὴ αὐτοῦ ἡ τῶν ἁγίων.

Τοῦ μνήστορος. Ὠδὴ γ΄. Ἦχος α΄.
Τῷ πρὸ τῶν αἰώνων.

Τοῦ πρὸ τῶν αἰώνων, ἐκ Πατρὸς ἀπορρήτως ἐκλάμψαντος, καὶ ἐκ

παρθένου ἐπ' ἐσχάτων, σαρκωθέντος ἀφράστως, πατὴρ ὠνομάσθης ἔνδοξε, καὶ μυστηρίου φρικτοῦ θεωρός, μάκαρ ἐχρημάτισας.

Ὃν αἱ ἄνω τάξεις, ὡς Θεὸν ἀπερίγραπτον τρέμουσι, τοῦτον τεχθέντα ἐκ παρθένου, Ἰωσὴφ ταῖς χερσί σου, κρατεῖς καθαγιαζόμενος, τῇ ἐπαφῇ τῇ φρικώδει σοφέ· ὅθεν σε γεραίρομεν.

Ὕψος μυστηρίου, γενεαῖς μὴ γνωσθέντος ταῖς πρῴην σοφέ, κατεπιστεύθης τῇ καρδίᾳ, καθαρῶς δεδειγμένος· δι' οὗ ἅπαντες ἐσώθημεν, οἱ τὴν φωσφόρον καὶ θείαν πιστῶς, μνήμην σου δοξάζοντες.

### Θεοτοκίον.

Σάρκα εἰληφότα, ἐξ ἁγνῶν σου αἱμάτων παρθένε ἁγνή, καὶ ἐν σπηλαίῳ γεννηθέντα, καὶ ἐν φάτνῃ τεχθέντα, ἰδὼν Ἰωσὴφ ὁ δίκαιος, τὸν καθ' ἡμᾶς ὁραθέντα Θεόν, ὕμνοις ἐμεγάλυνεν.

### Τοῦ μνήστορος. Ὠδὴ ϛ΄. Ἦχος ὁ αὐτός.
### Σπλάγχνων Ἰωνᾶν.

Ξένῳ τοκετῷ, ἐκ κόρης θεόπαιδος, τοῖς ξένοις ἡμῖν ἐπιδημήσαντα, τὸν ἀΐδιον, τοῦ Πατρὸς Θεὸν Λόγον λαβὼν Ἰωσήφ, τὴν πρὸς Αἴγυπτον παμμάκαρ ξένην κάθοδον, χαίρων, σὺν αὐτῷ πεποίησαι, καθυπείκων τοῖς θείοις προστάγμασιν.

Ἵστασο Θεῷ, σαρκὶ νηπιάσαντι, σοφὲ Ἰωσὴφ διακονούμενος, ὥσπερ ἄγγελος, καὶ ἀμέσως πρὸς τούτου ηὐγάσθης σαφῶς, τὰς ἀκτῖνας τὰς ἀΰλους εἰσδεχόμενος, μάκαρ καὶ φωτοειδέστατος, καὶ ψυχῇ καὶ καρδίᾳ δεικνύμενος.

### Δόξα.

Ὅλος ἐπαφῇ, τῇ θείᾳ πανεύφημε, καθαγιασθεὶς ψυχῇ καὶ σώματι, μεταβέβηκας, πρὸς ἀΰλους μονὰς ἁγιάζων νυνί, τοὺς τελοῦντας τὴν μνήμην σου δίκαιε, ὄντως Ἰωσὴφ πανάγιε, παναγίας μνηστὴρ θεομήτορος.

### Καὶ νῦν. Θεοτοκίον.

Νέον ἐπὶ γῆς, παιδίον ἑώρακας, παρθένου ἁγνῆς ἀποτικτόμενον, τὸν προτέλειον, καὶ πρὸ πάντων αἰώνων ἐκφύντα Πατρός· καὶ ἀγγέλων ἀνυμνούντων τοῦτον ἤκουσας, ἔνδον τοῦ σπηλαίου κείμενον, Ἰωσὴφ ἐπὶ φάτνης πανεύφημε.

### Τῶν ἁγίων. Ὠδὴ ϛ΄. Ἦχος δ΄.
### Ἐβόησε προτυπῶν.

Ἐβόησαν, παραδόξως τοῦ τόκου σου Κύριε, τὸ φρικῶδες μυστήριον, οἱ χοροὶ τῶν ἀγγέλων θεώμενοι· ἐν ὑψίστοις δόξα τῷ Θεῷ· ἐπὶ γῆς νῦν γὰρ τίκτεται.

Ἐκάθισας, ἐπὶ θρόνου ὡς ὤμοσας Κύριε, τοῦ προφήτου σου Δαυΐδ, ἐκ καρποῦ τῆς κοιλίας αὐτοῦ προελθών, Ἰακώβῳ δέ, τῆς Ἐκκλησίας τὸν θρόνον παρέθου Χριστέ.

### Δόξα.

Βασιλεὺς μέν, ὁ Δαυῒδ καὶ προφήτης θεσπέσιος, καὶ προπάτωρ, ἀνεδείχθη τῆς θείας σαρκώσεως, πρωτεπίσκοπος δέ, μαθητὴς ὁ Ἰάκωβος δείκνυται.

### Καὶ νῦν. Θεοτοκίον.

Δεόμεθα, ὑπὲρ τῶν οἰκετῶν σου ἀλόχευτε, Θεοτόκε, τὸν ἐκ σοῦ σαρκωθέντα δυσώπησον, ὅτι σὲ καὶ μόνην, προστασίαν ἡμῶν ἐπιστάμεθα.

Τροπάριον τὸ Ἀναστάσιμον, καὶ τῆς ἑορτῆς, καὶ τὸ παρὸν τῶν ἁγίων.

### Ἦχος β΄.

Εὐαγγελίζου Ἰωσήφ, τῷ Δαυῒδ τὰ θαύματα τῷ θεοπάτορι· παρθένον εἶδες κυοφορήσασαν, μετὰ μάγων προσεκύνησας, μετὰ ποιμένων ἐδοξολόγησας, δι᾿ ἀγγέλου χρηματισθείς· ἱκέτευε Χριστὸν τὸν Θεόν, σωθῆναι τὰς ψυχὰς ἡμῶν.

Ἡ ὑπακοὴ τοῦ ἤχου.
Κοντάκιον τῶν ἁγίων. Ἦχος γ΄.
Ἡ παρθένος σήμερον.

Εὐφροσύνης σήμερον, Δαυῒδ πληροῦται ὁ θεῖος· Ἰωσήφ τε αἴνεσιν, σὺν Ἰακώβῳ προσφέρει· στέφος γὰρ τῇ συγγενείᾳ Χριστοῦ λαβόντες, χαίρουσι καὶ τὸν ἀφράστως ἐν γῇ τεχθέντα, ἀνυμνοῦσι καὶ βοῶσιν· οἰκτίρμον σῷζε, τοὺς σὲ γεραίροντας.

Καὶ τῆς ἑορτῆς.

### Ἦχος γ΄.

Ἡ παρθένος σήμερον, τὸν ὑπερούσιον τίκτει, καὶ ἡ γῆ τὸ σπήλαιον, τῷ ἀπροσίτῳ προσάγει· ἄγγελοι μετὰ ποιμένων δοξολογοῦσι, μάγοι δὲ μετὰ ἀστέρος ὁδοιποροῦσι· δι᾿ ἡμᾶς γὰρ ἐγεννήθη, παιδίον νέον, ὁ πρὸ αἰώνων Θεός.

### Κοινωνικόν.

Αἰνεῖτε τὸν Κύριον ἐκ τῶν οὐρανῶν· ἀλληλούια.

Καὶ τό·

Ἀγαλλιᾶσθε δίκαιοι ἐν Κυρίῳ.

Σημείωσαι, ὅτι ἐὰν τύχῃ μία μόνη Κυριακὴ μεταξὺ τῶν Χριστοῦ γεννῶν, καὶ τῶν Φώτων, ἡ ἀκολουθία τῆς Κυριακῆς μετὰ τὴν Χριστοῦ γέννησιν τελεῖται τῇ κς΄ τοῦ παρόντος μηνός. Ψάλλομεν δὲ ἐν τῇ Λειτουργίᾳ, τῆς ἑορτῆς τὴν γ΄ ᾠδήν, καὶ τὴν ς΄ τῶν ἁγίων τῆς παρούσης Κυριακῆς, καὶ τἄλλα ὡσαύτως.

## ΕΙΣ ΤΑΣ ΛΑ΄

### Ἡ ἀπόδοσις τῆς τῶν Χριστουγέννων ἑορτῆς

Εἰς τὴν Λειτουργίαν τὰ Ἀντίφωνα τῆς ἑορτῆς, ἢ Τυπικά, καὶ ἡ γ΄ καὶ ἡ ς΄ ᾠδή, ὡς προεγράφησαν τῇ Κς΄ τοῦ μηνός. Τροπάριον καὶ κοντάκιον τῆς ἑορτῆς· ὁμοίως καὶ κοινωνικόν.

Ἀντὶ τοῦ Ἄξιον ἐστίν, ἦχος α΄.

Μεγάλυνον ψυχή μου τὴν τιμιωτέραν, καὶ ἐνδοξοτέραν τῶν ἄνω στρατευμάτων.

Στέργειν μὲν ἡμᾶς ὡς ἀκίνδυνον

φόβῳ
ῥᾷον σιωπήν· τῷ πόθῳ δέ, παρθένε,
ὕμνους ὑφαίνειν συντόνως τεθηγμένους
ἐργῶδές ἐστίν, ἀλλὰ καί, μῆτερ, σθένος,
ὅση πέφυκεν ἡ προαίρεσις, δίδου.

## ΜΗΝ ΙΑΝΟΥΑΡΙΟΣ

### ΕΙΣ ΤΗΝ Α΄

Ἡ περιτομὴ τοῦ Κυρίου ἡμῶν Ἰησοῦ Χριστοῦ· καὶ τοῦ ἐν ἁγίοις πατρὸς ἡμῶν Βασιλείου τοῦ μεγάλου.

Εἰς τὴν Λειτουργίαν Τυπικά, καὶ ἐκ τοῦ κανόνος τῆς ἑορτῆς ἡ γ΄ ᾠδή, καὶ τοῦ ἁγίου ἡ ϛ΄, ἢ τὰ ἀντίφωνα.

### ΑΝΤΙΦΩΝΟΝ Α΄.

Στίχ. α΄. Ἀλαλάξατε τῷ Κυρίῳ πᾶσα ἡ γῆ.

Ταῖς πρεσβείαις τῆς Θεοτόκου, Σῶτερ, σῶσον ἡμᾶς.

Στίχ. β΄. Ψάλατε δὴ τῷ ὀνόματι αὐτοῦ, δότε δόξαν ἐν αἰνέσει αὐτοῦ.

Ταῖς πρεσβείαις τῆς Θεοτόκου, Σῶτερ, σῶσον ἡμᾶς.

Στίχ. γ΄. Διηγήσασθε πάντα τὰ θαυμάσια αὐτοῦ.

Ταῖς πρεσβείαις τῆς Θεοτόκου, Σῶτερ, σῶσον ἡμᾶς.

Στίχ. δ΄. Εἴπατε τῷ Θεῷ· ὡς φοβερὰ τὰ ἔργα σου.

Ταῖς πρεσβείαις τῆς Θεοτόκου, Σῶτερ, σῶσον ἡμᾶς.

Δόξα, Καὶ νῦν.

Ταῖς πρεσβείαις τῆς Θεοτόκου, Σῶτερ, σῶσον ἡμᾶς.

### ΑΝΤΙΦΩΝΟΝ Β΄.

Στίχ. α΄. Εὐφραινέσθωσαν οἱ οὐρανοί, καὶ ἀγαλλιάσθω ἡ γῆ.

Σῶσον ἡμᾶς, Υἱὲ Θεοῦ, ὁ σαρκὶ περιτμηθείς, ψάλλοντάς σοι· Ἀλληλούια.

Στίχ. β΄. Ἄσατε τῷ Κυρίῳ ᾆσμα καινόν, ᾄσατε τῷ Κυρίῳ πᾶσα ἡ γῆ.

Σῶσον ἡμᾶς, Υἱὲ Θεοῦ, ὁ σαρκὶ περιτμηθείς, ψάλλοντάς σοι· Ἀλληλούια.

Στίχ. γ΄. Ἐκ Σιὼν ἡ εὐπρέπεια τῆς ὡραιότητος αὐτοῦ.

Σῶσον ἡμᾶς, Υἱὲ Θεοῦ, ὁ σαρκὶ περιτμηθείς, ψάλλοντάς σοι· Ἀλληλούια.

Στίχ. δ΄. Ὁ Θεὸς ἡμῶν ἐν τῷ οὐρανῷ καὶ ἐν τῇ γῇ, πάντα ὅσα ἠθέλησεν ἐποίησε.

Σῶσον ἡμᾶς, Υἱὲ Θεοῦ, ὁ σαρκὶ περιτμηθείς, ψάλλοντάς σοι· Ἀλληλούια.

Δόξα Πατρὶ καὶ Υἱῷ καὶ ἁγίῳ Πνεύματι· καὶ νῦν καὶ ἀεὶ καὶ εἰς τοὺς αἰῶνας τῶν αἰώνων. Ἀμήν.

Ὁ Μονογενὴς Υἱὸς καὶ Λόγος τοῦ Θεοῦ ἀθάνατος ὑπάρχων, καὶ καταδεξάμενος διὰ τὴν ἡμετέραν σωτηρίαν, σαρκωθῆναι ἐκ τῆς ἁγίας Θεοτόκου καὶ ἀειπαρθένου Μαρίας, ἀτρέπτως ἐνανθρωπήσας, σταυρωθείς τε Χριστὲ ὁ Θεός, θανάτῳ θάνατον πατήσας, εἷς ὢν τῆς Ἁγίας Τριάδος, συνδοξαζόμενος τῷ Πατρὶ καὶ τῷ Ἁγίῳ Πνεύματι, σῶσον ἡμᾶς.

## ΑΝΤΙΦΩΝΟΝ Γ΄.
### Ἦχος α΄.

**Στίχ. α΄.** Τὰ ἐλέη σου, Κύριε, εἰς τὸν αἰῶνα ᾄσομαι.

Μορφὴν ἀναλλοιώτως ἀνθρωπίνην προσέλαβες, Θεὸς ὢν κατ᾽ οὐσίαν πολυεύσπλαγχνε Κύριε, καὶ νόμον ἐκπληρῶν περιτομήν, θελήσει καταδέχῃ σαρκικήν· ὅπως παύσῃς τὰ σκιώδη, καὶ περιέλῃς τὸ κάλυμμα τῶν παθῶν ἡμῶν· δόξα τῇ ἀγαθότητι τῇ σῇ, δόξα τῇ εὐσπλαγχνίᾳ σου, δόξα τῇ ἀνεκφράστῳ Λόγε συγκαταβάσει σου.

**Στίχ. β΄.** Ἀπαγγελῶ τὴν ἀλήθειάν σου ἐν τῷ στόματί μου.

Μορφὴν ἀναλλοιώτως ἀνθρωπίνην...

**Στίχ. γ΄.** Ἠγάπησας δικαιοσύνην καὶ ἐμίσησας ἀνομίαν.

Μορφὴν ἀναλλοιώτως ἀνθρωπίνην...

### Εἰσοδικόν.

Δεῦτε προσκυνήσωμεν καὶ προσπέσωμεν Χριστῷ· σῶσον ἡμᾶς, Υἱὲ Θεοῦ, ὁ σαρκὶ περιτμηθείς, ψάλλοντάς σοι· Ἀλληλούια.

### Τῆς ἑορτῆς. Ὠδὴ γ΄. Ἦχος β΄.
### Στερέωσον ἡμᾶς ἐν σοὶ Κύριε.

Ὁ Λόγος σαρκωθεὶς ὁ ὑπερούσιος, εἰς λῆξιν τοῦ νόμου περιετμήθη· ἀπαρχὰς δὲ θείας χάριτος, καὶ ζωῆς ἀκηράτου ἡμῖν δέδωκε. **Δίς.**

Τοῦ Νόμου πληρωτὴς ὡς οὐκ ἀντίθεος, ὑπάρχων Χριστὸς σεσαρκωμένος, ἀνεδείχθη καὶ ἠξίωσεν, ἑκὼν περιτμηθῆναι ὀκταήμερος. **Δίς.**

### Ὠδὴ ς΄. Ἦχος ὁ αὐτός.
### Ἄβυσσος ἐσχάτη ἁμαρτημάτων.

Ἔθρεψας λιμῷ τακείσας, ψυχὰς πενήτων ἀφθόνως, καὶ τὰς τῶν πεινώντων καρδίας, πάσης ἐνέπλησας, Βασίλειε θεϊκῆς εὐφροσύνης.

Ἔθρεψας ψυχὰς πεινώσας, τροφῇ τῇ ἐπουρανίῳ· ἄρτος γὰρ ἀγγέλων ὑπάρχει, ὁ λόγος Βασίλειε· οὗ ἄριστος σιτοδότης ἐγένου.

### Δόξα.

Ἔσπευσας κόσμου ῥαγῆναι, καὶ Θεῷ συμβιοτεῦσαι· διὸ τοῖς ἀστάτοις καὶ ῥευστοῖς, πάτερ Βασίλειε, τὰ μένοντα, ὡς σοφὸς κατεκτήσω.

### Καὶ νῦν. Θεοτοκίον.

Βάτος σε ἐν τῷ Σιναίῳ, ἀφλέκτως προσομιλοῦσα, τῷ πυρὶ προγράφει μητέρα, τὴν ἀειπάρθενον, ἀνύμφευτε Θεοτόκε Μαρία.

### Τροπάριον τῆς ἑορτῆς. Ἦχος α΄.

Μορφὴν ἀναλλοιώτως ἀνθρωπίνην προσέλαβες, Θεὸς ὢν κατ᾽ οὐσίαν πολυεύσπλαγχνε Κύριε, καὶ νόμον ἐκπληρῶν περιτομήν, θελήσει καταδέχῃ σαρκικήν· ὅπως παύσῃς τὰ σκιώδη, καὶ περιέλῃς τὸ κάλυμμα τῶν παθῶν ἡμῶν· δόξα τῇ ἀγαθότητι τῇ σῇ, δόξα τῇ εὐσπλαγχνίᾳ σου, δόξα τῇ ἀνεκφράστῳ Λόγε συγκαταβάσει σου.

# ΙΑΝΟΥΑΡΙΟΣ

### Καὶ τοῦ ἁγίου. Ἦχος ὁ αὐτός.

Εἰς πᾶσαν τὴν γῆν ἐξῆλθεν ὁ φθόγγος σου, ὡς δεξαμένην τὸν λόγον σου· δι' οὗ θεοπρεπῶς ἐδογμάτισας, τὴν φύσιν τῶν ὄντων ἐτράνωσας, τὰ τῶν ἀνθρώπων ἤθη κατεκόσμησας· Βασίλειον ἱεράτευμα, πάτερ ὅσιε, Χριστὸν τὸν Θεὸν ἱκέτευε, δωρήσασθαι ἡμῖν τὸ μέγα ἔλεος.

### Κοντάκιον τοῦ ἁγίου. Ἦχος δ'. Ἐπεφάνης σήμερον.

Ὤφθης βάσις ἄσειστος τῇ ἐκκλησίᾳ, νέμων πᾶσιν ἄσυλον, τὴν κυριότητα βροτοῖς, ἐπισφραγίζων σοῖς δόγμασιν, οὐρανοφάντορ Βασίλειε ὅσιε.

### Καὶ τῆς ἑορτῆς. Ἦχος γ'. Ἡ παρθένος σήμερον.

Ὁ τῶν ὅλων Κύριος, περιτομὴν ὑπομένει, καὶ βροτῶν τὰ πταίσματα, ὡς ἀγαθὸς διατέμνει· δίδωσι τὴν σωτηρίαν σήμερον κόσμῳ, χαίρει δὲ ἐν τοῖς ὑψίστοις καὶ ὁ τοῦ κτίστου, ἱεράρχης καὶ φωσφόρος, ὁ θεῖος μύστης Χριστοῦ Βασίλειος.

### Κοινωνικόν.

Αἰνεῖτε τὸν Κύριον ἐκ τῶν οὐρανῶν· ἀλληλούια.

### Καὶ τό·

Εἰς μνημόσυνον αἰώνιον ἔσται δίκαιος· ἀλληλούια.

### Μεγαλυνάριον τοῦ ἁγίου.

Τὸν οὐρανοφάντορα τοῦ Χριστοῦ, μύστην τοῦ Δεσπότου, τὸν φωστῆρα τὸν φαεινόν, τὸν ἐκ Καισαρείας, καὶ Καππαδόκων χώρας, Βασίλειον τὸν μέγαν, πάντες ὑμνήσωμεν.

## ΕΙΣ ΤΑΣ Β΄

### Προεόρτια τῶν Θεοφανείων

Εἰς τὴν Λειτουργίαν, Τυπικά, καὶ ἐκ τοῦ κανόνος τῶν προεορτίων ᾠδὴ γ΄ καὶ ϛ΄. Ἦχος β΄.

### ᾨδὴ γ΄. Στερέωσον ἡμᾶς ἐν σοὶ Κύριε.

Ἐπέφανε Χριστός, βοᾷ ὁ Πρόδρομος, καὶ ῥείθροις ἐπιβαίνει τοῦ Ἰορδάνου· ὑπαντῆσαι τούτῳ σπεύσωμεν, καθαραῖς διανοίαις φωτιζόμενοι. Δίς.

Ζητῶν με ἀνοδίαις τὸν πλανώμενον, Θεέ μου πτωχείαν πλουσιωτάτην, ἐνδυσάμενος ἐφίστασαι, βαπτισθῆναι ἡ ἁπάντων ἀπολύτρωσις.

Ἡ γῆ καὶ οὐρανὸς νῦν χορευέτωσαν· ὁ πάντων βαπτίζεται εὐεργέτης, ἐν τοῖς ὕδασι βυθίζων ἡμῶν, τὴν πληθὺν τῶν ἀμέτρων παραπτώσεων.

### ᾨδὴ ϛ΄. Ἄβυσσος ἁμαρτημάτων.

Ὄμβρησον ἁμαρτημάτων, ἡμῖν φιλάνθρωπε λύσιν, ὁ τοῦ Ἰορδάνου ταῖς ῥοαῖς, βυθίσας τὰ πταίσματα, τῶν γηγενῶν, διὰ ἔλεος μέγα. Δίς.

Δόξα.

Πέλαγος Χριστὲ ὑπάρχων, δικαιοσύνης προέρχῃ, νῦν ἐν Ἰορδάνῃ ποταμῷ, βυθίσαι τὸν δράκοντα, καὶ τοῦ Ἀδάμ, τὴν παράβασιν πλῦναι.

Καὶ νῦν.

Ῥεῖθρόν σε τῆς ἀφθαρσίας, Χριστὲ ὑπάρχοντα ὄντως, ῥεῖθρα πῶς χωρήσει ποταμοῦ; ἐβόα ὁ Πρόδρομος, δοξάζων σου, τὴν πολλὴν εὐσπλαγχνίαν.

Τροπάριον προεόρτιον. Ἦχος δ΄.

Ἑτοιμάζου Ζαβουλών, καὶ εὐτρεπίζου Νεφθαλίμ· Ἰορδάνη ποταμέ, στῆθι ὑπόδεξαι σκιρτῶν, τοῦ βαπτισθῆναι ἐρχόμενον τὸν Δεσπότην· ἀγάλλου ὁ Ἀδὰμ σὺν τῇ προμήτορι· μὴ κρύπτετε ἑαυτούς, ὡς ἐν παραδείσῳ τὸ πρίν· καὶ γὰρ γυμνοὺς ἰδὼν ὑμᾶς ἐπέφανεν, ἵνα ἐνδύσῃ τὴν πρώτην στολήν· Χριστὸς ἐφάνη, τὴν πᾶσαν κτίσιν, θέλων ἀνακαινίσαι.

Κοντάκιον. Ἦχος δ΄.
Ἐπεφάνης σήμερον.

Ἐν τοῖς ῥείθροις σήμερον τοῦ Ἰορδάνου, γεγονὼς ὁ Κύριος, τῷ Ἰωάννῃ ἐκβοᾷ· μὴ δειλιάσῃς βαπτίσαι με· σῶσαι γὰρ ἥκω, Ἀδὰμ τὸν πρωτόπλαστον.

ΕΙΣ ΤΑΣ ϛ΄.

Τὰ ἅγια Θεοφάνεια τοῦ Κυρίου καὶ Θεοῦ καὶ Σωτῆρος ἡμῶν Ἰησοῦ Χριστοῦ

Εἰς τὴν Λειτουργίαν, τὰ παρόντα ἀντίφωνα.

ΑΝΤΙΦΩΝΟΝ Α΄. Ἦχος α΄.

Στίχ. α΄. Ἐν ἐξόδῳ Ἰσραὴλ ἐξ Αἰγύπτου, οἴκου Ἰακὼβ ἐκ λαοῦ βαρβάρου.

Ταῖς πρεσβείαις τῆς Θεοτόκου, Σῶτερ, σῶσον ἡμᾶς.

Στίχ. β΄. Ἐγενήθη Ἰουδαία ἁγίασμα αὐτοῦ, Ἰσραὴλ ἐξουσία αὐτοῦ.

Ταῖς πρεσβείαις τῆς Θεοτόκου, Σῶτερ, σῶσον ἡμᾶς.

Στίχ. γ΄. Ἡ θάλασσα εἶδε καὶ ἔφυγεν· ὁ Ἰορδάνης ἐστράφη εἰς τὰ ὀπίσω.

Ταῖς πρεσβείαις τῆς Θεοτόκου, Σῶτερ, σῶσον ἡμᾶς.

Στίχ. δ΄. Τί σοι ἐστί, θάλασσα, ὅτι ἔφυγες; καὶ σύ, Ἰορδάνη, ὅτι ἐστράφης εἰς τὰ ὀπίσω;

Ταῖς πρεσβείαις τῆς Θεοτόκου, Σῶτερ, σῶσον ἡμᾶς.

Δόξα, Καὶ νῦν.

Ταῖς πρεσβείαις τῆς Θεοτόκου, Σῶτερ, σῶσον ἡμᾶς.

ΑΝΤΙΦΩΝΟΝ Β΄. Ἦχος β΄.

Στίχ. α΄. Ἠγάπησα, ὅτι εἰσακούσεται Κύριος τῆς φωνῆς τῆς δεήσεώς μου.

Σῶσον ἡμᾶς, Υἱὲ Θεοῦ, ὁ ἐν Ἰορδάνῃ ὑπὸ Ἰωάννου βαπτισθείς, ψάλλοντάς σοι· Ἀλληλούϊα.

Στίχ. β΄. Ὅτι ἔκλινε τὸ οὖς αὐτοῦ

ἐμοί, καὶ ἐν ταῖς ἡμέραις μου ἐπικαλέσομαι.

Σῶσον ἡμᾶς, Υἱὲ Θεοῦ, ὁ ἐν Ἰορδάνῃ ὑπὸ Ἰωάννου βαπτισθείς, ψάλλοντάς σοι· Ἀλληλούια.

Στίχ. γ΄. Περιέσχον με ὠδῖνες θανάτου, κίνδυνοι ᾅδου εὕροσάν με· καὶ τὸ ὄνομα Κυρίου ἐπεκαλεσάμην.

Σῶσον ἡμᾶς, Υἱὲ Θεοῦ, ὁ ἐν Ἰορδάνῃ ὑπὸ Ἰωάννου βαπτισθείς, ψάλλοντάς σοι· Ἀλληλούια.

Στίχ. δ΄. Ἐλεήμων ὁ Κύριος καὶ δίκαιος, καὶ ὁ Θεὸς ἡμῶν ἐλεεῖ.

Σῶσον ἡμᾶς, Υἱὲ Θεοῦ, ὁ ἐν Ἰορδάνῃ ὑπὸ Ἰωάννου βαπτισθείς, ψάλλοντάς σοι· Ἀλληλούια.

Δόξα Πατρὶ καὶ Υἱῷ καὶ ἁγίῳ Πνεύματι· καὶ νῦν καὶ ἀεὶ καὶ εἰς τοὺς αἰῶνας τῶν αἰώνων. Ἀμήν.

Ὁ Μονογενὴς Υἱὸς καὶ Λόγος τοῦ Θεοῦ ἀθάνατος ὑπάρχων, καὶ καταδεξάμενος διὰ τὴν ἡμετέραν σωτηρίαν, σαρκωθῆναι ἐκ τῆς ἁγίας Θεοτόκου καὶ ἀειπαρθένου Μαρίας, ἀτρέπτως ἐνανθρωπήσας, σταυρωθείς τε Χριστὲ ὁ Θεός, θανάτῳ θάνατον πατήσας, εἷς ὢν τῆς Ἁγίας Τριάδος, συνδοξαζόμενος τῷ Πατρὶ καὶ τῷ Ἁγίῳ Πνεύματι, σῶσον ἡμᾶς.

## ΑΝΤΙΦΩΝΟΝ Γ΄.
### Ἦχος α΄.

Στίχ. α΄. Ἐξομολογεῖσθε τῷ Κυρίῳ, ὅτι ἀγαθός, ὅτι εἰς τὸν αἰῶνα τὸ ἔλεος αὐτοῦ.

Ἐν Ἰορδάνῃ βαπτιζομένου σου Κύριε, ἡ τῆς Τριάδος ἐφανερώθη προσκύνησις· τοῦ γὰρ γεννήτορος ἡ φωνὴ προσεμαρτύρει σοι, ἀγαπητόν σε Υἱὸν ὀνομάζουσα· καὶ τὸ Πνεῦμα ἐν εἴδει περιστερᾶς, ἐβεβαίου τοῦ λόγου τὸ ἀσφαλές· ὁ ἐπιφανεὶς Χριστὲ ὁ Θεός, καὶ τὸν κόσμον φωτίσας δόξα σοι.

Στίχ. β΄. Εἰπάτω δὴ οἶκος Ἰσραήλ, ὅτι ἀγαθός, ὅτι εἰς τὸν αἰῶνα τὸ ἔλεος αὐτοῦ.

Ἐν Ἰορδάνῃ βαπτιζομένου σου Κύριε...

Στίχ. γ΄. Εἰπάτω δὴ οἶκος Ἀαρών, ὅτι ἀγαθός, ὅτι εἰς τὸν αἰῶνα τὸ ἔλεος αὐτοῦ.

Ἐν Ἰορδάνῃ βαπτιζομένου σου Κύριε...

Στίχ. δ΄. Εἰπάτωσαν δὴ πάντες οἱ φοβούμενοι τὸν Κύριον, ὅτι ἀγαθός, ὅτι εἰς τὸν αἰῶνα τὸ ἔλεος αὐτοῦ.

Ἐν Ἰορδάνῃ βαπτιζομένου σου Κύριε...

### Εἰσοδικόν.

Εὐλογημένος ὁ ἐρχόμενος ἐν ὀνόματι Κυρίου· Θεὸς Κύριος, καὶ ἐπέφανεν ἡμῖν. Σῶσον ἡμᾶς, Υἱὲ Θεοῦ, ὁ ἐν Ἰορδάνῃ ὑπὸ Ἰωάννου βαπτισθείς, ψάλλοντάς σοι· Ἀλληλούια.

### Τροπάριον. Ἦχος α΄.

Ἐν Ἰορδάνῃ βαπτιζομένου σου Κύριε, ἡ τῆς Τριάδος ἐφανερώθη προσκύνησις· τοῦ γὰρ γεννήτορος ἡ φωνὴ προσεμαρτύρει σοι, ἀγαπητόν σε Υἱὸν ὀνομάζουσα· καὶ τὸ Πνεῦμα ἐν εἴδει περιστερᾶς, ἐβεβαίου τοῦ λόγου τὸ ἀσφαλές· ὁ ἐπιφανεὶς Χριστὲ ὁ Θεός, καὶ τὸν κόσμον φωτίσας δόξα σοι.

### Ἡ ὑπακοή. Ἦχος πλ. α΄.

Ὅτε τῇ ἐπιφανείᾳ σου ἐφώτισας τὰ σύμπαντα, τότε ἡ ἁλμυρὰ τῆς ἀπιστίας θάλασσα ἔφυγε, καὶ ὁ Ἰορδάνης κάτω ῥέων ἐστράφη, πρὸς οὐρανὸν ἀνυψῶν ἡμᾶς· ἀλλὰ τῷ ὕψει τῶν θείων ἐντολῶν σου, συντήρησον Χριστὲ ὁ Θεός, πρεσβείαις τῆς Θεοτόκου, καὶ ἐλέησον ἡμᾶς.

### Κοντάκιον. Ἦχος δ΄.

Ἐπεφάνης σήμερον τῇ οἰκουμένῃ· καὶ τὸ φῶς σου Κύριε ἐσημειώθη ἐφ᾽ ἡμᾶς, ἐν ἐπιγνώσει ὑμνοῦντάς σε· ἦλθες ἐφάνης τὸ φῶς τὸ ἀπρόσιτον.

### Ἀντὶ δὲ τοῦ Τρισαγίου·

Ὅσοι εἰς Χριστὸν ἐβαπτίσθητε, Χριστὸν ἐνεδύσασθε. Ἀλληλούια.

### Ἀντὶ τοῦ Ἄξιον ἐστίν, ἦχος β΄.

Μεγάλυνον ψυχή μου τὴν τιμιωτέραν, καὶ ἐνδοξοτέραν τῶν ἄνω στρατευμάτων. Ἀπορεῖ πᾶσα γλῶσσα, εὐφημεῖν πρὸς ἀξίαν· ἰλιγγιᾷ δὲ νοῦς καὶ ὑπερκόσμιος, ὑμνεῖν σε Θεοτόκε· ὅμως ἀγαθὴ ὑπάρχουσα, τὴν πίστιν δέχου· καὶ γὰρ τὸν πόθον οἶδας, τὸν ἔνθεον ἡμῶν· σὺ γὰρ χριστιανῶν εἶ προστάτις, σὲ μεγαλύνομεν.

### Κοινωνικόν.

Ἐπεφάνη ἡ χάρις τοῦ Θεοῦ, ἡ σωτήριος πᾶσιν ἀνθρώποις· ἀλληλούια, ἀλληλούια, ἀλληλούια.

Τῆς αὐτῆς ἑορτῆς, ᾠδαὶ γ΄ καὶ ς΄, ψαλλόμεναι ἐν τοῖς μεθεόρτοις.

### Ὠδὴ γ΄. Ἦχος β΄.

Ἰσχὺν ὁ διδούς, τοῖς βασιλεῦσιν ἡμῶν Κύριος, καὶ κέρας χριστῶν αὐτοῦ ὑψῶν, παρθένου ἀποτίκτεται· μολεῖ δὲ πρὸς τὸ βάπτισμα· διὸ πιστοὶ βοήσωμεν· οὐκ ἔστιν ἅγιος ὡς ὁ Θεὸς ἡμῶν, καὶ οὐκ ἔστι δίκαιος πλήν σου Κύριε. Δίς.

Στειρεύουσα πρίν, ἠτεκνωμένη δεινῶς σήμερον, εὐφραίνου Χριστοῦ ἡ ἐκκλησία· δι᾽ ὕδατος καὶ Πνεύματος, Υἱοὶ γάρ σοι γεγέννηνται, ἐν πίστει ἀνακράζοντες· οὐκ ἔστιν ἅγιος ὡς ὁ Θεὸς ἡμῶν, καὶ οὐκ ἔστι δίκαιος πλήν σου Κύριε.

Μεγάλῃ φωνῇ, ἐν τῇ ἐρήμῳ βοᾷ Πρόδρομος· Χριστοῦ ἑτοιμάσατε ὁδούς, καὶ τρίβους τοῦ Θεοῦ ἡμῶν, εὐθείας ἀπεργάσασθε, ἐν πίστει ἀνακράζοντες· οὐκ ἔστιν ἅγιος ὡς ὁ Θεὸς ἡμῶν, καὶ οὐκ ἔστι δίκαιος πλήν σου Κύριε.

### Ὠδὴ ς΄. Ἦχος ὁ αὐτός.

Ἱμερτὸν ἐξέφηνε σὺν πανολβίῳ, ἤχῳ Πατήρ, ὃν γαστρὸς ἐξηρεύξατο·

ναί φησιν οὗτος συμφυὴς γόνος πέλων,

φώταυγος ἐξώρουσεν ἀνθρώπων γένους,

Λόγος τέ μου ζῶν, καὶ βροτὸς προμηθείᾳ. Δίς.

### Δόξα.

Ἐκ ποντίου λέοντος ὁ τριέσπε-
ρος,
 ξένως προφήτης ἐγκάτοις
 φλοιδούμενος,
αὖθις προῆλθε τῆς παλιγγενεσίας
 σωτηρίαν δράκοντος ἐκ
 βροτοκτόνου,
πᾶσι προφαίνων τῶν χρόνων ἐπ'
 ἐσχάτων.

### Καὶ νῦν.

Ἀνειμένων πόλοιο παμφαῶν
 πτυχῶν,
 μύστης ὁρᾷ πρὸς Πατρὸς
 ἐξικνούμενον,
 μένον τε Πνεῦμα τῷ παναχράντῳ
 Λόγῳ,
 ἐπελθὸν ὡς πέλειαν ἀφράστῳ
 τρόπῳ,
 δήμοις τε φαίνει προσδραμεῖν τῷ
 Δεσπότῃ.

### ΕΙΣ ΤΑΣ Ζ΄

**Ἡ σύναξις τοῦ τιμίου προφήτου προδρόμου καὶ βαπτιστοῦ Ἰωάννου**

Εἰς τὴν Λειτουργίαν Τυπικά, καὶ ἐκ τοῦ κανόνος τῆς ἑορτῆς ἡ γ΄ ᾠδή, καὶ τοῦ ἁγίου ἡ ς΄, ἢ τὰ ἀντίφωνα τῆς χθὲς ἀπαραλλάκτως.

### Ὠδὴ ς΄. Ἦχος β΄.
### Ἐν ἀβύσσῳ πταισμάτων.

Σὺ τοῦ Λόγου φωνὴ προελήλυ-
θας, καὶ ὡς ἑωσφόρος αὐτὸς
ἀνατέταλκας, προκαταγγέλλων Πρό-
δρομε, σαφῶς δικαιοσύνης τὸν ἥλιον.

Ἐπιγείους φροντίδας ἠγνόη-
σας, καὶ τὰς οὐρανίους ἐλπίδας
ἐπλούτησας, ἐπὶ τῆς γῆς ὡς ἄγγελος,
τὴν ζωὴν διανύσας πανόλβιε.

### Δόξα.

Προφητῶν σε σφραγῖδα γινώ-
σκομεν, ὡς τῇ Παλαιᾷ καὶ
Καινῇ μεσιτεύσαντα· καὶ βαπτιστὴν
καὶ Πρόδρομον, τοῦ Σωτῆρος Χρι-
στοῦ καταγγέλλομεν.

### Καὶ νῦν. Θεοτοκίον.

Ἀνερμήνευτος ὄντως ἡ σύλλη-
ψις, ἄφραστος ὁ τόκος σου καὶ
ἀκατάληπτος, πᾶσι πιστοῖς γνωρίζε-
ται, καὶ πιστεύεται μόνη θεόνυμφε.

### Τροπάριον τῆς ἑορτῆς.
### Ἦχος α΄.

Ἐν Ἰορδάνῃ βαπτιζομένου σου
Κύριε, ἡ τῆς Τριάδος ἐφα-
νερώθη προσκύνησις· τοῦ γὰρ
γεννήτορος ἡ φωνὴ προσεμαρτύρει
σοι, ἀγαπητὸν σε Υἱὸν ὀνομάζουσα,
καὶ τὸ Πνεῦμα ἐν εἴδει περιστερᾶς,
ἐβεβαίου τοῦ λόγου τὸ ἀσφαλές· ὁ
ἐπιφανεὶς Χριστὲ ὁ Θεός, καὶ τὸν
κόσμον φωτίσας δόξα σοι.

### Καὶ τοῦ ἁγίου τὸ παρόν. Ἦχος β΄.

Μνήμη δικαίου μετ' ἐγκωμίων·
σοὶ δὲ ἀρκέσει ἡ μαρτυρία τοῦ
Κυρίου Πρόδρομε· ἀνεδείχθης γὰρ
ὄντως καὶ προφητῶν σεβασμιώτε-
ρος, ὅτι καὶ ἐν ῥείθροις βαπτίσαι, κα-
τηξιώθης τὸν κηρυττόμενον· ὅθεν
τῆς ἀληθείας ὑπεραθλήσας, χαίρων
εὐηγγελίσω καὶ τοῖς ἐν ᾅδῃ, Θεὸν φα-

νερωθέντα ἐν σαρκί, τὸν αἴροντα τὴν ἁμαρτίαν τοῦ κόσμου, καὶ παρέχοντα ἡμῖν τὸ μέγα ἔλεος.

Κοντάκιον αὐτόμελον. Ἦχος πλ. β΄.

Τὴν σωματικήν σου παρουσίαν δεδοικὼς ὁ Ἰορδάνης, τρόμῳ ὑπεστρέφετο· τὴν πνευματικὴν δὲ λειτουργίαν ἐκπληρῶν ὁ Ἰωάννης, φόβῳ ὑπεστέλλετο· τῶν ἀγγέλων αἱ τάξεις ἐξεπλήττοντο, ὁρῶσαί σε ἐν ῥείθροις σαρκὶ βαπτιζόμενον· καὶ πάντες οἱ ἐν σκότει κατηυγάζοντο, ἀνυμνοῦντές σε τὸν φανέντα, καὶ φωτίσαντα τὰ πάντα.

Καὶ τῆς ἑορτῆς. Ἦχος δ΄.

Ἐπεφάνης σήμερον τῇ οἰκουμένῃ· καὶ τὸ φῶς σου Κύριε ἐσημειώθη ἐφ᾽ ἡμᾶς, ἐν ἐπιγνώσει ὑμνοῦντάς σε· ἦλθες ἐφάνης τὸ φῶς τὸ ἀπρόσιτον.

Ἀντὶ τοῦ Ἄξιον ἐστίν, ἦχος β΄.

Μεγάλυνον ψυχή μου τὴν τιμιωτέραν, καὶ ἐνδοξοτέραν τῶν ἄνω στρατευμάτων.

Ὢ τῶν ὑπὲρ νοῦν τοῦ τόκου σου θαυμάτων!
νύμφη πάναγνε, μῆτερ εὐλογημένη·
δι᾽ ἧς τυχόντες παντελοῦς σωτηρίας,
ἐπάξιον κροτοῦμεν ὡς εὐεργέτῃ,
δῶρον φέροντες ὕμνον εὐχαριστίας.

Κοινωνικόν.

Εἰς μνημόσυνον αἰώνιον ἔσται δίκαιος· ἀλληλούια.

Μεγαλυνάριον τοῦ Προδρόμου.

Μείζονα κριθέντα τῶν προφητῶν, σὲ τὸν τῆς ἐρήμου, μέγαν ὄντως καθηγητήν, κήρυκα τὸν θεῖον, καὶ βαπτιστὴν Κυρίου, τὸν Πρόδρομον τὸν μέγαν, ὕμνοις δοξάζομεν.

ΕΙΣ ΤΑΣ ΙΑ΄

Τοῦ ὁσίου πατρὸς ἡμῶν Θεοδοσίου τοῦ κοινοβιάρχου

Εἰς τὴν Λειτουργίαν Τυπικά, καὶ ἐκ τοῦ κανόνος τῆς ἑορτῆς ᾠδὴ γ΄, καὶ τοῦ ἁγίου ᾠδὴ ς΄.

Ὠδὴ ς΄. Ἦχος β΄.
Ἐν ἀβύσσῳ πταισμάτων.

Ἀφθαρσίαν ἡμῖν ἐδωρήσω Χριστέ, ἐν τῇ Ἀναστάσει σου· ὅθεν Βασίλειος, ὁ εὐκλεὴς θεράπων σου, καὶ θανών, ὥσπερ ζῶν ἐπιφαίνεται.

Ὁ καθαίρων τὸν κόσμον βαπτίζεται, δι᾽ ἐμὲ βροτὸς ὁ Θεός, κατ᾽ ἐμὲ γεγονώς· ὃν ἐν δυσὶ ταῖς φύσεσι, Θεοδόσιε μάκαρ ἐκήρυξας.

Δόξα.

Γλυκασμὸν εὐφροσύνης Χριστῷ τῷ Θεῷ, τῷ τῶν μυροφόρων τὰ δάκρυα τρέψαντι, εἰς χαρὰν Θεοδόσιε, οἱ κρουνοὶ τῶν δακρύων σου ἔσταξαν.

Καὶ νῦν. Θεοτοκίον.

Συμπαθείας τῆς σῆς με ἀξίωσον, ἡ τὸν συμπαθέστατον Λόγον κυήσασα, τὸν τῷ ἰδίῳ αἵματι, ἐκ φθορᾶς τοὺς ἀνθρώπους ῥυσάμενος.

### Τροπάριον τῆς ἑορτῆς.
### Ἦχος α΄.

Ἐν Ἰορδάνῃ βαπτιζομένου σου Κύριε, ἡ τῆς Τριάδος ἐφανερώθη προσκύνησις· τοῦ γὰρ γεννήτορος ἡ φωνὴ προσεμαρτύρει σοι, ἀγαπητόν σε Υἱὸν ὀνομάζουσα· καὶ τὸ Πνεῦμα ἐν εἴδει περιστερᾶς, ἐβεβαίου τοῦ λόγου τὸ ἀσφαλές· ὁ ἐπιφανεὶς Χριστὲ ὁ Θεός, καὶ τὸν κόσμον φωτίσας δόξα σοι.

### Καὶ τοῦ ἁγίου τὸ παρόν.
### Ἦχος πλ. δ΄.

Ταῖς τῶν δακρύων σου ῥοαῖς τῆς ἐρήμου τὸ ἄγονον ἐγεώργησας, καὶ τοῖς ἐκ βάθους στεναγμοῖς, εἰς ἑκατὸν τοὺς πόνους ἐκαρποφόρησας· καὶ γέγονας φωστήρ, τῇ οἰκουμένῃ λάμπων τοῖς θαύμασιν, ὅσιε πατὴρ ἡμῶν Θεοδόσιε· πρέσβευε Χριστῷ τῷ Θεῷ, σωθῆναι τὰς ψυχὰς ἡμῶν.

### Κοντάκιον τοῦ ἁγίου. Ἦχος πλ. δ΄.
### Τῇ ὑπερμάχῳ.

Πεφυτευμένος ἐν αὐλαῖς ταῖς τοῦ Κυρίου σου, τὰς φανωτάτας ἀρετὰς τερπνῶς ἐξήνθησας· καὶ ἐπλήθυνας τὰ τέκνα σου ἐν ἐρήμῳ, τῶν δακρύων σου τοῖς ὄμβροις ἀρδευόμενα, ἀγελάρχα τῶν Θεοῦ θείων ἐπαύλεων· ὅθεν κράζομεν· Χαίροις πάτερ Θεοδόσιε.

### Καὶ τῆς ἑορτῆς.
### Κοντάκιον. Ἦχος δ΄.

Ἐπεφάνης σήμερον τῇ οἰκουμένῃ· καὶ τὸ φῶς σου Κύριε ἐσημειώθη ἐφ᾽ ἡμᾶς, ἐν ἐπιγνώσει ὑμνοῦντάς σε· ἦλθες ἐφάνης τὸ φῶς τὸ ἀπρόσιτον.

### Κοινωνικόν.

Εἰς μνημόσυνον αἰώνιον ἔσται δίκαιος· ἀλληλούια.

### Μεγαλυνάριον.

Ἄνθρακας θεόφρον ἐρημικούς, σῶν δακρύων ὄμβροις, ἐναπέσβεσας ἀληθῶς· ἄνθρακας δὲ πάλιν ἀνῆψας ἐσβεσμένους, λαβὼν θεόθεν δόσιν, ὦ Θεοδόσιε.

### ΕΙΣ ΤΗΝ ΙΔ΄

### Ἡ ἀπόδοσις τῆς τῶν Θεοφανείων ἑορτῆς

Εἰς τὴν Λειτουργίαν τὰ Ἀντίφωνα τῆς ἑορτῆς, ἢ Τυπικά, καὶ ἡ γ΄ καὶ ἡ ς΄ ᾠδή, ὡς προεγράφησαν τῇ ς΄ τοῦ μηνός. Τροπάριον καὶ κοντάκιον τῆς ἑορτῆς· ὁμοίως καὶ κοινωνικόν.

Ἀντὶ τοῦ Ἄξιόν ἐστίν, ἦχος β΄.

Μεγάλυνον ψυχή μου τὴν τιμιωτέραν, καὶ ἐνδοξοτέραν τῶν ἄνω στρατευμάτων.

Ὢ τῶν ὑπὲρ νοῦν τοῦ τόκου σου θαυμάτων!
νύμφη πάναγνε, μῆτερ
   εὐλογημένη·
δι᾽ ἧς τυχόντες παντελοῦς
   σωτηρίας,
ἐπάξιον κροτοῦμεν ὡς εὐεργέτῃ,
δῶρον φέροντες ὕμνον

εὐχαριστίας.

### ΕΙΣ ΤΑΣ Ιϛ΄

**Ἡ προσκύνησις τῆς τιμίας ἁλύσεως τοῦ ἁγίου καὶ πανευφήμου ἀποστόλου Πέτρου**

Εἰς τὴν Λειτουργίαν Τυπικά, καὶ ἐκ τοῦ κανόνος ᾠδὴ γ΄ καὶ ϛ΄. Ἦχος δ΄.

### Ὠδὴ γ΄. Οὐκ ἐν σοφίᾳ.

Οἷς σε Ἡρώδης, ὡς κακοῦργον κλοιοῖς κατεδίκασεν, ἐν αὐτοῖς σε νῦν τιμᾷ, ἡ ἐκκλησία πανεύφημε, Πέτρε τὰ παθήματα, σοῦ προσκυνοῦσα πιστῶς.

Ὑπὲρ χρυσίον, καὶ πολύτιμον κόσμον κεκόσμηται, ταῖς ἁλύσεσι ταῖς σαῖς, ἡ ἐκκλησία νῦν ἅπασα, ἃς καὶ κατασπάζεται, σεμνυνομένη ἐν σοί.

Ἀπὸ τοῦ θείου, καὶ πανσέπτου χρωτός σου ἀπόστολε, μετασχόντα τὰ κλοιά, τὰ σοὶ προσψαύσαντα χάριτος, πάντας ἁγιάζουσι, τοὺς προσκυνοῦντας αὐτά.

### Θεοτοκίον.

Ἰδοὺ κατάρας, τῆς ἀρχαίας ἐλύθη τὸ βρότειον, καὶ κατήργηται σατάν, ἁγνὴ τοῦ πτώματος αἴτιος· ἡμῖν γὰρ ἐγέννησας, τὴν εὐλογίαν αὐτή.

### Ὠδὴ ϛ΄. Ἦλθον εἰς τὰ βάθη.

Σήμερον οὐράνιαι δυνάμεις, καὶ ἀποστόλων δῆμοι, συνευφραίνονται τοῖς ἐπιγείοις, Πέτρε τῶν σῶν, παθημάτων βλέποντες, προσκυνούμενα τὰ σύμβολα.

Ὕπνωσαν ἀγγέλου παρουσίᾳ, οἱ στρατιῶται Πέτρε, οἱ φρουροῦντές σε· ἐκ τῶν χειρῶν δέ, ἄφνω τῶν σῶν, αἱ ἁλύσεις ἔπεσον, ἃς ὁσίως ἀσπαζόμεθα.

### Δόξα.

Νεκρὰν Ταβιθᾶν ἐξαναστήσας, τοὺς δὲ φρουροὺς νεκρώσας, τῶν ἁλύσεων ἐξετινάχθης· πάντα τὰ σά, ὑπὲρ νοῦν ἀπόστολε· ὅθεν πίστει σε γεραίρομεν.

### Καὶ νῦν. Θεοτοκίον.

Ἦλθον εἰς χειμῶνα ἀπωλείας, καὶ συνετάραξάν με, ποταμοὶ σφαλμάτων ἀμετρήτων· ἀλλ' ἐπ' ἐμοί, σπλαγχνισθεῖσα Δέσποινα, πρὸς λιμένα θεῖον ἴθυνον.

### Τροπάριον. Ἦχος δ΄.

Τὴν Ῥώμην μὴ λιπών, πρὸς ἡμᾶς ἐπεδήμησας, δι' ὧν ἐφόρεσας τιμίων ἁλύσεων, τῶν ἀποστόλων πρωτόθρονε· ἃς ἐν πίστει προσκυνοῦντες δεόμεθα, ταῖς πρὸς Θεὸν πρεσβείαις σου, δώρησαι ἡμῖν τὸ μέγα ἔλεος.

### Κοντάκιον. Ἦχος β΄.
### Τὴν ἐν πρεσβείαις.

Τὸν κορυφαῖον καὶ πρῶτον τῶν ἀποστόλων, καὶ ἀληθείας τὸν ἔνθεον ὑποφήτην, Πέτρον τὸν μέγιστον εὐφημήσωμεν, καὶ τὴν αὐτοῦ ἐν πίστει ἀσπασώμεθα ἄλυσιν, πταισμάτων τὴν λύσιν κομιζόμενοι.

## ΙΑΝΟΥΑΡΙΟΣ

### Κοινωνικόν.

Εἰς πᾶσαν τὴν γῆν ἐξῆλθεν ὁ φθόγγος αὐτοῦ, καὶ εἰς τὰ πέρατα τῆς οἰκουμένης τὰ ῥήματα αὐτοῦ.

### Μεγαλυνάριον.

Ῥεῖθρα ἰαμάτων ὡς ἐκ πηγῆς, χάριτι θαυμάτων, βρύει χρήζουσιν ἡ σειρά, Πέτρου τοῦ πανσόφου, καὶ θείου ἀποστόλου· οἱ ῥώσεως διψῶντες, δεῦτε ἀρύσασθε.

### ΕΙΣ ΤΑΣ ΙΖ΄

### Τοῦ ὁσίου καὶ θεοφόρου πατρὸς ἡμῶν Ἀντωνίου τοῦ μεγάλου

Εἰς τὴν Λειτουργίαν Τυπικά, καὶ ἐκ τοῦ κανόνος ᾠδὴ γ΄ καὶ ς΄. Ἦχος πλ. δ΄.

### ᾨδὴ γ΄. Ὁ στερεώσας κατ' ἀρχάς.

Νενευρωμένῳ λογισμῷ, καὶ σταθηρᾷ διανοίᾳ, τῶν παθῶν καταμαράνας τὴν φλόγα, ἀπαθείας τὴν φαιδράν, καταστολὴν Ἀντώνιε, περιεβάλου πάτερ, καὶ σωτηρίου ἱμάτιον.

Ἰσχυροτάταις προσβολαῖς, δαιμόνων θρασυνομένων, καὶ θηρίων τὰς ὁρμὰς μιμουμένων, κατεφρόνησας αὐτῶν, τῆς ἀσθενοῦς δυνάμεως· τὸν κραταιὸν γὰρ εἶχες, ἐν τοῖς πολέμοις συλλήπτορα.

Ὁ θεοφόρος τὰς ἀρχάς, τοῦ σκότους καὶ ἐξουσίας, θραμβεύσας ἐγκρατείᾳ συντόνῳ, τροπαιοῦχος νικητής, Ἀντώνιος ἐγένετο, τῶν ἀσκητῶν ἡ δόξα, καὶ μοναζόντων τὸ καύχημα.

### Θεοτοκίον.

Νενεκρωμένον μου τὸν νοῦν, τῇ τῆς ζωῆς ἐνεργείᾳ, τῆς ἐκ σοῦ φανερωθείσης τῷ κόσμῳ, ἐξανάστησον ἁγνή, καὶ πρὸς ζωὴν ὁδήγησον, ἡ τοῦ θανάτου πύλας, λύσασα μόνη τῷ τόκῳ σου.

### ᾨδὴ ς΄. Ἄβυσσος ἁμαρτιῶν.

Νόμιμον ἀθλητικῶς, πολιτείαν ἁπαλῶν ἐξ ὀνύχων, ἀναλαβὼν θεόφρον, μέχρι τέλους διέσωσας, καὶ ὡς θεῖος ἀριστεύς, στέφανον εἴληφας τὸν τῆς νίκης, παρὰ τοῦ πάντων βασιλεύοντος. Δίς.

### Δόξα.

Ἔχοντες πρὸς τὸν Θεόν, πρεσβευτήν σε δυνατώτατον μάκαρ, καὶ κοινωνὸν φροντίδων, καὶ προστάτην καὶ πρόμαχον, καὶ μεσίτην εὐμενῆ, πάντων σῳζόμεθα τῶν κινδύνων, καὶ πειρασμῶν καὶ περιστάσεων.

### Καὶ νῦν. Θεοτοκίον.

Ὕψωσας παναληθῶς, τὴν πεσοῦσαν τῶν ἀνθρώπων οὐσίαν, τὸν ἐν μορφῇ τῇ θείᾳ, καὶ Πατρὸς ἐν ἰσότητι, καθορώμενον Υἱόν, τὸν ἀναλλοίωτον Θεοτόκε, ἄνευ σπορᾶς κυοφορήσασα.

### Τροπάριον. Ἦχος δ΄.

Τὸν ζηλωτὴν Ἠλίαν τοῖς τρόποις μιμούμενος, τῷ Βαπτιστῇ εὐθείαις ταῖς τρίβους ἑπόμενος, πάτερ Ἀντώνιε, τῆς ἐρήμου γέγονας οἰκιστής, καὶ τὴν οἰκουμένην ἐστήριξας εὐχαῖς σου· διὸ πρέσβευε Χριστῷ τῷ Θεῷ, σωθῆναι τὰς ψυχὰς ἡμῶν.

### Κοντάκιον. Ἦχος β΄.
### Τὰ ἄνω ζητῶν.

Τοὺς βιωτικοὺς θορύβους ἀπωσάμενος, ἡσυχαστικῶς τὸν βίον ἐξετέλεσας, τὸν Βαπτιστὴν μιμούμενος, κατὰ πάντα τρόπον ὁσιώτατε· σὺν αὐτῷ οὖν σε γεραίρομεν, πατέρων πάτερ Ἀντώνιε.

### Καὶ τὸ παρόν. Ἦχος α΄.

Ὁ μήτραν παρθενικὴν ἁγιάσας τῷ τόκῳ σου, καὶ χεῖρας τοῦ Συμεὼν εὐλογήσας ὡς ἔπρεπε, προφθάσας καὶ νῦν ἔσωσας ἡμᾶς Χριστὲ ὁ Θεός· ἀλλ᾽ εἰρήνευσον ἐν πολέμοις τὸ πολίτευμα· καὶ κραταίωσον βασιλεῖς οὓς ἠγάπησας, ὁ μόνος φιλάνθρωπος.

### Κοινωνικόν.

Εἰς μνημόσυνον αἰώνιον ἔσται δίκαιος· ἀλληλούϊα.

### Μεγαλυνάριον.

Τὸν τῆς μετανοίας καθηγητήν, καὶ τὸν τῆς ἐρήμου, πολιοῦχον καὶ οἰκιστήν, τὸν πύρινον στῦλον, τὸν λύχνον τοῦ ἡλίου, Ἀντώνιον τὸν μέγαν, πάντες τιμήσωμεν.

### ΕΙΣ ΤΑΣ ΙΗ΄

Τῶν ἐν ἁγίοις πατέρων ἡμῶν καὶ μεγάλων ἀρχιεπισκόπων Ἀλεξανδείας Ἀθανασίου καὶ Κυρίλλου
Εἰς τὴν Λειτουργίαν Τυπικά, καὶ ἐκ τῶν κανόνων τῶν ἁγίων ᾠδὴ γ΄ καὶ ς΄.

### Ὠδὴ γ΄. Ἦχος πλ. δ΄.
### Ὁ στερεώσας κατ᾽ ἀρχάς.

Ἀνακαθάρας μολυσμοῦ, παντὸς ψυχήν τε καὶ σῶμα, Ἀθανάσιε ναὸς ἀνεδείχθης, ἀξιόθεος· διό, τὸ τῆς Τριάδος πλήρωμα, ἐπανεπαύσατό σοι, ἱερομύστα πανόλβιε.

Σοῦ ὡς ἐπόθει τὴν ψυχήν, τοῦ Παρακλήτου ἡ χάρις, ἐκ παθῶν κεκαθαρμένην εὑροῦσα, διαδήλους ἐν αὐτῇ, τὰς ἐνεργείας δείκνυσι· καὶ τηλαυγῆ φωστῆρα, πάτερ τῷ κόσμῳ σε τίθησιν.

Ἱεραρχίας μὲν κανών, ὡς ἱεράρχης ἐδείχθης· πρακτικῆς ὑπογραμμὸς δὲ ὁ βίος· ὁ δὲ λόγος σου σοφέ, τῆς θεωρίας τύπος τρανῶς· θεολογία δέ σου, ὄντως ἡ δίδαξις πέφηνε.

### Θεοτοκίον.

Τῶν χερουβὶμ καὶ σεραφίμ, ἐδείχθης ὑψηλοτέρα, Θεοτόκε· σὺ γὰρ μόνη ἐδέξω, τὸν ἀχώρητον Θεόν, ἐν σῇ γαστρὶ ἀμόλυντε· διὸ πιστοί σε πάντες, ὕμνοις ἁγνὴ μακαρίζομεν.

### Ὠδὴ ς΄. Ἦχος δ΄.
### Θύσω σοι, μετὰ φωνῆς αἰνέσεως.

Λαβίδι, Σεραφὶμ τῷ προφήτῃ τὸν ἄνθρακα· τῇ ἐκκλησίᾳ Χριστοῦ δέ, ταῖς χερσὶ προσμένεις ἱερομύστα, τὸ ἐκ θείου, πυρὸς ἠνθρακωμένον καθάρσιον.

Ὁμόρους, ὡς Σαμψὼν ἀλλοφύλους οὐκ ἔθραυσας, τὰ δὲ

# ΙΑΝΟΥΑΡΙΟΣ

ἀλλόκοτα πάντα, τῶν ἑτεροδόξων διδάγματα· καὶ τὸ κράτος, τοῖς ὀρθοδόξοις δέδωκας Κύριλλε.

### Δόξα.

Συνόδου, θεολέκτου σαφῶς προηγούμενος, τὸ δυσμενὲς Νεστορίου, χριστομάχον θράσος πάτερ καθεῖλες, ζήλου πνέων, ὑπὲρ τῆς ἀληθοῦς θεομήτορος.

### Καὶ νῦν. Θεοτοκίον.

Φωτίζεις, τῷ τοκετῷ σου πάντα τὰ πέρατα, θεογεννῆτορ παρθένε· σὺ γὰρ μόνη ὤφθης κεκαθαρμένη, ἀπ' αἰῶνος, δικαιοσύνης ἥλιον ἔχουσα.

### Τροπάριον. Ἦχος δ΄.

Ὁ Θεὸς τῶν πατέρων ἡμῶν, ὁ ποιῶν ἀεὶ μεθ' ἡμῶν κατὰ τὴν σὴν ἐπιείκειαν, μὴ ἀποστήσῃς τὸ ἔλεός σου ἀφ' ἡμῶν· ἀλλὰ ταῖς αὐτῶν ἱκεσίαις, ἐν εἰρήνῃ κυβέρνησον τὴν ζωὴν ἡμῶν.

### Καὶ τὸ παρόν. Ἦχος γ΄.

Ἔργοις λάμψαντες Ὀρθοδοξίας, πᾶσαν σβέσαντες κακοδοξίαν, νικηταὶ τροπαιοφόροι γεγόνατε· τῇ εὐσεβείᾳ τὰ πάντα πλουτήσαντες, τὴν ἐκκλησίαν μεγάλως κοσμήσαντες, ἀξίως εὕρατε Χριστὸν τὸν Θεόν, δωρούμενον πᾶσι τὸ μέγα ἔλεος.

### Κοντάκιον. Ἦχος δ΄.
### Ἐπεφάνης σήμερον.

Ἱεράρχαι μέγιστοι τῆς εὐσεβείας, καὶ γενναῖοι πρόμαχοι τῆς ἐκκλησίας τοῦ Χριστοῦ, πάντας φρουρεῖτε τοὺς μέλποντας· σῶσον οἰκτίρμον, τοὺς πίστει τιμῶντάς σε.

### Κοινωνικόν.

Εἰς μνημόσυνον αἰώνιον ἔσονται δίκαιοι.

### Μεγαλυνάριον.

Πῦρ ὁ Ἀθανάσιος νοητόν, ὤφθη φλέγον ὕλην, τῶν δυσθέων αἱρέσεων· Κύριλλος δὲ ὕδωρ, δογμάτων χέον δρόσον· τὰ μυστικὰ στοιχεῖα, πίστεως μέλψωμεν.

## ΕΙΣ ΤΑΣ Κ΄

### Τοῦ ὁσίου πατρὸς ἡμῶν Εὐθυμίου τοῦ μεγάλου

Εἰς τὴν Λειτουργίαν Τυπικά, καὶ ἐκ τῶν κανόνων ᾠδὴ γ΄ καὶ ς΄.

### Ὠδὴ γ΄. Ἦχος δ΄. Οὐκ ἐν σοφίᾳ.

Σὲ ἡ τεκοῦσα, τὸ τῆς Ἄννης ζηλώσασα ὅσιον, ὡς τὸν πάλαι Σαμουήλ, θυσίαν ζῶσαν προσήγαγε, Θεῷ τῷ δοξάσαντι καὶ πρὸ συλλήψεως. Δίς.

Περιουσίᾳ τῆς πρὸς Θεὸν ἀγάπης πυρούμενος, λογισμῷ πανευσεβεῖ, παθῶν ἐκράτησας ὅσιε· διὸ θεία χάρις σοι ἐπανεπαύσατο. Δίς.

### Ὠδὴ ς΄. Ἦχος πλ. δ΄.
### Ἱλάσθητί μοι Σωτήρ.

Μεγίστην παρὰ Θεοῦ, τὴν ἐξουσίαν δεξάμενος, τὰ πλήθη τῶν δυσμενῶν, δαιμόνων ἐδίωξας, τῆς τούτων στρεβλώσεως, ἰώμενος πάντας, τοὺς ἐν πίστει σοι προστρέχοντας.

Μακάριος ἀληθῶς, ἐγένου πάτερ Εὐθύμιε, πτωχείαν πλουτοποιόν, καὶ πένθος χαρμόσυνον, κτησάμενος ὅσιε· δι' ὧν βασιλείαν, οὐρανῶν ἐκληρονόμησας.

Δόξα.

Ἀπώσω τὴν ἐπὶ γῆς, τιμὴν καὶ δόξαν εὐμάραντον· ἀΐδιον δὲ ζωήν, καὶ κλῆρον ἀκήρατον, παμμάκαρ ἀπείληφας, σκηνὰς οὐρανίους, κατοικήσας ἀσφαλέστατα.

Καὶ νῦν. Θεοτοκίον.

Κυρίαν σε τοῦ παντός, καὶ Δέσποιναν ὀνομάζομεν· τὸν ὄντως ὄντα Θεόν, ἀρρήτως γὰρ τέτοκας, τὸν πάντα ποιήσαντα, καὶ διακρατοῦντα, καὶ συνέχοντα πανάμωμε.

Τροπάριον. Ἦχος δ΄.

Εὐφραίνου ἔρημος ἡ οὐ τίκτουσα, εὐθύμησον ἡ οὐκ ὠδίνουσα· ὅτι ἐπλήθυνέ σοι τέκνα, ἀνὴρ ἐπιθυμιῶν τῶν τοῦ Πνεύματος, εὐσεβείᾳ φυτεύσας, ἐγκρατείᾳ ἐκθρίψας, εἰς ἀρετῶν τελειότητα· ταῖς αὐτοῦ ἱκεσίαις Χριστὲ ὁ Θεός, εἰρήνευσον τὴν ζωὴν ἡμῶν.

Κοντάκιον. Ἦχος πλ. δ΄.
Ὡς ἀπαρχὰς τῆς φύσεως.

Ἐν τῇ σεπτῇ γεννήσει σου, χαρὰν ἡ κτίσις εὕρατο· καὶ ἐν τῇ θείᾳ μνήμῃ σου ὅσιε, τὴν εὐθυμίαν ἔλαβε τῶν πολλῶν σου θαυμάτων· ἐξ ὧν παράσχου πλουσίως ταῖς ψυχαῖς ἡμῶν, καὶ ἀποκάθαρον ἁμαρτημάτων κηλῖδας, ὅπως ψάλλωμεν· Ἀλληλούια.

Καὶ τὸ παρόν. Ἦχος α΄.

Ὁ μήτραν παρθενικὴν ἁγιάσας τῷ τόκῳ σου, καὶ χεῖρας τοῦ Συμεὼν εὐλογήσας ὡς ἔπρεπε, προφθάσας καὶ νῦν ἔσωσας ἡμᾶς Χριστὲ ὁ Θεός· ἀλλ' εἰρήνευσον ἐν πολέμοις τὸ πολίτευμα· καὶ κραταίωσον βασιλεῖς οὓς ἠγάπησας, ὁ μόνος φιλάνθρωπος.

Κοινωνικόν.

Εἰς μνημόσυνον αἰώνιον ἔσται δίκαιος· ἀλληλούια.

Μεγαλυνάριον.

Πνεύματος ἀκτῖσι καταυγασθείς, σώματος τὴν φύσιν, σῇ ἀσκήσει ἐνέκρωσας, πειρασμῶν τὴν ῥύσιν, δακρύων χύσει στήσας· Εὐθύμιε θεόφρον, σὲ μεγαλύνομεν.

### ΕΙΣ ΤΑΣ ΚΒ΄

Τοῦ ἁγίου ἀποστόλου Τιμοθέου, καὶ τοῦ ἁγίου μάρτυρος Ἀναστασίου τοῦ Πέρσου.

Εἰς τὴν Λειτουργίαν Τυπικά, καὶ ἐκ τοῦ κανόνος, ᾠδὴ γ΄ καὶ ς΄.

Ὠδὴ γ΄. Ἦχος α΄.
Ὁ μόνος εἰδὼς τῆς τῶν βροτῶν.

Ἐχύθη παμμάκαρ δαψιλῶς, ἡ χάρις σοῦ τοῖς χείλεσι, καὶ ποταμοὺς δογμάτων ἀνέβλυσε, τὴν ἐκκλησίαν Χριστοῦ ἀρδεύοντας, καὶ πολύχουν φέροντας, τὸν καρπὸν

Τιμόθεε, χριστοκήρυξ θεόφρον ἀπόστολε.

Οἱ πόδες οἱ σοὶ προφητικῶς, παμμάκαρ ὡραιώθησαν, πάντα γὰρ νοῦν σαφῶς ὑπερέχουσαν, εὐηγγελίσω εἰρήνην πάνσοφε, τὴν τὸν πάλαι λύσασαν, τῶν ἀνθρώπων πόλεμον, τὸν Σωτῆρα τῶν ὅλων καὶ Κύριον.

Νεκρῶν σου τὰ μέλη τῆς σαρκός, τῷ λόγῳ καθυπέταξας, τὴν τῶν χειρόνων μάκαρ Τιμόθεε, ἡγεμονείαν διδοὺς τῷ κρείττονι, καὶ παθῶν ἐκράτησας, καὶ ψυχὴν ἐφαίδρυνας, ῥυθμιζόμενος Παύλου διδάγμασι.

Θεοτοκίον.

Ἐκ σοῦ ἀνεβλάστησεν ἡμῖν, τὸ ἄνθος τὸ ἀμάραντον, εὐωδιάζον πᾶσαν τὴν ἀνθρωπότητα, τῷ θείῳ μύρῳ τῆς αὐτοῦ φύσεως, ὁ Πατρὶ συνάναρχος, καὶ ἐκ σοῦ γενόμενος, ὑπὸ χρόνον παρθένε πανάμωμε.

Ὠδὴ ς΄. Σπλάγχνων Ἰωνᾶν.

Ἅρμα τοῦ Θεοῦ, ἐφάνης Τιμόθεε· βαστάζων αὐτοῦ τὸ θεῖον ὄνομα, κατενώπιον, τῶν ἀθέων τυράννων θεόληπτε, μὴ πτοούμενος τὴν τούτων ἀγριότητα· σὺ γὰρ τὴν ἀκαταμάχητον, τοῦ Σωτῆρος ἰσχὺν ἐνεδέδυσο.

Μύρου νοητοῦ, Τιμόθεε πάντιμε, σαρκὶ δι᾽ ἡμᾶς, τοῦ κενωθέντος Χριστοῦ, ὀσφραινόμενος, εὐωδίας τῆς τούτου μετείληφας, καὶ μετέδωκας τοῖς πίστει σοι προστρέχουσι, μύστα τῶν ἀρρήτων ἅγιε, τῆς αὐτοῦ νοητῆς διαθέσεως.

Δόξα.

Αἴγλη τοῦ Σταυροῦ, σαφῶς λαμπρυνόμενος, τῆς πλάνης τὸ ζοφῶδες διέλυσας, καὶ νενίκηκας, συμπλακεὶς τῷ τυράννῳ πανένδοξε· καὶ χαίρων ἐκομίσω σου τὰ τρόπαια σοφέ, μάρτυς Χριστοῦ Ἀναστάσιε, συγχορεύων μαρτύρων στρατεύμασι.

Καὶ νῦν. Θεοτοκίον.

Ἅπας ὁ χορὸς θεόθεν μυούμενος, ὁ τῶν προφητῶν, σοῦ προηγόρευσε, τὸ μυστήριον, τῆς ἀφράστου καὶ θείας συλλήψεως, τῆς ἐκ σοῦ τοῦ Θεοῦ Λόγου μητροπάρθενε· σὺ γὰρ τὴν ἀληθεστάτην τε, καὶ ἀρχαίαν βουλὴν ἐφανέρωσας.

Τροπάριον τοῦ ἀποστόλου.
Ἦχος δ΄.

Χρηστότητα ἐκδιδαχθείς, καὶ νήφων ἐν πᾶσιν, ἀγαθὴν συνείδησιν ἱεροπρεπῶς ἐνδυσάμενος, ἤντλησας ἐκ τοῦ σκεύους τῆς ἐκλογῆς τὰ ἀπόρρητα, καὶ τὴν πίστιν τηρήσας, τὸν ἴσον δρόμον τετέλεκας, ἀπόστολε Τιμόθεε· πρέσβευε Χριστῷ τῷ Θεῷ, σωθῆναι τὰς ψυχὰς ἡμῶν.

Καὶ τοῦ μάρτυρος. Ἦχος ὁ αὐτός.

Ὁ μάρτυς σου Κύριε, ἐν τῇ ἀθλήσει αὐτοῦ, τὸ στέφος ἐκομίσατο τῆς ἀφθαρσίας ἐκ σοῦ τοῦ Θεοῦ ἡμῶν· ἔχων γὰρ τὴν ἰσχύν σου, τοὺς τυράννους καθεῖλεν· ἔθραυσε καὶ δαιμόνων τὰ ἀνίσχυρα θράση· αὐτοῦ ταῖς ἱκεσίαις Χριστὲ ὁ Θεός, σῶσον τὰς ψυχὰς ἡμῶν.

### Κοντάκιον ἀμφοτέρων.
### Ἦχος α΄. Χορὸς ἀγγελικός.

Τὸν θεῖον μαθητὴν καὶ συνέκδημον Παύλου, Τιμόθεον πιστοὶ ἀνυμνήσωμεν πάντες, σὺν τούτῳ γεραίροντες, τὸν σοφὸν Ἀναστάσιον, τὸν ἐκλάμψαντα, ἐκ τῆς Περσίδος ὡς ἄστρον, καὶ ἐλαύνοντα, τὰ ψυχικὰ ἡμῶν πάθη, καὶ νόσους τοῦ σώματος.

### Κοινωνικόν.

Εἰς πᾶσαν τὴν γῆν ἐξῆλθεν ὁ φθόγγος αὐτοῦ, καὶ εἰς τὰ πέρατα τῆς οἰκουμένης τὰ ῥήματα αὐτοῦ.

### Μεγαλυνάριον τοῦ ἀποστόλου.

Τοῦ κηρύγματός σου ταῖς ἀστραπαῖς, τοὺς ἐν σκότει ὄντας, κατεφώτισας θαυμαστέ, λάτρεις ἀναδείξας, Τριάδος τῆς Ἁγίας, Τιμόθεε παμμάκαρ, μύστα τῆς χάριτος.

### Ἕτερον τοῦ μάρτυρος.

Ξόανα χλευάσας εἰδωλικά, τὸν Χριστὸν κηρύξας, Θεὸν εἶναι ἀληθινόν, χαλεπὰς κολάσεις ὑπήνεγκας παμμάκαρ, καὶ εἴληφας τὸ στέφος, τῆς σῆς ἀθλήσεως.

### ΕΙΣ ΤΑΣ ΚΕ΄

Τοῦ ἐν ἁγίοις πατρὸς ἡμῶν Γρηγορίου ἀρχιεπισκόπου Κωνσταντινουπόλεως τοῦ θεολόγου
Εἰς τὴν Λειτουργίαν Τυπικά, καὶ ἐκ τοῦ κανόνος ᾠδὴ γ΄ καὶ ς΄. Ἦχος α΄.

### Ὠδὴ γ΄. Τῷ πρὸ τῶν αἰώνων.

Ἔχων τῆς σοφίας, τὴν πηγὴν ἀενάως βλυστάνουσαν, τῶν θεοσόφων διδαγμάτων, τὴν Χριστοῦ ἐκκλησίαν, παμμάκαρ ἐπλήρωσας, τῷ ἐπὶ πάντων βοῶσαν Θεῷ· ἅγιος εἶ Κύριε.

Ὁ τῆς εὐσεβείας, μεγαλόφωνος κήρυξ καὶ εὔσημος, θεολογίας θεολόγος, θησαυρὸν θεωρίας, ἀφθόνως προβάλλεται, καὶ διανέμει πλουσίως ἡμῖν, πλοῦτον ἀναφαίρετον.

Ῥήτωρ ὁ πυρίπνους, ἡ θεόφθογγος λύρα τῆς χάριτος, τῇ θεολόγῳ ἐπιπνοίᾳ, καὶ φθογγῇ θεοπνεύστῳ, ἠχήσας λαμπρότατα, τρισυποστάτου οὐσίας ἡμῖν, μέλος ἐμελῴδησε.

### Θεοτοκίον.

Ἡ θεογεννήτωρ, ἡ βασίλισσα πάσης τῆς κτίσεως, τὸν βασιλέα τῶν ἁπάντων, δυσωποῦσα μὴ παύσῃ, Χριστὸν ὃν ἡμῖν ἐγέννησας, εἰς σωτηρίαν τῶν ἐπὶ γῆς, σῶσαι τοὺς ὑμνοῦντάς σε.

### Ὠδὴ ς΄. Σπλάγχνων Ἰωνᾶν.

Ῥείθροις τῶν σοφῶν, δογμάτων σου πάνσοφε, Ἀρείου τὸν νοῦν τὸν θολερώτατον, κατεξήρανας, ἐν γαλήνῃ φυλάττων τὴν ποίμνην σου, ἀπερίκλυστον καθάπερ λογικὴν κιβωτόν· ᾗπερ εὐσεβείας σπέρματα, ἐναπέθου τὸ κάλλος τῶν λόγων σου.

Ἵνα τῆς σεπτῆς, Τριάδος τὴν ἔλλαμψιν, πλουτήσῃς τὸν νοῦν

πάτερ ἐστίλβωσας, ἀκηλίδωτον, ὡς καιρὸν καὶ νεόσμηκτον ἔσοπτρον, δι᾽ ἀσκήσεως ἀρίστης ἐργασάμενος· ἔνθεν καὶ θεοειδέστατος, ἀνεδείχθης ταῖς θείαις ἐμφάσεσι.

### Δόξα.

Νέος Σαμουήλ, θεόσδοτος πέφηνας, δοθεὶς τῷ Θεῷ, καὶ πρὸ συλλήψεως, παμμακάριστε, σωφροσύνῃ ἁγνείᾳ κοσμούμενος, καὶ τῇ τῆς ἱερωσύνης παναγίᾳ στολῇ, πάτερ, καθωραϊζόμενος, μεσιτεύων τῷ πλάστῃ καὶ πλάσματι.

### Καὶ νῦν. Θεοτοκίον.

Τόμος καθαρός, τὸν Λόγον δεχόμενος, γραφόμενον νῦν, τὸν ἀπερίγραπτον, τῇ Θεότητι, ἐγνωρίσθης προφήταις καὶ πρότερον, μητροπάρθενε Μαρία θεονύμφευτε· σὺ γὰρ τὸν ἀπεριόριστον, ἐν γαστρί σου ἀφράστως ἐχώρησας.

### Τροπάριον. Ἦχος α΄.

Ὁ ποιμενικὸς αὐλὸς τῆς θεολογίας σου, τὰς τῶν ῥητόρων ἐνίκησε σάλπιγγας· ὡς γὰρ τὰ βάθη τοῦ Πνεύματος ἐκζητήσαντι, καὶ τὰ κάλλη τοῦ φθέγματος προσετέθη σοι· ἀλλὰ πρέσβευε Χριστῷ τῷ Θεῷ, πάτερ Γρηγόριε, σωθῆναι τὰς ψυχὰς ἡμῶν.

### Κοντάκιον. Ἦχος γ΄.
### Ἡ παρθένος σήμερον.

Θεολόγῳ γλώττῃ σου, τὰς συμπλοκὰς τῶν ῥητόρων, διαλύσας ἔνδοξε, ὀρθοδοξίας χιτῶνα, ἄνωθεν ἐξυφανθέντα τῇ ἐκκλησίᾳ, ἐστόλισας ὃν καὶ φοροῦσα σὺν ἡμῖν κράζει, τοῖς σοῖς τέκνοις· χαίροις πάτερ, θεολογίας ὁ νοῦς ὁ ἀκρότατος.

Καὶ τὸ τῆς ἑορτῆς.

### Ἦχος α΄.

Ὁ μήτραν παρθενικὴν ἁγιάσας τῷ τόκῳ σου, καὶ χεῖρας τοῦ Συμεὼν εὐλογήσας ὡς ἔπρεπε, προφθάσας καὶ νῦν ἔσωσας ἡμᾶς Χριστὲ ὁ Θεός· ἀλλ᾽ εἰρήνευσον ἐν πολέμοις τὸ πολίτευμα· καὶ κραταίωσον βασιλεῖς οὓς ἠγάπησας, ὁ μόνος φιλάνθρωπος.

### Κοινωνικόν.

Εἰς μνημόσυνον αἰώνιον ἔσται δίκαιος· ἀλληλούια.

### Μεγαλυνάριον.

Χαίροις ὁ οὐράνιος θεῖος νοῦς, στόμα τὸ πυρίπνουν, ὁ τῆς χάριτος ὀφθαλμός, σάλπιγξ εὐσεβείας, πηγὴ θεολογίας· τοὺς σὲ ὑμνοῦντας φρούρει σοφὲ Γρηγόριε.

### ΕΙΣ ΤΑΣ ΚΖ΄

Ἡ ἀνακομιδὴ τοῦ λειψάνου τοῦ ἐν ἁγίοις πατρὸς ἡμῶν Ἰωάννου τοῦ Χρυσοστόμου

Εἰς τὴν Λειτουργίαν Τυπικά, καὶ ἐκ τῶν κανόνων ᾠδὴ γ΄ καὶ ς΄.

### Ὠδὴ γ΄. Ἦχος πλ. δ΄.
### Οὐκ ἔστιν ἅγιος, ὡς ὁ Κύριος.

Χρυσέοις διδάγμασι, κατεχρύσωσας σοφέ, τῆς ἐκκλησίας τὸν στέφανον· καὶ ταύτης ἐποίκιλας, τὴν εὐσέβειαν πάτερ, ἐνθέοις σου δόγμασι, διό σε κατ' ἀξίαν τιμᾷ.

Μυρίζουσιν ὅσιε, ὥσπερ κρίνα τοῦ ἀγροῦ, οἱ ἀτμοὶ τῶν καμάτων σου, δι' ὧν εὐηρέστησας, τῷ Θεῷ ἱεράρχα, κινδύνοις καὶ θλίψεσι, καὶ γῇ προσομιλήσας μακρᾷ.

Ὡς ἄνθος μυρίζουσιν, οἱ τῶν λόγων σου καρποί, νοητῶς ἀποστάζοντες, τὸν θεῖον Χρυσόστομε, γλυκασμὸν τῆς σοφίας, καὶ νῦν εὐωδιάζοντες, ἡμᾶς ταῖς πρακτικαῖς ἀρεταῖς.

### Θεοτοκίον.

Ἀμέριστος ἔμεινας, εἰ καὶ σάρκα δι' ἐμέ, ἐκ παρθένου ἐφόρεσας· διὸ καὶ ἐν δύο σε, προσκυνῶ ταῖς οὐσίαις, καὶ δύο θελήσεσι, καὶ δύο ἐνεργείαις Χριστέ.

### Ὠδὴ ς΄. Ἦχος γ΄.
### Ἄβυσσος ἐσχάτη ἁμαρτιῶν.

Τέμνει σε τῆς ἐκκλησίας Χριστοῦ, ἡ ἔκφρων βασίλισσα, ἀποτόμως ἐλέγχουσα· ἀλλ' αὐτίκα τέμνεται· σὺ δ' ἐλέγχεις ἀθάνατα, τὴν ἐξαίσιον προτομὴν ἐργασάμενος.

Ὄργανον ἐδείχθης τοῦ παντουργοῦ, Χρυσόστομε Πνεύματος, ὑπηχοῦν ἐμμελέστατα· κωφεύει δ' ἡ τύραννος, ὡς ἀσπὶς πρὸς ἐπάσματα, καὶ οἰκτρότατον ἀνταλλάττεται θάνατον.

### Δόξα.

Νέκρωσιν κἂν τέθνηκε μὴ παθεῖν, σαφῶς ἀνεδίδαξε, βασιλεῖς ὁ Χρυσόστομος· αὐτῶν γὰρ προστάγμασιν, ἀπειθήσας τὸ πρότερον, ταῖς δεήσεσιν ἐπανῆκε τὸ δεύτερον.

### Καὶ νῦν. Θεοτοκίον.

Ἕνα σε τὸν ἐκ παρθένου νοῶν, κἂν σάρκα προσείληφας, καὶ διπλοῦς ἐχρημάτισας, μακρὸν ἀπερράπισε, καὶ τομήν, καὶ τὴν σύγχυσιν, ὁ Χρυσόστομος Ἰωάννης θεάνθρωπε.

### Τροπάριον. Ἦχος πλ. δ΄.

Ἡ τοῦ στόματός σου καθάπερ πυρσὸς ἐκλάμψασα χάρις, τὴν οἰκουμένην ἐφώτισεν, ἀφιλαργυρίας τῷ κόσμῳ θησαυροὺς ἐναπέθετο· τὸ ὕψος ἡμῖν τῆς ταπεινοφροσύνης ὑπέδειξεν, ἀλλὰ σοῖς λόγοις παιδεύων, πάτερ Ἰωάννη Χρυσόστομε, πρέσβευε τῷ Λόγῳ Χριστῷ τῷ Θεῷ, σωθῆναι τὰς ψυχὰς ἡμῶν.

### Κοντάκιον. Ἦχος α΄.
### Χορὸς ἀγγελικός.

Εὐφράνθη μυστικῶς, ἡ σεπτὴ ἐκκλησία, τῇ ἀνακομιδῇ τοῦ σεπτοῦ σου λειψάνου· καὶ τοῦτο κατακρύψασα, ὡς χρυσίον πολύτιμον, τοῖς ὑμνοῦσί σε ἀδιαλείπτως παρέχει, ταῖς πρεσβείαις σου, τῶν ἰαμάτων τὴν χάριν, Ἰωάννη Χρυσόστομε.

### Καὶ τὸ παρόν. Ἦχος α΄.

Ὁ μήτραν παρθενικὴν ἁγιάσας τῷ τόκῳ σου, καὶ χεῖρας τοῦ Συμεὼν εὐλογήσας ὡς ἔπρεπε, προφθάσας καὶ νῦν ἔσωσας ἡμᾶς Χριστὲ ὁ Θεός· ἀλλ' εἰρήνευσον ἐν πολέμοις τὸ πολίτευμα· καὶ κραταίωσον βασιλεῖς οὓς ἠγάπησας, ὁ μόνος φιλάνθρωπος.

### Κοινωνικόν.

Εἰς μνημόσυνον αἰώνιον ἔσται δίκαιος· ἀλληλούια.

### Μεγαλυνάριον.

Τὰ χρυσοειδῆ σου καὶ χρυσαυγῆ, ἔπη χρυσουργοῦσι, διανοίας τῶν εὐσεβῶν· οἷς κεκοσμημένη, Χριστοῦ ἡ ἐκκλησία, Χρυσόστομε κομπάζει, σὲ μεγαλύνουσα.

### ΕΙΣ ΤΑΣ Λ΄

Τῶν ἐν ἁγίοις πατέρων ἡμῶν καὶ οἰκουμενικῶν διδασκάλων Βασιλείου τοῦ Μεγάλου, Γρηγορίου τοῦ Θεολόγου, καὶ Ἰωάννου τοῦ Χρυσοστόμου.

Εἰς τὴν Λειτουργίαν Τυπικά, καὶ ἐκ τῶν κανόνων ᾠδὴ γ΄ καὶ ς΄.

### ᾨδὴ γ΄. Ἦχος β΄.
### Ἐν πέτρᾳ με τῆς πίστεως.

Ἡ σάλπιγξ ἡ μεγάλη τῆς ἐκκλησίας, ὁ λύχνος ὁ φωτίζων τὴν οἰκουμένην, ὁ κῆρυξ ὁ τῷ φθόγγῳ περιλαμβάνων, πάντα τὰ πέρατα, ὁ μεγαλώνυμος, συγκροτεῖ τὴν σύναξιν ταύτην Βασίλειος.

Λαμπρὸς ἀπὸ τοῦ βίου, καὶ τῶν πραγμάτων, λαμπρὸς ἀπὸ τοῦ λόγου, καὶ τῶν δογμάτων, ἐν πᾶσιν ὑπερλάμπων πάντας ὡς ἄλλοις, ἀστέρας ἥλιος, ὁ πολυύμνητος, Θεολόγος σήμερον μακαρίζεται.

Ἰδοὺ τὸ φῶς τοῦ κόσμου τῷ κόσμῳ φαίνει, ἰδοὺ τῆς γῆς τὸ ἅλας τὴν γῆν ἡδύνει, ἰδοὺ τὸ ζωῆς ξύλον ἀθανασίας, καρποὺς προβάλλεται, ὁ χρυσοῦς ἅγιος· οἱ θανεῖν μὴ θέλοντες, δεῦτε τρυφήσατε.

Ὁ πάντα ἐκ μὴ ὄντων ὄντα ποιήσας, καὶ φύσιν δοὺς ἑκάστῳ τῶν γενομένων, αὐτὸς καὶ τὰς δοθείσας φύσεις ἀμείβειν, οἶδεν ὡς βούλεται· ὅθεν ἀκούεται, καὶ παρθένος τίκτουσα· τίς οὐ θαυμάσεται;

### ᾨδὴ ς΄. Ἦχος πλ. δ΄.
### Ἱλάσθητί μοι Σωτήρ.

Τριάδα μοναδικήν, θεολογεῖν ἐδιδάχθημεν, Μονάδα Τριαδικήν, ὑμνεῖν παρελάβομεν, προσκυνεῖν ἐμάθομεν παρὰ τῶν πατέρων, μίαν φύσιν τρισυπόστατον.

Ὁ Λόγος ἦν ἐν ἀρχῇ, πρὸς τὸν Πατέρα συνάναρχος· τῷ Λόγῳ Πνεῦμα συνῆν, ἀλλ' ἐκ τοῦ Γεννήτορος· ἁπλῆ ὁμοούσιος συμφυὴς Θεότης, ὡς οἱ θεῖοι φασὶ κήρυκες.

### Δόξα.

Συνάπτω καὶ διαιρῶ, τὰ συναπτῶς διαιρούμενα· ἓν ἀμερὲς ἐννοῶ, καὶ τρία φαντάζομαι· διδασκάλους δέχομαι τρεῖς θεοφορήτους, οὕτω πείθοντας πιστεύειν με.

### Καὶ νῦν. Θεοτοκίον.

Ἀμήτωρ πρὸ τῆς σαρκός, ἀπάτωρ μετὰ τὴν σάρκωσιν· Υἱὸς Πατρὸς καὶ μητρός, ὁ ταῦτα καλούμενος· ὑπὲρ νοῦν ἀμφότερα· τῷ

Θεῷ γὰρ πρέπει, τῶν θαυμάτων τὰ παράδοξα.

### Τροπάριον. Ἦχος α΄.

Τοὺς τρεῖς μεγίστους φωστῆρας τῆς τρισηλίου Θεότητος, τοὺς τὴν οἰκουμένην ἀκτῖσι, δογμάτων θείων πυρσεύσαντας, τοὺς μελιρρύτους ποταμοὺς τῆς σοφίας, τοὺς τὴν κτίσιν πᾶσαν θεογνωσίας νάμασι καταρδεύσαντας· Βασίλειον τὸν μέγαν, καὶ τὸν Θεολόγον Γρηγόριον, σὺν τῷ κλεινῷ Ἰωάννῃ τῷ τὴν γλῶτταν χρυσορρήμονι, πάντες οἱ τῶν λόγων αὐτῶν ἐρασταί, συνελθόντες ὕμνοις τιμήσωμεν· αὐτοὶ γὰρ τῇ Τριάδι ὑπὲρ ἡμῶν ἀεὶ πρεσβεύουσιν.

### Ἕτερον. Ἦχος δ΄.

Ὡς τῶν ἀποστόλων ὁμότροποι, καὶ τῆς οἰκουμένης διδάσκαλοι, τῷ Δεσπότῃ τῶν ὅλων πρεσβεύσατε, εἰρήνην τῇ οἰκουμένῃ δωρήσασθαι, καὶ ταῖς ψυχαῖς ὑμῶν τὸ μέγα ἔλεος.

### Κοντάκιον. Ἦχος β΄.
### Τοὺς ἀσφαλεῖς.

Τοὺς ἱεροὺς καὶ θεοφθόγγους κήρυκας, τὴν κορυφὴν τῶν διδασκάλων Κύριε, προσελάβου εἰς ἀπόλαυσιν τῶν ἀγαθῶν σου καὶ ἀνάπαυσιν· τοὺς πόνους γὰρ ἐκείνων καὶ τὸν κάματον, ἐδέξω ὑπὲρ πᾶσαν ὁλοκάρπωσιν, ὁ μόνος δοξάζων τοὺς ἁγίους σου.

### Κοινωνικόν.

Εἰς πᾶσαν τὴν γῆν ἐξῆλθεν ὁ φθόγγος αὐτῶν, καὶ εἰς τὰ πέρατα τῆς οἰκουμένης τὰ ῥήματα αὐτῶν.

### Μεγαλυνάριον.

Δεῦτε τῆς Τριάδος τοὺς λατρευτάς, καὶ τῆς οἰκουμένης, τοὺς πανσόφους καθηγητάς, σὺν τῷ Γρηγορίῳ Βασίλειον τὸν μέγαν, καὶ τὸν Χρυσοῦν τὴν γλῶτταν ἀνευφημήσωμεν.

### Ἕτερον.

Χαίροις ὁ ὑψίνους Βασίλειος, χαίροις ὁ πυρίπνους, Θεολόγος Γρηγόριος, χαίροις ὁ χρυσόος τὴν γλῶτταν Ἰωάννης, οἱ Τρεῖς λαμπροὶ φωστῆρες, καὶ διαυγέστατοι.

## ΤΗ ΑΥΤΗ ΗΜΕΡΑ

Ἡ ἀνάμνησις τοῦ γενομένου θαύματος ἐν Ζακύνθῳ, παρὰ τοῦ ἁγίου μεγαλομάρτυρος Γεωργίου, ἐν τῇ τοῦ λοιμοῦ ἀπαλλαγῇ.

Εἰς τὴν Λειτουργίαν Τυπικά, καὶ ἐκ τοῦ κανόνος τῶν τριῶν ἱεραρχῶν ἡ γ΄ ᾠδή, καὶ τοῦ ἁγίου ἡ ς΄. Ἦχος β΄.

Ὠιδὴ ς΄. Ἐν ἀβύσσῳ πταισμάτων.

Βασιλεῖς ἱερεῖς τε καὶ ἄρχοντες, πᾶσα Ζακυνθίων τε τάξις εὐφραίνεται, ἐν τῇ ἐξόδῳ σήμερον, τῆς σεπτῆς σου εἰκόνος Γεώργιε. Δίς.

### Δόξα.

Ῥωμαλέως τὴν νόσον ἐξήλασας, ἐκ περιοχῆς Ζακυνθίων Γεώργιε, ὡς στρατιώτης ἄριστος·

ὅθεν αἴρει σοι νίκης τὰ τρόπαια.

### Καὶ νῦν. Θεοτοκίον.

Ἰαμάτων πηγήν σε γινώσκομεν, καὶ ἀλεξιφάρμακον κόρη πανάμωμε, σὺν Γεωργίῳ· ὅθεν σε, μακαρίζειν οὐδόλως παυσόμεθα.

### Τροπάριον τῶν τριῶν ἱεραρχῶν. Καὶ τοῦ ἁγίου. Ἦχος δ΄.

Ὡς τῶν αἰχμαλώτων ἐλευθερωτής, καὶ τῶν πτωχῶν ὑπερασπιστής, ἀσθενούντων ἰατρός, βασιλέων ὑπέρμαχος, τροπαιοφόρε μεγαλομάρτυς Γεώργιε, πρέσβευε Χριστῷ τῷ Θεῷ, σωθῆναι τὰς ψυχὰς ἡμῶν.

### Κοντάκιον τῶν τριῶν ἱεραρχῶν. Καὶ τοῦ ἁγίου τὸ παρόν. Ἦχος δ΄. Ἐπεφάνης σήμερον.

Εὐχαρίστως ἅπασα, νῆσος Ζακύνθου, τὴν παρθένον Δέσποιναν, σὺν Γεωργίῳ τῷ λαμπρῷ, ὡς εὐεργέτας δοξάσωμεν, ἡμᾶς φυλάττειν ἀεὶ ἱκετεύοντες.

### Κοινωνικόν.

Εἰς μνημόσυνον αἰώνιον ἔσται δίκαιος· ἀλληλούια.

## ΜΗΝ ΦΕΒΡΟΥΑΡΙΟΣ

### ΕΙΣ ΤΗΝ Α΄

Προεόρτια τῆς Ὑπαπαντῆς τοῦ Κυρίου καὶ Θεοῦ καὶ Σωτῆρος ἡμῶν Ἰησοῦ Χριστοῦ

Εἰ οὐκ ἔστι Τεσσαρακοστή, καὶ εἰ τύχοι ἐν Σαββάτῳ ἢ Κυριακῇ τῆς Τεσσαρακοστῆς.

Εἰς τὴν Λειτουργίαν Τυπικά, καὶ ἐκ τοῦ κανόνος τῶν προεορτίων ᾠδὴ γ΄ καὶ ς΄. Ἦχος δ΄.

### Ὠδὴ γ΄. Τοὺς σοὺς ὑμνολόγους Θεοτόκε.

Δεσπόζων ἁπάντων τῶν κτισμάτων, ὑπέδυ μορφὴν δούλου Χριστός, καὶ βρέφος νῦν πρωτότοκον, Θεῷ Πατρὶ προσάγεται, Νόμου πληρῶν τὸ ἔνταλμα, ὁ Νόμον δοὺς ὡς φιλάνθρωπος. Δίς.

Ἐξ ὕψους χρησμὸν καὶ δυναστείαν, λαβὼν ὁ πρεσβύτης Συμεών, πρὸς τὸν ναὸν ἐπείγεται, τὸ τοῦ Θεοῦ σωτήριον, νῦν κατιδεῖν ἐν πνεύματι, λύσιν ζωῆς αἰτησόμενος.

Ζωῆς ἀφειδήσας τῆς προσκαίρου, ζωὴν πρὸς ἀκήρατον ἰδού, μεταναστεύειν ἄρχεται, γήρᾳ μακρῷ καμπτόμενος, ὁ Συμεὼν νεάζοντα, βλέψας Θεὸν προαιώνιον.

### Ὠδὴ ς΄. Τὴν θείαν ταύτην.

Ναὸς καὶ θρόνος ὁ ἔμψυχος, τὸν μέγαν ἱερέα βαστάζουσα, ὡς βρέφος ἔρχεται, ἡ Θεοτόκος ἐν οἴκῳ Θεοῦ, τῷ ἱερεῖ προσάξαι δῶρον ὑπέρτιμον. Δίς.

### Δόξα.

Ξενίζει πᾶσαν διάνοιαν, τὸ μέγιστον τοῦ κτίστου μυστήριον· δι᾽ οὗ εὐδόκησε, γνωρίσαι νῦν τὸ σωτήριον, τὸ τῆς οἰκουμένης αὐτοῦ τοῖς ἔθνεσι.

Καὶ νῦν.

Ὁ Λόγος γέγονε σὰρξ μὴ τραπείς, παιδίον ὁ προτέλειος δείκνυται, καὶ ὁ συνέχων χειρί, τὸ πᾶν, ἀγκάλαις συνέχεται, καὶ ὑποκύπτει Νόμῳ, ὁ μόνος Νόμου δοτήρ.

Τροπάριον προεόρτιον. Ἦχος α΄.
Χορὸς ἀγγελικός.

Οὐράνιος χορός, οὐρανίων ἀγγέλων, προκύψας ἐπὶ γῆς, ἀφικόμενον βλέπει, ὡς βρέφος βασταζόμενον, πρὸς ναὸν τὸν πρωτότοκον, πάσης κτίσεως, ὑπὸ μητρὸς ἀπειράνδρου· προεόρτιον, οὖν σὺν ἡμῖν μελῳδοῦσι, τὸν ὕμνον γηθόμενοι.

Κοντάκιον. Ἦχος δ΄.
Ἐπεφάνης σήμερον.

Ὡς ἀγκάλας σήμερον, πιστοὶ καρδίας, ἐφαπλοῦντες δέξασθε, καθαρωτάτῳ λογισμῷ, ἐπιδημοῦντα τὸν Κύριον, προεορτίους αἰνέσεις προσάδοντες.

ΕΙΣ ΤΑΣ Β΄

Ἡ Ὑπαπαντὴ τοῦ Κυρίου καὶ Θεοῦ καὶ Σωτῆρος ἡμῶν Ἰησοῦ Χριστοῦ

Εἰς τὴν Λειτουργίαν Τυπικά, καὶ ἐκ τοῦ κανόνος τῆς ἑορτῆς ᾠδὴ γ΄ καὶ ς΄, ἢ τὰ ἀντίφωνα.

ΑΝΤΙΦΩΝΟΝ Α΄.

Στίχ. α΄. Ἐξηρεύξατο ἡ καρδία μου λόγον ἀγαθόν.

Ταῖς πρεσβείαις τῆς Θεοτόκου, Σῶτερ, σῶσον ἡμᾶς.

Στίχ. β΄. Ἡ γλῶσσά μου κάλαμος γραμματέως ὀξυγράφου.

Ταῖς πρεσβείαις τῆς Θεοτόκου, Σῶτερ, σῶσον ἡμᾶς.

Στίχ. γ΄. Ἐξεχύθη χάρις ἐν χείλεσί σου.

Ταῖς πρεσβείαις τῆς Θεοτόκου, Σῶτερ, σῶσον ἡμᾶς.

Στίχ. δ΄. Διὰ τοῦτο εὐλόγησέ σε ὁ Θεὸς εἰς τὸν αἰῶνα.

Ταῖς πρεσβείαις τῆς Θεοτόκου, Σῶτερ, σῶσον ἡμᾶς.

Δόξα, Καὶ νῦν.

Ταῖς πρεσβείαις τῆς Θεοτόκου, Σῶτερ, σῶσον ἡμᾶς.

ΑΝΤΙΦΩΝΟΝ Β΄.

Στίχ. α΄. Περίζωσαι τὴν ῥομφαίαν σου ἐπὶ τὸν μηρόν σου, δυνατέ, τῇ ὡραιότητί σου καὶ τῷ κάλλει σου.

Σῶσον ἡμᾶς, Υἱὲ Θεοῦ, ὁ ἐν ἀγκάλαις τοῦ δικαίου Συμεὼν βασταχθείς, ψάλλοντάς σοι· Ἀλληλούια.

Στίχ. β΄. Καὶ ἔντεινον καὶ κατευοδοῦ καὶ βασίλευε· καὶ ὁδηγήσει σε θαυμαστῶς ἡ δεξιά σου.

Σῶσον ἡμᾶς, Υἱὲ Θεοῦ, ὁ ἐν ἀγκάλαις τοῦ δικαίου Συμεὼν βασταχθείς, ψάλλοντάς σοι· Ἀλληλούια.

Στίχ. γ΄. Τὰ βέλη σου ἠκονημένα, δυνατέ· λαοὶ ὑποκάτω σου πεσοῦνται.

Σῶσον ἡμᾶς, Υἱὲ Θεοῦ, ὁ ἐν ἀγκάλαις τοῦ δικαίου Συμεὼν βασταχθείς, ψάλλοντάς σοι· Ἀλληλούια.

Στίχ. δ΄. Ῥάβδος εὐθύτητος ἡ ῥάβδος τῆς βασιλείας σου.

Σῶσον ἡμᾶς, Υἱὲ Θεοῦ, ὁ ἐν

ἀγκάλαις τοῦ δικαίου Συμεὼν βασταχθείς, ψάλλοντάς σοι· Ἀλληλούια. Δόξα Πατρὶ καὶ Υἱῷ καὶ ἁγίῳ Πνεύματι· καὶ νῦν καὶ ἀεὶ καὶ εἰς τοὺς αἰῶνας τῶν αἰώνων. Ἀμήν.

Ὁ Μονογενὴς Υἱὸς καὶ Λόγος τοῦ Θεοῦ ἀθάνατος ὑπάρχων, καὶ καταδεξάμενος διὰ τὴν ἡμετέραν σωτηρίαν, σαρκωθῆναι ἐκ τῆς ἁγίας Θεοτόκου καὶ ἀειπαρθένου Μαρίας, ἀτρέπτως ἐνανθρωπήσας, σταυρωθείς τε Χριστὲ ὁ Θεός, θανάτῳ θάνατον πατήσας, εἷς ὢν τῆς Ἁγίας Τριάδος, συνδοξαζόμενος τῷ Πατρὶ καὶ τῷ Ἁγίῳ Πνεύματι, σῶσον ἡμᾶς.

### ΑΝΤΙΦΩΝΟΝ Γ΄.
#### Ἦχος α΄.

Στίχ. α΄. Ἄκουσον, θύγατερ, καὶ ἴδε καὶ κλῖνον τὸ οὖς σου καὶ ἐπιλάθου τοῦ λαοῦ σου καὶ τοῦ οἴκου τοῦ πατρός σου.

Χαῖρε κεχαριτωμένη Θεοτόκε παρθένε· ἐκ σοῦ γὰρ ἀνέτειλεν ὁ ἥλιος τῆς δικαιοσύνης, Χριστὸς ὁ Θεὸς ἡμῶν, φωτίζων τοὺς ἐν σκότει· εὐφραίνου καὶ σὺ πρεσβῦτα δίκαιε, δεξάμενος ἐν ἀγκάλαις τὸν ἐλευθερωτὴν τῶν ψυχῶν ἡμῶν, χαριζόμενον ἡμῖν καὶ τὴν Ἀνάστασιν.

Στίχ. β΄. Τὸ πρόσωπόν σου λιτανεύσουσιν οἱ πλούσιοι τοῦ λαοῦ.

Χαῖρε κεχαριτωμένη…

Στίχ. γ΄. Μνησθήσομαι τοῦ ὀνόματός σου ἐν πάσῃ γενεᾷ καὶ γενεᾷ· διὰ τοῦτο λαοὶ ἐξομολογήσονταί σοι εἰς τὸν αἰῶνα.

Χαῖρε κεχαριτωμένη…

#### Εἰσοδικόν.

Ἐγνώρισε Κύριος τὸ σωτήριον αὐτοῦ ἐναντίον πάντων τῶν ἐθνῶν. Σῶσον ἡμᾶς, Υἱὲ Θεοῦ, ὁ ἐν ἀγκάλαις τοῦ δικαίου Συμεὼν βασταχθείς, ψάλλοντάς σοι· Ἀλληλούια.

#### Ὠδὴ γ΄. Ἦχος γ΄.
#### Τὸ στερέωμα τῶν ἐπὶ σοί.

Ὁ πρωτότοκος ἐκ τοῦ Πατρὸς πρὸ αἰώνων, πρωτότοκος νήπιος κόρης ἀφθόρου, τῷ Ἀδὰμ χεῖρα προτείνων ἐπέφανε. Δίς.

Νηπιόφρονα τὸν γεγονότα ἀπάτῃ, πρωτόπλαστον ἔμπαλιν ἐπανορθώσων, Θεὸς Λόγος νηπιάσας ἐπέφανε.

Γῆς ἀπόγονον παλινδρομήσασαν ταύτην, Θεότητος σύμμορφον φύσιν ὁ Πλάστης, ὡς ἀτρέπτως νηπιάσας ἀνέδειξεν.

#### Ὠδὴ ς΄.
#### Ἐβόησέ σοι, ἰδὼν ὁ πρέσβυς.

Σιὼν σὺ λίθος, ἐναπετέθης, τοῖς ἀπειθοῦσι προσκόμματος, καὶ σκανδάλου πέτρα, ἀρραγὴς πιστῶν σωτηρία. Δίς.

Δόξα.

Βεβαίως φέρων, τὸν χαρακτῆρα, τοῦ πρὸ αἰώνων σε φύσαντος, τὴν βροτῶν δι' οἶκτον, νῦν ἀσθένειαν περιέθου.

Καὶ νῦν.

Υἱὸν Ὑψίστου, Υἱὸν παρθένου, Θεὸν παιδίον γενόμενον, προσκυνήσαντά σε, νῦν ἀπόλυσον ἐν εἰρήνῃ.

### Εἰσοδικόν.

Ἐγνώρισε Κύριος τὸ σωτήριον αὐτοῦ, ἐναντίον τῶν ἐθνῶν ἀπεκάλυψε τὴν δικαιοσύνην αὐτοῦ. Σῶσον ἡμᾶς, Υἱὲ Θεοῦ, ὁ ἐν ἀγκάλαις τοῦ δικαίου Συμεὼν βασταχθείς, ψάλλοντάς σοι· Ἀλληλούια.

### Τροπάριον. Ἦχος α΄.

Χαῖρε κεχαριτωμένη Θεοτόκε παρθένε· ἐκ σοῦ γὰρ ἀνέτειλεν ὁ ἥλιος τῆς δικαιοσύνης, Χριστὸς ὁ Θεὸς ἡμῶν, φωτίζων τοὺς ἐν σκότει· εὐφραίνου καὶ σὺ πρεσβῦτα δίκαιε, δεξάμενος ἐν ἀγκάλαις τὸν ἐλευθερωτὴν τῶν ψυχῶν ἡμῶν, χαριζόμενον ἡμῖν καὶ τὴν Ἀνάστασιν.

### Κοντάκιον. Ἦχος ὁ αὐτός.

Ὁ μήτραν παρθενικὴν ἁγιάσας τῷ τόκῳ σου, καὶ χεῖρας τοῦ Συμεὼν εὐλογήσας ὡς ἔπρεπε, προφθάσας καὶ νῦν, ἔσωσας ἡμᾶς Χριστὲ ὁ Θεός· ἀλλ᾽ εἰρήνευσον ἐν πολέμοις τὸ πολίτευμα· καὶ κραταίωσον βασιλεῖς οὓς ἠγάπησας, ὁ μόνος φιλάνθρωπος.

### Ἀντὶ τοῦ Ἄξιον ἐστίν, ἦχος γ΄.

Θεοτόκε ἡ ἐλπίς, πάντων τῶν Χριστιανῶν, σκέπε φρούρει φύλαττε, τοὺς ἐλπίζοντας εἰς σέ. Ἐν νόμου σκιᾷ καὶ γράμματι, τύπον κατίδωμεν οἱ πιστοί· πᾶν ἄρσεν τὸ τὴν μήτραν διανοῖγον, ἅγιον Θεῷ· διὸ πρωτότοκον Λόγον, Πατρὸς ἀνάρχου Υἱόν, πρωτοτοκούμενον μητρί, ἀπειράνδρῳ μεγαλύνομεν.

### Κοινωνικόν.

Ποτήριον σωτηρίου λήψομαι, καὶ τὸ ὄνομα Κυρίου ἐπικαλέσομαι.

### Ἕτερον.

Ἐγνώρισε Κύριος τὸ σωτήριον αὐτοῦ ἐναντίον πάντων τῶν ἐθνῶν.

## ΕΙΣ ΤΑΣ Η΄

### Τοῦ ἁγίου μεγαλομάρτυρος Θεοδώρου τοῦ στρατηλάτου

Εἰ οὐκ ἔστι Τεσσαρακοστή, καὶ εἰ τύχοι ἐν Σαββάτῳ τῆς Τεσσαρακοστῆς.

Εἰς τὴν Λειτουργίαν Τυπικά, καὶ ἐκ τοῦ κανόνος ᾠδὴ γ΄ καὶ ς΄. Ἦχος πλ. δ΄.

### ᾨδὴ γ΄. Οὐρανίας ἁψῖδος.

Νεανίας ὡραῖος, πανευπρεπὴς δέδειξαι, κάλλει καταλλήλως ἐμπρέπων, ψυχῆς καὶ σώματος, ὡραϊζόμενος, τῶν ἀρετῶν εὐμορφίᾳ, καὶ μαρτύρων στίγμασι καλλωπιζόμενος.

Ὑπὸ θείας προνοίας, ὁδηγηθεὶς ἔνδοξε, τρίβον μαρτυρίου Δεσπότου, τοῦ τὴν καρδίαν σου, μάκαρ πλατύναντος, ταῖς δωρεαῖς τῶν χαρίτων, καὶ πρὸς τὴν οὐράνιον κλῆσιν ἰθύναντος.

Μεγαλόφρονι γνώμῃ, περιφρονῶν πάνσοφε, πάντων τῶν ἡδέων τοῦ κόσμου, καὶ τῶν τοῦ βίου τερπνῶν, οὐδὲν προέκρινας, τῆς τοῦ

Σωτῆρος ἀγάπης, ἀλλ' αὐτὸν ἐπόθησας, ψυχῆς εὐθύτητι.

Θεοτοκίον.

Ἱκετεύω σε μόνην, τὴν τὸν Θεὸν τέξασαν, τὸν εἰς εὐλογίαν κατάραν τὴν πρὶν ἀμείψαντα, καὶ χρηματίσαντα, ὑπὲρ ἀνθρώπων κατάρα, κόρη παντευλόγητε, καὶ κόσμον σώσαντα.

Ὠδὴ ς΄. Ἦχος ὁ αὐτός.
Ἱλάσθητί μοι Σωτήρ.

Ἐξέλαμψας ἀρεταῖς, καὶ διδαχαῖς διὰ βίου σου, ἐξήστραψας δὲ λαμπροῖς, ἀγῶσι Θεόδωρε· καὶ νῦν περιβόητος, ἐν θαυματουργίαις, καὶ θερμὸς προστάτης πέφηνας.

Τοῖς κάμνουσιν ἰατρός, τοῖς αἰχμαλώτοις ἀνάρρυσις, μεσίτης ἁμαρτωλοῖς, ὑπευθύνοις ἄφεσις, πενθοῦσι παράκλησις, πρὸς Θεοῦ ἐδόθης, συμπαθέστατε Θεόδωρε.

Δόξα.

Οὐκ ἔστι κόρος τῶν σῶν, καλῶν ἀπείρων Θεόδωρε, οὐδὲ τῆς σῆς καλλονῆς, σταθμὸς ἰσοστάσιος· διὸ τὸν διάπυρον, πόθον μου προσδέχου, χορηγῶν μοι χάριν ἄφθονον.

Καὶ νῦν. Θεοτοκίον.

Λαμψάτω νῦν ἐπ' ἐμέ, ἡ ἄφατος εὐσπλαγχνία σου· βυθοῦ με ἁμαρτιῶν, καὶ τῆς ἀπογνώσεως, κόρη ἀπαλλάτουσα, καὶ πρὸς μετανοίας, τοὺς λιμένας ἐμβιβάζουσα.

Σημείωσαι ὅτι, εἰ οὐ γέγονεν ἡ ἀπόδοσις τῆς Ὑπαπαντῆς, λέγομεν τὴν γ΄ ᾠδὴν τῆς ἑορτῆς, καὶ τὴν ς΄ τοῦ ἁγίου. Ὡσαύτως ἐὰν τύχῃ ἐν Κυριακῇ, λέγομεν τοὺς μακαρισμοὺς τοῦ ἤχου εἰς δ΄ καὶ τοῦ ἁγίου τὴν ς΄ ᾠδήν.

Τροπάριον. Ἦχος δ΄.

Στρατολογίᾳ ἀληθεῖ ἀθλοφόρε, τοῦ οὐρανίου στρατηγὸς βασιλέως, περικαλλὴς γεγένησαι Θεόδωρε· ὅπλοις γὰρ τῆς πίστεως παρετάξω ἐμφρόνως, καὶ κατεξωλόθρευσας τῶν δαιμόνων τὰ στίφη, καὶ νικηφόρος ὤφθης ἀθλητής· ὅθεν σε πίστει ἀεὶ μακαρίζομεν.

Κοντάκιον. Ἦχος β΄.
Τὰ ἄνω ζητῶν.

Ἀνδρείᾳ ψυχῆς, τὴν πίστιν ὁπλισάμενος, καὶ ῥῆμα Θεοῦ, ὡς λόγχην χειρισάμενος, τὸν ἐχθρὸν κατέτρωσας, τῶν μαρτύρων κλέος Θεόδωρε· σὺν αὐτοῖς Χριστῷ τῷ Θεῷ, πρεσβεύων μὴ παύσῃ ὑπὲρ πάντων ἡμῶν.

Κοινωνικόν.

Εἰς μνημόσυνον αἰώνιον ἔσται δίκαιος· ἀλληλούια.

Μεγαλυνάριον.

Ψάλλοντα ὡς εὗρόν σε ἀθλητά, οἱ νεκρὸν δοκοῦντες, ἐξ ἑλκώσεων καὶ πληγῶν, τῷ ἰασαμένῳ ἐπίστευσαν Κυρίῳ, σὺν σοὶ τμηθέντες στίφει, μάκαρ Θεόδωρε.

## ΕΙΣ ΤΑΣ Ι΄

### Τοῦ ἁγίου ἱερομάρτυρος Χαραλάμπους

Εἰ οὐκ ἔστι Τεσσαρακοστή, καὶ εἰ τύχοι ἐν Σαββάτῳ ἢ Κυριακῇ τῆς Τεσσαρακοστῆς.

Εἰς τὴν Λειτουργίαν Τυπικά, καὶ ἐκ τῶν κανόνων αὐτοῦ ᾠδὴ γ΄ καὶ ς΄.

### ᾨδὴ γ΄. Ἦχος πλ. β΄.
### Οὐκ ἔστιν ἅγιος ὡς σύ.

Οὐκ ἔστιν ὅλως ἐξειπεῖν, τῶν θαυμάτων τὰ πλήθη, ἅπερ ἔδρασας ἔτι, ἐν τῷ βίῳ περιών, καὶ πρὸς Θεὸν μετελθών, ἀθλοφόρε μάρτυς ἀξιάγαστε.

Δυνάμει θείᾳ κρατυνθείς, τὸ ἀνίσχυρον θράσος, τῶν ἀνόμων καθεῖλες, στρατιώτης ὡς στερρός, Χαράλαμπες ἀθλητά, ὡς πολίτης θείας παρατάξεως.

Αἱμάτων ῥεύσαντες κρουνοί, σοῦ τοῦ σώματος πᾶσαν, ἀσεβείας τὴν φλόγα, καὶ δεινὴν πυρκαϊάν, κατέσβεσαν τῆς τρυφῆς, τὸν χειμάρρουν, σοὶ δὲ προεξένησαν.

### Θεοτοκίον.

Ἁγίων ἅγιον Θεόν, τέτοκας παναγία, ἁγιότητος οἶκος, δεδειγμένη καθαρός, καὶ πύλη μόνη Χριστός, ἣν διῆλθε, σῴζων τὸ ἀνθρώπινον.

### ᾨδὴ ς΄. Ἦχος δ΄.
### Τὴν θείαν ταύτην καὶ πάντιμον.

Τὴν θείαν ταύτην καὶ πάντιμον, τελοῦντες ἑορτὴν τοῦ παμμάκαρος, δεῦτε τὴν πάνσεπτον, κάραν αὐτοῦ ἀσπασώμεθα, καὶ τῶν δεινῶν τὴν λύτρωσιν κομισώμεθα.

Πηγὴν ἰάσεων ἔχοντες, τὴν κάραν τὴν σεπτήν σου Χαράλαμπες, θερμῶς προστρέχομεν, ταύτῃ προσκύνησιν νέμοντες, καὶ τὸν Θεὸν ὑμνοῦντες, τὸν σὲ δοξάσαντα.

### Δόξα.

Μεγίστην χάριν ἀπείληφας, θεόθεν ἀθλητὰ γενναιότατε, μάρτυς Χαράλαμπες· κάραν τὴν σὴν γὰρ ὁ Κύριος, τῶν ἰαμάτων κρήνην σαφῶς εἰργάσατο.

### Καὶ νῦν. Θεοτοκίον.

Τὸν πῦρ ἐν σοὶ τῆς θεότητος, ἐσκήνωσεν ἁγνὴ θεονύμφευτε, καὶ οὐ κατέφλεξε, τὴν σὴν νηδὺν παμμακάριστε, ἐδρόσισε δὲ μᾶλλον, καὶ κατεφώτισεν.

### Τροπάριον. Ἦχος δ΄.

Ὡς στῦλος ἀκλόνητος τῆς ἐκκλησίας Χριστοῦ, καὶ λύχνος ἀείφωτος τῆς οἰκουμένης σοφέ, ἐδείχθης Χαράλαμπες, ἔλαμψας ἐν τῷ κόσμῳ διὰ τοῦ μαρτυρίου, ἔλυσας καὶ εἰδώλων τὴν σκοτόμαιναν μάκαρ· διὸ ἐν παρρησίᾳ Χριστῷ, πρέσβευε σωθῆναι ἡμᾶς.

### Κοντάκιον. Ἦχος δ΄.
### Ἐπεφάνης σήμερον.

Θησαυρὸν πολύτιμον ἡ ἐκκλησία, τὴν σὴν κάραν κέκτηται, ἱερομάρτυς ἀθλητά, τροπαιοφόρε Χαράλαμπες· διὸ καὶ χαίρει τὸν κτίστην δοξάζουσα.

### Κοινωνικόν.

Εἰς μνημόσυνον αἰώνιον ἔσται δίκαιος· ἀλληλούια.

### ΕΙΣ ΤΑΣ ΚΔ΄

**Ἡ εὕρεσις τῆς τιμίας κεφαλῆς τοῦ τιμίου ἐνδόξου προφήτου, προδρόμου καὶ βαπτιστοῦ Ἰωάννου**

Εἰ οὐκ ἔστι Τεσσαρακοστή, καὶ εἰ τύχοι Σαββάτῳ ἢ Κυριακῇ τῆς Τεσσαρακοστῆς.

Εἰς τὴν Λειτουργίαν Τυπικά, καὶ ἐκ τοῦ κανόνος τοῦ Προδρόμου, ὡς δεδήλωται, ᾠδὴ γ΄ καὶ ς΄. Ἦχος πλ. β΄.

### Ὠδὴ γ΄. Οὐκ ἔστιν ἅγιος ὡς σύ.

Γαστὴρ στειρεύουσα βλαστόν, ὡς προσήνεγκε θεῖον, τῆς ἐθνῶν ἐκκλησίας, εὐκλεῆ νυμφαγωγόν, Χριστῷ τῷ ὄντως Θεῷ, καὶ Νυμφίῳ ταύτην μνηστευόμενον.

Τὴν σὴν θεόφθογγον φωνήν, Πρόδρομε Ἰωάννη, οὐδὲ ξίφει ἐπέσχεν, ἡ ἀθλία μοιχαλίς· τὴν θείαν γάρ σου ἡμῖν, ἐμφανίζεις κάραν τὴν ὑπόγαιον.

Πανηγυρίζουσα φαιδρῶς, ἡ ποθοῦσά σε πόλις, εὐωχεῖται ὡς ὄλβον, εὑραμένη μυστικόν, καὶ κρήνην ἀνελλιπῆ, ἰαμάτων Πρόδρομε τὴν κάραν σου.

### Θεοτοκίον.

Τοῦ θείου τόκου σου ἁγνή, πᾶσαν φύσεως τάξιν, ὑπερβαίνει τὸ θαῦμα· Θεὸν γὰρ ὑπερφυῶς, συνέλαβες ἐν γαστρί, καὶ τεκοῦσα, μένεις ἀειπάρθενος.

### Ὠδὴ ς΄. Τοῦ βίου τὴν θάλασσαν.

Προφήτην σε ἔφησεν, ἡ ἀλήθεια Χριστός, καὶ προφητῶν ὑπέρτερον, Βαπτιστά τε καὶ Πρόδρομε τῆς ζωῆς· αὐτὸν γὰρ ἑώρακας, ὃν προφῆται, καὶ νόμος προκατήγγειλαν.

Οὐκ ἔφερε κρύπτεσθαι, τῶν θαυμάτων ἡ πηγή, ὁ θησαυρὸς τῆς χάριτος, ἡ ἀοίδιμος κάρα σου Βαπτιστά, προφῆτα καὶ Πρόδρομε· ἀλλ' ὀφθεῖσα, προχέει ἰαμάτων πηγάς.

### Δόξα.

Πανόλβιον καύχημα, καὶ ἀγλάϊσμα φαιδρόν, καὶ θυρεὸν σωτήριον, ἡ φιλόχριστος αὕτη καὶ εὐκλεής, προβάλλεται πόλις σου, τὴν σεπτήν σου, καὶ θείαν κάραν Πρόδρομε.

### Καὶ νῦν. Θεοτοκίον.

Ὁ μέγας προέγραψεν, ἐν προφήταις Μωϋσῆς, σὲ κιβωτὸν καὶ τράπεζαν, καὶ λυχνίαν καὶ στάμνον συμβολικῶς, σημαίνων τὴν σάρκωσιν, τὴν ἐκ σοῦ, τοῦ Ὑψίστου μητροπάρθενε.

### Τροπάριον. Ἦχος δ΄.

Ἐκ γῆς ἀνατείλασα ἡ τοῦ Προδρόμου κεφαλή, ἀκτῖνας ἀφίησι τῆς ἀφθαρσίας, πιστοῖς τῶν ἰάσεων· ἄνωθεν συναθροίζει, τὴν πληθὺν τῶν ἀγγέλων, κάτωθεν συγκαλεῖται, τῶν ἀνθρώπων τὸ γένος, ὁμόφωνον ἀναπέμψαι, δόξαν Χριστῷ τῷ Θεῷ.

### Κοντάκιον. Ἦχος β΄.
### Τὰ ἄνω ζητῶν.

Προφῆτα Θεοῦ, καὶ Πρόδρομε τῆς χάριτος, τὴν κάραν τὴν σήν, ὡς ῥόδον ἱερώτατον, ἐκ τῆς γῆς εὑράμενοι, τὰς ἰάσεις πάντοτε λαμβάνομεν· καὶ γὰρ πάλιν ὡς πρότερον, ἐν κόσμῳ κηρύττεις τὴν μετάνοιαν.

### Κοινωνικόν.

Εἰς μνημόσυνον αἰώνιον ἔσται δίκαιος· ἀλληλούϊα.

### Μεγαλυνάριον.

Πρόδρομε Κυρίου καὶ βαπτιστά, λύχνε τοῦ ἡλίου, ἑωσφόρε φωταγωγέ, τὴν ἐσκοτισμένην τοῖς πάθεσι τοῦ βίου, ψυχήν μου τὴν ἀθλίαν, σὺ φωταγώγησον.

## ΜΗΝ ΜΑΡΤΙΟΣ

### ΕΙΣ ΤΑΣ Θ΄

Τῶν ἁγίων μεγάλων Τεσσαράκοντα μαρτύρων

Εἰ τύχοι ἐν Σαββάτῳ ἢ Κυριακῇ.

Εἰς τὴν Λειτουργίαν Τυπικά, καὶ ἐκ τοῦ κανόνος, ὡς δεδήλωται, ᾠδὴ γ΄ καὶ ς΄. Ἦχος β΄.

### ᾨδὴ γ΄. Στερέωσον ἡμᾶς ἐν σοί.

Στρατείας καὶ ζωῆς καὶ ὡραιότητος, σωμάτων καὶ ὄλβου ἠλογηκότες, εὐκλεῶς οἱ Τεσσαράκοντα, τὸν Χριστὸν ἀντὶ πάντων ἐκληρώσαντο.

Τοῖς λίθοις ἀφειδῶς οἱ Τεσσαράκοντα, προστάξει βαλλόμενοι τῶν τυράννων, τὰς βουλὰς διὰ τοῦ Πνεύματος, κατὰ τῶν προσταττόντων ἀπεκρούσαντο.

Ἐλάλει κατὰ τῶν τυράννων χείλεσιν, ὁ ὄφις, τοῦ κτίσαντος, βλασφημίας· ἀλλ' αὐτοῦ τὸ θεομάχον στόμα, τοῖς κατὰ τῶν μαρτύρων λίθοις θλάττεται.

### Θεοτοκίον.

Ἀσπόρως ἐν γαστρὶ Θεὸν συνέλαβες, καὶ τίκτεις ἀφράστως σεσαρκωμένον, εἰς ὃν βλέπειν οὐ τολμῶσιν ἁγνή, οὐρανῶν αἱ δυνάμεις ἀειπάρθενε.

### ᾨδὴ ς΄. Ἐν ἀβύσσῳ πταισμάτων.

Γεγηθὼς ὁ ἀρχέκακος ἥρπασεν, ὡς τῆς δωδεκάδος Ἰούδαν τὸν δόλιον, καὶ τῆς Ἐδὲμ τὸν ἄνθρωπον, τῆς τεσσαρακοντάδος τὸν ἔκπτωτον.

Ἀναιδὴς ὢν δικαίως φρυάττεται, οἷα γὰρ λῃστῇ, καὶ Ματθίᾳ τὸ πρότερον, οὕτω καὶ νῦν ὁ τύραννος, τοῦ φρουροῦντος τῇ κλήσει σπαράττεται.

### Δόξα.

Ματαιόφρων καὶ θρήνων ἐπάξιος, ὅστις τῶν ζώων ἀμφοτέρων διήμαρτε· διὰ πυρὸς γὰρ λέλυται, καὶ πρὸς πῦρ ἐξεδήμησεν ἄσβεστον.

### Καὶ νῦν. Θεοτοκίον.

Ἀπειράνδρως Παρθένε ἐκύησας, καὶ διαιωνίζεις παρθένος ἐμφαίνουσα, τῆς ἀληθοῦς Θεότητος, τοῦ Υἱοῦ καὶ Θεοῦ σου τὰ σύμβολα.

### Τροπάριον. Ἦχος α΄.

Τὰς ἀλγηδόνας τῶν ἁγίων, ἃς ὑπὲρ σοῦ ἔπαθον, δυσωπήθητι Κύριε· καὶ πάσας ἡμῶν τὰς ὀδύνας, ἴασαι φιλάνθρωπε δεόμεθα.

### Κοντάκιον. Ἦχος πλ. β΄.
### Τὴν ὑπὲρ ἡμῶν.

Πᾶσαν στρατιὰν τοῦ κόσμου καταλιπόντες, τῷ ἐν οὐρανοῖς Δεσπότῃ προσεκολλήθητε, ἀθλοφόροι Κυρίου Τεσσαράκοντα· διὰ πυρὸς γὰρ καὶ ὕδατος, διελθόντες μακάριοι, ἐπαξίως ἐκομίσασθε, δόξαν ἐκ τῶν οὐρανῶν, καὶ στεφάνων πληθύν.

### Κοινωνικόν.

Εἰς μνημόσυνον αἰώνιον ἔσονται δίκαιοι.

### Μεγαλυνάριον.

Τὸ τετραδεκάφλογον πόθου πῦρ, πρὸς θείαν Τριάδα, Τεσσαράκοντα ἀθλητῶν, ὕδατα τῆς λίμνης οὐκ ἠδυνήθη σβέσαι· αὐτὸ δὲ τῆς ἀπάτης, κρυμὸν ἐνέπρησεν.

### ΕΙΣ ΤΑΣ ΚΕ΄

Ὁ Εὐαγγελισμὸς τῆς ὑπεραγίας Δεσποίνης ἡμῶν Θεοτόκου καὶ ἀειπαρθένου Μαρίας

Εἰς τὴν Λειτουργίαν, Τυπικά, καὶ ἐκ τοῦ κανόνος, ᾠδὴ γ΄ καὶ ς΄, ἢ τὰ ἀντίφωνα.

### ΑΝΤΙΦΩΝΟΝ Α΄

Στίχ. α΄. Ὁ Θεός, τὸ κρῖμά σου τῷ βασιλεῖ δός, καὶ τὴν δικαιοσύνην σου τῷ υἱῷ τοῦ βασιλέως.

Ταῖς πρεσβείαις τῆς Θεοτόκου, Σῶτερ, σῶσον ἡμᾶς.

Στίχ. β΄. Ἀναλαβέτω τὰ ὄρη εἰρήνην τῷ λαῷ, καὶ οἱ βουνοὶ δικαιοσύνην.

Ταῖς πρεσβείαις τῆς Θεοτόκου, Σῶτερ, σῶσον ἡμᾶς.

Στίχ. γ΄. Εὐαγγελίζεσθε ἡμέραν ἐξ ἡμέρας τὸ σωτήριον τοῦ Θεοῦ ἡμῶν.

Ταῖς πρεσβείαις τῆς Θεοτόκου, Σῶτερ, σῶσον ἡμᾶς.

Στίχ. δ΄. Ὤμοσε Κύριος τῷ Δαυὶδ ἀλήθειαν, καὶ οὐ μὴ ἀθετήσει αὐτήν.

Ταῖς πρεσβείαις τῆς Θεοτόκου, Σῶτερ, σῶσον ἡμᾶς.

Δόξα, Καὶ νῦν.

Ταῖς πρεσβείαις τῆς Θεοτόκου, Σῶτερ, σῶσον ἡμᾶς.

### ΑΝΤΙΦΩΝΟΝ Β΄

Στίχ. α΄. Καταβήσεται ὡς ὑετὸς ἐπὶ πόκον, καὶ ὡσεὶ σταγὼν ἡ στάζουσα ἐπὶ τὴν γῆν.

Σῶσον ἡμᾶς, Υἱὲ Θεοῦ, ὁ δι' ἡμᾶς σαρκωθείς, ψάλλοντάς σοι· Ἀλληλούια.

Στίχ. β΄. Ἡγίασε τὸ σκήνωμα αὐτοῦ ὁ Ὕψιστος.

Σῶσον ἡμᾶς, Υἱὲ Θεοῦ, ὁ δι' ἡμᾶς σαρκωθείς, ψάλλοντάς σοι· Ἀλληλούια.

Στίχ. γ΄. Ὁ Θεὸς ἐμφανῶς ἥξει, ὁ Θεὸς ἡμῶν, καὶ οὐ παρασιωπήσεται.

Σῶσον ἡμᾶς, Υἱὲ Θεοῦ, ὁ δι' ἡμᾶς σαρκωθείς, ψάλλοντάς σοι· Ἀλληλούια.

Στίχ. δ΄. Ἀνατελεῖ ἐν ταῖς ἡμέραις

αὐτοῦ δικαιοσύνη καὶ πλῆθος εἰρήνης.

Σῶσον ἡμᾶς, Υἱὲ Θεοῦ, ὁ δι' ἡμᾶς σαρκωθείς, ψάλλοντάς σοι· Ἀλληλούια.

Δόξα Πατρὶ καὶ Υἱῷ καὶ ἁγίῳ Πνεύματι· καὶ νῦν καὶ ἀεὶ καὶ εἰς τοὺς αἰῶνας τῶν αἰώνων. Ἀμήν.

Ὁ Μονογενὴς Υἱὸς καὶ Λόγος τοῦ Θεοῦ ἀθάνατος ὑπάρχων, καὶ καταδεξάμενος διὰ τὴν ἡμετέραν σωτηρίαν, σαρκωθῆναι ἐκ τῆς ἁγίας Θεοτόκου καὶ ἀειπαρθένου Μαρίας, ἀτρέπτως ἐνανθρωπήσας, σταυρωθείς τε Χριστὲ ὁ Θεός, θανάτῳ θάνατον πατήσας, εἷς ὢν τῆς Ἁγίας Τριάδος, συνδοξαζόμενος τῷ Πατρὶ καὶ τῷ Ἁγίῳ Πνεύματι, σῶσον ἡμᾶς.

## ΑΝΤΙΦΩΝΟΝ Γ΄.
### Ἦχος δ΄.

Στίχ. α΄. Ἔσται τὸ ὄνομα αὐτοῦ εὐλογημένον εἰς τοὺς αἰῶνας.

Σήμερον τῆς σωτηρίας ἡμῶν τὸ κεφάλαιον, καὶ τοῦ ἀπ' αἰῶνος μυστηρίου ἡ φανέρωσις· ὁ Υἱὸς τοῦ Θεοῦ, υἱὸς τῆς παρθένου γίνεται, καὶ Γαβριὴλ τὴν χάριν εὐαγγελίζεται· διὸ σὺν αὐτῷ, τῇ Θεοτόκῳ βοήσωμεν· Χαῖρε κεχαριτωμένη, ὁ Κύριος μετὰ σοῦ.

Στίχ. β΄. Εὐλογητὸς Κύριος ὁ Θεὸς τοῦ Ἰσραήλ, ὁ ποιῶν θαυμάσια μόνος.

Σήμερον τῆς σωτηρίας ἡμῶν...

Στίχ. γ΄. Εὐλογημένον τὸ ὄνομα αὐτοῦ εἰς τὸν αἰῶνα, καὶ εἰς τὸν αἰῶνα τοῦ αἰῶνος.

Σήμερον τῆς σωτηρίας ἡμῶν...

### Εἰσοδικόν.

Εὐαγγελίζεσθε ἡμέραν ἐξ ἡμέρας τὸ σωτήριον τοῦ Θεοῦ ἡμῶν. Σῶσον ἡμᾶς, Υἱὲ Θεοῦ, ὁ δι' ἡμᾶς σαρκωθείς, ψάλλοντάς σοι· Ἀλληλούια.

### Ὠδὴ γ΄. Ἦχος δ΄.
### Τοὺς σοὺς ὑμνολόγους Θεοτόκε.

Ἐξέλιπεν ἄρχων ἐξ Ἰούδα, ὁ χρόνος ἐπέστη δὲ λοιπόν, καθ' ὃν ἀναφανήσεται, ἡ τῶν ἐθνῶν ἐλπὶς ὁ Χριστός· σὺ δὲ πῶς τοῦτον τέξομαι, παρθένος οὖσα, σαφήνισον.

Ζητεῖς παρ' ἐμοῦ γνῶναι παρθένε, τὸν τρόπον συλλήψεως τῆς σῆς· ἀλλ' οὗτος ἀνερμήνευτος· τὸ Πνεῦμα δὲ τὸ Ἅγιον, δημιουργῷ δυνάμει σοι, ἐπισκιάσαν ἐργάσεται.

Ἡ ἐμὴ προμήτωρ δεξαμένη, τὴν γνώμην τοῦ ὄφεως τρυφῆς, τῆς θείας ἐξωστράκισται· διό περ κἀγὼ δέδοικα, τὸν ἀσπασμὸν τὸν ξένον σου, εὐλαβουμένη τὸν ὄλισθον.

Θεοῦ παραστάτης ἀπεστάλην, τὴν θείαν μηνῦσαί σοι βουλήν· τί με φοβῇ πανάμωμε, τὸν μᾶλλόν σε φοβούμενον; τί εὐλαβῇ με Δέσποινα, τὸν σὲ σεπτῶς εὐλαβούμενον;

### Ὠδὴ ς΄. Ἐβόησε, προτυπῶν.

Ῥημάτων σου, Γαβριὴλ τὴν φωνὴν τὴν χαρμόσυνον, δεξαμένη, εὐφροσύνης ἐνθέου πεπλήρωμαι· χαρὰν γὰρ μηνύεις, καὶ χαρὰν καταγγέλλεις τὴν ἄληκτον.

Σοὶ δέδοται, ἡ χαρὰ Θεομῆτορ ἡ ἔνθεος· σοὶ τὸ χαῖρε, πᾶσα κτίσις κραυγάζει Θεόνυμφε· σὺ γὰρ μόνη μήτηρ, τοῦ Υἱοῦ τοῦ Θεοῦ ἐγνωρίσθης ἁγνή.

### Δόξα.

Τῆς Εὔας νῦν, δι' ἐμοῦ καταργείσθω κατάκριμα· ἀποδότω, δι' ἐμοῦ τὸ ὀφείλημα σήμερον· δι' ἐμοῦ τὸ χρέος, τὸ ἀρχαῖον δοθήτω πληρέστατον.

### Καὶ νῦν.

Ὑπέσχετο, ὁ Θεὸς Ἀβραὰμ τῷ προπάτορι, εὐλογεῖσθαι, ἐν τῷ σπέρματι τούτου τὰ ἔθνη ἁγνή· διὰ σοῦ δὲ πέρας, ἡ ὑπόσχεσις δέχεται σήμερον.

### Εἰσοδικόν.

Εὐαγγελίζεσθε ἡμέραν ἐξ ἡμέρας τὸ σωτήριον τοῦ Θεοῦ ἡμῶν. Σῶσον ἡμᾶς, Υἱὲ Θεοῦ, ὁ ἐν ἁγίοις θαυμαστός, ψάλλοντάς σοι, ἀλληλούια.

### Τροπάριον. Ἦχος δ΄.

Σήμερον τῆς σωτηρίας ἡμῶν τὸ κεφάλαιον, καὶ τοῦ ἀπ' αἰῶνος μυστηρίου ἡ φανέρωσις· ὁ Υἱὸς τοῦ Θεοῦ, Υἱὸς τῆς παρθένου γίνεται, καὶ Γαβριὴλ τὴν χάριν εὐαγγελίζεται· διὸ σὺν αὐτῷ, τῇ Θεοτόκῳ βοήσωμεν· Χαῖρε κεχαριτωμένη, ὁ Κύριος μετὰ σοῦ.

### Κοντάκιον. Ἦχος πλ. δ΄.

Τῇ ὑπερμάχῳ στρατηγῷ τὰ νικητήρια, ὡς λυτρωθεῖσα τῶν δεινῶν εὐχαριστήρια, ἀναγράφω σοι ἡ Πόλις σου Θεοτόκε· ἀλλ' ὡς ἔχουσα τὸ κράτος ἀπροσμάχητον, ἐκ παντοίων με κινδύνων ἐλευθέρωσον· ἵνα κράζω σοι· Χαῖρε νύμφη ἀνύμφευτε.

### Ἀντὶ τοῦ Ἄξιον ἐστίν, ἦχος δ΄.

Εὐαγγελίζου γῆ χαρὰν μεγάλην, αἰνεῖτε οὐρανοὶ Θεοῦ τὴν δόξαν. Ὡς ἐμψύχῳ Θεοῦ κιβωτῷ, ψαυέτω μηδαμῶς χεὶρ ἀμυήτων· χείλη δὲ πιστῶν τῇ Θεοτόκῳ ἀσιγήτως, φωνὴν τοῦ ἀγγέλου ἀναμέλποντα, ἐν ἀγαλλιάσει βοάτω· Χαῖρε κεχαριτωμένη, ὁ Κύριος μετὰ σοῦ.

### Κοινωνικόν.

Ἐξελέξατο Κύριος τὴν Σιών, ᾑρετίσατο αὐτὴν εἰς κατοικίαν ἑαυτῷ.

### Μεγαλυνάριον.

Ἔκθαμβος ἀσπάζεται Γαβριήλ, ἔκθαμβος λαμβάνει, ἡ Παρθένος τὸν ἀσπασμόν, πῶς ὁ Θεὸς τῶν ὅλων, κατῆλθε βροτωθῆναι· τοῦ κτίστου προσκυνοῦμεν, τὴν συγκατάβασιν.

## ΜΗΝ ΑΠΡΙΛΙΟΣ

### ΕΙΣ ΤΑΣ ΙΗ΄

Τοῦ ἁγίου μάρτυρος Ἰωάννου τοῦ ἐξ Ἰωαννίνων

Εἰς τὴν Λειτουργίαν Τυπικά, καὶ ἐκ τοῦ κανόνος τῆς τυχούσης ἑορτῆς ᾠδὴ γ΄, καὶ τοῦ μάρτυρος ᾠδὴ ς΄. Ἦχος β΄.

### Ὠδὴ ς΄. Ἐν ἀβύσσῳ πταισμάτων.

Ῥαντισμῷ σῶν αἱμάτων ἐδρόσισας, τὰς τῶν εὐσεβῶν διανοίας τρισόλβιε· αὐτοῖς δὲ πάλιν ἔσβεσας, χαλεπῆς ἀσεβείας τοὺς ἄνθρακας.

Στεφηφόρος Θεῷ παριστάμενος, σὺν τοῖς τῶν μαρτύρων χοροῖς χαριτώνυμε, τοὺς ὑμνητάς σου πρέσβευε, λυτρωθῆναι παντοίας κακώσεως.

### Δόξα.

Τὴν ἀρχέκακον κάραν συνέτριψας, τοῦ δολίου δράκοντος, ἐν τοῖς ἀγῶσί σου, καὶ τῇ στερρᾷ ἐνστάσει σου, τῶν δαιμόνων τὰ στίφη διεσκέδασας.

### Καὶ νῦν. Θεοτοκίον.

Ὑπεράμωμε πάναγνε Δέσποινα, ἡ Θεὸν ἀνθρώποις ἀφράστως κυήσασα, σῶσον ἡμᾶς δεήσεσιν, Ἰωάννου τοῦ θείου καὶ μάρτυρος.

### Τροπάριον. Ἦχος γ΄. Θείας πίστεως.

Μέγα καύχημα Ἰωαννίνων, μέγα στήριγμα τῆς Κωνσταντίνου, μέγα κλέος σὺ τούτων τῶν πόλεων· τῆς μὲν γὰρ γόνος σεπτὸς ἐχρημάτισας, τὴν δὲ τοῖς σοῖς ἐπορφύρωσας αἵμασιν· ἀλλὰ πρέσβευε Χριστῷ τῷ Θεῷ μακάριε, τοῦ περιέπειν αὐτῶν τὴν εὐσέβειαν.

### Κοντάκιον. Ἦχος δ΄. Ἐπεφάνης σήμερον.

Ἀθλοφόρον νέον σε ἡ ἐκκλησία, κτησαμένη ἅπασαν τοῦ διαβόλου τὴν ἰσχύν, καταβαλοῦσα γεραίρει σε, ἀξιοχρέως τιμῶσα τὴν μνήμην σου.

### Κοινωνικόν.

Εἰς μνημόσυνον αἰώνιον ἔσται δίκαιος· ἀλληλούια.

### ΕΙΣ ΤΑΣ ΚΓ΄

Τοῦ ἁγίου ἐνδόξου μεγαλομάρτυρος Γεωργίου τοῦ τροπαιοφόρου

Εἰς τὴν Λειτουργίαν Τυπικά, καὶ ἐκ τοῦ κανόνος τῆς τυχούσης ἑορτῆς ᾠδὴ γ΄, καὶ τοῦ ἁγίου ᾠδὴ ς΄. Ἦχος β΄.

### Ὠδὴ ς΄. Ἐν ἀβύσσῳ πταισμάτων.

Ὑπὲρ φύσιν καὶ λόγον καὶ ἔννοιαν, τὰ τῆς ἀριστείας σου ἀνδραγαθήματα, διηνεκῶς ᾀδόμενα, παμμακάριστε μάρτυς Γεώργιε.

Στρατιᾶς οὐρανίου συνόμιλος, μάκαρ γεγονώς, καὶ τὴν θείαν ἐμφάνειαν, ὡς ἐφικτὸν θεώμενος, τοὺς τιμῶντάς σε πίστει διάσωσον.

### Δόξα.

Ὁλοτρόπως Θεῷ ἀνακείμενος, καὶ τὰς ἀστραπὰς τῶν θαυμάτων δεχόμενος, τὰς δωρεὰς τοῖς χρῄζουσι, διανέμεις παμμάκαρ Γεώργιε.

### Καὶ νῦν. Θεοτοκίον.

Νῦν πρὸς σὲ καταφεύγω πανάχραντε· σῶσόν με πρεσβείαις σου, καὶ διαφύλαξον· ὅσα γὰρ θέλεις δύνασαι, οἷα μήτηρ τοῦ πάντα ἰσχύοντος.

## ΑΠΡΙΛΙΟΣ

### Τροπάριον. Ἦχος δ΄.

Ὡς τῶν αἰχμαλώτων ἐλευθερωτής, καὶ τῶν πτωχῶν ὑπερασπιστής, ἀσθενούντων ἰατρός, βασιλέων ὑπέρμαχος, τροπαιοφόρε μεγαλομάρτυς Γεώργιε, πρέσβευε Χριστῷ τῷ Θεῷ, σωθῆναι τὰς ψυχὰς ἡμῶν.

### Κοντάκιον. Ἦχος δ΄.
### Ὁ ὑψωθεὶς ἐν τῷ Σταυρῷ.

Γεωργηθεὶς ὑπὸ Θεοῦ ἀνεδείχθης, τῆς εὐσεβείας γεωργὸς τιμιώτατος, τῶν ἀρετῶν τὰ δράγματα συλλέξας σεαυτῷ· σπείρας γὰρ ἐν δάκρυσιν, εὐφροσύνην θερίζεις· ἀθλήσας δὲ δι' αἵματος, τὸν Χριστὸν ἐκομίσω· καὶ ταῖς πρεσβείαις ἅγιε ταῖς σαῖς, πᾶσι παρέχεις πταισμάτων συγχώρησιν.

### Κοινωνικόν.

Εἰς μνημόσυνον αἰώνιον ἔσται δίκαιος· ἀλληλούια.

### Μεγαλυνάριον.

Ἄστρον ἀνατέταλκε φαεινόν, ἐκ τῆς Καππαδόκων, ὁ πολύαθλος τοῦ Χριστοῦ, μάρτυς καὶ φωτίζει πιστῶν ἅπαν τὸ πλῆθος, Γεώργιος ὁ μέγας, ὃν νῦν γεραίρομεν.

### ΕΙΣ ΤΑΣ ΚΕ΄

Τοῦ ἁγίου ἀποστόλου καὶ εὐαγγελιστοῦ Μάρκου
Εἰς τὴν Λειτουργίαν Τυπικά, καὶ ἐκ τοῦ κανόνος τῆς τυχούσης ἑορτῆς ἡ γ΄ ᾠδή, καὶ τοῦ ἀποστόλου ἡ ς΄. Ἦχος α΄.

### Ὠδὴ ς΄. Ἐκύκλωσεν ἡμᾶς ἐσχάτη.

Κατέβαλες ὀφρὺν ἀνόμων Κύριε, καὶ ὕβριν ὑπερήφανον, ἐταπείνωσας, ἀπόστολον τὸν σόν, δείξας τροπαιοῦχον τῇ δυνάμει σου· σὺ γὰρ ἰσχὺς τῶν ἀσθενούντων, καὶ ἐπανόρθωσις.

Τὸν στέφανον τὸν τῆς ἐλπίδος ἔνδοξε, δι' οὗ νῦν στεφανούμεθα, ἐν τοῖς λόγοις σου ἐκήρυξας σοφέ, τὸν δημιουργὸν Μᾶρκε τῆς κτίσεως, τὸν εἰς ἡμῶν δόξαν πλασθέντα, φύσει τοῦ σώματος.

### Δόξα.

Ὁ Πέτρος σε ὁ κορυφαῖος ἔνδοξε, σαφῶς ἐμυσταγώγησεν, Εὐαγγέλιον συγγράψαι τὸ σεπτόν, δείξας ὑπηρέτην σε τῆς χάριτος· σὺ γὰρ ἡμῖν θεογνωσίας, τὸ φῶς ἐξήπλωσας.

### Καὶ νῦν. Θεοτοκίον.

Τὴν Αἴγυπτον τὴν πρὶν ἐν σκότει Κύριε, παρθένου θεομήτορος, κατελάμπρυνας ὡς βρέφος προελθών, ταύτης θραμβεύσας τὰ σεβάσματα, ταῖς διδαχαῖς τοῦ θεηγόρου, Μάρκου φιλάνθρωπε.

### Τροπάριον. Ἦχος γ΄.

Ἀπόστολε ἅγιε καὶ Εὐαγγελιστὰ Μᾶρκε, πρέσβευε τῷ ἐλεήμονι Θεῷ, ἵνα πταισμάτων ἄφεσιν, παράσχῃ ταῖς ψυχαῖς ἡμῶν.

### Κοντάκιον. Ἦχος β΄.
### Τὰ ἄνω ζητῶν.

Ἐξ ὕψους λαβών, τὴν χάριν τὴν τοῦ Πνεύματος, ῥητόρων πλοκάς, διέλυσας ἀπόστολε· καὶ τὰ ἔθνη ἅπαντα σαγηνεύσας, Μᾶρκε ἀοίδιμε, τῷ Δεσπότῃ προσήγαγες, τὸ θεῖον κηρύξας Εὐαγγέλιον.

### Κοινωνικόν.

Εἰς πᾶσαν τὴν γῆν ἐξῆλθεν ὁ φθόγγος αὐτοῦ, καὶ εἰς τὰ πέρατα τῆς οἰκουμένης τὰ ῥήματα αὐτοῦ.

### Μεγαλυνάριον.

Ὡς τῶν ἀπορρήτων ὑφηγητής, θείων τε δογμάτων, ἱερὸς εὐαγγελιστής, κῆρυξ θεοφόρος, καὶ θεηγόρος μύστης, ἀνευφημείσθω ὕμνοις, Μᾶρκος ὁ πάνσοφος.

## ΜΗΝ ΜΑΪΟΣ

### ΕΙΣ ΤΑΣ Β΄

Ἡ ἀνακομιδὴ τοῦ λειψάνου τοῦ ἐν ἁγίοις πατρὸς ἡμῶν Ἀθανασίου πατριάρχου Ἀλεξανδρείας

Εἰς τὴν Λειτουργίαν Τυπικά, καὶ ἐκ τοῦ κανόνος τῆς τυχούσης ἑορτῆς ἡ γ΄ ᾠδή, καὶ τοῦ ἁγίου ἡ ς΄. Ἦχος γ΄.

### ᾨδὴ ς΄. Ἐβόησα ἐν στεναγμοῖς.

Παράδεισον ἀληθῶς ἀπειργάσω μάκαρ, τὴν ἐκκλησίαν τοῦ Χριστοῦ, κατασπείρας ἐν αὐτῇ τὸν λόγον τὸν εὐσεβῆ, καὶ τῶν αἱρέσεων ἐκτεμὼν τὰς ἀκάνθας. Δίς.

### Δόξα.

Τῆς χάριτος ποταμὸς θεοφόρε, Νεῖλος ἐδείχθης νοητός, καρποδότης εὐσεβῶν διδαγμάτων τοῖς πιστοῖς, ποτίζων ἅπαντας, καὶ τὰ πέρατα τρέφων.

### Καὶ νῦν. Θεοτοκίον.

Τὴν ἄχραντον ἀνυμνοῦμεν μητέρα, τὴν μετὰ τόκον παρθένον, τὴν χωρήσασαν γαστρὶ τὸν ἀχώρητον παντί, τὸν συναΐδιον τῷ Πατρί, καὶ τῷ Πνεύματι Λόγον.

### Τροπάριον. Ἦχος γ΄.

Στῦλος γέγονας ὀρθοδοξίας, θείοις δόγμασιν ὑποστηρίζων, τὴν ἐκκλησίαν ἱεράρχα Ἀθανάσιε· τῷ γὰρ Πατρὶ τὸν Υἱὸν ὁμοούσιον, ἀνακηρύξας κατῄσχυνας Ἄρειον· πάτερ ὅσιε, Χριστὸν τὸν Θεὸν ἱκέτευε, δωρήσασθαι ἡμῖν τὸ μέγα ἔλεος.

### Κοντάκιον. Ἦχος β΄.
### Τοῖς τῶν αἱμάτων σου.

Ὀρθοδοξίας φυτεύσας τὰ δόγματα, κακοδοξίας ἀκάνθας ἐξέτεμες· πληθύνας τὸν σπόρον τῆς πίστεως, τῇ ἐπομβρίᾳ τοῦ Πνεύματος ὅσιε· διό σε ὑμνοῦμεν Ἀθανάσιε.

### Κοινωνικόν.

Εἰς μνημόσυνον αἰώνιον ἔσται δίκαιος· ἀλληλούια.

### Μεγαλυνάριον.

Τὸν ἐν ἱεράρχαις θαυματουργόν, καὶ τῶν ἐν ἀνάγκαις, ἀπροσμάχητον βοηθόν, τὸν θεῖον ποιμένα, καὶ λειτουργὸν Κυρίου,

Ἀθανάσιον μέγαν, ὕμνοις τιμήσωμεν.

### ΕΙΣ ΤΑΣ Γ΄

#### Τῶν ἁγίων μαρτύρων Τιμοθέου καὶ Μαύρας

Εἰς τὴν Λειτουργίαν Τυπικά, καὶ ἐκ τοῦ κανόνος τῆς τυχούσης ἑορτῆς ἡ γ΄ ᾠδή, καὶ τῶν ἁγίων ἡ ς΄. Ἦχος πλ. β΄.

##### ᾨδὴ ς΄. Τοῦ βίου τὴν θάλασσαν.

Οἱ ἅγιοι μάρτυρες, τῷ ἱστίῳ τοῦ Σταυροῦ, πνευματικῶς πτερούμενοι, τῶν πειρασμῶν τὸ πέλαγος ἀβλαβῶς, ἐν πίστει παρέδραμον, καὶ πρὸς θείους λιμένας ἀνεπαύσαντο.

Ὑφάψαντες λέβητα, ἐν αὐτῷ σε τὸν Χριστόν, ὁμολογοῦσαν ῥίπτουσιν, οἱ δυσσεβεῖς, ἀλλ' ἔμεινας ἀβλαβής, τὴν δρόσον τοῦ Πνεύματος, εὑραμένη σε Μαῦρα ἀναψύχουσαν.

##### Δόξα.

Στρεβλούμενοι μάρτυρες, πάσας στρέβλας τοῦ ἐχθροῦ, ἀνδρείως διελύσατε, καὶ τῇ ἀγάπῃ τέλεον τοῦ Χριστοῦ, ψυχὰς συνεδήσατε, τῆς σαρκὸς ἀποθέσει παναοίδιμοι.

##### Καὶ νῦν. Θεοτοκίον.

Πανάγαθε Δέσποινα, τὸν πανάγαθον Θεόν, ἡ ἐν σαρκὶ κυήσασα, κεκακωμένην πάθεσι τὴν ἐμήν, καρδίαν ἀγάθυνον, ἵνα πίστει καὶ πόθῳ μεγαλύνω σε.

##### Τροπάριον. Ἦχος δ΄.

Μαρτύρων ὁ σύλλογος νῦν εὐφραίνεται· ἀγγέλων ᾄσμασι μεγαλύνομεν, τὴν μνήμην ὑμῶν ἅγιοι, ἅπαντες μελῳδοῦντες, καὶ πιστῶς ἐκβοῶντες· χαίροντες τῆς Τριάδος, δυὰς μαρτύρων καὶ κλέος· Τιμόθεε καὶ Μαῦρα ὑπὲρ ἡμῶν ἀεὶ πρεσβεύετε.

##### Κοντάκιον. Ἦχος δ΄. Ὁ ὑψωθεὶς ἐν τῷ Σταυρῷ.

Τοὺς πολυτρόπους αἰκισμοὺς ἐνεγκόντες, καὶ τοὺς στεφάνους ἐκ Θεοῦ εἰληφότες, ὑπὲρ ἡμῶν πρεσβεύσατε πρὸς Κύριον, μνήμην τὴν πανίερον τὴν ὑμῶν ἐκτελούντων, μέγιστε Τιμόθεε, καὶ ἀοίδιμε Μαῦρα, τοῦ εἰρηνεῦσαι πόλιν καὶ λαόν· αὐτὸς γάρ ἐστι πιστῶν τὸ κραταίωμα.

##### Ἕτερον. Ἦχος γ΄. Ἡ παρθένος σήμερον.

Δι' εὐχῆς ἀπώσατο, τοὺς πειρασμοὺς διαβόλου· καὶ ἀγγέλου δέχεται, χειραγωγία ἡ μάρτυς· θρόνῳ γὰρ ἐπουρανίῳ αὕτη προσήχθη· στέφανον στολὴν λευκήν τε ἀπολαβοῦσα· ἵνα χαίρῃ αἰωνίως, μετὰ μαρτύρων πάντων χορεύουσα.

##### Κοινωνικόν.

Εἰς μνημόσυνον αἰώνιον ἔσονται δίκαιοι.

##### Μεγαλυνάριον.

Ζεῦγος ἁγιόλεκτον τοῦ Χριστοῦ, ξυνωρὶς ἁγία, ἡ κηρύξασα τὸν Χριστόν, Τιμόθεε ἅμα τῇ λαμπρᾷ

Μαύρᾳ, συγχώρησιν πταισμάτων ἡμῖν αἰτήσασθε.

### ΕΙΣ ΤΑΣ Η΄

#### Τοῦ ἁγίου ἐνδόξου ἀποστόλου καὶ εὐαγγελιστοῦ Ἰωάννου τοῦ Θεολόγου

Εἰς τὴν Λειτουργίαν Τυπικά, καὶ ἐκ τοῦ κανόνος τῆς τυχούσης ἑορτῆς ἡ γ΄ ᾠδή, καὶ τοῦ ἀποστόλου ἡ ς΄. Ἦχος πλ. δ΄.

Ὠδὴ γ΄. Ἄβυσσος ἁμαρτιῶν.

Ἄνθρακα θείου πυρός, προκατεῖδε τυπικῶς Ἡσαΐας· ᾧ καθαρθεὶς τὰ χείλη, προφητείας ἠξίωται· σαρκωθέντος δὲ Θεοῦ Λόγου, μακάριε Ἰωάννη, σὺ ἀνεδείχθης ἐπιστήθιος. Δίς.

Δόξα.

Λόγος ὁ μονογενής, ὁ ἐν κόλποις τοῦ Πατρὸς ἱδρυμένος, σωματωθεὶς ὡράθη, Ἰωάννη μακάριε, καὶ ὡς μύστῃ προσφιλεῖ, σοὶ ἐξηγήσατο, ἀσωμάτως, Θεὸν οὐδένα ἰδεῖν πώποτε.

Καὶ νῦν. Θεοτοκίον.

Φώτισόν μου τὴν ψυχήν, ἡ τεκοῦσα τὸ ἀπαύγασμα δόξης, τῆς τοῦ Πατρὸς παρθένε, Θεοτόκε πανύμνητε· τὴν σὴν γὰρ οἱ ἀληθεῖς, χάριν κατέχοντες, θιασῶται, τὰς γλωσσαλγίας ἀπεκρούσαντο.

Τροπάριον. Ἦχος β΄.

Ἀπόστολε Χριστῷ τῷ Θεῷ ἠγαπημένε, ἐπιτάχυνον ῥῦσαι λαὸν ἀναπολόγητον· δέχεταί σε προσπίπτοντα, ὁ ἐπιπεσόντα τῷ στήθει καταδεξάμενος· ὃν ἱκέτευε θεολόγε, καὶ ἐπίμονον νέφος ἐθνῶν διασκεδάσαι, αἰτούμενος ἡμῖν εἰρήνην καὶ τὸ μέγα ἔλεος.

Κοντάκιον. Ἦχος ὁ αὐτός.

Τὰ μεγαλεῖά σου παρθένε, τίς διηγήσεται; βρύεις γὰρ θαύματα, καὶ πηγάζεις ἰάματα, καὶ πρεσβεύεις ὑπὲρ τῶν ψυχῶν ἡμῶν, ὡς θεολόγος καὶ φίλος Χριστοῦ.

Καὶ τὸ κοντάκιον τῆς ἑορτῆς.

Κοινωνικόν.

Εἰς πᾶσαν τὴν γῆν ἐξῆλθεν ὁ φθόγγος αὐτοῦ, καὶ εἰς τὰ πέρατα τῆς οἰκουμένης τὰ ῥήματα αὐτοῦ.

Μεγαλυνάριον.

Τῆς θεολογίας ὦ πλουτιστά, ὁ ἐπὶ τὸ στῆθος, τοῦ Δεσπότου ἀναπεσών, ὦ ἠγαπημένε παρθένε Ἰωάννη, ὦ θεῖε θεολόγε, σκέπε τοὺς δούλους σου.

### ΕΙΣ ΤΑΣ Ι΄

#### Τοῦ ἁγίου ἀποστόλου Σίμωνος τοῦ ζηλωτοῦ.

Εἰς τὴν Λειτουργίαν Τυπικά, καὶ ἐκ τοῦ κανόνος τῆς τυχούσης ἑορτῆς ἡ γ΄ ᾠδή, καὶ τοῦ ἀποστόλου ἡ ς΄. Ἦχος πλ. δ΄.

Ὠδὴ ς΄. Χιτῶνά μοι παράσχου.

Ὁ ζήλου ἐπώνυμος κληθείς, Σίμων ἀξιάγαστε, ζηλῶν ἐζήλωσας τῷ Κυρίῳ, καὶ Θεῷ παντοκράτορι. Δίς.

### Δόξα.

Σὲ θείων θαυμάτων αὐτουργόν, ὁ Σωτὴρ ἀνέδειξε, δοὺς ἐξουσίαν σοι, ἐνεργείᾳ τῆς αὐτοῦ ἀγαθότητος.

### Καὶ νῦν. Θεοτοκίον.

Ἐμφράττεται τὸ στόμα δυσσεβῶν, τῶν μὴ Θεοτόκον σε, φρονούντων πανάμωμε, καὶ ἡ ὄψις ἐντροπὴν ἐνδιδύσκεται.

### Τροπάριον. Ἦχος γ΄.

Ἀπόστολε ἅγιε Σίμων, πρέσβευε τῷ ἐλεήμονι Θεῷ, ἵνα πταισμάτων ἄφεσιν, παράσχῃ ταῖς ψυχαῖς ἡμῶν.

### Κοντάκιον. Ἦχος β΄.
### Τοὺς ἀσφαλεῖς.

Τὸν ἀσφαλῶς τὰ τῆς σοφίας δόγματα, ἐν ταῖς ψυχαῖς τῶν εὐσεβούντων θέμενον, ἐν αἰνέσει μακαρίσωμεν, τὸν θεηγόρον μύστην Σίμωνα· τῷ θρόνῳ γὰρ τῆς δόξης νῦν παρίσταται, καὶ σὺν τοῖς ἀσωμάτοις ἐπαγάλλεται, πρεσβεύων ἀπαύστως ὑπὲρ πάντων ἡμῶν.

### Καὶ τὸ κοντάκιον τῆς ἑορτῆς.
### Κοινωνικόν.

Εἰς πᾶσαν τὴν γῆν ἐξῆλθεν ὁ φθόγγος αὐτοῦ, καὶ εἰς τὰ πέρατα τῆς οἰκουμένης τὰ ῥήματα αὐτοῦ.

## ΕΙΣ ΤΑΣ ΙΕ΄

### Τοῦ ἐν ἁγίοις πατρὸς ἡμῶν Ἀχιλλείου ἀρχιεπισκόπου Λαρίσσης τοῦ θαυματουργοῦ

Εἰς τὴν Λειτουργίαν Τυπικά, καὶ ἐκ τῶν κανόνων αὐτοῦ ᾠδὴ γ΄ καὶ ς΄.

Εἰ δὲ τύχοι ἐν ταῖς ἑορταῖς, λέγομεν τὴν γ΄ ᾠδὴν τῆς τυχούσης ἑορτῆς, καὶ τὴν ς΄ τοῦ ἁγίου.

### Ὠδὴ γ΄. Ἦχος α΄.
### Δεῦτε πόμα πίωμεν καινόν.

Δεῦτε πόμα πίωμεν καινόν, ἐκ πηγῆς νῦν βλυζούσης τοῦ ἀρχιποίμενος, τοῦ Ἀχιλλείου πιστοί, τοῦ πᾶσι κηρύξαντος λαμπρῶς, Χριστοῦ τὴν ἀνάστασιν.

Νῦν πάντα πληροῦνται χαρμονῆς, ὁρατά τε ὁμοῦ τε καὶ τὰ ἀόρατα· συνεορτάζει φαιδρῶς, ὁ κόσμος Ἀχίλλειε ἡμῖν, τὴν μνήμην σου σήμερον.

Χθὲς συνεσταυροῦτο τῷ Χριστῷ, τῇ ἀσκήσει ὁ θεῖος Ἀχίλλειος· συνανηγέρθη λοιπόν, σήμερον αὐτῷ πνευματικῶς· μεθ' οὗ συνευφραίνεται.

### Θεοτοκίον.

Ἐν βάτῳ Μωσῆς σου τυπικῶς, τὸ μυστήριον πάλαι σεμνὴ ἑώρακεν· ὡς γὰρ ἐκείνην ἡ φλόξ, τὸ πῦρ τῆς θεότητος τὴν σήν, νηδὺν οὐ κατέφλεξε.

Ὠδὴ ς΄. Ἦχος πλ. δ΄.
Ἱλάσθητί μοι Σωτήρ.

Ἀείφωτος τοῖς πιστοῖς, πυρσὸς ἐδείχθης μακάριε, πελάγους τῶν δυσχερῶν, τοῦ βίου καὶ κλύδωνος, πάντας ἐκλυτρούμενος, πρὸς ζωῆς λιμένα· διὰ τοῦτό σε γεραίρομεν.

Ἰάτρευσόν μου τὸν νοῦν, πληγέντα ταῖς παραβάσεσι· θεράπευσον τὴν ψυχήν, πολλὰ ἁμαρτάνουσαν· τοῦ σώματος ἴασαι, τὰς ὀδύνας πάτερ, δυσωπῶν τὸν ὑπεράγαθον.

Δόξα.

Συνόδου μέσον σοφέ, πατέρων θείων ἐνήστραψας, μεθ' ὧν πρεσβείαν ποιοῦ, εὑρεῖν ἡμᾶς ἔλεος, ὅταν μέλλῃ Κύριος, ἐπὶ θρόνου δόξης, καθεσθεὶς κρῖναι τὰ σύμπαντα.

Καὶ νῦν. Θεοτοκίον.

Συντήρησόν μου τὸν νοῦν, ἐν ταπεινώσει πανάμωμε, ταῖς μεθοδείαις ἀεί, τοῦ πλάνου τρεπόμενον, καὶ δελεαζόμενον, καὶ τῇ παραβάσει, ἑκουσίως ὑποκύπτοντα.

Τροπάριον. Ἦχος δ΄.

Κανόνα πίστεως καὶ εἰκόνα πρᾳότητος, ἐγκρατείας διδάσκαλον ἀνέδειξέ σε τῇ ποίμνῃ σου, ἡ τῶν πραγμάτων ἀλήθεια· διὰ τοῦτο ἐκτήσω τῇ ταπεινώσει τὰ ὑψηλά, τῇ πτωχείᾳ τὰ πλούσια· πάτερ ἱεράρχα Ἀχίλλειε, πρέσβευε Χριστῷ τῷ Θεῷ, σωθῆναι τὰς ψυχὰς ἡμῶν.

Κοντάκιον. Ἦχος πλ. δ΄.
Τῇ ὑπερμάχῳ στρατηγῷ.

Τῆς οἰκουμένης τὸν ἀστέρα τὸν ἀνέσπερον, καὶ Λαρισσαίων τὸν ποιμένα τὸν ἀκοίμητον, τὸν Ἀχίλλειον ἀνυμνήσωμεν ἐκβοῶντες· παρρησίαν κεκτημένος πρὸς τὸν Κύριον, ἐκ παντοίας τρικυμίας ἡμᾶς λύτρωσαι· ἵνα σοι κράζωμεν· χαίροις πάτερ Ἀχίλλειε.

Κοινωνικόν.

Εἰς μνημόσυνον αἰώνιον ἔσται δίκαιος· ἀλληλούια.

### ΕΙΣ ΤΑΣ ΚΑ΄

Τῶν ἁγίων θεοστέπτων βασιλέων καὶ ἰσαποστόλων Κωνσταντίνου καὶ Ἑλένης

Εἰς τὴν Λειτουργίαν Τυπικά, καὶ ἐκ τοῦ κανόνος τῆς τυχούσης ἑορτῆς ᾠδὴ γ΄, καὶ τῶν ἁγίων ᾠδὴ ς΄. Εἰ δὲ τύχοι ἔξω τῆς Πεντηκοστῆς, εἰπὲ τῶν ἁγίων ἅπαντα.

Ὠδὴ γ΄. Ἦχος πλ. δ΄.
Οὐρανίας ἁψῖδος.

Ἀμοιβῶν οὐρανίων, ἐπιτυχεῖν ἔσπευσας· ὅθεν τῷ καλοῦντι θεόφρον ἐπηκολούθησας, καὶ σκότος ἔλιπες, πατροπαράδοτον πλάνην, καὶ φωστὴρ ἐν Πνεύματι θείῳ γεγένησαι.

Τῷ Χριστῷ κολληθεῖσα, καὶ ἐπ' αὐτῷ πάνσεμνε, ἅπασαν θεμένη ἐλπίδα τοὺς ἱεροὺς αὐτοῦ, τόπους κατέλαβες, ἐν οἷς τὰ ἄχραντα πάθη, σαρκωθεὶς ὑπέμεινεν ὁ ὑπεράγαθος.

Τὸ σωτήριον ὅπλον, τὸ ἀρραγὲς τρόπαιον, τῶν χριστιανῶν τὴν ἐλπίδα, Σταυρὸν τὸν τίμιον, φθόνῳ κρυπτόμενον, σὺ ἐφανέρωσας θείῳ, φλεγομένη ἔρωτι θεομακάριστε.

Θεοτοκίον.

Ἱερᾶς πολιτείας, ἀποπεσὼν ἄχραντε, παρασυνεβλήθην τοῖς κτήνεσι, καὶ κατάκριτος, ὅλος γεγένημαι· ἡ τὸν κριτὴν τετοκυῖα, πάσης κατακρίσεως ῥῦσαι καὶ σῶσόν με.

Ὠδὴ ς΄. Τὴν δέησιν ἐκχεῶ.

Συνήθροισας θεοφόρων πατέρων, τὸν μακάριον χορὸν παραδόξως, καὶ δι᾽ αὐτῶν, Κωνσταντῖνε τὰς πάντων, κυμαινομένας καρδίας ἐστήριξας, ὁμότιμον δοξολογεῖν, τῷ τεκόντι τὸν Λόγον καὶ σύνθρονον.

Πιστεύσασα ἐπὶ Κύριον ζῶντα, τὸν τὸ εἶναι παρεχόμενον πᾶσι, τῶν βδελυκτῶν, καὶ ματαίων εἰδώλων, νεκροποιὰ ἀπεβάλου θρησκεύματα, καὶ εἴληφας περιχαρῶς, βασιλείαν Ἑλένη οὐράνιον.

Δόξα.

Παλάμῃ σου κυβερνώμενοι Λόγε, ἀγνωσίας τὸ βαθύτατον σκότος, καὶ τῆς δεινῆς, ἀθεΐας τὸν σάλον, οἱ διὰ σοῦ βασιλεύοντες ἔλιπον, καὶ ἤχθησαν πρὸς γαληνούς, εὐσεβείας λιμένας γηθόμενοι.

Καὶ νῦν. Θεοτοκίον.

Ἰάτρευσον ἀνιάτως νοσοῦσαν, καὶ τῷ δήγματι δεινῶς πληγωθεῖσαν, τοῦ πονηροῦ, τὴν καρδίαν μου κόρη, καὶ τῆς ἐν σοὶ θεραπείας ἀξίωσον, καὶ σῶσόν με τὸν ἐπὶ σοί, πεποιθότα πρεσβείαις σου ἄχραντε.

Τροπάριον. Ἦχος πλ. δ΄.

Τοῦ Σταυροῦ σου τὸν τύπον ἐν οὐρανῷ θεασάμενος, καὶ ὡς ὁ Παῦλος τὴν κλῆσιν οὐκ ἐξ ἀνθρώπων δεξάμενος, ὁ ἐν βασιλεῦσιν ἀπόστολός σου Κύριε, βασιλεύουσαν Πόλιν τῇ χειρί σου παρέθετο· ἣν περίσῳζε διαπαντὸς ἐν εἰρήνῃ, πρεσβείαις τῆς Θεοτόκου, μόνε φιλάνθρωπε.

Κοντάκιον. Ἦχος γ΄.
Ἡ παρθένος σήμερον.

Κωνσταντῖνος σήμερον, σὺν τῇ μητρὶ τῇ Ἑλένῃ, τὸν Σταυρὸν ἐμφαίνουσι, τὸ πανσεβάσμιον ξύλον, πάντων μὲν τῶν Ἰουδαίων αἰσχύνην ὄντα, ὅπλον δὲ κατ᾽ ἐναντίων πιστῶν ἀνάκτων· δι᾽ ἡμᾶς γὰρ ἀνεδείχθη, σημεῖον μέγα, καὶ ἐν πολέμοις φρικτόν.

Κοινωνικόν.

Εἰς πᾶσαν τὴν γῆν ἐξῆλθεν ὁ φθόγγος αὐτῶν, καὶ εἰς τὰ πέρατα τῆς οἰκουμένης τὰ ῥήματα αὐτῶν.

Μεγαλυνάριον.

Τὸν ἐγκεκρυμμένον ὑπὸ τὴν γῆν, οὐρανὸς δι᾽ ἄστρων, ἐκδηλοῖ σοι θεῖον Σταυρόν, ὃν Ἑλένη μήτηρ, εὑροῦσα Κωνσταντῖνε, πιστῶν ἑδράζει κράτος, καὶ μέγα τρόπαιον.

### ΕΙΣ ΤΑΣ ΚΓ΄

**Τοῦ ἐν ἁγίοις πατρὸς ἡμῶν Μιχαὴλ ἐπισκόπου Συνάδων**

Εἰς τὴν Λειτουργίαν Τυπικά, καὶ ἐκ τοῦ κανόνος τῆς τυχούσης ἑορτῆς ἡ γ΄ ᾠδή, καὶ τοῦ ἁγίου ἡ ς΄. Εἰ δὲ τύχοι ἔξω τῶν ἑορτῶν, λέγομεν γ΄ καὶ ς΄ τοῦ ἁγίου.

### ᾨδὴ γ΄. Ἦχος β΄.
### Ἐν πέτρᾳ με τῆς πίστεως.

Ρεόντων προτετίμηκας θεορρῆμον, τὰ ἄρρευστα καὶ μένοντα δι᾽ αἰῶνος· ποικίλως γὰρ διέπρεψας ἀνακράζων· οὐκ ἔστιν ἅγιος ὡς ὁ Θεὸς ἡμῶν, καὶ οὐκ ἔστι δίκαιος, πλήν σου Κύριε.

Ἐξεχύθη σοῖς χείλεσι θεία χάρις, ἐπλάτυνας τὸ στόμα σου· καὶ ἐδέξω, σοφίας τὰ χαρίσματα καὶ ἐβόας· οὐκ ἔστιν ἅγιος ὡς ὁ Θεὸς ἡμῶν, καὶ οὐκ ἔστι δίκαιος, πλήν σου Κύριε.

Ὑπέταξας τὰ πάθη δι᾽ ἐγκρατείας, ἐφώτισας τὸν νοῦν σου τῇ θεωρίᾳ, ἐγένου πρακτικώτατος ἀναμέλπων· οὐκ ἔστιν ἅγιος, ὡς ὁ Θεὸς ἡμῶν, καὶ οὐκ ἔστι δίκαιος, πλήν σου Κύριε.

### Θεοτοκίον.

Μαρίαν τὴν πανάχραντον Θεοτόκον, ὑμνήσωμεν ὡς πρόξενον σωτηρίας, φανεῖσαν οἱ θεόφρονες, ᾗ βοῶμεν· οὐκ ἔστιν ἄλλη τις, ἐλπὶς καὶ στήριγμα, τῶν πιστῶν πανύμνητε θεοδόξαστε.

### ᾨδὴ ς΄. Ἦχος ὁ αὐτός.
### Ἐν ἀβύσσῳ πταισμάτων κυκλούμενος.

Σωτηρίου χιτῶνα πανεύφημε, θείας εὐφροσύνης τε περιβαλλόμενος, ὁμολογίας στέφανον, πρὸς Θεοῦ ἐκομίσω ἐπάξιον.

Ὑπομείνας πικρὰς ἐξορίας σοφέ, εἰς εὐρυχωρότατον πλάτος κατήντησας, τοῦ παραδείσου μάρτυσι, συγχορεύων θεόφρον πανόλβιε.

### Δόξα.

Μαθητὴς χρηματίσας Χριστοῦ τοῦ Θεοῦ, τούτου τὰ παθήματα μάκαρ ἐζήλωσας, προκινδυνεύων ἄριστα, τῆς αὐτοῦ ἐκκλησίας θεόπνευστε.

### Καὶ νῦν. Θεοτοκίον.

Νοερῶς ἐμυοῦντο τὴν ἄφραστον, πάντες οἱ προφῆταί σοῦ πάναγνε κύησιν, πνευματικῶς τυπούμενοι, καὶ προλέγοντες πᾶσι τὰ μέλλοντα.

### Τροπάριον. Ἦχος δ΄.

Θεῷ καθιέρωσας τὴν σὴν παμμάκαρ ζωήν, ποιμὴν ἀνηγόρευσαι, καὶ ἱεράρχης σεπτός, Χριστοῦ ἱερώτατε· θλίψεις ἐν ἐξορίαις Μιχαὴλ ὑπομείνας· ὅθεν εἰς τὰς αὔλους μετετέθης σκηνώσεις· καὶ νῦν ἀναπηγάζεις ἡμῖν ῥεῖθρα ἰάσεων.

### Κοντάκιον. Ἦχος δ΄.
### Ἐπεφάνης σήμερον.

Ὥσπερ μέγας ἥλιος ἐξανατείλας, καταυγάζεις ἅπαντας τῶν ἀρετῶν σου τῷ φωτί, καὶ τῶν θαυμάτων ταῖς λάμψεσι, θαυματοφόρε ἀγγέλων ὁμώνυμε.

### Κοινωνικόν.

Εἰς μνημόσυνον αἰώνιον ἔσται δίκαιος· ἀλληλούϊα.

### ΕΙΣ ΤΑΣ ΚΕ΄

Ἡ τρίτη εὕρεσις τῆς κεφαλῆς τοῦ τιμίου προφήτου Προδρόμου καὶ βαπτιστοῦ Ἰωάννου

Εἰς τὴν Λειτουργίαν Τυπικά, καὶ ἐκ τοῦ κανόνος τῆς τυχούσης ἑορτῆς ἡ γ΄ ᾠδή, καὶ τοῦ Προδρόμου ἡ ϛ΄. Εἰ δὲ τύχοι ἔξω τῶν ἑορτῶν, λέγε γ΄ καὶ ϛ΄ τοῦ Προδρόμου.

### ᾨδὴ γ΄. Ἦχος πλ. δ΄.
### Οὐρανίας ἁψῖδος.

Πορνικῶν ὀρχημάτων, ἡ ἱερὰ κάρα σου, ἔπαθλον γυναίῳ δοθεῖσα χερσὶν ἐφέρετο· νυνὶ δὲ σώφρονος, ἱερουργοῦ ταῖς παλάμαις, ἱερῶς πρὸς ἅγιον ναὸν κομίζεται.

Εὐσεβῶς ὑπαντᾷ σοι, τὸ τῶν πιστῶν ἄθροισμα, σὺν ἱερουργῷ, βασιλεῖ τε ἔνδοξε Πρόδρομε, ᾄδον χαρμόσυνα, καὶ προηγεῖταί σου πόθῳ, καθαγιαζόμενον τῇ παρουσίᾳ σου.

Ἱερῶν ἐξ ἀδύτων, ὡς φωταυγὴς ἥλιος, ἡ ἱερωτάτη σου κάρα ἐξανατείλασα, πᾶσαν ἐφώτισε, τὴν οἰκουμένην προφῆτα, τοῦ Χριστοῦ καὶ Πρόδρομε, θείαις λαμπρότησι.

### Θεοτοκίον.

Στειρευούσης νηδύος, φωτοφανὲς ἔλαμψας, ἄστρον τοῦ ἡλίου τῆς δόξης προπορευόμενον, τοῦ ἀνατείλαντος, παρθενικῆς ἐκ νεφέλης, βαπτιστὰ καὶ λύσαντος, νύκτα πολύθεον.

### ᾨδὴ ϛ΄. Ἦχος πλ. δ΄.
### Ἱλάσθητί μοι Σωτήρ.

Ἀλήθεια ἐκ τῆς γῆς, ἡ κεφαλὴ ἀνατείλασα, τοῦ βαπτιστοῦ σου Χριστέ, τὸ ψεῦδος ἀπήλασεν, αἱρέσεων ἔλυσε, τὸν πικρὸν χειμῶνα, καὶ τὸν κόσμον κατεφώτισεν.

Ἀντλήσατε φωτισμόν, καὶ χάριν Θεοῦ καὶ ἔλεος, καὶ κεφαλὴν καὶ ψυχήν, πιστῶς ἁγιάσθητε, κεφαλῇ προσψαύοντες, τοῦ τῆς θείας κάρας, ἁψαμένου ἐν τοῖς ὕδασι.

### Δόξα.

Τὰς κεφαλὰς τῶν ἐχθρῶν, ὑπὸ τοὺς πόδας συντρίβεσθαι, τοῦ βασιλέως ἡμῶν, ἱκέτευε Πρόδρομε, πόθῳ τὴν τιμίαν σου, κεφαλὴν τιμῶντος, τὴν Ἡρώδην στηλιτεύσασαν.

### Καὶ νῦν. Θεοτοκίον.

Τοῖς ἐν τῷ ᾅδῃ τὸ φῶς, ἐκήρυξας ἐλευσόμενον, αἱμάτων παρθενικῶν, σάρκα περικείμενον, γενόμενον ἄνθρωπον, ἐπ᾽ εὐεργεσίᾳ, τῶν ἀνθρώπων μάκαρ Πρόδρομε.

### Τροπάριον. Ἦχος δ΄.

Ὡς θεῖον θησαύρισμα ἐγκεκρυμμένον τῇ γῇ, Χριστὸς

ἀπεκάλυψε τὴν κεφαλήν σου ἡμῖν, προφῆτα καὶ Πρόδρομε· πάντες οὖν συνελθόντες, ἐν τῇ ταύτης εὑρέσει, ᾄσμασι θεηγόροις τὸν Σωτῆρα ὑμνοῦμεν, τὸν σῴζοντα ἡμᾶς ἐκ φθορᾶς ταῖς ἱκεσίαις σου.

### Κοντάκιον. Ἦχος πλ. βʹ.
### Τὴν ὑπὲρ ἡμῶν.

Ὁ φωτοφανὴς καὶ θεῖος ἐν κόσμῳ στῦλος, ὁ τοῦ νοητοῦ ἡλίου Πρόδρομος λύχνος, κεφαλὴν τὴν φωσφόρον καὶ θείαν αὐτοῦ, ἀναδείξας ἐν τοῖς πέρασιν, ἁγιάζει τοὺς πιστῶς αὐτήν, προσκυνοῦντας καὶ κραυγάζοντας· Χριστοῦ σοφὲ βαπτιστά, σῶσον πάντας ἡμᾶς.

### Κοινωνικόν.

Εἰς μνημόσυνον αἰώνιον ἔσται δίκαιος· ἀλληλούια.

### Μεγαλυνάριον.

Τὸν τῆς μετανοίας καθηγητήν, καὶ τῶν μοναζόντων, ἀντιλήπτορα καὶ φρουρόν, τὸν ἀπὸ κοιλίας μητρὸς ἡγιασμένον, τὸν Πρόδρομον Κυρίου, ὕμνοις τιμήσωμεν.

## ΜΗΝ ΙΟΥΝΙΟΣ

### ΕΙΣ ΤΑΣ Δʹ

### Τοῦ ἐν ἁγίοις πατρὸς ἡμῶν Μητροφάνους ἀρχιεπισκόπου Κωνσταντινουπόλεως

Εἰς τὴν Λειτουργίαν Τυπικά, καὶ ἐκ τῶν κανόνων ᾠδὴ γʹ καὶ ϛʹ.

### Ὠδὴ γʹ. Ἦχος δʹ.
### Τοὺς σοὺς ὑμνολόγους Θεοτόκε.

Ῥητόρων ἁπάσας φληναφίας, διέλυσας μάκαρ ταῖς στερραῖς, ἐνστάσεσι τῶν λόγων σου, καὶ ἀδρανεῖς ἀπέδειξας, ἰσχύι τῇ θεόθεν σοι, χορηγηθείσῃ θεόσοφε.

Χριστοῦ ὀπαδὸς γεγενημένος, καὶ τούτου τὸν θρόνον ἐπὶ γῆς, ἐκληρώσω Μητρόφανες, πρῶτος εἰς Πόλιν ἄνασσαν, πατριαρχῶν δεικνύμενος, ἀξίως θεομακάριστε.

Θαυμάσασα σύνοδος ἡ πρώτη, τὴν λάμπουσαν χάριν τῶν ἐν σοί, δωρημάτων τοῦ Πνεύματος, τῇ θείᾳ ψήφῳ ὅσιε, Θεοῦ καὶ τῇ τοῦ ἄνακτος, ἀκολουθοῦσα δοξάζει σε.

### Θεοτοκίον.

Μεγάλων χαρίτων ἠξιώθης, Μαρία Κυρία τοῦ παντός, ὡς τὸν Θεὸν γεννήσασα, ἐν σαρκὶ ὑπὲρ ἔννοιαν, τὸν ἐν ταυτῷ σὲ δείξαντα, παρθένον καὶ θεομήτορα.

### Ὠδὴ ϛʹ. Ἦχος πλ. βʹ.
### Τοῦ βίου τὴν θάλασσαν.

Ἡ γλῶσσά σου Πνεύματι, τεθηγμένη νοητῶς, ὡς γραμματέως κάλαμος, καλλιγραφεῖ καρδίαις τῶν εὐσεβῶν, τὸν λόγον τῆς χάριτος, ἱερώτατε πάτερ θείῳ Πνεύματι.

Τὰ θεῖα μυούμενος, ὡς χωρῶν πρὸς νοητά, τὰ τῶν ἁγίων ἅγια, μυσταγωγεῖς ἐν Πνεύματι τοὺς πιστούς, Τριάδος τὴν ἔλλαμψιν, ἱερώτατε πάτερ τελεώτατα.

### Δόξα.

Ῥοαῖς τῶν δογμάτων σου, κατακλύσας θολερά, τῆς ἀθεΐας ὕδατα, ὡς ποταμὸς ὡράθης τὰ εὐσεβῆ, ἀρδεύων συστήματα, τῶν πιστῶν ἱεράρχα πανσεβάσμιε.

### Καὶ νῦν. Θεοτοκίον.

Ὁ Λόγος ἐν μήτρᾳ σου, παχυνθεὶς ἄνευ σπορᾶς, βροτὸς ὡράθη τέλειος, καινοτομῶν τὰς φύσεις θεοπρεπῶς, ὡς μόνος ἐπίσταται, θεοκόσμητε κόρη παναμώμητε.

### Τροπάριον. Ἦχος α΄.

Τὸ μέγα τῆς Τριάδος μυστήριον κηρύττων, τὴν ἐν Χριστῷ οἰκονομίαν διετράνωσας πᾶσιν, ὡς ποίμνης ποιμὴν τῆς λογικῆς, διώξας λύκους τοὺς νοητούς, καὶ τὰ θρέμματα τῆς τούτων, φθοροποιοῦ λύμης σώσας βοῶντα· δόξα τῷ δεδωκότι σοι ἰσχύν· δόξα τῷ σὲ ὑψώσαντι· δόξα τῷ βεβαιοῦντι διὰ σοῦ πίστιν τὴν ὀρθόδοξον.

### Κοντάκιον. Ἦχος δ΄.
### Ὁ ὑψωθεὶς ἐν τῷ Σταυρῷ.

Τὸν ἱεράρχην τοῦ Χριστοῦ Μητροφάνην, τῆς ἐκκλησίας τὸν φωσφόρον λαμπτῆρα, τὸν ὁμοούσιον τὸν Λόγον τῷ Πατρί, ἐν μέσῳ κηρύξαντα, θεοφόρων πατέρων, καὶ θρόνον κοσμήσαντα, βασιλίδος ἐν πρώτοις, καὶ προφητείας χάριν ἐκ Θεοῦ, σαφῶς λαβόντα, συμφώνως ὑμνήσωμεν.

### Κοινωνικόν.

Εἰς μνημόσυνον αἰώνιον ἔσται δίκαιος· ἀλληλούια.

### Μεγαλυνάριον.

Σοῦ ἡ θεοκίνητος θαυμαστέ, ἡδύλαλος γλῶσσα, λύρα γέγονε Πνεύματος, τὰ τοῦ Θεανθρώπου ἠχοῦσα μεγαλεῖα, Μητρόφανες θεόφρον· ὅθεν τιμῶμέν σε.

## ΕΙΣ ΤΑΣ Η΄

### Ἡ ἀνακομιδὴ τοῦ λειψάνου τοῦ ἁγίου μεγαλομάρτυρος Θεοδώρου τοῦ στρατηλάτου

Εἰς τὴν Λειτουργίαν Τυπικά, καὶ ἐκ τοῦ κανόνος ᾠδὴ γ΄ καὶ ς΄. Ἦχος δ΄.

### Ὠδὴ γ΄. Εὐφραίνεται ἐπὶ σοί.

Παράταξιν δυσσεβῆ, ὡς στρατηλάτης δυνατὸς ἔτρεψας, καὶ σκολιοῦ δράκοντος, πάσας μηχανὰς ἐξεφαύλισας.

Ὡς πρόθυμος τὴν ψυχήν, δι' ἐπινοίας εὐσεβοῦς ἔνδοξε, τῶν δυσσεβῶν ὤλεσας, τὰ νενοθευμένα σεβάσματα.

Στερρότητι λογισμοῦ, τῶν δυσμενῶν ἐπιφορὰς ἤνεγκας, ζωοποιὸν νέκρωσιν, τοῦ ἀγωνοθέτου μιμούμενος.

### Θεοτοκίον.

Σὺ μόνη τοῖς ἐπὶ γῆς, τῶν ὑπὲρ φύσιν ἀγαθῶν πρόξενος, μήτηρ Θεοῦ γέγονας· ὅθεν σοι τὸ χαῖρε κραυγάζομεν.

### Ὠδὴ ς΄. Θύσω σοι, μετὰ φωνῆς.

Ἐνίκας, προθυμίᾳ συντόνῳ τοὺς ἄφρονας, ἐπὶ Σταυροῦ ἡπλωμένος, καὶ τοῖς ἥλοις μάκαρ ἐμπεπαρμένος, εἰκονίζων, τὸ σωτήριον πάθος τοῦ κτίσαντος.

Νομίμως, ἐναθλοῦντι Χριστός σοι ὀπτάνεται, ἐν τῇ φρουρᾷ κεκλεισμένῳ, ἐπαλείφων οἷα ἀγωνοθέτης, ἀθλοφόρε, πρὸς ἐχθροῦ τὰ παλαίσματα ἔνδοξε.

### Δόξα.

Θυσίαν, καθαρὰν καὶ ἁγίαν καὶ ἄμωμον, τῷ διὰ σὲ ἑκουσίως, ἑαυτὸν θυσίαν προσαγαγόντι, προσηγάγου, σεαυτὸν ἀθλοφόρε Θεόδωρε.

### Καὶ νῦν. Θεοτοκίον.

Ὢ θαῦμα, τῶν ἁπάντων θαυμάτων καινότερον· ὅτι παρθένος ἐν μήτρᾳ, τὸν τὰ σύμπαντα περιέχοντα, ἀπειράνδρως, συλλαβοῦσα οὐκ ἐστενοχώρησε.

### Τροπάριον. Ἦχος δ΄.
### Ὁ ὑψωθεὶς ἐν τῷ Σταυρῷ.

Στρατολογίᾳ ἀληθεῖ ἀθλοφόρε, τοῦ οὐρανίου στρατηγὸς βασιλέως, περικαλλὴς γεγένησαι Θεόδωρε· ὅπλον γὰρ τῆς πίστεως, παρετάξω ἐμφρόνως, καὶ κατεξωλόθρευσας τῶν δαιμόνων τὰ στίφη, καὶ νικηφόρος ὤφθης ἀθλητής· ὅθεν σε πίστει, ἀεὶ μακαρίζομεν.

### Κοντάκιον. Ἦχος β΄. Τὰ ἄνω ζητῶν.

Ἀνδρείᾳ ψυχῆς, τὴν πίστιν θωρακισάμενος, καὶ ῥῆμα Θεοῦ, ὡς λόγχην χειρισάμενος, τὸν ἐχθρὸν κατέτρωσας, τῶν μαρτύρων ἔνδοξε Θεόδωρε, σὺν αὐτοῖς Χριστῷ τῷ Θεῷ, πρεσβεύων ἀπαύστως ὑπὲρ πάντων ἡμῶν.

### Κοινωνικόν.

Εἰς μνημόσυνον αἰώνιον ἔσται δίκαιος· ἀλληλούια.

### Μεγαλυνάριον.

Ὕμνοις ἀριστέα τὸν εὐκλεῆ, ἄλλον ὡς ἀστέρα, ἐξαστράψαντα τηλαυγῶς, καὶ πολυθεΐας διώξαντα τὸ σκότος, Θεόδωρον τιμῶμεν, Χριστοῦ τὸν μάρτυρα.

### ΕΙΣ ΤΑΣ ΙΑ΄

### Τῶν ἁγίων ἀποστόλων Βαρθολομαίου καὶ Βαρνάβα

Εἰς τὴν Λειτουργίαν Τυπικά, καὶ ἐκ τοῦ κανόνος ᾠδὴ γ΄ καὶ ς΄. Ἦχος β΄.

### Ὠδὴ γ΄. Ἐξήνθησεν ἡ ἔρημος.

Ὡς πηγὴ προελήλυθας, σωτηρίου νάματος, Βαρθολομαῖε πάντιμε, καὶ πολύχουν τὸν καρπὸν ἤνεγκας, ἐθνῶν τὴν σωτηρίαν ἀξιάγαστε.

Τῷ ἅλατι τῆς χάριτος, τῶν εἰδώλων ἔπαυσας, τὴν σηπεδόνα πάνσοφε, τῷ νοστίμῳ λόγῳ τῆς πίστεως, τὰς καρδίας ἡδύνων τῶν τιμώντων σε.

# ΙΟΥΝΙΟΣ

Νεφέλη τὸν ἑκούσιον, ἡμῖν ὄμβρον φέρουσα, ἐκ τῶν πηγῶν τῆς χάριτος, καθωράθης Βαρνάβα ἔνδοξε, καὶ τρυφῆς τὸν χειμάρρουν ποταμίζουσα.

### Θεοτοκίον.

Ἐφάνης καθαρότητι, ὡσεὶ κρίνον Δέσποινα, τῶν ἀκανθῶν ἐκλάμψασα, λαμπηδόσι τῆς παρθενίας σου, ἐν μέσῳ Θεοτόκε πανσεβάσμιε.

### Ὠδὴ ς΄. Ἐν ἀβύσσῳ πταισμάτων.

Τῶν θαυμάτων τὴν χάριν δεξάμενος, καὶ τῶν ἰαμάτων πλουτήσας ἐνέργειαν, Βαρθολομαῖε πάνσοφε, τῶν ἐθνῶν τὰς ἀγέλας ἐζώγρησας.

Ἡ πυρίνη σου γλῶσσα πανεύφημε, πᾶσαν τὴν ἀπάτην ὡς χόρτον κατέφλεξε, τῶν δὲ πιστῶν ἐλάμπρυνε, τὰς καρδίας τῷ θείῳ κηρύγματι.

### Δόξα.

Ῥιζοτόμος ἀξίνη γεγένησαι, τὴν ὑλομανήσασαν ἀπάτην τέμνουσα, τοῖς ὑπὲρ λόγον θαύμασι, τεθηγμένη Βαρνάβα θεσπέσιε.

### Καὶ νῦν. Θεοτοκίον.

Οὐρανὸν ὁ τανύσας βουλήματι, οὐρανὸν ἐπίγειον ἄλλον ἀνέδειξε, σὲ θεομῆτορ ἄχραντε, καὶ ἐκ σοῦ ἀνατείλας ἐπέφανεν.

### Τροπάριον. Ἦχος γ΄.

Ἀπόστολοι ἅγιοι, πρεσβεύσατε τῷ ἐλεήμονι Θεῷ, ἵνα πταισμάτων ἄφεσιν, παράσχῃ ταῖς ψυχαῖς ἡμῶν.

### Κοντάκιον. Ἦχος δ΄. Ἐπεφάνης σήμερον.

Ὤφθης μέγας ἥλιος τῇ ἐκκλησίᾳ, διδαγμάτων λάμψεσι, καὶ θαυμασίων φοβερῶν, φωταγωγῶν τοὺς τιμῶντάς σε, Βαρθολομαῖε Κυρίου ἀπόστολε.

### Ἕτερον. Ἦχος γ΄. Ἡ παρθένος σήμερον.

Τοῦ Κυρίου γέγονας παναληθὴς ὑπηρέτης, ἀποστόλων ὤφθης τε τῶν ἑβδομήκοντα πρῶτος, ηὔγασας καὶ σὺν τῷ Παύλῳ τὸ κήρυγμά σου, ἅπασι καταμηνύων Χριστὸν Σωτῆρα· διὰ τοῦτο ὑμνῳδίαις, τὴν θείαν μνήμην, Βαρνάβα τελοῦμέν σου.

### Κοινωνικόν.

Εἰς πᾶσαν τὴν γῆν ἐξῆλθεν ὁ φθόγγος αὐτῶν, καὶ εἰς τὰ πέρατα τῆς οἰκουμένης τὰ ῥήματα αὐτῶν.

### Μεγαλυνάριον.

Κλέος δωδεκάδος τῶν μαθητῶν, ὁ Βαρθολομαῖος, καὶ Βαρνάβας κάλλος σεπτόν, ἑβδομηκοντάδος· τὸ πλανηθέν με ὄντα, οἰκτρὸν ἑκατοντάδος, πρόβατον σώσατε.

## ΕΙΣ ΤΑΣ ΚΔ΄

**Τὸ γενέσιον τοῦ τιμίου ἐνδόξου προφήτου προδρόμου καὶ βαπτιστοῦ Ἰωάννου**

Εἰς τὴν Λειτουργίαν Τυπικά, καὶ ἐκ τῶν κανόνων ᾠδὴ γ΄ καὶ ς΄. Ἦχος δ΄.

## ΛΕΙΤΟΥΡΓΙΚΟΝ

**Ὠδὴ γ΄. Οὐκ ἐν σοφίᾳ, καὶ δυνάμει.**

Δεσποτικὴ μέν, ἐκ παρθένου τελεῖται ἡ γέννησις· ἀλλ' οἰκέτου προσφιλοῦς, ἐκ γηραλαίας καὶ στείρας μητρός· εἰκότως προτρέχει γάρ, θαῦμα τοῦ θαύματος. Δίς.

Ῥυσὴ καὶ στεῖρα, τὴν παρθένον μητέρα ἀσπάζεται, ἐπιγνοῦσαν ἀψευδῶς, τῷ ταύτης τόκῳ ὡς λέλυται, δεσμὰ τῆς στειρώσεως, θείῳ βουλήματι.

**Θεοτοκίον.**

Ἀπειρογάμως, ἡ Θεὸν σαρκωθέντα κυήσασα, τῶν παθῶν ταῖς προσβολαῖς, κλονούμενόν με στερέωσον· οὐ γάρ ἐστιν ἄχραντε, πλήν σου βοήθεια.

**Ὠδὴ ς΄. Τὴν θείαν ταύτην.**

Ῥομφαίαν Πρόδρομε δίστομον, τὴν γέννησιν τὴν σὴν ὁ πολέμιος, ἐχθρὸς ἐδέξατο· σὺ γὰρ τὴν τούτου ἀναίρεσιν, καὶ τὴν ἀνθρώπων ζώωσιν ἀνεκήρυξας.

Ὁ θεῖος πλοῦτος διέκυψεν, ἐξ ὕψους θεϊκοῦ εἰς τὰ σύμπαντα, τῆς τῶν βροτῶν ἐμφανῶς, υἱοθεσίας καὶ χάριτος, τοῦ ταύτης τικτομένου σήμερον κήρυκος.

**Δόξα.**

Μύρα εὐώδη ἡ ἔρημος, ἐκβλύζει νοητῶς τὰ μηνύματα, ἐν τῇ γεννήσει σου, τῇ ἐκ τῆς στείρας πανεύφημε, τοῦ ἀκενώτου μύρου εἰσδεχομένη Χριστοῦ.

**Καὶ νῦν. Θεοτοκίον.**

Γνωρίσας μόνην σε Δέσποινα, μητέρα τοῦ Θεοῦ προεσκίρτησεν, ὁ θεῖος Πρόδρομος, ἐν τῇ μητρῴᾳ νηδύι ἁγνή, καὶ τὰ σὰ μεγαλεῖα προανεκήρυξεν.

**Τροπάριον. Ἦχος δ΄.**

Προφῆτα καὶ Πρόδρομε τῆς παρουσίας Χριστοῦ, ἀξίως εὐφημῆσαί σε, οὐκ εὐποροῦμεν ἡμεῖς, οἱ πόθῳ τιμῶντές σε· στείρωσις γὰρ τεκούσης, καὶ Πατρὸς ἀφωνία, λέλυνται τῇ ἐνδόξῳ, καὶ σεπτῇ σου γεννήσει, καὶ σάρκωσις Υἱοῦ τοῦ Θεοῦ, κόσμῳ κηρύττεται.

**Κοντάκιον. Ἦχος γ΄.
Ἡ παρθένος σήμερον.**

Ἡ πρὶν στεῖρα σήμερον Χριστοῦ τὸν Πρόδρομον τίκτει, καὶ αὐτὸς τὸ πλήρωμα πάσης τῆς προφητείας· ὃν περ γάρ, προανεκήρυξαν οἱ προφῆται, τοῦτον δή, ἐν Ἰορδάνῃ χειροθετήσας, ἀνεδείχθη Θεοῦ Λόγου, προφήτης κῆρυξ ὁμοῦ καὶ Πρόδρομος.

**Κοινωνικόν.**

Εἰς μνημόσυνον αἰώνιον ἔσται δίκαιος· ἀλληλούια.

**Μεγαλυνάριον.**

Τὸν τοῦ Ζαχαρίου θεῖον βλαστόν, καὶ τῆς Ἐλισάβετ τὴν παγκόσμιον χαρμονήν, τὴν φωνὴν τοῦ Λόγου, τὸν λύχνον τοῦ ἡλίου, τὸν Πρόδρομον Κυρίου, ὕμνοις τιμήσωμεν.

### Ἕτερον.

Ἄνθος τὸ θεόσδοτον ἐκφυέν, σήμερον ἐκ στείρας, εὐωδίας ἁγιασμοῦ, ἔπλησε τὰ πάντα, τὴν ἔρημον τὰ ὄρη, τῶν ποταμῶν τὰ ῥεῖθρα, Χριστοῦ ὁ Πρόδρομος.

### ΕΙΣ ΤΑΣ ΚΘ΄

Τῶν ἁγίων ἐνδόξων καὶ πανευφήμων ἀποστόλων καὶ πρωτοκορυφαίων Πέτρου καὶ Παύλου

#### Ὠδὴ γ΄. Ἦχος δ΄.
#### Οὐκ ἐν σοφίᾳ καὶ δυνάμει.

Μακάριόν σε, τὸ γλυκύτατον στόμα Χριστοῦ τοῦ Θεοῦ, καὶ ταμεῖον ἀσφαλές, τῆς βασιλείας ἀνέδειξε· διὸ ἀνυμνοῦμέν σε, Πέτρε ἀπόστολε.

Ἐπὶ τὴν πέτραν, τῆς σῆς θεολογίας ἐπήξατο, ὁ Δεσπότης Ἰησοῦς, τὴν ἐκκλησίαν ἀκλόνητον· ἐν ᾗ σε ἀπόστολε Πέτρε δοξάζομεν.

Ὡς ὑπέρτερος, τῶν ἀγγέλων ὁ Πέτρος ἐν σώματι, ἐν γὰρ τῇ ἐπιφανεῖ, ἐλεύσει τοῦτον Χριστὸς ὁ Θεός, κριτήν τε καὶ σύνεδρον, ἔσεσθαι ἔφησεν.

#### Θεοτοκίον.

Ἀπειρογάμως, ἡ Θεὸν σαρκωθέντα κυήσασα, τῶν παθῶν ταῖς προσβολαῖς, κλονούμενόν με στερέωσον· οὐ γάρ ἐστιν ἄχραντε, πλήν σου βοήθεια.

#### Ὠδὴ ϛ΄. Ἦχος πλ. δ΄.
#### Τὴν δέησιν ἐκχεῶ.

Ἁπάντων περιφρονήσας τῶν τερπνῶν, βεβλημένος τοῦ Δεσπότου τῷ φίλτρῳ, καὶ τῆς κοινῆς, σωτηρίας τῷ πόθῳ, διαμαρτεῖν αὐτῶν αἱρετισάμενος, ὦ Παῦλε μακάριε καὶ νῦν, ὑπὲρ τῆς οἰκουμένης ἱκέτευε.

Ἀξίως σοι ἐδωρήσατο Χριστός, τὸ πολίτευμα ἀπόστολε Παῦλε, ἐν οὐρανοῖς· μένουσαν γὰρ ἐνταῦθα, οὐκ ἐπεπόθησας πόλιν μακάριε, πιστὸς ὑπηρέτης γεγονώς, οἰκονόμος τε τῶν μυστηρίων αὐτοῦ.

#### Δόξα.

Ὡς ἄριστος τοῦ Δεσπότου μιμητής, καὶ αὐτὸν ἐνδεδυμένος ὁ Παῦλος, εἰλικρινῶς, πᾶσι γέγονε πάντα, ἵνα τοὺς πάντας κερδήσῃ, καὶ σώσῃ λαούς· καὶ ἔσωσεν ὡς ἀληθῶς, τῷ Χριστῷ σαγηνεύσας τὰ πέρατα.

#### Καὶ νῦν. Θεοτοκίον.

Ἐπέβλεψεν ἐπὶ σοὶ ὁ Κύριος, τὴν ἐμὴν ἀνακαινίζων οὐσίαν, ὡς δυνατός, μεγαλεῖα ποιήσας, θεογεννῆτορ ὡς ἔφης πανάμωμε· καὶ ἔσωσέ με διὰ σοῦ, ἐκ φθορᾶς ὁ Θεός μου, ὡς εὔσπλαγχνος.

#### Τροπάριον. Ἦχος δ΄.

Οἱ τῶν ἀποστόλων πρωτόθρονοι, καὶ τῆς οἰκουμένης διδάσκαλοι, τῷ Δεσπότῃ τῶν ὅλων πρεσβεύσατε, εἰρήνην τῇ οἰκουμένῃ δωρήσασθαι, καὶ ταῖς ψυχαῖς ἡμῶν τὸ μέγα ἔλεος.

### Κοντάκιον. Ἦχος β΄.

Τοὺς ἀσφαλεῖς καὶ θεοφθόγγους κήρυκας, τὴν κορυφὴν τῶν μαθητῶν σου Κύριε, προσελάβου εἰς ἀπόλαυσιν, τῶν ἀγαθῶν σου καὶ ἀνάπαυσιν· τοὺς πόνους γὰρ ἐκείνων καὶ τὸν θάνατον, ἐδέξω ὑπὲρ πᾶσαν ὁλοκάρπωσιν, ὁ μόνος γινώσκων τὰ ἐγκάρδια.

### Κοινωνικόν.

Εἰς πᾶσαν τὴν γῆν ἐξῆλθεν ὁ φθόγγος αὐτῶν, καὶ εἰς τὰ πέρατα τῆς οἰκουμένης τὰ ῥήματα αὐτῶν.

### Μεγαλυνάριον.

Πέτρε θεῖον ἅρμα χερουβικόν, οὐράνιε Παῦλε, ὄχημά τε σεραφικόν, ἡ πύρινος γλῶσσα, τοῦ θεανθρώπου Λόγου, πυρὸς ἡμᾶς γεέννης ἀπολυτρώσασθε.

### ΕΙΣ ΤΑΣ Λ΄

**Ἡ σύναξις τῶν ἁγίων ἐνδόξων καὶ πανευφήμων ἀποστόλων τῶν ΙΒ΄**

Εἰς τὴν Λειτουργίαν Τυπικά, καὶ ἐκ τοῦ κανόνος τῶν κορυφαίων ἡ γ΄ ᾠδή, καὶ ἐκ τῶν ιβ΄ ἡ ς΄ ᾠδή. Ἦχος δ΄.

### Ὠδὴ ς΄. Θύσω σοι, μετὰ φωνῆς.

Στηρίξας, τοὺς μαθητὰς σοφίᾳ καὶ χάριτι, δυνατωτέρους εἰργάσω, τῆς ἑλλήνων Σῶτερ ἐρεσχελίας, καὶ τὰ τούτων, ἀπατηλὰ κατήργησας δόγματα.

Οἱ θεῖοι, ποταμοὶ τῆς σοφίας ἐπλήρωσαν, τῶν σωτηρίων ναμάτων, τὰς κοιλάδας πάσας τῆς ἐκκλησίας, σωτηρίου, ἐκ τῶν πηγῶν τὰ ῥεῖθρα πλουτήσαντες.

### Δόξα.

Φανέντες, ζωτικοὶ ὡς ἀστέρες πανόλβιοι, διεσκεδάσατε πᾶσαν, τὴν ζοφώδη πλάνην ταῖς φωτοβόλοις, λαμπηδόσι, θεογνωσίας φέγγος ἀστράπτοντες.

### Καὶ νῦν. Θεοτοκίον.

Ὅλην σε, τὴν πλησίον καλήν τε καὶ ἄμωμον, καὶ καθαρὸν εὑρὼν κρίνον, καὶ κοιλάδων ἄνθος ὦ θεομῆτορ, ὁ Νυμφίος, ὁ νοητὸς ἐν σοὶ κατεσκήνωσεν.

### Τροπάριον. Ἦχος δ΄.

Οἱ τῶν ἀποστόλων πρωτόθρονοι, καὶ τῆς οἰκουμένης διδάσκαλοι, τῷ Δεσπότῃ τῶν ὅλων πρεσβεύσατε, εἰρήνην τῇ οἰκουμένῃ δωρήσασθαι, καὶ ταῖς ψυχαῖς ἡμῶν τὸ μέγα ἔλεος.

### Ἕτερον. Ἦχος γ΄.

Ἀπόστολοι ἅγιοι, πρεσβεύσατε τῷ ἐλεήμονι Θεῷ, ἵνα πταισμάτων ἄφεσιν, παράσχῃ ταῖς ψυχαῖς ἡμῶν.

### Κοντάκιον. Ἦχος β΄.

Τοὺς ἀσφαλεῖς καὶ θεοφθόγγους κήρυκας, τὴν κορυφὴν τῶν μαθητῶν σου Κύριε, προσελάβου εἰς ἀπόλαυσιν, τῶν ἀγαθῶν σου καὶ ἀνάπαυσιν· τοὺς πόνους γὰρ ἐκείνων καὶ τὸν θάνατον, ἐδέξω ὑπὲρ πᾶσαν ὁλοκάρπωσιν, ὁ μόνος γινώσκων τὰ ἐγκάρδια.

Καὶ τὸ παρόν. Ἦχος ὁ αὐτός.
Τὰ ἄνω ζητῶν.

Ἡ πέτρα Χριστός, τὴν πέτραν τῆς πίστεως, δοξάζει φαιδρῶς, τῶν μαθητῶν τὸν πρόκριτον, καὶ σὺν Παύλῳ ἅπασαν δωδεκάριθμον φάλαγγα σήμερον· ὧν τὴν μνήμην τελοῦντες πιστῶς, τὸν τούτους δοξάσαντα δοξάζομεν.

### Κοινωνικόν.

Εἰς πᾶσαν τὴν γῆν ἐξῆλθεν ὁ φθόγγος αὐτῶν, καὶ εἰς τὰ πέρατα τῆς οἰκουμένης τὰ ῥήματα αὐτῶν.

### Μεγαλυνάριον.

Πέτρον Παῦλον Μᾶρκον σὺν τῷ Λουκᾷ, Φίλιππον Ματθαῖον, Ἰωάννην Σίμωνα καὶ Θωμᾶν, τὸν κλεινὸν Ἀνδρέαν σὺν θείῳ Ἰακώβῳ, καὶ τὸν Βαρθολομαῖον πάντες ὑμνήσωμεν.

## ΜΗΝ ΙΟΥΛΙΟΣ

### ΕΙΣ ΤΗΝ Α΄

Τῶν ἁγίων καὶ θαυματουργῶν ἀναργύρων Κοσμᾶ καὶ Δαμιανοῦ

Εἰς τὴν Λειτουργίαν Τυπικά, καὶ ἐκ τοῦ κανόνος ᾠδὴ γ΄ καὶ ς΄. Ἦχος δ΄.

### Ὠδὴ γ΄. Ὁ στερεῶν βροντήν.

Δυὰς σεπτὴ τῶν θείων ἀναργύρων, ταῖς τρισηλίοις λάμψεσι, καταυγασθεῖσα πανευκλεῶς, ἰαμάτων δᾳδουχίαις, φωταγωγεῖ τὰ πέρατα, εἰς δόξαν τοῦ Θεοῦ ἡμῶν.

Ἀγγελικαῖς χορείαις συνημμένοι, καὶ παρεστῶτες ἅγιοι, θρόνῳ δόξης πανευκλεῶς, ἐπισκέπτεσθε τοὺς κάτω, ἐν συμπαθείᾳ πάντοτε, δεινῶν ἐξαιρούμενοι.

Τριαδικῶς τὴν θείαν μοναρχίαν, θεολογοῦντες ἅγιοι, ἐπολιτεύσασθε ἐπὶ γῆς ὥσπερ ἄγγελοι, τὸ θεῖον ἀποπληροῦντες βούλημα, καὶ νῦν μακαρίζεσθε.

### Θεοτοκίον.

Ὁ φοβερὸς ταῖς ἄνω στρατηγίαις, ἐν σοὶ ἀφράστως ᾤκησε, καθαρωτέραν εὑρηκώς, ὁρατῆς καὶ νοουμένης, ἁγνὴ παρθένε φύσεως, διὸ σε μακαρίζομεν.

### Ὠδὴ ς΄. Ζάλη με λογισμῶν.

Βρύοντες ὡς πηγαὶ τοῦ σωτηρίου, ἰάσεων νάματα, ἐκπλύνετε πάντα ῥύπον, νοσημάτων ψυχῶν τε καὶ σωμάτων, ἀνάργυροι φωστῆρες τῆς οἰκουμένης ὑπέρλαμπροι.

Ἅγιος ὁ ναὸς ὑμῶν ὑπάρχει, θαυμασίοις κοσμούμενος καὶ σημείοις· ἐν ᾧ πᾶς τις προστρέχων ἐκ ψυχῆς, κομίζεται ῥῶσιν, χρεωστικῶς μακαρίζων ὑμᾶς.

### Δόξα.

Ὡς δύο ἐκλάμπτετε ἀστέρες, ἐν τῷ στερεώματι τῆς τοῦ Χριστοῦ ἐκκλησίας, καὶ φωτίζετε ταύτην εὐσεβῶς, ἀκτῖσιν ἰαμάτων, θαυματουργοὶ μεγαλώνυμοι.

### Καὶ νῦν. Θεοτοκίον.

Σῶσόν με ἡ τεκοῦσα τὸν Σωτῆρα· βυθὸς γὰρ συνταράσσει με ἁμαρτημάτων, καὶ χειμάζει με κλυδώνιον ἡδονήν, καὶ ζάλη τῶν πνευμάτων τῆς πονηρίας ἐκθλίβει με.

### Τροπάριον. Ἦχος πλ. δ΄.

Ἅγιοι ἀνάργυροι καὶ θαυματουργοί, ἐπισκέψασθε τὰς ἀσθενείας ἡμῶν· δωρεὰν ἐλάβετε, δωρεὰν δότε ἡμῖν.

### Κοντάκιον. Ἦχος β΄.

Οἱ τὴν χάριν λαβόντες τῶν ἰαμάτων, ἐφαπλοῦτε τὴν ῥῶσιν τοῖς ἐν ἀνάγκαις, ἰατροὶ θαυματουργοὶ ἔνδοξοι· ἀλλὰ τῇ ὑμῶν ἐπισκέψει, καὶ τῶν πολεμίων τὰ θράση καταβάλλετε, τὸν κόσμον ἰώμενοι ἐν τοῖς θαύμασιν.

### Κοινωνικόν.

Εἰς μνημόσυνον αἰώνιον ἔσονται δίκαιοι.

### Μεγαλυνάριον.

Ῥώσεως οὐκ οἶδεν ἄλλον μισθόν, ἀπαιτεῖν ἢ μόνον, τὴν εὐσέβειαν πρὸς Χριστόν, ἡ ἁγιωτάτη δυὰς τῶν ἀναργύρων, Κοσμᾶς Διαμιανός τε, οὓς μεγαλύνομεν.

## ΕΙΣ ΤΑΣ Β΄

### Ἡ κατάθεσις τῆς τιμίας ἐσθῆτος τῆς ὑπεραγίας Θεοτόκου ἐν Βλαχέρναις

Εἰς τὴν Λειτουργίαν Τυπικά, καὶ ἐκ τῶν κανόνων ᾠδὴ γ΄ καὶ ς΄. Ἦχος δ΄.

### Ὠδὴ γ΄. Ὅτι στεῖρα ἔτεκεν.

Τὸ τερπνὸν ἁγίασμα, τὴν ἐπουράνιον πύλην, τὴν τοῦ Θεοῦ μητέρα ὑμνήσωμεν, καὶ τὴν αὐτῆς ἐσθῆτα θεῖα βρύουσαν χαρίσματα· ἣν πίστει ἀνυμνήσωμεν. Δίς.

Ἀφθαρσίας ἔνδυμα, τοὺς τῇ ἀφθορᾷ γυμνωθέντας, σοῦ τῷ ἀφθόρῳ τόκῳ, πάντας ἐνέδυσας σεμνή· οἷς τὴν σεπτὴν ἐσθῆτά σου, δεδώρησαι ὄλβον ἀναφαίρετον.

Ἰατρεῖον ἄμισθον, τοῖς ἀσθενοῦσιν ὑπάρχει, ὁ θεῖος οὗτος οἶκος· τὴν γὰρ ἐσθῆτά σου ἁγνή, πηγὴν ἀπαύστως βρύουσαν, ἰάματα κέκτηται πανάμωμε.

### Ὠδὴ ς΄. Θύσω σοι, μετὰ φωνῆς.

Ὅλην σε, ὑπερφυῶς ἐδόξασε Κύριος, ὅλην ἐλάμπρυνε κόρη, ὅλην σε ἐτίμησεν ὑπὲρ λόγον, Θεοτόκε, τῷ ναῷ σου σὺν τῇ ζώνῃ, ἐσθῆτι καὶ θείᾳ σορῷ. Δίς.

### Δόξα.

Ἰσχύν σε, οἱ πιστοὶ κεκτημένοι καὶ καύχημα, περιζωννύονται δόξαν, τὴν σεπτήν σου ζώνην, θεοκυῆτορ, κατέχοντες, ὡς ὑπέρλαμπρον κόσμον καὶ τίμιον.

### Καὶ νῦν.

Ἰδεῖν σου, Θεοτόκε τὴν δόξαν τὴν ἄφατον, πάλαι ὠδίνησαν θείως, οἱ προφῆται πάντες· ἀλλ᾽ ἐπ᾽ ἐσχάτων, ἡμῖν ὤφθη, τῶν ἡμερῶν ὁ χρόνων ἐπέκεινα.

### Τροπάριον. Ἦχος πλ. δ΄.

Θεοτόκε ἀειπάρθενε, τῶν ἀνθρώπων ἡ σκέπη, ἐσθῆτα καὶ

ζώνην τοῦ ἀχράντου σου σώματος, κραταιὰν τῇ Πόλει σου περιβολὴν ἐδωρήσω, τῷ ἀσπόρῳ τόκῳ σου ἄφθαρτα διαμείναντα· ἐπὶ σοὶ γὰρ καὶ φύσις καινοτομεῖται, καὶ χρόνος· διὸ δυσωποῦμέν σε, εἰρήνην τῇ οἰκουμένῃ δωρήσασθαι, καὶ ταῖς ψυχαῖς ἡμῶν τὸ μέγα ἔλεος.

### Κοντάκιον. Ἦχος δ΄.
#### Ὁ ὑψωθεὶς ἐν τῷ Σταυρῷ ἑκουσίως.

Περιβολὴν πᾶσι πιστοῖς ἀφθαρσίας, θεοχαρίτωτε ἁγνὴ ἐδωρήσω, τὴν ἱερὰν ἐσθῆτά σου μεθ' ἧς τὸ ἱερόν, σῶμά σου ἐσκέπασας, σκέπη πάντων ἀνθρώπων· ἧς περ τὴν κατάθεσιν ἑορτάζομεν πόθῳ· καὶ ἐκβοῶντες κράζομεν πιστῶς· χαῖρε παρθένε, χριστιανῶν τὸ καύχημα.

### Κοινωνικόν.

Ποτήριον σωτηρίου λήψομαι, καὶ τὸ ὄνομα Κυρίου ἐπικαλέσομαι.

### Μεγαλυνάριον.

Εἰ τὸ θεῖον κράσπεδον τοῦ Χριστοῦ, ἀσθενεῖς ἰᾶται, τούτου χάριτι ἡ ἐσθής, τῆς μητροπαρθένου καὶ θεονύμφου κόρης, τοῖς χρήζουσιν ἀρρώστοις, νέμει τὴν ἴασιν.

### ΕΙΣ ΤΑΣ Ε΄

**Τοῦ ὁσίου καὶ θεοφόρου πατρὸς ἡμῶν Ἀθανασίου τοῦ ἐν τῷ Ἄθῳ**
Εἰς τὴν Λειτουργίαν Τυπικά, καὶ ἐκ τοῦ κανόνος ᾠδὴ γ΄ καὶ ς΄. Ἦχος πλ. δ΄.

### Ὠδὴ γ΄. Ὁ στερεώσας κατ' ἀρχάς.

Ἀπὸ παιδὸς τῇ πρὸς Θεόν, ἀγάπῃ συνειλημμένος, τοὺς ὁμήλικας τῶν παίδων ἀθροίζων, καὶ χορείαν συνιστῶν, πνευματικῶς ἐρρύθμιζες, τῶν παιδικῶν πανσόφως, τούτους ἐθνῶν ἐξαιρούμενος.

Σοφίας ἔρωτι βληθείς, πρὸς τὴν εὐδαίμονα Πόλιν, παραγίνῃ Ἀθανάσιε πάτερ, καὶ ὡς μέλιττα σοφή, καὶ μελουργὸς τὰ καίρια, τῶν λόγων συναθροίσας, τὰ περιττὰ καταλέλοιπας.

Ἱστίῳ πάτερ τοῦ Σταυροῦ, τὴν ψυχικήν σου ὁλκάδα, κυβερνήσας εὐστάλως τε καὶ κούφως, τὴν τοῦ βίου χαλεπήν, ποντοπορίαν ἤνυσας, καὶ πρὸς γαλήνης θείους, ἤχθης λιμένας μακάριε.

### Θεοτοκίον.

Ὁ πρὸ αἰώνων γεννηθείς, ἐκ τοῦ Πατρὸς ἀπορρήτως, ἐπ' ἐσχάτων ἐκ γαστρός σου προῆλθε, καὶ ἐθέωσεν ἡμῶν, τὴν φύσιν μητροπάρθενε, τοὺς τῶν ὁσίων δήμους, περιφανῶς ἐπαγόμενος.

### Ὠδὴ ς΄. Ἱλάσθητί μοι Σωτήρ.

Ἐνέκρωσας σαρκικάς, ἐπιθυμίας τοῖς πόνοις σου· ἐσταύρωσας σεαυτόν, κόσμῳ καὶ τοῖς πάθεσι, νηστείαις καὶ δάκρυσι, προσευχαῖς καὶ ὕμνοις, ἀνενδότοις προσεδρεύων Θεῷ.

Τῶν μοναστῶν ἀρχηγός, τῶν ἐν τῷ Ὄρει τοῦ Ἄθωνος, καὶ τύπος καὶ χαρακτήρ, ἐναρέτων πράξεων, ὑπάρχων ἐκόσμησας, τὰ ἐκεῖσε πάντα, τῶν ἀζύγων καταγώγια.

### Δόξα.

Ἡδὺς εὐθὺς καὶ χρηστός, ἐπιεικής τε καὶ μέτριος, εὐπρόσιτος προσηνής, ἐλεήμων πέφυκας, συμπαθὴς καὶ εὔσπλαγχνος, ἱλαρὸς τοῖς τρόποις, χριστομίμητος τοῖς ἤθεσι.

### Καὶ νῦν. Θεοτοκίον.

Νέος καθάπερ Μωσῆς, ἀναφανεὶς κατεσκεύασας, οἷά περ ἄλλην σκηνήν, μάνδραν πανσεβάσμιον καὶ ὑπερηύξησας, πόνοις καὶ ἱδρῶσι, καὶ ἀνέθου τῇ μητρὶ τοῦ Θεοῦ.

### Τροπάριον. Ἦχος γ΄.

Τὴν ἐν σαρκὶ ζωήν σου, κατεπλάγησαν ἀγγέλων τάγματα, πῶς μετὰ σώματος πρὸς ἀοράτους συμπλοκάς, ἐχώρησας πανεύφημε, καὶ κατετραυμάτισας τῶν δαιμόνων τὰς φάλαγγας· ὅθεν Ἀθανάσιε ὁ Χριστός σε ἠμείψατο, πλουσίαις δωρεαῖς· διὸ πάτερ, πρέσβευε Χριστῷ τῷ Θεῷ, σωθῆναι τὰς ψυχὰς ἡμῶν.

### Κοντάκιον. Ἦχος πλ. δ΄.
### Τῇ ὑπερμάχῳ.

Ὡς τῶν ἀΰλων οὐσιῶν θεωρὸν ἄριστον, καὶ πρακτικὸν ὑφηγητὴν παναληθέστατον, ἀνακράζει σοι ἡ ποίμνη σου θεορρῆμον· μὴ ἐλλίπῃς ἱκετεύειν πρὸς τὸν Κύριον, λυτρωθῆναι πειρασμῶν καὶ περιστάσεων, τοὺς βοῶντάς σοι· χαίροις πάτερ Ἀθανάσιε.

### Κοινωνικόν.

Εἰς μνημόσυνον αἰώνιον ἔσται δίκαιος· ἀλληλούια.

### Μεγαλυνάριον.

Σὲ σοφὸν ποιμένα καὶ πρόεδρον, σὲ καὶ πολιοῦχον, καὶ ὑπέρμαχον ἄμαχον, ἔχουσα ἡ Λαύρα, σεμνύνεται τιμῶσα, τὸ θεῖον λείψανόν σου, ὦ Ἀθανάσιε.

### ΕΙΣ ΤΑΣ Η΄

### Τοῦ ἁγίου καὶ ἐνδόξου μεγαλομάρτυρος Προκοπίου

Εἰς τὴν Λειτουργίαν Τυπικά, καὶ ἐκ τοῦ κανόνος ᾠδὴ γ΄ καὶ ς΄. Ἦχος δ΄.

### Ὠδὴ γ΄. Οὐκ ἐν σοφίᾳ, καὶ δυνάμει.

Σταυροῦ ἐν μέσῳ, παραδόξως Χριστός σοι ὀπτάνεται, ἐκδιδάσκων ἐμφανῶς, τὴν πρὸς ἡμᾶς συγκατάβασιν, καὶ σὲ πρὸς τὴν ἄθλησιν προσεκκαλούμενος.

Ναὸν καὶ στήλην, ἀνεγείρας σαυτὸν θείου Πνεύματος, ζήλου πνέων θεϊκοῦ, ναοὺς καὶ ἄψυχα ξόανα, δαιμόνων κατέαξας μάρτυς Προκόπιε.

Συναπεβάλου, δερματίνους χιτῶνας τῷ ξέεσθαι, ἀφθαρσίας δὲ στολήν, περιεβάλου Προκόπιε, καὶ τὸν πολυμήχανον, μάρτυς ἐγύμνωσας.

### Θεοτοκίον.

Ῥῦσαί με πάσης, προσβολῆς ἐναντίας τοῦ ὄφεως, μητροπάρθενε ἁγνή, καὶ τὴν καρδίαν μου φώτισον, πίστει σε δοξάζοντος, τὴν παναμώμητον.

### Ὠδὴ ς΄. Θύσω σοι, μετὰ φωνῆς.

Ἔρρει σου, ἡ μελίρρυτος γλῶσσα διδάγματα, μελισταγῆ καὶ πικρίας, ἀθεΐας ὄντως ἀπελυτροῦτο, εὐπειθῶς σοι, τοὺς προστρέχοντας μάρτυς Προκόπιε.

Μητέρα, τὴν εὐσέβειαν μάρτυς κτησάμενος, τῆς δυσσεβείας ἐξαίρεις, σοῦ τὴν κατὰ σάρκα σεμνὴν μητέρα, καὶ προσάγεις, οὐρανίῳ Πατρὶ δι' ἀθλήσεως.

### Δόξα.

Τὰς ὄψεις, ἀποξέων σιδήρῳ ὁ τύραννος, τοῦ λογισμοῦ σου τὸν τόνον, μάρτυς οὐκ ἐσάλευσεν ἡδρασμένον, τῇ ἀγάπῃ, τοῦ τὰ πάθη σαρκὶ ὑπομείναντος.

### Καὶ νῦν. Θεοτοκίον.

Ἅγιον, τῶν ἁγίων ἀρρήτως ἐκύησας, ὑπεραγία παρθένε, τοὺς πιστοὺς ἀεὶ ἁγιάζοντα, καὶ μαρτύρων, τοὺς χοροὺς τοῖς ἀγγέλοις συνάπτοντα.

### Τροπάριον. Ἦχος δ΄.

Ὁ μάρτυς σου Κύριε, ἐν τῇ ἀθλήσει αὐτοῦ, τὸ στέφος ἐκομίσατο τῆς ἀφθαρσίας, ἐκ σοῦ τοῦ Θεοῦ ἡμῶν· ἔχων γὰρ τὴν ἰσχύν σου, τοὺς τυράννους καθεῖλεν, ἔθραυσε καὶ δαιμόνων τὰ ἀνίσχυρα θράση· αὐτοῦ ταῖς ἱκεσίαις Χριστὲ ὁ Θεός, σῶσον τὰς ψυχὰς ἡμῶν.

### Κοντάκιον. Ἦχος β΄.
### Τὰ ἄνω ζητῶν.

Τῷ ζήλῳ Χριστοῦ τῷ θείῳ πυρπολούμενος, καὶ ἐν τῷ Σταυρῷ, τῷ τιμίῳ φρουρούμενος, τῶν ἐχθρῶν τὸ φρύαγμα, καὶ τὰ θράση καθεῖλες Προκόπιε, καὶ τὴν σεπτὴν ἐκκλησίαν ὕψωσας, τῇ πίστει προκόπτων, καὶ φωτίζων ἡμᾶς.

### Κοινωνικόν.

Εἰς μνημόσυνον αἰώνιον ἔσται δίκαιος· ἀλληλούια.

### Μεγαλυνάριον.

Ξόανα χλευάσας εἰδωλικά, τὸν Χριστὸν κηρύξας, Θεὸν εἶναι ἀληθινόν, χαλεπὰς κολάσεις, ὑπήνεγκας καὶ καύσεις, λαβὼν τοῦ μαρτυρίου, στέφος Προκόπιε.

## ΕΙΣ ΤΑΣ ΙΑ΄

### Τῆς ἁγίας μεγαλομάρτυρος καὶ πανευφήμου Εὐφημίας

Εἰς τὴν Λειτουργίαν Τυπικά, καὶ ἐκ τοῦ κανόνος ᾠδὴ γ΄ καὶ ς΄. Ἦχος δ΄.

### Ὠδὴ γ΄. Τοὺς σοὺς ὑμνολόγους Θεοτόκε.

Ὢ πῶς ἐν τῷ μέσῳ τοῦ σταδίου, ἀθλοῦσα ἡ μάρτυς τοῦ Χριστοῦ, τὸν τύραννον ἐξέστησε, δι' ἄκραν καρτερότητα· ἀνδρείως γὰρ ὑπήνεγκε, τὰ τῶν δεινῶν κολαστήρια.

Πανεύφημε μάρτυς Εὐφημία, εὐφήμοις ἐν ᾄσμασιν ἀεί, σὴν μνήμην σου γεραίρομεν, τὴν σὴν πλουτοῦντες λάρνακα, τὸ λείψανόν σου φέρουσαν, τὸ ἱερὸν καὶ σεβάσμιον.

Ἀνδρείως κατέβαλες τὸν ὄφιν, τὸν μέγαν σεμνὴ τὸν νοητόν, δυναμωθεῖσα χάριτι, Πατρὸς Υἱοῦ καὶ Πνεύματος, τῆς ἀσυγχύτου φύσεως, καὶ τρισηλίου Θεότητος.

### Θεοτοκίον.

Ὑμνήσωμεν πάντες κατὰ χρέος, Μαρίαν τὴν Δέσποιναν ἁγνήν, τὴν μόνην ἀειπάρθενον· αὕτη γὰρ τὸ κεφάλαιον, τῆς σωτηρίας γέγονεν, ἡμῶν δι᾽ ἄκραν καθαρότητα.

### ᾨδὴ ς΄. Τὴν θείαν ταύτην.

Ὡς ἄνθος χόρτου ἡ πάνσεμνος, ὁρῶσα Εὐφημία ῥεόμενα, πάντα τὰ γήινα, δίκην σκυβάλων κατέπτυσεν, ἵνα Χριστὸν κερδήσῃ, ὅνπερ ἐπόθησε.

Καθεῖλες κόρη τὸν δράκοντα, τὸν μέγαν καὶ πολλὰ ἐπαιρόμενον, καὶ κατεβύθισας, ἐν τοῖς κρουνοῖς τῶν αἱμάτων σου, τὸν καθ᾽ ἡμῶν δολίως μηχανευόμενον.

### Δόξα.

Ὁρῶντες μάρτυς ὡς ἥδυσμα, ἐν μέσῳ σου τὸ λείψανον κείμενον, τὸ ἱερώτατον, πνευματικῶς εὐωχούμεθα, ἁγιασμὸν καὶ ῥῶσιν ἀπαρυόμενοι.

### Καὶ νῦν. Θεοτοκίον.

Ξενίζεις πάντας τῷ τόκῳ σου, Παρθένε Παναγία θεόνυμφε, ὦ πῶς ἀπείρανδρος, οὖσα πρὸ τόκου γεγέννηκας, καὶ μετὰ τόκον πάλιν ἔμεινας ἄφθορος.

### Τροπάριον. Ἦχος γ΄.

Λίαν εὔφρανας τοὺς ὀρθοδόξους, καὶ κατῄσχυνας τοὺς κακοδόξους, Εὐφημία Χριστοῦ καλλιπάρθενε· τῆς γὰρ τετάρτης Συνόδου ἐκύρωσας, ἃ οἱ πατέρες καλῶς ἐδογμάτισαν· μάρτυς ἔνδοξε, Χριστὸν τὸν Θεὸν ἱκέτευε, δωρήσασθαι ἡμῖν τὸ μέγα ἔλεος.

### Κοντάκιον. Ἦχος β΄.

Ἀγῶνας ἐν ἀθλήσει, ἀγῶνας ἐν τῇ πίστει, κατεβάλου θερμῶς ὑπὲρ Χριστοῦ τοῦ νυμφίου σου· ἀλλὰ καὶ νῦν ὡς τὰς αἱρέσεις, καὶ τῶν ἐχθρῶν τὸ φρύαγμα, ἐν τοῖς ποσὶ τῶν βασιλέων ἡμῶν ὑποταγῆναι, πρέσβευε διὰ τῆς Θεοτόκου, ἡ ὑπὸ ἑξακοσίων τριάκοντα, θεοφόρων πατέρων ὅρον λαβοῦσα, καὶ φυλάττουσα πανεύφημε.

### Κοινωνικόν.

Εἰς μνημόσυνον αἰώνιον ἔσται δίκαιος.

### Μεγαλυνάριον.

Τὴν λαμπάδα πάντες τὴν φαεινήν, καὶ τῆς παρθενίας, τὸν ἀσύλητον θησαυρόν, τὴν νύμφην Κυρίου, καὶ ἄσπιλον ἀμνάδα, τὴν θείαν Εὐφημίαν, πάντες τιμήσωμεν.

### ΕΙΣ ΤΑΣ ΙΓ΄

**Ἡ σύναξις τοῦ ἀρχαγγέλου Γαβριήλ**

Εἰς τὴν Λειτουργίαν Τυπικά, καὶ ἐκ τοῦ κανόνος ᾠδὴ γ΄ καὶ ς΄.

### Ὠδὴ γ΄.
Τοὺς σοὺς ὑμνολόγους Θεοτόκε.
Ἦχος δ΄.

Μεθέξει φωτὸς ἀϋλωτάτου, ὡς ἄϋλος ὄντως Γαβριήλ, ἀΰλως φωτιζόμενος, φῶς καθορᾶσαι δεύτερον, τοὺς ὑλικοὺς ἑκάστοτε, βροτοὺς φωτίζων ὑμνοῦντάς σε.

Μεγίστης εὐκλείας ἠξιώθης, τὸ μέγα μυστήριον ἡμῖν, ἀνακαλύψας μέγιστε, ἀγγέλων· δι' οὗ ἤρθημεν, οἱ ἀπὸ γῆς πρὸς μέγιστον, ὕψος μεγάλως τιμῶντές σε.

Ἐπίφανον πᾶσιν οὐρανόθεν, τοῖς πόθῳ ζητοῦσί σε ἀεί, καὶ παῦσον τὸ κλυδώνιον, τὸ καθ' ἡμῶν κινούμενον, τῶν πειρασμῶν καὶ θλίψεων, ὦ Γαβριὴλ ἀρχιστράτηγε.

### Θεοτοκίον.

Γνωρίζων τὸ πάλαι κεκρυμμένον, μυστήριον κόρη σοι ποτέ, ὁ Γαβριὴλ ἐκραύγαζε· χαῖρε Θεοῦ παλάτιον, ἐν ᾧ οἰκήσας ἅπαντας, βροτοὺς θεώσει ὡς εὔσπλαγχνος.

### Ὠδὴ ς΄. Τὴν θείαν ταύτην.

Γεώδεις γλῶσσαι γεραίρειν σε, τὸν νοῦν τὸν φωταυγῆ καὶ οὐράνιον, οὐκ ἐξισχύουσι, περιφανῶς λαμπρυνόμενον, ταῖς ὑπὲρ νοῦν καὶ λόγον θείαις λαμπρότησιν.

Ἀκτὶς ἡλίου πολύφωτε, πυρίνων λειτουργῶν ἀρχιστράτηγε, ταῖς σελασφόροις σου, πρὸς τὸν Δεσπότην δεήσεσι, τοὺς ὑμνητάς σου σκότους παθῶν ἐξάρπασον.

### Δόξα.

Βουλὰς ἐθνῶν διασκέδασον, τὴν πίστιν τὴν ὀρθόδοξον κράτυνον, παῦσον τὰ σχίσματα, τῆς ἐκκλησίας ἀρχάγγελε, ταῖς πρὸς τὸν κτίστην πάντων σοῦ παρακλήσεσι.

### Καὶ νῦν. Θεοτοκίον.

Ῥημάτων θείων ὑπήκοος, ἁγνὴ τοῦ Γαβριὴλ ἐχρημάτισας, καὶ τὸν προάναρχον, Λόγον σαρκὶ ἀπεκύησας, τῆς ἀλογίας κόσμον ἀπολυτρούμενον.

### Τροπάριον. Ἦχος δ΄.

Τῶν οὐρανίων στρατιῶν ἀρχιστράτηγε, δυσωποῦμέν σε ἡμεῖς οἱ ἀνάξιοι, ἵνα ταῖς σαῖς δεήσεσι τειχίσῃς ἡμᾶς, σκέπῃ τῶν πτερύγων τῆς ἀΰλου σου δόξης, φρουρῶν ἡμᾶς προσπίπτοντας ἐκτενῶς καὶ βοῶντας· ἐκ τῶν κινδύνων λύτρωσαι ἡμᾶς, ὡς ταξιάρχης τῶν ἄνω δυνάμεων.

### Κοντάκιον. Ἦχος ὁ αὐτός.
Ὁ ὑψωθεὶς ἐν τῷ Σταυρῷ ἑκουσίως.

Τῶν ἀσωμάτων λειτουργῶν σὺ πρωτεύων, τὸ πρὸ αἰώνων ὁρισθὲν ὄντως μέγα, σὺ Γαβριὴλ πεπίστευσαι μυστήριον, τόκον τὸν ἀπόρρητον τῆς ἁγίας παρθένου· Χαῖρε προσφωνῶν αὐτῇ, ἡ κεχαριτωμένη· χρεωστικῶς σε ὅθεν οἱ πιστοί, ἐν εὐφροσύνῃ ἀεὶ μακαρίζομεν.

### Κοινωνικόν.

Ὁ ποιῶν τοὺς ἀγγέλους αὐτοῦ πνεύματα, καὶ τοὺς λειτουργοὺς αὐτοῦ πυρὸς φλόγα.

### Μεγαλυνάριον.

Χαίροις ἱερώτατε Γαβριήλ, χαίροις πρωτοστάτα, τῶν ἀγγέλων προμηνυτά, χαίροις ὁ τὸ Χαῖρε, μηνύσας τῇ παρθένῳ, ἐν Ναζαρὲτ τῇ πόλει· σὲ μεγαλύνομεν.

## ΚΥΡΙΑΚΗ ΤΩΝ ΑΓΙΩΝ ΠΑΤΕΡΩΝ

Ἀπὸ τῆς ΙΓ΄ ἕως τῆς ΙΘ΄ τοῦ παρόντος μηνός, οἵᾳ ἡμέρᾳ τύχῃ Κυριακή, μνήμην ἐπιτελοῦμεν τῶν ἁγίων ἑξακοσίων τριάκοντα θεοφόρων πατέρων, τῶν ἐν Χαλκηδόνι ἐν τῇ τετάρτῃ οἰκουμενικῇ Συνόδῳ συνελθόντων.

Εἰς τὴν Λειτουργίαν οἱ μακαρισμοὶ τοῦ ἤχου εἰς δ΄, καὶ ἐκ τῶν κανόνων τῶν πατέρων ᾠδὴ γ΄ καὶ ς΄.

### ᾨδὴ γ΄. Ἦχος α΄.
### Ὁ μόνος εἰδὼς τῆς τῶν βροτῶν.

Ἡ πρώτη πηγὴ τῶν ἀγαθῶν, ἡ χάρις ἡ τοῦ Πνεύματος, ὡς ποταμοὺς ὑμᾶς ἀνεστόμωσε, τὴν πλάνην ἔνδοξοι κατασύροντας, καὶ πιστοὺς ποτίζοντας εὐσεβείας νάματα, προφητῶν ἀποστόλων τὸ κήρυγμα.

Σέργιον καὶ Πύρρον τοὺς δεινούς, προστάτας τῆς αἱρέσεως, Παῦλον καὶ Πέτρον καὶ τὸν Θεόδωρον, γενναίως ἅμα σοφοὶ καθείλετε, τὴν σεπτὴν στηρίξαντες, ἐκκλησίαν ἔνδοξοι, ἀποστόλων πατέρων τοῖς δόγμασιν.

Ἀνάρχου Θεότητος τρανῶς, ἐνέργειαν συνάναρχον, οἱ θεοφόροι ἀνακηρύξαντες, κτιστὴν ἐδίδαξαν τὴν ἐνέργειαν, τοῦ κτιστοῦ προσλήμματος, ἐν διπλόῃ φύσεων, Υἱὸν ἕνα Χριστὸν καταγγείλαντες.

### Θεοτοκίον.

Ἰδεῖν οἱ ποθοῦντες τὰς αὐγάς, τῆς χάριτος τοῦ Πνεύματος, καὶ τὴν ἀνέσπερον θείαν ἔλλαμψιν, πηγῇ προσδράμωμεν, τῇ τῆς χάριτος, τῇ μητρὶ τοῦ κτίσαντος· ἐν αὐτῇ γὰρ ἅπαντα, τοῖς πιστοῖς χορηγεῖται τὰ βέλτιστα.

### ᾨδὴ ς΄. Ἦχος πλ. δ΄.
### Ἱλάσθητί μοι Σωτήρ.

Αἱ δύο ἐπιστολαί, Κυρίλλου αἱ πρὸς τὸν Σούκενσον, ἀποσταλεῖσαι ποτέ, Ἕως τὸν πρόεδρον, ἐλέγχουσιν ἅπασαν, τὴν Σεβήρου πλάνην, εὐσεβῶς Χριστὸν κηρύττουσαι. Δίς.

### Δόξα.

Ὁ Κύριλλος τὸν Χριστόν, κηρύττει ἐν δύο φύσεσι, καὶ ἐνεργείαις δυτταῖς, Σεβήρου τὴν αἵρεσιν, τοῦ ἄνου τρεπόμενος· διὸ πάντες τούτου, τοῖς διδάγμασιν ἐμμένομεν.

### Καὶ νῦν. Θεοτοκίον.

Παρθένον σε καὶ ἁγνήν, θεογεννήτορα ἔνδοξον, Μαρία οἱ εὐσεβεῖς, κυρίως κηρύττομεν, ἐμφράττοντες δύσφημον, Νεστορίου στόμα, Διοσκόρου τε κακόνοιαν.

### Τροπάριον. Ἦχος πλ. δ΄.

Ὑπερδεδοξασμένος εἶ Χριστὲ ὁ Θεὸς ἡμῶν, ὁ φωστῆρας ἐπὶ γῆς τοὺς πατέρας ἡμῶν θεμελιώσας, καὶ δι' αὐτῶν πρὸς τὴν ἀληθινὴν πίστιν, πάντας ἡμᾶς ὁδηγήσας· πολυεύσπλαγχνε δόξα σοι.

### Κοντάκιον. Ἦχος ὁ αὐτός.

Τῶν ἀποστόλων τὸ κήρυγμα, καὶ τῶν πατέρων τὰ δόγματα, τῇ ἐκκλησίᾳ μίαν τὴν πίστιν ἐκράτυνεν· ἣ καὶ χιτῶνα φοροῦσα τῆς ἀληθείας, τὸν ὑφαντὸν ἐκ τῆς ἄνω θεολογίας, ὀρθοτομεῖ καὶ δοξάζει, τῆς εὐσεβείας τὸ μέγα μυστήριον.

### Κοινωνικόν.

Αἰνεῖτε τὸν Κύριον ἐκ τῶν οὐρανῶν· ἀλληλούια.

Καὶ τό·

Εἰς μνημόσυνον αἰώνιον ἔσονται δίκαιοι.

### Μεγαλυνάριον.

Τὴν σοφίας λύραν πολύφθογγον, τῆς θεολογίας τὴν πηγὴν τὴν πολύρροον, τὴν τῆς ἐκκλησίας πολυτελῆ κρηπῖδα, τοὺς θείους νῦν πατέρας, ᾄσμασι στέψωμεν.

## ΕΙΣ ΤΑΣ ΙΖ΄

### Τῆς ἁγίας μεγαλομάρτυρος Μαρίνης

Εἰς τὴν Λειτουργίαν Τυπικά, καὶ ἐκ τῶν κανόνων ᾠδὴ γ΄ καὶ ϛ΄.

### Ὠδὴ γ΄. Ἦχος πλ. δ΄.

Οὐκ ἔστιν ἅγιος, ὡς ὁ Κύριος.

Οὐ πῦρ οὐδὲ μάστιγες, οὐδὲ ξίφους ἀκμή, οὐ τυράννων ὠμότητες, οὐδὲ θάνατος, οὐ θηρῶν ἀγριότης, τῆς θείας ἐχώρισεν, ἀγάπης σε πανόλβιε.

Ὑπῆρξας ἄσειστος καὶ ἀσάλευτος, ἐν καιρῷ περιστάσεως, πύργος πανένδοξε, εὐσεβείας κρηπῖδα, θεμένη τῆς πίστεως, ἐν πέτρᾳ παμμακάριστε.

Ἁγίων αἱμάτων σου καλλιπάρθενε, οἱ κρουνοὶ προχεόμενοι, πᾶσαν κατέσβεσαν τῶν εἰδώλων τὴν πλάνην, καὶ δῆμον προσήγαγον, μαρτύρων τῷ νυμφίῳ σου.

### Θεοτοκίον.

Ῥωσθέντες τῇ χάριτι Θεοτόκον σε, ὁμοφρόνως δοξάζομεν· σάρκα γενόμενον, τὸν τὸ εἶναι τοῖς πᾶσι, διδόντα γὰρ τέτοκας, καὶ κόσμον ἀνεκαίνισας.

### Ὠδὴ ϛ΄. Ἦχος δ΄.

Θύσω σοι, μετὰ φωνῆς αἰνέσεως.

Αἱμάτων, τῇ πλημμύρᾳ θαλάσσας ἐξήρανας, κακοπιστίας· Χριστοῦ δέ, τὴν σεπτὴν κατήρδευσας ἐκκλησίαν, ὦ Μαρῖνα, ἀθληφόρε παρθένων τὸ καύχημα.

Ἀβρόχως, τῶν βασάνων διῆλθες κλυδώνιον, ἀκαταπόντιστος· ὅθεν, εἰς λιμένα ἄκλυστον καθωρμίσθης, καὶ τῆς ὄντως, ἀπολαύεις γαλήνης ἀοίδιμε.

### Δόξα.

Ὀρθρίσας, πρὸς Χριστὸν τὸν ἀνέσπερον ἥλιον, καὶ ταῖς αὐτοῦ φρυκτωρίαις, τὴν ψυχὴν θεόφρον σοῦ κατηυγάσθης, ἀθληφόρε, καὶ πρὸς φῶς μετετέθης ἀΐδιον.

### Καὶ νῦν. Θεοτοκίον.

Θάλασσαν, σπαργανώσας ὁμίχλῃ βουλήματι, κυοφορεῖται ὁ κτίστης, ἐκ παρθένου κόρης ἀπειρογάμου, ὥσπερ βρέφος, καὶ σπαργάνοις ἀρρήτως εἱλίσσεται.

### Τροπάριον. Ἦχος δ΄.

Ἡ ἀμνάς σου Ἰησοῦ, κράζει μεγάλῃ τῇ φωνῇ· σὲ Νυμφίε μου ποθῶ, καὶ σὲ ζητοῦσα ἀθλῶ· καὶ συσταυροῦμαι καὶ συνθάπτομαι τῷ βαπτισμῷ σου· καὶ πάσχω διὰ σέ, ὡς βασιλεύσω σὺν σοί· καὶ θνήσκω ὑπὲρ σοῦ, ἵνα καὶ ζήσω ἐν σοί· ἀλλ᾽ ὡς θυσίαν ἄμωμον προσδέχου, τὴν μετὰ πόθου τυθεῖσάν σοι· αὐτῆς πρεσβείαις ὡς ἐλεήμων, σῶσον τὰς ψυχὰς ἡμῶν.

### Κοντάκον. Ἦχος γ΄.
### Ἡ παρθένος σήμερον.

Παρθενίας κάλλεσι, πεποικιλμένη παρθένε, μαρτυρίου στίγμασι, στεφανωθεῖσα Μαρῖνα, αἵμασιν ἀθλητικοῖς τε ῥεραντισμένη, θαύμασι καταλαμφθεῖσα τῶν ἰαμάτων, εὐσεβῶς μάρτυς ἐδέξω, βραβεῖα νίκης τῆς σῆς ἀθλήσεως.

### Κοινωνικόν.

Εἰς μνημόσυνον αἰώνιον ἔσται δίκαιος· ἀλληλούια.

### Μεγαλυνάριον.

Χαίρει καθορῶσα τῷ πνεύματι, ἡ προμήτωρ Εὔα, συμπατούμενον τοῖς ποσί, μάρτυρος Μαρίνης, ὃν δράκοντα δολίως, αὐτὴν τοῦ παραδείσου ἐφυγαδεύσατο.

### ΕΙΣ ΤΑΣ Κ΄

### Τοῦ ἁγίου ἐνδόξου προφήτου Ἠλιοὺ τοῦ Θεσβίτου

Εἰς τὴν Λειτουργίαν Τυπικά, καὶ ἐκ τῶν κανόνων ᾠδὴ γ΄ καὶ ϛ΄.

### Ὠδὴ γ΄. Ἦχος β΄.
### Ἐν πέτρᾳ με τῆς πίστεως.

Ὡς ἄριστος προφήτα ὁ ἑστιάτωρ, ὁ κόρακι τελῶν σοι τὴν πανδαισίαν, ὁ μόνος ἐμπιπλῶν πᾶν ζῷον εὐδοκίας· ᾧ πάντες κράζομεν· σὺ εἶ Θεὸς ἡμῶν, καὶ οὐκ ἔστιν ἅγιος πλὴν σοῦ Κύριε.

Χάρις τῷ εὐεργέτῃ καὶ κηδεμόνι, τῷ χήραν καὶ προφήτην ἀλληλοτρόφους, ἀρρήτῳ ἐκτελέσαντι προμηθείᾳ, ᾧ πάντες κράζομεν· σὺ εἶ Θεὸς ἡμῶν, καὶ οὐκ ἔστιν ἅγιος πλὴν σοῦ Κύριε.

Ὁ κλείσας ὀμβροτόκους νεφέλας ὕειν, τροφῆς ἠπορημένῃ τῇ

Σαραφθία, τὰ λείψανα τῆς βρώσεως ἀνενδότως, ψεκάζειν ἔδρασας· διὸ καὶ ἔκραζες· ὡς οὐκ ἔστιν ἅγιος πλήν σου Κύριε.

### Θεοτοκίον.

Σὺ μόνη παρὰ πάντας τοὺς ἀπ' αἰῶνος, μεγάλων ἠξιώθης καὶ ὑπὲρ φύσιν· Θεὸν γὰρ τὸν ἀχώρητον πάσῃ κτίσει, ἐν μήτρᾳ ἤνεγκας, καὶ ἐσωμάτωσας· ὅθεν Θεοτόκον σε πίστει σέβομεν.

### Ὠδὴ ς΄. Ἦχος πλ. δ΄.
### Ἱλάσθητί μοι Σωτήρ.

Ἱλάσθητί μοι Σωτήρ, πολλά σοι ἀφρόνως πταίσαντι, καὶ τῆς μενούσης ἐκεῖ, κολάσεως λύτρωσαι, ἔχων δυσωποῦντάς σε, Ἠλιοὺ τὸν μέγαν, καὶ τὴν ἄχραντον μητέρα σου.

Ἁγνείας ὡς φυτουργός, ἁγνὸν ψυχῇ με συντήρησον· ὡς ζηλωτὴς Ἠλιού, ζήλου θείου πλήρωσον, τὴν ἐμὴν διάνοιαν, ὅπως τῆς κακίας, τὰς ἐφόδους ἀποκρούσωμαι.

### Δόξα.

Νηστεύεις βρώσει μιᾷ, ὁδὸν τεσσαρακονθήμερον, ἀνύων θείᾳ ῥοπῇ· διὸ ἱκετεύω σε, πάσης παραβάσεως, ἐγκρατεύεσθαί με, θεοφόρε ἐνδυνάμωσον.

### Καὶ νῦν. Θεοτοκίον.

Ἡ πύλη ἡ τοῦ Θεοῦ, εἰσόδους θείας ὑπόδειξον, τῇ ταπεινῇ μου ψυχῇ, ἐν αἷς εἰσελεύσομαι, ἐξομολογούμενος, καὶ κακῶν τὴν λύσιν, Θεοτόκε ἀπολήψομαι.

### Τροπάριον. Ἦχος δ΄.

Ὁ ἔνσαρκος ἄγγελος, τῶν προφητῶν ἡ κρηπίς, ὁ δεύτερος πρόδρομος τῆς παρουσίας Χριστοῦ, Ἠλίας ὁ ἔνδοξος, ἄνωθεν καταπέμψας Ἐλισαίῳ τὴν χάριν, νόσους ἀποδιώκει, καὶ λεπροὺς καθαρίζει· διὸ καὶ τοῖς τιμῶσιν αὐτὸν βρύει ἰάματα.

### Κοντάκιον. Ἦχος β΄. Αὐτόμελον.

Προφῆτα καὶ προόπτα τῶν μεγαλουργιῶν τοῦ Θεοῦ, Ἠλία μεγαλώνυμε, ὁ τῷ φθέγματί σου στήσας τὰ ὑδατόρρυτα νέφη, ἱκέτευε ὑπὲρ ἡμῶν τὸν μόνον φιλάνθρωπον.

### Κοινωνικόν.

Ἀγαλλιᾶσθε, δίκαιοι, ἐν Κυρίῳ, τοῖς εὐθέσι πρέπει αἴνεσις.

### Μεγαλυνάριον.

Πῦρ θεοσεβείας πνέων σοφέ, πῦρ δυσθέους φλέγον, καταφέρεις ἐξ οὐρανοῦ· πῦρ διό σε μάκαρ εἰς οὐρανὸν ἀνάγει, πυρός με τοῦ ἀσβέστου, Ἠλία λύτρωσαι.

### ΕΙΣ ΤΑΣ ΚΕ΄

Ἡ κοίμησις τῆς ἁγίας Ἄννης τῆς μητρὸς τῆς ὑπεραγίας Θεοτόκου

### Ὠδὴ γ΄. Οὐκ ἐν σοφίᾳ, καὶ δυνάμει.

Τὴν συλλαβοῦσα, τὸν συνέχοντα πάντα συνέλαβες, καὶ ἐκύησας Χριστόν, τὴν ὑπὲρ λόγον κυήσασαν· διό σου τὴν κοίμησιν, Ἄννα γεραίρομεν.

Μετ' ἐγκωμίων, ἐκτελεῖται ἡ ἔνδοξος μνήμη σου, ὅτι ἔτεκες

ἡμῖν, τὴν ἐγκωμίων ἐπέκεινα, ἁγνὴν θεομήτορα, Ἄννα θεόκλητε.

Ἥλιος ὥς περ, τῇ σελήνῃ τῇ Ἄννᾳ ἑνούμενος, ὁ κλεινὸς Ἰωακείμ, τῆς παρθενίας ἀκτῖνα γεννᾷ· δι' ἧς τῆς θεότητος αὐγὴ ἐπέλαμψε.

Θεοτοκίον.

Σὲ προστασίαν, ἀσφαλῆ θεομῆτορ κεκτήμεθα· τὰς ἐλπίδας ἐπὶ σοί, ἀνατιθέντες σωζόμεθα· πρὸς σὲ καταφεύγοντες, περιφρουρούμεθα.

Ὠδὴ ς΄. Θύσω σοι, μετὰ φωνῆς.

Κυρίου, Ἰησοῦ τοῦ Θεοῦ οἱ προπάτορες, Ἰωακείμ τε καὶ Ἄννα, οἱ δικαιοσύνῃ κεκοσμημένοι, ἐπαξίως, ἐν ᾠδαῖς εὐφημείσθωσαν σήμερον.

Ἁπάντων, ἐγκωμίων ἡ Ἄννα ὑπέρκειται, ὅτι παντὸς ἐγκωμίου, τὴν ὑπερκειμένην ἐκύησε· διὰ τοῦτο, τῷ χορῷ τῶν ἁγίων αὐλίζεται.

Δόξα.

Φωσφόρος, καὶ λαμπρότητος πλήρης ἡ μνήμη σου, μαρμαρυγὰς τοῖς ἐν κόσμῳ, τὰς σωτηριώδεις ἐκπέμπουσα, σῶφρον Ἄννα, χαρισμάτων παντοίων ἀνάπλεως.

Καὶ νῦν. Θεοτοκίον.

Ἐξ Ἄννης, ἡ τοῦ κόσμου ἐτέχθης βασίλισσα, τὸν τοῦ παντὸς βασιλέα, καὶ τεκοῦσα καὶ παρθενεύουσα, μετὰ τόκον, χερουβὶμ ἀνωτέρα πανάμωμε.

Τροπάριον. Ἦχος δ΄.

Ζωὴν τὴν κυήσασαν ἐκυοφόρησας, ἁγνὴν θεομήτορα, θεόφρον Ἄννα· διὸ πρὸς λῆξιν οὐράνιον, ἔνθα εὐφραινομένων κατοικία ἐν δόξῃ, χαίρουσα νῦν μετέστης, τοῖς τιμῶσί σε πόθῳ, πταισμάτων αἰτουμένη ἱλασμὸν ἀειμακάριστε.

Κοντάκιον. Ἦχος β΄. Τὰ ἄνω ζητῶν.

Προγόνων Χριστοῦ, τὴν μνήμην ἑορτάζομεν, τὴν τούτων πιστῶν, αἰτούμενοι βοήθειαν, τοῦ ῥυσθῆναι ἅπαντας, ἀπὸ πάσης θλίψεως τοὺς κραυγάζοντας· ὁ Θεὸς γενοῦ μεθ' ἡμῶν, ὁ τούτους δοξάσας ὡς ηὐδόκησας.

Κοινωνικόν.

Ἀγαλλιᾶσθε, δίκαιοι, ἐν Κυρίῳ, τοῖς εὐθέσι πρέπει αἴνεσις.

Μεγαλυνάριον.

Ζεῦγος ἁγιόλεκτον καὶ σεπτόν, ξυνωρὶς τιμία, οἱ προπάτορες τοῦ Χριστοῦ, εὖχος τῶν δικαίων, Ἰωακεὶμ καὶ Ἄννα, τῶν τὴν ὑμῶν τιμώντων, μνήμην προΐστασθε.

### ΕΙΣ ΤΑΣ Κς΄

Τῆς ἁγίας ὁσιομάρτυρος Παρασκευῆς

Εἰς τὴν Λειτουργίαν Τυπικά, καὶ ἐκ τοῦ κανόνος ᾠδὴ γ΄ καὶ ς΄. Ἦχος δ΄.

Ὠδὴ γ΄. Εὐφραίνεται ἐπὶ σοί.

Ἐνεύρου τὸ ἀσθενές, τὸ θεῖον Πνεῦμα, καὶ φαιδρὸν δέδειχεν,

ἐξεικονίζον ἄριστα, τῆς σῆς ἀκραιφνοῦς ψυχῆς ἔλλαμψιν.

Ῥωσθεῖσα σθένει Χριστοῦ, τὰς τῶν βουνεύρων ἀφειδῶς μάστιγας, μάρτυς Χριστοῦ ὑπέφερες, οἷά τις ἀδάμας στερρότατος.

Ἀγάπῃ τῇ πρὸς Θεόν, ἐν τῷ σταδίῳ καρτερῶς ἤνεγκας, τὸν σκορπισμὸν τοῦ σώματος, καὶ τοὺς ἀνυποίστους πικροὺς αἰκισμούς.

Θεοτοκίον.

Σὺ μόνη τοῖς ἐπὶ γῆς, τῶν ὑπὲρ φύσιν ἀγαθῶν πρόξενος, μήτηρ Θεοῦ γέγονας· ὅθεν σοι τὸ χαῖρε κραυγάζομεν.

Ὠδὴ ς΄. Θύσω σοι, μετὰ φωνῆς.

Ἀγγέλου, παρουσίᾳ τὴν στέρνοις τεθεῖσάν σοι, μεγίστην πάνσεμνε πλάκα, καὶ χειρῶν τοὺς ἥλους ἔνδοξε μάρτυς, ὁ Δεσπότης, ῥοπῇ θείᾳ θᾶττον ἠφάνισε.

Νέαν σε, πρωτομάρτυρα Θέκλαν δοξάζομεν, οἷα κηρύξασαν πᾶσι, καὶ πολλοὺς φωτίσασαν θείῳ λόγῳ, καὶ ἀπίστους, πρὸς τὴν ἔνθεον πίστιν ῥυθμίσασαν.

Δόξα.

Ἔρρει σου, τῶν ἐνθέων δογμάτων ὁ σύλλογος, μελισταγῶν ἐκ χειλέων, καὶ τὴν γνῶσιν πάντων ἐδίδασκες, παρρησίᾳ, Παρασκευὴ μαρτύρων ἀγλάισμα.

Καὶ νῦν. Θεοτοκίον.

Ὢ θαῦμα, τῶν ἁπάντων θαυμάτων καινότερον· ὅτι παρθένος ἐν μήτρᾳ, τὸν τὰ σύμπαντα περιέποντα, ἀπειράνδρως, συλλαβοῦσα οὐκ ἐστενοχώρησεν.

Τροπάριον. Ἦχος α΄.

Τὴν σπουδήν σου τῇ κλήσει κατάλληλον, ἐργασαμένη φερώνυμε, τὴν ὁμώνυμόν σου πίστιν εἰς κατοικίαν κεκλήρωσαι, Παρασκευὴ ἀθληφόρε· ὅθεν προχέεις ἰάματα, καὶ πρεσβεύεις ὑπὲρ τῶν ψυχῶν ἡμῶν.

Κοντάκιον. Ἦχος δ΄.
Ἐπεφάνης σήμερον.

Τὸν ναόν σου πάνσεμνε ὡς ἰατρεῖον, ψυχικὸν εὑράμενοι, ἐν τούτῳ πάντες οἱ πιστοί, μεγαλοφώνως τιμῶμέν σε, ὁσιομάρτυς Παρασκευὴ ἀοίδιμε.

Κοινωνικόν.

Εἰς μνημόσυνον αἰώνιον ἔσται δίκαιος· ἀλληλούια.

Μεγαλυνάριον.

Λέβητος ῥαντίσματι φλογερῷ, σβέσασα τὰς κόρας, τοῦ τυράννου Παρασκευή, πρὸς λουτρὸν δροσῶδες, βαπτίσματος ἐκπέμπεις, φωτισαμένη κόρας, ψυχῆς καὶ σώματος.

### ΕΙΣ ΤΑΣ ΚΖ΄

Τοῦ ἁγίου μεγαλομάρτυρος καὶ ἰαματικοῦ Παντελεήμονος

Εἰς τὴν Λειτουργίαν Τυπικά, καὶ ἐκ τοῦ κανόνος ᾠδὴ γ΄ καὶ ς΄. Ἦχος β΄.

### Ὠδὴ γ΄. Ἐξήνθησεν ἡ ἔρημος.

Λογίων τῶν τοῦ Πνεύματος, ἐπακούσας γέγονας, ὡς γῆ καλὴ καὶ εὔκαρπος, δεχομένη σπόρον πολύτιμον, καὶ τεκοῦσα τρισμάκαρ σωτηρίαν ψυχῶν.

Ἐνέκρωσας τὸ φρόνημα, δρακοντείου δήγματος, καὶ τὴν ψυχὴν ἐζώωσας, θεοπνεύστως ἀναγεννώμενος, καὶ βασιλεῖ τῶν ὅλων παριστάμενος.

Μητρός σου τὴν εὐσέβειαν, ἀγαπήσας ἔνδοξε, τὴν πατρικὴν ἐμίσησας, ἀθεΐαν τὴν πολυτάραχον, ὡς ἐχέφρων τὸ κρεῖττον ἐκλεξάμενος.

### Θεοτοκίον.

Ὁ φέρων θείῳ νεύματι, πᾶσαν κτίσιν Κύριος, ἐν ταῖς χερσὶ βαστάζεται, σοῦ παρθένε, ὃν νῦν δυσώπησον, ῥυσθῆναι ἐκ κινδύνων τὰς ψυχὰς ἡμῶν.

### Ὠδὴ ς΄. Ἐν ἀβύσσῳ πταισμάτων.

Ἰνδαλμάτων τῆς πλάνης κατέπτυσας, καὶ κορυφουμένην ἀπάτην κατήργησας, θαυματουργῶν ἐξαίσια, καὶ τελῶν τὰς ἰάσεις θεόσοφε.

Στεφανίτης ἐδείχθης πανάριστος· σὺ διὰ πυρὸς γὰρ διῆλθες καὶ ὕδατος· καὶ ἐν τροχῷ τεινόμενος, παραδόξως ἀνεῖλες τοὺς ἄφρονας.

### Δόξα.

Τῶν τυράννων τὸ θράσος κατέβαλες, τὰς δυσφορωτάτας αἰκίας τοῦ σώματος, τῇ τῆς ψυχῆς στερρότητι, διαθλήσας θεόφρον ἐν χάριτι.

### Καὶ νῦν. Θεοτοκίον.

Ὁ κατέχων τὸν γῦρον τῆς γῆς ὡς Θεός, ἐν ταῖς σαῖς ἀγκάλαις ἁγνὴ περιέχεται, περιγραφῇ τοῦ σώματος, ὁ τῇ θείᾳ μορφῇ ἀπερίγραπτος.

### Τροπάριον. Ἦχος γ΄.

Ἀθλοφόρε ἅγιε καὶ ἰαματικὲ Παντελεῆμον, πρέσβευε τῷ ἐλεήμονι Θεῷ, ἵνα πταισμάτων ἄφεσιν, παράσχῃ ταῖς ψυχαῖς ἡμῶν.

### Κοντάκιον. Ἦχος πλ. α΄.

Μιμητὴς ὑπάρχων τοῦ ἐλεήμονος, καὶ ἰαμάτων τὴν χάριν παρ' αὐτοῦ κομισάμενος, ἀθλοφόρε καὶ μάρτυς Χριστοῦ τοῦ Θεοῦ, ταῖς εὐχαῖς σου, τὰς ψυχικὰς ἡμῶν νόσους θεράπευσον, ἀπελαύνων τοῦ ἀεὶ πολεμίου τὰ σκάνδαλα, ἐκ τῶν βοώντων ἀπαύστως· σῶσον ἡμᾶς Κύριε.

### Κοινωνικόν.

Εἰς μνημόσυνον αἰώνιον ἔσται δίκαιος· ἀλληλούια.

### Μεγαλυνάριον.

Ῥεῖθρα ἰαμάτων ὡς ἐκ πηγῆς, χάριτι θαυμάτων, βρύει χρῄζουσι δωρεάν, ὁ Παντελεήμων ὁ πάνσοφος ἀκέστωρ· οἱ ῥώσεως διψῶντες, δεῦτε ἀρύσασθε.

## ΕΙΣ ΤΑΣ ΛΑ΄

**Ἡ ἀνακομιδὴ τοῦ λειψάνου τοῦ ἁγίου ἐνδόξου καὶ πανευφήμου ἀποστόλου Φιλίππου**

Εἰς τὴν Λειτουργίαν Τυπικά, καὶ ἐκ τοῦ κανόνος ᾠδὴ γ΄ καὶ ϛ΄. Ἦχος δ΄.

### ᾨδὴ γ΄. Τοὺς σοὺς ὑμνολόγους.

Γλῶσσα θεολόγους φθεγγομένη, συντόμως ἐφώτισε λαούς, Φιλίππου τοῦ θεόφρονος, τὴν τῆς Τριάδος ἔλλαμψιν, τὴν ὑπὲρ νοῦν τε σάρκωσιν, τοῦ φιλανθρώπου Θεοῦ ἡμῶν.

Τὸ πάνσεπτον σκῆνός σου παμμάκαρ, ἡ Κύπρος ἐπλούτησε σοφέ, λαμπρῶς ἐπιτελοῦσά σου, πανήγυριν σεβάσμιον· ἣν ἐκ κινδύνων λύτρωσαι, Φίλιππε θείαις πρεσβείαις σου.

Ταῖς σαῖς εὐπροσδέκτοις ἱκεσίαις, ἀπόστολε Φίλιππε Χριστός, ταχέως ἐπικάμπτεται, καὶ δίδωσι τὴν ἄφεσιν, τοῖς εὐλαβῶς τὴν κάραν σου, ἀσπαζομένοις πανεύφημε.

### Θεοτοκίον.

Ῥημάτων παρθένε μεμνημένος, τοῦ θείου ἀγγέλου ἐν χαρᾷ, χαῖρε σεμνὴ κραυγάζω σοι, χαῖρε Ἀδὰμ ἀνόρθωσις, χαῖρε βροτῶν ἡ λύτρωσις, χαῖρε ψυχῆς μου διάσωσμα.

### ᾨδὴ ϛ΄. Τὴν θείαν ταύτην.

Τὴν σὴν παράσχου βοήθειαν, καὶ ῥῦσαί με κινδύνων καὶ θλίψεων, Φίλιππε ἔνδοξε, τὸν εὐλαβῶς προσπτυσσόμενον, τὸ πάνσεπτόν σου σκῆνος, Χριστοῦ ἀπόστολε.

Ὑπάρχων Κύπρου ὁ πρόμαχος, βοήθησον ἡμῖν κινδυνεύουσι, καὶ χεῖρα ὄρεξον, καὶ πρὸς λιμένα κατεύθυνον, τοῖς κατασπαζομένοις τὸ θεῖον σκῆνός σου.

### Δόξα.

Ἡ Ἀρσινόη εὐφραίνεται, τὴν θήκην τοῦ πανσέπτου λειψάνου σου, ἔχουσα Φίλιππε, καὶ θησαυρὸν ὥσπερ μέγιστον, πίστει σεμνυνομένη καταλαμπρύνεται.

### Καὶ νῦν. Θεοτοκίον.

Γενοῦ μοι πάναγνε Δέσποινα, γαλήνη καὶ λιμὴν παρακλήσεως, διαβιβάζουσα, πρὸς θεῖον ὅρμον ἀκύμαντον, τὴν ζάλην τῶν παθῶν μου καταπραΰνουσα.

### Τροπάριον. Ἦχος α΄.

Ἐκ τῆς πυρίνης αἴγλης τοῦ θείου Πνεύματος, ἐμπνευσθεὶς ἀπόστολε Φίλιππε, τὴν οἰκουμένην πᾶσαν κατεφώτισας τοῖς διδάγμασι, καὶ τοῖς λόγῳ μόνῳ θαύμασιν ἐστήριξας, καὶ τῷ σῷ Διδασκάλῳ προσήγαγες· ἣν περίσῳζε διαπαντὸς ἐν εἰρήνῃ, ταῖς πρὸς Θεὸν πρεσβείαις σου, δωρούμενος ἡμῖν τὸ μέγα ἔλεος.

### Κοντάκιον. Ἦχος δ΄. Ἐπεφάνης σήμερον.

Ἑορτάζει σήμερον ἡ Ἀρσινόη, ἑορτὴν χαρμόσυνον, τῆς ἐπανόδου τοῦ σεπτοῦ, θείου λειψάνου σου κράζουσα· χαῖρε Κυρίου ἀπόστολε Φίλιππε.

Ἕτερον. Ἦχος α΄. Χορὸς ἀγγελικός.

Ηὐφράνθη μυστικῶς τῶν Κυπρίων ὁ δῆμος, τῇ ἀνακομιδῇ τοῦ πανσέπτου σου σκήνους, καὶ τοῦτο ὑπεδέξατο, ὥς περ δῶρον πολύτιμον· τοὺς ὑμνοῦντάς σε, ἀπὸ λοιμοῦ καὶ λιμοῦ τε, ἀνομβρίας τε, καὶ τῆς ἀκρίδος παμμάκρ, ἐκλύτρωσαι Φίλιππε.

Κοινωνικόν.

Εἰς πᾶσαν τὴν γῆν ἐξῆλθεν ὁ φθόγγος αὐτοῦ, καὶ εἰς τὰ πέρατα τῆς οἰκουμένης τὰ ῥήματα αὐτοῦ.

## ΜΗΝ ΑΥΓΟΥΣΤΟΣ

### ΕΙΣ ΤΗΝ Α΄

Ἡ πρόοδος τῶν τιμίων ξύλων τοῦ τιμίου καὶ ζωοποιοῦ Σταυροῦ. Καὶ τῶν ἁγίων μαρτύρων Μακκαβαίων.

Εἰς τὴν Λειτουργίαν Τυπικά, καὶ ἐκ τοῦ κανόνος τοῦ Σταυροῦ ᾠδὴ γ΄, καὶ τῶν μαρτύρων ᾠδὴ ς΄.

Ὠδὴ γ΄. Ἦχος πλ. δ΄.
Ὁ στερεώσας κατ' ἀρχάς.

Σταυρὸς ἁπάντων τῶν καλῶν, παρεκτικὸς καθορᾶται, προσκυνούμενος· καὶ πᾶσα ἡ κτίσις, ἑορτάζει ἐν χαρᾷ, φωτιζομένη χάριτι, τοῦ ἐν αὐτῷ βουλήσει, ἀνυψωθέντος Θεοῦ ἡμῶν.

Καταυγαζόμενοι φωτί, τῶν τοῦ Σταυροῦ λαμπηδόνων, ὁλικῶς οἱ ἐν αὐτῷ πεποιθότες, σκοτασμὸν ἁμαρτιῶν, ἐκφύγωμεν καὶ κράξωμεν· ὁ φωτισμὸς τῶν ὅλων, εὔσπλαγχνε Κύριε δόξα σοι.

Ὑμνολογοῦμέν σε Σταυρέ, καὶ προσπτυσσόμεθα πίστει, ἐξαιτούμενοι τὴν σὴν δυναστείαν· ἐξελοῦ ἡμᾶς ἐχθροῦ, παγίδων καὶ κυβέρνησον, πρὸς ὅρμον ἡμᾶς πάντας, τῆς σωτηρίας ὑμνοῦντάς σε.

Σταυροθεοτοκίον.

Νενεκρωμένην τὴν ζωήν, ἐπὶ Σταυροῦ θεωροῦσα, καὶ μὴ φέρουσα τῶν σπλάγχνων τὸν πόνον, ἐδονεῖτο ἡ σεμνὴ παρθένος ἀνακράζουσα· οἴμοι Υἱέ μου τί σοι, δῆμος ἀνόμων πεποίηκεν;

Ὠδὴ ς΄. Ἦχος α΄.
Τὸν προφήτην Ἰωνᾶν.

Ἡ σοφία τοῦ Θεοῦ, ᾠκοδόμησε ναόν, καὶ ὑπήρεισεν αὐτόν, ἑπτὰ στύλοις λογικοῖς, προγράφουσα, τοὺς παῖδας τούτους, ὡς νόμου φύλακας.

Ἡ σοφὴ Σολομονή, υἱοὺς ἔτεκεν ἑπτά, οὓς ἐθρέψατο καλῶς, Ἐλεάζαρ ὁ σοφός· καὶ ἔστεψεν, ἡ θεία χάρις, στερρῶς ἀθλήσαντας.

Δόξα.

Τὸν Πατέρα καὶ Υἱόν, καὶ τὸ Πνεῦμα τὸ εὐθύ, ἐν θεότητι μιᾷ, προσκυνήσωμεν πιστῶς, κραυγάζοντες· Τριὰς Ἁγία, σῷζε τὸν κόσμον σου.

Καὶ νῦν. Θεοτοκίον.

Πῶς ἐγέννησας Υἱόν, ὃν οὐκ ἔσπειρε Πατήρ; πῶς διέμεινας

ἁγνή, μετὰ τόκον ὥσπερ ἦς; Θεὸς οἶδεν, ὁ πάντα πράττων, ὅπως ἂν βούληται.

### Τροπάριον τοῦ Σταυροῦ. Ἦχος α΄.

Σῶσον Κύριε τὸν λαόν σου, καὶ εὐλόγησον τὴν κληρονομίαν σου, νίκας τοῖς βασιλεῦσι, κατὰ βαρβάρων δωρούμενος, καὶ τὸ σὸν φυλάττων, διὰ τοῦ Σταυροῦ σου πολίτευμα.

### Ἕτερον τῶν ἁγίων. Ἦχος ὁ αὐτός.

Τὰς ἀλγηδόνας τῶν ἁγίων, ἃς ὑπὲρ σοῦ ἔπαθον, δυσωπήθητι Κύριε· καὶ πάσας ἡμῶν τὰς ὀδύνας, ἴασαι φιλάνθρωπε δεόμεθα.

### Κοντάκιον τῶν ἁγίων. Ἦχος β΄.
### Τὰ ἄνω ζητῶν.

Σοφίας Θεοῦ, οἱ στῦλοι οἱ ἑπτάριθμοι, καὶ θείου φωτός, οἱ λύχνοι οἱ ἑπτάφωτοι, Μακκαβαῖοι πάνσοφοι, πρὸ μαρτύρων μέγιστοι μάρτυρες, σὺν αὐτοῖς τῷ πάντων Θεῷ, αἰτεῖσθε σωθῆναι τοὺς ὑμνοῦντας ὑμᾶς.

### Ἕτερον τοῦ Σταυροῦ. Ἦχος δ΄.

Ὁ ὑψωθεὶς ἐν τῷ Σταυρῷ ἑκουσίως, τῇ ἐπωνύμῳ σου καινῇ πολιτείᾳ, τοὺς οἰκτιρμούς σου δώρησαι Χριστὲ ὁ Θεός· εὔφρανον ἐν τῇ δυνάμει σου τοὺς πιστοὺς βασιλεῖς ἡμῶν, νίκας χορηγῶν αὐτοῖς κατὰ τῶν πολεμίων· τὴν συμμαχίαν ἔχοιεν τὴν σήν, ὅπλον εἰρήνης, ἀήττητον τρόπαιον.

### Κοινωνικόν.

Ἐσημειώθη ἐφ' ἡμᾶς τὸ φῶς τοῦ προσώπου σου, Κύριε.

### Καὶ τό·

Εἰς μνημόσυνον αἰώνιον ἔσονται δίκαιοι.

### Μεγαλυνάριον τοῦ τιμίου Σταυροῦ.

Χαίροις τὸ τριπόθητον τοῦ Σταυροῦ, πανάγιον ξύλον, ζωηφόρε θεῖε Σταυρέ· ἐν σοὶ γὰρ ὁ πάντων, Θεός τε καὶ Δεσπότης, ἐξέτεινε τὰς χεῖρας, διὰ τὸ σῶσαι ἡμᾶς.

### Ἕτερον τῶν ἁγίων Μακκαβαίων.

Τοὺς ἐν ἀθλοφόροις θαυματουργούς, καὶ τοὺς ἐν ἀνάγκαις, ἀντιλήπτορας ταχινούς, τοὺς θείους ὁπλίτας, καὶ μάρτυρας Κυρίου, ἐνδόξους Μακκαβαίους, πάντες τιμήσωμεν.

## ΕΙΣ ΤΑΣ Β΄

### Ἡ ἀνακομιδὴ τοῦ λειψάνου τοῦ ἁγίου πρωτομάρτυρος καὶ ἀρχιδιακόνου Στεφάνου

Εἰς τὴν Λειτουργίαν Τυπικά, καὶ ἐκ τοῦ κανόνος ᾠδὴ γ΄ καὶ ς΄. Ἦχος πλ. δ΄.

### ᾨδὴ γ΄. Ὁ στερεώσας κατ' ἀρχάς.

Ἱερολόγος ἱερός, καὶ θεολόγος ἐδείχθης, συμπλεκόμενος Ἑβραίων τοῖς δήμοις, διελέγχων ἀσφαλῶς, τὴν τούτων ἀθεότητα, καὶ θεομάχον γνώμην, Στέφανε μάρτυς πανάριστε.

Τὸν πρωτομάρτυρα Χριστοῦ, καὶ διακόνων τὸν πρῶτον, τὸν

τοῖς μάρτυσι τοῦ δρόμου τὴν νύσσαν, ὑποδείξαντα λαμπρῶς, ἀγγέλων τὸν συνόμιλον, δεῦτε συμφώνως πάντες, ὕμνοις ἐνθέοις τιμήσωμεν.

Ὁ κεκρυμμένος θησαυρός, ὑπὸ τὴν γῆν φανεροῦται, καὶ τὸν κόσμον εὐωδίας ἐνθέου, καὶ πλουσίων δωρεῶν, τὴν οἰκουμένην ἔπλησεν, ὁ τῶν μαρτύρων πρῶτος, καὶ διακόνων ὁ πρόκριτος.

### Θεοτοκίον.

Πύλη ἐδείχθης νοητή, ἀνατολῆς τῆς ἐξ ὕψους, τῆς ἐν γῇ φανερωθείσης παρθένε· διὰ σοῦ γὰρ πρὸς ἡμᾶς, ὁ Λόγος εἰσελήλυθεν, ἐπὶ τὸ σῶσαι πάντας, τῆς ἀλογίας πανάχραντε.

### Ὠδὴ ϛ´. Ἱλάσθητί μοι Σωτήρ.

Ἀγγέλων ὡς μιμητής, τῇ προαιρέσει γενόμενος, τὸ εἶδος ἀγγελικόν, ἐκτήσω μακάριε· μεθ' ὧν ἀγαλλόμενος, καὶ περιπολεύων, τοὺς ὑμνοῦντάς σε περίσῳζε.

Ῥημάτων μάκαρ τῶν σῶν, τῶν θεοπνεύστων ἡ δύναμις, ὡς ἦχος ὁ τῆς βροντῆς, τὰ ὦτα θεόληπτε, σαφῶς κατεβρόντησε, τὰ τῶν παρανόμων, καὶ τὰς ὄψεις ἀπημαύρωσε.

### Δόξα.

Τὴν δόξαν τὴν πατρικήν, θεάσασθαι κατηξίωσαι, καὶ ταύτης τὸ συμφυές, ἀπαύγασμα Στέφανε, τῶν ἄθλων μηνῦόν σοι, τοὺς λαμπροὺς στεφάνους, θεηγόρε πανσεβάσμιε.

### Καὶ νῦν. Θεοτοκίον.

Υἱὸς ὁ μονογενής, καὶ πρὸ αἰώνων ἀόρατος, ἐπ' ἐσχάτων τῶν ἡμερῶν, πρωτότοκος γέγονεν, ὁρώμενος σώματι, ἐκ σοῦ θεομῆτορ, ὁ Θεὸς τῆς σωτηρίας μου.

### Τροπάριον. Ἦχος δ´.

Βασίλειον διάδημα, ἐστέφθη σὴ κορυφή, ἐξ ἄθλων ὧν ὑπέμεινας, ὑπὲρ Χριστοῦ τοῦ Θεοῦ, μαρτύρων πρωτόαθλε· σὺ γὰρ τὴν Ἰουδαίων ἀπελέγξας μανίαν, εἶδές σου τὸν Σωτῆρα, τοῦ Πατρὸς δεξιόθεν· αὐτὸν οὖν ἐκδυσώπει ἀεί, ὑπὲρ τῶν ψυχῶν ἡμῶν.

### Κοντάκιον. Ἦχος πλ. β´.

Πρῶτος ἐσπάρης ἐπὶ γῆς, ὑπὸ τοῦ οὐρανίου γεωργοῦ πανεύφημε· πρῶτος τὸ αἷμα ἐπὶ γῆς, διὰ Χριστὸν ἐξέχεας μακάριε· πρῶτος ὑπ' αὐτοῦ τὸν τῆς νίκης στέφανον, ἀνεδύσω ἐν οὐρανῷ, ὡς ἀθλητῶν προοίμιον, στεφανῖτα τῶν μαρτύρων ὁ πρώταθλος.

### Κοινωνικόν.

Εἰς πᾶσαν τὴν γῆν ἐξῆλθεν ὁ φθόγγος αὐτοῦ, καὶ εἰς τὰ πέρατα τῆς οἰκουμένης τὰ ῥήματα αὐτοῦ.

#### ΕΙΣ ΤΑΣ Ε´

### Προεόρτια τῆς Μεταμορφώσεως τοῦ Κυρίου

Εἰς τὴν Λειτουργίαν Τυπικά, καὶ ἐκ τοῦ κανόνος τῶν προεορτίων ᾠδὴ γ´ καὶ ϛ´. Ἦχος δ´.

## ΑΥΓΟΥΣΤΟΣ

### Ὠδὴ γ΄.
### Τοὺς σοὺς ὑμνολόγους Θεοτόκε.

Δεσπόζων τῆς κτίσεως ἁπάσης, ὡράθης μορφὴν δούλου λαβών, ἐν ᾗ τὸ τῆς θεότητος, ἀπρόσιτον ἀπαύγασμα, τοῖς μαθηταῖς παρέδειξας, καθὼς ἐχώρουν θεάσασθαι. Δίς.

Ἐξ ὄρους ἐπείγεται ἀστράψαι, τῆς δόξης ὁ ἥλιος Χριστός, καὶ τὸν ἐξ ὕψους λάμποντα, φωστῆρα ἀμαυρῶσαι φωτί· οὗ ταῖς αὐγαῖς λαμπόμενοι, προεορτάσωμεν σήμερον.

Ζωῆς αἰωνίου ἐκπληρώσων, τὰ ῥήματα πάρεστι Χριστός, ὥσπερ δεικνύων πράγματα, τοῖς φίλοις ἐπιγνώσεσθαι, ἐν ἑαυτῷ ηὐδόκησε, τὴν πατρικὴν δόξαν ἀστράπτουσαν.

### Ὠδὴ ς΄. Τὴν θείαν ταύτην.

Νυμφῶνα δόξης μελλούσης χαρᾶς, τοῖς φίλοις εὐτρεπίζων ἀνέρχεται, ἐπὶ τὸ ὄρος Χριστός, πρὸς πολιτείαν μετάρσιον, ἐκ βίου χαμαιζήλου ἀνακομίζων αὐτούς. Δίς.

### Δόξα.

Ξενίζων φρένας Χριστὸς μαθητῶν, οὐράνιον ἐν γῇ σέλας ἤστραψε, νόμου καὶ τῶν προφητῶν, δουλοπρεπῶς παριστῶν ἀρχηγούς· ὑφ' ὧν νεκρῶν καὶ ζώντων προσμαρτυρεῖται Θεός.

### Καὶ νῦν.

Ὁ λύχνος φαίνειν νῦν ἄρχεται, Χριστὸς ἐν αὐχμηρῷ τόπῳ φαύσεσι, τῆς θεϊκῆς ἀστραπῆς· οὗ πρὸς τὴν λάμψιν ὁδεύσωμεν, ἐν αἴγλῃ τοῦ προσώπου αὐτοῦ γηθόμενοι.

### Τροπάριον προεόρτιον. Ἦχος δ΄.

Χριστοῦ τὴν Μεταμόρφωσιν προϋπαντήσωμεν, φαιδρῶς πανηγυρίζοντες τὰ προεόρτια, πιστοὶ καὶ βοήσωμεν· ἤγγικεν ἡ ἡμέρα, τῆς ἐνθέου εὐφροσύνης· ἄνεισιν εἰς τὸ ὄρος, τὸ Θαβὼρ ὁ Δεσπότης, τῆς θεότητος αὐτοῦ ἀπαστράψαι τὴν ὡραιότητα.

### Κοντάκιον. Ἦχος δ΄.
### Ἐπεφάνης σήμερον.

Ἐν τῇ θείᾳ σήμερον Μεταμορφώσει, ἡ βροτεία ἅπασα, φύσις προλάμπει θεϊκῶς, ἐν εὐφροσύνῃ κραυγάζουσα· μεταμορφοῦται Χριστός, σῴζων ἅπαντας.

### ΕΙΣ ΤΑΣ ς΄.

### Ἡ ἁγία Μεταμόρφωσις τοῦ Κυρίου καὶ Θεοῦ καὶ Σωτῆρος ἡμῶν Ἰησοῦ Χριστοῦ

Εἰς τὴν Λειτουργίαν Τυπικά, καὶ ἐκ τῶν κανόνων τῆς ἑορτῆς ᾠδὴ γ΄ καὶ ς΄, ἢ τὰ ἀντίφωνα. Εἰ τύχοι ἐν Κυριακῇ, οὐ λέγομεν Ἀναστάσιμα, ἀλλ' ἅπαντα τῆς ἑορτῆς.

### ΑΝΤΙΦΩΝΟΝ Α΄.

Στίχ. α΄. Μέγας Κύριος καὶ αἰνετὸς σφόδρα ἐν πόλει τοῦ Θεοῦ ἡμῶν.

Ταῖς πρεσβείαις τῆς Θεοτόκου, Σῶτερ, σῶσον ἡμᾶς.

Στίχ. β΄. Ἑτοιμάζων ὄρη ἐν τῇ ἰσχύϊ αὐτοῦ, περιεζωσμένος ἐν δυναστείᾳ.

Ταῖς πρεσβείαις τῆς Θεοτόκου, Σῶτερ, σῶσον ἡμᾶς.

Στίχ γ΄. Ὁ ἀναβαλλόμενος φῶς ὡς

ἱμάτιον, ἐκτείνων τὸν οὐρανὸν ὡσεὶ δέρριν.

Ταῖς πρεσβείαις τῆς Θεοτόκου, Σῶτερ, σῶσον ἡμᾶς.

Στίχ. δ΄. Τὰ ὄρη ἀγαλλιάσονται ἀπὸ προσώπου Κυρίου· ὅτι ἔρχεται, ὅτι ἥκει κρῖναι τὴν γῆν.

Ταῖς πρεσβείαις τῆς Θεοτόκου, Σῶτερ, σῶσον ἡμᾶς.

Δόξα, Καὶ νῦν.

Ταῖς πρεσβείαις τῆς Θεοτόκου, Σῶτερ, σῶσον ἡμᾶς.

### ΑΝΤΙΦΩΝΟΝ Β΄.

Στίχ. α΄. Οἱ θεμέλιοι αὐτοῦ ἐν τοῖς ὄρεσι τοῖς ἁγίοις.

Σῶσον ἡμᾶς, Υἱὲ Θεοῦ, ὁ ἐν τῷ ὄρει τῷ Θαβὼρ μεταμορφωθείς, ψάλλοντάς σοι· Ἀλληλούια.

Στίχ. β΄. Ἀγαπᾷ Κύριος τὰς πύλας Σιών, ὑπὲρ πάντα τὰ σκηνώματα Ἰακώβ.

Σῶσον ἡμᾶς, Υἱὲ Θεοῦ, ὁ ἐν τῷ ὄρει τῷ Θαβὼρ μεταμορφωθείς, ψάλλοντάς σοι· Ἀλληλούια.

Στίχ. γ΄. Δεδοξασμένα ἐλαλήθη περὶ σοῦ, ἡ πόλις τοῦ Θεοῦ.

Σῶσον ἡμᾶς, Υἱὲ Θεοῦ, ὁ ἐν τῷ ὄρει τῷ Θαβὼρ μεταμορφωθείς, ψάλλοντάς σοι· Ἀλληλούια.

Στίχ. δ΄. Μήτηρ Σιών, ἐρεῖ ἄνθρωπος· καὶ ἄνθρωπος ἐγεννήθη ἐν αὐτῇ.

Σῶσον ἡμᾶς, Υἱὲ Θεοῦ, ὁ ἐν τῷ ὄρει τῷ Θαβὼρ μεταμορφωθείς, ψάλλοντάς σοι· Ἀλληλούια.

Δόξα Πατρὶ καὶ Υἱῷ καὶ ἁγίῳ Πνεύματι· καὶ νῦν καὶ ἀεὶ καὶ εἰς τοὺς αἰῶνας τῶν αἰώνων. Ἀμήν.

Ὁ Μονογενὴς Υἱὸς καὶ Λόγος τοῦ Θεοῦ ἀθάνατος ὑπάρχων, καὶ καταδεξάμενος διὰ τὴν ἡμετέραν σωτηρίαν, σαρκωθῆναι ἐκ τῆς ἁγίας Θεοτόκου καὶ ἀειπαρθένου Μαρίας, ἀτρέπτως ἐνανθρωπήσας, σταυρωθείς τε Χριστὲ ὁ Θεός, θανάτῳ θάνατον πατήσας, εἷς ὢν τῆς Ἁγίας Τριάδος, συνδοξαζόμενος τῷ Πατρὶ καὶ τῷ Ἁγίῳ Πνεύματι, σῶσον ἡμᾶς.

### ΑΝΤΙΦΩΝΟΝ Γ΄.
#### Ἦχος βαρύς.

Στίχ. α΄. Τὰ ἐλέη σου, Κύριε, εἰς τὸν αἰῶνα ᾄσομαι, εἰς γενεὰν καὶ γενεάν.

Μετεμορφώθης ἐν τῷ ὄρει, Χριστὲ ὁ Θεός, δείξας τοῖς μαθηταῖς σου τὴν δόξαν σου, καθὼς ἠδύναντο· λάμψον καὶ ἡμῖν τοῖς ἁμαρτωλοῖς, τὸ φῶς σου τὸ ἀΐδιον, πρεσβείαις τῆς Θεοτόκου· φωτοδότα, δόξα σοι.

Στίχ. β΄. Ἐξομολογήσονται οἱ οὐρανοὶ τὰ θαυμάσιά σου, Κύριε, καὶ τὴν ἀλήθειάν σου ἐν ἐκκλησίᾳ ἁγίων.

Μετεμορφώθης ἐν τῷ ὄρει...

Στίχ. γ΄. Ἔλεος καὶ ἀλήθεια προπορεύσονται πρὸ προσώπου σου· μακάριος ὁ λαὸς ὁ γινώσκων ἀλαλαγμόν.

Μετεμορφώθης ἐν τῷ ὄρει...

Στίχ. δ΄. Κύριε, ἐν τῷ φωτὶ τοῦ προσώπου σου πορεύσονται, καὶ ἐν τῷ ὀνόματί σου ἀγαλλιάσονται ὅλην τὴν ἡμέραν.

Μετεμορφώθης ἐν τῷ ὄρει...

### Εἰσοδικόν.

Θαβὼρ καὶ Ἑρμὼν ἐν τῷ ὀνόματί σου ἀγαλλιάσονται. Σῶσον ἡμᾶς, Υἱὲ Θεοῦ, ὁ ἐν τῷ ὄρει τῷ Θαβὼρ μεταμορφωθείς, ψάλλοντάς σοι· Ἀλληλούια.

### Ἕτερον.

Ὅτι παρὰ σοὶ πηγὴ ζωῆς, Κύριε, ἐν τῷ φωτί σου ὀψόμεθα φῶς. Σῶσον ἡμᾶς, Υἱὲ Θεοῦ, ὁ ἐν τῷ ὄρει τῷ Θαβὼρ μεταμορφωθείς, ψάλλοντάς σοι· Ἀλληλούια.

### Ὠδὴ γ΄. Ἦχος δ΄.
### Τόξον δυνατῶν ἠσθένησε.

Ὅλον τὸν Ἀδὰμ φορέσας Χριστέ, τὴν ἀμαυρωθεῖσαν ἀμείψας, ἐλάμπρυνας πάλαι φύσιν, καὶ ἀλλοιώσει τῆς μορφῆς σου ἐθεούργησας. Δίς.

Στύλῳ πυριμόρφῳ, καὶ νεφέλῃ πάλαι, ὁ ἐν τῇ ἐρήμῳ τὸν Ἰσραὴλ ἄγων, σήμερον ἐν τῷ ὄρει Θαβὼρ ἀρρήτως, ἐν φωτὶ Χριστὸς ἐξέλαμψε. Δίς.

### Ὠδὴ ς΄. Ἦχος πλ. δ΄.
### Ἱλάσθητί μοι Σωτήρ.

Ὡς μέγα καὶ φοβερόν, ὡράθη θέαμα σήμερον· ἐξ οὐρανοῦ αἰσθητός, ἐκ γῆς δὲ ἀσύγκριτος, ἐξήστραψεν ἥλιος, τῆς δικαιοσύνης, νοητῶς ἐπὶ τοῦ ὄρους Θαβώρ. Δίς.

### Δόξα.

Παρῆλθε μὲν ἡ σκιά, τοῦ νόμου ἐξασθενήσασα· ἐλήλυθε δὲ σαφῶς, Χριστὸς ἡ ἀλήθεια· Μωσῆς ἀνεβόησεν, ἐν τῷ Θαβωρίῳ, κατιδὼν σου τὴν θεότητα.

### Καὶ νῦν.

Ὁ στῦλος τῷ Μωϋσῇ, Χριστὸν τὸν μεταμορφούμενον, ἡ δὲ νεφέλη σαφῶς, τὴν χάριν τοῦ Πνεύματος, τὴν ἐπισκιάσασαν ἐν τῷ Θαβωρίῳ, παρεδήλου ἐμφανέστατα.

### Εἰσοδικόν.

Θαβὼρ καὶ Ἑρμὼν ἐν τῷ ὀνόματί σου ἀγαλλιάσονται. Σῶσον ἡμᾶς, Υἱὲ Θεοῦ, ὁ ἐν τῷ ὄρει τῷ Θαβὼρ μεταμορφωθείς, ψάλλοντάς σοι· Ἀλληλούια.

### Τροπάριον. Ἦχος βαρύς.

Μετεμορφώθης ἐν τῷ ὄρει, Χριστὲ ὁ Θεός, δείξας τοῖς μαθηταῖς σου τὴν δόξαν σου, καθὼς ἠδύναντο· λάμψον καὶ ἡμῖν τοῖς ἁμαρτωλοῖς, τὸ φῶς σου τὸ ἀΐδιον, πρεσβείαις τῆς Θεοτόκου· φωτοδότα, δόξα σοι.

### Κοντάκιον. Ἦχος ὁ αὐτός.

Ἐπὶ τοῦ ὄρους μετεμορφώθης, καὶ ὡς ἐχώρουν οἱ μαθηταί σου τὴν δόξαν σου, Χριστὲ ὁ Θεὸς ἐθεάσαντο· ἵνα ὅταν σε ἴδωσι σταυρούμενον, τὸ μὲν πάθος νοήσωσιν ἑκούσιον, τῷ δὲ κόσμῳ κηρύξωσιν, ὅτι σὺ ὑπάρχεις ἀληθῶς, τοῦ Πατρὸς τὸ ἀπαύγασμα.

### Ἀντὶ τοῦ Ἄξιον ἐστίν, ἦχος πλ. δ΄.
### Παῖδες Ἑβραίων ἐν καμίνῳ.

Νῦν τὰ ἀνήκουστα ἠκούσθη· ὁ ἀπάτωρ γὰρ Υἱὸς ἐκ τῆς

Παρθένου, τῇ πατρῴᾳ φωνῇ, ἐνδόξως μαρτυρεῖται, οἷα Θεὸς καὶ ἄνθρωπος, ὁ αὐτὸς εἰς τοὺς αἰῶνας.

### Κοινωνικόν.

Ἐν τῷ φωτὶ τῆς δόξης τοῦ προσώπου σου, Κύριε, πορευσόμεθα, καὶ ἐν τῷ ὀνόματί σου ἀγαλλιασόμεθα εἰς τὸν αἰῶνα.

### Μεγαλυνάριον.

Θέλων ἐπιδεῖξαι τοῖς μαθηταῖς, δύναμιν ἐξ ὕψους, καὶ σοφίαν παρὰ Πατρός, ἐν ὄρει ἀνῆλθες, Χριστὲ τῷ Θαβωρίῳ, καὶ λάμψας ὡς Δεσπότης, τούτους ἐφώτισας.

### ΕΙΣ ΤΑΣ ΙΑ΄

Ἡ ἀνάμνησις τοῦ ἐν Κερκύρᾳ γενομένου θαύματος παρὰ τοῦ ἐν ἁγίοις πατρὸς ἡμῶν καὶ θαυματουργοῦ Σπυρίδωνος

Εἰς τὴν Λειτουργίαν Τυπικά, καὶ ἐκ τοῦ κανόνος τῆς Μεταμορφώσεως ᾠδὴ γ΄, καὶ τοῦ ἁγίου ᾠδὴ ς΄. Ἦχος β΄.

### Ὠδὴ ς΄. Ἐν ἀβύσσῳ πταισμάτων.

Ἐπὶ σὲ καταφεύγομεν πάνσοφε, τὴν ἀκαταμάχητον τῆς βοηθείας σου, ἐπικαλούμενοι δύναμιν, ἐξ ἐχθρῶν ἡμᾶς παντοίων, καὶ κινδύνων διάσωσον.

Ἐν τῷ ναῷ σου τὸ σκῆνός σου σέβοντες, τῶν θαυμάτων τῶν σῶν ἐμπιπλάμεθα, καὶ ἐπὶ σὲ καταφεύγοντες, τὰς ἰάσεις τῶν ψυχῶν καὶ σωμάτων λαμβάνοντες.

### Δόξα.

Τοὺς σοφοὺς ἐν Νικαίᾳ κατέπτηξας, καὶ Ἰσμαηλίτας ἐν Κερκύρᾳ κατέθραυσας, ἐν ξηρᾷ καὶ ὑγρᾷ συντριβόμενοι, καὶ τραυματίαι ἀθλίως γενόμενοι.

### Καὶ νῦν. Θεοτοκίον.

Τὴν πολλήν σου γινώσκεις ἀσθένειαν, καὶ τὴν ῥαθυμίαν ἐπίστασαι Δέσποινα, ὡς οἶδας αὐτὴ σῶσόν με, καὶ ὡς θέλεις γεέννης με λύτρωσαι.

### Τροπάριον τῆς ἑορτῆς, καὶ τοῦ ἁγίου. Ἦχος δ΄.

Ὡς τῶν ὀρθοδόξων ὑπέρμαχον, καὶ πάντων τῶν ἀπίστων ἀντίπαλον, παμμακάριστε Σπυρίδων ὑμνοῦμέν σε, καὶ δυσωποῦμέν σε φυλάττειν τὴν Πόλιν σου, πάσης ὁρμῆς βαρβάρων ἀμέτοχον.

### Κοντάκιον τοῦ ἁγίου. Ἦχος πλ. δ΄. Τῇ ὑπερμάχῳ.

Τῷ τῆς Κερκύρας λυτρωτῇ νῦν ὑπανοίγομεν, ὡς τροπαιούχῳ νικητῇ τὰ αἰσθητήρια, ἀνακράζοντες οἱ δοῦλοί σου θεοφόρε, σοὶ τῷ ἔχοντι ἀεὶ τὸ εὐσυμπάθητον· ἐκ βαρβάρων ὦ Σπυρίδων περιφρούρησον, τοὺς κραυγάζοντας· χαίροις πάτερ ἀήττητε.

### Καὶ τὸ κοντάκιον τῆς ἑορτῆς.

### Κοινωνικόν.

Εἰς μνημόσυνον αἰώνιον ἔσται δίκαιος· ἀλληλούια.

### Μεγαλυνάριον τοῦ ἁγίου.

Τῶν θαυμάτων πέλαγος γεγονώς, πάσης τρικυμίας, ἐν θαλάσσῃ τε καὶ ἐν γῇ, μέγιστε Σπυρίδων, διάσῳζε εὐχαῖς σου, τοὺς ἐπικαλουμένους μέγα σὸν ὄνομα.

### ΕΙΣ ΤΑΣ ΙΓ΄

#### Ἡ ἀπόδοσις τῆς ἑορτῆς τῆς Μεταμορφώσεως

Εἰς τὴν Λειτουργίαν τὰ Ἀντίφωνα τῆς ἑορτῆς, ἡ Τυπικά, καὶ ἡ γ΄ καὶ ἡ ς΄ ᾠδή, ὡς προεγράφησαν τῇ ς΄ τοῦ μηνός. Τροπάριον καὶ κοντάκιον τῆς ἑορτῆς· ὁμοίως καὶ κοινωνικόν.

Ἀντὶ τοῦ Ἄξιον ἐστίν, ἦχος δ΄.

Ὁ τόκος σου ἄφθορος ἐδείχθη· Θεὸς ἐκ λαγόνων σου προῆλθε, σαρκοφόρος ὃς ὤφθη ἐπὶ γῆς, καὶ τοῖς ἀνθρώποις συνανεστράφη· σὲ Θεοτόκε, διὸ πάντες μεγαλύνομεν.

### ΕΙΣ ΤΑΣ ΙΔ΄

#### Προεόρτια τῆς κοιμήσεως τῆς ὑπεραγίας Δεσποίνης ἡμῶν Θεοτόκου

Εἰς τὴν Λειτουργίαν Τυπικά, καὶ ἐκ τοῦ κανόνος τῶν προεορτίων ᾠδὴ γ΄ καὶ ς΄. Ἦχος πλ. δ΄.

Ὠδὴ γ΄. Σὺ εἶ τὸ στερέωμα.

Γῆ καὶ τὰ οὐράνια, τῇ μεταστάσει σου χαίρουσι, μῆτερ Θεοῦ, διὰ σοῦ τυχόντα, παραδόξου ἑνώσεως.

Ἔχαιρον οὐράνιοι, ὑποδεχόμενοι ἄγγελοι, σὲ ἀπὸ γῆς, ἀναφερομένην, Θεοτόκε πανύμνητε.

Γέγονε παράδοξος, ὥσπερ ἡ κύησις ἄχραντε, σοῦ ἀληθῶς, οὕτω καὶ ἡ θεία, καὶ σεπτή σου μετάστασις.

Ἤρθης πρὸς σκηνώματα, τὰ ἐπουράνια πάναγνε, οὖσα Θεοῦ, ἄχραντε Παρθένε, καθαρώτατον τέμενος.

Ὠδὴ ς΄.
Τὴν δέησιν ἐκχεῶ πρὸς Κύριον.

Ὁ οἶκος τὸν τοῦ παντὸς συνοχέα, ὁ χωρήσας μεταβαίνει οἰκῆσαι, πρὸς οὐρανούς, οὐρανὸς δεδειγμένος, Χριστοῦ καὶ θρόνος καὶ μέγα παλάτιον, ἡ πάναγνος περιστερά· ἧς τὴν θείαν ὑμνήσωμεν κοίμησιν.

Ὑπόπτεροι ἐν νεφέλαις ἀρθέντες, ἀετοὶ ὡς ὑψιπέται τοῦ Λόγου, Γεθσημανῇ, συνελθόντες Παρθένε, σὲ ἐπεφώνουν ἀπαίρειν τὴν μέλλουσαν, πανύμνητε πρὸς οὐρανόν, οὓς ὡς τέκνα Υἱοῦ σου ηὐλόγησας.

Δόξα.

Τίς αὕτη ἡ ἀναβαίνουσα πέλει, κοσμικῶν ἀπὸ κοιλάδων; τίς αὕτη, ἡ προπομπή, καὶ προπόρευσις ξένη; τί τὸ ὁρώμενον μέγα μυστήριον; ἡ πάντων ἐστὶ βασιλίς, καὶ κυρία καὶ δόξα καὶ καύχημα.

Καὶ νῦν.

Ἠλάλαζεν ἀποστόλων ὁ δῆμος, καὶ δακρύων ἐπληρώθη ἡνίκα, σοῦ τὴν ψυχήν, τὴν ἁγίαν λιποῦσαν, τὸ θεοδόχον τεθέαται σκήνωμα· καὶ ὕμνησε θεοπρεπῶς, σοῦ τὴν θείαν πανάμωμε κοίμησιν.

### Τροπάριον. Ἦχος δ΄.

Λαοὶ προσκιρτήσατε, χεῖρας κροτοῦντες πιστῶς, καὶ πόθῳ ἀθροίσθητε, σήμερον χαίροντες, καὶ φαιδρῶς ἀλαλάζοντες, πάντες ἐν εὐφροσύνῃ· τοῦ Θεοῦ γὰρ ἡ μήτηρ, μέλλει τῶν ἐπιγείων πρὸς τὰ ἄνω ἀπαίρειν· ἐνδόξως ἣν ἐν ὕμνοις ἀεί, ὡς Θεοτόκον δοξάζομεν.

### Κοντάκιον. Ἦχος δ΄. Ἐπεφάνης σήμερον.

Τῇ ἐνδόξῳ μνήμῃ σου, ἡ οἰκουμένη, τῷ ἀύλῳ Πνεύματι, πεποικιλμένη νοερῶς, ἐν εὐφροσύνῃ κραυγάζει σοι· Χαῖρε παρθένε, χριστιανῶν τὸ καύχημα.

### ΕΙΣ ΤΑΣ ΙΕ΄

### Ἡ κοίμησις τῆς ὑπεραγίας Δεσποίνης ἡμῶν Θεοτόκου καὶ ἀειπαρθένου Μαρίας

Εἰς τὴν Λειτουργίαν Τυπικά, καὶ ἐκ τῶν κανόνων τῆς ἑορτῆς ᾠδὴ γ΄ καὶ ς΄, ἢ τὰ ἀντίφωνα.

### ΑΝΤΙΦΩΝΟΝ Α΄.

Στίχ. α΄. Ἀλαλάξατε τῷ Κυρίῳ πᾶσα ἡ γῆ.

Ταῖς πρεσβείαις τῆς Θεοτόκου, Σῶτερ, σῶσον ἡμᾶς.

Στίχ. β΄. Ἐξομολογεῖσθε αὐτῷ, αἰνεῖτε τὸ ὄνομα αὐτοῦ.

Ταῖς πρεσβείαις τῆς Θεοτόκου, Σῶτερ, σῶσον ἡμᾶς.

Στίχ. γ΄. Ἐν πόλει Κυρίου τῶν δυνάμεων, ἐν πόλει τοῦ Θεοῦ ἡμῶν.

Ταῖς πρεσβείαις τῆς Θεοτόκου, Σῶτερ, σῶσον ἡμᾶς.

Στίχ. δ΄. Ἐγενήθη ἐν εἰρήνῃ ὁ τόπος αὐτοῦ, καὶ τὸ κατοικητήριον αὐτοῦ ἐν Σιών.

Ταῖς πρεσβείαις τῆς Θεοτόκου, Σῶτερ, σῶσον ἡμᾶς.

Δόξα, Καὶ νῦν.

Ταῖς πρεσβείαις τῆς Θεοτόκου, Σῶτερ, σῶσον ἡμᾶς.

### ΑΝΤΙΦΩΝΟΝ Β΄.

Στίχ. α΄. Ἀγαπᾷ Κύριος τὰς πύλας Σιὼν ὑπὲρ πάντα τὰ σκηνώματα Ἰακώβ.

Σῶσον ἡμᾶς, Υἱὲ Θεοῦ, ὁ ἐν ἁγίοις θαυμαστός, ψάλλοντάς σοι· Ἀλληλούια.

Στίχ. β΄. Δεδοξασμένα ἐλαλήθη περὶ σοῦ, ἡ πόλις τοῦ Θεοῦ.

Σῶσον ἡμᾶς, Υἱὲ Θεοῦ, ὁ ἐν ἁγίοις θαυμαστός, ψάλλοντάς σοι· Ἀλληλούια.

Στίχ. γ΄. Ὁ Θεὸς ἐθεμελίωσεν αὐτὴν εἰς τὸν αἰῶνα.

Σῶσον ἡμᾶς, Υἱὲ Θεοῦ, ὁ ἐν ἁγίοις θαυμαστός, ψάλλοντάς σοι· Ἀλληλούια.

Στίχ. δ΄. Ἡγίασε τὸ σκήνωμα αὐτοῦ ὁ Ὕψιστος.

Σῶσον ἡμᾶς, Υἱὲ Θεοῦ, ὁ ἐν ἁγίοις θαυμαστός, ψάλλοντάς σοι· Ἀλληλούια.

Δόξα Πατρὶ καὶ Υἱῷ καὶ ἁγίῳ Πνεύματι· καὶ νῦν καὶ ἀεὶ καὶ εἰς τοὺς αἰῶνας τῶν αἰώνων. Ἀμήν.

Ὁ Μονογενὴς Υἱὸς καὶ Λόγος τοῦ Θεοῦ ἀθάνατος ὑπάρχων,

καὶ καταδεξάμενος διὰ τὴν ἡμετέραν σωτηρίαν, σαρκωθῆναι ἐκ τῆς ἁγίας Θεοτόκου καὶ ἀειπαρθένου Μαρίας, ἀτρέπτως ἐνανθρωπήσας, σταυρωθείς τε Χριστὲ ὁ Θεός, θανάτῳ θάνατον πατήσας, εἷς ὢν τῆς Ἁγίας Τριάδος, συνδοξαζόμενος τῷ Πατρὶ καὶ τῷ Ἁγίῳ Πνεύματι, σῶσον ἡμᾶς.

### ΑΝΤΙΦΩΝΟΝ Γ΄.
#### Ἦχος α΄.

Στίχ. α΄. Ἑτοίμη ἡ καρδία μου, ὁ Θεός, ἑτοίμη ἡ καρδία μου.

Ἐν τῇ γεννήσει τὴν παρθενίαν ἐφύλαξας, ἐν τῇ κοιμήσει τὸν κόσμον οὐ κατέλιπες Θεοτόκε· μετέστης πρὸς τὴν ζωήν, μήτηρ ὑπάρχουσα τῆς ζωῆς· καὶ ταῖς πρεσβείαις ταῖς σαῖς λυτρουμένη, ἐκ θανάτου τὰς ψυχὰς ἡμῶν.

Στίχ. β΄. Τί ἀνταποδώσω τῷ Κυρίῳ περὶ πάντων, ὧν ἀνταπέδωκέ μοι.

Ἐν τῇ γεννήσει τὴν παρθενίαν ἐφύλαξας…

Στίχ. γ΄. Ποτήριον σωτηρίου λήψομαι, καὶ τὸ ὄνομα Κυρίου ἐπικαλέσομαι.

Ἐν τῇ γεννήσει τὴν παρθενίαν ἐφύλαξας…

#### Εἰσοδικόν.

Δεῦτε προσκυνήσωμεν καὶ προσπέσωμεν Χριστῷ. Σῶσον ἡμᾶς, Υἱὲ Θεοῦ, ὁ ἐν ἁγίοις θαυμαστός, ψάλλοντάς σοι· Ἀλληλούια.

#### Ὠδὴ γ΄. Ἦχος α΄.
#### Ἡ δημιουργικὴ καὶ συνεκτική.

Γυναῖκά σε θνητήν, ἀλλ' ὑπερφυῶς καὶ μητέρα, Θεοῦ εἰδότες πανάμωμε, οἱ κλεινοὶ ἀπόστολοι, πεφρικυίαις ἥπτοντο χερσί, δόξῃ ἀπαστράπτουσαν, ὡς θεοδόχον σκῆνος θεώμενοι. Δίς.

Ὑπέφθασε χερσί, ταῖς ὑβριστικαῖς τοῦ αὐθάδους, τομὴν ἡ δίκη ἐπάξασα, τοῦ Θεοῦ φυλάξαντος, τὸ σέβας τῇ ἐμψύχῳ κιβωτῷ, δόξῃ τῆς θεότητος, ἐν ᾗ ὁ Λόγος σὰρξ ἐχρημάτισε. Δίς.

#### Ὠδὴ ϛ΄. Ἦχος δ΄.
#### Τὴν θείαν ταύτην καὶ πάντιμον.

Ἐκ σοῦ ζωὴ ἀνατέταλκε, τὰς κλεῖς τῆς παρθενίας μὴ λύσασα· πῶς οὖν τὸ ἄχραντον, ζωαρχικόν τε σου σκήνωμα, τῆς τοῦ θανάτου πείρας γέγονε μέτοχον; Δίς.

Δόξα.

Ζωῆς ὑπάρξασα τέμενος, ζωῆς τῆς ἀϊδίου τετύχηκας· διὰ θανάτου γάρ, πρὸς τὴν ζωὴν μεταβέβηκας, ἡ τὴν ζωὴν τεκοῦσα τὴν ἐνυπόστατον.

Καὶ νῦν. Τὸ αὐτό.

#### Τροπάριον. Ἦχος α΄.

Ἐν τῇ γεννήσει τὴν παρθενίαν ἐφύλαξας, ἐν τῇ κοιμήσει τὸν κόσμον οὐ κατέλιπες Θεοτόκε· μετέστης πρὸς τὴν ζωήν, μήτηρ ὑπάρχουσα τῆς ζωῆς· καὶ ταῖς πρεσβείαις ταῖς σαῖς λυτρουμένη, ἐκ θανάτου τὰς ψυχὰς ἡμῶν.

### Ἡ ὑπακοή. Ἦχος πλ. α΄.

Μακαρίζομέν σε πᾶσαι αἱ γενεαί, Θεοτόκε παρθένε· ἐν σοὶ γὰρ ὁ ἀχώρητος Χριστὸς ὁ Θεὸς ἡμῶν, χωρηθῆναι ηὐδόκησε· μακάριοι ἐσμὲν καὶ ἡμεῖς, προστασίαν σε ἔχοντες· ἡμέρας γὰρ καὶ νυκτὸς πρεσβεύεις ὑπὲρ ἡμῶν, καὶ τὰ σκῆπτρα τῆς βασιλείας, ταῖς σαῖς ἱκεσίαις κρατύνονται· διὸ ἀνυμνοῦντες βοῶμέν σοι· Χαῖρε κεχαριτωμένη, ὁ Κύριος μετὰ σοῦ.

### Κοντάκιον. Ἦχος πλ. β΄.

Τὴν ἐν πρεσβείαις ἀκοίμητον Θεοτόκον, καὶ προστασίαις ἀμετάθετον ἐλπίδα, τάφος καὶ νέκρωσις οὐκ ἐκράτησεν· ὡς γὰρ ζωῆς μητέρα, πρὸς τὴν ζωὴν μετέστησεν, ὁ μήτραν οἰκήσας ἀειπάρθενον.

### Ἀντὶ τοῦ Ἄξιον ἐστίν, ἦχος α΄.

Αἱ γενεαὶ πᾶσαι, μακαρίζομέν σε, τὴν μόνην Θεοτόκον. Νενίκηνται τῆς φύσεως οἱ ὅροι, ἐν σοὶ Παρθένε ἄχραντε· παρθενεύει γὰρ τόκος, καὶ ζωὴν προμνηστεύεται θάνατος· ἡ μετὰ τόκον παρθένος, καὶ μετὰ θάνατον ζῶσα, σῴζοις ἀεί, Θεοτόκε τὴν κληρονομίαν σου.

### Κοινωνικόν.

Ποτήριον σωτηρίου λήψομαι, καὶ τὸ ὄνομα Κυρίου ἐπικαλέσομαι.

### Μεγαλυνάριον.

Παρέστης παρθένε ἐκ δεξιῶν, τοῦ παμβασιλέως, ἡ βασίλισσα τοῦ παντός, περιβεβλημένη καὶ περιλαμπομένη, φωτὶ τῶν σῶν χαρίτων, θεοχαρίτωτε.

### ΕΙΣ ΤΑΣ ΚΓ΄

### Ἡ ἀπόδοσις τῆς ἑορτῆς τῆς κοιμήσεως τῆς ὑπεραγίας Δεσποίνης ἡμῶν Θεοτόκου καὶ ἀειπαρθένου Μαρίας.

Εἰς τὴν Λειτουργίαν, ἅπαντα ὡς προεγράφησαν ἐν τῇ αὐτῇ ἑορτῇ.

### ΕΙΣ ΤΑΣ ΚΔ΄*

### Τοῦ ἁγίου ἐνδόξου ἱερομάρτυρος καὶ ἰσαποστόλου Κοσμᾶ τοῦ Αἰτωλοῦ

Εἰς τὴν Λειτουργίαν Τυπικά, καὶ ἐκ τοῦ κανόνος ᾠδὴ γ΄ καὶ ς΄. Ἦχος δ΄.

### Ὠδὴ γ΄. Τοὺς σοὺς ὑμνολόγους.

Ἀγάπῃ τρωθεὶς πάτερ τῇ θείᾳ, ἠγάπησας ὥσπερ σεαυτόν, καὶ τὸν πλησίον ἅγιε, ὑπὲρ οὗ πλείστους ἤνεγκας, κινδύνους ὡς ὁμότροπος, τῶν ἀποστόλων ἐν ἅπασι.

Συνέσει τῇ θείᾳ διαλάμπων, κηρύττεις τὸν λόγον πανταχοῦ, τῆς εὐσεβείας ὅσιε, ὡς θεῖος ἰσαπόστολος, καὶ τῶν πιστῶν ἐστήριξας, τῷ θείῳ φόβῳ τὸ φρόνημα.

Ὁ νοῦς σου δεξάμενος ἐν Ἄθῳ, τὰς θείας ἐλλάμψεις μυστικῶς, Κοσμᾶ θεομακάριστε, διδάγματα σωτήρια, οἷα κρουνὸς ἀνέβλυσεν, εἰς εὐσεβῶν περιποίησιν.

### Θεοτοκίον.

Ἰσχύν μοι παράσχου Θεοτόκε, πατεῖν τοῦ ἐχθροῦ τὰς μηχανάς,

τοῦ καθ' ἑκάστην πάναγνε, ὑπούλως ἐφορμῶντός μοι, καὶ τὴν ψυχήν μου στήριξον, τοῖς τοῦ Υἱοῦ σου προστάγμασιν.

### Ὠδὴ ς΄. Τὴν θείαν ταύτην.

Ὡς ἀποστόλων ὁμόζηλος, τοὺς δρόμους τοὺς αὐτῶν πάτερ ἤνυσας, στερρῷ φρονήματι, καὶ φυτοκόμος θεόσοφος, τῆς εὐσεβείας ὤφθης, Κοσμᾶ μακάριε.

Μέγαν διδάσκαλον ἅγιε, γνωρίζει σε ἡ Ἤπειρος ἅπασα· ταύτην γὰρ ἔσωσας, λόγοις σοφοῖς καὶ διδάγμασι, βυθοῦ τῆς ἀσεβείας Κοσμᾶ μακάριε.

### Δόξα.

Ἐξ Αἰτωλίας ἀνέτειλας, καὶ πάσῃ τῇ Ἑλλάδι ἐξέλαμψας, ζήλῳ τῆς πίστεως· διὸ λαμπρῶς μεγαλύνει σε, ἡ ἐκκλησία πάτερ, ὡς ἰσαπόστολον.

### Καὶ νῦν. Θεοτοκίον.

Λυχνία ὤφθης ἑπτάφωτος, τεκοῦσα τοῦ Πατρὸς τὸ ἀπαύγασμα, σαρκὸς παχύτητι, θεοχαρίτωτε Δέσποινα, εἰς σωτηρίαν κόσμου, δι' ἀγαθότητα.

### Τροπάριον. Ἦχος γ΄. Θείας πίστεως.

Θείας πίστεως διδασκαλίᾳ, κατεκόσμησας τὴν ἐκκλησίαν, ζηλωτὴς τῶν ἀποστόλων γενόμενος· καὶ κατασπείρας τὰ θεῖα διδάγματα, μαρτυρικῶς τὸν ἀγῶνα ἐτέλεσας· Κοσμᾶ ἔνδοξε, Χριστὸν τὸν Θεὸν ἱκέτευε, δωρήσασθαι ἡμῖν τὸ μέγα ἔλεος.

### Κοντάκιον. Ἦχος δ΄. Ἐπεφάνης σήμερον.

Ὡς φωστὴρ νεόφωτος τὴν ἐκκλησίαν, καταυγάζεις ἅπασαν, Εὐαγγελίου διδαχαῖς, Κοσμᾶ Χριστοῦ ἰσαπόστολε· διὸ ἀξίως, γεραίρει τὴν μνήμην σου.

### Κοινωνικόν.

Εἰς πᾶσαν τὴν γῆν ἐξῆλθεν ὁ φθόγγος αὐτοῦ, καὶ εἰς τὰ πέρατα τῆς οἰκουμένης τὰ ῥήματα αὐτοῦ· ἀλληλούια.

## ΕΙΣ ΤΑΣ ΚΘ΄

**Ἡ ἀποτομὴ τῆς τιμίας κεφαλῆς τοῦ τιμίου ἐνδόξου προφήτου Προδρόμου καὶ βαπτιστοῦ Ἰωάννου**

Εἰς τὴν Λειτουργίαν Τυπικά, καὶ ἐκ τοῦ κανόνος ᾠδὴ γ΄ καὶ ς΄. Ἦχος πλ. δ΄.

### Ὠδὴ γ΄. Σὺ εἶ τὸ στερέωμα.

Πανάσεμνον κόριον, τοῦ μεθυσμοῦ πλησθὲν ἔφησε, δός μοι τανῦν, κάραν Ἰωάννου, ὦ Ἡρώδη ἐν πίνακι.

Ἡ παῖς ἐξωρχήσατο, καὶ ὡς παράνομον τέρψασα, τὸν Ἡρώδην, πρὸς φόνον ἀνθέλκει, τοῦ Προδρόμου καὶ κήρυκος.

Ὢ σῆς ἀθλιότητος, Ἡρώδη ἄφρον καὶ ἄνομε· ποίᾳ τόλμῃ, κόρης ἀσελγούσης, φόνον ἄδικον ἔπραξας;

### Θεοτοκίον.

Δὸς ἡμῖν βοήθειαν, ταῖς ἱκεσίαις σου πάναγνε, τὰς προσβολάς, ἀποκρουομένη, τῶν δεινῶν περιστάσεων.

### Ὠδὴ ς΄. Ἱλάσθητί μοι Σωτήρ.

Τοῦ νόμου τῶν ἐντολῶν, προκινδυνεύων μακάριε, ἐλέγχοις παιδαγωγεῖς, τὸν παρανομήσαντα· οὐ γὰρ ἔφυς κάλαμος, δυσμενῶν πνευμάτων, ῥιπιζόμενος προσπνεύσεσι.

Τῷ λύθρῳ τῷ τῆς σφαγῆς, ἡ κεφαλὴ σταζομένη σου, ἠνέχθη τῶν πορνικῶν, ἀγώνων εἰς μίσθωμα, Ἡρώδην ἐλέγχουσα, καὶ μετὰ τὸ τέλος, ὡς τὴν φύσιν συνθολώσαντα.

### Δόξα.

Ἐρήμους περιπολῶν, θριξὶ καμήλου σκεπόμενος· τὰς μὲν ὡς φωτολαμπές, κατῴκεις ἀνάκτορον· τὰς δὲ ὡς βασίλειον, περιφέρων κόσμον, τῶν παθῶν κατεβασίλευσας.

### Καὶ νῦν. Θεοτοκίον.

Ῥυσθείημεν τῶν δεινῶν, πταισμάτων ταῖς ἱκεσίαις σου, θεογεννῆτορ ἁγνή, καὶ τύχοιμεν πάναγνε, τῆς θείας ἐλλάμψεως, τοῦ ἐκ σοῦ ἀφράστως, σαρκωθέντος Υἱοῦ τοῦ Θεοῦ.

### Τροπάριον. Ἦχος β΄.

Μνήμη δικαίου μετ' ἐγκωμίων· σοὶ δὲ ἀρκέσει ἡ μαρτυρία τοῦ Κυρίου Πρόδρομε· ἀνεδείχθης γὰρ ὄντως, καὶ προφητῶν σεβασμιώτερος, ὅτι καὶ ἐν ῥείθροις βαπτίσαι, κατηξιώθης τὸν κηρυττόμενον· ὅθεν τῆς ἀληθείας ὑπεραθλήσας, χαίρων εὐηγγελίσω καὶ τοῖς ἐν ᾅδῃ, Θεὸν φανερωθέντα ἐν σαρκί, τὸν αἴροντα τὴν ἁμαρτίαν τοῦ κόσμου, καὶ παρέχοντα ἡμῖν τὸ μέγα ἔλεος.

### Κοντάκιον. Ἦχος πλ. α΄.

Ἡ τοῦ Προδρόμου ἔνδοξος ἀποτομή, οἰκονομία γέγονέ τις θεϊκή, ἵνα καὶ τοῖς ἐν ᾅδῃ, τοῦ Σωτῆρος κηρύξῃ τὴν ἔλευσιν· θρηνείτω οὖν Ἡρῳδιάς, ἄνομον φόνον αἰτήσασα· οὐ νόμον γὰρ τὸν τοῦ Θεοῦ, οὐ ζῶντα αἰῶνα ἠγάπησεν, ἀλλ' ἐπίπλαστον πρόσκαιρον.

### Κοινωνικόν.

Εἰς μνημόσυνον αἰώνιον ἔσται δίκαιος· ἀλληλούια.

### Μεγαλυνάριον.

Κἂν ἐτμήθης κάραν, ὦ Βαπτιστά, φθέγγεται ἡ γλῶσσα, τὸν Ἡρώδην ἐλέγχουσα· Λόγου τὴν φωνήν σε, σιγῆσαι γὰρ οὐκ ἔδει· ἀλλὰ καὶ τοῖς ἐν ᾅδῃ, Χριστὸν κηρύξασθαι.

### ΕΙΣ ΤΑΣ ΛΑ΄

Ἡ κατάθεσις τῆς τιμίας ζώνης τῆς ὑπεραγίας Δεσποίνης ἡμῶν Θεοτόκου

Εἰς τὴν Λειτουργίαν Τυπικά, καὶ ἐκ τῶν κανόνων ᾠδὴ γ΄ καὶ ς΄.

## Ὠδὴ γ΄. Ἦχος δ΄.
### Εὐφραίνεται ἐπὶ σοί.

Τιμήσωμεν οἱ πιστοί, ὡς συναφείας πρὸς Θεὸν σύνδεσμον, τὴν τῆς ἁγνῆς σήμερον, ζώνην καὶ πιστῶς προσκυνήσωμεν.

Ἀέναοι ὀχετοί, ἐκ τῆς ἀχράντου σου σοροῦ ῥέοντες, τῶν χαρισμάτων ἁγνή, πάντας τοὺς πιστοὺς καταρδεύουσιν.

Ἰάματα τοῖς πιστοῖς, ἡ πολυύμνητος ἡμῖν σήμερον, τῆς ὑπερτίμου ἁγνῆς, ζώνη ἀναβρύει ἐν χάριτι.

Ὡς δρόσος ἑωθινή, ἡ εὐφροσύνη σου ἁγνὴ ῥέουσα, τὴν τῶν παθῶν κάμινον, τῶν σὲ ἀνυμνούντων κοιμίζει ἀεί.

## Ὠδὴ ς΄. Ἦχος πλ. δ΄.
### Ἄβυσσος ἁμαρτιῶν.

Νέον τέτοκας ἡμῖν, ὡς παιδίον τὸν πρὸ πάντων αἰώνων· καὶ καινουργεῖς καρδίας ἁμαρτίας παλαίωσιν, δεξαμένας καινισμῷ, τῆς καταθέσεως τῆς τιμίας, ζώνης σου κόρη ἀειπάρθενε.

Ἅγιός σου ὁ ναός, θαυμαστὸς δικαιοσύνῃ ὑπάρχει, ὅς τις τὴν θαυμαστήν σου ζώνην, θαύματα βρύουσαν, κεκτημένος τοῖς πιστοῖς, πέλαγος δείκνυται ἰαμάτων, θεοκυῆτορ μητροπάρθενε.

### Δόξα.

Γέγηθε πᾶσα ψυχή, συνιοῦσα ἐν ἁγίῳ ναῷ σου, καὶ ἐν αὐτῷ ὁρῶσα Θεοτόκε τὴν ζώνην σου, ὥσπερ ἥλιον φαιδρόν, φέγγος ἀστράπτουσαν χαρισμάτων, τοῦ παντουργοῦ καὶ θείου Πνεύματος.

### Καὶ νῦν.

Νεύρωσον ἡμῶν ἁγνή, τὰς καρδίας παρεθείσας, παντοίων ἁμαρτιῶν ἰδέαις, καὶ περίζωσον δύναμιν, τοὺς τὴν ζώνην σου πιστῶς, ὡς πολυτίμητον κεκτημένους, καὶ ἀναφαίρετον θησαύρισμα.

## Τροπάριον. Ἦχος πλ. δ΄.

Θεοτόκε ἀειπάρθενε τῶν ἀνθρώπων ἡ σκέπη, ἐσθῆτα καὶ ζώνην τοῦ ἀχράντου σου σώματος, κραταιὰν τῇ Πόλει σου περιβολὴν ἐδωρήσω, τῷ ἀσπόρῳ τόκῳ σου ἄφθαρτα διαμείναντα· ἐπὶ σοὶ γὰρ καὶ φύσις καινοτομεῖται καὶ χρόνος· διὸ δυσωποῦμέν σε· εἰρήνην τῇ πολιτείᾳ σου δώρησαι, καὶ ταῖς ψυχαῖς ἡμῶν τὸ μέγα ἔλεος.

## Κοντάκιον. Ἦχος β΄.
### Τὴν ἐν πρεσβείαις.

Τὴν θεοδόχον γαστέρα σου Θεοτόκε, περιβαλοῦσα ἡ ζώνη σου ἡ τιμία, κράτος τῇ Πόλει σου ἀπροσμάχητον, καὶ θησαυρὸς ὑπάρχει, τῶν ἀγαθῶν ἀνέκλειπτος, ἡ μόνη τεκοῦσα ἀειπάρθενος.

## Κοινωνικόν.

Ποτήριον σωτηρίου λήψομαι, καὶ τὸ ὄνομα Κυρίου ἐπικαλέσομαι.

## Μεγαλυνάριον.

Ζώνην τὴν ὑπέρτιμον καὶ σεπτήν, πόθῳ σου τιμῶντες, περιζώννυ-

ΛΕΙΤΟΥΡΓΙΚΟΝ

νται οἱ πιστοί, δύναμιν παρθένε, κατὰ παθῶν ἀτίμων· σῴζονται δὲ κινδύνων, κατασπαζόμενοι.

## ΤΡΟΠΑΡΙΑ ΕΚ ΤΟΥ ΑΝΘΟΛΟΓΙΟΥ ΕΙΣ ΕΝΑ, ΚΑΙ ΕΙΣ ΠΟΛΛΟΥΣ ΚΑΤΑ ΤΑΞΙΝ ΑΓΙΟΥΣ

### ΕΑΝ ΘΕΛῌ ΤΙΣ ΕΟΡΤΑΣΑΙ ΤΙΝΑ ΑΓΙΟΝ, ΕΙ ΟΥΚ ΕΧΟΙ ΙΔΙΟΝ ΚΑΝΟΝΑ

#### ΕΙΣ ΕΝΑ ΑΠΟΣΤΟΛΟΝ

Εἰς τὴν Λειτουργίαν Τυπικά, καὶ ἐκ τοῦ κανόνος αὐτοῦ ᾠδὴ γ΄ καὶ ς΄. Ἦχος πλ. δ΄.

Ὠδὴ γ΄. Σὺ εἶ τὸ στερέωμα.

Λόγῳ ἐσαγήνευσας, πρὸς λογικὴν Χριστοῦ τράπεζαν, ἀναγαγὼν τοὺς βεβυθισμένους, ἐν τῇ πλάνῃ ἀπόστολε.

Ἔβλυσεν ἀπόστολε, ἡ παμμακάριστος μνήμη σου, θεουργικαῖς θαυματοποιίαις, τοῖς νοσοῦσιν ἰάματα.

Στέργων τὸν διδάσκαλον, καὶ ὑπουργῶν αὐτοῦ νεύσεσι, παντουργικαῖς, πλάνης διασῴζεις, τοὺς βροτοὺς ἀξιάγαστε.

Θεοτοκίον.

Δὸς ἡμῖν βοήθειαν, ταῖς ἱκεσίαις σου πάναγνε, τὰς προσβολὰς ἀποκρουομένη, τῶν δεινῶν περιστάσεων.

Ὠδὴ ς΄. Χιτῶνά μοι παράσχου.

Ἀνήγγειλε τὴν δόξαν σου Χριστέ, ὁ σεπτὸς ἀπόστολος, καὶ πάντας ἐφώτισε, διὰ λόγου τῆς ἐκ σοῦ θείας χάριτος. Δίς.

Δόξα.

Ὡς ἥλιος ἐπέδραμες τὴν γῆν, ἀπόστολε ἔνδοξε, τρισήλιον ἄκτιστον, καταγγέλλων τοῖς πιστοῖς φῶς Θεότητος.

Καὶ νῦν. Θεοτοκίον.

Ναόν σε τοῦ Θεοῦ καὶ κιβωτόν, καὶ παστάδα ἔμψυχον, καὶ πύλην οὐράνιον, Θεοτόκε οἱ πιστοὶ καταγγέλλομεν.

Τροπάριον. Ἦχος γ΄.

Ἀπόστολε ἅγιε, πρέσβευε τῷ ἐλεήμονι Θεῷ, ἵνα πταισμάτων ἄφεσιν, παράσχῃ ταῖς ψυχαῖς ἡμῶν.

Καὶ τὸ παρὸν κοντάκιον. Ἦχος δ΄. Ἐπεφάνης σήμερον.

Εὐφροσύνης πρόξενος ἡμῖν ἐπέστη, ἡ φωσφόρος σήμερον, τοῦ ἀποστόλου ἑορτή· ἣν ἐκτελοῦντες δοξάζομεν, τὸν ἐν ὑψίστοις ὑπάρχοντα Κύριον.

Κοινωνικόν.

Εἰς πᾶσαν τὴν γῆν ἐξῆλθεν ὁ φθόγγος αὐτοῦ, καὶ εἰς τὰ πέρατα τῆς οἰκουμένης τὰ ῥήματα αὐτοῦ.

#### ΕΙΣ ΑΠΟΣΤΟΛΟΥΣ

Εἰς τὴν Λειτουργίαν Τυπικά, καὶ ἐκ τοῦ κανόνος αὐτῶν ᾠδὴ γ΄ καὶ ς΄. Ἦχος δ΄.

# ΑΚΟΛΟΥΘΙΑΙ ΑΓΙΩΝ

### Ὠδὴ γ΄. Εὐφραίνεται ἐπὶ σοί.

Οὐράνια καὶ σεπτά, θεηγοροῦντες ἐπὶ γῆς δόγματα, γλώσσαις πυρὸς φθεγγόμενοι, κήρυκες Χριστοῦ παρεδώκατε.

Ὑπέδειξας οὐρανούς, τοὺς μαθητάς σου λογικοὺς Δέσποτα, δόξαν τὴν σὴν ἅπασιν, ἐκδιηγουμένους τοῖς πέρασι.

Γραφέντες ἐν οὐρανοῖς, καὶ δεδειγμένοι τοῦ Χριστοῦ σύσκηνοι, τοὺς νῦν ὑμᾶς πάνσοφοι, σέβοντας προθύμως φρουρήσατε.

### Θεοτοκίον.

Ἐσκήνωσεν ἐν ἡμῖν, ὁ ἐν ὑψίστοις κατοικῶν ἄχραντε, ἄνευ σπορᾶς σάρκα γάρ, ἐκ σοῦ προσλαβὼν πεφανέρωται.

### Ὠδὴ ϛ΄. Θύσω σοι, μετὰ φωνῆς.

Στηρίξας, τοὺς μαθητὰς σοφίᾳ καὶ χάριτι, δυνατωτέρους εἰργάσω, τῆς Ἑλλήνων Σῶτερ ἐρεσχελίας· καὶ τὰ τούτων, ἀπατηλὰ κατήργησαν δόγματα.

Οἱ θεῖοι, ποταμοὶ τῆς σοφίας ἐπλήρωσαν, τῶν σωτηρίων ναμάτων, τὰς κοιλάδας πάσας τῆς ἐκκλησίας, σωτηρίου, ἐκ τῶν πηγῶν τὰ ῥεῖθρα πλουτήσαντες.

### Δόξα.

Φανέντες, ζωτικοὶ ὡς ἀστέρες πανόλβιοι, διεσκεδάσατε πᾶσαν, τὴν ζοφώδη πλάνην ταῖς φωτοβόλοις, λαμπηδόσι, θεογνωσίας φέγγος ἀστράψαντες.

### Καὶ νῦν. Θεοτοκίον.

Ὅλην σε, περιστερὰν τελείαν καὶ πάγκαλον, καὶ τηλαυγὲς εὑρὼν κρίνον, καὶ κοιλάδων ἄνθος, ὦ θεομῆτορ, ὁ Νυμφίος, ὁ νοητὸς ἐν σοὶ κατεσκήνωσεν.

### Τροπάριον. Ἦχος γ΄.

Ἀπόστολοι ἅγιοι, πρεσβεύσατε τῷ ἐλεήμονι Θεῷ, ἵνα πταισμάτων ἄφεσιν, παράσχῃ ταῖς ψυχαῖς ἡμῶν.

### Κοντάκιον δὲ τὸ παρόν· ἦχος δ΄. Ἐπεφάνης σήμερον.

Ἐπεφάνη σήμερον τῶν ἀποστόλων, ἡ σεπτὴ πανήγυρις, παρεχομένη ἐμφανῶς, πταισμάτων πᾶσι τὴν ἄφεσιν, τοῖς ἐκτελοῦσιν αὐτῶν τὸ μνημόσυνον.

### Κοινωνικόν.

Εἰς πᾶσαν τὴν γῆν ἐξῆλθεν ὁ φθόγγος αὐτῶν, καὶ εἰς τὰ πέρατα τῆς οἰκουμένης τὰ ῥήματα αὐτῶν.

### ΕΙΣ ΕΝΑ ΠΡΟΦΗΤΗΝ

Εἰς τὴν Λειτουργίαν Τυπικά, καὶ ἐκ τοῦ κανόνος αὐτοῦ ᾠδὴ γ΄ καὶ ϛ΄. Ἦχος πλ. β΄.

### Ὠδὴ γ΄. Οὐκ ἔστιν ἅγιος ὡς σύ.

Ὁ πάντα βλέπων ὡς Θεός, τῶν μελλόντων τὴν γνῶσιν, καὶ τῶν γενησομένων, τὴν εἴδησίν σοι σαφῆ, προφαίνει θεοπρεπῶς, καὶ δεικνύει, μάκαρ ἀξιάγαστε. Δίς.

Νευρώσας μάκαρ σου τὸν νοῦν, εὐσεβεῖ παρρησίᾳ, τῷ Πνεύματι τῷ Θείῳ, ὑπέκλινας σεαυτόν· καὶ γέγονας δεκτικός, τῶν ἐκεῖθεν ἐπιλάμψεων.

### Θεοτοκίον.

Ἰδού σε πᾶσαι γενεαί, μακαρίζουσι πίστει, τὴν τὸν ἄχρονον Λόγον, ἐν σώματι χρονικῶς, τεκοῦσαν ὑπερφυῶς, καὶ παρθένον πάλιν διαμείνασαν.

### Ὠδὴ ϛ΄. Τοῦ βίου τὴν θάλασσαν.

Δεχόμενος ἔνδοξε, τὰς τοῦ Πνεύματος αὐγάς, διαφανὲς ὡς ἔσοπτρον, προφητείας ἐνθέου μαρμαρυγάς, τῷ κόσμῳ ἐξήστραψας, ὡς παρόντα θεσπίζων τὰ ἐσόμενα. Δίς.

### Δόξα.

Ὁ σὸς ἐπεδήμησε, βασιλεύς, χαῖρε Σιών, καὶ κατατέρπου βλέπουσα, καὶ τὸν κόσμον ἐφώτισεν ἀστραπαῖς, ἰδίας Θεότητος, καὶ δαιμόνων τὴν πλάνην ἐθριάμβευσε.

### Καὶ νῦν. Θεοτοκίον.

Σαρκὸς πηλικότητι, ἑνωθεὶς ὁ ἐκ Πατρός, μονογενὴς ἐν μήτρᾳ σου, εἷς ἐκ δύο προῆλθε δίχα φθορᾶς, τηρήσας ἀλώβητον, τὴν σεπτὴν παρθενίαν σου πανύμνητε.

### Τροπάριον. Ἦχος β΄.

Τοῦ προφήτου σου τὴν μνήμην Κύριε ἑορτάζοντες, δι᾽ αὐτοῦ σε δυσωποῦμεν, σῶσον τὰς ψυχὰς ἡμῶν.

### Κοντάκιον. Ἦχος δ΄.
### Ἐπεφάνης σήμερον.

Προφητείας χάρισμα, πλουτῶν προφῆτα, τοῦ Χριστοῦ κατήγγειλας, τὴν παρουσίαν ἐμφανῶς, καὶ τὸ τοῦ κόσμου σωτήριον· οὗ τῇ ἐλλάμψει, ὁ κόσμος πεφώτισται.

### Κοινωνικόν.

Ἀγαλλιᾶσθε δίκαιοι ἐν Κυρίῳ, τοῖς εὐθέσι πρέπει αἴνεσις.

## ΕΙΣ ΠΡΟΦΗΤΑΣ

Εἰς τὴν Λειτουργίαν Τυπικά, καὶ ἐκ τοῦ κανόνος αὐτῶν ᾠδὴ γ΄ καὶ ϛ΄. Ἦχος πλ. α΄.

### Ὠδὴ γ΄. Ὁ πήξας ἐπ᾽ οὐδενός.

Κιθάρα τοῦ Πνεύματος τῷ πλήκτρῳ κρουόμεναι, οἱ προφῆται πάντες τὸ παναρμόνιον, μέλος τῆς σῆς γνώσεως Χριστέ, πᾶσι θεολογοῦντες, τοῖς φιλοθέοις ἀναμέλπουσιν, ἄνωθεν πλουτοῦντες τὴν ἔλλαμψιν.

Ῥομφαῖαι ἐξεγειρόμεναι τῇ προστάξει σου, οἱ προφῆται πάντες τὴν πολυτάραχον, πλάνην διακόπτουσι Χριστέ, θείαν σου δυναστείαν, οἱ εὐσεβῶς περιζωσάμενοι, καὶ τὸ ἀκατάληπτον κράτος σου.

Οἱ θεῖοι καὶ νοητοὶ κρατῆρες τῆς γνώσεως, οἱ προφῆται πάντες τὴν γῆν ἐμέθυσαν· προδιατυποῦντες ἐμφανῶς, τῆς σῆς οἰκονομίας, τὸ δυσθεώρητον μυστήριον, ἄλλος ἀλλαχοῦ σε κηρύττοντες.

### Θεοτοκίον.

Τὸ πάλαι προορισθὲν παρθένε μυστήριον, καὶ πρὸ τῶν αἰώνων προγινωσκόμενον, τῷ πάντα γινώσκοντι Θεῷ, χρόνων νῦν ἐπ᾽ ἐσχάτων, ἐν τῇ νηδύι σου πανάμωμε, πέρας εἰληφὸς ἀναδέδεικται.

# ΑΚΟΛΟΥΘΙΑΙ ΑΓΙΩΝ

### Ὠδὴ ς΄. Μαινομένην κλύδωνι.

Πολιτείαν ἔνθεον, εὐσεβείας λόγον ἀληθῆ, κεκτημένοι κήρυκες γεγόνατε, παναληθεῖς, θείας σαρκώσεως ἅγιοι.

Ῥώμην θείαν ἔχοντες, βασιλέων ἄσχετον ὁρμήν, καὶ θηρῶν τὰ στόματα ἐφράξατε, καὶ ἐκ γαστρός, τοῦ κήτους σῷοι ἐρρύσθητε.

### Δόξα.

Οἱ ἐκ μήτρας ἅγιοι, ἐν τῷ κόσμῳ λάμποντες παντί, ἀρετῆς διδάσκαλοι γεγόνατε, καὶ φυτουργοί, προφῆται πάντες πανόλβιοι.

### Καὶ νῦν. Θεοτοκίον.

Φιλοθέους ἔχοντες, διανοίας, γέννησιν τὴν σήν, οἱ προφῆται Δέσποινα προήγγειλαν, σὲ τυπικοῖς, καὶ πολυτρόποις συμβόλοις ἁγνή.

### Τροπάριον. Ἦχος β΄.

Τῶν προφητῶν σου τὴν μνήμην Κύριε ἑορτάζοντες, δι᾽ αὐτῶν σε δυσωποῦμεν, σῶσον τὰς ψυχὰς ἡμῶν.

### Κοντάκιον. Ἦχος δ΄.
### Ἐπεφάνης σήμερον.

Ἑορτάζει σήμερον ἡ ἐκκλησία, τὴν σεπτὴν πανήγυριν, τῶν θεηγόρων προφητῶν, καὶ γὰρ αὐτοὶ προεκήρυξαν, τοῦ Θεοῦ Λόγου σωτήριον ἔλευσιν.

### Κοινωνικόν.

Ἀγαλλιᾶσθε δίκαιοι ἐν Κυρίῳ, τοῖς εὐθέσι πρέπει αἴνεσις.

## ΕΙΣ ΕΝΑ ΜΑΡΤΥΡΑ

Εἰς τὴν Λειτουργίαν Τυπικά, καὶ ἐκ τοῦ κανόνος αὐτοῦ ᾠδὴ γ΄ καὶ ς΄. Ἦχος πλ. δ΄.

### Ὠδὴ γ΄. Σὺ εἶ τὸ στερέωμα.

Γένος περιφάνειαν, καταλιπὼν Χριστοῦ ἔσπευσας, μάρτυς θανεῖν, ὅπως ἀπολαύσῃς, τὴν ζωὴν τὴν αἰώνιον.

Δὸς ἡμῖν βοήθειαν, τοῖς κινδυνεύουσι πάντοτε, ταῖς κοσμικαῖς, μάρτυς ἐπηρείαις, καὶ δειναῖς περιστάσεσιν.

Ὄλβιος γενόμενος, καὶ φωτισμοῦ παντὸς ἔμπλεως, πάντας πλουτεῖν, τὴν δικαιοσύνην, ἀθλοφόρε ἱκέτευε.

### Θεοτοκίον.

Ἤνεγκας τὸν ἄσταχυν, τὸν ἀγεώργητον ἄχραντε, πάντων ἡμῶν, τρέφοντα καρδίας, τῶν πιστῶς ἀνυμνούντων σε.

### Ὠδὴ ς΄. Ἱλάσθητί μοι Σωτήρ.

Ἀνέτειλέ σοι σοφέ, φῶς ἄδυτον ἐναθλήσαντι, καὶ εὐφροσύνης σκηναί, ἅγιαι ἐδέξαντο· ἐν αἷς αὐλιζόμενος, τῶν ἐπὶ τῆς γῆς σε, εὐφημούντων μάρτυς μέμνησο.

Μεγάλους ἐπὶ τῆς γῆς, ἀνύσας ἄθλους ἀοίδιμε, μεγάλων ἡμᾶς κακῶν, κινδύνων καὶ θλίψεων, ταῖς σαῖς ἀπολύτρωσαι, ἱεραῖς πρεσβείαις, ἵνα πόθῳ σε δοξάζωμεν.

### Δόξα.

Μὴ δείξῃς με Ἰησοῦ, κατεγνωσμένον ἡνίκα σου, τῷ

# ΛΕΙΤΟΥΡΓΙΚΟΝ

θρόνῳ τῷ φοβερῷ, Λόγε παραστήσωμαι· ἀλλ' οἴκτιρον σῶσόν με, τοῦ σοῦ μεσιτείαις, ἀθλοφόρου πολυέλεε.

### Καὶ νῦν. Θεοτοκίον.

Ἁγίασόν μου τὸν νοῦν, καὶ τὴν ψυχὴν φωταγώγησον, τὸν ἐν ἁγίοις Θεόν, ἐπαναπαυόμενον, ἀρρήτως κυήσασα, παναγία κόρη, Θεοτόκε ἀειπάρθενε.

### Τροπάριον. Ἦχος δ΄.

Ὁ μάρτυς σου Κύριε ἐν τῇ ἀθλήσει αὐτοῦ, τὸ στέφος ἐκομίσατο τῆς ἀφθαρσίας, ἐκ σοῦ τοῦ Θεοῦ ἡμῶν· ἔχων γὰρ τὴν ἰσχύν σου, τοὺς τυράννους καθεῖλεν· ἔθραυσε καὶ δαιμόνων τὰ ἀνίσχυρα θράση· αὐτοῦ ταῖς ἱκεσίαις Χριστὲ ὁ Θεός, σῶσον τὰς ψυχὰς ἡμῶν.

### Κοντάκιον. Ἦχος γ΄.
### Ἡ παρθένος σήμερον.

Τῶν μαρτύρων σύναθλος, ἀναδειχθεὶς καὶ ὁπλίτης, στρατιώτης ἄριστος, τοῦ βασιλέως τῆς δόξης, γέγονας διὰ βασάνων καὶ τιμωρίας, ἔπαρσιν εἰδωλομανούντων καταπατήσας, διὰ τοῦτο καὶ ἐδέξω, βραβεῖα νίκης τῆς σῆς ἀθλήσεως.

### Κοινωνικόν.

Εἰς μνημόσυνον αἰώνιον ἔσται δίκαιος· ἀλληλούια.

### ΕΙΣ ΜΑΡΤΥΡΑΣ

Εἰς τὴν Λειτουργίαν Τυπικά, καὶ ἐκ τοῦ κανόνος αὐτῶν ᾠδὴ γ΄ καὶ ς΄. Ἦχος β΄.

### Ὠδὴ γ΄. Ἐν πέτρᾳ με τῆς πίστεως.

Καθεῖλον οἱ καλλίνικοι στρατιῶται, τῷ πάθει σου τῷ θείῳ δυναμωθέντες, τῆς πλάνης τὴν πολύθεον ἀθεΐαν, ἐν πίστει κράζοντες· σὺ εἶ Θεὸς ἡμῶν, καὶ οὐκ ἔστιν ἅγιος, πλήν σου Κύριε.

Ῥανίσι θείου αἵματος ῥαντισθέντες, θυσίαις οὐκ ἐχράνθητε δαιμονίων, θυσία προσηνέχθητε τῷ Κυρίῳ, ὁλοκαυτώμενοι, καὶ πίστει κράζοντες, ὡς οὐκ ἔστιν ἅγιος, πλήν σου Κύριε.

Ὅλην σε κεκτημένοι οἱ ἀθλοφόροι, ταῖς ἑαυτῶν καρδίαις εἰσοικισθέντα, τρανοῦντες τὴν εὐσέβειαν ἀνεβόων· οὐκ ἔστιν ἅγιος, ὡς ὁ Θεὸς ἡμῶν, καὶ οὐκ ἔστι δίκαιος, πλήν σου Κύριε.

### Θεοτοκίον.

Τὴν μόνην παρθενεύουσαν μετὰ τόκον, πρὸς πίστιν τῆς θεότητος τοῦ τεχθέντος, τιμῶμέν σε κραυγάζοντες τῷ Υἱῷ σου· οὐκ ἔστιν ἅγιος ὡς ὁ Θεὸς ἡμῶν, καὶ οὐκ ἔστι δίκαιος, πλήν σου Κύριε.

### Ὠδὴ ς΄. Ἄβυσσος ἁμαρτιῶν.

Σάλπιγγος ἠχοῖ κροτείτω, πνευματικῇ ἐπαξίως, λογικῶν χειλέων καρδία, ὕμνον ἐκπέμπουσα, καὶ μέλπουσα, τῶν μαρτύρων τοὺς ἄθλους.

Τέτρωνται τῶν ἀσεβούντων, καὶ δυσμενῶν αἱ καρδίαι· Χριστὸς γὰρ ἐκτείνας τὸν Σταυρόν, ὡς τόξον ἀπέστειλε, τοὺς μάρτυρας βέλη ἠκονημένα.

Δόξα.

Ὅπλοις τῆς δικαιοσύνης, καὶ πίστεως οἱ γενναῖοι, ἑαυτοὺς πρὸς πάλην ἐχθρῶν, ἀσάρκων καθώπλισαν, καὶ τέλεον ἐξηφάνισαν τούτους.

Καὶ νῦν. Θεοτοκίον.

Διάσωσον ἀπὸ κινδύνων, τοὺς δούλους σου Θεοτόκε, ὅτι πάντες μετὰ Θεὸν εἰς σὲ καταφεύγομεν, ὡς ἄρρηκτον τεῖχος καὶ προστασίαν.

Τροπάριον. Ἦχος πλ. α΄.

Τὰ θαύματα τῶν ἁγίων σου μαρτύρων, τεῖχος ἀκαταμάχητον ἡμῖν δωρησάμενος, Χριστὲ ὁ Θεός, ταῖς αὐτῶν ἱκεσίαις βουλὰς ἐθνῶν διασκέδασον, τῆς βασιλείας τὰ σκῆπτρα κραταίωσον, ὡς μόνος ἀγαθὸς καὶ φιλάνθρωπος.

Κοντάκιον. Ἦχος β΄. Τὰ ἄνω ζητῶν.

Λαμπτῆρες φαιδροί, φανέντες θεῖοι μάρτυρες, τὴν κρίσιν φωτί, θαυμάτων καταυγάζετε· νοσημάτων λύοντες τὴν βαθεῖαν νύκτα ἑκάστοτε· καὶ Χριστῷ τῷ μόνῳ Θεῷ, πρεσβεύοντες δοῦναι ἡμῖν ἔλεος.

Κοινωνικόν.

Εἰς μνημόσυνον αἰώνιον ἔσονται δίκαιοι.

### ΕΙΣ ΕΝΑ ΙΕΡΑΡΧΗΝ

Εἰς τὴν Λειτουργίαν Τυπικά, καὶ ἐκ τοῦ κανόνος αὐτοῦ ᾠδὴ γ΄ καὶ ς΄.

Ἦχος δ΄.

Ὠδὴ γ΄. Εὐφραίνεται ἐπὶ σοί.

Ἀκηλίδωτον τὸν νοῦν, τῇ ἀναλάμψει τῶν σεπτῶν πράξεων, ἔχων ἐδείχθης ἔσοπτρον, ἱεράρχα θείας λαμπρότητος.

Τῇ χάριτι ἀληθῶς, καὶ τῇ ἐλπίδι τελεσθεὶς ὅσιε, ἱερουργὸς γέγονας, τοῦ Εὐαγγελίου τῆς χάριτος.

Τῶν λόγων σου τὸ τερπνόν, ὑπὲρ κηρίου γλυκασμὸν φέρουσα, ἡ ἐκκλησία ἔνδοξε, ἐκπτύει πικρίαν αἱρέσεων.

Θεοτοκίον.

Ὡς πύλην σε καὶ ναόν, τῆς θείας δόξης κοινωνὸν σέβοντες, μῆτερ Θεοῦ πανάμωμε, πάντες τῶν κινδύνων λυτρούμεθα.

Ὠδὴ ς΄. Ἐβόησε προτυπῶν.

Τὴν ἄβυσσον, τῶν γραφικῶν νοημάτων ἐξήντλησας, καὶ τὸν πλοῦτον, τῶν ἐνθέων δογμάτων ἐπλούτησας, καὶ ἐξήρανας, ποταμοὺς ἱεράρχα αἱρέσεων.

Τῇ τραπέζῃ, τοῦ Δεσπότου Χριστοῦ παριστάμενος, καὶ τῆς θείας, εὐωχίας αὐτοῦ ἀξιούμενος, ἐκτενῶς μὴ παύσῃ, ἱλασμὸν ἐξαιτῶν ταῖς ψυχαῖς ἡμῶν.

Δόξα.

Τὴν μάχαιραν, τῷ τοῦ Πνεύματος λόγῳ σπασάμενος, τῶν ἀθέων, νοημάτων καθεῖλες τὰ ἔκφυλα, καὶ ἐρρίζωσας, θεοφόρε πιστῶν τὰ νοήματα.

### Καὶ νῦν. Θεοτοκίον.

Τῷ τόκῳ σου, τῆς ἀρχαίας ἀρᾶς ἀπηλλάγημεν· τὴν χαρὰν γάρ, ἐν γαστρί σου παρθένε συνέλαβες· καὶ Θεὸν τεκοῦσα, τῶν ἀνθρώπων τὴν φύσιν ἐθέωσας.

### Τροπάριον. Ἦχος δ΄.

Κανόνα πίστεως, καὶ εἰκόνα πραότητος, ἐγκρατείας διδάσκαλον, ἀνέδειξέ σε τῇ ποίμνῃ σου ἡ τῶν πραγμάτων ἀλήθεια· διὰ τοῦτο ἐκτήσω τῇ ταπεινώσει τὰ ὑψηλά, τῇ πτωχείᾳ τὰ πλούσια. Πάτερ ἱεράρχα πανόσιε, πρέσβευε Χριστῷ τῷ Θεῷ, σωθῆναι τὰς ψυχὰς ἡμῶν.

### Ἤ τὸ παρόν. Ἦχος πλ. δ΄.

Ὀρθοδοξίας ὁδηγέ, εὐσεβείας διδάσκαλε καὶ σεμνότητος, τῆς οἰκουμένης ὁ φωστήρ, ἀρχιερέων θεόπνευστον ἐγκαλλώπισμα, ἱεράρχα σοφὲ ταῖς διδαχαῖς σου πάντας ἐφώτισας, λύρα τοῦ Πνεύματος, πρέσβευε Χριστῷ τῷ Θεῷ, σωθῆναι τὰς ψυχὰς ἡμῶν.

### Κοντάκιον. Ἦχος β΄. Τὰ ἄνω ζητῶν.

Τὴν πίστιν Χριστοῦ, τρανῶς σὺ ἐδογμάτισας, καὶ ταύτην τηρῶν, εἰς πλῆθος ὄντως ηὔξησας, τὸ πιστόν σου ποίμνιον· σὺν ἀγγέλοις ὅθεν ἀοίδιμε, συναγάλλῃ νῦν καὶ τῷ Χριστῷ, πρεσβεύεις ἀπαύστως ὑπὲρ πάντων ἡμῶν.

### Κοινωνικόν.

Εἰς μνημόσυνον αἰώνιον ἔσται δίκαιος· ἀλληλούια.

## ΕΙΣ ΙΕΡΑΡΧΑΣ

Εἰς τὴν Λειτουργίαν Τυπικά, καὶ ἐκ τοῦ κανόνος ᾠδὴ γ΄ καὶ ϛ΄. Ἦχος πλ. δ΄.

### Ὠδὴ γ΄. Ὁ στερεώσας λόγῳ.

Δι' ἐγκρατείας ὄντως καὶ προσευχῆς, ἀκλινοῦς ἀνήλθετε εἰς ἀκρόπολιν, τῆς ἀρετῆς θεοφόροι· ἔνθα τῆς τρυφῆς τὸν χειμάρρουν τρυφᾶτε ἀεί.

Ὡς παρρησίαν ἔχοντες πρὸς Θεόν, ἱεράρχαι ὅσιοι δυσωπήσατε, ὑπὲρ ἡμῶν τοῦ σωθῆναι, τοὺς πίστει ἐκτελοῦντας τὴν μνήμην ὑμῶν.

Ὡς εὐσεβῶν δογμάτων καθηγηταί, καὶ σοφῶν λογίων ὑφηγηταὶ ἀληθεῖς, τὸν στέφανον ἐκομίσασθε, κατὰ τῶν αἱρέσεων ὅσιοι.

### Θεοτοκίον.

Ὡς οὐρανὸν καὶ θρόνον σε τοῦ Θεοῦ, ἀνυμνοῦμεν πάντες θεοκυῆτορ ἁγνή, ὅτι ἐκ σοῦ ἐπεφάνη, Ἰησοῦς ἡ ἀλήθεια.

### Ὠδὴ ϛ΄. Ὡς τὸν προφήτην ἐρρύσω.

Τῆς ἐκκλησίας τὴν δόξαν, κατεκοσμήσατε πατέρες μακάριοι· θείοις ὑμῶν δόγμασιν αὐτὴν ἀπαστράπτοντες, τὰς αἱρέσεις τε ἐκ ποδῶν ἐξήρατε.

Ὡς εὐσεβείας φωστῆρες, τῶν δογμάτων τῷ κάλλει ἠστράψατε, καθ' ὅλης τῆς κτίσεως, διδάσκαλοι ἔνδοξοι, ἀμαυρώσαντες τὰς αἱρέσεις λόγῳ Θεοῦ.

## ΑΚΟΛΟΥΘΙΑΙ ΑΓΙΩΝ

### Δόξα.

Ἀντὶ μαχαίρας τῇ γλώττῃ, καὶ τῷ λόγῳ χρησάμενοι ὅσιοι, τὰ νόθα ἐκόψατε, διδάγματα ἅπαντα, καὶ ἐτρα-νώσατε τὴν Τριάδα πᾶσι σαφῶς.

### Καὶ νῦν. Θεοτοκίον.

Ὁ τεχθεὶς ἐκ παρθένου, καὶ τὸν κόσμον φωτίσας Χριστὲ ὁ Θεός, κἀμὲ τῶν πταισμάτων μου, ῥῦσαι ὡς φιλάνθρωπος, καὶ κυβέρνησον τὴν ζωήν μου δέομαι.

### Τροπάριον. Ἦχος δ΄.

Ὁ Θεὸς τῶν πατέρων ἡμῶν, ὁ ποιῶν ἀεὶ μεθ᾽ ἡμῶν κατὰ τὴν σὴν ἐπιείκειαν, μὴ ἀποστήσῃς τὸ ἔλεός σου ἀφ᾽ ἡμῶν, ἀλλὰ ταῖς αὐτῶν ἱκεσίαις, ἐν εἰρήνῃ κυβέρνησον τὴν ζωὴν ἡμῶν.

### Ἢ τὸ παρόν. Ἦχος γ΄.

Ἔργοις λάμψαντες ὀρθοδοξίας, πᾶσαν σβέσαντες κακοδοξίαν, νικηταὶ τροπαιοφόροι γεγόνατε· τῇ εὐσεβείᾳ τὰ πάντα πλουτίσαντες, τὴν ἐκκλησίαν μεγάλως κοσμήσαντες, ἀξίως εὕρατε Χριστὸν τὸν Θεὸν ἡμῶν, δωρούμενον πᾶσι τὸ μέγα ἔλεος.

### Κοντάκιον. Ἦχος δ΄.
### Ἐπεφάνης σήμερον.

Ἱεράρχαι μέγιστοι τῆς εὐσεβείας, καὶ γενναῖοι πρόμαχοι, τῆς ἐκκλησίας τοῦ Χριστοῦ, πάντας φρουρεῖτε τοὺς μέλποντας· σῶσον οἰκτίρμον τοὺς πίστει τιμῶντάς σε.

### Κοινωνικόν.

Εἰς μνημόσυνον αἰώνιον ἔσονται δίκαιοι.

### ΕΙΣ ΕΝΑ ΙΕΡΟΜΑΡΤΥΡΑ

Εἰς τὴν Λειτουργίαν Τυπικά, καὶ ἐκ τοῦ κανόνος αὐτοῦ ᾠδὴ γ΄ καὶ ϛ΄. Ἦχος πλ. δ΄.

### Ὠδὴ γ΄. Σὺ εἶ τὸ στερέωμα.

Ὤφθης ἱερώτατος, ἱερουργῶν τὸ πρὶν ἔνδοξε, τὸν Λυτρωτήν, ἔπειτα ὡς θῦμα, αὐτῷ ἱερουργούμενος.

Γέγονας πιστότατος, οὐ μισθωτὸς ποιμὴν ὅσιε, τὸ σεαυτοῦ, αἷμα προεκχέων, φιλοθέως τῆς ποίμνης σου.

Ἄριστα ἐποίμανας, τὸ τοῦ Δεσπότου σου ποίμνιον, ἀρχιερεῦ· ὅθεν ἐν τῷ τόπῳ, τῆς χλόης κατεσκήνωσας.

### Θεοτοκίον.

Δὸς ἡμῖν βοήθειαν, ταῖς ἱκεσίαις σου πάναγνε, τὰς προσβολάς, ἀποκρουομένη, τῶν δεινῶν περιστάσεων.

### Ὠδὴ ϛ΄. Χιτῶνά μοι παράσχου.

Ἐβάπτισας ἐν ὕδατι λαούς, καὶ Ἁγίῳ Πνεύματι, ὥσπερ βεβάπτισται· ἐβαπτίσθης δέ, τῷ σῷ αὖθις αἵματι.

Μὴ παύσῃ τὰς ἐντεύξεις ἐκτελῶν, πρὸς Χριστὸν μακάριε, ὑπὲρ τῶν δούλων σου, καὶ τὸ αἷμα προτιθεὶς ἱκετήριον.

### Δόξα.

Ὡς κλῆμα τῆς ἀμπέλου τῆς ζωῆς, ἐκλεκτὸν καὶ ἔντιμον, πλεῖστον ἐξήνθησας, τῷ Δεσπότῃ σου καρπὸν ἱερώτατε.

### Καὶ νῦν. Θεοτοκίον.

Ξοάνων καταλύτης ὡς Θεός, γεγονὼς ὁ τόκος σου, Μαρία θεόνυμφε, προσκυνεῖται σὺν Πατρὶ καὶ τῷ Πνεύματι.

### Τροπάριον. Ἦχος δ΄.

Καὶ τρόπων μέτοχος, καὶ θρόνων διάδοχος τῶν ἀποστόλων γενόμενος, τὴν πρᾶξιν εὗρες θεόπνευστε, εἰς θεωρίας ἐπίβασιν· διὰ τοῦτο τὸν λόγον τῆς ἀληθείας ὀρθοτομῶν, καὶ τῇ πίστει ἐνήθλησας μέχρις αἵματος, ἱερομάρτυς ἀοίδιμε· πρέσβευε Χριστῷ τῷ Θεῷ, σωθῆναι τὰς ψυχὰς ἡμῶν.

### Κοντάκιον. Ἦχος δ΄. Ἐπεφάνης σήμερον.

Μεγαλεῖα πίστεως ἐν σῇ καρδίᾳ, περιθεὶς ἐφύλαξας, ἱερομάρτυς ἀθλητά, μὴ δειλιάσας τὸν τύραννον, Χριστοῦ θεράπον· διὸ ἡμᾶς φύλαττε.

### Κοινωνικόν.

Εἰς μνημόσυνον αἰώνιον ἔσται δίκαιος· ἀλληλούια.

#### ΕΙΣ ΙΕΡΟΜΑΡΤΥΡΑΣ

Εἰς τὴν Λειτουργίαν Τυπικά, καὶ ἐκ τοῦ κανόνος αὐτῶν ᾠδὴ γ΄ καὶ ς΄. Ἦχος δ΄.

### Ὠδὴ γ΄. Τόξον δυνατῶν ἠσθένησε.

Ἄρνας λογικοὺς ποιμάναντες, καὶ ὥσπερ ἀρνία τῶν προβάτων προτέθυσθε, τὸν ἁπάντων ἀρχιποίμενα, καὶ Θεοῦ ἀμνὸν μιμούμενοι.

Γάλα λογικὸν πανίεροι, τοὺς ποιμαινομένους θεοπνεύστως ποτίσαντες, τοῦ Χριστοῦ δὲ τῆς μαρτυρίας, χαίροντες πεπώκατε ποτήριον.

Στίφους ἀθλητῶν ἡγούμενοι, ὑπὲρ εὐσεβείας ὑποδύντες τὰ σκάμματα, ἕνα δοξάζετε Θεὸν Πατέρα, σὺν Υἱῷ καὶ θείῳ Πνεύματι.

### Θεοτοκίον.

Χαίροις μῆτερ ἀπειρόγαμε, ἡ τὸν Θεὸν Λόγον ἐν γαστρί σου χωρήσασα, καὶ τεκοῦσα σεσαρκωμένον, ὡς Θεὸν ὁμοῦ καὶ ἄνθρωπον.

### Ὠδὴ ς΄. Θύσω σοι, μετὰ φωνῆς.

Τεθύκατε, τῷ Σωτῆρι θυσίαν αἰνέσεως, ἐν ἐκκλησίᾳ ὁσίων, ὡς Θεοῦ μεσῖται καὶ τῶν ἀνθρώπων, καὶ προθύμως, τὰς ψυχὰς δι' αἱμάτων προσμίξαντες.

Εἰλήφατε, χαρισμάτων πληθὺν διὰ Πνεύματος, ἱερομάρτυρες ὄντως, ἐν ἀνοίξει θείων ὑμῶν χειλέων· καὶ προσάγετε, εὐχαρίστως αὐτοὺς θανατούμενοι.

### Δόξα.

Ὡς θεῖον, τῶν ἀθλητῶν σου Χριστέ μου τὸ σύστημα, τῶν ἐπ' ἐλπίδι κειμένων, ὡς παρόντων ἤδη κατατρυφώντων, καὶ ἡδίω, τῆς ζωῆς ἡγουμένων τὸν θάνατον.

Καὶ νῦν. Θεοτοκίον.

Ὢ θαῦμα τῶν ἁπάντων θαυμάτων καινότερον· ὅτι παρθένος ἐν μήτρᾳ, τὸν τὰ σύμπαντα περιέποντα, ἀπειράνδρως συλλαβοῦσα, οὐκ ἐστενοχώρησεν.

Τροπάριον. Ἦχος δ΄.

Καὶ τρόπων μέτοχοι, καὶ θρόνων διάδοχοι τῶν ἀποστόλων γενόμενοι, τὴν πρᾶξιν εὕρατε πάνσοφοι, εἰς θεωρίας ἐπίβασιν· διὰ τοῦτο τὸν λόγον τῆς ἀληθείας ὀρθοτομοῦντες, καὶ τῇ πίστει ἐνηθλήσατε μέχρις αἵματος, ἱερομάρτυρες ἔνδοξοι, πρεσβεύσατε Χριστῷ τῷ Θεῷ, σωθῆναι τὰς ψυχὰς ἡμῶν.

Κοντάκιον. Ἦχος δ΄.
Ἐπεφάνης σήμερον.

Ἐκκλησίας ἄσειστοι, καὶ θεῖοι πύργοι, εὐσεβείας ἔνθεοι, στῦλοι ὡς ὄντες κραταιοί, ἱερομάρτυρες ἔνδοξοι, ὑμῶν πρεσβείαις φρουρήσατε ἅπαντας.

Κοινωνικόν.

Εἰς μνημόσυνον αἰώνιον ἔσονται δίκαιοι.

### ΕΙΣ ΕΝΑ ΟΣΙΟΝ

Εἰς τὴν Λειτουργίαν Τυπικά, καὶ ἐκ τοῦ κανόνος αὐτοῦ ᾠδὴ γ΄ καὶ ϛ΄.
Ἦχος πλ. δ΄.

Ὠδὴ γ΄. Σὺ εἶ τὸ στερέωμα.

Πῦρ τὸ τῆς θεότητος, ἐνστερνισάμενος ὅσιε, καὶ καθαρθεὶς, ἄνθραξ θεοφόρε, ἐπὶ γῆς ἐχρημάτισας.

Νέκρωσιν ἐνδέδυσο, πρὸ τελευτῆς παθῶν ὅσιε, καὶ πρὸς ζωήν, διὰ τοῦ θανάτου, ἐξεδήμησας ἄληκτον.

Σάρκα καθυπέταξας, τῷ λογισμῷ στερρῶς ὅσιε, τὴν δὲ ψυχήν, ἔδειξας δουλείας, τῶν παθῶν ἀταπείνωτον.

Θεοτοκίον.

Δὸς ἡμῖν βοήθειαν, ταῖς ἱκεσίαις σου πάναγνε, τὰς προσβολάς, ἀποκρουομένη, τῶν δεινῶν περιστάσεων.

Ὠδὴ ϛ΄. Χιτῶνά μοι παράσχου.

Τοῦ ὄφεως Χριστὲ ἡ προσβολή, οὐ τῷ λείῳ ἔθελξε σοῦ τὸν θεράποντα, οὐ τὸ πῦρ τῶν πειρασμῶν κατεπτόησεν.

Ἰσάγγελον βιώσας ἐπὶ γῆς, πολιτείαν ὅσιε, θείοις χαρίσμασιν, ἐκοσμήθης δεξιᾷ παντοκράτορι.

Δόξα.

Ἐγκράτειαν ἀέναον εὐχήν, κτησάμενος ὅσιε, ἀγάπην ἀθόλωτον, ἀκηλίδωτον Θεοῦ ὤφθης ἔσοπτρον.

Καὶ νῦν. Θεοτοκίον.

Ὁ Λόγος τοῦ Θεοῦ σε τοῖς βροτοῖς, Θεοτόκε ἔδειξεν, οὐράνιον κλίμακα· διὰ σοῦ γὰρ πρὸς ἡμᾶς καταβέβηκεν.

Τροπάριον. Ἦχος α΄.

Τῆς ἐρήμου πολίτης καὶ ἐν σώματι ἄγγελος, καὶ θαυματουργὸς

ἀνεδείχθης θεοφόρε πατὴρ ἡμῶν· νηστείᾳ ἀγρυπνίᾳ προσευχῇ, οὐράνια χαρίσματα λαβών, θεραπεύεις τοὺς νοσοῦντας, καὶ τὰς ψυχὰς τῶν πίστει προστρεχόντων σοι· δόξα τῷ δεδωκότι σοι ἰσχύν, δόξα τῷ σὲ στεφανώσαντι, δόξα τῷ ἐνεργοῦντι διὰ σοῦ πᾶσιν ἰάματα.

### Ἢ τὸ παρόν. Ἦχος πλ. δ΄.

Ἐν σοὶ πάτερ ἀκριβῶς διεσώθη τὸ κατ' εἰκόνα· λαβὼν γὰρ τὸν Σταυρόν, ἠκολούθησας τῷ Χριστῷ, καὶ πράττων ἐδίδασκες, ὑπερορᾶν μὲν σαρκός, παρέρχεται γάρ, ἐπιμελεῖσθαι δὲ ψυχῆς, πράγματος ἀθανάτου· διὸ καὶ μετὰ ἀγγέλων συναγάλλεται, ὅσιε πάτερ τὸ πνεῦμά σου.

### Ἢ τοῦτο. Ἦχος ὁ αὐτός.

Ταῖς τῶν δακρύων σου ῥοαῖς τῆς ἐρήμου τὸ ἄγονον ἐγεώργησας, καὶ τοῖς ἐκ βάθους στεναγμοῖς εἰς ἑκατὸν τοὺς πόνους ἐκαρποφόρησας· καὶ γέγονας φωστὴρ τῇ οἰκουμένῃ, λάμπων τοῖς θαύμασιν· ἔνδοξε πατὴρ ἡμῶν ὅσιε, πρέσβευε Χριστῷ τῷ Θεῷ, σωθῆναι τὰς ψυχὰς ἡμῶν.

### Κοντάκιον. Ἦχος β΄. Τὰ ἄνω ζητῶν.

Χριστοῦ τὸν ζυγόν, λαβὼν πάτερ ὅσιε, καὶ σοῦ τὸν Σταυρόν, ἐπ' ὤμων ἀράμενος, μιμητὴς πανάριστος τῶν αὐτοῦ παθημάτων γέγονας, κοινωνός τε τῆς δόξης αὐτοῦ, τῆς θείας μετέχων καὶ ἀλήκτου τρυφῆς.

### Κοινωνικόν.

Εἰς μνημόσυνον αἰώνιον ἔσται δίκαιος· ἀλληλούια.

### ΕΙΣ ΟΣΙΟΥΣ

Εἰς τὴν Λειτουργίαν Τυπικά, καὶ ἐκ τοῦ κανόνος αὐτῶν ᾠδὴ γ΄ καὶ ς΄. Ἦχος β΄.

### Ὠδὴ γ΄. Στερέωσον ἡμᾶς ἐν σοί.

Πατέρες ἀγαθοὶ φανέντες ὅσιοι, τῶν πίστει ὑμᾶς ἐπικαλουμένων, τὰς ψυχὰς ἀπολυτρώσασθε, καὶ τοῦ σώματος πάθη θεραπεύσατε.

Ὁδοὺς τὰς πρὸς ζωὴν φερούσας ὅσιοι, ὁδεύειν στηρίξατέ με, καὶ πάσης, τῶν ἐχθρῶν ἀποπλανήσεως, προσευχαῖς ὑμῶν θείαις διασώσατε.

Ἀμώμως τὴν ὁδὸν τοῦ βίου ὅσιοι, δραμόντες στερούμενοι κακουχίαις, πρὸς τὸ πλάτος ἐσκηνώσατε, τῶν πραέων· διὸ καὶ μακαρίζεσθε.

### Θεοτοκίον.

Μαρία τὸ χρυσοῦν θυμιατήριον, τοῦ θείου ἄνθρακος γενομένη· τὸ δυσῶδες τῆς καρδίας μου, εὐωδίασον ὅπως μεγαλύνω σε.

### Ὠδὴ ς΄. Ἐν ἀβύσσῳ πταισμάτων.

Ἀρραγεῖς ἐκκλησίας θεμέλιοι, πάσαις μεθοδείαις ἐχθροῦ σαλευόμενον, τὸ τῆς ψυχῆς μου οἴκημα, ταῖς ὑμῶν ἱκεσίαις στηρίξατε.

Καὶ ψυχῶν καὶ σωμάτων ἀκέστορες, θεῖοι χρηματίζοντες θεομακάριστοι, τὰς τῆς ψυχῆς μου δέομαι, καὶ σαρκὸς ἀσθενείας ἰάσασθε.

## ΑΚΟΛΟΥΘΙΑΙ ΑΓΙΩΝ

Δόξα.

Ἐν πελάγει δεινῶς κυματούμενος, ὅσιοι ὑμᾶς κυβερνήτας προβάλλομαι, καὶ δυσωπῶ ἰθῦναί με, πρὸς σωτήριον ὅρμον μακάριοι.

Καὶ νῦν. Θεοτοκίον.

Ἐπὶ σοὶ τὰς ἐλπίδας ἀνέθηκα, μῆτερ ἀειπάρθενε τῆς σωτηρίας μου· καὶ σὲ προστάτιν τίθημι, τῆς ζωῆς ἀσφαλῆ τε καὶ ἄσειστον.

Τροπάριον. Ἦχος δ΄.

Ὁ Θεὸς τῶν πατέρων ἡμῶν, ὁ ποιῶν ἀεὶ μεθ' ἡμῶν κατὰ τὴν σὴν ἐπιείκειαν, μὴ ἀποστήσῃς τὸ ἔλεός σου ἀφ' ἡμῶν· ἀλλὰ ταῖς αὐτῶν ἱκεσίαις, ἐν εἰρήνῃ κυβέρνησον τὴν ζωὴν ἡμῶν.

Κοντάκιον. Ἦχος β΄.
Τὴν ἐν πρεσβείαις.

Τὴν τῶν ἀγγέλων ἐν σώματι πολιτείαν, ἐπιδειξάμενοι ὅσιοι θεοφόροι, τούτων καὶ τῆς τιμῆς ἠξιώθητε, τῷ δεσποτικῷ θρόνῳ παριστάμενοι, καὶ πᾶσιν αἰτεῖτε θείαν ἄφεσιν.

Κοινωνικόν.

Εἰς μνημόσυνον αἰώνιον ἔσονται δίκαιοι.

### ΕΙΣ ΕΝΑ ΟΣΙΟΜΑΡΤΥΡΑ

Εἰς τὴν Λειτουργίαν Τυπικά, καὶ ἐκ τοῦ κανόνος αὐτοῦ ᾠδὴ γ΄ καὶ ς΄. Ἦχος πλ. β΄.

Ὠδὴ γ΄. Οὐκ ἔστιν ἅγιος ὡς σύ.

Νευροῦσαι σθένει θεϊκῷ, καὶ χωρεῖς πρὸς ἀγῶνας, θαρσαλέως παμμάκαρ, ὑπομένων αἰκισμούς, καὶ στρέβλας τῶν διωκτῶν, ἀθλοφόρε ὅσιε πατὴρ ἡμῶν. Δίς.

Ἰσχύν σοι δίδωσι Χριστός, ἀθλοθέτης ὁ μέγας, διολέσαι τὴν πλάνην, καταισχύνας τὸν ἐχθρόν, καυχώμενον ἀναιδῶς, καὶ ἀκαίρως μάτην φρυαττόμενον.

Θεοτοκίον.

Ἣν εἶδε πάλαι Ἰακώβ, ἀπὸ γῆς τεταμένην, πρὸς οὐράνιον ὕψος, θείαν κλίμακα σαφῶς, Μαρίαν τὸ καθαρόν, τοῦ Δεσπότου μέλψωμεν παλάτιον.

Ὠδὴ ς΄. Τοῦ βίου τὴν θάλασσαν.

Ἐπέβης τοῖς ὕδασι, κυβερνώμενος χειρί, ζωαρχικῇ πατὴρ ἡμῶν· διεσώθης δὲ τούτοις τῶν διωκτῶν, βυθίσας σεβάσματα, προσευχῇ ἐπιμόνῳ ἱερώτατε. Δίς.

Δόξα.

Μικροῖς ἀντωνούμενος, τὰ μεγάλα ἑαυτόν, τοῖς αἰκισμοῖς ἐξέδωκας, ὅσιε πάτερ, καὶ τὸν πτερνιστήν, τῆς Εὔας ἐν Πνεύματι, ἐθανάτωσας ὄφιν ἐμφανέστατα.

Καὶ νῦν. Θεοτοκίον.

Ἰδοὺ νῦν σεσάρκωται, ἐξ αἱμάτων σου ἁγνῶν, παρθενομῆτορ Κύριος· καὶ τοῖς βροτοῖς ἑνοῦται δίχα τροπῆς, δι' ἄφατον ἔλεος, τὴν ἡμῶν σωτηρίαν ἐργαζόμενος.

Τροπάριον. Ἦχος δ΄.

Ὡς τῶν ἀθλοφόρων ἰσότιμον, καὶ πάντων τῶν ὁσίων συμμέτοχον, παναοίδιμε ὁσιομάρτυς ὑμνοῦμέν σε· καὶ δυσωποῦμέν σε, πρεσβεύειν ἑκάστοτε ὑπὲρ ἡμῶν, ὅπως εὕρωμεν ἔλεος.

### Κοντάκιον. Ἦχος δ΄.
### Ἐπεφάνης σήμερον.

Ὡς ἀστέρα μέγιστον ἡ ἐκκλησία, κεκτημένη σήμερον, τὸν θεοφόρον ἀθλητήν, φωταγωγεῖται κραυγάζουσα· χαίροις μαρτύρων, καὶ ἀσκητῶν ἐγκαλλώπισμα.

### Κοινωνικόν.

Εἰς μνημόσυνον αἰώνιον ἔσται δίκαιος· ἀλληλούια.

### ΕΙΣ ΟΣΙΟΜΑΡΤΥΡΑΣ

Εἰς τὴν Λειτουργίαν Τυπικά, καὶ ἐκ τοῦ κανόνος αὐτῶν ᾠδὴ γ΄ καὶ ς΄. Ἦχος δ΄.

### ᾨδὴ γ΄. Ὅτι στεῖρα ἔτεκεν.

Κόσμον ἀρνησάμενοι, τῷ δι' ἡμᾶς ἐν τῷ κόσμῳ, σαρκὶ Θεῷ ἐλθόντι, ἠκολουθήσατε Χριστῷ· διὸ τὴν ὑπερκόσμιον, πανόλβιοι δόξαν ἐκληρώσασθε. Δίς.

Εὐσεβείας θώρακι, καθοπλισθέντες καθεῖλον, τὰς παρατάξεις πάσας, οἱ ἀθληταὶ τοῦ δυσμενοῦς, καὶ νικηταὶ κραυγάζουσιν· ἅγιος εἶ Κύριε.

### Θεοτοκίον.

Πύλη ἡ σωτήριος, τῆς μετανοίας μοι πύλας, ὡς ἀγαθὴ προστάτις, διάνοιξον, καὶ ἐκ πυλῶν, τῆς ἁμαρτίας ῥῦσαί με, φρουρήσασα θείᾳ δυναστείᾳ με.

### ᾨδὴ ς΄. Ἐβόησε προτυπῶν.

Ἰσότιμοι, καὶ τὴν ἄσκησιν ὡς καὶ τὴν ἄθλησιν, γεγονότες, τῶν ἐπάθλων ἐπίσης ἐτύχετε, ἀθλοφόροι· ὅθεν, ἀγγέλοις ἀεὶ συναγάλλεσθε.

Τυπτόμενοι, καὶ σφοδραῖς ἀλγηδόσι βαλλόμενοι, τῇ ἀγάπῃ τοῦ Χριστοῦ, ἀταπείνωτοι ὤφθητε· τὰς ἡμῶν ὀδύνας, διὰ τοῦτο σοφοὶ θεραπεύετε.

### Δόξα.

Οὐ πρὸς αἷμα, οὐ πρὸς σάρκα τὴν πλάνην ἠνέγκαντο, οἱ γενναῖοι, ἀλλ' ἀρχὰς ἐτροποῦντο καὶ δαίμονας, ἀοράτῳ σθένει, τοῦ Υἱοῦ τοῦ Θεοῦ κρατυνόμενοι.

### Καὶ νῦν. Θεοτοκίον.

Τὸ χαῖρέ σοι, ἀσιγήτως βοῶμεν πανάχραντε· τῶν γὰρ ἁπάντων, τὴν χαρὰν τὸν Χριστὸν ἀπεκύησας, καὶ τὴν λύπην πᾶσαν, τῆς προμήτορος Εὔας ἀπήλασας.

### Τροπάριον. Ἦχος δ΄.

Ἀσκήσει τὸ πρότερον πάθη ἀνεκρώσαντες· ἀθλήσει τὸ δεύτερον ἐχθρὸν καθείλετε, τὸν πᾶσι πολέμιον, μάρτυρες ἀθλοφόροι, τῶν ἀγγέλων πολῖται, ὅθεν κληρονομεῖτε τὴν ἀΐδιον δόξαν· διὸ ταῖς ἱκεσίαις ὑμῶν, σώσατε πάντας ἡμᾶς.

### Κοντάκιον. Ἦχος β΄. Τὰ ἄνω ζητῶν.

Ἐκ τῆς κοσμικῆς συγχύσεως ἐφύγετε, καὶ πρὸς γαλήνην κατάστασιν μετέστητε, μαρτυρίου αἵμασι, καὶ ἀσκήσεως πόνοις στεφόμενοι· ὅθεν καὶ ἀνεδείχθητε, μαρτύρων καὶ ὁσίων ὁμόσκηνοι.

### Κοινωνικόν.

Εἰς μνημόσυνον αἰώνιον ἔσονται δίκαιοι.

#### ΕΙΣ ΓΥΝΑΙΚΑ ΜΑΡΤΥΡΑ

Εἰς τὴν Λειτουργίαν Τυπικά, καὶ ἐκ τοῦ κανόνος αὐτῆς ᾠδὴ γ΄ καὶ ς΄. Ἦχος δ΄.

### ᾨδὴ γ΄. Εὐφραίνεται ἐπὶ σοί.

Ἀνάψας σου τὴν ψυχήν, ἔρως ὁ θεῖος, τῆς σαρκὸς ἔρωτα, καὶ χαλεπὰ βράσματα, τὰ τῶν αἰκισμῶν ἐναπέσβεσεν.

Ἰσχύι παντουργικῇ, τὴν κεφαλὴν τοῦ δυσμενοῦς ἔθλασας, τῆς κεφαλῆς φέρουσα, μάρτυς καρτερῶς τὴν ἀφαίρεσιν.

Αἱμάτων σου οἱ κρουνοί, τῆς ἀθεΐας τὴν πυρὰν ἔσβεσαν, τοὺς δὲ πιστοὺς ἤρδευσαν, τῆς θεοσεβείας τοῖς νάμασι.

### Θεοτοκίον.

Σὺ μόνη τοῖς ἐπὶ γῆς, τῶν ὑπὲρ φύσιν ἀγαθῶν πρόξενος, μήτηρ Θεοῦ γέγονας· ὅθεν σοι τὸ χαῖρε προσάγομεν.

### ᾨδὴ ς΄. Θύσω σοι, μετὰ φωνῆς.

Ἀνδρεῖον, ἐν γυναικείῳ σώματι φρόνημα, ἀναλαβοῦσα πρὸς πάλην, ἐπεξῆλθες μάρτυς τῶν τυραννούντων, καὶ ῥομφαίᾳ, ὑπομονῆς αὐτοὺς ἐθανάτωσας.

Εἰσέτι, σταζομένη τῷ αἵματι πάνσεμνε, τῷ σῷ Νυμφίῳ παρέστης, καλλοναῖς παντοίαις ὡραϊσμένη, καὶ τῇ τούτου, εἰς ἀεὶ ἐντρυφᾷς ὡραιοτότητι.

### Δόξα.

Ἔρωτι, τετρωμένη τῷ θείῳ ἐκραύγαζες· Χριστὸν ἐπείγομαι φθάσαι, τὸν ὡραῖον κάλλει· ὅθεν βασάνους, ὑπομένω, ἀκλινεῖ γηθομένη φρονήματι.

### Καὶ νῦν. Θεοτοκίον.

Ὢ θαῦμα, τῶν ἁπάντων θαυμάτων καινότερον· ὅτι παρθένος ἐν μήτρᾳ, τὸν τὰ σύμπαντα περιέποντα, ἀπειράνδρως συλλαβοῦσα, οὐκ ἐστενοχώρησε.

### Τροπάριον. Ἦχος δ΄.

Ἡ ἀμνάς σου Ἰησοῦ κράζει μεγάλῃ τῇ φωνῇ· σὲ Νυμφίε μου ποθῶ, καὶ σὲ ζητοῦσα ἀθλῶ, καὶ συσταυροῦμαι, καὶ συνθάπτομαι τῷ βαπτισμῷ σου· καὶ πάσχω διὰ σέ, ὡς βασιλεύσω σὺν σοί, καὶ θνήσκω ὑπὲρ σοῦ, ἵνα καὶ ζήσω ἐν σοί· ἀλλ' ὡς θυσίαν ἄμωμον προσδέχου τὴν μετὰ πόθου τυθεῖσάν σοι· αὐτῆς πρεσβείαις ὡς ἐλεήμων, σῶσον τὰς ψυχὰς ἡμῶν.

### Κοντάκιον. Ἦχος δ΄. Ἐπεφάνης σήμερον.

Ἐπεφάνη σήμερον, τῆς ἀθληφόρου, ἡ λαμπρὰ πανήγυρις, παρεχομένη ἐμφανῶς, πταισμάτων πᾶσι τὴν ἄφεσιν, τοῖς ἐκτελοῦσιν αὐτῆς τὸ μνημόσυνον.

### Κοινωνικόν.

Εἰς μνημόσυνον αἰώνιον ἔσται δίκαιος· ἀλληλούια.

#### ΕΙΣ ΓΥΝΑΙΚΑΣ ΜΑΡΤΥΡΑΣ

Εἰς τὴν Λειτουργίαν Τυπικά, καὶ ἐκ τοῦ κανόνος αὐτῶν ᾠδὴ γ΄ καὶ ς΄. Ἦχος δ΄.

**ᾨδὴ γ΄. Οὐκ ἐν σοφίᾳ, καὶ δυνάμει.**

Νενεκρωμένος, λογισμῷ ὁ παράνομος τύραννος, τὴν ζωὴν ἡμῶν Χριστόν, δεινῶς ἀρνεῖσθαι ἠνάγκαζε, κόραι παναοίδιμοι, καταικιζόμενος.

Ἀμυντηρίων, προκειμένων ὀργάνων ἠλόγησε, τῶν μαρτύρων ὁ χορός, πρὸς σὲ τὸν μόνον δυνάμενον, σῴζειν παντοδύναμε, ἐνατενίζων πιστῶς.

Διὰ βασάνων, αἱ τρισόλβιοι ἅγιαι μάρτυρες, θησαυρὸν ἐν οὐρανοῖς, καὶ αἰωνίζουσαν εὔκλειαν, ἤραντο τρανώτερον, Θεῷ ἐγγίζουσαι.

**Θεοτοκίον.**

Ἐπιφανεῖσα, τῆς ψυχῆς μου τὸ σκότος ἀπέλασον· ἁμαρτίας τὰς σειράς, ἁγνὴ παρθένε διάρρηξον· σῶσόν με κυήσασα τὸν πανοικτίρμονα.

**ᾨδὴ ς΄. Θύσω σοι, μετὰ φωνῆς.**

Ἰδεῖν σου, ἐφιέμεναι κάλλος ἀμήχανον, αἱ τετρωμέναι τῷ πόθῳ, σοῦ τῷ γλυκυτάτῳ ἄναρχε Λόγε, τῶν βασάνων, τὴν πικρίαν γενναίως ὑπήνεγκαν.

Ὡς κρίμα, ἀθλητῶν ἐν λειμῶνι ἐξήνθησαν, αἱ παναοίδιμοι κόραι, καὶ τὴν ἐκκλησίαν πνοαῖς βασάνων, τῶν ποικίλων, εὐωδίασαν Πνεύματος χάριτι.

**Δόξα.**

Νυμφίον, τὸν ἀθάνατον μόνον ποθήσασαι, τοῦ ὁρωμένου θανάτου, ἀοράτῳ σθένει νευρούμεναι, ἀριδήλως, οὐκ ἐφρόντισαν κόραι νεάνιδες.

**Καὶ νῦν. Θεοτοκίον.**

Ἅγιος, ὁ σκηνώσας ἐν μήτρᾳ σου Κύριος· ἁγιωτέραν εὑρών σε, καὶ καθαρωτέραν κτίσεως πάσης θεομῆτορ, κυριώνυμε ἄχραντε Δέσποινα.

**Τροπάριον. Ἦχος δ΄.**

Ὑπὲρ Τριάδος καρτερῶς ἐναθλήσασαι, τὸν πολυμήχανον ἐχθρὸν ἐτροπώσασθε, ἀδελφικῶς συνδούμεναι τὰ πνεύματα ὑμῶν· ὅθεν εἰσῳκίσθητε, σὺν ταῖς πέντε παρθένοις, πρὸς τὸν ἐπουράνιον, ἀθληφόροι νυμφῶνα, καὶ σὺν ἀγγέλοις τῷ παμβασιλεῖ, ἐν εὐφροσύνῃ ἀπαύστως παρίστασθε.

**Κοντάκιον. Ἦχος β΄. Τὰ ἄνω ζητῶν.**

Μαρτύρων Χριστοῦ, τὴν μνήμην ἑορτάζομεν, τὴν τούτων πιστῶς, αἰτούμενοι ἀντίληψιν, τοῦ ῥυσθῆναι ἅπαντας, ἀπὸ πάσης θλίψεως τοὺς κραυγάζοντας· ὁ Θεὸς γενοῦ μεθ' ἡμῶν, ὁ ταύτας δοξάσας ὡς ηὐδόκησας.

### Κοινωνικόν.

Εἰς μνημόσυνον αἰώνιον ἔσονται δίκαιοι.

#### ΕΙΣ ΟΣΙΑΝ ΓΥΝΑΙΚΑ

Εἰς τὴν Λειτουργίαν Τυπικά, καὶ ἐκ τοῦ κανόνος αὐτῆς ᾠδὴ γ΄ καὶ ϛ΄. Ἦχος πλ. δ΄.

Ὠδὴ γ΄. Ὁ στερεώσας κατ᾽ ἀρχάς.

Ἐνατενίζουσα πιστῶς, ταῖς τοῦ Κυρίου ὁσία, παναοίδιμε θεόφρον ἀκτῖσι, τῆς ἐφέσεως τυχεῖν, ἱκέτευες σὺν δάκρυσι· διὸ καὶ τῆς ἐλπίδος, μετ᾽ εὐφροσύνης ἐπέτυχες.

Τὴν σκοτισθεῖσάν μου ψυχήν, ταῖς πονηραῖς καὶ βεβήλοις, ἐνθυμήσεσι φιλάνθρωπε Λόγε, τῆς ὁσίας σου εὐχαῖς, καταύγασον, καὶ σκότους με, τοῦ ἀφεγγοῦς ἐν ὥρᾳ, τῆς κρίσεως ἐλευθέρωσον.

Νηφαλιότητι νοός, τῶν οὐρανίων τὰ κάλλη, φαντασθεῖσα ταῖς φροντίσιν οὐδόλως, ἐνεπάρης ὑλικαῖς· πτεροῖς κουφιζομένη δέ, ἀκτημοσύνης μῆτερ, ὅλη μετάρσιος γέγονας.

### Θεοτοκίον.

Τῶν χερουβὶμ καὶ σεραφίμ, ἐδείχθης ὑψηλοτέρα, Θεοτόκε· σὺ γὰρ μόνη ἐδέξω, τὸν ἀχώρητον Θεόν, ἐν σῇ γαστρὶ ἀμόλυντε· διὸ πιστοί σε πάντες, ὕμνοις ἁγνὴ μακαρίζομεν.

### Ὠδὴ ϛ΄. Ἄβυσσος ἁμαρτιῶν.

Ἄρξασα τῶν ψυχικῶν, παθημάτων τῇ δυνάμει τοῦ Λόγου, πάσας τὰς τῶν δαιμόνων, ἐξηφάνισας φάλαγγας, ἐν νηστείαις καὶ εὐχαῖς, καὶ ἐν τοῖς δάκρυσι τὸν Νυμφίον, τὸν σὸν ἀπαύστως μεγαλύνασα.

Ἄσκησιν ὑπερφυῆ, ἐν νηστείαις καὶ δεήσεσιν ὄντως, στερρῶς ὑπενεγκοῦσα, καὶ παθῶν κυριεύσασα, ἀπαθείας τὴν στολήν, κατακεκόσμησαι τοῦ Σωτῆρος, Νύμφη ὡραία χρηματίζουσα.

### Δόξα.

Πρόσχες μου τῇ προσευχῇ, καὶ εἰσάκουσον ψυχῆς κατωδύνου· ἰδοὺ γὰρ ἡ ζωή μου ἐν τῷ ᾅδῃ ἐξέλιπε· καὶ παράσχου μοι Χριστέ, ἄφεσιν δέομαι τῶν πταισμάτων, τῆς σῆς ὁσίας παρακλήσεσι.

### Καὶ νῦν. Θεοτοκίον.

Νέκρωσόν μου τῆς σαρκός, τὰ κινήματα τὴν ζωὴν ἡ τεκοῦσα· καὶ τῶν παθῶν τὸν σάλον εἰς γαλήνην μετάβαλε· καὶ γενοῦ μοι βοηθός, ἐξαιρουμένη με τῶν κινδύνων, τῶν ἐν τῷ βίῳ παναμώμητε.

### Τροπάριον. Ἦχος πλ. δ΄.

Ἐν σοὶ μῆτερ ἀκριβῶς διεσώθη τὸ κατ᾽ εἰκόνα· λαβοῦσα γὰρ τὸν Σταυρόν, ἠκολούθησας τῷ Χριστῷ, καὶ πράττουσα ἐδίδασκες, ὑπερορᾶν μὲν σαρκός· παρέρχεται γάρ· ἐπιμελεῖσθαι δὲ ψυχῆς, πράγματος ἀθανάτου· διὸ καὶ μετὰ ἀγγέλων συναγάλλεται, ὁσία ἔνδοξε τὸ πνεῦμά σου.

### Κοντάκιον. Ἦχος β΄. Τὰ ἄνω ζητῶν.

Τὸν ἀσκητικὸν ἰσάγγελόν τε βίον σου, τοῖς καρτερικοῖς ἐφαίδρυνας παλαίσμασι· καὶ ἀγγέλοις σύσκηνος, ὁσία ὤφθης θεομακάριστε· σὺν αὐτοῖς Χριστῷ τῷ Θεῷ, πρεσβεύουσα ἀπαύστως ὑπὲρ πάντων ἡμῶν.

### Ἕτερον κοντάκιον. Ἦχος ὁ αὐτός. Τὰ ἄνω ζητῶν.

Τὸ σῶμα τὸ σὸν νηστείαις κατατήξασα, ἀγρύπνοις εὐχαῖς τὸν κτίστην καθικέτευες, διὰ τὰς πράξεις τὰς σάς, ὅπως λάβῃς τελείαν ἄφεσιν· ἣν καὶ εὗρες ὁσία σαφῶς, ὁδὸν μετανοίας ὑποδείξασα.

### Κοινωνικόν.

Εἰς μνημόσυνον αἰώνιον ἔσται δίκαιος· ἀλληλούια.

### ΕΙΣ ΟΣΙΑΣ ΓΥΝΑΙΚΑΣ

Εἰς τὴν Λειτουργίαν Τυπικά, καὶ ἐκ τοῦ κανόνος αὐτῶν ᾠδὴ γ΄ καὶ ς΄. Ἦχος πλ. δ΄.

### ᾨδὴ γ΄. Οὐρανίας ἁψῖδος ὀροφουργέ.

Ὑπερίδετε κάλλους σωματικοῦ πάνσεμνοι, καὶ τὴν παρρέουσαν δόξαν, ὄναρ ἡγήσασθε· ἐν ταπεινώσει δέ, καὶ ἀγρυπνίαις καὶ πόνοις, τὸν Χριστὸν ζητήσασαι, τοῦτον εὑρήκατε. Δίς.

Ἀπηρνήσασθε κόσμον καὶ σαρκικὸν φρόνημα, καὶ δι' ἐγκρατείας καὶ πόνων, Χριστὸν ἐκτήσασθε, νυμφίον ἄχραντον, ἐπουρανίου παστάδος, θείαν παρεχόμενον ὑμῖν ἀπόλαυσιν.

### Θεοτοκίον.

Ἱερῶν προφητῶν σε αἱ ἱεραὶ σάλπιγγες, πάλαι προεμήνυσαν πύλην, φωτὸς γενήσεσθαι, καὶ τόμον ἔμψυχον, ἐν ᾧ χειρὸς ἄνευ Λόγος, ὑπὲρ λόγον ἄχραντε κόρη γραφήσεται.

### ᾨδὴ ς΄. Τὴν δέησιν ἐκχεῶ.

Ἐγκράτειαν ταπεινώσει καρδίας, ἀγρυπνίαν εὐσυμπάθητον γνώ-μην, πίστιν ὀρθήν, καὶ τελείαν ἀγάπην, τὰ ἱερὰ ἐξασκήσαντα γύναια, ἐγένοντο τέκνα Θεοῦ, καὶ θαυμάτων πηγαὶ ἀδαπάνητοι. Δίς.

### Δόξα.

Ξενώσασαι ἑαυτὰς τῶν τοῦ βίου, ἡδονῶν δι' ἐπιδόσεως πόνων, ἀσκητικῶν, τὸν εἰς γῆν καταβάντα, καὶ ἑκουσίᾳ βουλῇ ξενητεύσαντα, ἐκτήσασθε ἐν οὐρανοῖς, ξεναγοῦντα ὑμᾶς ἀξιάγαστοι.

### Καὶ νῦν. Θεοτοκίον.

Θανάτου καὶ τῆς φθορᾶς ὡς ἔσωσεν, ἑαυτὸν ἐκδεδωκὼς τῷ θανάτῳ, τὴν τῇ φθορᾷ, καὶ θανάτου μου φύσιν, κατασχεθεῖσαν παρθένε δυσώπησον, τὸν Κύριόν σου καὶ Υἱόν, τῆς ἐχθρῶν κακουργίας με ῥύσασθαι.

### Τροπάριον. Ἦχος πλ. δ΄. Τὸ προσταχθέν.

Ὡς εἰς λειμῶνα ἀρετῶν ἀνθηφοροῦντα, τῶν σεβασμίων γυναικῶν περιπατοῦντες, τῆς ὀσμῆς πληρούμεθα τῆς ἡδυπνόου· τοῖς πόνοις γὰρ στομωθεῖσαι τῶν πειρασμῶν, τὸ σῶμα τῇ ἐγκρατείᾳ δουλοπρεπῶς, καθυπέταξαν πνεύματι, ἀγγελικὴν ἐπὶ τῆς γῆς, πολιτείαν βιώσασαι· δόξης οὖν ἠξιώθησαν.

### Κοντάκιον. Ἦχος δ΄.
### Ἐπεφάνης σήμερον.

Τῷ Κυρίῳ ὅσιαι εὐαρεστοῦσαι, δι' ἐνθέων πράξεων, καὶ πολιτείας καθαρᾶς, τῆς κληρουχίας ἐτύχετε, τῶν ἀσωμάτων, σεμναὶ παμμακάριστοι.

### Κοινωνικόν.

Εἰς μνημόσυνον αἰώνιον ἔσονται δίκαιοι.

## ΟΙ ΜΑΚΑΡΙΣΜΟΙ ΤΗΣ ΕΒΔΟΜΑΔΟΣ
### ΗΧΟΣ ΠΡΩΤΟΣ

### Τῇ Δευτέρᾳ

Διὰ βρώσεως ἐξήγαγε, τοῦ παραδείσου ὁ ἐχθρὸς τὸν Ἀδάμ· διὰ Σταυροῦ δὲ τὸν λῃστήν, ἀντεισήγαγε Χριστὸς ἐν αὐτῷ, Μνήσθητί μου κράζοντα, ὅταν ἔλθῃς ἐν τῇ βασιλείᾳ σου.

Κατανύξεως πηγήν μοι δώρησαι, τῇ εὐσπλαγχνίᾳ σου Χριστὲ ὁ Θεός, παντός με ῥύπου τῶν κακῶν, τῶν ἀμέτρων ἐκκαθαίρουσαν, καὶ τῆς βασιλείας σου, εὐεργέτα, μέτοχόν με ποίησον.

Τῶν Ἀγγέλων σου τὰ τάγματα, εἰς ἱκεσίαν σοι κινοῦμεν Χριστέ· σῶσον οἰκτίρησον ἡμᾶς, δι' αὐτῶν ὡς ὑπεράγαθος, πάντα παρορῶν ἡμῶν, τὰ ἐν γνώσει, καὶ ἀγνοίᾳ πταίσματα.

### Μαρτυρικόν.

Τῶν αἱμάτων ὑμῶν ἅγιοι, ὀχετοῖς τὸν νοητὸν Φαραώ, ἐναπεπνίξατε σαφῶς, νῦν δὲ βλύζετε θαυμάτων κρουνούς, πέλαγος ξηραίνοντας νοσημάτων, ὅθεν μακαρίζεσθε.

### Δόξα.

Τὸν Πατέρα προσκυνήσωμεν, καὶ τὸν Υἱὸν δοξολογήσωμεν, καὶ τὸ πανάγιον πιστοί, πάντες Πνεῦμα ἀνυμνήσωμεν, κράζοντες καὶ λέγοντες· Παναγία Τριάς, σῶσον πάντας ἡμᾶς.

### Καὶ νῦν. Θεοτοκίον.

Ἡ τεκοῦσα φῶς τὸ ἄχρονον, ἐσκοτισμένην τὴν ψυχήν μου ἀεί, ταῖς τῶν δαιμόνων προσβολαῖς, φωταγώγησον πανάμωμε, καὶ πυρὸς τοῦ μέλλοντος, μεσιτείαις θείαις ἐλευθέρωσον.

### Τῇ Τρίτῃ

Διὰ βρώσεως ἐξήγαγε, τοῦ παραδείσου ὁ ἐχθρὸς τὸν Ἀδάμ· διὰ Σταυροῦ δὲ τὸν λῃστήν, ἀντεισήγαγε Χριστὸς ἐν αὐτῷ, Μνήσθητί μου κράζοντα, ὅταν ἔλθῃς, ἐν τῇ βασιλείᾳ σου.

Καθ' ἑκάστην ἁμαρτάνοντα, καὶ παραβαίνοντα τὰς σὰς ἐντολάς, ἐπίστρεψόν με ὁ Θεός, καὶ κολάσεως ἐξάρπασον, ὅπως σοῦ τὴν ἄφατον εὐσπλαγχνίαν δοξάζω, φιλάνθρωπε.

Λύχνος ὤφθης, θεῖε Πρόδρομε, προπορευόμενος ἀδύτου Φωτός, τοῦ ἐκ νεφέλης φωτεινῆς ἀνατείλαντος ἀρρήτως ἡμῖν. Τοῦτον οὖν ἱκέτευε καταυγάσαι ψυχὰς τῶν τιμώντων σε.

### Μαρτυρικόν.

Ὑπομείναντες πολύπλοκα, βάσανα μάρτυρες πανεύφημοι, ἐπουρανίων ἀγαθῶν, ἐν ὑψίστοις ἠξιώθητε· ὅθεν μακαρίζεσθε, ὑπὸ πάντων ἀνθρώπων ἑκάστοτε.

### Δόξα.

Τὸν Πατέρα προσκυνήσωμεν, καὶ τὸν Υἱὸν δοξολογήσωμεν, καὶ τὸ πανάγιον πιστοί, πάντες Πνεῦμα ἀνυμνήσωμεν, κράζοντες καὶ λέγοντες· ὁμοούσιε Τριάς, σῶσον πάντας ἡμᾶς.

### Καὶ νῦν. Θεοτοκίον.

Μετὰ τόκον ἀειπάρθενος, ὡς πρὸ τοῦ τόκου ἐφυλάχθης Ἁγνή, Θεὸν γεννήσασα σαρκί· ὃν δυσώπει σαρκικῶν ἡμᾶς, Ἄχραντε λυτρώσασθαι, ψυχικῶν τε παθῶν ἱκετεύομεν.

### Τῇ Τετάρτῃ

Διὰ βρώσεως ἐξήγαγε, τοῦ παραδείσου ὁ ἐχθρὸς τὸν Ἀδάμ· διὰ Σταυροῦ δὲ τὸν λῃστήν, ἀντεισήγαγε Χριστὸς ἐν αὐτῷ, Μνήσθητί μου κράζοντα, ὅταν ἔλθῃς, ἐν τῇ βασιλείᾳ σου.

Ἐπονείδιστον ὑπέμεινας, πάθος Χριστὲ καὶ τὰ ὀνείδη ἡμῶν, πάντα ἀφεῖλες Ἀγαθέ, καὶ τῆς ἄνω βασιλείας ἡμᾶς, κοινωνοὺς ἀνέδειξας, προσκυνοῦντας τὴν σὴν συγκατάβασιν.

Τοῦ Ἀδὰμ Χριστὲ τὴν γύμνωσιν, σὺ περιστέλλων ἐγυμνώθης σαρκί, καὶ ἀνυψώθης ἐν Σταυρῷ, ἀνυψῶν ἡμᾶς ἐκ βάθους κακῶν· ὅθεν σου δοξάζομεν, τὴν ἁγίαν Λόγε συγκατάβασιν.

### Μαρτυρικόν.

Τοῖς ἁγίοις ὑμῶν τραύμασι, πληθὺν δαιμόνων τραυματίσαντες, πάντων ἀνθρώπων τὰς πληγάς, καὶ τὰ τραύματα πανεύφημοι, μάρτυρες, ἐν χάριτι, καθ' ἑκάστην ὅθεν θεραπεύετε.

### Δόξα.

Τὸν Πατέρα προσκυνήσωμεν, καὶ τὸν Υἱὸν δοξολογήσωμεν, καὶ τὸ πανάγιον πιστοί, πάντες Πνεῦμα ἀνυμνήσωμεν, κράζοντες καὶ λέγοντες· Παναγία Τριάς, σῶσον τὰς ψυχὰς ἡμῶν.

### Καὶ νῦν. Σταυροθεοτοκίον.

Παρεστῶσα παναμώμητε, ἐν τῷ Σταυρῷ καὶ καθορῶσα Χριστόν, προσηλωμένον σαρκικῶς, ἀλαλάζουσα ἐκραύγαζες· Ποῦ σου ἔδυ εὔσπλαγχνε, νῦν τὸ κάλλος ὄντως τὸ ἀνέκφραστον;

### Τῇ Πέμπτῃ

Διὰ βρώσεως ἐξήγαγε, τοῦ παραδείσου ὁ ἐχθρὸς τὸν Ἀδάμ· διὰ Σταυροῦ δὲ τὸν λῃστήν, ἀντεισήγαγε Χριστὸς ἐν αὐτῷ, Μνήσθητί μου κράζοντα, ὅταν ἔλθῃς, ἐν τῇ βασιλείᾳ σου.

Οἱ τὰ πέρατα φωτίσαντες, θείαις ἀκτῖσι τῶν δογμάτων ὑμῶν, τὸν σκοτασμὸν τῆς πονηρᾶς, ἀσεβείας διαλύσατε, καὶ πρὸς φῶς τὸ ἄδυτον, μεταβάντες ἀεὶ μακαρίζεσθε.

Τοῦ Πατρὸς τὴν ἐνυπόστατον, σχόντες σοφίαν μαθηταὶ τοῦ Χριστοῦ, πάντας σοφίζουσαν ἡμᾶς, τῇ μωρίᾳ τοῦ κηρύγματος, κόσμον ἐφωτίσατε, καὶ πρὸς γνῶσιν θείαν μετηγάγετε.

### Μαρτυρικόν.

Τὰς βασάνους ὑπομείναντες, καθάπερ ἄσαρκοι Χριστοῦ ἀθληταί, πάντας ἀσάρκους δυσμενεῖς, κατὰ κράτος ἐνικήσατε· ὅθεν μακαρίζεσθε, ὑπὸ πάντων ἀνθρώπων ἑκάστοτε.

### Δόξα.

Τὴν Τριάδα προσκυνήσωμεν, σὺν τῷ Πατρὶ Υἱόν, καὶ Πνεῦμα τὸ ζῶν, ἀδιαίρετον πιστοί, καὶ ἀχώριστον καὶ σύνθρονον, Μονάδα κραυγάζοντες· Ἅγιος εἶ Θεὲ τρισάγιε.

### Καὶ νῦν. Θεοτοκίον.

Μακαρίζομέν σε πάναγνε, ὡς προεφήτευσας Ἁγνή· Θεὸν γὰρ ἐκυοφόρησας, χορὸς ἀποστόλων ὃν ἐκήρυξε· μεθ' ὧν ἡμῖν αἴτησαι, τῶν πταισμάτων λύτρωσιν πανάμωμε.

### Τῇ Παρασκευῇ

Διὰ βρώσεως ἐξήγαγε, τοῦ παραδείσου ὁ ἐχθρὸς τὸν Ἀδάμ· διὰ Σταυροῦ δὲ τὸν λῃστήν, ἀντεισήγαγε Χριστὸς ἐν αὐτῷ, Μνήσθητί μου κράζοντα, ὅταν ἔλθῃς, ἐν τῇ βασιλείᾳ σου.

Σταυρωθεὶς ὁ ἀναμάρτητος τὰς ἁμαρτίας πάντων ᾖρας Χριστέ· καὶ λογχευθείς σου τὴν πλευράν, σωτηρίας κρουνοὺς ἔβλυσας, αἵματος καὶ ὕδατος, ἀναπλάττων, τοὺς συντετριμμένους φθορᾷ.

Ἐπὶ ξύλου καθηλούμενος, ἐθελουσίως Ἰησοῦ ὁ Θεός, ἅπαν ἐξήλωσας Ἀδάμ, ἐμπαθὲς Οἰκτίρμον νόημα· τραύμασι τιμίοις δέ, τῶν δαιμόνων, πληθὺν ἐτραυμάτισας.

### Μαρτυρικόν.

Οἱ τὰ πάθη μιμησάμενοι, τοῦ ἑκουσίως πεπονθότος σαρκί, μάρτυρες ἔνδοξοι ἀεί, πάθη παύετε δυσίατα, νόσους τε διώκετε, τῶν ἀνθρώπων, ἰσχύι τοῦ Πνεύματος.

### Δόξα.

Ἰσοδύναμον ὁμότιμον, σὲ τὴν Τριάδα ὀνομάζομεν, Πατέρα ἄναρχον Θεόν, καὶ Υἱὸν καὶ Πνεῦμα ἅγιον, μίαν τρισυπόστατον, Θεαρχίαν, πιστῶς μεγαλύνοντες.

### Καὶ νῦν. Σταυροθεοτοκίον ὅμοιον.

Τῷ Σταυρῷ σε καθηλούμενον, ὡς ἐθεάσατο Χριστὲ ὁ Θεός, ἡ σὲ κυήσασα σαρκί, θρηνῳδοῦσα ἀπεφθέγγετο· Τί σοι ἀνταπέδωκεν, ὦ Υἱέ μου, δῆμος ὁ ἀχάριστος;

### Τῷ Σαββάτῳ

Διὰ βρώσεως ἐξήγαγε, τοῦ παραδείσου ὁ ἐχθρὸς τὸν Ἀδάμ· διὰ Σταυροῦ δὲ τὸν λῃστήν, ἀντεισήγαγε Χριστὸς ἐν αὐτῷ, Μνήσθητί μου κράζοντα, ὅταν ἔλθῃς, ἐν τῇ βασιλείᾳ σου.

Ἀθλητῶν πληθὺς ἀμέτρητος, ἀρχιερέων καὶ σοφῶν γυναικῶν, καὶ προφητῶν πανευκλεῶν, δυσωπεῖ σε Ἰησοῦ ὁ Θεός· δίδου πᾶσιν ἄφεσιν, τῶν πταισμάτων, ὡς μόνος φιλάνθρωπος.

Οἱ τὸν δρόμον διανύσαντες, τὸν ἱερώτατον Χριστοῦ ἀσκηταί, σὺν ἱεράρχαις ἱεροῖς, καὶ προφήταις ἠξιώθητε, πόλιν τὴν οὐράνιον, σὺν ἀγγέλοις οἰκεῖν εὐφραινόμενοι.

### Νεκρώσιμον.

Ἐν φωτὶ Χριστὲ κατάταξον, τῷ ἀνεσπέρῳ, οὓς μετέστησας, τὰ παραπτώματα αὐτῶν, παραβλέψας ὡς οἰκτίρμων Θεός· ὅπως σου δοξάζωμεν, εὐεργέτα, τὸ πλούσιον ἔλεος.

### Δόξα.

Σὺν Πατρὶ τῷ προανάρχῳ σου, καὶ τῷ ἁγίῳ Πνεύματι Χριστὲ ὁ Θεός, πάντες δοξάζομεν τὴν σήν, φιλανθρωπίαν ἀνακράζοντες· Μνήσθητι τῶν δούλων σου, ἐν τῇ ὥρᾳ τῆς κρίσεως Κύριε.

### Καὶ νῦν. Θεοτοκίον.

Ὡς παλάτιον εὐρύχωρον, καὶ θρόνον δόξης καὶ νεφέλη φωτός, ὑμνολογοῦμέν σε Ἁγνή, καὶ δεόμεθα· Διάλυσον, νέφη τὰ δεινότατα, καὶ τὰ πάθη, κόρη, τῶν ψυχῶν ἡμῶν.

## ΗΧΟΣ ΔΕΥΤΕΡΟΣ

### Τῇ Δευτέρᾳ

Τὴν φωνήν σοι προσάγομεν, τοῦ λῃστοῦ καὶ βοῶμέν σοι· Μνήσθητι ἡμῶν Σωτήρ, ἐν τῇ βασιλείᾳ σου.

Τὰ πολλά μου ἐγκλήματα, παραβλέψας Φιλάνθρωπε, δεῖξον μέτοχόν με τῆς σῆς λαμπρότητος δέομαι.

Τῶν ἀγγέλων τὰ τάγματα, δυσωποῦσί σε Κύριε, ὑπὲρ πάντων τῶν πιστῶν, τῶν πόθῳ ὑμνούντων σε.

### Μαρτυρικόν.

Ταῖς λιταῖς τῶν μαρτύρων σου, Ἰησοῦ ὑπεράγαθε, ἔλεος φάνηθι τοῖς πιστοῖς, ἐν ὥρᾳ τῆς κρίσεως.

### Δόξα.

Τὸν Πατέρα δοξάσωμεν, τὸν Υἱὸν προσκυνήσωμεν, καὶ Πνεῦμα πάντες πιστοί, τὸ θεῖον ὑμνήσωμεν.

### Καὶ νῦν. Θεοτοκίον.

Ὁ καρπὸς τῆς κοιλίας σου, τοὺς καρπῷ ὀλισθήσαντας, τοῦ παραδείσου ἁγνή, πολίτας εἰργάσατο.

### Τῇ Τρίτῃ

Τὴν φωνήν σοι προσάγομεν, τοῦ λῃστοῦ καὶ βοῶμέν σοι· Μνήσθητι ἡμῶν Σωτήρ, ἐν τῇ βασιλείᾳ σου.

Τὸν λῃστὴν ὑπερβέβηκα, καὶ τὴν πόρνην τοῖς πάθεσιν· οἰκτίρησόν με Σωτήρ, τὸν αὐτοκατάκριτον.

Καταδύσας τὴν ἄβυσσον, εὐσπλαγχνίας ἐν ὕδατι, Πρόδρομε ταῖς σαῖς εὐχαῖς, τὰ πάθη μου μείωσον.

### Μαρτυρικόν.

Οἱ τῆς πλάνης τὰ ῥεύματα, τῶν αἱμάτων τοῖς ῥεύμασι, ψύξαντες Χριστοῦ ἀθληταί, ἀξίως δοξάζεσθε.

### Δόξα.

Ῥητορεύων ὡς γέγραπται, νοῦς ἀνθρώπων οὐ δύναται, Θεότητος μίαν ἀρχήν, ὑμνεῖν τρισυπόστατον.

### Καὶ νῦν. Θεοτοκίον.

Τὴν ἀφλέκτως κυήσασαν, τὸν Θεὸν τὸν προάναρχον, ἐγκωμίων πάντες ᾠδαῖς, ἀπαύστως ὑμνήσωμεν.

### Τῇ Τετάρτῃ

Τὴν φωνήν σοι προσάγομεν, τοῦ λῃστοῦ καὶ βοῶμέν σοι· Μνήσθητι ἡμῶν Σωτήρ, ἐν τῇ βασιλείᾳ σου.

Ἐν σταυρῷ ἀνυψούμενος, συνανύψωσας ἅπασαν, φύσιν Σωτὴρ τῶν βροτῶν, ἀπαύστως ὑμνοῦσάν σε.

Τοῦ Ἀδὰμ τὸ χειρόγραφον, σοῦ τῇ λόγχῃ διέρρηξας, γράφων ἐν βίβλῳ αὐτόν, τῶν ζώντων φιλάνθρωπε.

### Μαρτυρικόν.

Μιμηταὶ χρηματίσαντες, τοῦ Σταυρὸν ὑπομείναντος, δόξης αὐτῷ κοινωνοί, γεγόνατε μάρτυρες.

### Δόξα.

Ὁ Πατὴρ ὁ προάναρχος, ὁ Υἱὸς ὁ συνάναρχος, ὑμνεῖται μιᾷ τιμῇ, καὶ δόξῃ σὺν Πνεύματι.

### Καὶ νῦν. Σταυροθεοτοκίον ὅμοιον.

Ἐν Σταυρῷ ὡς ἑώρακας, ὃν ἀσπόρως ἐκύησας, τούτου ἀνύμνεις Παρθένε, τὸ ἄφατον ἔλεος.

### Τῇ Πέμπτῃ

Τὴν φωνήν σοι προσάγομεν, τοῦ λῃστοῦ καὶ βοῶμέν σοι· Μνήσθητι ἡμῶν Σωτήρ, ἐν τῇ βασιλείᾳ σου.

Τὰ τοῦ κόσμου πληρώματα, διελθόντες ἀπόστολοι, σκότους τοῦ τῆς πλάνης βροτούς, ἐρρύσασθε πάνσοφοι.

Τῇ σαγήνῃ τῆς χάριτος, ἐκ βυθοῦ ματαιότητος, μύσται σοφοί, σαφῶς ἀνειλκύσατε.

### Μαρτυρικόν.

Τοὺς τὸν δρόμον τελέσαντας, καὶ τὴν πίστιν τηρήσαντας, τοὺς ἀθλοφόρους Χριστοῦ, συμφώνως ὑμνήσωμεν.

### Δόξα.

Ἰσουργὸν τῷ Γεννήτορι, τὸν Υἱὸν σὺν τῷ Πνεύματι, ἅπαντες νῦν οἱ πιστοί, ἐν φόβῳ δοξάσωμεν.

Καὶ νῦν. Θεοτοκίον.

Ἀποστόλων τὸ καύχημα, ἀθλητῶν ἐγκαλλώπισμα, σὺ εἶ Παρθένε ἁγνή, καὶ κόσμου διάσωμα.

### Τῇ Παρασκευῇ

Τὴν φωνήν σοι προσάγομεν, τοῦ λῃστοῦ καὶ βοῶμέν σοι· Μνήσθητι ἡμῶν Σωτήρ, ἐν τῇ βασιλείᾳ σου.

Σταυρωθεὶς ἀναμάρτητε, ἐν Κρανίῳ συνέθλασσας, κάραν τοῦ δολίου ἐχθροῦ, καὶ κόσμον διέσωσας.

Ἐξερρίζωσας Δέσποτα, τῆς κακίας τὴν ἄκανθαν, στέφος ἑκὼν ἀκανθῶν, φορέσας μακρόθυμε.

### Μαρτυρικόν.

Συντριβόμενοι μάρτυρες, τοῦ ἐχθροῦ συνετρίψατε, πᾶσαν τὴν πλάνην σαφῶς, καὶ στέφος ἐδέξασθε.

### Δόξα.

Ῥαντισμῷ θείου αἵματος, οἱ πιστοὶ φωτιζόμενοι, μίαν ἐν Προσώποις τρισί, Θεότητα σέβομεν.

Καὶ νῦν. Σταυροθεοτοκίον ὅμοιον.

Ὡς ἀρνίον κρεμάμενον, ἐπὶ ξύλου πανάμωμε, βλέπουσα Χριστόν, ἐν κλαυθμῷ, αὐτὸν ἐμεγάλυνες.

### Τῷ Σαββάτῳ

Τὴν φωνήν σοι προσάγομεν, τοῦ λῃστοῦ καὶ βοῶμέν σοι· Μνήσθητι ἡμῶν Σωτήρ, ἐν τῇ βασιλείᾳ σου.

Τοῦ Χριστοῦ τὰ παθήματα, μιμησάμενοι μάρτυρες, πάθη ποικίλα βροτῶν, ἀεὶ θεραπεύετε.

Σὺν προφήταις ἀπόστολοι, σὺν Ὁσίοις διδάσκαλοι, τῷ πάντων Δημιουργῷ, καλῶς εὐηρέστησαν.

### Νεκρώσιμον.

Μετὰ πάντων ἀνάπαυσον, τῶν ἁγίων σου Κύριε, οὓς προσελάβου πιστούς, δεόμεθα δούλους σου.

### Δόξα.

Ὢ Τριὰς ὁμοούσιε, τοὺς ὑμνοῦντάς σε οἴκτιρον, ἐκ τῶν σκανδάλων ἐχθροῦ, πάντας λυτρουμένη ἀεί.

Καὶ νῦν. Θεοτοκίον.

Τὰς δεήσεις τῶν δούλων σου, μὴ παρίδῃς πανάμωμε, σῴζουσα ἡμᾶς ἐκ πολλῶν, πταισμάτων καὶ θλίψεων.

## ΗΧΟΣ ΤΡΙΤΟΣ

### Τῇ Δευτέρᾳ

Ἀθετήσαντα Χριστὲ τὴν ἐντολήν σου, τὸν προπάτορα Ἀδάμ, τοῦ παραδείσου ἐξώρισας, τὸν δὲ λῃστὴν Οἰκτίρμον, ὁμολογήσαντά σε ἐν σταυρῷ, ἐν αὐτῷ εἰσῴκισας κράζοντα· Μνήσθητί μου Σωτήρ, ἐν τῇ βασιλείᾳ σου.

Τῶν κακῶν μου τὴν πληθύν, κατὰ τὸ πλῆθος, τοῦ ἐλέους σου Χριστέ, παραβλεψάμενος σῶσόν με, καὶ ἐν ἡμέρᾳ δίκης, τῆς καταδίκης ῥῦσαί με Σωτήρ, καὶ τῆς αἰωνίου κολάσεως, ὅπως ὑμνολογῶ σου τὴν ἀγαθότητα.

Χερουβὶμ καὶ σεραφὶμ θρόνοι ἀρχάγγελοι, δυνάμεις καὶ ἀρχαὶ

# ΜΑΚΑΡΙΣΜΟΙ ΕΒΔΟΜΑΔΟΣ

καὶ κυριότητες ἄγγελοι, καὶ ἐξουσίαι πᾶσαι, ἐκδυσωπεῖτε τὸν Δημιουργόν, παριδεῖν μου τότε τὰ σφάλματα, ὅταν μέλλῃ τὴν γῆν, κρῖναι, ὡς φιλάνθρωπος.

### Μαρτυρικόν.

Ἐξ αἱμάτων ἱερῶν, πορφύραν βάψαντες, Χριστοῦ οἱ ἀθληταί, τῷ βασιλεῖ τῶν δυνάμεων, συμβασιλεύειν ὄντως, κατηξιώθησαν θεοπρεπῶς, καὶ ἡμῖν αἰτοῦνται πταισμάτων ἄφεσιν, τοῖς ἀξίως αὐτούς, πάντοτε γεραίρουσι.

### Δόξα.

Τρισυπόστατον πιστοί, μίαν Θεότητα, ὑμνοῦντες εὐσεβῶς, Πατέρα Λόγον σὺν Πνεύματι, τῷ παρακλήτῳ πάντες, ἀγγελικαῖς βοήσωμεν φωναῖς, ἀσιγήτως· Ἅγιος ἅγιος, ἅγιος εἶ ὁ Θεός, σῶσον τὰς ψυχὰς ἡμῶν.

### Καὶ νῦν. Θεοτοκίον.

Ἡ τὸ φῶς ἐκ τοῦ φωτός, κυοφορήσασα, νεφέλη φωτεινή, ἐσκοτισμένον με πάθεσι, καὶ ἡδοναῖς τοῦ βίου, τῇ μετανοίᾳ φώτισον ἁγνή, καὶ τυχεῖν τῆς δόξης ἱκέτευε, ἧς ἐπέτυχον νῦν, οἱ καλῶς βιώσαντες.

### Τῇ Τρίτῃ

Ἀθετήσαντα Χριστὲ τὴν ἐντολήν σου, τὸν προπάτορα Ἀδάμ, τοῦ παραδείσου ἐξώρισας, τὸν δὲ λῃστὴν Οἰκτίρμον, ὁμολογήσαντά σε ἐν σταυρῷ, ἐν αὐτῷ εἰσῴκισας κράζοντα· Μνήσθητί μου Σωτήρ, ἐν τῇ βασιλείᾳ σου.

Ταῖς τοῦ βίου ἡδοναῖς ἐσπιλωμένην, κεκτημένος τὴν ψυχήν, τοῖς οἰκτιρμοῖς σου προσέρχομαι· κατεγνωσμένος ὅλος, καὶ ἡττημένος κράζω σοι Σωτήρ, τῷ εἰδότι μόνῳ τὰ κρύφια· Κάθαρόν με τῇ σῇ, εὐσπλαγχνίᾳ Χριστέ.

Ὡς μεσίτης παλαιᾶς, καὶ τῆς καινῆς γενόμενος, θεῖε Βαπτιστά, παλαιωθέντα με πταίσμασιν, ἀνακαινίσας δίδου, σαῖς ἱκεσίαις βαίνειν ἀσφαλῶς, πρὸς μετανοίας τρίβους πανεύφημε, εἰσαγούσας καλῶς, πρὸς βασιλείαν Χριστοῦ.

### Μαρτυρικόν.

Τὸν ἀγῶνα τὸν καλόν, ἀγωνισάμενοι, γενναῖοι ἀθληταί, μυρίους πόνους ἠνέγκατε, καὶ διὰ τοῦτο πάντα, πόνον κουφίζετε διηνεκῶς, καὶ πνευμάτων λώβην διώκετε· ὅθεν πίστει ὑμᾶς, ἅγιοι δοξάζομεν.

### Δόξα.

Φῶς καὶ ζωὴ καὶ παντουργός, ἡ τρισυπόστατος Μονὰς ὡς ἀληθῶς, ὑπάρχει, ἥνπερ δοξάζομεν· Πατὴρ γὰρ Υἱὸς καὶ Πνεῦμα, ὁ ἑνιαῖος καὶ συνεκτικός, τῶν ἁπάντων Δεσπότης καὶ Κύριος, εἷς Θεὸς ἐν τρισί, προσώποις γνωρίζεται.

### Καὶ νῦν. Θεοτοκίον.

Ἁμαρτάνοντα ἀεί, καὶ παροργίζοντα Θεὸν τὸν ἀγαθόν, παρθενομῆτορ οἰκτίρησον, καὶ μετανοίας τρόποις, ὡς ἀγαθὴ βελτίωσον ἁγνή, ὅπως τὰς μελλούσας κολάσεις ἐκφεύξωμαι, ἀνυμνῶν ἐκτενῶς, κόρη τὴν πρεσβείαν σου.

### Τῇ Τετάρτῃ

Ἀθετήσαντα Χριστὲ τὴν ἐντολήν σου, τὸν προπάτορα Ἀδάμ, τοῦ παραδείσου ἐξώρισας, τὸν δὲ λῃστὴν Οἰκτίρμον, ὁμολογήσαντά σε ἐν σταυρῷ, ἐν αὐτῷ εἰσῴκισας κράζοντα· Μνήσθητί μου Σωτήρ, ἐν τῇ βασιλείᾳ σου.

Ἐσταυρώθης δι' ἐμέ, καὶ ἐλογχεύθης, Ἰησοῦ μου τὴν πλευράν, δύο κρουνοὺς ἀναβλύσας μοι, σωτηριώδεις· ὅθεν, διασωθεὶς τῷ πάθει σου Χριστέ, ἀνυμνῶ, τὴν εὐσπλαγχνίαν τὴν σήν, Μνήσθητί μου βοῶν, ἐν τῇ βασιλείᾳ σου.

Μετὰ ἀνόμων λογισθείς, τὰς ἀνομίας, πάντων ἦρας Ἰησοῦ, καὶ ταῖς ἀκάνθαις στεφόμενος, ὡς βασιλεὺς τῶν ὅλων, τῆς ἁμαρτίας πρόρριζον Χριστέ, τέμνεις ἄκανθαν τοῦ προπάτορος· ὅθεν πίστει τὸ σόν, πάθος νῦν δοξάζομεν.

### Μαρτυρικόν.

Οἱ τὰ παθήματα Χριστοῦ ἐκμιμησάμενοι, γενναῖοι ἀθληταί, πανευκλεέστατοι μάρτυρες, καὶ τοῦ ἐχθροῦ τὴν πλάνην, καταβαλόντες σθένει θεϊκῷ, οὐρανίου δόξης ἐτύχετε, ὑπὲρ πάντων ἡμῶν, ἅγιοι πρεσβεύοντες.

### Δόξα.

Τρισυπόστατε Μονάς, καὶ ἀδιαίρετε Τριάς, ἡ παντουργὸς οὐσία, μία καὶ δύναμις, τοὺς ὑμνητάς σου σκέπε, ἀπὸ παντοίας βλάβης τοῦ ἐχθροῦ, καὶ τῆς βασιλείας τῆς σῆς ἀξίωσον, ἧς καὶ ἐπέτυχον, οἱ καλῶς βιώσαντες.

Καὶ νῦν. Σταυροθεοτοκίον ὅμοιον.

Καθορῶσα ἐν Σταυρῷ, ὃν ἐξ αἱμάτων, ἐσωμάτωσας ἁγνῶν, ὀδυρομένη ἐκραύγαζες, Θεογεννῆτορ κόρη· Τί ταῦτα τέκνον, δῆμος πονηρός, ἀνταπέδωκέ σοι, θανατώσας σε, τὴν ζωὴν τῶν πιστῶν, πάντων καὶ ἀνάστασιν;

### Τῇ Πέμπτῃ

Ἀθετήσαντα Χριστὲ τὴν ἐντολήν σου, τὸν προπάτορα Ἀδάμ, τοῦ παραδείσου ἐξώρισας, τὸν δὲ λῃστὴν Οἰκτίρμον, ὁμολογήσαντά σε ἐν σταυρῷ, ἐν αὐτῷ εἰσῴκισας κράζοντα· Μνήσθητί μου Σωτήρ, ἐν τῇ βασιλείᾳ σου.

Οἱ καλάμῳ τοῦ Σταυροῦ, ἐκ βυθοῦ τῆς ἀγνωσίας τοὺς λαούς, ἀναγαγόντες ἀπόστολοι, τὴν τῶν Ἑλλήνων πλάνην, ἀπεμειώσατε ἀπὸ τῆς γῆς, ἀπλανεῖς σωτῆρες γενόμενοι, τῶν πιστῶν ἀληθῶς· ὅθεν μακαρίζεσθε.

Ὡς ἀκτῖνες μυστικαί, καὶ λαμπηδόνες τοῦ Ἡλίου εὐκλεεῖς, γεγενημένοι ἀπόστολοι, τῆς δυσσεβείας σκότος, ἀπεμειώσατε, καὶ πρὸς τὸ φῶς, τῆς θεογνωσίας ὡδηγήσατε, ἅπαντας τοὺς λαούς· ὅθεν ὑμᾶς σέβομεν.

### Μαρτυρικόν.

Τῶν βασάνων τὴν πυράν, καθυπομείναντες ἐξ ὕψους ἀθληταί, χάριτος δρόσον ἐδέξασθε, καὶ τῶν βροτῶν τὰ πάθη, ὡς τοῦ Χριστοῦ θεράποντες ἀεί, εὐσθενῶς σοφοὶ θεραπεύετε· ὅθεν πίστει ὑμᾶς, ἅγιοι γεραίρομεν.

### Δόξα.

Τῆς Τριάδος ἱεροί, κήρυκες Πέτρε Παῦλε, Μᾶρκε καὶ Λουκᾶ, Ματθαῖε Σίμων Ἰάκωβε, Ἀνδρέα Ἰωάννη, Βαρθολομαῖε Φίλιππε Θωμᾶ, ἐκτενῶς αὐτὴν ἱκετεύσατε, λυτρωθῆναι ἡμᾶς, πάσης περιστάσεως.

### Καὶ νῦν. Θεοτοκίον.

Ἀποστόλων καλλονή, καὶ τῶν ἁγίων, ἀθλοφόρων χαρμονή, θεοχαρίτωτε Δέσποινα, ὑπὲρ ἡμῶν δυσώπει, τὸν τοῦ παντὸς Σωτῆρα καὶ Θεόν, ἐγκλημάτων ὅπως λάβωμεν ἄφεσιν, καὶ τῆς θείας ζωῆς, πάντες ἐπιτύχωμεν.

### Τῇ Παρασκευῇ

Ἀθετήσαντα Χριστὲ τὴν ἐντολήν σου, τὸν προπάτορα Ἀδάμ, τοῦ παραδείσου ἐξώρισας, τὸν δὲ λῃστὴν Οἰκτίρμον, ὁμολογήσαντά σε ἐν σταυρῷ, ἐν αὐτῷ εἰσῴκισας κράζοντα· Μνήσθητί μου Σωτήρ, ἐν τῇ βασιλείᾳ σου.

Καθορῶν σε ἐν σταυρῷ, ἥλιος Κύριε, ἐσκότασε τὸ φῶς, πέτραι ἐσχίσθησαν Δέσποτα· γῆ ἐσαλεύθη πᾶσα· τὸ καταπέτασμα δὲ τοῦ ναοῦ, διερράγη μέσον, ἀδίκως πάσχοντα, βλέψαντά σε Σωτήρ, τὸν ἀκατανόητον.

Ὑπὲρ πάντων Ἰησοῦ, ἤχθης εἰς θάνατον, τῶν ζώντων ἡ ζωή, ὅπως τοῖς θείοις σου πάθεσι, τοὺς τῇ τοῦ ξύλου βρώσει, θανατωθέντας σώσῃς ὡς Θεός, παραδείσου δείξας οἰκήτορας· ὅθεν πίστει τὰ σά, πάθη μεγαλύνομεν.

### Μαρτυρικόν.

Τοῦ παθόντος δι᾽ ἡμᾶς, καὶ τὰ ὀνείδη, ἀφελόντος τῶν βροτῶν, πάθη μιμούμενοι μάρτυρες, διὰ πολλῶν βασάνων, κατεπαλαίσατε τὸν δυσμενῆ, καὶ τῆς ἄνω δόξης ἐτύχετε· ὅθεν θεοπρεπῶς, ἅγιοι δοξάζεσθε.

### Δόξα.

Τὸν Πατέρα καὶ Υἱὸν καὶ Πνεῦμα ἅγιον, ὑμνήσωμεν πιστοί, ἐν ἀσυγχύτῳ Θεότητι, μίαν ἀρχὴν καὶ δόξαν, θεοπρεπῶς προσκυνοῦντες εὐσεβῶς, ὀρθοδόξῳ πίστει καὶ κράζοντες· Μνήσθητι καὶ ἡμῶν, ἐν τῇ βασιλείᾳ σου.

### Καὶ νῦν. Σταυροθεοτοκίον ὅμοιον.

Πάθη φέροντα σαρκί, ἐθελουσίως καθορῶσα ἐν σταυρῷ, τὸν σὸν υἱὸν παναμώμητε, διεδονήθης ὅλη, καὶ θρηνῳδοῦσα ἔκραζες ἁγνή· Οἴμοι τέκνον ἐμόν, πῶς τέθνηκας, τοὺς θανόντας Σωτήρ, ζωῶσαι βουλόμενος;

### Τῷ Σαββάτῳ

Ἀθετήσαντα Χριστὲ τὴν ἐντολήν σου, τὸν προπάτορα Ἀδάμ, τοῦ παραδείσου ἐξώρισας, τὸν δὲ λῃστὴν Οἰκτίρμον, ὁμολογήσαντά σε ἐν σταυρῷ, ἐν αὐτῷ εἰσῴκισας κράζοντα· Μνήσθητί μου Σωτήρ, ἐν τῇ βασιλείᾳ σου.

Τῷ πυρὶ τῶν αἰκισμῶν, προσομιλοῦντες, ἀθλοφόροι τοῦ Χριστοῦ, δρόσον οὐράνιον εὕρατε, ἐπαναψυχοῦσάν τε, καὶ δυναμοῦσαν φέρειν τῆς σαρκός, τὰς ὀδύνας· ὅθεν κουφίζετε, πάντα πόνον ἀεί, ἀπὸ τῶν ψυχῶν ἡμῶν.

Ἱεράρχαι ἱεροί, προφῆται ἔνδοξοι, ὁσίων ἡ πληθύς, γυναίων θείων ὁμήγυρις, ἐναθλήσαντες πίστει, καὶ καθελόντες πλάνην τοῦ ἐχθροῦ, οὐρανίου δόξης ἐπέτυχον· ὧν πρεσβείαις Σωτήρ, οἴκτιρον τοὺς δούλους σου.

### Νεκρώσιμον.

Ἔνθα λάμπει σου τὸ φῶς, ἐν ταῖς σκηναῖς τῶν ἐκλεκτῶν σου ὁ Θεός, ὅπου τρυφὴ ἡ ἀέναος, τοὺς ἐξ ἡμῶν ἐν πίστει, μετατεθέντας τάξον Ἰησοῦ, παρορῶν τὰ τούτων ἐγκλήματα, ἵνα σε ἐκτενῶς, Δέσποτα δοξάζωμεν.

### Δόξα.

Τὴν προσώποις ἐν τρισί, προσκυνουμένην μίαν ἄναρχον πιστοί, θείαν Μονάδα δοξάσωμεν, ὅπως ἀξιωθῶμεν, ἁμαρτιῶν ἀφέσεως τυχεῖν, καὶ τῆς βασιλείας τευξώμεθα, ἀνυμνοῦντες αὐτῆς, τὸ ἄπειρον ἔλεος.

### Καὶ νῦν. Θεοτοκίον.

Φωτισμὸς καὶ ἱλασμός, ἐκ σοῦ ἐπέφανεν ὁ πάντων Λυτρωτής, θεοχαρίτωτε Δέσποινα· ὃν ἐκτενῶς δυσώπει, ἐν τῇ μελλούσῃ δίκῃ φοβερᾷ, καταδίκης πάσης λυτρώσασθαι, ἄχραντε τοὺς πιστῶς, πάντοτε ὑμνοῦντάς σε.

## ΗΧΟΣ ΤΕΤΑΡΤΟΣ

### Τῇ Δευτέρᾳ

Διὰ ξύλου ὁ Ἀδάμ, παραδείσου γέγονεν ἄποικος, διὰ ξύλου δὲ Σταυροῦ, ὁ λῃστὴς παράδεισον ᾤκησεν· ὁ μὲν γὰρ γευσάμενος, ἐντολὴν ἠθέτησε τοῦ ποιήσαντος, ὁ δὲ συσταυρούμενος, Θεὸν ὡμολόγησε τὸν κρυπτόμενον, Μνήσθητί μου βοῶν ἐν τῇ βασιλείᾳ σου.

Ὑπὲρ πάντας τοὺς βροτούς, ἐπὶ γῆς ἐγὼ ἐπλημμέλησα, καὶ πτοοῦμαι τὸ ἐκεῖ, ἀπαραλόγιστον δικαστήριον· ἐν ᾧ ἀκατάκριτον, συντηρήσας τότε με ὑπεράγαθε, κολάσεως λύτρωσαι, διδούς μοι μετάνοιαν ἀποπλύνουσαν, παντοίων με μολυσμῶν ὡς φιλάνθρωπος.

Χερουβὶμ καὶ σεραφίμ, ἐξουσίαι θρόνοι ἀρχάγγελοι, κυριότητες ὁμοῦ, καὶ δυνάμεις ἅγιοι ἄγγελοι, ἀρχαὶ ὑψηλόταται, τῷ Δεσπότῃ ἄφεσιν παριστάμενοι, πταισμάτων αἰτήσασθε, καὶ βίου διόρθωσιν τοῖς βοῶσι πιστῶς. Μνήσθητι καὶ ἡμῶν ἐν τῇ βασιλείᾳ σου.

## ΜΑΚΑΡΙΣΜΟΙ ΕΒΔΟΜΑΔΟΣ

### Μαρτυρικόν.

Ὁμιλοῦντες τῷ πυρί, τὴν φρυγανώδη πλάνην ἐφλέξατε, ἀθλοφόροι τοῦ Χριστοῦ, καὶ τῇ ὑμῶν πλημμύρᾳ τοῦ αἵματος, τὸν βύθιον δράκοντα, παντελῶς πανεύφημοι ἀπεπνίξατε, καὶ νίκην ἀράμενοι, τοῖς ἄνω στρατεύμασι συναγάλλεσθε, πρεσβεύοντες ἐκτενῶς ὑπὲρ τῶν ψυχῶν ἡμῶν.

### Δόξα.

Ἡ τρισήλιος αὐγή, ἡ τὸ τοῦ κόσμου φάνασα πλήρωμα, τῆς ψυχῆς μου τὰ δεινά, ἀποσοβοῦσα πάθη κατάπεμψον, φωτός σου ἀμάρυγμα, καὶ ἱλασμὸν πταισμάτων τοῦ κράζειν σοι, ἀνάρχῳ Γεννήτορι, Υἱῷ τῷ συνθρόνῳ τε καὶ τῷ Πνεύματι· Τριὰς ἡ παντουργικὴ δύναμις σῶσον ἡμᾶς.

### Καὶ νῦν. Θεοτοκίον.

Ἁμαρτάνοντα ἀεί, καὶ ῥαθυμίᾳ ὅλως κρατούμενον, κατοικτίρησον ἁγνή, καὶ μετανοίας τρόποις βελτίωσον, διδοῦσα κατάνυξιν, τῇ πεπωρωμένῃ ψυχῇ μου Πάναγνε, ἐλπὶς ἀκαταίσχυντε, τῶν πόθῳ ὑμνούντων σε καὶ βοώντων Χριστῷ· Μνήσθητι καὶ ἡμῶν ἐν τῇ βασιλείᾳ σου.

### Τῇ Τρίτῃ

Διὰ ξύλου ὁ Ἀδάμ, παραδείσου γέγονεν ἄποικος, διὰ ξύλου δὲ Σταυροῦ, ὁ λῃστὴς παράδεισον ᾤκησεν· ὁ μὲν γὰρ γευσάμενος, ἐντολὴν ἠθέτησε τοῦ ποιήσαντος, ὁ δὲ συσταυρούμενος, Θεὸν ὡμολόγησε τὸν κρυπτόμενον, Μνήσθητί μου βοῶν ἐν τῇ βασιλείᾳ σου.

Ὁ τοῦ Πέτρου τὸν κλαυθμόν, καὶ τῆς πόρνης Λόγε τὰ δάκρυα, προσδεξάμενος Χριστέ, καὶ τὸν τελώνην μόνον στενάξαντα, οἰκτίρας ὡς εὔσπλαγχνος, καὶ ἐμὲ προσπίπτοντα καὶ αἰτούμενον, πταισμάτων συγχώρησιν, δοθῆναί μοι Κύριε ὑπεράγαθε, λύτρωσαι τῆς ἐκεῖ, γεέννης ὡς εὔσπλαγχνος.

Τῆς στειρώσεως δεσμά, διαλύσας μέγιστε Πρόδρομε, τὴν ἀκαρπίαν τῆς ἐμῆς, ταπεινῆς καρδίας διάλυσον, καὶ φέρειν εὐόδωσον, ἐναρέτους πράξεις τῇ μεσιτείᾳ σου· δι' ὧν ἀπολήψομαι, ζωὴν τὴν ἀδάπανον, ἀνακράζων Χριστῷ· Μνήσθητί μου Σωτὴρ ἐν τῇ βασιλείᾳ σου.

### Μαρτυρικόν.

Συντριβόμενοι ποιναῖς, καὶ θηρίοις βρῶμα διδόμενοι, καὶ τεμνόμενοι δεινῶς, καὶ εἰς βυθὸν θαλάσσης ῥιπτόμενοι, πυρὶ δαπανώμενοι, καὶ ὠμοτάτῃ κρίσει καταξεόμενοι, Θεὸν οὐκ ἠρνήσασθε, πανεύφημοι μάρτυρες, ὃν πάντοτε ἱκετεύσατε, σῶσαι τὰς ψυχὰς ἡμῶν.

### Δόξα.

Ἀνακαθάραντες τὸν νοῦν, τῇ Τριάδι πάντες βοήσωμεν· Πάτερ, Υἱὲ μονογενές, Πνεῦμα ἅγιον καὶ ὁμότιμον, τοὺς δούλους σου φύλαττε, τοὺς εἰλικρινεῖ σοι πόθῳ λατρεύοντας, μιᾷ τῇ Θεότητι, βασιλείᾳ δόξῃ τε καὶ κραυγάζοντας· Μνήσθητι καὶ ἡμῶν ἐν τῇ βασιλείᾳ σου.

### Καὶ νῦν. Θεοτοκίον.

Τὸν συνάναρχον Πατρί, καὶ ἁγίῳ Πνεύματι σύνθρονον, ὑπεδέξω ἐν γαστρί, καὶ ὑπὲρ νοῦν καὶ λόγον ἐκύησας, γενόμενον ἄνθρωπον ἐπ' εὐεργεσίᾳ τῆς ἀνθρωπότητος, Μαρία θεόνυμφε, χωρίον εὐρύχωρον τοῦ Θεοῦ ἡμῶν· ὃν αἴτησαι ἐκτενῶς, σῴζεσθαι τοὺς δούλους σου.

### Τῇ Τετάρτῃ

Διὰ ξύλου ὁ Ἀδάμ, παραδείσου γέγονεν ἄποικος, διὰ ξύλου δὲ Σταυροῦ, ὁ λῃστὴς παράδεισον ᾤκησεν· ὁ μὲν γὰρ γευσάμενος, ἐντολὴν ἠθέτησε τοῦ ποιήσαντος, ὁ δὲ συσταυρούμενος, Θεὸν ὡμολόγησε τὸν κρυπτόμενον, Μνήσθητί μου βοῶν ἐν τῇ βασιλείᾳ σου.

Προσηλώθης τῷ Σταυρῷ, διὰ πολλὴν Χριστὲ ἀγαθότητα· ἐκεντήθης τὴν πλευράν, δύο κρουνοὺς πηγάσας ἀφέσεως· ἡ γῆ δὲ μὴ φέρουσα, καθορᾶν τὸ τόλμημα ἐκυμαίνετο, αἱ πέτραι ἐρρήγνυντο, ἐσβέννυτο ἥλιος, ἐσαλεύοντο, ὄρη καὶ οἱ βουνοὶ φόβῳ τοῦ κράτους σου.

Τῆς ταθείσης ἀκρατῶς, χειρὸς ἐν ξύλῳ πάλαι τῆς γνώσεως, τοῦ προπάτορος Ἀδάμ, ἐπανορθῶν Χριστὲ τὸ ὀλίσθημα, ἐτάθης θελήματι, καὶ τὰς σὰς ἡλώθης χεῖρας μακρόθυμε, ὁ πλάσας τὸν ἄνθρωπον, χειρί σου δι' ἄμετρον ἀγαθότητα· δόξα τῇ ὑπὲρ νοῦν Λόγε εὐσπλαγχνίᾳ σου.

### Μαρτυρικόν.

Οὐρανώσαντες τὴν γῆν, ταῖς ὑπερτάταις ἅγιοι λάμψεσι, τῶν ἀγώνων τῶν καλῶν, δι' ὧν τὸ σκότος ἅπαν ἐλύσατε, τὸ τῆς ματαιότητος, καὶ πρὸς φῶς τὸ ἄδυτον ἐσκηνώσατε, μεθέξει θεούμενοι, καὶ πᾶσιν αὐγάζοντες φέγγος γνώσεως, τοῖς κατὰ χρέος ὑμᾶς μακαρίζουσι.

### Δόξα.

Γέρας δόξαν καὶ τιμήν, τῇ πανταιτίῳ Τριάδι προσνέμωμεν, τρισαγίαις ἐν φωναῖς, τῶν Ἀγγέλων τὸν ὕμνον προσφέροντες· Πατρὶ τῷ ἀνάρχῳ τε, Υἱῷ καὶ Πνεύματι ἀνακράζομεν, λῃστοῦ τοῦ εὐγνώμονος, τὴν φωνὴν ἀναμέλποντες καὶ κραυγάζοντες· Μνήσθητι καὶ ἡμῶν ἐν τῇ βασιλείᾳ σου.

### Καὶ νῦν. Σταυροθεοτοκίον.

Ἀναρτώμενον σταυρῷ, ἐθελουσίως βλέπουσα ἄχραντε, τὸν υἱόν σου καὶ Θεόν, ἐκπληττομένη κλαίουσα ἔλεγες· Ποῦ ἔδυ τὸ κάλλος σου, τοῦ τὰ πάντα Κύριε καλλωπίσαντος; τί ταῦτα ἀχάριστος, ἀπέδωκε δῆμός σοι ἀντὶ ἀγαθῶν; Δόξα Λόγε τῇ σῇ ἄκρᾳ ἀγαθότητι.

### Τῇ Πέμπτῃ

Διὰ ξύλου ὁ Ἀδάμ, παραδείσου γέγονεν ἄποικος, διὰ ξύλου δὲ Σταυροῦ, ὁ λῃστὴς παράδεισον ᾤκησεν· ὁ μὲν γὰρ γευσάμενος, ἐντολὴν ἠθέτησε τοῦ ποιήσαντος, ὁ δὲ συσταυρούμενος, Θεὸν ὡμολόγησε τὸν κρυπτόμενον, Μνήσθητί μου βοῶν ἐν τῇ βασιλείᾳ σου.

Τοῦ ποιμένος καὶ ἀμνοῦ, λογικὰ ὑπάρχοντες θρέμματα, μέσον λύκων παρ' αὐτοῦ, ὡς ἀμνοὶ σοφοὶ ἀπεστάλητε, τῷ θείῳ κηρύγματι, τὴν αὐτῶν μετάγοντες ἀγριότητα, πρὸς τὴν ἡμερότητα, τῆς Πίστεως, κράζοντες ἀκλινεῖ λογισμῷ· Μνήσθητι ἡμῶν Σωτήρ, ἐν τῇ βασιλείᾳ σου.

Διελθόντες τὰ τῆς γῆς, μαθηταὶ Κυρίου πληρώματα, ὡς ἀστέρες φαεινοί, τὸν σκοτασμὸν τῆς πλάνης ἐλύσατε, καὶ φέγγος σωτήριον, τοῖς πεπλανημένοις ἐναπηστράψατε· διὸ μακαρίζομεν, ὑμᾶς Χριστοκήρυκες ἐξαιτούμενοι, πρεσβεύειν ὑπὲρ ἡμῶν, πάντοτε πρὸς Κύριον.

### Μαρτυρικόν.

Θανατούμενοι σοφοί, καὶ πυρὶ ἐνύλῳ φλεγόμενοι, κατεφλέξατε πικρᾶς, πολυθεΐας ὕλην μακάριοι· καὶ νῦν ἀναβλύζετε, ἰαμάτων ῥεῖθρα τοῖς προσπελάζουσιν, ἡμῖν μετὰ πίστεως, θερμῶς ἀνακράζουσι καὶ βοῶσι Χριστῷ· Μνήσθητι καὶ ἡμῶν ἐν τῇ βασιλείᾳ σου.

### Δόξα.

Ἀποσκοποῦντες λογισμῷ, διανοίας νήφοντες εἴπωμεν, τῷ ἐν ὑψίστοις σὺν Πατρί, καθεζομένῳ ἅμα καὶ Πνεύματι· Τριὰς ἡ ἀχώριστος, ἡ τὸ πᾶν τῷ λόγῳ πρὶν ὑποστήσασα, καὶ πάντας φωτίζουσα, τοὺς εὐλαβείᾳ καὶ πίστει σοι· Μνήσθητι καὶ ἡμῶν ἐν τῇ βασιλείᾳ σου.

### Καὶ νῦν. Θεοτοκίον.

Ἀποστόλων χαρμονή, καὶ ἀθλοφόρων στέφος ἀμάραντον, χρηματίζεις ἀληθῶς, Θεογεννῆτορ κόρη πανάμωμε· μεθ' ὧν ἡμῖν αἴτησαι, τῶν πταισμάτων Δέσποινα ἀπολύτρωσιν, καὶ βίου διόρθωσιν, τοῖς πίστει αἰτοῦσί σε καὶ βοῶσί σοι. Χαίροις παναληθῶς ἀγαθῶν θησαύρισμα.

### Τῇ Παρασκευῇ

Διὰ ξύλου ὁ Ἀδάμ, παραδείσου γέγονεν ἄποικος, διὰ ξύλου δὲ Σταυροῦ, ὁ λῃστὴς παράδεισον ᾤκησεν· ὁ μὲν γὰρ γευσάμενος, ἐντολὴν ἠθέτησε τοῦ ποιήσαντος, ὁ δὲ συσταυρούμενος, Θεὸν ὡμολόγησε τὸν κρυπτόμενον, Μνήσθητί μου βοῶν ἐν τῇ βασιλείᾳ σου.

Καθορῶσαί σε Σταυρῷ, τεταμένον μόνε μακρόθυμε, αἱ δυνάμεις οὐρανῶν, ἀποροῦσαι τρόμῳ ἐξίσταντο· ἡ γῆ ἐκυμαίνετο, καὶ φωστήρων κάλλος ἐναπεσβέννυτο· Ἀδὰμ ὁ κατάκριτος, ἀδίκως φιλάνθρωπε κρινομένου σου, ἐδικαιοῦτο ὑμνῶν σοῦ τὴν ἀγαθότητα.

Ἐν τῷ Κρανίῳ ὑψωθείς, τοῦ ἐχθροῦ τὴν κάραν συνέτριψας· ἐπὶ ξύλου δὲ θανών, τοὺς καρπῷ τοῦ ξύλου τεθνήξαντας, ἐζώωσας Δέσποτα, καὶ παραδείσου πολίτας ἔδειξας, ἀπαύστως ὑμνοῦντάς σε, Χριστὲ ὁ Θεὸς ἡμῶν, καὶ βοῶντάς σοι· Μνήσθητι καὶ ἡμῶν ἐν τῇ βασιλείᾳ σου.

### Μαρτυρικόν.

Ὥσπερ ὅπλον τὸν Σταυρόν, ἀναλαβόντες ἅγιοι μάρτυρες, πρὸς παράταξιν ἐχθρῶν, λογισμῷ γενναίῳ ἐξήλθετε, καὶ τούτους ὀλέσαντες, ἀφθαρσίας στέφανον ἀνεδήσασθε, καὶ δόξης ἐτύχετε, καὶ θείας λαμπρότητος ἀξιάγαστοι· ὅθεν πίστει ὑμᾶς πάντες μακαρίζομεν.

### Δόξα.

Ἵνα δείξῃς ἐμφανῶς, τὴν πρὸς ἡμᾶς Σωτὴρ εὐσπλαγχνίαν σου, προσηλώθης τῷ Σταυρῷ, ὁ Πατρὶ συνὼν καὶ τῷ Πνεύματι, καὶ σπόγγον καὶ κάλαμον, ἐμπαιγμοὺς καὶ μάστιγας καθυπέμεινας, βουλόμενος ῥύσασθαι, πυρὸς αἰωνίζοντος τοὺς κραυγάζοντας· Μνήσθητι καὶ ἡμῶν ἐν τῇ βασιλείᾳ σου.

Καὶ νῦν. Σταυροθεοτοκίον ὅμοιον.

Ὁ ἀχώρητος παντί, ἀστενοχωρήτως κατῴκησε, τὴν ἁγίαν σου νηδύν, θεογεννῆτορ ἄχραντε Δέσποινα, καὶ ξύλῳ νεκρούμενος, τὴν ζωὴν τῷ κόσμῳ ἐπήγασεν· αὐτὸν οὖν ἱκέτευε, νεκρῶσαι τὸ φρόνημα τῆς σαρκὸς ἡμῶν, καὶ σῶσαι ἡμᾶς πάντας ὡς φιλάνθρωπος.

### Τῷ Σαββάτῳ

Διὰ ξύλου ὁ Ἀδάμ, παραδείσου γέγονεν ἄποικος, διὰ ξύλου δὲ Σταυροῦ, ὁ λῃστὴς παράδεισον ᾤκησεν· ὁ μὲν γὰρ γευσάμενος, ἐντολὴν ἠθέτησε τοῦ ποιήσαντος, ὁ δὲ συσταυρούμενος, Θεὸν ὡμολόγησε τὸν κρυπτόμενον, Μνήσθητί μου βοῶν ἐν τῇ βασιλείᾳ σου.

Πυρπολούμενοι Χριστοῦ, τῇ ἀγάπῃ ἅγιοι μάρτυρες, δυσσεβείας τὴν πυράν, δροσισμῷ ἀγώνων ἐσβέσατε, καὶ λύχνοι πολύφωτοι, Ἐκκλησίας ὤφθητε ἀπελαύνοντες, τὸ σκότος, ἐν χάριτι, τῶν νόσων καὶ θλίψεων τῶν ψυχῶν ἡμῶν· ὅθεν χρεωστικῶς πάντες ὑμᾶς σέβομεν.

Ἱεράρχαι ἱεροί, προφητῶν ἐνθέων κατάλογος, καὶ ὁσίων οἱ χοροί, καὶ γυναικῶν ἁγίων ὁμήγυρις, Θεὸν θεραπεύσαντες, ἐναρέτοις πράξεσιν ἐδοξάσθησαν· αὐτοὺς μακαρίσωμεν, ταῖς τούτων δεήσεσι δυσωποῦντες τυχεῖν, τῆς αἰωνίου δόξης τε καὶ λαμπρότητος.

### Νεκρώσιμον.

Ἔνθα λάμπει σου τὸ φῶς, ἔνθα χοροὶ ἁγίων αὐλίζονται, οὗ ἀπέδρα στεναγμός, καὶ ὀδύνη τάξον τοὺς δούλους σου, τοὺς προτελευτήσαντας, καὶ λιπόντας βίον τὸν πολυώδυνον, ὑμνεῖν σου τὴν ἄφατον, Σωτὴρ ἀγαθότητα, παριδὼν αὐτῶν, τὰ πλημμελήματα, ἅπερ διεπράξαντο.

### Δόξα.

Ἡ ἀχώριστος Τριάς, ἐν Πατρὶ Υἱῷ καὶ ἐν Πνεύματι, ἑνουμένη ὁλικῶς, καὶ μὴ συγχεομένη ταῖς ἰδιότησι, Μονὰς τρισυπόστατε, τοὺς θανόντας πίστει ἐν σοὶ ἀνάπαυσον, λιταῖς τῶν ἁγίων σου, μαρτύρων ὁσίων τε καὶ σεπτῶν προφητῶν, νέμουσα ἱλασμὸν τούτοις καὶ συγχώρησιν.

## ΜΑΚΑΡΙΣΜΟΙ ΕΒΔΟΜΑΔΟΣ

Καὶ νῦν. Σταυροθεοτοκίον.

Ὃν ἐγέννησε Πατήρ, πρὸ ἑωσφόρου Λόγον συνέλαβες, καὶ ἐκύησας σαρκί, γεγονότα ἄνθρωπον τέλειον, δυσὶ γνωριζόμενον, ἐνεργείαις ἄχραντε καὶ θελήσεσιν· αὐτὸν οὖν ἱκέτευε, ὡς κτίστην καὶ Κύριον οἰκτιρῆσαι ἡμᾶς, τοὺς σὲ ὑμνοῦντας κόρη Θεονύμφευτε.

### ΗΧΟΣ ΠΛΑΓΙΟΣ ΤΟΥ ΠΡΩΤΟΥ

Τῇ Δευτέρᾳ

Ὁ λῃστὴς ἐν τῷ σταυρῷ, Θεὸν εἶναί σε πιστεύσας Χριστέ, ὡμολόγησέ σε εἰλικρινῶς ἐκ καρδίας, Μνήσθητί μου Κύριε βοῶν, ἐν τῇ βασιλείᾳ σου.

Ψυχοφθόροι με λῃσταί, ὁδῷ τοῦ βίου συναντήσαντες, κατεπλήγωσάν με· ἀλλὰ τῇ σῇ εὐσπλαγχνίᾳ, νῦν προστρέχω· ἴασαι Χριστέ, καὶ σῶσόν με δέομαι.

Ἐπουράνιοι χοροὶ ὑμνολογοῦσί σε, τὸν πάντων Θεόν· τούτων Δέσποτα ἱεραῖς μεσιτείαις, τὰ πολλά μου πάριδε κακά, καὶ σῶσόν με δέομαι.

Μαρτυρικόν.

Τῶν ἀγγέλων τοῖς χοροῖς, συναριθμούμενοι Χριστοῦ ἀθληταί, καὶ πληρούμενοι φωτισμοῦ ἀνεσπέρου, τὰ δυσώδη πάθη τῆς ἐμῆς, καρδίας μειώσατε.

Δόξα.

Μετὰ δόξης ὦ Τριάς, ταῖς τῶν ἀγγέλων ὑμνουμένη φωναῖς, τὴν κεκακωμένην τῶν δαιμόνων ψυχήν μου, σῷ ἐλέει ὅλην ὑγιῆ, ἀνάδειξον δέομαι.

Καὶ νῦν. Θεοτοκίον.

Ἡ δι' ἀγγέλου τὴν χαράν, ἐν τῇ νηδύϊ δεξαμένη ἁγνή, σκυθρωπάζουσαν πονηραῖς ἐργασίαις, τὴν ψυχήν μου πλήρωσον χαρᾶς, πρὸς φῶς ὁδηγοῦσά με.

Τῇ Τρίτῃ

Ὁ λῃστὴς ἐν τῷ σταυρῷ, Θεὸν εἶναί σε πιστεύσας Χριστέ, ὡμολόγησέ σε εἰλικρινῶς ἐκ καρδίας, Μνήσθητί μου Κύριε βοῶν, ἐν τῇ βασιλείᾳ σου.

Ὡς ἐδικαίωσας Χριστέ, τὴν πόρνην κλαύσασαν ἐξ ὅλης ψυχῆς, οὕτω Δέσποτα καὶ ἐμὲ ἀπογνόντα ἀπὸ πάσης ῥῦσαι, ἀγαθὲ κολάσεως δέομαι.

Τὸν προδραμόντα τοῦ Χριστοῦ, καὶ ἑτοιμάσαντα ὁδοὺς ἀγαθάς, μακαρίσωμεν Ἰωάννην συμφώνως, ὅπως τούτου θείαις προσευχαῖς, πταισμάτων ῥυσθείημεν.

Μαρτυρικόν.

Οἱ τὸ ποτήριον τοῦ Χριστοῦ, πιόντες μάρτυρες προθύμῳ ψυχῇ, θολερῶν ἡμᾶς ἁμαρτημάτων καὶ νόσων, ἐπομβρίαις θείων προσευχῶν, λυτρώσασθε ἅγιοι.

Δόξα.

Ἀκατάληπτε Θεέ, ἡ παντοδύναμος Τριὰς καὶ Μονάς, τοῦ Προδρόμου σου ταῖς πρεσβείαις με σῶσον, λυτρουμένη σκότους καὶ φλογός, τῆς ἀποκειμένης μοι.

Καὶ νῦν. Θεοτοκίον.

Διὰ παντὸς ταῖς πονηραῖς, Παρθένε πράξεσι σπιλούμενος, σὲ τὴν ἄσπιλον τοῦ Δεσπότου μητέρα, ἱκετεύω· ῥύπου με παντός, καθάρισον Δέσποινα.

## Τῇ Τετάρτῃ

Ὁ ληστὴς ἐν τῷ σταυρῷ, Θεὸν εἶναί σε πιστεύσας Χριστέ, ὡμολόγησέ σε εἰλικρινῶς ἐκ καρδίας, Μνήσθητί μου Κύριε βοῶν, ἐν τῇ βασιλείᾳ σου.

Ἀναβὰς ἐν τῷ Σταυρῷ, πᾶσαν ἐκλόνησας δαιμόνων πληθύν, καὶ κατέρραξας τὸ ὀλέθριον κράτος, τοῦ τυράννου Δέσποτα Χριστέ, σώσας τὸ ἀνθρώπινον.

Ἐκεντήθης τὴν πλευράν, κρουνοὺς ἀφέσεως πηγάσας μοι· προσηλώθης δὲ ἐπὶ ξύλου τὰς χεῖρας, ἐξηλώσας ἅπαν ἐμπαθές, τῶν ἀνθρώπων νόημα.

### Μαρτυρικόν.

Μιμηταὶ τῶν τοῦ Χριστοῦ, παθῶν γενόμενοι μακάριοι, πᾶσαν βάσανον ἀθλοφόροι Κυρίου διελθόντες, τῶν ἐν οὐρανοῖς, τερπνῶν ἠξιώθητε.

### Δόξα.

Προσκυνοῦμέν σε πιστῶς, Θεὸν τὸν ἕνα ἐν προσώποις τρισί, τὴν ἀδιαίρετον, καὶ ὁμότιμον φύσιν· κράζοντές σοι· Δόξα σοι Μονάς, Τριὰς ὁμοούσιε.

Καὶ νῦν. Σταυροθεοτοκίον ὅμοιον.

Παρισταμένη τῷ Σταυρῷ, θεοχαρίτωτε, καὶ τὰς τοῦ υἱοῦ τρώσεις βλέπουσα, τὴν ψυχὴν κατετρώθης, ἀνυμνοῦσα τούτου τὴν πολλήν, ὄντως συγκατάβασιν.

## Τῇ Πέμπτῃ

Ὁ ληστὴς ἐν τῷ σταυρῷ, Θεὸν εἶναί σε πιστεύσας Χριστέ, ὡμολόγησέ σε εἰλικρινῶς ἐκ καρδίας, Μνήσθητί μου Κύριε βοῶν, ἐν τῇ βασιλείᾳ σου.

Ὥσπερ νεφέλαι φωτειναί, τὴν γῆν διήλθετε, τὸ ὕδωρ τὸ ζῶν, ἐπιρραίνοντες, καὶ καρδίας τακείσας, ἁμαρτίαις θεῖοι μαθηταί, πλουσίως ἠρδεύσατε.

Ὥσπερ ἀκτῖνες μυστικαί, ἡλίου λάμψαντες ἐκ κόρης ἁγνῆς, ἐφωτίσατε τοὺς ἐν σκότει ἀγνοίας, καθημένους θεῖοι μαθηταί, Χριστοῦ τοῦ Θεοῦ ἡμῶν.

### Μαρτυρικόν.

Τὰς πυρακτώσεις τῶν δεινῶν, καθυπομείναντες προθύμῳ ψυχῇ, κατεφλέξατε τῶν εἰδώλων τὴν πλάνην, καὶ πρὸς θείαν ἐπαναψυχήν, μετήλθετε μάρτυρες.

### Δόξα.

Ἵνα δραχμὴν τὴν ἐν βυθῷ, τῷ τῶν πταισμάτων συγχωσθεῖσαν Χριστέ, ἐξάρῃς, καὶ Πατρὶ προσαγάγῃς, ἀποστόλους κήρυκας τελεῖς, διὰ θείου Πνεύματος.

## ΜΑΚΑΡΙΣΜΟΙ ΕΒΔΟΜΑΔΟΣ

### Καὶ νῦν. Θεοτοκίον.

Τῶν ἀποστόλων καλλονή, θεοχαρίτωτε ὑπάρχουσα, ἀμαυρούμενον ἡδοναῖς με τοῦ βίου, μετανοίας λάμπρυνον αὐγαῖς, ὅπως μακαρίζω σε.

### Τῇ Παρασκευῇ

Ὁ λῃστὴς ἐν τῷ σταυρῷ, Θεὸν εἶναί σε πιστεύσας Χριστέ, ὡμολόγησέ σε εἰλικρινῶς ἐκ καρδίας, Μνήσθητί μου Κύριε βοῶν, ἐν τῇ βασιλείᾳ σου.

Θανατωθεὶς ἐπὶ σταυροῦ, τοὺς διὰ βρώσεως πεσόντας ἡμᾶς, ἀνεζώωσας, ζωοδότα Οἰκτίρμον, καὶ πολίτας πάλιν ἀγαθέ, παραδείσου ἀνέδειξας.

Προσηλώθης τῷ Σταυρῷ, Χριστὲ ἡ ἄμπελος ἡ ἀληθινή, καὶ ἀπέσταξας πόμα σωτηριῶδες, ἐπευφραῖνον πάντων τῶν πιστῶν, καρδίας ὑμνούντων σε.

### Μαρτυρικόν.

Τυμπανιζόμενοι σοφοί, καὶ μεληδὸν κατατεμνόμενοι, εἰκονίσατε τὴν σφαγὴν τοῦ Δεσπότου· διὰ τοῦτο μάρτυρες Χριστοῦ, ἀεὶ μακαρίζεσθε.

### Δόξα.

Ἐπὶ Σταυροῦ ὁ τοῦ Πατρός, καὶ θείου Πνεύματος ἀχώριστος, ἐθελούσιον καθυπέμεινε πάθος, πάθη πάντα τὰ φθοροποιά, ἡμῶν ἐξαιρούμενος.

### Καὶ νῦν. Σταυροθεοτοκίον ὅμοιον.

Θρήνοις συνέκοπτες σαυτήν, ὁρῶσα Δέσποινα ἐν ξύλῳ Σταυροῦ, τὴν ζωὴν ἡμῶν ἑκουσίως θανοῦσαν· ὅθεν πάντες θείαις σε φωναῖς, ἀεὶ μακαρίζομεν.

### Τῷ Σαββάτῳ

Ὁ λῃστὴς ἐν τῷ σταυρῷ, Θεὸν εἶναί σε πιστεύσας Χριστέ, ὡμολόγησέ σε εἰλικρινῶς ἐκ καρδίας, Μνήσθητί μου Κύριε βοῶν, ἐν τῇ βασιλείᾳ σου.

Τὸν ἀρχέκακον ἐχθρόν, θανόντες μάρτυρες ὠλέσατε, καὶ διήλθετε πρὸς τὰ ἄνω στεφθέντες, θείαις νίκαις τῷ παμβασιλεῖ, Θεῷ παριστάμενοι.

Ἱερωσύνης τῷ φωτί, οἱ Ἱεράρχαι λαμπρυνόμενοι, ἐδοξάσθησαν, καὶ ὁσίων τὰ πλήθη, ἀϊδίου ἔτυχον ζωῆς· ὅθεν μακαρίζονται.

### Νεκρώσιμον.

Σὺν τοῖς χοροῖς τῶν ἐκλεκτῶν, ἐν τόπῳ Δέσποτα ἀνέσεως, οὓς μετέστησας, κατασκήνωσον Λόγε, παραβλέψας τούτων τὰ ἐν γῇ, Σῶτερ πλημμελήματα.

### Δόξα.

Ὦ Τριάς, ἱεραρχῶν, καὶ τῶν μαρτύρων τοῖς ἀγῶσι σεπτῶν, δυσωπήθητι, καὶ τοῖς πίστει θανοῦσι, σωτηρίαν δώρησαι ψυχῆς, καὶ τὸ μέγα ἔλεος.

Καὶ νῦν. Θεοτοκίον.

Ἡ τὸν ἀχώρητον παντί, θεοχαρίτωτε χωρήσασα, καὶ κυήσασα ὑπὲρ φύσιν καὶ λόγον, τοῦτον πᾶσιν ἵλεων ἡμῖν, γενέσθαι ἱκέτευε.

## ΗΧΟΣ ΠΛΑΓΙΟΣ ΤΟΥ ΔΕΥΤΕΡΟΥ

### Τῇ Δευτέρᾳ

Μνήσθητί μου, ὁ Θεὸς ὁ Σωτήρ μου, ὅταν ἔλθῃς ἐν τῇ βασιλείᾳ σου, καὶ σῶσόν με ὡς μόνος φιλάνθρωπος.

Πάριδέ μου, τὰ ἐν γνώσει καὶ ἀγνοίᾳ, πεπραγμένα Ἰησοῦ φιλάνθρωπε, καὶ σῳζομένων, μερίδι με σύνταξον.

Ὁ λαμπρύνας, τῶν ἀγγέλων τὰς χορείας, ταῖς ἐκείνων Χριστὲ παρακλήσεσι, τὸ ὀπτικόν μου, τῆς καρδίας φώτισον.

### Μαρτυρικόν.

Πᾶσαν πεῖραν, ἀλγεινῶν ὑπενεγκόντες, ἀθλοφόροι, τὰ ἄλγη καὶ τραύματα, τὰ τῶν ἀνθρώπων, ἀεὶ θεραπεύετε.

### Δόξα.

Τὴν Τριάδα, τὴν ἁγίαν προσκυνοῦμεν, ὑμνουμένην ἀγγέλων στρατεύμασιν, αὐτῇ βοῶντες· Σῶσον τὰς ψυχὰς ἡμῶν.

### Καὶ νῦν. Θεοτοκίον.

Λύτρωσαί με, τοῦ πυρὸς τοῦ αἰωνίου, καὶ βασάνων τῶν ἀποκειμένων μοι, θεογεννῆτορ, ὅπως μακαρίζω σε.

### Τῇ Τρίτῃ

Μνήσθητί μου, ὁ Θεὸς ὁ Σωτήρ μου, ὅταν ἔλθῃς ἐν τῇ βασιλείᾳ σου, καὶ σῶσόν με ὡς μόνος φιλάνθρωπος.

Ὁ τοῦ Πέτρου, προσδεξάμενος τὸν θρῆνον, πρόσδεξαί μου Χριστὲ τὴν μετάνοιαν, καὶ σῳζομένων, τῇ τάξει με σύνταξον.

Ὁ κηρύξας, τὴν μετάνοιαν ἀνθρώποις, τοῦ Κυρίου Βαπτιστὰ καὶ Πρόδρομε, μετανοεῖν με, ἐκ ψυχῆς ἱκέτευε.

### Μαρτυρικόν.

Τρικυμίας, ἐνεγκόντες παθημάτων, ἀθλοφόροι βροτῶν τὰ νοσήματα, νῦν ἐξιᾶσθε· ὅθεν μακαρίζεσθε.

### Δόξα.

Ὁ προφήταις, δοξαζόμενος Θεός, ὁ ἐν Τριάδι ἁπλῇ ἀσυγχύτῳ τε, ταῖς τοῦ Προδρόμου, σῶσον ἱκεσίαις με.

### Καὶ νῦν. Θεοτοκίον.

Προστασία, τῶν ἐν θλίψει βεβαία, πρόστηθί μοι τοῦ βίου τοῖς πάθεσι, προσομιλοῦντι, καὶ σῶσόν με δέομαι.

### Τῇ Τετάρτῃ

Μνήσθητί μου, ὁ Θεὸς ὁ Σωτήρ μου, ὅταν ἔλθῃς ἐν τῇ βασιλείᾳ σου, καὶ σῶσόν με ὡς μόνος φιλάνθρωπος.

Ἑκουσίως, ὑψωθεὶς ἐπὶ τοῦ ξύλου, τοὺς εἰς βάθη κακῶν ὀλισθήσαντας, ἀνεκαλέσω μόνε πολυέλεε.

Γῆ ἐσείσθη, καὶ ὁ ἥλιος ἐσβέσθη, καθορῶν σε ἐπὶ ξύλου ἥλιε, δικαιοσύνης, θελήματι πάσχοντα.

Μαρτυρικόν.

Παθημάτων, ἀθλοφόροι κοινωνοῦντες, τοῦ Δεσπότου καὶ θείας λαμπρότητος, συγκοινωνεῖτε, μεθέξει θεούμενοι.

Δόξα.

Ὕψωσόν με, ἐκ βυθοῦ τῆς ἁμαρτίας, τῆς Τριάδος ὁ εἷς ἐθελούσιον, καθυπομείνας, Χριστέ μου καθήλωσιν.

Καὶ νῦν. Σταυροθεοτοκίον ὅμοιον.

Παρεστῶσα, τῷ Σταυρῷ καὶ καθορῶσα, ἑκουσίως τὸν σὸν υἱὸν πάσχοντα, παρθενομῆτορ, τοῦτον ἐμεγάλυνας.

Τῇ Πέμπτῃ

Μνήσθητί μου, ὁ Θεὸς ὁ Σωτήρ μου, ὅταν ἔλθῃς ἐν τῇ βασιλείᾳ σου, καὶ σῶσόν με ὡς μόνος φιλάνθρωπος.

Ὡς νεφέλαι, ἐπομβρήσατε τὸ ὕδωρ, ἐν τῷ κόσμῳ τῆς ἐνθέου γνώσεως, πεφωτισμένοι, Κυρίου ἀπόστολοι.

Ὡς ἀκτῖνες, μυστικαὶ διαδραμόντες, εἰς τὸν κόσμον ἀπόστολοι ἔνδοξοι, ἀνθρώπων γένος, πίστει ἐφωτίσατε.

Μαρτυρικόν.

Τῶν βασάνων, τῷ πυρὶ προσομιλοῦντες, θείαν δρόσον ὑμᾶς ἀναψύχουσαν, παρὰ Κυρίου, ἐδέξασθε μάρτυρες.

Δόξα.

Τὴν ἁγίαν, καὶ σεπτὴν πιστοὶ Τριάδα, προσκυνοῦντες συμφώνως βοήσωμεν· Τῶν ἀποστόλων λιταῖς, σῶσον πάντας ἡμᾶς.

Καὶ νῦν. Θεοτοκίον.

Ἡ τεκοῦσα διὰ λόγου ὑπὲρ λόγον, Θεοτόκε Πατρὶ τὸν Συνάναρχον, αὐτὸν δυσώπει, σῶσαι τὰς ψυχὰς ἡμῶν.

Τῇ Παρασκευῇ

Μνήσθητί μου, ὁ Θεὸς ὁ Σωτήρ μου, ὅταν ἔλθῃς ἐν τῇ βασιλείᾳ σου, καὶ σῶσόν με ὡς μόνος φιλάνθρωπος.

Ὑφαπλώσας, τὰς παλάμας ἐπὶ ξύλου, ἠγκαλίσω τὰ ἔθνη ὑμνοῦντά σου, τὴν εὐσπλαγχνίαν, Χριστὲ ὁ Θεὸς ἡμῶν.

Προσηλώθης, ἑκουσίως ἐπὶ ξύλου, καὶ τὰ κέντρα Χριστὲ τοῦ ἀλάστορος, τῇ σῇ δυνάμει, τελείως ἐξήλειψας.

Μαρτυρικόν.

Ταῖς βασάνοις, ἐντρυφῶντες ἀθλοφόροι, παραδείσου τρυφῆς ἠξιώθητε, ὑπὲρ τοῦ κόσμου, ἀπαύστως δεόμενοι.

Δόξα.

Ἀπὸ πάσης, ἐξελοῦ ἡμᾶς βασάνου, ὁ Πατὴρ ὁ Υἱὸς καὶ τὸ σύνθρονον, Πνεῦμα τὸ θεῖον, τοὺς δούλους σου Κύριε.

Καὶ νῦν. Σταυροθεοτοκίον ὅμοιον.

Καθορῶσα, ἐν Σταυρῷ ἐφηπλωμένον, ἡ Παρθένος δακρύουσα ἔστενεν· ἧς ταῖς πρεσβείαις, σῶσον ἡμᾶς Κύριε.

### Τῷ Σαββάτῳ

Μνήσθητί μου, ὁ Θεὸς ὁ Σωτήρ μου, ὅταν ἔλθῃς ἐν τῇ βασιλείᾳ σου, καὶ σῶσόν με ὡς μόνος φιλάνθρωπος.

Ὁ προφήτας, διδασκάλους καὶ ὁσίους, καὶ δικαίους δοξάσας φιλάνθρωπε, αὐτῶν πρεσβείαις, σῶσον ἡμᾶς Κύριε.

### Μαρτυρικόν.

Πῦρ καὶ ξίφος, ξέσεις καὶ ἀγρίους θῆρας, ἀθλοφόροι μὴ πτήξαντες ἔνδοξοι, τῆς ἀϊδίου, ζωῆς ἠξιώθητε.

### Νεκρώσιμον.

Μετὰ πάντων, τῶν ἁγίων καὶ δικαίων, τάξον Λόγε οὓς πίστει μετέστησας, ἐκ τῶν προσκαίρων, ὅπως σὲ δοξάζωμεν.

### Δόξα.

Παντοκράτορ, ἡ Τριὰς ἡ ἐν Μονάδι, ὑμνουμένη, ἐκ γῆς οὓς μετέστησας, πιστοὺς ἐν κόλποις, Ἀβραὰμ κατάταξον.

### Καὶ νῦν. Θεοτοκίον.

Μακαρία, γενεαῖς ἐν πάσαις ὤφθης· τὸν Θεὸν γὰρ τὸν ὄντως μακάριον, ἀνερμηνεύτως, ἐκύησας Ἄχραντε.

## ΗΧΟΣ ΒΑΡΥΣ

### Τῇ Δευτέρᾳ

Ὡραῖος ἦν καὶ καλὸς εἰς βρῶσιν, ὁ ἐμὲ θανατώσας καρπός· Χριστός ἐστι τὸ ξύλον τῆς ζωῆς, ἐξ οὗ φαγὼν οὐ θνήσκω, ἀλλὰ βοῶ σὺν τῷ λῃστῇ· Μνήσθητί μου Κύριε, ἐν τῇ βασιλείᾳ σου.

Ὡς ἡ πιστὴ Χαναναία κράζω, ἐν ὀδύνῃ τῆς καρδίας μου· Ἐλέησόν με Σωτὴρ ὡς ἀγαθός· καὶ γὰρ ψυχὴν ἁπάσαις, ταῖς μεθοδείαις τοῦ ἐχθροῦ, ἔχω κινδυνεύουσαν, καὶ χειμαζομένην δεινοῖς.

Τὰ χερουβὶμ σεραφὶμ καὶ θρόνοι, ἀρχαὶ καὶ δυνάμεις ἀεί, ἀρχάγγελοι ἀγγέλων στρατιαί, καὶ τῶν κυριοτήτων, καὶ σοφῶν ἐξουσιῶν δῆμοί σε δοξάζουσιν, εὐεργέτα Κύριε.

### Μαρτυρικόν.

Τὰς τοῦ ἐχθροῦ πονηρὰς ἐπάρσεις, πρὸς Θεὸν ἀνυψούμενοι, κατέρραξαν τελείως οἱ ἀθληταί· καὶ νικηταὶ ὀφθέντες, ἐν χαρᾷ τοὺς οὐρανούς, νῦν περιπολεύουσι, δόξῃ ἀπαστράπτοντες.

### Δόξα.

Τὸν ἄναρχον προσκυνῶ Πατέρα, σὺν Υἱῷ καὶ τῷ Πνεύματι, τὴν ἄκτιστον οὐσίαν καὶ συμφυῆ, τὴν κτίσασαν τὰ πάντα, ἐκ τοῦ μὴ ὄντος θεουργῶς, ἥτις καὶ Τριάς ἐστι, καὶ Μονὰς γνωρίζεται.

## ΜΑΚΑΡΙΣΜΟΙ ΕΒΔΟΜΑΔΟΣ

Καὶ νῦν. Θεοτοκίον.

Ταῖς ἡδοναῖς μολυνθεὶς τοῦ βίου, ἐπὶ σὲ τὴν ἀμόλυντον, κατέφυγον Παρθένον· μώμου παντός, καὶ ἐγκλημάτων ῥῦσαι, τὴν παναθλίαν μου ψυχήν, ὅπως μακαρίζω σε, τὴν ἀειμακάριστον.

### Τῇ Τρίτῃ

Ὡραῖος ἦν καὶ καλὸς εἰς βρῶσιν, ὁ ἐμὲ θανατώσας καρπός· Χριστός ἐστι τὸ ξύλον τῆς ζωῆς, ἐξ οὗ φαγὼν οὐ θνήσκω, ἀλλὰ βοῶ σὺν τῷ λῃστῇ· Μνήσθητί μου Κύριε, ἐν τῇ βασιλείᾳ σου.

Τὰ τραύματα τῆς ἐμῆς καρδίας, τὰ ἀνίατα Κύριε, ἰάτρευσον ὡς μόνος ἰατρός, ψυχῶν τε καὶ σωμάτων, καὶ βηματίζειν με ὀρθῶς, πάντοτε εὐόδωσον, τὰς σωτηριώδεις ὁδούς.

Ὁ προδραμὼν τῆς δικαιοσύνης, τοῦ ἡλίου Χριστοῦ Βαπτιστά, τὸν λύχνον τῆς ψυχῆς μου τὸν τῇ πολλῇ, κακίᾳ ἐσβεσμένον, ἄναψον θείαις προσευχαῖς, ὅπως μακαρίζω σε, πάντοτε σῳζόμενος.

### Μαρτυρικόν.

Ἀθλήσαντες καὶ στεφανωθέντες, τὸν ἐχθρὸν κατησχύνατε· καὶ νῦν περιπολεῖτε τοὺς οὐρανούς, φωτὸς ἀδιαδόχου, ἀποπληρούμενοι σοφοί, μάρτυρες πρεσβεύοντες, ὑπὲρ τῶν ψυχῶν ἡμῶν.

### Δόξα.

Ἰάτρευσον τῆς ψυχῆς μου τὰ πάθη, τὰ ἀνίατα θεία Τριάς· καὶ ῥῦσαί με γεέννης καὶ πειρασμῶν, ἡ ἐν μιᾷ Θεότητι, δοξαζομένη εὐσεβῶς, καὶ τὴν αἰωνίαν μοι, βασιλείαν δώρησαι.

### Καὶ νῦν. Θεοτοκίον.

Ἐχώρησας ἀστενοχωρήτως ἐν γαστρὶ τὸν ἀχώρητον· ὃν πάντοτε δυσώπει μῆτερ ἁγνή, στενοχωρίας πάσης, καὶ παθῶν ἐπαγωγῆς, ῥύσασθαι τοὺς δούλους σου, πόθῳ σε δοξάζοντας.

### Τῇ Τετάρτῃ

Ὡραῖος ἦν καὶ καλὸς εἰς βρῶσιν, ὁ ἐμὲ θανατώσας καρπός· Χριστός ἐστι τὸ ξύλον τῆς ζωῆς, ἐξ οὗ φαγὼν οὐ θνήσκω, ἀλλὰ βοῶ σὺν τῷ λῃστῇ· Μνήσθητί μου Κύριε, ἐν τῇ βασιλείᾳ σου.

Ἐξέτεινας ἐν σταυρῷ παλάμας, τῆς ταθείσης χειρὸς τοῦ Ἀδάμ, πρὸς ξύλον τῆς γνώσεως ἀνορθῶν, ὀλίσθημα Οἰκτίρμον, δι᾽ ἀγαθότητα πολλήν· ὅθεν σε δοξάζομεν, εὐεργέτα Κύριε.

Ἐν τόπῳ σε τοῦ Κρανίου δῆμος, τῶν Ἑβραίων Χριστὲ βασιλεῦ, ἐσταύρωσε συνθλῶντα τοῦ πονηροῦ, τὴν ὀλεθρίαν κάραν, καὶ πηγάζοντα ἡμῖν, ἐκ πλευρᾶς ἁγίας σου, ποταμοὺς ἀφέσεως.

### Μαρτυρικόν.

Μιμούμενοι τοῦ Χριστοῦ τὰ πάθη, τὰ θεῖα καὶ σωτήρια, ὑπέστητε βασάνους πολυειδεῖς, καὶ πρὸς ἀθανασίαν, μετεβιβάσθητε ὁμοῦ, μάρτυρες πανεύφημοι· ὅθεν μακαρίζεσθε.

Δόξα.

Φῶς τριλαμπὲς τῆς Τριάδος σέβω, ἐν τρισὶ προσώποις νοούμενον, καὶ μιᾷ οὐσίᾳ ἕνα Θεόν, τὰ τρία νῦν γινώσκω· μία γὰρ φύσις καὶ ἀρχή, Πατρὸς Υἱοῦ καὶ Πνεύματος, συνέχουσα τὰ πέρατα.

Καὶ νῦν. Σταυροθεοτοκίον ὅμοιον.

Σταυρούμενον τὸν ἐκ σοῦ τεχθέντα, καθορῶσα ἐκραύγαζες, τὰ σπλάγχνα δονουμένη Μαριάμ· Πῶς ταῦτα ἑκουσίως, πάσχεις, μακρόθυμε Υἱέ, θέλων τὸ ἀνθρώπινον, ἐκ φθορᾶς λυτρώσασθαι;

### Τῇ Πέμπτῃ

Ὡραῖος ἦν καὶ καλὸς εἰς βρῶσιν, ὁ ἐμὲ θανατώσας καρπός. Χριστός ἐστι τὸ ξύλον τῆς ζωῆς, ἐξ οὗ φαγὼν οὐ θνήσκω, ἀλλὰ βοῶ σὺν τῷ λῃστῇ· Μνήσθητί μου Κύριε, ἐν τῇ βασιλείᾳ σου.

Ἐκ τοῦ βυθοῦ τοῦ τῆς ἀπιστίας, τῶν ἐθνῶν τὰς ἀγέλας σοφοί, ἠγρεύσατε πρὸς πίστιν θεοτερπῆ, καὶ νοητῇ τραπέζῃ, ὀψώνιον πολυτελές, πάντας προσηγάγετε, ἔνδοξοι ἀπόστολοι.

Τὸν σκοτασμὸν τῆς δεινῆς ἀπάτης, τῷ φωτὶ τοῦ κηρύγματος, διώξαντες καρδίας τῶν εὐσεβῶν, ἀπόστολοι Κυρίου, κατεφωτίσατε σαφῶς· ὅθεν ᾄσμασι, θείοις μακαρίζομεν.

### Μαρτυρικόν.

Τεμνόμενοι μεληδὸν τῷ ξίφει, ἀθληταὶ θεῖοι ἄτμητοι, ἐμείνατε ἀγάπης τοῦ Λυτρωτοῦ· πρὸς ὃν ἀναδραμόντες, νῦν κατοικεῖτε ἐν χαρᾷ, πάντα τὰ οὐράνια, δόξῃ ἀπαστράπτοντες.

Δόξα.

Ὁ κάκιστος καὶ φθορεὺς τοῦ γένους, τῶν ἀνθρώπων κατέχει με· πρεσβείαις τῶν κηρύκων ἡ πανσθενής, Τριὰς ἐξάρπασόν με, ἐκ τοῦ φάρυγγος αὐτοῦ, ἵνα μεγαλύνω σου, τὸ ἄμετρον ἔλεος.

Καὶ νῦν. Θεοτοκίον.

Τὸν Σύνθρονον τῷ Πατρὶ Παρθένε, ἐξ ἁγνῶν σου αἱμάτων σεμνή, προήγαγες φοροῦντα σάρκα θνητήν, ὅπως ἀθανατίσῃ, τὴν οὐσίαν τῶν βροτῶν· ὅθεν κατὰ χρέως σε, πάντες μακαρίζομεν.

### Τῇ Παρασκευῇ

Ὡραῖος ἦν καὶ καλὸς εἰς βρῶσιν, ὁ ἐμὲ θανατώσας καρπός. Χριστός ἐστι τὸ ξύλον τῆς ζωῆς, ἐξ οὗ φαγὼν οὐ θνήσκω, ἀλλὰ βοῶ σὺν τῷ λῃστῇ· Μνήσθητί μου Κύριε, ἐν τῇ βασιλείᾳ σου.

Ἰώμενος τοῦ Ἀδὰμ τὸ ἄλγος, ὃ ὑπέστη ἐχθροῦ συμβουλῇ, ὑψώθης ἐπὶ ξύλου βασιλεῦ, καὶ ἄλγος καθυπέστης, χεῖρας καὶ πόδας ἡλωθείς· ὅθεν σου δοξάζομεν, Λόγε τὸ μακρόθυμον.

Ἐν μέσῳ σε τῶν ἀνόμων δῆμος, τῶν Ἑβραίων ἐσταύρωσε, τὸν μόνον νομοδότην Λυτρωτά, πάσης παρανομίας, ἐκλυτρούμενον Χριστέ, γένος τὸ ἀνθρώπινον· ὅθεν ἀνυμνοῦμέν σε.

### Μαρτυρικόν.

Τὰ στίγματα τῶν πολλῶν βασάνων, ὡς τερπνὰ ὡραΐσματα, προσφέροντες οἱ θεῖοι ἀθληταί, κόσμος τῆς Ἐκκλησίας, ἐγνωρίσθησαν φαιδρός, πάντοτε πρεσβεύοντες, ὑπὲρ τῶν ψυχῶν ὑμῶν.

### Δόξα.

Διάσωσον ὦ Τριὰς ἁγία, τοὺς σοὺς δούλους ὑμνοῦντάς σε· δυνάμωσον ἰσχύϊ τοῦ Σταυροῦ, καὶ πρὸς τὴν ἄνω πόλιν, βαίνειν ὁδήγησον ἡμᾶς, ἔνθα καὶ γενόμενοι, εὕροιμεν τὸ ἔλεος.

### Καὶ νῦν. Σταυροθεοτοκίον ὅμοιον.

Μὴ ἔχοντα καθορῶσα εἶδος, οὐδὲ κάλλος Χριστέ, σὲ σαρκὶ ὑψούμενον ἐν ξύλῳ τοῦ Σταυροῦ, ἡ πάναγνος Παρθένος, ἀνεβόα ὀδυνηρῶς· Οἴμοι! πῶς σε ἄνομοι, τέκνον κατεσπάραξαν;

### Τῷ Σαββάτῳ

Ὡραῖος ἦν καὶ καλὸς εἰς βρῶσιν, ὁ ἐμὲ θανατώσας καρπός· Χριστός ἐστι τὸ ξύλον τῆς ζωῆς, ἐξ οὗ φαγὼν οὐ θνήσκω, ἀλλὰ βοῶ σὺν τῷ λῃστῇ· Μνήσθητί μου Κύριε, ἐν τῇ βασιλείᾳ σου.

Τελέσαντες τὸν καλὸν ἀγῶνα, καὶ τὴν πίστιν τηρήσαντες, στεφάνους ἀφθαρσίας παρὰ Θεοῦ, ἐδέξασθε καὶ δόξης, καταξιοῦσθε τῆς αὐτοῦ, μάρτυρες πανεύφημοι, τῶν ἀγγέλων σύσκηνοι.

Ἱερουργῶν καὶ ὁσίων δῆμοι, προφητῶν καὶ σεπτῶν γυναικῶν, κατάλογος τιμάσθω ὁ ἱερός, σκηναῖς τῶν πρωτοτόκων, νῦν κατοικοῦντες ἐν χαρᾷ καὶ συναγελάζοντες, ἀσωμάτων τάξεσι.

### Νεκρώσιμον.

Κατάταξον ἐν σκηναῖς δικαίων, ἐξ ἡμῶν οὓς μετέστησας, τὰ τούτων παραβλέψας Λόγε Θεοῦ, ἐν γνώσει καὶ ἀγνοίᾳ, πεπραγμένα ἐπὶ γῆς, ψυχικὰ ἐγκλήματα, διὰ μέγα ἔλεος.

### Δόξα.

Ἱκέται σοι, ὦ Τριὰς ἁγία οἱ θανόντες προσέρχονται, ῥυσθῆναι ἐξαιτοῦντες ἐκ φλογός, τῆς φοβερᾶς ἐκείνης, καὶ τυχεῖν τῶν ἀγαθῶν, δόξης τῆς ἁγίας σου, ἐν ἡμέρᾳ κρίσεως.

### Καὶ νῦν. Θεοτοκίον.

Ἐσκήνωσεν ἐν τῇ σῇ νηδύϊ, τοῦ Πατρὸς τὸ ἀπαύγασμα, καὶ τοὺς καθυπαχθέντας τοῦ ἐχθροῦ, κακίστῃ συμβουλίᾳ, καὶ ἐμπεσόντας εἰς φθοράν, Παναγία ἄχραντε, πάλιν ἀνεκαίνισεν.

## ΗΧΟΣ ΠΛΑΓΙΟΣ ΤΟΥ ΤΕΤΑΡΤΟΥ

### Τῇ Δευτέρᾳ

Μνήσθητι ἡμῶν, Χριστὲ Σωτὴρ τοῦ κόσμου, ὥσπερ τοῦ λῃστοῦ, ἐμνήσθης ἐπὶ ξύλου, καὶ καταξίωσον πάντας μόνε Οἰκτίρμον, τῆς οὐρανίου βασιλείας σου.

Ἴασαι Χριστέ, τὰ πάθη τῆς ψυχῆς μου, μόνε ἰατρέ, ψυχῶν τε καὶ σωμάτων· καὶ κατανύξεως ῥείθροις με ἀποπλύνας, ὅλον καθάρισον ὡς εὔσπλαγχνος.

Θρόνον τῆς σεπτῆς, κυκλοῦντες Θεαρχίας, θρόνοι χερουβίμ, ἀρχαὶ καὶ ἐξουσίαι, καὶ αἱ λοιπαὶ ἀσωμάτων ταξιαρχίαι, ἱερωτάτως ἀναλάμπουσι.

### Μαρτυρικόν.

Ζέσει τῆς Χριστοῦ, πυρούμενοι ἀγάπης, ἄφλεκτοι πυρός, διέμειναν ἐν μέσῳ, οἱ ἀθληταὶ πυρπολήσαντες τὰς ἀκάνθας, τῆς δυσσεβείας θείᾳ χάριτι.

### Δόξα.

Ὢ Τριὰς ἁπλῆ, Μονὰς ἀρχικωτάτη, λύτρωσαι πυρός, σοὺς δούλους τοῦ ἀσβέστου, ταῖς ἱκεσίαις τῶν θείων σου ἀσωμάτων, καὶ βασιλείας καταξίωσον.

### Καὶ νῦν. Θεοτοκίον.

Τόμον σε ποτέ, προεῖδεν Ἡσαΐας, ἐν ᾧ τοῦ Πατρός, δακτύλῳ κατεγράφη, θεοχαρίτωτε, Λόγος ἀνερμηνεύτως, ζωῆς ἐγκαταγράφων ἡμᾶς.

### Τῇ Τρίτῃ

Μνήσθητι ἡμῶν, Χριστὲ Σωτὴρ τοῦ κόσμου, ὥσπερ τοῦ λῃστοῦ, ἐμνήσθης ἐπὶ ξύλου, καὶ καταξίωσον πάντας μόνε Οἰκτίρμον, τῆς οὐρανίου βασιλείας σου.

Πέλαγος Χριστέ, ὑπάρχων εὐσπλαγχνίας, ψῦξον τῶν ἐμῶν, πταισμάτων τὰ πελάγη· καὶ κατανύξεως δάκρυσί με ἐκπλύνας, ὅλον καθάρισον ὡς εὔσπλαγχνος.

Πάλαι τὸν Χριστόν, ἐν ὕδασι βαπτίσας, θεῖε Βαπτιστά, παθῶν με τρικυμίαις, κλυδωνιζόμενον ὅρμῳ τῆς μετανοίας, σαῖς ἱκεσίαις ἐγκαθόρμισον.

### Μαρτυρικόν.

Αἵμασιν ὑμῶν, ἅγιοι ἀθλοφόροι, σβέσαντες πυράν, τῆς εἰδωλομανίας, ῥεῖθρα πηγάζετε πάντοτε ἰαμάτων, πάθη ποικίλα θεραπεύοντες.

### Δόξα.

Ἄναρχε Πατήρ, Υἱὲ καὶ θεῖον Πνεῦμα, ταῖς τοῦ Βαπτιστοῦ, πρεσβείαις δυσωπῶ σε· Τὰ πολυχρόνια πάθη τὰ τῆς ψυχῆς μου, παῦσον καὶ σῶσόν με τὸν δοῦλόν σου.

### Καὶ νῦν. Θεοτοκίον.

Λύτρωσαι ἡμᾶς παθῶν τῆς ἀτιμίας, καὶ τῆς χαλεπῆς ἐν ᾅδῃ τιμωρίας, ταῖς ἱκεσίαις σου ἄχραντε Θεοτόκε, τοὺς εὐσεβῶς σε μακαρίζοντας.

### Τῇ Τετάρτῃ

Μνήσθητι ἡμῶν, Χριστὲ Σωτὴρ τοῦ κόσμου, ὥσπερ τοῦ λῃστοῦ, ἐμνήσθης ἐπὶ ξύλου, καὶ καταξίωσον πάντας μόνε Οἰκτίρμον, τῆς οὐρανίου βασιλείας σου.

Ῥάβδῳ Μωϋσῆς, Σταυρὸν εἰκονιζούσῃ, τέμνει τὸν βυθόν, λαὸν Ἰσραηλίτην, διαβιβάζων· ἡμεῖς δὲ τοῦτον τυποῦντες, τοὺς νοητοὺς ἐχθροὺς τροπούμεθα.

Πάλαι Ἰακώβ, ἐπευλογῶν τοὺς παῖδας, χεῖρας ἐναλλάξ, ἐφήπλου σημαινούσας, τὸν σὸν Σταυρὸν δι' οὗ πάντες ἐκ τῆς κατάρας, Χριστὲ Σωτὴρ ἠλευθερώθημεν.

Μαρτυρικόν.

Πάθη τοῦ Χριστοῦ, ζηλοῦντες Ἀθλοφόροι, βάσανα πικρά, ἠνέγκατε γενναίως· καὶ ἀφθαρσίας στεφάνοις καταστεφθέντες, τοὺς οὐρανοὺς περιπολεύετε.

Δόξα.

Δόξα τῷ Πατρί, τῷ μόνῳ ἀθανάτῳ, δόξα τῷ Υἱῷ, τῷ ζῶντι εἰς αἰῶνας, δόξα τῷ Πνεύματι ἅμα τῷ παναγίῳ, τῷ πᾶσαν κτίσιν ἁγιάζοντι.

Καὶ νῦν. Σταυροθεοτοκίον ὅμοιον.

Ἐκ τῆς παρθενικῆς ἀνέτειλε γαστρός σου, ὁ δημιουργός, ἡλίου καὶ σελήνης· ὃν καθορῶσα σταυρούμενον Θεοτόκε, πᾶσα ἡ κτίσις ἐκυμαίνετο.

Τῇ Πέμπτῃ

Μνήσθητι ἡμῶν, Χριστὲ Σωτὴρ τοῦ κόσμου, ὥσπερ τοῦ λῃστοῦ, ἐμνήσθης ἐπὶ ξύλου, καὶ καταξίωσον πάντας μόνε Οἰκτίρμον, τῆς οὐρανίου βασιλείας σου.

Σάλπιγγες Χριστοῦ, ἀπόστολοι δειχθέντες, τοὺς ἐν τοῖς μνημείοις τῆς κακοπιστίας, ἀνακειμένους ἠγείρατε, καὶ ἐνθέου, ζωῆς μετόχους ἀπειργάσασθε.

Σπείραντες Χριστοῦ, τὸν λόγον θεηγόροι, πάντων τῶν ἐθνῶν, καρδίας τὰς ἀκάρπους, καρποφορούσας εἰργάσασθε θείαν γνῶσιν· ὅθεν ἀξίως μακαρίζεσθε.

Μαρτυρικόν.

Πάσης ἑαυτοὺς, γυμνώσαντες κακίας, μέσον τῶν δεινῶν, ἐχώρησαν γενναίως, καὶ οὐρανόθεν ἱμάτιον σωτηρίου, οἱ ἀθληταὶ περιεβάλοντο.

Δόξα.

Νέκρωσον σεπτή, Τριὰς ἡ παναγία, πάθη τὰ δεινά, ψυχῆς μου τῆς ἀθλίας, ταῖς ἱκεσίαις τῶν θείων σου ἀποστόλων, ἵνα δοξάζω σε σῳζόμενος.

Καὶ νῦν. Θεοτοκίον.

Χαῖρε ἡ λαβίς, τοῦ ἄνθρακος τοῦ θείου· χαῖρε προφητῶν, σφραγὶς καὶ ἀποστόλων, τὸ περιήχημα· ἄχραντε Θεοτόκε, δι' ἧς φθορᾶς ἠλευθερώθημεν.

Τῇ Παρασκευῇ

Μνήσθητι ἡμῶν, Χριστὲ Σωτὴρ τοῦ κόσμου, ὥσπερ τοῦ λῃστοῦ, ἐμνήσθης ἐπὶ ξύλου, καὶ καταξίωσον πάντας μόνε Οἰκτίρμον, τῆς οὐρανίου βασιλείας σου.

Ἔτεινας Χριστέ, παλάμας ἐπὶ ξύλου, καὶ τὰς πονηράς, ἀρχὰς καὶ ἐξουσίας, παρεδειγμάτισας σώσας τῆς τούτων βλάβης, τοὺς εὐσεβῶς σε μεγαλύνοντας.

Λόγχῃ κεντηθείς, κρεμάμενος ἐν ξύλῳ, ἔβλυσας ἡμῖν, κρουνοὺς ἀθανασίας, θανατωθεῖσιν ἀφρόνως τῇ παραβάσει· ὅθεν ἐν φόβῳ ἀνυμνοῦμέν σε.

### Μαρτυρικόν.

Ξένοι τῶν τῆς γῆς, δεικνύμενοι ἡδέων, ξέναις ἑαυτούς, ἐξέδωκαν βασάνοις, οἱ ἀθληταὶ τραυματίσαντες τὸν βελίαρ, τοῖς ἑαυτῶν ἁγίοις τραύμασι.

### Δόξα.

Μίαν τοῦ Πατρός, καὶ Πνεύματος καὶ Λόγου, ἄναρχον ἀρχήν, πιστοὶ δοξολογοῦντες, δεῦτε προσπέσωμεν, λύσιν τῶν ἐγκλημάτων, αὐτῷ αἰτοῦντες ὡς Θεῷ ἡμῶν.

Καὶ νῦν. Σταυροθεοτοκίον ὅμοιον.

Τὸν Ἐμμανουήλ, ἀμνὸν Θεοῦ καὶ Λόγον, βλέπουσα σαρκί, κρεμάμενον ἐν ξύλῳ, ἀμνὰς ἡ μόνη ἀμίαντος καὶ Παρθένος, λύπῃ συνείχετο δακρύουσα.

### Τῷ Σαββάτῳ

Μνήσθητι ἡμῶν, Χριστὲ Σωτὴρ τοῦ κόσμου, ὥσπερ τοῦ λῃστοῦ, ἐμνήσθης ἐπὶ ξύλου, καὶ καταξίωσον πάντας μόνε Οἰκτίρμον, τῆς οὐρανίου βασιλείας σου.

Πᾶσαν ἀλγεινοῖς, στερρῶς προσομιλοῦντες, τραύμασιν ὑμῶν, ἁγίοις ἀθλοφόροι, ἐτραυματίσατε πάσας τὰς μυριάδας, τὰς τῶν δαιμόνων θείᾳ χάριτι.

Ὅσιοι Χριστοῦ, καὶ θεῖοι ἱεράρχαι, στῖφος προφητῶν, καὶ πάντων τῶν ἁγίων, τῆς οὐρανίου ἐπέτυχον κληρουχίας· οὓς ἐπαξίως μακαρίσωμεν.

### Νεκρώσιμον.

Πάντας τοὺς πιστῶς, τοῦ βίου μεταστάντας, τάξον ὁ Θεός, ἐν χώρᾳ τῶν δικαίων, καὶ παραδείσου ἀνάδειξον κληρονόμους, θεοπρεπῶς ὑμνολογοῦντάς σε.

### Δόξα.

Πάτερ καὶ Υἱέ, καὶ Πνεῦμα μία φύσις, σὺ εἶ ὁ Θεός, ὁ κτίσας πάντα λόγῳ· σὲ προσκυνοῦσιν οἱ ἄνθρωποι σὺν ἀγγέλοις, ἀκαταπαύστως σε δοξάζοντες.

Καὶ νῦν. Θεοτοκίον.

Πάντων τῶν καλῶν, τὸ πλήρωμα τεκοῦσα, πλήρωσον ἡμῶν, Παρθένε τὰς ἐντεύξεις, ἁμαρτιῶν ἡμῶν λύτρωσιν αἰτουμένη, καὶ φωτισμὸν καὶ μέγα ἔλεος.

## ΨΑΛΜΟΙ ΤΟΥ ΤΕΛΟΥΣ ΤΗΣ ΛΕΙΤΟΥΡΓΙΑΣ

*Λέγονται κατὰ τὴν διανομὴν τοῦ ἀντιδώρου ἢ κατὰ τὴν ὥραν τοῦ κοινωνικοῦ.*

### ΨΑΛΜΟΣ ΛΓ΄ (33)

Εὐλογήσω τὸν Κύριον ἐν παντὶ καιρῷ, διὰ παντὸς ἡ αἴνεσις αὐτοῦ ἐν τῷ στόματί μου.

Ἐν τῷ Κυρίῳ ἐπαινεθήσεται ἡ ψυχή μου· ἀκουσάτωσαν πραεῖς καὶ εὐφρανθείτωσαν.

Μεγαλύνατε τὸν Κύριον σὺν ἐμοί, καὶ ὑψώσωμεν τὸ ὄνομα αὐτοῦ ἐπὶ τὸ αὐτό.

Ἐξεζήτησα τὸν Κύριον, καὶ ἐπήκουσέ μου, καὶ ἐκ πασῶν τῶν θλίψεών μου ἐρρύσατό με.

Προσέλθετε πρὸς αὐτὸν καὶ φωτίσθητε, καὶ τὰ πρόσωπα ὑμῶν οὐ μὴ καταισχυνθῇ.

Οὗτος ὁ πτωχὸς ἐκέκραξε καὶ ὁ Κύριος εἰσήκουσεν αὐτοῦ, καὶ ἐκ πασῶν τῶν θλίψεων αὐτοῦ ἔσωσεν αὐτόν.

Παρεμβαλεῖ ἄγγελος Κυρίου κύκλῳ τῶν φοβουμένων αὐτόν, καὶ ῥύσεται αὐτούς.

Γεύσασθε καὶ ἴδετε, ὅτι χρηστὸς ὁ Κύριος· μακάριος ἀνήρ, ὃς ἐλπίζει ἐπ᾽ αὐτόν.

Φοβήθητε τὸν Κύριον, πάντες οἱ ἅγιοι αὐτοῦ, ὅτι οὐκ ἔστιν ὑστέρημα τοῖς φοβουμένοις αὐτόν.

Πλούσιοι ἐπτώχευσαν καὶ ἐπείνασαν, οἱ δὲ ἐκζητοῦντες τὸν Κύριον οὐκ ἐλαττωθήσονται παντὸς ἀγαθοῦ.

Δεῦτε, τέκνα, ἀκούσατέ μου· φόβον Κυρίου διδάξω ὑμᾶς.

Τίς ἐστιν ἄνθρωπος ὁ θέλων ζωήν, ἀγαπῶν ἡμέρας ἰδεῖν ἀγαθάς;

Παῦσον τὴν γλῶσσάν σου ἀπὸ κακοῦ, καὶ χείλη σου τοῦ μὴ λαλῆσαι δόλον.

Ἔκκλινον ἀπὸ κακοῦ καὶ ποίησον ἀγαθόν· ζήτησον εἰρήνην καὶ δίωξον αὐτήν.

Ὀφθαλμοὶ Κυρίου ἐπὶ δικαίους, καὶ ὦτα αὐτοῦ εἰς δέησιν αὐτῶν.

Πρόσωπον δὲ Κυρίου ἐπὶ ποιοῦντας κακά, τοῦ ἐξολοθρεῦσαι ἐκ γῆς τὸ μνημόσυνον αὐτῶν.

Ἐκέκραξαν οἱ δίκαιοι καὶ Κύριος εἰσήκουσεν αὐτῶν, καὶ ἐκ πασῶν τῶν θλίψεων αὐτῶν ἐρρύσατο αὐτούς.

Ἐγγὺς Κύριος τοῖς συντετριμμένοις τὴν καρδίαν, καὶ τοὺς ταπεινοὺς τῷ πνεύματι σώσει.

Πολλαὶ αἱ θλίψεις τῶν δικαίων, καὶ ἐκ πασῶν αὐτῶν ῥύσεται αὐτοὺς ὁ Κύριος.

Φυλάσσει Κύριος πάντα τὰ ὀστᾶ αὐτῶν, ἓν ἐξ αὐτῶν οὐ συντριβήσεται.

Θάνατος ἁμαρτωλῶν πονηρός, καὶ οἱ μισοῦντες τὸν δίκαιον πλημμελήσουσι.

Λυτρώσεται Κύριος ψυχὰς δούλων αὐτοῦ, καὶ οὐ μὴ πλημμελήσουσι πάντες οἱ ἐλπίζοντες ἐπ᾽ αὐτόν.

## ΨΑΛΜΟΣ ΡΜΔ΄ (144)

Ὑψώσω σε, ὁ Θεός μου ὁ βασιλεύς μου, καὶ εὐλογήσω τὸ ὄνομά σου εἰς τὸν αἰῶνα καὶ εἰς τὸν αἰῶνα τοῦ αἰῶνος.

Καθ᾽ ἑκάστην ἡμέραν εὐλογήσω σε, καὶ αἰνέσω τὸ ὄνομά σου εἰς τὸν αἰῶνα καὶ εἰς τὸν αἰῶνα τοῦ αἰῶνος.

Μέγας Κύριος καὶ αἰνετὸς σφόδρα, καὶ τῆς μεγαλωσύνης αὐτοῦ οὐκ ἔστι πέρας.

Γενεὰ καὶ γενεὰ ἐπαινέσει τὰ ἔργα σου, καὶ τὴν δύναμίν σου ἀπαγγελοῦσι.

Τὴν μεγαλοπρέπειαν τῆς δόξης τῆς ἁγιωσύνης σου λαλήσουσι, καὶ τὰ θαυμάσιά σου διηγήσονται.

Καὶ τὴν δύναμιν τῶν φοβερῶν σου ἐροῦσι, καὶ τὴν μεγαλωσύνην σου διηγήσονται.

Μνήμην τοῦ πλήθους τῆς χρηστότητός σου ἐξερεύξονται, καὶ τῇ δικαιοσύνῃ σου ἀγαλιάσονται.

Οἰκτίρμων καὶ ἐλεήμων ὁ Κύριος, μακρόθυμος καὶ πολυέλεος.

Χρηστὸς Κύριος τοῖς σύμπασι, καὶ οἱ οἰκτιρμοὶ αὐτοῦ ἐπὶ πάντα τὰ ἔργα αὐτοῦ.

Ἐξομολογησάσθωσάν σοι, Κύριε, πάντα τὰ ἔργα σου, καὶ οἱ ὅσιοί σου εὐλογησάτωσάν σε.

Δόξαν τῆς βασιλείας σου ἐροῦσι, καὶ τὴν δυναστείαν σου λαλήσουσι.

Τοῦ γνωρίσαι τοῖς υἱοῖς τῶν ἀνθρώπων τὴν δυναστείαν σου, καὶ τὴν δόξαν τῆς μεγαλοπρεπείας τῆς βασιλείας σου.

Ἡ βασιλεία σου βασιλεία πάντων τῶν αἰώνων, καὶ ἡ δεσποτεία σου ἐν πάσῃ γενεᾷ καὶ γενεᾷ.

Πιστὸς Κύριος ἐν πᾶσι τοῖς λόγοις αὐτοῦ, καὶ ὅσιος ἐν πᾶσι τοῖς ἔργοις αὐτοῦ.

Ὑποστηρίζει Κύριος πάντας τοὺς καταπίπτοντας, καὶ ἀνορθοῖ πάντας τοὺς κατερραγμένους.

Οἱ ὀφθαλμοὶ πάντων εἰς σὲ ἐλπίζουσι, καὶ σὺ δίδως τὴν τροφὴν αὐτῶν ἐν εὐκαιρίᾳ.

Ἀνοίγεις σὺ τὴν χεῖρά σου, καὶ ἐμπιπλᾷς πᾶν ζῷον εὐδοκίας.

Δίκαιος Κύριος ἐν πάσαις ταῖς ὁδοῖς αὐτοῦ, καὶ ὅσιος ἐν πᾶσι τοῖς ἔργοις αὐτοῦ.

Ἐγγὺς Κύριος πᾶσι τοῖς ἐπικαλουμένοις αὐτόν, πᾶσι τοῖς ἐπικαλουμένοις αὐτὸν ἐν ἀληθείᾳ.

Θέλημα τῶν φοβουμένων αὐτὸν ποιήσει, καὶ τῆς δεήσεως αὐτῶν εἰσακούσεται, καὶ σώσει αὐτούς.

Φυλάσσει Κύριος πάντας τοὺς ἀγαπῶντας αὐτόν, καὶ πάντας τοὺς ἁμαρτωλοὺς ἐξολοθρεύσει.

Αἴνεσιν Κυρίου λαλήσει τὸ στόμα μου, καὶ εὐλογείτω πᾶσα σὰρξ τὸ ὄνομα τὸ ἅγιον αὐτοῦ εἰς τὸν αἰῶνα καὶ εἰς τὸν αἰῶνα τοῦ αἰῶνος.

ΤΕΛΟΣ

**ΚΑΙ ΤΩ ΘΕΩ ΔΟΞΑ**

# ΜΟΥΣΙΚΟΝ ΠΑΡΑΡΤΗΜΑ

### ΤΑ ΛΕΙΤΟΥΡΓΙΚΑ ΩΣ ΔΙΕΣΩΘΗΣΑΝ
### ΕΝ ΤΗ ΜΕΓΑΛΗ ΤΟΥ ΧΡΙΣΤΟΥ ΕΚΚΛΗΣΙΑ
### ΚΑΤΑ ΠΑΡΑΔΟΣΙΝ

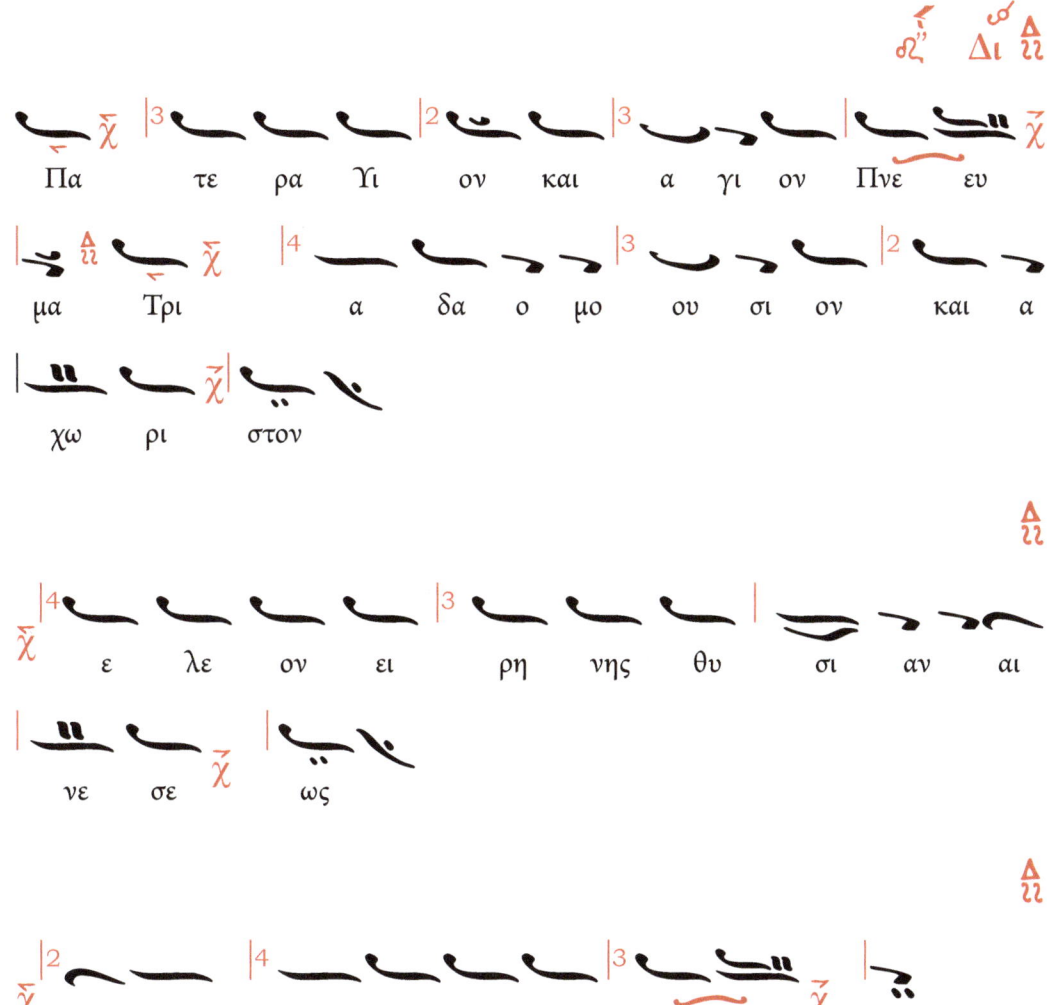

# ΛΕΙΤΟΥΡΓΙΚΟΝ

χ ε χο μεν προς τον Κυ ρι χ ον

χ α ξι ον και δι ι ι ι και χ ον

χ α γι ος α γι ος α γι ος Κυ ρι ος σαβ βα χ ωθ χ πλη ρης ο ου ρα νος και η γη της δο ξης σου ω σαν να εν της υ ψι ι στοις ευ λο γη χ με νος ο ερ χο με νος εν ο νο μα τι κυ ρι ι ου ου ου ω σαν να εν τοις υ ψι ι ι ι ι χ στοις

## ΜΟΥΣΙΚΟΝ ΠΑΡΑΡΤΗΜΑ

χ̄ α μη η ην

χ̄ α μη η η ην

χ̄ σε υ μνου ου χ̄ μεν σε ευ λο γου ου με ε ε εν χ̄ σοι ευ χα ρι στου μεν Κυ ρι ε και δε ο με θα α σου ου ου ου ο θε ο ο ο ο ο ο ο ος η μω ω ω ων

www.ingramcontent.com/pod-product-compliance
Lightning Source LLC
Chambersburg PA
CBHW041150290426
44108CB00002B/30